U0529214

《说文解字》的设计解读

Design Study of *Shuowen Jiezi*

王 璇 著

中国社会科学出版社

图书在版编目(CIP)数据

《说文解字》的设计解读/王璇著. —北京：中国社会科学出版社，2020.9
ISBN 978-7-5203-6476-8

Ⅰ.①说… Ⅱ.①王… Ⅲ.①《说文》—研究 Ⅳ.①H161

中国版本图书馆 CIP 数据核字(2020)第 082927 号

出 版 人	赵剑英
责任编辑	陈肖静
责任校对	刘 娟
责任印制	戴 宽

出　　版	中国社会科学出版社
社　　址	北京鼓楼西大街甲 158 号
邮　　编	100720
网　　址	http://www.csspw.cn
发 行 部	010-84083685
门 市 部	010-84029450
经　　销	新华书店及其他书店

印刷装订	北京君升印刷有限公司
版　　次	2020 年 9 月第 1 版
印　　次	2020 年 9 月第 1 次印刷

开　　本	710×1000　1/16
印　　张	40.5
字　　数	545 千字
定　　价	238.00 元

凡购买中国社会科学出版社图书，如有质量问题请与本社营销中心联系调换
电话：010-84083683
版权所有　侵权必究

出 版 说 明

为进一步加大对哲学社会科学领域青年人才扶持力度，促进优秀青年学者更快更好成长，国家社科基金设立博士论文出版项目，重点资助学术基础扎实、具有创新意识和发展潜力的青年学者。2019年经组织申报、专家评审、社会公示，评选出首批博士论文项目。按照"统一标识、统一封面、统一版式、统一标准"的总体要求，现予出版，以飨读者。

全国哲学社会科学工作办公室

2020年7月

序

李立新

一

中国设计发展到汉代，已趋完备。在发展过程中，大多数"物"已不再具有"神器"特性，许多造物者已经抛弃了或彻底忘记了人与自然的那种关系，在很多设计中，物与"神灵"已拉开了一定的距离，物不再"取悦或讨好它们"。造物者关心的是他制作"物"所表达的意义，"恶以戒世，善以示后"，伦理道德被放在一切造物标准的位置之上。大千世界，生活之物，从原来的飞鸟载日、羊大为美、天神地祇，到后来的明道、非乐、致用，甚至"五龙比翼，人皇九头"，都在伦理道德的教育范围内转化为新的物性，无形中拓展了设计装饰的范畴，最终定型为一个完整的设计体系。

汉代是中国设计史上的一个重要时期，汉代设计创造与知识积累对此后2000年中国设计传统的演进，有着非常深刻的影响。最近40年来，学术界对于汉代设计的研究多起来了，但是，对于有限的出土物的形态作描绘分析的研究者居多，而细致的分类的论述，尤其探寻其来龙去脉，索引其演变轨迹者，则少之又少。这与设计史研究中，我们缺乏"泛资料意识"有关，以前总是把过去留下的人工制品"sources"当作史料，或加上古籍文献，成为所谓"二重证据"，而将一些民间契约、文书、谱牒、志书、账籍及相关汉典等资料弃置不顾。其实，但凡保留过去信息的东西，均具有一定的史料价值。波兰历史学家托波尔斯基说："史料的概念包括历史认识的一切来源，也就是说关于人类过去的一切信息"。

二

许慎所撰《说文解字》虽为"以字证经"，但也可成为"以字证物"的依据，其中保留着极为丰富的古人生活制物和思想信息。我最初翻阅《说文》，总觉得里面隐藏着什么，后来读到臧克和先生的《〈说文解字〉的文化说解》一书时，颇感兴奋和启发，觉得《说文》在设计史上也有着极其重要的研究价值。

本书正是对《说文解字》的设计专题研究。

这里的研究，分衣、食、住、行四大类型，还另作第五类，包括工具、农具、兵器、乐器四个方面。

王璇博士不畏艰难，选择《说文》作为自己的研究选题。从文字出发，她结合汉代设计背景，将《说文》一万余字进行编码归类，通过语义场归纳，一方面溯源字的本源、本义及意义转化，一方面结合实物比照，作出全面、深入、客观的分析、论证，列出谱系，揭示其重要的设计学意义,解决以下几个问题：

一、把握《说文》中浩瀚的古文字和隐秘的上古社会及复杂的思想变动，为汉代设计的研究提供基本的前提。

二、从《说文》字系和训诂中透析出潜藏的真实造物史料，解读上古社会日常生活中造物设计的各项内容。

三、汉代造物在技术上、形式上、功能上、观念上的一些重点、疑点有新的、不同角度的解释。

四、汉时期的造物设计基本面貌得以进一步明朗。

五、为研究字系史料中的中国工艺设计提供不同的研究方法。

正是在汉代设计的延续中，魏晋六朝不断融合外来因素，承继而革新，唐物才能在此基础上形成蔚为大观的局面。汉代设计远远没有研究清楚，对于汉代设计历史环境、文化生态和生活现实的认识仍停留在粗浅的阶段，有待我们去探索。

序

李立新

一

中国设计发展到汉代,已趋完备。在发展过程中,大多数"物"已不再具有"神器"特性,许多造物者已经抛弃了或彻底忘记了人与自然的那种关系,在很多设计中,物与"神灵"已拉开了一定的距离,物不再"取悦或讨好它们"。造物者关心的是他制作"物"所表达的意义,"恶以戒世,善以示后",伦理道德被放在一切造物标准的位置之上。大千世界,生活之物,从原来的飞鸟载日、羊大为美、天神地祇,到后来的明道、非乐、致用,甚至"五龙比翼,人皇九头",都在伦理道德的教育范围内转化为新的物性,无形中拓展了设计装饰的范畴,最终定型为一个完整的设计体系。

汉代是中国设计史上的一个重要时期,汉代设计创造与知识积累对此后2000年中国设计传统的演进,有着非常深刻的影响。最近40年来,学术界对于汉代设计的研究多起来了,但是,对于有限的出土物的形态作描绘分析的研究者居多,而细致的分类的论述,尤其探寻其来龙去脉,索引其演变轨迹者,则少之又少。这与设计史研究中,我们缺乏"泛资料意识"有关,以前总是把过去留下的人工制品"sources"当作史料,或加上古籍文献,成为所谓"二重证据",而将一些民间契约、文书、谱牒、志书、账籍及相关汉典等资料弃置不顾。其实,但凡保留过去信息的东西,均具有一定的史料价值。波兰历史学家托波尔斯基说："史料的概念包括历史认识的一切来源，也就是说关于人类过去的一切信息"。

二

许慎所撰《说文解字》虽为"以字证经"，但也可成为"以字证物"的依据，其中保留着极为丰富的古人生活制物和思想信息。我最初翻阅《说文》，总觉得里面隐藏着什么，后来读到臧克和先生的《〈说文解字〉的文化说解》一书时，颇感兴奋和启发，觉得《说文》在设计史上也有着极其重要的研究价值。

本书正是对《说文解字》的设计专题研究。

这里的研究，分衣、食、住、行四大类型，还另作第五类，包括工具、农具、兵器、乐器四个方面。

王璇博士不畏艰难，选择《说文》作为自己的研究选题。从文字出发，她结合汉代设计背景，将《说文》一万余字进行编码归类，通过语义场归纳，一方面溯源字的本源、本义及意义转化，一方面结合实物比照，作出全面、深入、客观的分析、论证，列出谱系，揭示其重要的设计学意义，解决以下几个问题：

一、把握《说文》中浩瀚的古文字和隐秘的上古社会及复杂的思想变动，为汉代设计的研究提供基本的前提。

二、从《说文》字系和训诂中透析出潜藏的真实造物史料，解读上古社会日常生活中造物设计的各项内容。

三、汉代造物在技术上、形式上、功能上、观念上的一些重点、疑点有新的、不同角度的解释。

四、汉时期的造物设计基本面貌得以进一步明朗。

五、为研究字系史料中的中国工艺设计提供不同的研究方法。

正是在汉代设计的延续中，魏晋六朝不断融合外来因素，承继而革新，唐物才能在此基础上形成蔚为大观的局面。汉代设计远远没有研究清楚，对于汉代设计历史环境、文化生态和生活现实的认识仍停留在粗浅的阶段，有待我们去探索。

本书字、文、义、意考论结合，物、艺、事、例资料翔实，系统分类，井然有序，在证实汉代百工之艺之齐备，展现衣、食、住、行日常生活之物态，寻求古人造物演变之迹象等方面，置之汉代艺术的研究链中，可谓后来居上。

三

王璇看起来弱不胜衣的样子，其实外柔内刚。颇有才气。

她硕士毕业后到浙江山区一所学院任职，为进一步深造，竟然辞去教职，背水一战。自入学以来，她一直严格要求自己，刻苦钻研，勤于思考。我见其做事认真、细心，板凳坐得住，读书看得进，专业基础也扎实，就拟定了几个选题，其中有特殊的对"《说文》的设计解析"，说明研究的意义、方法和借鉴之处，她一下子就选定了此题目，可见已具备了初步的学术敏感性。她知难而上，先后写出了几篇有价值的研究论文，因此信心大增，最后的博士论文获得了江苏省优秀博士论文奖，显示出她良好的基本素质和较强的研究能力。

由此可见，一个人只要注重发挥个人的长处，刻苦认真，提高自身学养，就完全可以形成良好的研究素质。我带博士生不多，迄今为至毕业的五人中，有三人获省优秀博士论文奖，另二人的论文出版后也获得了重要的奖项和好评，再次证明单靠"天赋"还不足以成功，实践、勤奋与有效训练极为重要。

记述这些并非显耀，而是觉得这些年所做的教学与研究没有白费，古代设计之门，已向我们开启，隙缝中闪出了一点光亮，但此工作，我已无能为力，因此，我对于年青一代的期待，远过对我自己的期待。在本书付印之际，既向王璇表示祝贺，这是她第一本专著，起点已不低，同时率直写下如上感想。

2020 年 3 月 28 日于南京

摘　　要

　　《说文解字》是东汉经学家、文字学家许慎所撰写的一部影响深远的字典，其在收录和训诂古文字的过程中，"远取诸物，近取诸身"的造字方法巧妙而完整地保存了当时人们生活创造性活动和成果的基本面貌，亦成为承载遥远古代社会生活中宝贵造物设计信息的重要载体。本文把《说文解字》中涉及造物内容的相关汉字作系统性、多角度、定性定量分类考析，从文字的形、音、义方面考察《说文解字》字系中上古社会先民在"服饰、饮食、居住、交通、工具、农具、兵器、乐器"等生产生活方面的设计内容，并作有条理的梳理、归纳。以《说文解字》中的文字构形、字音和经史典籍的印证为基础，探讨造物产生的背景、形态的演化、工艺的制作、材料的拓展、功能的兼容，以及因经验积累、宗教信仰、等级礼法等因素影响而造成的造物设计的规范、禁忌与演进，以尽力还原上古社会与人们日常生活息息相关的造物内容的真实设计状况，试图透析出这种原生态设计中所渗透着的宝贵的造物思想与观念。

　　《说文解字》汇总的文字主要来源秦代"书同文"后的整理，其所勾画的社会造物图景为上古时期，或者说最晚不超过汉代，最早更可追溯到原始社会。而在今天物质极大丰富、各种创造大爆炸的时代，久远年代的造物水平对当代人来说可能是不屑一顾的，或者说是粗糙的、原始的和难以理解的。但是，起源是一个值得所有人重视的问题，包括设计也是如此。"读史可以使人明智，鉴以往可以知未来",如果我们不知道从哪里来,就不会知道应到哪里去,无论当今的科学技术有多么发达。如今,那些被时间掩埋的历史通过《说文解字》中语言和文字的传承奇迹地延续下来,为上古时期造物生活提供更为扎实的佐证的同时,亦如一面镜子照射着未来造物设计前进的道路。

值得注意的是,从古至今,《说文解字》一书都是被当作工具、字典使用,黄帝之史苍颉初造书契时,就曾明言文字是为了"宣教明化于王者朝廷,君子所以施禄及下,居德则忌也","文者,物象之本;字者,言孳乳而浸多也"(《说文解字·第十五上》),后来文字的写法、形体式样虽也多有变化,自近似图画的甲骨文、金文、篆书后又出现了隶书、草书、行书、楷书等字体,字音语调也有所调整,文义表述发生变化,但其竭力描绘物形、传递思想的基本功能一直延续至今。因此,自始至终,文字的创造都处于"形而下"的应用层面,受到多重因素影响。在相对封闭的字书文字平台中,字系的前后排序、具有规范性和体系化的相应文字归类、系部有序的结构演变、文字上的形义互证、象形表意的构形方式、以字音加注文字源始、文字在各部首分布的疏密不等……这些表现的最终呈现都不是单一一种条件就能造成的,当中交错着时代发展的先后顺序、先民认识世界的程度和方式、造物水平的逐级递进、整个社会发展的必然倾向、实际造物情况……全如文字仿象构形的对象——上古造物,亦有着与之相同的"器(形而下)"层面的特性,注重实践应用,其"道(形而上)"之形成,只能依赖其他学科的知识输入,就连设计面貌的更新升级似乎也遭受到来自各领域思潮的冲击。本文从《说文解字》提炼出来的古代诸多设计思维:象形仿生、人本思想、一物多用、和谐自然、系统规范等都显示出当时多元造物方法交叉介入的状态。用当代西方设计理论理解,其中杂糅了后现代主义、仿生设计、高技派、生态主义、地方主义等多样思潮,涉及到工业设计的标准化理念,以及政治、经济、宗教、艺术、制度等多学科研究层面。

不过，从《说文解字》文字间流露出的中国传统设计又与由西方传来的设计，特别是造物设计的切入方式有很大不同。至今设计课堂上讲授的是全然西化的、主观思想主导一切的设计方法，即完全以设计者的设计意图或目的为宗旨，经过人为着意的，对形式、装饰纹样、材料等方面的精细修饰、处理，实现设计作品的个性或主题体现。在这里，个人的思想观念和主观能动性把控整个设计过程和成品最终形态。但在中国上古传统造物来看，除了开始时圣人模拟自然宇宙之象创造性制作"衣""裳"，"器""皿"，"巢""穴"，"舟""车"等物之原始形态外，其后的继承者们都会遵循着前人总结的规律、积累的经验，依据当时现有的造物条件，顺天造物。这是一种与西方强调主观造物截然不同的被动式造物，虽然同样包含了思想与设计两部分，尤其在"思想"上都充满着人们的智慧与巧思，但中国上古传统设计在不断健全的造物规范中，始终顺应前人的知识与经验指导，从创意到制作，再到成品检验，都统一于"规""矩""权""衡"等标准的框架下有序运行。而且，在上古先民造物之初会首先考察需要用到的材料本身的特性、形态、质感、色彩等固有内容，并权衡现阶段能够达到的工艺技术，再通过巧妙的设计将所要制作的物品与原材料之间建立连接，以使物尽其用。如：许书中指向小鼎的文字"鬲-鎘"部首演化体现出受材料、技术影响而发生的造物形态上的拓展和突破；从原始测量工具人手"寸"部得到的，展现由造物制度化要素干预下的"冠""尊""射""寻""专"等；在象形"车"之形态，包含其基本构造轮、舆、辕、轴的基础上，衍生出"轩""辎""軿""辒""辌""辒"等因服务于不同人群、行业、功能而表现出的各色面貌。生活经验总结下的规范准则、原材料的形态特性、现阶段工艺水平、社会等级制度对人们用器的束缚、天人和谐的环境关怀……都成为上古传统造物时极度依赖的设计前提，也反映出自古制器活动就受多元因素介入而呈现的被动性设计特征。

另外，《说文解字》中累积的文字是在前代不同地域、不同时期造字叠加、筛选的基础上，受当时社会生活造物影响形成的，所以许书中存在的大量同义词有相当一部分蕴含着礼制规范的内容，以"宣教明化于王者朝廷"，反映着当时与等级、礼制紧密挂钩的造物设计思维。当然，指向生活用造物设计类的文字也占有一定比例，而随着社会的发展，这一比例大幅提升，现代富有强力生活气息的高频字的使用流露出当代造物自然属性发达的现状与趋向，即强调造物设计的实用性，而非品级制度。可见，上古传统造物设计发展的一个很重要的参考系数就是与当时所处社会的进化程度紧密挂钩的实用性，而且它的设计之道不是笔直的单行道，而是灵活交错的交叉变行道。古时人们看到空木浮于水上，于是刀劈火烧、刳木为"俞"，后併木为"泭（筏）"，设计出制作更为简单高效的渡水工具，当经济、工艺上升到一定水平后，自"舟"义又分离出併船的"方"、方舟"斻"、江中大船"艛"、海中大船"橃"等体积更为庞大、安全、稳定的水上交通工具，为人们的日常生活提供便利。"山不转路转，路不转人转"，随时随地都能巧妙地寻找到走下去的道路，不盲目固守传统、机变地解决现实问题，显然是《说文解字》反映出的又一个上古造物特征。

而当社会等级界限不断松动，原本服务于上层贵族阶级的衣、食、住、行、用各方面的严格造物等级设定，逐渐演变为世俗生活所需的丰富多彩，如：原本单纯上衣下裳的服装制式随着生活经验的不断累积和技术的进步，变种出从《说文解字》解析的上下连缀的深衣、一通到底的袍服、分而设之的套装襦裙、绔装等多样衍生款式，并以其顺应社会发展的实用功能和博人眼球的优美剪裁，自下而上地扩展开来，日益赢得众人的认同与追捧。这似乎类似于今天主流设计与非主流设计之间的关系，开始官方认可的造物内容，包括各种规定的标准样式、制作工艺、最为繁琐耗时的材料色彩、具有深刻政治寓意的吉祥纹样等都成为统治阶级垄断的对象，而百姓平时所用物品无论在形式的设计、工艺技术的精巧、色彩的多样、纹样的装饰方面明显是无法与之匹敌的，虽多仿效上层阶级人们生活的模样，却又因为等级地位的限制而显得粗陋许多，又如贵者"冠"与庶人"巾"的差别。可是这种"上行下效"的关系并非一成不变，毕竟，一切造物的源头仍然肇始于普通生活中无意的创造。非官方、非主流的民间造物经过适当的加工、打磨会上升成为贵族追捧的目标，之前令人仰望的主流造物也会因时代的演进、观念的改变、技术的革新而"飞入寻常百姓家"。所谓的主流设计与非主流设计不过是相对而言的、暂时性的表现，二者的关系可以相互转换、流动，其变化的依据就是造物产生的社会背景，其中，有工艺材料的升级换代、有礼教等级的人为约束、有文化融合后的审美转变。通过对生活真实场景需要的研判和造物熟能生巧后的灵活变通，设计甚至能够在一定程度上作用、引导时人的生活、审美习惯，推动造物的损益与进化，以及时动态适配实际生活需要。

虽然《说文解字》是东汉时期编撰完成的，当中的文字仿象成形于更久年代，文中的载录释解难免会有一些不当之处，也受到后人的反复疏正、考辨，然而其闪烁的，尊重现实环境，不拘一格做出有效变通的设计精神，即使跨越千年，在文明和造物技术高度发展的今人依然并不落伍。

当今世界众所周知的著名设计或产品：有法国的时装，有日本的相机、汽车，有美国的手机、电脑等各种高科技产品，也有欧美各国的瓷器、家具及房屋建筑等等，但如张道一先生所说，与他们之间的距离不过是"五十步与一百步的关系"。由本文前面五章的《说文解字》古文字形、音、义中归纳出的实现造物艺术设计的几个基本要素来看，形式、功能、材料、工艺、规范等即使在高度发达的今天依然不可或缺。在这些相互交织作用着的影响因子中，除了我国因没有进行长达上百年的设计现代转型进程而在新材料、新技术的开拓，以及生产管理体制的系统化、规范化方面显得先天不足外，造物设计中所主要展现的丰富形式与各式功能，即当中透露着的设计思维的运行轨迹较之当代设计思维，实已不输什么了。而关于设计思维这一点，上古先民们的智慧即使放到今天复杂变幻的造物艺术生产大环境中，无疑仍有许多值得借鉴之处。如此看来，尽管今天中国设计的声音还很小，甚至连原本引以为傲的传统瓷器、特色建筑等造物设计也在过去时间的流逝中被他国悄然赶超，抛诸身后；也有不时显现的"崇洋媚外"一词提醒着我们西方外来设计在一定程度上占据的绝对优势与先锋，但毋庸置疑我们的设计核心力量（思维、思想）并不落伍，更有无限潜力需要进一步开发，只是在外在的工艺技术进步、能源材料换代、程序步骤规范等方面有待加强。而面对当今全球化，尤其是西方文化的剧烈冲击，如何才能在绚丽多彩的世界中建立起独属于自己的特色设计，这一直是一个值得每一个设计者认真思考的问题。

古代唐朝时极度开放，吸收了大量外来文化与造物形态，却没有被纷繁的景色迷花眼睛，失去自己的方向，反而开创出中国历史上空前的盛世，无论在衣、食、住、行、用等各方面都攀升到一个崭新的高度。原因何在？关键在于对精华的提取和对糟粕的摒弃，在于对"道"与"器"、"汤"与"药"关系的精准把握，在于对美好生活的热切追求，在于紧随时代脚步的大胆变革，也在于对人、物、环境之间合理的统筹配置。如"天人合一"的概念对于艺术设计来讲或许太过宽泛和老生常谈，人们已听了太多遍而对此变得十分麻木，但它当中包含的对环境的关照、人的关怀直至今天仍具有进步意义。当房地产开发日益兴隆的时候、当盲目追求经济利益而忽视其他一切存在时，毫无地方特色的高层住宅楼、商品房光秃秃地平地而起，好似一个个烟囱般鳞次栉比地排列于城市之中，再加上LED灯五光十色的闪烁、装饰，表面上的确烘托出现代化的时尚气息，实际上却既没有对人文历史的谦卑、传承，也没有考虑到如何与自然环境和谐相处。"天人合一"的设计实质在于满足人们的需要，这种需要不仅仅是生理上的基本生存需要，还有更高层次上的精神需求，人文环境的文脉装饰和自然环境的植物景观，都是人们心理需要的重要组成部分，亦作用着人在空间设计中的满足度。又比如《说文解字》文字训诂中经常引用的《易经》内容，显示出文字的创造、应用，和其背后所代表的造物设计同先民对自然宇宙规律的认识间有着密切的关系。《易经》的生发始于人对自然万物的感悟，更难得的是，它不只单纯地用于卜筮未来，还广泛渗透于上古造物的方方面面，掺杂着朴素生活的经验总结，以及对顺应自然天道的"无为"观念的秉持。正因如此，当氏族部落一次次聚合、交融，外来文化、宗教信仰与本土思想相互碰撞时，造物设计的外在形式、功能等会产生似乎难以预测的拆解、突变、搅拌情况，实则始终围绕造物内在固有思维而规律运行，使之得以与时俱进地将这一极具民族文化特色的造物精神实质通过新造型、新材料、新功能的再重组、再包装，以新的面貌继续发扬光大。

关键词：说文解字；设计解读；造物思想；设计规律；造物方法；设计审美

Abstract

Shuowen Jiezi is a far-reaching ancient Chinese etymological dictionary written by Xu Shen, ascholar-official and philologist of the Eastern Han Dynasty （25-189）. In his process ofcollecting and interpreting Chinese characters, he discovered the coinage method of "simulating the surroundings and their bodies（远取诸物，近取诸身）", smartly and totally keeping the basic picture of people's creative activities and achievements at that time. Ever since then, this method has become an important carrier for the valuable design information of the ancient social life. This dissertation completed a systematic, multi-dimensional, qualitative and quantitative classification and analysis on the Chinese characters of creation contents involved in *Shuowen Jiezi*. Studied from the form, sound and meaning aspects of the Chinese characters were the contents of the ancient design regarding the clothing, food, housing, transportation, tools, weapons, instruments, and other production and life fields. Based on the text configuration, pronunciation and the proof of history books in *Shuowen Jiezi*, a series of items wereexplored, such as the background of the creation, the evolution of the form, the production of technology, material development, functional compatibility, and design specification, taboo and evolution caused by the experience accumulation, religious beliefs, rank etiquette and other factors, in order to restore the real content of the creation in the daily life of the ancient society and to analyze the precious creative ideas and concepts in the original ecological design.

The texts summarized in *Shuowen Jiezi* mainly originate from the collation of "standardized legal written（书同文）" in Qin Dynasty. The social creation picture it draws is from the ancient times, in other words, no later than the Han Dynasty, the earliest can be traced back to primitive society. However, in today's era of material abundance and all kinds of creation explosion, the creations of ancient times may be dismissive, or rough, primitive and incomprehensible to contemporary people. But, origin is an issue worthy of everyone's attention, including design. "Reading history can make people wise, learning from the past can tell the future". If we do not know where we come from, we won't know where to go, no matter how advanced science and technology are. Today, those time-buried histories survive miraculously through the inheritance of language and words in *Shuowen Jiezi*, providing more solid evidence for the creation life in ancient times, while also illuminating the way forward for future creation design.

It is worth noticing that *Shuowen Jiezi* has been used as a tool and dictionary since ancient times. When Cang Yun, the historian of the Yellow Emperor, first created the text, he had stated clearly that "promote education and enlighten education in the king's court. Kings utilize words to give favor to the people who can understand words, and they should have good virtue, and must not take the opportunity to seize titles and salaries（宣教明化于王者朝廷，君子所以施禄及下，居德则忌也）", "calling it 'word' means that it comes from the breeding of 'text', which increases the number of words（文者，物象之本；字者，言孳乳而浸多也）"（"*Shuowen Jiezi*·Volume 15·Syria"）. Later, although the writing and form of the text also changed a lot, from the hieroglyphs of inscriptions on bones or tortoise shell and inscriptions on bronze and seal character, to fonts such as official script, cursive script, running script, and regular script ,the tone of the words have also been adjusted, and the meaning has changed, but the basic function of trying to describe the shape and conveying the idea has continued to this day. Therefore, from the beginning to the end, the creation of words is at the "Physical" application level, which is affected by multiple factors. In a relatively closed text platform, the sequence of the word system, the corresponding text classification with standardization and systematization, the orderly structural evolution of the word system, the mutual proof of form and meaning of the text, the pictographic ideographic configuration, annotate the source of the text with the pronunciation, the sparseness of the distribution of the characters in the radicals ... the final presentation of these performances is not caused by a single condition. It intersects the order of the development of the times, the degree and manner of the ancestors' understanding of the world, the progressive progression of the creation level, the inevitable tendency of the development of the entire society, and the actual creation situation ... all as the object of the imitative configuration of words- "ancient times creation". The creation also has the same characteristics of the "Qi (physical)" level, focusing on practical application, and the formation of its "Dao (metaphysical)" can only rely on the knowledge of other disciplines. Even the update of the design appearance seems to be suffered from the impact of thoughts from various fields. Many ancient design thoughts extracted from *Shuowen Jiezi* in this article: pictographic bionics, humanistic thinking, multi-purpose use, harmonious nature, and system specifications all show the state of cross-intervention of multiple creation methods at that time. Understanding with contemporary Western design theory, which is mixed with post-modernism, bionic design, high-tech, ecologicalism, localism and other diverse trends of thought, involving multi-disciplinary research levels in the standardization of industrial design, and politics, economics, religion, art, and regime.

However, it is very different between the traditional Chinese design revealed in the text of *Shuowen Jiezi and* the Western design, especially the way of creation design.So far, what has been taught in the design class is completely westernized, subjective thought-driven design, that is, completely based on the designer's design intent or purpose, through the artificial modification of the form, decorative patterns, materials, etc., to achieve the personality or theme of the designs. At this point, personal ideology and subjective initiative control the entire design process and the final form of the finished product. However, from the perspective of ancient Chinese traditional creations, in addition to the original form of the sage who imitated the image of nature to produce "Yi（衣）" "Shang（裳）", "Qi（器）" "Min（皿）", "Chao（巢）" "Xue（穴）", "Zhou（舟）" and "Che（车）", subsequent heirs will follow the rules summarized by their predecessors and accumulated experience, and according to the existing conditions of creation at that time, adapt to nature and creating. This is a passive creation that is completely different from the Western emphasis on subjective creations. It also includes two parts of thought and design, especially the "ideology" is full of people's wisdom and ingenuity, but the traditional design of ancient China always complies with the guidance of the predecessors' knowledge and experience in the ever-improving creation norms. From creativity to production, to inspection of finished products, they are unified under the framework of "Gui（规）" "Ju（矩）" "Quan（权）" "Heng（衡）" and other standards. Moreover, at the beginning of the ancient ancestors' creations, the materials, characteristics, forms, textures, colors, and other inherent content of the materials to be used are first examined, and the technology that can be achieved at this stage are weighed, and then the items to be made are designed by ingenious design, to establish connections with raw materials to make the best use of them. For example, the radical evolution of the text "Zi-Zi（鼒-镃）" in *Shuowen Jiezi* pointing to small tripod reflects the expansion and breakthrough of the morphology of the creation that is influenced by materials and technology; obtained from the Radical "Cun（寸）", manpower of the original measurement tool, showing the creation system "Guan（冠）" "Zun（尊）" "She（射）" "Xun（寻）" "Zhuan（专）", etc. under the intervention of the elements of transformation; based on the form of the pictographic "Che（车）", including its basic structural wheels, carriages, cowls, axles, it has various appearances such as "Xuan（轩）" "Zi（辎）" "Ping（軿）" "Wen（辒）" "Liang（辌）" "Chao（轈）", etc., which serve different people, industries, and functions. The norms and guidelines based on the summary of life experience, the morphological characteristics of raw materials, the current level of craftsmanship, the restraint of people's utensils by the social hierarchy, and the environmental care of harmony between human and nature ... These have become the design premise of extreme reliance in ancient traditional creations, and also reflect the passive design characteristics that have been involved in the involvement of multiple factors from ancient creation activities.

In addition, the accumulated text in *Shuowen Jiezi* was formed on the basis of superimposition and selection of characters in different regions and periods of the previous generation, and was influenced by the creation of social life at that time. Therefore, a large part of the synonym in *Shuowen Jiezi* contains the content of etiquette rules.

Through the "propaganda and education in the royal court（宣教明化于王者朝廷）", it reflects the creation design thinking closely linked to the hierarchy and etiquette at that time. Of course, the text that refers to the design of daily life creations also occupies a certain proportion, and with the development of society, this proportion has increased significantly. The use of modern high-frequency words with powerful life atmosphere reveals the current status and trends of the natural attributes of modern creation, which emphasizes the practicality of creation design, rather than hierarchy. It can be seen that a very important reference factor for the development of ancient traditional creations design is the practicability that is closely linked to the degree of evolution of the society at the time, and its design is not a straight one-way, but a flexible crossing way. In ancient times, people saw empty wood floating on the water, so they imitated cutting with a knife, burning with fire, hollowing out the wood and making it into a "Yu（俞）", and the later wood was "Fu（泭）". It was designed to make simple and efficient water crossing tools. After rising to a certain level, the larger, safer and more stable water transport separated from the meaning of "Zhou（舟）" provides convenience for people's daily life, such as the "Fang（方）" of the boat together, the "Hang（斻）" of the ark, the "Li（艛）" of the big ship in the river, and the "fa（橃）" of the big ship in the sea, etc. "Mountains don't turn around, roads don't turn around, people turn around（山不转路转，路不转人转）." They can ingeniously find the way to go anytime, anywhere, and needn't blindly stick to tradition and solve real problems with flexibility. This is obviously another ancient reflection of *Shuowen Jiezi* Creation characteristics.

And when the boundaries of the social hierarchy continue to loosen, the clothing, food, housing, transportation, and strict creation hierarchy that originally served the noble class gradually evolved into the colorful needs of mundane life. For example, the original clothing style of simple tops and skirts, with the continuous accumulation of life experience and technological advancement, has been transformed into a style of "Shenyi（深衣）", a kind style of robe, and a suit skirt and pants separate from top. The diverse derivative styles have expanded from the bottom to up with their practical functions in line with social development and the attractive and graceful tailoring, which have increasingly gained approval and follow. This seems to be similar to the relationship between mainstream design and non-mainstream design today. The content of the officially recognized creations includes a variety of prescribed standard styles, production processes, the most tedious and time-consuming materials and colors, and auspicious patterns with profound political implications. All have become the object of the ruling class's monopoly, and the items that the common people usually use are clearly unmatched in terms of form design, exquisite craftsmanship, diverse colors, and decorative patterns. Although they often imitate the life of upper-class people, because of the limitation of the status rank, it seems a lot rougher, just like the difference between hats worn by nobles and civilians. However, this relationship of "follow the example set by the superior （上行下效）" is not static, after all, the source of all creations still begins with unintentional creation in ordinary life. Non-official and non-mainstream folk creations will rise to become the target sought after by the nobles after proper processing and polishing. The mainstream creations that have been looked up to before will also "enter the lives of civilians（飞入寻常百姓家）" due to the evolution of times, changes in concepts, and technological innovation. The so-called mainstream design and non-mainstream design are only relatively temporary design expressions. The relationship between the two can be transformed and exchange. The basis of the change is the social background of the creation. Among them, there are upgrades of craft materials, and artificial constraint of etiquette level, aesthetic change after cultural integration. By studying the needs of real life scenarios and the flexibility of creations, the design can even act and guide people's life and aesthetic habits to a certain extent, promote the profit and loss and evolution of creations, and dynamically adapt to the needs of actual life.

Although *Shuowen Jiezi* was compiled during the Eastern Han Dynasty, and the text in it was formed in an older age, interpretations in the book will inevitably have some improprieties, and it has been repeatedly rectified and examined by posterity. However, its flashing design spirit of respect for the real environment and effective adaptability, even if it spans the millennium, is still not outdated today in the highly developed civilization and technology of creation.

Famous designs or products that are well known in the world today: there are French fashion, Japanese cameras and cars, various high-tech products such as mobile phones and computers in the United States, as well as porcelain, furniture and building in Europe and the United States. Mr. Zhang Daoyi said that the distance to them was nothing but "the relationship between fifty steps and one hundred steps". Judging from the basic characters, sounds, and meanings of the first five chapters of this article to realize the basic elements of design creation, such as form, function, materials, technology, and specifications are still indispensable today. Among these interweaving influence factors, in addition to the fact that China has not been continually developing new materials, new technologies, and the systemization and standardization of the production management system because China has not carried out the modern transformation process of design that lasted for hundreds of years, the rich forms and various functions mainly displayed in the design of creation, that is, the running track of design thinking revealed in it is not worse than contemporary design thinking. On this point of design thinking, the wisdom of ancient ancestor still need to be learnt undoubtedly, even in today's complex and changeable environment of creation art production, From this point of view, although the sound of Chinese design today is still very small, even the original design of traditional ceramics, characteristic buildings and other original designs that are proud of them have been quietly overtaken by other countries in the past, leaving them behind; there are also occasional idioms "have a servile attitude to foreign things（崇洋媚外）" reminding us of the absolute advantages and pioneers of Western design to a certain extent, but there is no doubt that our core strength of design（thinking, concept）is not outdated, and there is infinite potential for further development, only it needs to be strengthened in external process technology advancement, energy material replacement, and procedure step specification. In the face of today's globalization, especially the severe impact of Western culture, how to build a unique design to itself in a colorful world has always been a question that every designer should seriously consider.

The ancient Tang Dynasty was extremely open, absorbing a large number of foreign cultures and creations, but was not blinded by the complicated scenery and lost its direction. Instead, it created an unprecedented prosperity in Chinese history, regardless of clothing, food, housing, transportation, use and other aspects have climbed to a whole new level. What is the reason? The key lies in the extraction of the essence and the abandonment of the dross. It lies in the precise grasp of the relationship between "Dao（道）" and "Qi（器）", "Tang（汤）" and "Yao（药）". It lies in the eager pursuit of a better life, the bold change that follows the pace of the times, also lies in the reasonable overall allocation of people, things, and the environment. For example, the concept of "heaven and man are united as one（天人合一）" may be too broad and ordinary for art design. People have heard it too many times and become very numb. There is still progress today. When real estate development is booming, when blindly pursuing economic benefits and neglecting something else, high-rise residential buildings and commodity houses with no local characteristics stand up on the ground, barely like chimneys lined up in a row in the city. Coupled with the colorful flashing and decoration of LED lights, the surface does indeed show a modern and stylish atmosphere. In fact, it has neither humility or inheritance of human history, nor consideration of how to live in harmony with the natural environment. The design of "heaven and man are united as one（天人合一）" is essentially to meet people's needs. This kind of demand is not only a basic need for survival, but also a higher level of spiritual needs.cultural context decoration of human environment and plant landscape of natural environment, are an important part of people's psychological needs, and also affect people's satisfaction in space design. Another example is the content of *Yi Jing*, which is often quoted in the texts of *Shuowen Jiezi*. It shows that the creation and application of the text and the design of the creations behind it have a close relationship with the ancestors' understanding of the laws of the natural universe. The birth of *Yi Jing* began with the perception of nature. What's more rare is that it is not just a simple religious superstition, but also widely penetrates into all aspects of ancient creations, mixed with the experience of simple life, and upholding the concept of "Wuwei（无为）" that conforms to the natural way of nature. Because of this, when clans and tribes converge and blend again and again, foreign cultures, religious beliefs, and local thoughts collide with each other, the external form and function of creation design will produce dismantling, mutation, and agitation that seem unpredictable. It revolves around the inherent thinking of the creation, making it possible to keep up with the times. The essence of the creation spirit with great national cultural characteristics has been reorganized and repackaged with new shapes, new materials, and new functions to continue with a new look.

Key words: *Shuowen Jiezi*; design study; creation concept; design law; creation method; design aesthetic

目 录

绪 论 1
    一 研究背景 2
    二 研究目的与意义 5
    三 研究现状综述 6
    四 研究方法 15
    五 研究对象概念界定及主要研究范围 17

第一章 "衣"的设计解读 20
  第一节 衣饰的起源 21
    一 由"冠"的由来看元服的起源 21
    二 从"市"的构形与含义看衣饰的起源 22
    三 从上古社会巫术宗教中孕育而生的蚕丝制品 26
    四 藏礼于"衣"的等级初分 27

  第二节 服饰的萌芽 30
    一 因狩猎得来的服饰材料演变过程 30
    二 由采集、种植而来的服饰材料演变过程 35
    三 源于植桑养蚕的丝织品演变过程 42

  第三节 服饰设计的初始形态分类 66
    一 头衣服饰 66
    二 体衣服饰 78

三　足衣服饰 ··· 103

第四节　社会等级规范下的服饰设计 ······································· 112

　　一　服饰样式中的等级规范 ··· 113

　　二　服饰色彩中的身份象征 ··· 118

　　三　服饰材质中的贫富差距 ··· 125

　　四　服装玉饰中的身份隐喻 ··· 130

第五节　服饰的设计规范 ··· 131

　　一　尺寸有度的制衣规范 ·· 131

　　二　神鬼观念下的色彩禁忌 ··· 133

　　三　"功能"至上的男女服饰差异 ······································ 135

　　四　服饰天性使然的遮丑趋美 ·· 137

第二章　"食"的设计解读 ··· 141

第一节　饮食炊具的发端 ··· 141

　　一　由火引发的饮食炊具的革命 ······································· 142

　　二　酉（酒）的肇始 ·· 143

　　三　祭祀活动推动下的饮食器变奏曲 ································ 147

第二节　饮食炊具的形态分类 ·· 148

　　一　炊具分类 ··· 150

　　二　餐具分类 ··· 161

　　三　酒具分类 ··· 177

　　四　一般通用器皿 ··· 186

第三节　饮食炊具的制作工艺 ·· 192

　　一　陶器的制作工艺 ·· 192

　　二　金属器皿的制作工艺 ·· 195

　　三　竹木器皿的制作工艺 ·· 203

第四节　饮食炊具的功能演变 ·· 205

　　一　饮食炊具中的生活功用 ··· 205

　　二　饮食炊具中的原始崇拜 ··· 219

三　饮食炊具中的等级差异 226
　　四　饮食炊具中的美感追求 234
　第五节　饮食炊具的礼仪规范 245
　　一　饮食炊具与祭祀之礼 245
　　二　饮食炊具与宴饮之礼 249

第三章　"住"的设计解读 254
　第一节　先民居住观念与建筑的起源 254
　　一　从"住"类字看先民的居住观念 255
　　二　建筑的起源 269
　第二节　从"住"类字看传统建筑的分类 274
　　一　传统建筑的类型 274
　　二　非居住类房屋的传统建筑类型 292
　　三　传统建筑的组成构件 301
　　四　室内陈设与装饰 316
　第三节　传统建筑的建造材料与工艺 327
　　一　夯土筑基 327
　　二　版筑技术 329
　　三　烧砖制瓦 331
　　四　榫卯结构 335
　第四节　传统建筑的功能延展 336
　　一　从"住"类字看传统建筑的生活功能 337
　　二　从"住"类字看传统建筑的祭祀功能 348
　　三　从"住"类字看传统建筑的政教功能 355
　第五节　传统建筑的建造规范与禁忌 358
　　一　宇宙观下的传统建筑图式规范 358
　　二　礼仪规范下的等级化 366
　　三　宗法有序的布局要求 380
　　四　传统建筑的审美标准 385

第四章 "行"的设计解读 ··· 392

第一节 交通工具溯源 ··· 393
一 "交通"的概念理解 ··· 393
二 从"宙"看上古生存环境 ··· 394
三 舟车楫橹的传说 ··· 395

第二节 交通工具的品类划分 ··· 396
一 水上交通工具 ··· 397
二 陆上交通工具 ··· 406

第三节 交通工具的功能演化 ··· 421
一 从"载"看车类交通工具的核心功能 ····························· 421
二 交通工具的战争用途 ··· 423
三 丧事用车的功能拓展 ··· 427
四 隐性的炫耀 ··· 428

第四节 交通工具的设计规范与标准 ································· 431
一 以人为本的设计标准 ··· 432
二 尺寸有度的车船规范化完善 ····································· 437
三 尊卑分明的车舟制度 ··· 439
四 阴阳五行的用车讲究 ··· 442
五 文与质的审美争论 ··· 444

第五章 其他类设计解读 ··· 446

第一节 工具设计解读 ··· 446
一 猎捕工具设计解读 ··· 446
二 计算度量工具设计解读 ··· 453
三 书写工具设计解读 ··· 458
四 冶金工具设计解读 ··· 468
五 其他工具设计解读 ··· 471

第二节 农具设计解读 ··· 475
一 农具的孕育环境 ··· 475

二　农具的形态发展 ·· 481
第三节　兵器设计解读 ·· 497
　　一　进攻类兵器设计解读 ·· 497
　　二　抛射类兵器设计解读 ·· 513
　　三　护卫类兵器设计解读 ·· 524
第四节　乐器设计解读 ·· 533
　　一　《说文》中的各式乐器 ·· 533
　　二　乐器的制作工艺 ·· 546
　　三　礼乐中的乐器设计 ··· 550

结　论 ··· 553
　　一　从《说文》的文字发展特点看上古社会的设计思维体现 ········ 553
　　二　由《说文》引发的设计思考 ··································· 567

图片来源 ··· 575

参考文献 ··· 592

论文发表情况 ·· 605

索　引 ··· 606

后　记 ··· 609

Contents

Introduction ·· 1
   1. Research Background ·· 2
   2. Research Purpose and Significance ·· 5
   3. Review of Research Status ·· 6
   4. Research Method ·· 15
   5. Definition of Research Object and Main Research Scope ················· 17

Chapter I　Design Study of "Clothing" ·· 20
   Section 1　Origin of Clothing ··· 21
      1. Study on the Origin of Yuanfu from the Origin of "Guan(冠)" ········ 21
      2. Study on the Origin of Clothing from the Configuration and Meaning of "Fu(市)" ··· 22
      3. Silk Products Born from Ancient Sorcery Religion ······················ 26
      4. Hidden Etiquette in the Class of Clothes ··································· 27
   Section 2　Buds of Clothing ··· 30
      1. The Evolution of Clothing Materials from Hunting ······················· 30
      2. The Evolution of Clothing Materials from Collection and Cultivation ··· 35
      3. Evolution of Silk Fabrics from Mulberry and Silkworm Cultivation ··· 42

Section 3　Initial Forms Classification of Clothing Design	66
1. *Head Clothing*	66
2. *Body Clothing*	78
3. *Feet Clothing*	103
Section 4　Clothing Design under the Social Hierarchy	112
1. *Hierarchical Specifications in Clothing Styles*	113
2. *Status Symbols in Clothing Colors*	118
3. *The Gap between the Rich and the Poor in Clothing Materials*	125
4. *Identity Metaphor in Clothing Jade*	130
Section 5　Design Specifications for Clothing	131
1. *Clothing Specifications*	131
2. *Color Taboos under the cConcept of Spirits*	133
3. *"Functional" Paramount Differences between Men and Women*	135
4. *Beauty-enhancing Features of Clothing*	137
Chapter II　Design Study of "Food"	141
Section 1　The Beginning of Dinner Utensils	141
1. *The Revolution of Dinner Utensils Caused by Fire*	142
2. *The Beginning of You*(酉)	143
3. *The Evolution of Catering Utensils Driven by Sacrificial Activities*	147
Section 2　Morphological Classification of Eating Dinner Utensils	148
1. *Cooking Utensils Classification*	150
2. *Tableware Classification*	161
3. *Wine Set Classification*	177
4. *General Purpose Utensils*	186
Section 3　Manufacturing process of Dinner Utensils	192
1. *The Making Process of Pottery*	192
2. *The Making Process of metal utensils*	195

  3. *The Making Process of Bamboo and Wooden Utensils* ·············203
 Section 4 Functional Evolution of Dinner Utensils ··············205
  1. *Life Functions of Dinner Utensils* ························205
  2. *Primitive Worship of Dinner Utensils* ····················219
  3. *Differences in the Ranks of Dinner Utensils* ··············226
  4. *The Aesthetic Pursuit of Dinner Utensils* ·················234
 Section 5 Etiquette specifications for Dinner Utensils·············245
  1. *Dinner Utensils and Sacrifices* ··························245
  2. *Dinner Utensils and Feasts* ····························249

Chapter III Design Study of "Housing" ························254
 Section 1 The Ancestral Residence Concept and the Origin of
     Architecture·······································254
  1. *Study on the Ancestors' Living Concept from the Word of*
   "Zhu(住)" ··255
  2. *The Origin of Architecture*·······························269
 Section 2 Study on the Classification of Traditional Architecture
     from the Word of "Zhu(住)" ························274
  1. *Types of Traditional Architecture*························274
  2. *Traditional Architecture Types of Non-residential Houses*······292
  3. *Components of Traditional Architecture*··················301
  4. *Interior Furnishings and Decoration* ·····················316
 Section 3 Construction Materials and Processes of Traditional
     Architecture·······································327
  1. *Hangtu Zhuji(夯土筑基)*·································327
  2. *Banzhu(版筑) Technology* ·····························329
  3. *Burned Tiles* ··331
  4. *Tenon-and-mortise Structure* ···························335
 Section 4 Functional Extension of Traditional Architecture ··········336

1. *Study on the Living Function of Traditional Architecture from the Word of "Zhu(住)"* ·············337

　　2. *Study on the Sacrificial Function of Traditional Architecture from the Word of "Zhu(住)"* ·············348

　　3. *Study on the Function of Politics and Religion of Traditional Architecture from the Word of "Zhu(住)"* ·············355

　Section 5　Construction Specifications and Taboos of Traditional Architecture ·············358

　　1. *The Traditional Architecture Norms of the Chinese Universe View* ·············358

　　2. *Hierarchy of Etiquette Norms* ·············366

　　3. *The Layout Requirements of Patriarchal Orderly* ·············380

　　4. *Aesthetic Standards of Traditional Architecture* ·············385

Chapter IV　Design Study of "Transportations" ·············392

　Section 1　Transportations Traceability ·············393

　　1. *The Concept of "Jiaotong(交通)"* ·············393

　　2. *Study on the Ancient Living Environment from "Zhou(宙)"* ·············394

　　3. *The Legend of Transportations* ·············395

　Section 2　Classification of Transportations ·············396

　　1. *Water Transportations* ·············397

　　2. *Land Transportations* ·············406

　Section 3　Functional Evolution of Transportations ·············421

　　1. *Study on the Core Functions of Vehicle Transportations* ·············421

　　2. *War use of Transportations* ·············423

　　3. *Function Expansion of Funeral Vehicles* ·············427

　　4. *Hidden Show Off* ·············428

　Section 4　Design Specifications and Standards for Transportations ·······431

　　1. *People-oriented Design Standards* ·············432

  2. *Standardization of Transportations*··437

  3. *Hierarchical Transportation System*··439

  4. *Vehicle specification of Yinyang Wuxing*(阴阳五行)················442

  5. *Aesthetic Controversy of We*(文) *and Zhi*(质)··························444

Chapter V Design Study of Other Types··446

 Section 1 Design Study of Tools··446

  1. *Design Study of Hunting Tools* ··446

  2. *Design Study of Measurement Tools* ·······································453

  3. *Design Study of writing Tools* ··458

  4. *Design Study of Metallurgical Tools* ··468

  5. *Design Study of Other Tools* ···471

 Section 2 Design Study of Farm Tools··475

  1. *The Breeding Environment of Farm Tools*·······························475

  2. *Morphological Development of Farm Tools* ····························481

 Section 3 Design Study of Weapons··496

  1. *Design Study of Offensive Weapons*···496

  2. *Design Study of Projectile Weapons* ··513

  3. *Design Study of Guard Weapons*··524

 Section 4 Design Study of Instruments·······································532

  1. *Various Instruments in Shuowen Jiezi* ····································533

  2. *Production Process of Instruments* ··546

  3. *Instrument Design in Liyue*(礼乐)··550

Conclusions··553

 1. *Study on the Design Thinking of Ancient Society from the Characteristic Development of Shuowen Jiezi*······························553

 2. *Design Thinking Caused by Shuowen Jiezi*·································567

Image Source ··· 575

Bibliography ··· 592

Publication of Papers ··· 605

Index ··· 606

Postscript ··· 609

绪　　论

　　由东汉经学家、文字学家许慎所撰写的《说文解字》，简称《说文》，是我国历史上影响深远的文字语言学巨著，并成为广纳原初汉字形态结构、音韵和训诂的字典的权威之作。而其在收录和解说古文字的过程中无意间也成为完整保存上古社会文化形态和现象的重要载体。顾炎武曾提出："读九经自考文始，考文自知音始"（《答李子德书》），意思是"考文"（分析、理解文字的本身涵义）是经书研读的开端。在未产生经史典籍之前，脱胎于人们日常生活具体活动形象和理解的文字就已产生，可以说，上古社会人们的日常生活、物品器具的创造流变，以及对自然环境、社会环境、宇宙天地的文化认识都浓缩在文字的形声义中，再加上许慎在编写《说文》时"必遵修旧文而不穿凿"，必"博采通人"，"信而有证"[①]的严谨的科学研究态度，也为世人再次揭示出深藏于文字中的鲜活的上古社会文化生活画卷。章太炎先生认为："上世草昧，中古帝王之行事，存于传记者已寡，惟文字、语言间留其痕迹，此与地中僵石为无形之二种大史。"[②]阎若璩先生也说："古人之事，应无不可考者，纵无正文，亦隐在书缝中，要须细心人一搜出耳。"当然，中国汉字博大精深、历史悠久，其具有不言而喻的

---

① 许慎：《说文解字》，中华书局1963年版，第316页。
② 章太炎：1902年8月18日《致吴君遂书》，《章太炎书信集》，河北人民出版社2003年版，第64页。

规律性的变化和系统性的组织，而当中承载的更是一部涵盖多领域的、储量惊人的社会史、文化史、造物史宝藏。许书不仅开创了古汉语"分别部居，不相杂厕"的部首编排字典的先河，而且对本文而言，更重要的是，透过对《说文》中古汉字的重新整理与辨析，可以解读出远古深邃、丰富多彩的社会生活中的宝贵造物设计信息和证据，以辨析当中的观念、方式、文化意味。

一 研究背景

德国语言学家雅各布·格里木（J. Grimm）曾说："我们的语言——这同时也是我们的历史。"[1]而先民社会发展的历史无疑与当时的造物设计紧密相连，不可分割，从造物设计中流露出的先民们最初的社会生活轨迹、思想观念的转变、造物技术的创新与变革、造物设计形态与功能的流变与演进……无不在"远取诸物，近取诸身"的文字样式与结构中烙下深刻的印记，只是在长期的文字演化中被隐秘而完好地掩藏起来。中国古文字：图画文字-表形文字-表意文字-形声文字的发展，相对于西方的拉丁文而言更能形象、直观地反映出社会初期人们日常造物活动的真实景象。

东汉许慎在《说文》中系统地存储了当时经史子集中所使用的现行文字——经秦代"书同文"后的小篆和部分籀文，并将其分门别类，根据不同部首有条理地划分不同名目的字系，构筑出汉字系统的雏形，其反映着上古社会各个方面的发展情况。中国古汉字由象形文字发展而来，先民们将对当时的自然与社会环境、宇宙万物的理解，以及日常生活的经验映射、融汇在字体的形态上。作为蒙昧、难以考究的中国上古史的见证者，《说文》以其"观象取物"的文字结构隐秘而鲜活地记录了近人已认为"无复书记"[2]的远古历史，"从这个角度来说，《说文》是东汉以前的百科全书"（汤可敬《说文解字今释·前言》）。

---

[1] 徐志民：《欧美语言学简史》，学林出版社2005年版，第96页。
[2] 康有为：《孔子改制考》，中华书局1958年版，第1页。

另一方面，《说文》中的"许氏必有所本"（段玉裁语），"《说文》所说皆有来历"（黄侃语），从而也为文字中所反映的历史与文化提供了切实可靠的依据，而非凭空杜撰、异想天开之言。戴震所谓"以字证经，以经证字"大概也是意在于此，通过小篆中直接取材于上古社会文化生活的"笔意"，及其可以从文献典籍中得以清晰印证的内容，为上古社会的造物设计研究提供了可信而丰富的史料。因此，从《说文》引经据典的字义训诂中透露出来的上古社会造物情境与文化生活十分可信，是经史典籍反复印证下的可靠字系史料，也是上古社会造物设计研究的坚实根基。

当然，对于上古社会造物设计的解读并非单纯的照本宣科和简单逻辑，不仅因为这段历史离我们已有千年的时光距离，许多记录、史料都随着时间的流逝而灰飞烟灭，文献稀少的致命伤甚至曾使康有为发出"上古茫昧无稽考"的叹息，而且造物设计的发展并非存在于真空，它的运行轨迹是多重因素作用与限制的共同结果，社会的大环境、大背景，国家的政治导向，民族民俗信仰，思想文化变迁，日常生活条件与习惯，工艺技术水平，新材料的产生，人的心理与需求等等都对上古社会造物设计发展造成影响，更不论这些因素在不同时期影响力强度的变化所产生的不同结果。因此我们在研究中也要注意与造物设计内、外部的各种因素相结合，以便能够多角度反复验证对上古社会造物设计的解读正确与否。

自《说文》问世以来，关于它的研究一直层出不穷。从已知最早的唐代李阳冰开始，宋太宗雍熙三年（986），徐铉等人奉诏校订《说文》，世称大徐本，为我们现在通用的《说文》。大徐本以恢复其原本真貌为宗旨，另外增加了新附字，增加了反切，增加注解。《说文解字系传》则是徐锴为了纠正李阳冰的臆说，仿《周易》唐代序卦之例，以今语俗言证《说文》；兼明假借、引申之义；因声探求字义；梳理古今字之体；开始了《说文》的综合研究，还提出"六书三偶"说，世称小徐本。到了清代，说文学达到一个高潮，出现了《说文》四大家：段玉裁、王筠、桂馥和朱骏声。

随着西方学术思想的引入，《说文解字》的相关研究范围更加广泛，佐以新出土的文字、实物资料，涌现出大量著作：马叙伦《说文解字研究法》，蒋善国《说文解字讲稿》，黄侃《说文略说》，张舜徽《说文解字约注》，陆宗达《说文解字通论》，丁福保《说文解字诂林》，董莲池《说文解字考正》《说文解字文献集成》，季旭昇《说文新证》等。

《说文》所包含的研究内容也日趋多样化，除了之前对《说文》本身的大量研究外，还增加了文化方向上的拓展。目前，与本文相关的《说文》的社会文化研究著述有：《〈说文〉"示部"字与神灵祭祀考》《〈说文解字〉中所保存的有关古代社会状况的资料》《汉字阐释与文化传统》《〈说文解字〉的文化说解》《〈说文解字〉与汉字学》《〈说文解字〉与中国古代文化》《〈说文示部〉文化阐释》等，这些文化研究内容已十分丰富，有些内容已有较为深入的研究。主要是关于古代祭祀文化、风俗文化、日常生活等方面的探讨，当中或多或少都包含着与本文相关的衣食住行等各方面的文化内容分析。而若是单纯从设计学角度来看，自上世纪八十年代以来，《中国设计史》《中国工艺美术史》《中国古代服饰史》《中国艺术设计史》《中国饮食器具发展史》《先秦时期中国居住建筑》《中华文明史话——交通工具史话》等都设有上古时期（史前—夏商周—春秋战国—秦汉）的章节（卷），并对衣食住行各设计门类皆有相关的分析，部分研究内容也已达到相当水平。更不用说不计其数的在期刊、论坛中发表的文章，都各具观点，从不同角度阐发个人对造物设计的独到见解。据以上关于上古社会的文化、历史、造物设计的研究成果看，主要表现出以下几个特征：

（1）从《说文》角度解读上古社会文化的研究成果丰硕，尤以字系探源和文化意象的研究为多；

（2）纯艺术史、设计史的著作全面而深入地从设计学角度作造物设计分析，但更侧重于实物考古，相关的综合文化研究也与古汉字之间的联系不够紧密，有的仅寥寥数语便一带而过；

（3）针对《说文》造物设计方面的专门研究竟告阙如，仅零散见于社科类和艺术设计类学术期刊、文集中。

为此，本文将《说文》研究与上古造物设计研究相结合，并以设计学为侧重点进行专题性研究，梳理、归纳和深入研究上古社会人们日常生活中衣、食、住、行，兼及工具、农具、兵器、乐器等各个方面。

二 研究目的与意义

1. 从《说文》探索上古造物设计原貌。简单地说，《说文》即是一本存储规范化小篆及部分籀文的"古义"字典，历朝历代的文人大家对其的研究、考析、疏注均遵循一定的固有思维。但随着西方学术研究的引入，关于《说文》自身的研究也逐渐与文化领域研究产生交叉。而在古代，人类历史的发展往往与造物工艺和技术交织在一起，人类社会文化发展的历史在一定程度上也是一部造物设计的发展史，在社会文化历史发展中占有很大比重。而古汉字在创造之始，其"远取诸物，近取诸身"的造字方法确实使汉字无意中保留了当时人们生活创造性活动和成果的基本面貌，这也为今天得以从《说文》中汲取上古造物设计的信息提供了有力保障和研究的新途径。

2. 还原造物设计发端时的真实面貌，为上古设计研究提供参考，进一步了解秦汉以前造物工艺的发展情况。今天，关于上古时期的设计研究仍然不多，不仅因为这段历史离我们太过遥远，也因为无论从实物考古还是文献史料的角度来看，都显得稀少而残缺不全。然而《说文》成体系的文字系统和严谨的训诂使得本文的研究基础《说文》得到字经相互验证的双重保险，以确保接下来的研究工作的真实可靠性。本文试图以《说文》为突破口，在方法上以定量的实证方式与定性的阐述方式相结合，以《说文》文字的形音义、先秦两汉典籍和后世研究成果为依据，与上古社会生活与造物设计联系起来，从而为设计史研究开启一个新的窗口，为上古设计研究提供多方面的参考。

3. 对《说文》与上古工艺设计做一个系统的专题研究,有助于深化古汉字与造物设计的研究。本文以《说文》的设计解读为研究主旨,内容涉及形式、功能、材料、工艺和设计规范五个方面,兼及"生活""宗教""思想""美学""文化"等主题。汉字虽然是东汉末年才在许慎《说文》中被编排成逻辑合理的字系系统,但是字体形成的年代却多不是汉代制造,它的构形本义取自遥远的上古社会生活形态,并且在同一时期汉字是成批量同时出现的,必然显示着时代的烙印,也必然会反射出上古工艺设计的发展状况。而且,《说文》中来自上古典籍的训诂也深藏着创字之初社会生活的造物活动。将《说文》与上古造物设计相叠置,进行系统研究,使上古设计研究更加完整、充实。

三　研究现状综述

1. 国内外主要研究文献

(1) 关于《说文》在语言文字学方面的研究文献:

表1　国内外关于《说文》在语言文字学方面的研究文献

作者	题目
(南唐)徐锴	《说文解字系传》
(清)段玉裁	《说文解字注》
(清)徐灏、徐橞	《说文解字注笺》
(清)桂馥	《说文解字义正》
(清)王筠	《说文释例》《说文句读》
(清)朱骏声	《说文通训定声》
(清)钮树玉	《段氏说文注订·附札记》
马叙伦	《说文解字研究法》
黄侃	《说文略说》

续表

作者	题目
张舜徽	《说文解字约注》
丁福保	《说文解字诂林》
张舜徽	《说文解字导读》
张亚蓉	《〈说文解字〉的谐声关系与上古音》
季旭昇	《说文新证》
南开大学中国文字学研究中心编	《说文学研究》
董希谦	《许慎与说文解字研究》
董莲池	《说文解字考正》《说文解字文献集成》
俞绍宏	《〈说文古籀补〉研究》
马慧	《说文解字注笺研究》
赵宏	《说文部首书注》
李先华	《〈说文〉与训诂语法论稿》
周名辉	《新定说文古籀考（上中下卷）》
强立开	《说文古籀三补（上下册）》
祝敏申	《〈说文解字〉与中国古文字学》
宋永培	《〈说文解字〉与文献词义学》
蒋善国	《〈说文解字〉讲稿》
[瑞典]高本汉	"Word Families in Chinese"
[法]A.J.格雷马斯	《结构语义学》
[英]R.H.罗宾斯	《简明语言学史》
Lakoff,G. &M.Johnson.	"Metaphors We Live By"

续表

	作者	题目
论文（选列30项）	江学旺	《〈说文解字〉形声字甲骨文源字考——论形声字的形成途径》
	叶斌	《〈说文解字〉的形训理论》
	蔡梦麒	《〈说文解字〉徐铉注音质疑录》
	任连明	《〈说文解字〉头部名称形声字本义与源义关系举隅》
	杨佳佳、任连明	《〈说文解字〉人体义域形声字本义与源义关系举隅》
	张道俊	《〈说文解字注〉"合韵"论析》
	王卯根	《浅释〈说文解字〉的"声读同字"现象》
	陈五云	《说文解字和许慎语言哲学初探》
	韩伟	《试论桂香复〈说文解字义证〉及其六书研究特点》
	张道俊	《〈说文解字注〉"合音"论析》
	王森	《〈说文解字〉含"儿"字释义语研究》
	刘了术	《〈说文解字〉重文性质部首探析》
	章琦、赵成杰	《东北师范大学图书馆藏〈说文解字〉批校本三种初考》
	彭宣维	《运算加工与特征整合——〈说文解字〉词义范畴形成的功能—认知解释》
	张丽霞	《〈说文解字〉文字训释中的循环变易观》
	林鹤鸣、洪飏	《〈说文解字〉拟声词浅析》
	吉顺平	《马叙伦〈说文解字六书疏证〉成书考论》
	邓韦	《〈说文解字〉少数字今读与反切规律音相异撷例研究》
	张云	《〈说文解字〉中遗留的钟祥方言本字考》
	卢庆全	《段玉裁〈说文解字注〉"一曰"训诂内容研究》
	唐丽珍	《〈说文解字〉释语中的复音词与〈辞源〉释义补正》
	郝翠荣	《浅谈〈说文解字〉翘舌音反切中介音增减问题》
	喻娟	《〈说文解字〉中存在大量声训原因探微》
	李刚	《早稻田大学藏〈说文解字注〉点校本研究》

续表

作者	题目
于荻	《〈说文解字〉对研究古文字的作用》
邓韦	《〈说文解字〉少数字今读与反切规律相异撷例研究》
冯琳、曹楠楠	《许慎〈说文解字·叙〉的语言文字观辨析》
Michael Loewe	"The pivot of the four quarters: a preliminary enquiry into the origins and character of the ancient Chinese city"
Changchun HU; Chao MA	"Exploring the Secret of the Ancient Chinese Character's Development: A Hindsight After Reading The Development of Ancient Chinese Character"
Wenying SU	"The Research Overview of Variant Chinese Characters"

（2）国内外关于《说文》在上古社会文化方面的研究文献：

表2　国内外关于《说文》在上古社会文化方面的研究文献

	作者	题目
论著（选列30项）	陆宗达	《说文解字通论》
	臧克和	《〈说文解字〉的文化说解》
	王宁师	《〈说文解字〉与汉字学》
	谢栋元	《〈说文解字〉与中国古代文化》
	王平	《〈说文〉与中国古代科技》
	万献初	《〈说文〉字系与上古社会》
	王宁、谢栋元、刘方	《〈说文解字〉与中国古代文化》
	雷汉卿	《〈说文〉"示部"字与神灵祭祀考》
	宋永培	《〈说文〉汉字体系与中国上古史》
	李振中	《说文解字研究》
	宋永培	《〈说文〉与上古汉语词义研究》
	李玲璞、臧克和、刘志基	《古汉字与中国文化源》

续表

	作者	题目
	张再兴	《汉字的功能》
	藤枝晃	《汉字的文化史》
	张玉梅	《汉字汉语与中国文化》
	冯盈之	《汉字与服饰文化》
	李景生	《汉字与上古文化》
	孙继善、孙屹	《汉字与中国古代文化》
	陈鹤岁	《汉字中的古代建筑》
	戴吾三	《汉字中的古代科技》
	段石羽	《汉字中的中国古代哲学思想》
	魏红梅	《王筠〈说文〉著述中的民俗物象解读》
	詹绪左、朱志良	《汉字与中国文化》
	周有光	《汉字和文化问题》
	王慎行	《古文字与殷周文明》
	高明	《中国古文字学通论》
	何九盈	《汉字文化学》
	[英]爱德华·泰勒	《原始文化》
	[俄]B.A.伊斯特林	《文字的产生和发展》
	[日]阿辻哲次	《图说汉字的历史》
论文（选列30项）	王雪燕；道尔吉	《从〈说文〉女部字看上古婚姻制度的变迁》
	朱鸣	《〈说文解字〉中火部字与中国古代的火文化》
	雷汉卿	《〈说文〉"示部"字所反映的古代宗教文化释证》
	黄德宽，常森	《〈说文解字〉与儒家传统——文化背景与汉字阐释论例》
	王钦	《〈说文〉酒器简释》
	许凌虹	《〈说文〉"玉"部字与古代玉文化》

续表

作者	题目
李英	《古代颜色观的发展——〈说文〉糸部颜色字考》
李立新	《"家"的原生形态与现代形态——一个东西方比较意义上的设计文化思考》
孙永义	《〈说文〉字义体系与中国古代图腾崇拜文化》
庞子朝	《论〈说文解字〉的文化意义》
黄宇鸿	《〈说文解字〉与居住民俗文化——〈说文〉汉字民俗文化溯源研究之一、二、三、四、五、六、七》
许嘉璐	《说"正色"——〈说文〉颜色词考察》
顾瑛	《〈说文·衣部〉构形表义系统的文化学价值》
王燕	《〈说文·女部〉字的文化意蕴》
季春红	《〈说文·女部〉"婚"字群的认知研究》
钱宗武；王传东	《〈说文〉车部字的文化阐释》
李海霞	《〈说文〉的部类及其文化探索》
赵云涛	《试论〈说文·马部〉反映的古代马文化》
何毓玲	《从〈说文·女部〉字窥古代社会之一斑》
张韶萍	《〈说文·玉部〉与中国古代玉文化》
万献初	《章太炎的〈说文〉讲授笔记及其文化阐释》
翟毅宁	《从〈说文〉宀部字看中国古代的农耕社会文化》
张磊	《〈说文〉"宀"部字与古代建筑文化》
李欢	《〈说文〉玉部字王权文化内涵》
赵小刚	《〈说文〉所反映的上古婚制》
赵征	《〈说文〉玉部字与古代玉文化》
许家星	《解读〈说文·牛部〉的文化内涵》
唐雷	《〈说文·女部〉字的女性主义解析》
Carol C. Fan	"Language, gender, and Chinese culture"
Xu-wu HUANG	"About the Chinese Character of 'Ri'（"日"）"

2. 国内外主要研究文献综述

《说文》将周秦在书面语言中的文字、声音、词义进行了系统而相对平实的解读，无论是其在字形上极大程度收集和进行形声归类，还是字义释讲中以贯彻始终的"声义相依"法则力证古汉语中词义的来源，又或是用"读若"和"读与某同"的方法通过注音体现文字的类别和联系（通假），都表现出该书丰富的信息承载量，也因此自郑玄《三礼注》后，掀起了之后历朝历代注释家们对《说文》争相引用、整理和研究的热潮，至今不绝。到唐宋以后，对《说文》本身的研究更成为一门集文字、音韵、训诂于一体的语言文字的专门之学，徐锴著《说文解字系传》通释三十卷，对许慎的原文进行解释，采用朱的反切注音，以及文献引证等方法对《说文》中的文字进行疏注、阐释。至清代汉学复兴时，因对《说文》的认识提升而诞生出无数优秀著作，如：《段注》《义证》《句读》《释例》《通训定声》等都已为世人所熟知。尤其段氏的《说文解字注》，在清代数以百计的《说文》研究大军之中，更是独树一帜、反响巨大，当中弥补了《说文》原书中的许多不足，注意到词义的演变过程和规律、同源词的考释、同义词的梳理，及字形的补充等，同时也引发了学界各家对段注微瑕之处的诸多补正著述。在我国卷帙浩繁的文献古籍中，援引《说文》以解其意的训诂之法司空见惯，除先时郑玄的《周礼注》《仪礼注》《礼记注》外，应劭的《风俗通义》、晋灼注的《汉书》也都有所援引。

而《说文》中"分别部居，不相杂厕"的偏旁编纂方法也对后世字典的编排影响甚广，西晋吕枕的《字林》、南朝顾野王的《玉篇》都是仿照了《说文》中按照偏旁部首的顺序编写成书的，即使是今天常见的《新华字典》《现代汉语词典》《辞海》等工具书中的部首查字索引也是源于许慎所创体例的规则延续发展而来，尽管当中部首的建类和划分因时代的变迁而产生了一定的出入，但总体汇编的原则并没有丝毫的改变。

自许慎在撰写《说文》的过程中"博问通人，考之于逵"，博引古今众家学术典籍明文，并加以整理提炼，对所集"文"九千三百五十三，"重文"一千一百六十三，共一万零五百一十六字，部首五百四十部汇集训诂成册时，就在无形中奠定了该书文献语言学的创始地位。其篆体和部分籀文在形音义上系统而完善的留存，其在字形、字音、字义上的释说经验，都成为后世整理、释解古代文书词义不可或缺的首选工具典籍。正是因为《说文》所具有的潜力无限的学术价值与应用价值，及至今天，围绕《说文》的各类文字的补正诠释等研究古汉字及其发展历史的工作依然延续不断，如：宋永培的《〈说文〉汉字体系研究法》、祝敏申的《〈说文解字〉与中国古文字学》、强立开的《说文古籀三补》、李先华的《〈说文〉与训诂语法论稿》、俞绍宏的《〈说文古籀补〉研究》等等皆是如此。甚至在日本等国家也有许多专门研究《说文》这门学科的学者专家，并成立"《说文》学会"之类的研究交流性组织，以促进《说文》学科研究的不断深入。另外瑞典著名汉学家高本汉在其"Word Families in Chinese"一书中首次将现代西方语音学理论方法与中国古文字研究相结合，更为科学、规范地整理"词族"。当中虽然有不少问题与错误，但却为中国古汉字研究提供了新的方法与途径。

　　此外，《说文》除了是一本字书外，由于其字形传承于远古时期"远取诸物，近取诸身"的象形文字，字义广征前人所著经史子集之论著，因此书中所含文字的结构音形不可避免地透露出丰富多彩的上古社会文化内容。也因此在利用《说文》进行古文字研究的同时，关于上古社会历史及当时社会文化生活的考辨也取得很大发展。成型的著作，如：陆宗达的《说文解字通论》，运用《说文》所列的字形解释古书的词义，分析古今字义的变迁、词义的系统性、假借现象、旁见的说解，以及《说文》中的训释字和被训释字，并从中探析字里行间所保存的有关古代社会状况的资料：古代社会生产、科学、医疗学，甚至是社会制度；臧克和的《〈说文解字〉的文化说解》中，尤其是最后的三到五章从文字意象的角度分析了上古时期社会文化思想在文字中的反映；谢栋元的《〈说文解字〉与中国古代文化》从王权思想、美酒和玉石、鬼神迷信、饮食文化、乐器文化、底层民众、名利观念几个方面举例分析了字形结构与中国古代社会文化之间的联系；王平的《〈说文〉与中国古代科技》从天文学、农学、医学、数学、物理学、化学、地理学等七个方面对《说文》加以重新梳理、归类与论证；万献初的《〈说文〉字系与上古社会》分八章重点考察了《说文》字系中所含的上古先民"捕获、狩猎、畜牧、农耕、饮食、器皿、衣着、居住、商贸"等方面的生产生活内容；王宁、谢栋元、刘方的《〈说文解字〉与中国古代文化》较之谢栋元的《〈说文解字〉与中国古代文化》涵盖面更广，也更加深化；王宁师的《〈说文解字〉与汉字学》介绍了《说文》与汉字形义学、与汉字构形学、与汉字文化学、与当代汉字的研究与应用等；雷汉卿的《〈说文〉"示部"字与神灵祭祀考》是关于示部字系与神灵祭祀文化的专题性研究；李振中的《说文解字研究》以"词与意义解说"为切入点，通过《说文》相关条目的类聚分析，揭示其所反映出来的中国先民十个方面的深层文化观念意识；宋永培的《〈说文〉与上古汉语词义研究》从《说文》的词义系统论证了上古社会中多样生活文化形态的本源与联系。另外，也有一些零散的硕士学位论文和期刊论文，也都对《说文》中的字系与上古社会文化之间的联系做了一定深度的探索，如：高晓燕的《由〈说文〉初探中国古代饮食文化》、胡虹的《〈说文〉丧葬类古文字考释》、谢慧的《〈说文·玉部〉字的文化解析》、唱晓梅的《〈说文·酉部〉酒类语词命名研究》等硕士学位论文；还有王雪燕、道尔吉的《从〈说文〉女部字看上古婚姻制度的变迁》、雷汉卿的《〈说文〉"示部"字所反映的古代宗教文化释证》、李英的《古代颜色观的发展——〈说文〉糸部颜色字考》、许凌虹的《〈说文〉"玉"部字与古代玉文化》、黄宇鸿的《论〈说文〉俗字研究及其意义》、翟毅宁的《从〈说文〉宀部字看中国古代的农耕社会文化》等等。

总体来说，通过文献检索得知，无论是论著还是论文，以《说文》为研究对象探究中国上古文化的研究成果仍主要以国内研究为主，不仅数量巨大，内容、角度也十分丰富多样，相比之下，国外在这方面的研究显得非常薄弱，难有踪迹可寻。而在国内，目前关于《说文》本身的研究已十分详尽、系统，根据《说文》字系研究上古社会文化的著述也有很多，有的从某部字的角度探讨当中蕴含的原始文化信息，有的从整部《说文》著作透析某个层面的上古社会文化内涵。从《说文》的本体字部进行研究（如王宁、谢栋元、刘方的《〈说文解字〉与中国古代文化》）及其与其他学科的交叉研究（如臧克和的《说文解字的文化说解》），成为当今《说文》在上古社会文化研究的两大方向，不仅在数量上，研究的角度、深度和广度都有很大程度的拓展。不过，从《说文》中的系部字角度发掘上古社会日常生活造物设计信息，侧重于设计学领域的系统探讨研究还比较少。但这也为本文的研究提供了广阔的探索空间，因"六经皆史"的缘故，因此可以将具有史料实质的《说文》作为特殊的设计史文献，并佐以先秦两汉典籍及后世之研究成果，从衣、食、住、行，兼及工具、农具、兵器、乐器等各个方面的造物艺术，对其进行重新整理、归纳、分析与论证，希望能为中国上古社会的造物设计史研究挖掘出深藏于字缝中的设计信息。

四　研究方法

1. 文献研究法。这是本人在撰写本文时最常用到的一种研究方法。根据本文的需要，通过到新华书店、购书中心、书刊资料中心进行采购和查阅，到学校图书馆借阅相关资料，向老师和专家求助，借助 CNKI、维普、方正等数据库和网上搜索引擎进行免费查阅、下载，又或是在 BBS 论坛发求助帖子，请别人帮忙等方式充分地占有资料，多角度、全方位地正确了解所要探讨的内容，在认真调研相关文献资料、把握国内外研究动态的基础上，找出事实本质，发掘可能隐藏的新内容、新观点，为本文的研究提供可靠的依据，使文章的内容更加充实、科学。

2. 描述性研究法。这是一种简单的研究方法，可以将已有的现象、规律和理论通过自己的理解和验证，给予叙述并解释出来。而对各种理论的一般叙述，更多的是解释别人的论证，但在科学研究中是必不可少的。它能定向地提出问题，揭示弊端，描述现象，介绍经验。它的例证方法也很多，可以是具有说服力的数据调查、可以是对于案例的详细描述、也可以针对某一事件发表评论等等。

3. 语义场归纳法。在进行分析研究的时候，首先将运用分类归纳法，将《说文》中与衣食住行的生活造物设计相关的文字进行整理，依照衣、食、住、行、工具、农具、兵器、乐器的顺序，对文字中包含的造物设计内容划分类别，联系造物的用途、性质、形式、意义等方面加以有条理的设计解读，以形成结构完善、层次清晰的上古造物设计研究体系，从多重角度探索其背后所隐藏的艺术表现意味、技术意味、思想文化意味，甚至吸取设计的养分，为创造出具有中国特色的未来设计提供某种启发。

4. 据形系联法。《说文》本身的编排方式即决定了文字之间的系联关系是按照部首的指向类别进行划分，隶属每一字系的各个文字都多多少少受到其形符约束，而反映在字义的理解与运用上。因此，在分析衣、食、住、行、用各类的相关造物设计词的时候，时不时都需要将部首与所属文字联系起来进行分析。

5. 同源词义素分析法。将语义相同或相近的一系列文字集中起来构成语义场进行分析是本文运用的一个主要研究方法。其中，义素即是构成词义的最小意义单位，也就是词义的区别特征，也称语义成分。每个词都有共同义素（共同语义特征）和区别义素（不同语义特征）两部分组成。一组同源词的区别义素或许并不相同，但是它们的共同义素总是有着十分密切的联系，依据这一点可以帮助我们更好地探索上古社会先民造物的源初情况。

6. 比较分析法。通过从文字的同义词构形变化、同源字部首的变形特点、近音字的含义系联等方面的比较，从而对衣、食、住、行等各类造物设计的起源与发展有个较为完整和全面的认识和理解。

7. 音义关照法。随着时间的推移和社会的发展，文字的形态也会随之发生改变，从而模糊了造字之初的本意表达和联系。但从字音和字义两方面出发，比较文字之间的发音和历时、共时语义的变化，也会透析出文字中隐藏的上古设计信息。

五　研究对象概念界定及主要研究范围

1. 对象时间界定：自史前时期至两汉王朝。

《说文》成书于汉和帝永元十二年（100年）到安帝建光元年（121年），书中文字以小篆为主，兼收部分籀文，这些文字都是援引自上古典籍中书写的文字，因此，《说文》中所囊括的社会时间区域以商周为主，兼及史前及至两汉，是一段十分古老神秘而波荡起伏的岁月。这一时间线跨越了三个极具代表性的人类发展时代，即：以春秋战国时期为中轴时代，追溯过去是遥远难觅的神话时代，放眼未来是人性解放的世俗王权社会。而这种时代的变迁、社会的进步和观念的转变也必然不可避免地带来物质形态、功能、意义上的巨大变革。

2. 研究内容界定：本文以《说文》为特殊的设计文献，佐以先秦两汉典籍和后世研究成果进行系统性分类研究。

许慎所撰《说文》以谈字、解经的形式将上古社会史"莫不毕载"其中，亦成为"经艺之本"。当中所录小篆和籀文之"笔意"构形均直接取自真实社会生活景象，以使"前人所以垂后，后人所以识古"《说文·第十五上》，并"方以类聚，物以群分，同牵条属，共理相贯，杂而不越，据形系联，引而申之，以究万原。"《说文·第十五下》中国汉字源自图画的构形表意为后人研究上古历史提供了重要的参考资料，其内在的部首体系、暗藏的音义关联及流变也为探索上古时期造物源头和功能转型建立了研究平台。而解释古文典籍更是其中的重要内容之一，河南大学《许慎研究》曾对《说文》引用典籍数目做过统计：《易》79条、《书》159条，

《诗》442条，《礼》139条，《春秋左氏传》181条，《春秋公羊传》若干条，《国语》20条，《论语》31条，《逸论语》2条，《孝经》3条，《尔雅》28条，《孟子》8条，总计引经1305条；引群书：《天老》1条，《山海经》1条，《伊尹》2条，《史篇》3条，《师旷》1条，《老子》1条，《墨子》2条，《司马法》11条……共计78条；此外还有引经籍而不著经籍名者，又有隐括原文而为说解者。①许书中所包含的这些自古传承下来的文史典籍，无疑于一面镜子，将上古社会先民们的造物设计与活动以书面的形式拓印下来。并通过"以字证经，以经证字"的方式使镜中影像更为真实、可信。

3. 解读范围界定：本文以衣、食、住、行为主要研究对象，兼及工具、农具、兵器、乐器，从造物起源、形式、功能、材料工艺和设计规范五个方面对这些设计进行有条理的分析梳理，从而尽力还原上古社会与人们日常生活息息相关的造物内容的真实设计状况，试图透析出这种原生态设计中所渗透着的宝贵的造物思想与观念。

本文从《说文》字书这一新的角度来展现上古时期我国的造物设计活动画卷，把书中涉及造物内容的汉字作系统性、多角度、定性定量分类考析，从字的形音义方面考察《说文》字系中上古社会先民在"服饰、饮食、居住、交通、工具、农具、兵器、乐器"等生产生活方面的设计内容。"衣"章包含从《说文》中解读出的关于衣饰最初材料的发展与演变，丝织品制作工艺和品种花色的类别演进，重点分析服饰形态的表现与拓展，并从各种传统服饰中解析社会礼仪的制约因素，以及规范设计在衣饰设计中的反映。"食"章主要针对《说文》中饮具、食具和炊具三大类器具的设计解读。当中包括饮食炊具的产生背景；形态分类；制作工艺，以陶器、金属器和竹木制作工艺为主；功能演变，如：生活功用、原始崇拜、等级差异、美感追求；祭祀和宴饮的礼仪规范。"住"章也是从五

---

① 张震泽：《许慎年谱》，辽宁大学出版社1986年版，第118页。

个方面对《说文》内容梳理后的设计解读：先民居住观念与建筑的起源；传统建筑的分类，包括房屋的类型、空间构成、用途、形制规模，非房屋的类型，建筑构件和室内陈设装饰；建造所需的土木材料与工艺；功能的延展，像：基本生活功能、祭祀功能和政教功能；最后是建造的规范与禁忌，当中涉及到先民在宇宙自然、社会等级、宗族礼法等复杂问题上的观念认识对设计的影响。"行"的设计解读主要源自《说文》中对"车"系与"舟"系字的归纳分析。从交通工具的产生背景说起，对水陆交通工具品类和功能进行系统性梳理，对其材料的选用、基本构件的组成、工艺技术的进步作细致研究，并单辟出一节专门对交通工具的设计规范和标准进行讨论。最后一章"其他类设计解读"从工具、农具、兵器、乐器四个方面对造物设计进行简要分析，梳理与论证，不做重点讨论。

第一章
"衣"的设计解读

　　说到"衣",就不禁联想到当今世界令所有女性为之疯狂的时尚服饰,博人眼球的顶尖品牌服饰、迷人亮眼的 T 台展示、引领世界着装风潮和舆论话题的国际时装周。今天的"衣"设计已成为一门专业性的时尚行业,借助商业运作所带来的世界性传播与巨大价值利润远超一般模式,其所吸收的精华元素更离不开对传统式样的借鉴和历史文化的汲取。中国衣饰文化源远流长,开始"衣"与"饰"是分别独立的,其连用的历史最早可追溯至《周礼·春官·典瑞》："辨其名物,与其用事。设其服饰"之语。字书《说文》在说解时亦包含了十分全面的"衣"及数百衣饰类用字,通过解析这些语汇的构成、内涵,不仅可以勾勒出中国早期服饰发展历程、真实面貌特点,及社会多层面着装习惯和规范,还能够从中更加清楚地体会到承袭于血液里的、具有中国特色的传统服饰设计理念与思路,为服饰设计今后的发展提供了宝贵的参考。

第一节　衣饰的起源

《说文》载："衣，依也。上曰衣，下曰裳。象覆二人之形"，衣自产生以来，就成为人们身体的依靠，具有遮蔽身体、抗寒保暖、美化装饰等基本功用。因此"衣"亦成为象征人类文明产生的物化形式之一，它的起源凝结着先民对生存方式的思考、艺术审美的偏好、神灵宗教的崇拜、工艺技术的演进、道德伦理的建构、文化风俗的遵循……以下将通过对《说文》中对相关语汇的分析深入探讨上古衣饰的起源问题。

一　由"冠"的由来看元服[①]的起源

"冠"是一个会意字，由它的构字成分，不难想象其最初呈现的面貌与意义。

冠，《说文》："冠，絭也，所以絭发，弁冕之总名也。"

很明显，"冠"可以分成三个部分来看："冖""元""寸"。"冖"的形象是由一向两边下垂，《说文》指其："覆也"，即俗称的"幂"[②]；"元，始也。从一，从兀。"[③]"元"本意为人头，《左传·襄公九年》曾提到："元，体之长也"，而甲骨文" "、金文" "的写法也都毫无例外地突出了人体的头部，徐锴更明确地指出："取其在首，故从元"；"寸"在《说文》中释为："十分也。人手却一寸，动脉，谓之寸口"。林义光在其《文源》中十分生动地描述了冠的形态和戴冠的动态："从寸之字，古多从又，象手持冖（幂）加元之上；元，首也"，"冠"

[①] 元服也称头衣，可简单理解为今天的帽子。
[②] 徐铉注："今俗作幂。"徐灏注笺曰："冖，又作幂，《说文》无幂字，幂即幎也。"
[③] 汤可敬；《说文解字今释·上册》，岳麓书社1997年版，第2页。

即穿戴于头上的服饰。

据典籍记载,"冠"最早出现于黄帝时期,或许是出于对自然、鸟兽的崇拜、或许是出于对美的追求的天性使然,人们开始对野兽的头角和鸡禽的顶冠产生浓厚的兴趣和向往,于是,由木、石、玉、骨、皮、羽毛等材料加工制作而成的[①],形似禽兽冠角的头饰随之出现。云南三千多年前的沧源崖画中就曾出现了许多头戴角冠的人物形象(图1-1)。《后汉书·志·舆服下》中也曾有类似的记录:"(后世圣人)见鸟兽有冠角髯胡之制,遂作冠冕缨蕤,以为首饰。"但奇怪的是,"冠"字的形象在甲骨文和金文中均杳无踪迹,与之最为接近的也仅有众说纷纭的"冒"嫌疑最大。也许,起初"冠"的功用仅是为了束住头发而做成的简易的"持发"[②]之箍,只是在后来又被赋予了更多、更为复杂的政治与社会内涵。

二 从"市"的构形与含义看衣饰的起源

关于衣饰的起源问题,学界上存在多种说法,因其年代久远,又缺乏有力实证而多有争论。其中,《说文》"市"的训解为衣饰起源的猜测提供了基础。

市,《说文》:"市,韠也。上古衣蔽前而已,市以象之。天子朱市,诸侯赤市,大夫葱衡。从巾,象连带之形。韍,篆文市。从韦,从犮。"

韠,《说文》:"韠,韨也。所以蔽前,以韦。下广二尺,上广一尺,其颈五寸。一命缊韠,再命赤韠。从韦,毕声。"段氏引郑玄注《礼》曰:"古者佃渔而食之,衣其皮。先知蔽前,后知蔽后。后王易之以布帛。而独存其蔽前者,不忘本也。"

---

①《群书考索》:"黄帝以前以羽皮为之冠,黄帝以后则以布帛为之,饰以冠冕缨绥之做,皆有所象也。"

②(汉)班固《白虎通·绋冕》:"冠者,卷也,所以卷持其发也。"

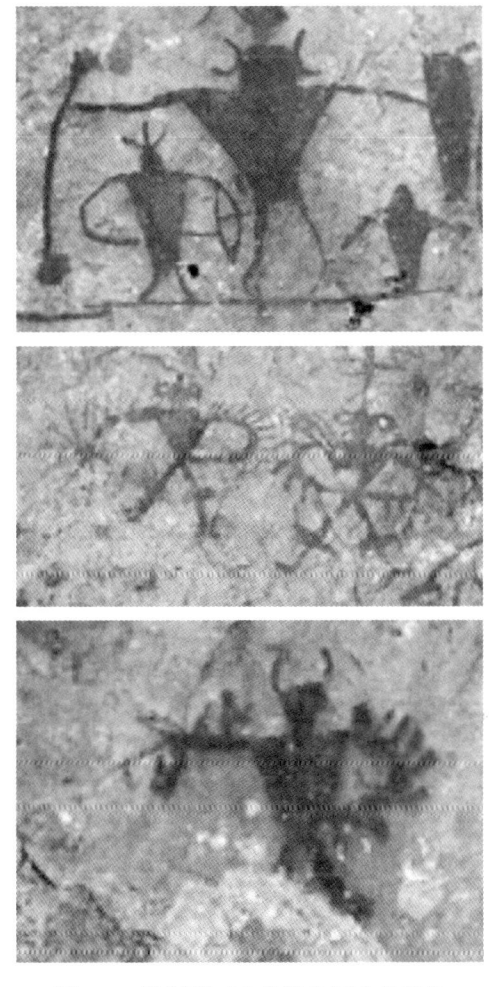

图1-1 沧源崖画中头带角冠人物形象

按此组《说文》语汇的互训关系构成看,"巿""韍"与"韠"三者同指一物,为上古先民开始尝试着衣时遮蔽身体的服饰。先撇开"巿"的布料质地不论,只从其样式而言,"巿"是仅遮蔽身前的衣裳,从"巾"的字形结构"象连带之形",说明这件"蔽前"的衣裳是通过系带穿戴在身上的。"巿"最早见于盂鼎金文,其"从一从巾"的文字图像亦显示出大巾以一根博带系于身前的样子。经段氏考释认为,"(从巾,象连带之形)谓一也。玉藻云：颈五寸，肩革带博二寸。郑曰：颈五寸亦谓广也。颈中央，肩两角，皆上接革带以系之。肩与革带广同"。在《师克盨铭考释》中郭沫若提出"市一般作市，亦作韨或韍等，古之蔽膝，今之围腰。古人以为命服"的观点，即市应为垂至超过膝盖，好像今天做饭时使用的围裙。但是又与围裙直接系在身上不同，"皆上接革带以系之"，市之系带是拴在革带上的。

其材料选用方面，依据许书中以从韦之"韍"作"市"之异体字，又与同为"韦"属的"韠"形成递训关系，《段注》在引用《周易乾凿度》时体现出"市"的又一变体：从糸之"绂"来看，这种上古蔽膝应初以皮革简单围拢，后加工鞣制使生皮柔软更贴合身体。纺织技术发展起来后，丝麻制的布料逐渐替代皮料成为原料供给的主力，而蔽膝也作为原始生殖崇拜遗制完全融入衣饰构成之中。就安阳殷墟出土的考古实物看，古人腰带下方正中位置装饰有一块上狭下广的斧形巾饰，结合郑玄"后王易之以布帛。而独存其蔽前者。不忘本也"在礼经的注解来看，"市"是围腰的推断应最贴近事实的市巾样式。当然，也有人认为其应类似于今天的"肚兜"，还可以护卫胸腹。但不管是肚兜还是围裙，先民们关注的重点首先都在于身前，而后才顾及到股后。尤其是肚兜和围裙发生交集的下体处的生殖器，似乎更是衣之初服"市"产生的真正原因。

至于为什么要在下身围遮衣饰"市"的更深入原因，也基本显示了人们对衣之起源的几种基本看法。针对郑注"先知蔽前。后知蔽后"之语时孔孙颖达训释"以人情而论，在前为形体之亵，宜所先蔽"，认为人是在面对两性时因感到害羞而以衣巾遮蔽之。西方《旧约·创世纪》的记载中也曾提到亚当、夏娃违背上帝命令偷吃禁果后开始意识到赤身露体的羞耻，而拿无花果树的叶子作衣服遮挡身体。（图 1-2）《白虎通·号》也有："古之时……能覆前而不能覆后"的类似说法。可见"遮羞说"似乎是古今中外人们的共识，但是很难想象身前的一块布或一片叶子可以彻底地完成遮羞的工作,又或者其实它们什么也遮挡不了,而是一种特意引人注目的信号?上古先民有着对生殖器的执着崇拜,在《说文》收录的"祖""后""族"等语汇中都不难发现取象生殖器形态的痕迹,人们甚至为其供奉祭祀、顶礼膜拜,不以为羞,反以为荣,皆因其象征着后代子孙的兴旺、氏族部落的繁荣。著名的芬兰艺术学家希尔恩认为,早期先民运用多种方法遮掩私处,其实只是一种引起异性注意的手段,聚会、狂欢时跳舞佩戴腰饰也是为了更好地达成这一目的而产生的。①因此,仅就"市"所析之观念看,先民在腰间系"市"的行为掺杂了对异性的吸引与挑逗,同时也包含着对生殖器的保护与崇拜,是原始生殖崇拜思想的承袭和物化表现。

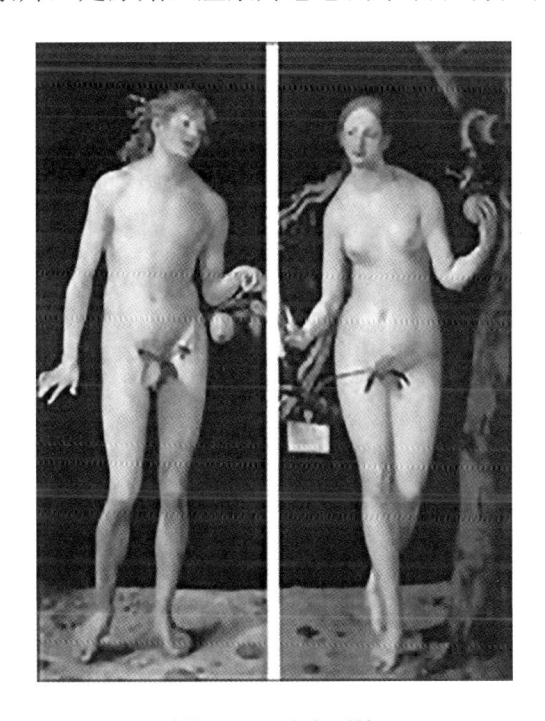

图 1-2 亚当和夏娃

---

① 朱狄:《艺术的起源》,中国社会科学出版社 1982 年版,第 247 页。参见原文:"原始人通过多种多样掩盖其裸物的覆盖物,大概是为了吸引人的注意,以便在当时的观众中产生一种性的刺激。例如舞蹈中的腰饰,它就是专门为了在那种带有色情的舞蹈和喜庆的舞蹈时使用的。它们的刺激目的是显然的。"

三 从上古社会巫术宗教中孕育而生的蚕丝制品

"蚕"字在楷书中由上"天"下"虫"构成，意喻可代表上天神灵的虫子，听起来匪夷所思，竟与神灵相通。而在上古小篆文字中"蚕"写作"蠶"，《说文》释其："任丝也。从䖵，朁声"，表示孕育丝的虫子。蚕在先民眼中与其他生物是不同的，从卵孵化为幼蚕，经历四次蜕皮后结成蚕蛹，再破茧成蛾，整个过程就像是一曲不断变体重生的生命变奏曲，一生充满着神奇与感叹。与之类似的如蛾、蝴蝶、青蛙、蛇、鸟、蝉、龟、鱼等也都曾经历不止一次的生命形态转化，而成为永生不朽的吉祥象征，纵观历史，无论蒙昧的原始社会或发达的今日世界、皇家王族还是民间百姓、阳居摆设亦或阴宅明器，都不舍这些意喻生命不灭的灵物形象装饰，是自原始崇拜延续下来的对生命的敬畏与向往。

尤其是蚕，其形象被艺术化为各种饰件或纹样装饰于器皿等上，商代初期蚕形装饰盛行于各式器皿，特别是青铜祭器，笃信鬼神的商人将其列为巫觋在祭祀仪式上沟通鬼神的重要法器，"铸鼎象物，百物而为之备，使民知神奸……用能协于上下，以承天休"（《左传·宣公三年》），而其上的装饰蚕纹亦成为辅助巫师与神交流的得力助手，无形中渲染上"神事"的色彩。再看蚕之形象：头圆、两眼突出、体屈曲状，因此有人认为，殷商明器上的饕餮兽面纹即以蚕首为原形；也有人根据商代将蚕祭称为龙祭的说法推测蚕其实为龙之本义，又说蚕纹如蛇纹般有鳞状斑纹、曲体呈长条状却不能盘卷，其生命历程也如传说[①]中的龙般既可游于地面亦可羽化翱翔于空中。但不论蚕究竟属于何种神物原形，它在上古巫术宗教和先民心中的地位显然都是非同一般的。因此，可想而知，由象征通灵圣物的蚕吐出的丝、制成的丝织品顺理成章同样被视为神秘之物用于巫祭。（图1-3）

[①]《管子·水地》载："龙生于水，被五色而游，故神，欲小则化为蚕蠋，欲大则藏于天下，欲尚则凌于云气，欲下则入于深泉；变化无日，上下无时，谓之神。"

图 1-3 春秋青铜蚕纹 18 字铭鼎

及至秦汉，这一礼俗依然留存。"晋侯伐齐，将济河。献子以朱丝系玉二瑴"（《左传·襄公十八年》）；"日食必救之何？阴侵阳也。鼓用牲于社，社者众阴之主。以朱丝萦之，鸣鼓攻之，以阳责阴也"（《白虎通·灾变》）；"大水者，阴灭阳也。阴灭阳者，卑胜尊也，日食亦然，皆下犯上以贱伤贵者，逆节也，故鸣鼓而攻之，朱丝而胁之，为其不义也"（《春秋繁露·精华》）；"五月五日以五彩丝系臂者，辟兵及鬼，令人不病温"（《艺文类聚·卷四》引《风俗通》）。当天灾人祸降临时，人们就会习惯性地在祭祀时献上可以沟通鬼神的珍贵丝织品，祈求得到上天的护佑、辟邪和赐福。

四 藏礼于"衣"的等级初分

历史上经常会提到"藏礼于器"一词，其中"器"字一般会被理解为器具、器皿，因为上古祭祀时礼器的设计与严格的礼仪制度规范互为表里，并从数量、大小、组合、纹饰等各项细节体现级别的高低。而今天俗称的"衣服"之叠音字"服"在《说文》被归类于"舟部"，释为"用也"，从一定角度来看，衣服同器具、宫室、车船等性质相同，都部属人们生活之"用"，因此，自祭祀礼器体现礼制等级的方式在凡"用"的领域内皆同样适用。

衣，《说文》："衣，依也。上曰衣，下曰裳。象覆二人之形。"

许书释"衣"为遮蔽身体的依靠的统称，其"上衣下裳"的结构显然是中国古代早期较为普遍的衣着形制。从殷商时甲文"衣"的写法"㐅"看，上古衣饰是由表示双臂的"𠆢（入）"加两袖"、、"和两襟互掩"乙"的上衣组合示意而成，左右交领的两旁是与之缝在一起的宽大衣袖。尽管"裳"字的出现相对较晚，但小篆中从尚表高级之义的裙子"裳"也是拥有悠久传统的正式服装，它搭配上衣一起成为不晚于商代的中国上古传统礼服中代表最高级别的汉服衣饰。《周易·系辞下传》云："黄帝、尧、舜，垂衣裳而天下治，盖取诸乾、坤"，黄帝、尧、舜都是神话时代伟大的部落首领，他们身着衣裳制的服装除了"依以芘寒暑也""自障蔽也"（《释名·释衣服》）外，还用于治理天下，无疑证明了"衣裳"形制的古老与高贵。（图1-4）随后出现的头饰、冠帽、足衣等也与之搭配，共同协助衣裳"表德劝善，别尊卑也"（《白虎通·衣裳》）。而这种"上衣下裳"的衣饰形式设计并非想当然的天马行空，却是取自先民对"乾上，坤下"的宇宙天地的朴素认识。那时的人们相信自然万物均受制于某种神秘力量，世间的一切都应在一定秩序中循环往复，继而，这种原始宗教的自然崇拜刺激了思想中对天地、阴阳、男女、君臣、父子等自然、社会、人伦关系的理解与建立，并将其投影于衣饰的设计，形成了如领袖、冠履（官吏）等衣裳构件上下有序的配置和结构形式。同时，原始部落首领也依据衣裳中各主要部位主次高低的顺序设立官职，"垂衣而治"。可见按照穿戴配饰的不同划分等级、官职的传统古已有之，并在周代建立起森严的服饰等级规范，形成更为系统化的礼制制度。

图1-4　山东嘉祥武梁祠黄帝像石刻

前文提到的衣之初服"市"在《说义》的说解中不止阐释了服饰的产生原因，亦涉及到由衣饰的色彩、配饰的变化所彰显的不同人群社会地位的差异。《说文·市》载："天子朱市，诸侯赤市，大夫葱衡"；《说文·韠》的"一命缊韠，再命赤韠"则出自《礼记·玉藻》："一命缊韨，幽衡；再命赤韨，幽衡；三命赤韨，葱衡"之句，两者语汇相互应对，共同将早期衣饰划分成简单而明确的三个等级：一等天子着赤黄色蔽膝佩黑色玉衡，二等诸侯穿赤色蔽膝佩黑色玉衡，三等大夫为赤色蔽膝佩青色玉衡。"市"之设计规范显露出衣饰发展前期就已遵循的"以等上下而差贵贱"（贾谊《新书·服疑》）的传统设计理念，使"衣服有制，宫室有度"（《荀子·王制》）。而这种以衣饰标志人的尊卑贵贱的观念与宫室的建制一般，同样根植于阶级社会的历朝帝王心中，"易冠服"也成了每任开国君主的必修功课。

第二节　服饰的萌芽

自上古先民意识到"羞耻"以来，便开始寻找各种材料制"巿"遮挡身体。《礼记·礼运》曰："昔者先王……未有麻丝，衣其羽皮。后圣有作，然后……治其麻丝以为布帛"，从羽皮到麻丝，再到布帛，中国传统服饰材料经历了多重进化、变革，《说文》也为这一段时间的服饰材料发展提供了大量宝贵的信息，其所收录皮部字 4 个、毛部字 40 个、羽部字 10 个、韦部字 23 个、革部字 72 个、葛类字 4 个、麻部字 8 个、从糸部字 290 个，充分显示出上古先民在各类布料的开发上对服饰设计萌芽时期的强大资源供给与技术支持。

一　因狩猎得来的服饰材料演变过程

中国上古社会的生产方式是以采集、狩猎为主开始的，而与这一发展阶段同步产生的新原料亦被用于日常衣饰的制作。从剥皮制革、织毛饰羽到之后植桑种麻、纺纱织布，服饰材料的发展是多元性的。如《礼记·王制》所载："西方曰戎，被发衣皮，有不粒食者矣；北方曰狄，衣羽毛穴居，有不粒食者矣"，因狩猎得来的皮革毛羽类材料成为应用至今的古老衣饰材料。今天，皮、毛、羽制衣物的价格总是高居不下，不仅因为其华美的外表和复杂的加工工艺，助其成为高端消费商品，更重要的是它的物以稀为贵。

1. 皮革材料的起源与发展

上古时期，由于可使用的武器较为原始，大型野兽还具有很高的危险性而使狩猎不易。但是在长期的狩猎生活中，人们发现不仅兽肉营养味美，可用于果腹，兽皮还有"蔽形"护体的功效，而且兽皮加身好像勋章一样，越多越显示其骁勇强大。

皮，《说文》："皮，剥取兽革者谓之皮。从又，为省声。𥬔，古文皮。𠬶，籀文皮。"

革，《说文》："革，兽皮治去其毛，革更之。象古文革之形。𠦶，古文革。从三十。三十年为一世，而道更也。臼声。"

韦，《说文》："韦，相背也。兽皮之韦，可以束枉戾相韦背，故借以为皮韦。𩉅，古文韦。"《字林》曰："韦，柔皮也。"

根据《说文》释义，以上一组三字属于同义、近义关系。其中，"皮"从又，取象手剥兽皮之形，也有古文皮"𥬔"从竹部，"盖用竹以离之"（段玉裁语），用竹子剥离兽皮。远古狩猎时代的人们"食其肉而寝处其皮矣"（《左传·襄公二十一年》）的生活图景说明皮作为衣料的物质基础成熟，已掌握用手或竹剥离兽皮的技术工艺。由此，《说文》中以"皮"为声符的文字有：

被，《说文》："被，寝衣，长一身有半。"

帔，《说文》："帔，弘农谓裙帔也。"

披，《说文》："披，从旁持曰披。"

按这一组三项对应构成看，声符皆从皮，形符分别从衣、从巾、从手取类。而"皮"均为"被""帔""披"之孳乳，"被"为睡衣、"帔"表裙子、"披"指灵柩两旁握持的帛，三者都有包裹、围覆之义，好像兽皮一样裹覆于身体表面，可见，"皮"不仅能使所构成的语汇由此得声，也为义符会意图形。尽管《说文》中没有出现指向明确的衣饰语义，但在先民心中"皮"本就是有围披特质的衣料。

不过，衣料的"皮"毕竟还只是基本未作任何处理的粗糙材料，而到了"革"和"韦"阶段相对已进化许多，徐锴《系传》云："生曰皮，理之曰革，柔之曰韦"，三者意义虽然相通，均指皮质质料，但显然"革"是在原生态的兽皮基础上除去毛物，样貌稍作修改的皮料；"韦"是进一步熟治加工的柔皮，制作工艺复杂许多，因此穿着后的舒适度也相对提高。《说文》中出现了专指去毛的皮的专用语汇"鞹"；表示皮革处理后柔软特性的"鞣"；指向柔软皮革种类的"靼"；也有注重美观的文彩皮革"鞼"、用茅蒐草染熟牛皮的"靺"等，不仅皮料制作工艺的工序变得复杂，视觉美观度也得到大幅提升，有了花纹、色彩的装点，服帖性、舒适性与原始生皮已不可同日而语。发音同有"围绕"义"囗"的"韦"亦从一定程度体现了经过精细加工的皮料柔韧度。出于治皮技术的提升，从革从韦的衣饰类字随之增多，如《说文》提到的体衣"鞼""韨"；足衣"鞍""鞘""鞮""鞻""鞅""鞭""鞍""韄"；衣饰配件：臂套"講"、鞋帮"鞔"、鞋带"䪗"、鞋跟帮贴"鞍"等。许书为"皮""革"和"韦"表示皮裘的材料语汇专设了独立的部类，但是真正指向衣饰涵义的字并不多，多数表示用皮量不高的车马配饰，足见在人工养殖业不够发达的上古社会皮革的珍贵程度。

2. 从毛部看织物的较早形态

直至今日，皮、毛二字仍多连缀使用以形容服饰质料。《说文》更专设一语汇加以命名。

裘，《说文》："裘，皮衣也。从衣，求声。一曰象形，与衰同意。"程培元《广答问疏证》曰："裘以毛为表，以肤为里，义正同革去毛皮也。"

而按照"裘"之象形文字图像"求"看，其取象"皮衣毛露之形"，以显示"古人著皮衣，毛向外以为观美"（饶炯《部首订》）的制衣审美思想。《尚书·禹贡》亦曾载："熊、罴、狐、狸、织皮"，孔颖达疏曰："毛氄为罽，织毛而言皮者，毛附于皮，故以皮表毛耳"，说明古时的兽毛多依附于皮革基料才能成为衣物中装饰性的组成部分。在他们看来，皮之不存，毛将安傅"（《左传·僖公十四年》），如果没有了皮，兽毛也没有了用武之地。带毛的皮料应是制作原始衣饰最古老的基本原料之一，也是当时低下的生产力条件下最容易作出的经济选择，它将皮上与生俱来的兽毛巧妙地装点为衣裳的饰品，符合了艰难生存环境中人们不自觉地寻求生产利益最大化和生产方式简单化的标准。

　　毛，《说文》："毛，眉发之属及兽毛也。象形。"

　　䏽，《说文》："䏽，毛盛也。《虞书》曰：'鸟兽䏽髦。'"

　　毨，《说文》："毨，兽豪也。"指野兽鬃毛。

　　毳，《说文》："毳，兽细毛也。"指鸟兽细毛。

　　氅，《说文》："氅，毛纷纷也。"指毛又细又多。

　　氂，《说文》："氂，犛牛尾也。"

　　髦，《说文》："髦，发髦髦也。氆，髦或从毛。"

　　毨，《说文》："毨，仲秋，鸟兽毛盛，可选取以为器用。"

　　氎，《说文》："氎，以毳为绳，色如虋，故谓之氎。虋，禾之赤苗也。《诗》曰：'氎衣如虋。'"指用细兽毛编织的布料颜色如赤色禾苗，所以称为氎。

　　氈，《说文》："氈，捻毛也。"《段注》曰："蹂也。捻毛者，蹂毛成毡也。"

　　依据此组从毛语汇训释，毛即指依附于皮而存在的动物毛发，其形态各异，有茂盛的"䏽"、纤细的"毳"、又细又多的"氅"，或专指哺乳动物身上不同于其他部分的硬长毛"毨"和"氂"。《说文》中从毛部的语汇数目并不多，共计10字，大部分用于描述鸟兽的毛、羽形貌疏密等情况，却也出现了涉及织毛布料内容的"毨""氎""氈"三字，以及西北少数民族氏人织的兽毛布"纰"、用细兽毛制的毡类毛织品"罽"和絮在衣服里面的"氄"。经考古证实，肇始于新石器时期、为数不多的毛织制品与《说文》语汇显示的内容一致，仅有平织类的毯、布等几种有限类型，并主要集中在西部新疆地区，其精细程度虽然无法与今天的纯毛针织衣服相比，但是无疑捻毛成毡的毛纺织技术早在 4000 多年前已然成熟，为后来"毛衣"制作工艺的发展奠定了基础。而且，上古典籍中亦多有发现以兽毛纺线制衣的印迹，如：《诗·王风·大车》中的"大车槛槛，毳衣如菼"之"毳衣"，即用毛布制成；《周礼·春官·司服》中"祀四望山川，则毳冕"之"毳"依郑玄引汉代郑司农语释为"罽衣"，同指毛织物制作的衣裳；《后汉书·志·舆服下》中"上古穴居而野处，衣毛而冒皮"之"衣毛"平译过来，也指穿着毛制的衣服……可见自商周以降，毛逐渐与皮脱离，凭借毛纺织技术独立门户，创造出不同于传统皮裘的新型布料，而"如璊""如菼"的毛制品染色技术亦为"毛衣"增添了新鲜的视觉色彩体验和礼制等级划分的物质条件。

此外，《段注》还引赵注《孟子》之语勾画出毛制衣裳的另一侧面："褐以毳织之，若今马衣者也，或曰枲衣也。一曰粗布衣"，"马衣者"顾名思义可理解为贫贱穷苦之人，这类人群穿着的御冬毛衣是被称作"褐"的兽毛制衣裳。虽然都是用"毳（兽毛）"织成衣裳，但显然程度各异。褐衣是庶民穿用的粗陋"毛衣"，而毳衣毳冕却是王祭祀时穿戴的礼服，不仅在原料筛选、毛纺织加工方面有着严格的技术把控，还以先进的染色工艺进行装饰。两者之间体现出明显的"毛衣"高低档次差异，其熟练的毛纺织技术也达到可因对象身份的区别而灵活施展的地步。

3. 最初的装饰之物：羽

具有包裹涵义的"披"字历史上曾发展出多个变体，仍以皮为声符，只是从属部类变得多元化，从比、从开，还有从羽部。"翍"以羽之形强调所披巾块的具体样式特点，同时也说明羽与皮在作为所披之物的质料方面地位应该相等，都属于真正衣料出现之前人们选择"蔽形"的原始服饰材料。

羽，《说文》："羽，鸟长毛也。象形。"

徐灏《段注笺》曾有"人、兽曰毛，鸟曰羽，浑言则通曰毛"之说，因此鸟羽与兽毛一样都是动物表皮上覆盖的物质，倘若要将

"皮"治理成"革"或"韦",羽、毛皆为被抛弃物。而想废物利用很大程度上需要倚靠更高等级的技术支持,但在果腹尚且需要殚精竭虑的洪荒时代,显然并不具备这一条件。

翌,《说文》:"翌,乐舞。以羽翳自翳其首,以祀星辰也。"

翌,《说文》:"翌,乐舞。执全羽以祀社稷也。"

翻,《说文》:"翻,翳也。所以舞也。从羽殹声。《诗》曰:'左执翻。'"

翳,《说文》:"翳,华盖也。"

翣,《说文》:"翣,棺羽饰也。"

雩,《说文》:"雩,夏祭乐于赤帝以祈甘雨也。雩,或从羽。雩,羽舞也。"

舞,《说文》:"舞,乐也。翌,古文舞从羽亡。"

翻查《说文·羽部》语汇可以发现,从羽部字共36字,却无一与衣饰和织物有关,相近的也只有指向乐舞、舞具、旌旗,及车、棺饰品的7字。《说文》收录的"舞"之异体字"翌"也从羽部,且如《段注》所释:"周礼乐师。有羽舞。有皇舞。郑司农云。羽舞者、析羽。皇舞者、以羽覆冒头上衣饰翡翠之羽",上古"舞"之本义源于"羽"之装饰;范宁注《谷梁传·隐公五年》"初献六羽"句曰:"羽,翟羽,舞者所执",舞具的制作原料亦使用羽毛;郑注《周礼·考工记·钟氏》"钟氏染羽"句则提到羽作为车马装饰品的功用,曰:"羽所以饰旌旗及王后之车"。可见,"羽"多以装饰品的形式存在,用于可展现其美的显眼位置,如:车马、舞蹈、旌旗等处。虽然"羽"是上古先民制作衣饰时最早使用的材料之一,但是与"皮"偏重于御寒蔽体的实用性不同,"羽"更多主打装饰效果,与"正经"衣料分工是不同的。

二 由采集、种植而来的服饰材料演变过程

《说文·第十五上》中即载:"及神农氏结绳为治,而统其事",远古先民使用绳线打结记事的同时,也反映出作为衣饰布料

半成品的绳线的发展进程。与富含动物蛋白质的鸟兽皮毛来源相异，从早期采集、种植活动中发现的植物纤维制衣材料也是上古先民织布裁衣的一大原料供应体，表现在《说文》中有从艸部的葛藤类语汇和从麻部的各项文字，其所指向的成品衣物文字与蚕丝制的糸部、巾部、衣部合流构形的工艺演变亦将在下文一一解读。

1. 麻葛类材料的发展与演变

在人们开始有意识地植桑养蚕、纺纱织布以前，与"食肉寝皮"的着衣方式几乎同时并行的还有葛麻的补充。根据前文对《说文》中皮部、革（韦）部、毛部、羽部不多的材料文字梳理可知，兽皮、兽毛虽然参与先民的原始制衣活动，但因为狩猎危险性过高，猎物数量稀少、随机，而使毛皮原料显得十分难得，普及性不高。从这一点来看，仅通过采葛种麻即可获得衣饰原料的做法更为安全，收获数量也更有保障。

（1）"葛"藤粗衣

关于"葛"藤粗衣的记载在《诗经》中多有显现，如："葛之覃兮，施于中谷，维叶莫莫。是刈是濩，为絺为绤，服之无斁"（《周南·葛覃》）；"绵绵葛藟，在河之浒"（《王风·葛藟》）；"葛生蒙棘，蔹蔓于域"（《唐风·葛生》）；"纠纠葛屦，可以履霜"（《魏风·葛屦》）等，描写了野生葛藤的生长状态及殷周时期先民采葛制布裁衣的情形。

葛，《说文》："葛，絺绤艸也。"桂馥《义证》曰："本书：'絺，细葛也。''绤，粗葛也。'《诗》：'披采葛兮。'传云：'葛，所以为絺绤也。'"

絺，《说文》："絺，细葛也。"

绤，《说文》："绤，粗葛也。帗，绤或从巾。"

绉，《说文》："绉，絺之细也。《诗》曰：'蒙彼绉絺。'一曰：蹴也。"桂馥《正义》载："《诗》正义：'絺者，以葛为之，其精尤细靡者，绉也。'"

艸，《说文》："艸，百卉也。"

按照《说文》中"葛"之语义递训释义,并将其带入《诗经》上下文语境中理解可知,葛是随处可见、生长迅速的野草,后经过采集、水煮、捶洗等工序提取所需纤维,再依据所得纤维的粗细选择性地被先民们用来编织细葛布"绨"或粗葛布"绤",绨绤也由此成为葛布的总称。不过,上古纺织技术之高还发展出比细葛布"绨"更细的布料"绉",按段氏的说法,其"如水纹之靡靡也。谓其极细",颠覆了人们印象中"葛布=粗布、葛服=粗衣"的传统认知,可见即使是葛衣,其质料工艺也有高("绉")、中("绨")、低("绤")三个不同档次,以体现不同等级的人身份、地位的差别。

在对制作葛布、葛衣的原料需求上,也并非任何野草都能胜任,而是一种豆科藤本草质植物,其长纤维的特性符合了原始纺织工艺的要求和标准。除"葛"外,《说文》还列出了三种从艸部可用于织布的葛类植物语汇:

蘲,《说文》:"蘲,艸也。《诗》曰:'莫莫葛蘲。'一曰:秬䵢也。"

蔓,《说文》:"蔓,葛属。"朱骏声《通训定声》曰:"许云葛属者,谓如葛之类引藤曼长者,凡皆谓之蔓也。"

蔂,《说文》:"蔂,葛属,白华。"

"蔓"是所有葛属藤生植物的总名,取其葛藤生长特性中的蔓延之义;与之同训的"蔂"在王筠引述《玉篇》时则明确归其为"为绨为绤之艸";"蘲"不如"蔓""蔂"清晰地在释文中阐析出制衣的用途,不过据孔疏达《诗经》所言,"(蘲)亦葛之类也"。尽管许书收录的葛类植物语汇不多,仅有4字,却较为全面地涵盖了葛藤粗衣的原料来源。漫山遍野、生命力旺盛的丰富葛藤资源,使得由其编织而成的粗细葛布"绨绤"也逐渐成为人们衣饰布料的重要选项。按《周礼·地官·掌葛》所书:"掌葛,掌以时徵绨绤之材于山农",周代时甚至专门设立"掌葛"一职按时向山农征收葛草和葛属草类,以作为赋税上缴国家。

（2）种"麻"织布

在《说文》中与"葛"与"褐"隶属同一声符"曷"，且语义相似，二者之间有着同音同源的密切联系。

褐，《说文》："褐，编枲韤。一曰粗衣。从衣，曷声。"

枲，《说文》："枲，麻也。从木，台声。𣏟，籀文枲，从㯱，从辝。"

麻，《说文》："麻，与㯱同。人所治，在屋下。从广，从㯱。"

㯱，《说文》："㯱，（葩）[萉]之总名也。㯱之为言微也，微纤为功。象形。"

《说文》释义中用来制褐的"枲"与"麻"递训，《段注》曰："未治谓之枲。治之谓之麻。以巳治之称加诸未治。则统谓之麻"，依照"褐"的语义递训关系可知，褐本为麻编而成的衣衫，与葛制的"绤"服一样都属于"粗衣"。又因"褐"与"葛"声符相同，也有人猜测二者实际同指一物，《谷梁传疏注》范宁语："以葛覆质以为埶……葛，或为褐"。葛、麻一类经过处理的纤维是中国古代最早使用的植物类纺织原料，文字"麻"图像可追溯到上古金文，说明至少从商周时起，先民们就已对以麻为原材料的纺织工艺有所认识。

《说文》中未以"棉花"之义收录"棉"字，也未对今天通常意义下的"棉布"作过相关训解，王筠《句读》认为："不谓之布者，以麻为之者谓之布，以葛为之者仍谓之葛。所以别也"，《段注》载："古者无今之木绵布。但有麻布及葛布而已"，都显示出我国古代早期织布默认原料为麻、葛类植物纤维，棉花类不属于当时布匹材料供应名单，为后来才引入的新品种，国内原本并不存在，所以许书中没有记载。《小尔雅》称"麻、纻、葛曰布"，将麻、葛不同种类的植物纤维并列，混而曰布，同时暗示了麻与葛在纺织成品方面的某些相似之处：

縳，《说文》："縳，蜀细布也。"

絟，《说文》："絟，细布也。"

紵，《说文》："紵，檾属。细者为絟，粗者为紵。䋞，紵或从绪省。"

緦，《说文》："緦，十五升布也。一曰：两麻一丝布也。㮣，古文緦从糸省。"指制作丧服的细麻布，凡远亲皆穿緦服。

緆，《说文》："緆，细布也。纑，緆或从麻。"

繐，《说文》："繐，细疏布也。"

緰，《说文》："緰，緰赀，布也。"《段注》曰："急就篇：服锁緰与缯连。师古曰：緰赀，緆布之尤精者也。"

在这里的"布"即指源自麻类的纺织制品，且有粗细之分，如"紵"是粗麻布；"繐""絟""緦""緆"是细麻布，只是"繐"特指四川地区生产的白细布，"緦"专供丧服之用；"緰"则是比细麻布"緆"还要精美的细布，"帛"是后世引申统称丝织品的语汇，相当于今天外贸出口服饰的成分标签上经常用英文指代丝含量的"silk"，《广韵·虞韵》中用"帛"释义"緰"，[①]不禁令人联想到丝织品的华美。湖南马王堆汉墓的墓主人所穿四季服饰中即包含了细麻制作的衣裳，其出众的工艺技术、细腻的衣饰质感亦从实物的角度证实其不输丝绸的精致，广受上层贵族青睐。而一般庶民则多着大麻粗衣，即所谓的"布衣"。随着如葛、褐、绨、绤这样在上古时期清楚表示用植物纤维制作的衣裳义文字渐渐为世人淡忘，由于粗麻布市井间的广泛应用而逐渐覆盖整个麻纺织品概念，使麻衣成为今天粗布衣饰的代名词。

2. 麻类材料的织造工艺

按《说文》所载，"麻"字结构从广从㯳，与最早出现的金文"麻（𣏟）"十分相似。"厂"象形开敞式空间的作坊或工棚，"㯳"表示将某种植物茎杆"丨"上的韧皮剥离开"）（"的状态，重复性设置两个皮茎分离的麻杆则意味"麻"密立如林的样子，王筠

---

① 《广韵·虞韵》："緰，彩緰，帛也。"

《句读》曰："枾是古麻字，麻微声相近。《春秋说题辞》载：麻之言微也，阴类寝密，女作纤微也"，徐锴《系传》亦释："此盖庀敞之形，于其下制麻也"，"麻"形象地描述了女子在屋下制麻纺布的情形。

除了"麻"字本身所显现的治麻工艺外，《说文》中亦建立一整套详细的"治麻工序语义场"：

刈，《说文》："刈，芟艸也。从丿、从乀相交。㐅，乂或从刀。"

沤，《说文》："沤，久渍也。"

渍，《说文》："渍，沤也。"张舜徽《约注》曰："湖湘间谓以手持物入水中使浸湿，旋即取出，曰渍。盖渍者，暂沤之名也。许训为沤，浑言不别耳。"

析，《说文》："析，破木也。一曰折也。"

朩，《说文》："朩，分枲茎皮也。从屮，八象枲之皮茎也。"

绩，《说文》："绩，缉也。"

缉，《说文》："缉，绩也。"

欻，《说文》："欻，积所缉也。"

纑，《说文》："纑，布缕也。"

布，《说文》："布，枲织也。"

麻的种类很多，有大麻、亚麻、苎麻、苘麻、黄麻、剑麻、蕉麻等，但基本都遵循同一治麻流程。按此组语义场所示需要经过五道工序才能完成麻布的最后制作。

第一步为"刈（乂）"，即指收割麻类植物。"乂"取象左右来回割草之形，《段注》曰："乂者，必用钊镰之属也"，先民们会使用镰刀类工具提高收割麻草的效率。

第二步为"沤""渍"，是将收获的麻草放入水中长时间浸渍，以便使麻杆的木质组织柔化，如孔颖达所训："然则沤是渐渍之名。此云沤，柔者。谓渐渍使之柔韧也。"麻类植物都是由纤维和包裹在其周围的蜂窝状结缔组织、胶质组成，所以在获取纤维之前需要先进行统一的脱胶：沤渍，这一点与葛藤水煮之法相区别。《诗·陈风·东门之池》亦云："东门之池，可以沤麻"，麻通过在水中浸泡可达到软化纤维的功效。但是沤麻的时间是有限制的，过长或过短都会影响麻下一道工序及麻布质量的好坏。若浸渍时间过长，麻中的植物纤维会遭到破坏，导致捻集成线后柔韧性不足，易崩断，所以古代曾有"老农一杯茶，误了一池麻"的说法；若沤渍时间过短，在紧接着下一道"朮"之剥麻皮时就会影响效率，张舜徽《约注》载："盖谓生麻也。生麻未沤，其性不柔，不中缉绩之用"，其所制成的麻线同样容易发生断裂现象。

第三步是"朮"。《说文》"络"中另有一义，称"麻未沤也"，王筠《句读》释其为："刈麻之后，芟其枝叶即沤之，沤熟而析其皮，仍谓之麻"，而"析其皮曰枲、曰朮"（段玉裁语）。因此，沤过的麻杆经清洗、晾干或烘干，并贮存一段时间后就可用手或工具扒麻了，这一"析其皮"的步骤即为"朮"。"析"从木从斤，斤表示砍削木头的横刃小斧，与木部会意为将麻茎中的脆木质与皮剥离，从而获得丝缕状麻纤维的过程。

第四步即"缉""绩"之术，主要是指将之前分离出来的麻纤维集续成麻线"緂""纑"的工序。《说文》中"缉"与"绩"之间的关系互训，再结合《段注》中"绩之言积也，积短为长，积少为多"之句可知，"缉""绩""积"三者音义同源，王筠《句读》载："盖谓先缉之者，今又绩之也。先缉为单线，今谓之麻撚，再绩为合线，今谓之麻线。故曰绩所缉也"，段氏亦云："析其皮如丝，而撚之、剿之，而续之，而后为缕，是曰绩，亦曰缉，亦絫言缉绩"，可见，捻线的步骤是先把由析皮所得的麻纤维接续到一起初纺为单线丝缕，再合股搓成麻质线绳"緂""纑"，为纺织成布作最终准备。

第五步也是最后一步，即用麻线纺"布"。段氏曾在该语汇中对麻纺织工艺做过精炼总结："其艸曰枲、曰荶。析其皮曰枲、曰朮。屋下治之曰麻。缉而绩之曰线、曰缕、曰纑。织而成之曰布。

布之属曰紵、曰繦、曰絟、曰緦、曰緆、曰綸赀、曰襪、曰嫁……引伸之凡散之曰布。取义于可卷舒也"。

三 源于植桑养蚕的丝织品演变过程

《说文》中糸部字的数量是毛皮类字、葛麻类字的数倍还多，在当时纺织品中占有绝对比例。源于秦汉时期的海、陆丝绸之路更将丝织品作为代表中国文化的醒目标牌昭示世界。与之相应的是丝织品在先民日常服饰生活中所占据的决定性地位和思想上的深刻印象。许多经典古籍中亦对桑蚕之事多有记述，如：《尚书·禹贡》中即有"桑土既蚕……厥贡漆丝"将丝作为贡品上呈等的内容；《诗》中除频繁地出现"桑""蚕""丝"的字眼，还专门辟出一篇关于祭祀的《丝衣》[①]，显示出蚕丝在我国古代衣饰纺织品中的地位和应用；《周礼》中则详述了制作、管理丝织衣饰等的各级官职，体现了在丝织品使用时的等级差别。

1. 缫丝与染织

从最初的驯养蚕虫到之后的缫丝织布，丝织品制作工艺的复杂程度远超由皮、毛、葛、麻所得纤维布料。蚕丝织品历史悠久，相传黄帝之妻嫘祖最早创制治丝之术，始教民育蚕织丝，以供衣服。在文字发展方面，甲骨文时期就已出现"蚕（𧉘）""丝（𢆶）"字样，虽然不能肯定桑蚕之事的具体年份，但毋庸置疑的是，至少于殷商以前，先民们就已掌握了这项古老的丝织技术。在考古发掘中，河南新郑裴李岗文化遗址，浙江余姚河姆渡文化遗址，山西夏县仰韶文化遗址，甘肃、青海的马家窑文化遗址，浙江钱山漾良渚文化遗址等新石器不同时期均出土有与蚕丝纺织相关的图案纹样、生产工具及珍贵的丝织成品。（图1-5）

---

① 《诗·周颂·丝衣》："丝衣其紑，载弁俅俅。自堂徂基，自羊徂牛。鼐鼎及鼒，兕觥其觩，旨酒思柔。不吴不敖，胡考之休。"

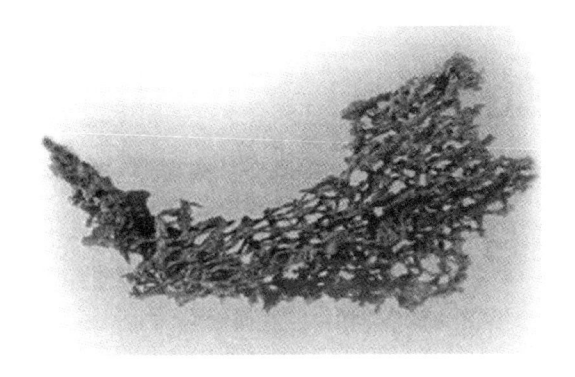

图 1-5　黄河流域发现的最早丝织品

根据《说文》记载，传统的丝织工艺需要经历缫丝、练丝、染丝、丝织等步骤，才能完成蚕丝织品的基本加工工序。

（1）缫丝

缫丝是治丝过程中第一步、也是主要工序。

缫，《说文》："缫，绎茧为丝也。"

绎，《说文》："绎，抽丝也。"

按《说文》所释，缫丝即为将丝从蚕茧中抽出的工艺。王筠《句读》引《淮南子·泰族训》曰："茧之性为丝，然非得工女煮以热汤，而抽其统纪，则不能成丝。"这里的"统纪"即指丝头，其重要性从《说文》专门收录"丝耑也"之"绪"字加以命名可见一斑。而工序"煮以热汤"，将蚕茧浸在热水中；或"众微杪也。从日中视丝"（《说文·日部》），把蚕茧拿到阳光下的"㬎"，都是为找到丝的绪头所想的方法。如果找不到丝头就不能顺利抽出丝线，也就不能继续下面的工作。

总，《说文》："总，聚束也。"《段注》曰："谓聚而缚之也。"

"悤有散意。糸以束之"，从"总"的声符得义可知，当成缕成股的细线从蚕茧中抽出后会被聚集、梳理，形成两端打结、拧如麻花的整齐丝束，以待后续的染织工序。（图 1-6）

图 1-6　缫丝

（2）练丝

练，《说文》："练，湅缯也。"

湅，《说文》："湅，㶅也。"《段注》曰："湅之以去其瑕，如㶅米之去康粊，其用一也。故许以㶅释湅"，"许不以湅㶅二篆为伍者，㶅谓米，湅谓丝帛也。金部治金曰鍊，犹治丝帛曰湅。"

㶅，《说文》："㶅，淅也。"

淅，《说文》："淅，汏米也。"

汏，《说文》："汏，淅㶅也。"王筠《句读》曰："（汏、淅、㶅）谓一事三名也。"

按照此组语汇的递训、互训关系释义可得，"练"指象淘米一样练煮蚕丝，"煮丝令熟曰练"（朱骏声《通训定声》）。许君以

"练"形容这一蚕丝处理的步骤,一方面借助与之动作相似的淘米模式形象描述练丝时的具体操作;另一方面通过与同样从声符"柬"、音义同源从火部的"鍊",影射、强调火煮对提高蚕丝质量的重要作用,而"练"有清洗之义,可使纤维在经过水浸、熬煮后变得柔软、洁白。水与热的参与主要为了适当膨润和溶解茧丝外围的丝胶,以使原本蚕丝间的胶着力减弱,舒缓茧丝。有鉴于此,今天练丝时也会添加化学助剂以使整个茧丝脱胶、解舒过程更加完善、稳定。可见,热水煮茧是缫丝技术的一大进步,因为倘若用冷水浸泡练丝,会很容易使蚕丝纤维发生断裂现象、降低丝的品质、增加内层落绪。虽然只是冷热水的简单置换,却革命性地改变了丝织品产生初期糟糕的织造质量,成为制丝中一道必不可少的重要工序。

当然,尽管热水煮丝在一定程度上降低了生丝的平均纤度,但煮丝的质量也一样直接影响蚕丝质量的各项相关指标。根据最终练丝的效果,《说文》亦有展示不同丝之质料样式与等级的语义场:

糸,《说文》:"糸,细丝也。象束丝之形。"

绪,《说文》:"绪,丝耑也。"

缅,《说文》:"缅,微丝也。"

纯,《说文》:"纯,丝也。"

绡,《说文》:"绡,生丝也。"

緇,《说文》:"緇,大丝也。"

纥,《说文》:"纥,丝下也。"

綌,《说文》:"綌,纬十缕为綌。"

级,《说文》:"级,丝次弟也。"

絓,《说文》:"絓,茧滓絓头也。一曰以囊絮练也。"

繀,《说文》:"繀,牏纇也。"指粗长的丝节。

上古时期人们就已对蚕丝的净度、纤度、匀度、纇结情况等内容有所认识,并依次为标准划分蚕丝等级,如:细丝"糸"、丝耑"绪"、微丝"缅"、一般蚕丝"纯"、生丝"绡"、大丝

"缁"、下等丝"纥"、十根丝缕组成的纬线"绺"、丝的等级"级"、有挂碍的结头"絓"、粗长的丝节"繿"等。不同样式、等次的蚕丝有着专业而详细的命名，可令人对其所代表的蚕丝纤维状况一目了然。当这些不同级别的蚕丝被带入下一工序后，所织就的丝织品亦相应衍生出更为丰富的不同品类布料。

（3）染丝

"练"有淘洗、浸煮之义，亦有提炼、精工之内涵，"从糸，柬声"的字形组合形象反映了在原料加工中再三分类、拣选蚕丝，并逐道工序提纯丝帛半成品的过程。《考工记》中曾专门载录"帆人"一工种，按《说文》训释，"帆"指"设色之工，治丝练者"，为染色的工匠，当中详细描述了这一淘浸丝帛的工艺流程，"帆氏湅丝以涗水，沤其丝七日，去地尺暴之。昼暴诸日，夜宿诸井，七日七夜，是谓水湅"（《周礼·考工记·帆氏》）。"帆人"一职的设立即专门负责在七日夜反复多次的捣练、暴晒中，将原本纠缠在一起，又黄又脆的生丝纤维脱胶、漂白，加工成又白又有韧性的熟丝。特别是由草木灰兑成的浸泡用浓液，碱性较强，有很好的去污漂白功效。如《周礼·天官·染人》所载："凡染，春暴练"，"染"即"练"工序后的染色工艺步骤，是染色工匠"帆"的专业范围，郑玄释"暴练"为："练其素而暴之"，因此在"帆氏"监督下练洗的白色丝帛坯料会变得更易染色，也成为漂染、画缋各色丝帛制品的起点。

关于染色工艺的具体操作，先民已认识到"一染谓之𫄧。再染谓之赪。三染谓之纁"（《说文·糸部》），"三入为纁，五入为緅，七入为缁"（《周礼·考工记·钟氏》），即用反复增染的方法逐层加深丝帛的颜色，从赤黄的"𫄧"到赤色的"赪"再到浅绛的"纁"，颜色由浅入深，变得渐变且丰富。当然不只有红色系列的色彩，青色、黑色等色系也都在不断增染的过程中有了多样的颜色拓展。

此外，王筠《释例》"涅"下还提到："涅即池中黑泥，不由造作而成，以之染布，所谓泥青者也。先用淀染深蓝色，而后以泥遍涂之，曝干则成矣"的布帛染色方法。不同于后世的"煮青"，这是一种将池中污泥涂在丝织品表面，再在阳光下曝晒多日晾干得到色布的染色方法，与《考工记》所述"以栏为灰，渥淳其帛，实诸泽器，淫之以蜃，清其灰而盝之，而挥之，而沃之，而盝之，而涂之，而宿之。明日，沃而盝之，昼暴诸日，夜宿诸井"，烧楝木作灰和水放置一段时间成浓稠状浇于布帛上，放入光滑的容器内，表面涂抹一层薄薄的蛤灰浸渍，次日用清水洗去粗滓，拧干晾晒后抖去细灰，如此循环七日夜的"灰涑"之法有着共通处，都以泥灰涂抹布帛表面浸染，只是涂料从有脱胶、漂白效力的草木灰变为起到染色功用的黑泥。而无论是从艸部的"蓝"还是黑泥，显然传统染织所用的染色原料为天然的植物或矿物，染就色泽艳丽，形成传统染丝工艺的特色之一。

（4）丝织

当一切准备工作完毕后，就可以织布了。而具体织造方法从"纺""织"二字的《说文》释解即可明了。

纺，《说文》："纺，网丝也。"

织，《说文》："织，作布帛之总名也。"

"纺"与"织"皆从糸部，从至今仍被用来形容纤维织造用品的承续看，传说自嫘祖养蚕治丝起源的纺织工艺，尤其是源于蚕丝织品的纺纱编织技术对后世产生深远影响。"纺"从方声，有"网丝"之义，沈涛《古本考》曰："网丝犹言结丝。纺缉丝麻皆纵横相结而成，犹网之结绳耳"；与之同质异构的"织"，其声符"戠"从戈，本义指军阵操演，《段注·织》载："布者麻缕所成。帛者丝所成。作之皆谓之织……经与纬相成曰织"，无论是"纵横相结"的"纺"还是"经与纬相成"的"织"，显示出织品由纵线"经"与横线"纬"相互编织的平纹基本织法。在旧石器时代的山顶洞人遗址曾出土纺织用的骨针，而为了提高纺织效率，先民们更先后发明多种纺织工具，如新石器时代的纺轮、西周的纺织机、汉代的提花机等。

2. 织造工具的细化

纺织的历史源远流长，从旧石器时期徒手制绳到新石器时期的器具织造，工具的发展为纺织工艺带来蒙昧时期难以想象的织物制造的高品质和高效率。通过《说文》中对纺织器械的细分和解读可以透视当时织造工具的成长状态。

（1）纺织机械的技术改进

有鉴于上文中关于纺织工序的繁杂，先民们创造了提高工作效率和产量的机械工具。《诗·谷风之什·大东》曾载："小东大东，杼柚其空"，许书中"杼"被释为"機之持纬者"，即织布时缠绕纬线的梭子；"柚"通"轴"，"持轮也"（《说文·车部》），《段注》训其"轴所以持轮、引伸为凡機枢之称。若织机之持经者亦谓之轴是也"，"轴"是用于缠绕经线的机轴。因此，"杼"与"轴"都是织机上围绕轴转动的构件。基于织机上这一特殊力学结构构件，《说文》专门设立名称"機"，并针对其装置特点给予定义：

機，《说文》："機，主发谓之機。"《段注》曰："機持经者。機持纬者。则機谓织具也。機之用主于发，故凡主发者皆谓之機。"

这种以小制大的"機"通过杠杆平衡、齿轮带动等简单的机械原理率先应用于织机结构中，并巧妙地利用机轴的可调控性、转动性上卷布帛、绳线，解放人手、提高产量，这是纺织机械上一次巨大的技术跃进。此外，《说文》中还专门提供了一组涉及织机构件的语义场：

縢，《说文》："縢，機持经者。"《段注》曰："三仓曰：经所居、機縢也。淮南氾论训曰：后世为之機杼胜複，以便其用……小雅云：杼轴其空。縢即轴也。谓之轴者，如车轴也，俗作柚。谓之縢者，胜其任也，任正者也。"

杼，《说文》："杼，機之持纬者。"《段注》曰："按此与木名之柔以左形右声、下形上声为别。"

榎，《说文》："榎，机持缯者。"王筠《句读》曰："榎以圆木为之，两端多为通孔，卷缯之后，以直木辖孔中，使之不动。"

综，《说文》："综，机缕也。"

夌，《说文》："夌，机下足所履者。"徐灏《段注笺》引戴侗曰："夌夌实一字，织者足蹑于下，手应于上，务于敏夌。旁趋取疾，因谓之夌，战胜因谓之夌，今作捷。中于声不谐，乃入之讹。"

这里与织布机构件相关的文字有 3 字从木部、2 字从糸部，说明上古时期织布机械材质较为单纯，均由植物纤维构成。（图 1-7）而从属糸部的构形意图也并非特指织机只能织造丝类布料，从前面兽毛布"纰"，葛布"绨""绤""绉"，麻布"缚""絟""紵""缌""緆""褕"的文字部首类别看，似乎在糸部上显示出对毛、皮、葛、麻等不同原材料的强大包容力。

图 1-7　良渚织机复原图

"滕"与"杼"是织机上分别用来夹持经线、纬线的构件，"综"是使经线上下交错以受纬线的装置，可轻易开启织口、左右引纬，再加上卷持织就布料的轴筒"榎"共同组成了织机的基本结构。东汉刘熙《释名·释采帛》曰："布列众缕为经，以纬横成之也"，"纵丝为经，衡丝为纬。凡织，经静而纬动"（朱骏声《通训定声》），平织制品就是通过竖线"经者"和横线"纬者"相互交错编织。其编织的方法从最初的"手经指挂"到后来的机杼穿梭，纺织工具的大发展带来工作效率的提高。而当织布机下方增加脚踩踏板"奎"时，双脚分担了双手原本沉重的提综工作，可以专心于引纬、打纬的工作。不仅提高了织布的速度，而且在织布同时尚有余力地随时观察经线的张力均匀性，有利于增强布面的平整性，其生产效率更是以前织机无法比拟的。

而要将毛、葛、麻、丝等原料纤维织成布匹，首先要捻合成纱线，《说文》给出了一个初期产生的纺纱工具"专"。

专，《说文》："专，一曰专，纺专。"《段注》曰："小雅：乃生女子，载弄之瓦。毛曰：瓦纺专也。糸部纺，网丝也。网丝者，以专为锤。广韵曰：䎃纺锤是也。"

䎃，《说文》："䎃，瓦器也。"王筠《句读》曰："《广韵》：䎃，纺锤。《集韵》：䎃，一曰纺砖。"

从此组语义递训可得，"专"或者说"䎃"其实即"纺锤"，也称"纺专（砖）""纺坠"等，其较早使用的材质应为从石、从"缶"的烧制匋器。（图 1-8）在陕西西安东郊灞桥区浐河东岸的半坡遗址，已发现距今约六千年前的纺专主构件陶纺轮，而考古最早的年代甚至可上溯到一万多年前的新石器时代早期。相应地，"专"字本身也是一个十分古老的语汇，早在殷商时期就已显现，在其甲文"＊"中，"＊"仿象缠绕着丝线的纱锤与转轮，并用"＊"表示在顶部打结以固定纱线；"＊"是人的双手，以示意为捻线而不断转动纱轮。也有的甲文"＊"相比于重视手转纱轮纺纱的行为，更着力表现纱轮的形象，在"＊"下方增加一圆圈"＊"，进一步强调纱轮有孔的状态，专杆即插在孔中。"专"的使用有两种方法：吊锭法和转锭法，两者纺线时需要事先捻搓好一小段纤维缠在专杆上，通过旋转专杆带动专轮运动，促使纤维牵伸、加捻，当达到一定长度后把纺好的纱线缠到专杆上，直至绕满为止。

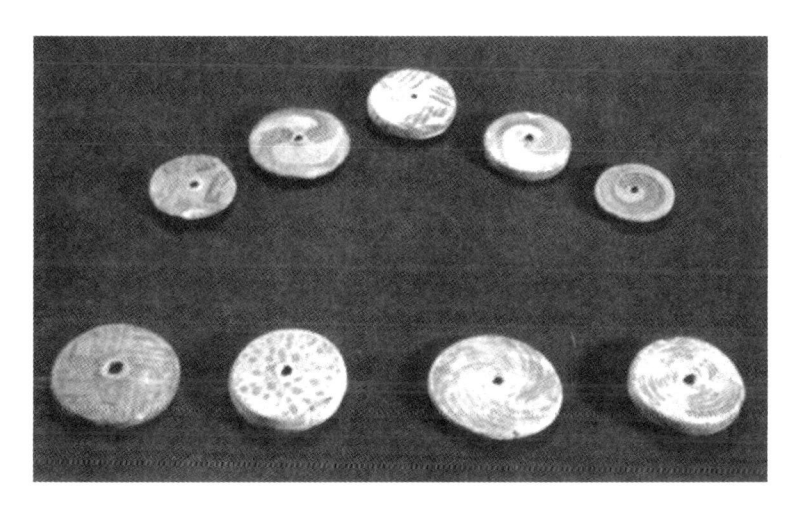

图 1-8　屈家岭文化的陶纺锤

显然，纺专的设计是建立在手搓线捻的基础上的，结构简单却已悄然运用机械技术纺纱织布，为原始纺车的出现奠定基础。《说文》中亦包含一组关于纺车构件的语汇：

軒，《说文》："軒，纺车也。"《段注》曰："纺者，纺丝也。"王筠《句读》引经典曰："《广韵》：谓之筓。《集韵》：軒，缲轮也"，认为"軒"实际为收丝的轮子。

纴，《说文》："纴，机缕也。䋰，纴或从任。"《段注》曰："機缕，今之機头。"

篗，《说文》："篗，收丝者也。䉰，篗（篗）或从角从閒。"朱骏声《通训定声》曰："今苏俗谓之篗头，有车曳者，有手转者。"指用来绕丝、纱、线的工具。

筳，《说文》："筳，繀丝筦也。"《段注》曰："繀，箸丝于筳车也。按络丝者必以丝崟箸于筳，今江浙尚呼筳。"

䇲，《说文》："䇲，筝也。"

筝，《说文》："筝，䇲也。"《段注》曰："筳䇲筝三名一物也。方言曰：繀车，赵魏之间谓之轆轳车，东齐海岱之间谓之道轨。按自其转旋言之，谓之历鹿，亦谓之道轨，亦谓之鹿车。自其箸丝之筳言之，谓之繀车，亦谓之䇪车。实即今之篗车也。"

繀，《说文》："繀，著丝于䇪车也。"

榪，《说文》："榪，络丝榪。"

𡰤，《说文》："𡰤，篗柄也。柅，𡰤或从木，尼声。"《段注》曰："篗即络车也。所以转络车者、即𡰤也。此与榪异物。"

此时的纺车构造已十分完善，有收丝的绳轮"軖"，機头"纡"，络丝竹管"筳""筦""䇪"，络丝木架"榪"，摇把"𡰤"等。手摇纺车通过人工机械传动把丝收到名为"篗"的收丝器上的过程"繀"，将原材料毛、葛、麻、丝等纤维加工成经纬纱线，以待织造，因此手摇纺车也被称为"繀车""纬车"等。而"繀"字产生年代较晚，至秦统一全国创立"书同文"的小篆时才有记录，换句话说，使用繀车纺纱捻线的历史可由此推测至战国时期。按《六书故·工事六》"䇪车，纺车也。著丝于筳，著筳于车，踏而转之，所谓纺也"所载，除了手摇式纺车，之后还发展出脚踏式形态，代替手摇带动绳轮和锭子转动，完成搓捻绳线的工作。（图1-9）

（2）缝制器具的应用

《段注·鍼》引《管子》语曾曰："一女必有一刀一锥，一箴一鍼"，意思是古代女子必备技能女红的用具中，必有一刀、一锥、一箴、一鍼四样。

《说文·衣部》所录"初"字从衣从刀，为"裁衣之始"，《段注》认为："裁、制衣也。制衣以鍼。用刀则为制之始"，所以制衣的顺序应为：先用刀子裁割布料，按照《说文》中"裁"与"制"的互训关系指向，制衣的第一步也应是在布料上裁剪出所需衣裳轮廓形状；然后才用鍼（针）等尖锐的器械将之前裁割的不同布片连缀缝制在一起。而据衣饰材料的发展进程看，"食肉寝皮"的远古时代依然离不开刀具的原始切割，吴其昌在其《金文铭象疏证》中也推测，"初民无衣，大氐皆兽皮以刀割裁而成，衣之新出于刀，是初衣"。无论是在制衣演进历程或是在缝制步骤方法方面，刀具的裁割作用都是不容忽视的。

第一章 "衣"的设计解读   53

图1-9a　手摇纺车

图1-9b　踏板织机

图1-9c　东汉纺织画像石拓片

图1-9

箴，《说文》："箴，缀衣箴也。"《段注》曰："若用以缝则从金之鍼也。"

鍎，《说文》："鍎，郭衣鍼也。"

鉥，《说文》："鉥，綦鍼也。"

鍼（针），《说文》："鍼，所以缝也。"

锥，《说文》："锥，锐也。"

从这一组缝纫编织用针类语义场看，上古社会用于女红的缝衣针款式很齐全，有缝合衣服周围边缘的"鍎"、专用于打鞋底的长针"鉥"、一般缝衣服的针"鍼"，以及强调工具前端锐利样式的钻具"锥"，都以最大限度的简易结构满足衣物各制品材质、部位缝合功能的要求。根据"箴"之造字本义理解，缝衣针结构简单，是一种如牙签般纤细的器物，尾端处设一穿孔，可连缀绳线缝合衣物。"针"的材质发轫既不是如"箴"般的从竹部，也不是"鍼"类字普遍选择的金部，而是骨质材料。1930 年于北京房山周口店龙骨山发掘的旧石器时代晚期的骨针即为最好的证据，尽管针孔有所缺失，但针身保存完好，打磨得十分光滑细致，可充分说明五万年前先民们就已学会用骨针缝纫出简单的衣裳。不过，伴随针之质料、品类的演变，其取象的文字也在时代技术发展和人的心理需求变化中发生着优化调整，从金部的针类文字成为绝对的主流，提到"鍼（针）"就会直接想到铁针，"鍼，芒铁所以引线缝纫也"（《六书故・地理一》）。至战国秦汉时，铁针的出现更逐渐淘汰了商周以前普遍使用的骨针，如《说文》中显示的从金部缝衣针文字一样，占据绝大比例，广泛应用于人们的日常生活。（图 1-10）

另外，《说文》中还有一组专门表达缝合、修补布帛的缝制类语义场：

缝，《说文》："缝，以鍼紩衣也。"

紩，《说文》："紩，缝也。"

緁，《说文》："緁，緶衣也。䌰，緁或从習。"

緶，《说文》："緶，一曰緁衣也。"

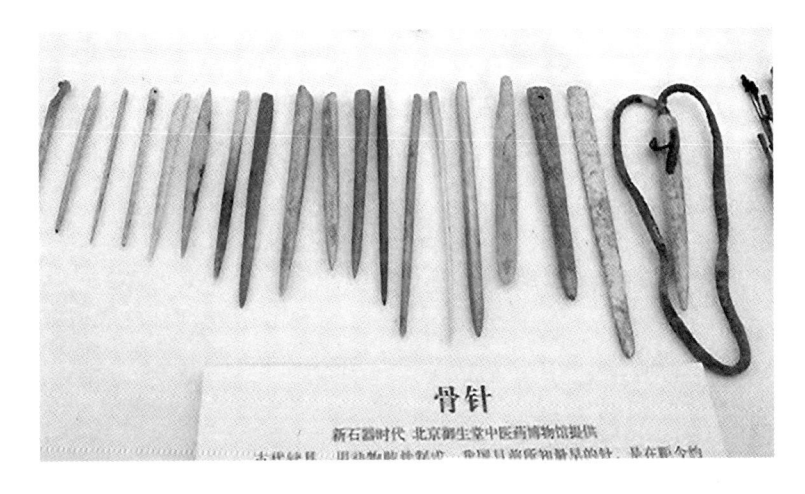

图 1-10 新石器时代骨针

组，《说文》："组，补缝也。"
缮，《说文》："缮，补也。"
裗，《说文》："裗，衣躬缝。"
裂，《说文》："裂，一曰：背缝。"
䍮，《说文》："䍮，羊裘之缝。"

缝衣针虽然很小，却能够缝缀比它大数百、上千倍的衣物材料，而且，不拘材料、位置、形态、样式，如：将两片或多片不同形状、质地的材料缝合一起的"缝""紩""緁""緶""䍮"；在残破的衣物上增加材料修饰的"组""缮"；以及缝纫不同部位的"裗""裂"等都可以通过缝衣针钻孔穿线的方式巧妙接连，制成实用、美观的各式衣物。

3. 从糸部看丝织品的多样品类

丝织品是具有中国特色的伟大创造，"糸"字本取象蚕丝之形，从蚕虫吐丝而来，经过多重复杂的织造工艺及纤维品质的层层筛选呈现出大量不同的丝织品类别。《说文·糸部》强大的构形能力将各式丝绸品类囊括其中，形成如下语义场：

缯，《说文》："缯，帛也。緈，籀文缯从宰省。杨雄以为汉律祠宗庙丹书告。"

帛，《说文》："帛，缯也。"饶炯《部首订》曰："帛、素皆织匹之无纹彩者。未涑曰帛，已涑曰素。因其色白称之，而加巾为专名。"

绢，《说文》："绢，缯也。"

绮，《说文》："绮，文缯也。"

绫，《说文》："绫，东齐谓布帛之细曰绫。"。《释名》曰："绫，凌也。其文望之如冰凌之理也"。

縠，《说文》："縠，细缚也。"《段注》曰："周礼谓之沙。注谓之沙縠。疏云轻者为沙。绉者为縠。按古只作沙。无纱字。"

纨，《说文》："纨，素也。"

缚，《说文》："缚，白鲜色也。"钱坫《斠诠》曰："今之绢，古之缚也。"

缟，《说文》："缟，鲜色也。"

缣，《说文》："缣，并丝缯也。"王筠《句读》引颜师古语："缣即今之绢也。"《释名·释采帛》曰："缣，兼也，其丝细致，数兼于绢，染兼五色，细致不漏水也。"

绨，《说文》："绨，厚缯也。"

纆，《说文》："纆，粗绪也。"

紬，《说文》："紬，大丝缯也。"颜师古注"绛缇絓紬细"（《急就篇》第二章）曰："紬，抽引粗茧绪，纺而织之，曰紬。"指比常丝粗的丝织品，后也可作动词。

縩，《说文》："縩，掫缯也。"

纤，《说文》："细也。"《方言·卷二》曰："缯帛之细者谓之纤。"

缦，《说文》："缦，缯无文也。《汉律》曰：'赐衣者缦表白里。'"

素，《说文》："素，白緻缯也。从糸巫，取其泽也。"《释名·释采帛》曰:"素,朴素也。已织则供用,不复加功饰也。"

缕,《说文》:"白文皃。《诗》曰:缕兮斐兮,成是贝锦。"

关于此组诉诸丝织品种类的"语义场",可以看出上古社会的丝织品织造技术已相当发达,能够制出各式工艺、品类的丝绸,如:一经一纬上下交织的平纹织物"缯""帛""絹"等;可与刺绣比美的斜纹花式布料"绮""绫";利用经线、纬线的捻度和捻向不同,织成细薄却视感厚实且表面凹凸不平的绉纱"縠"。当中又可根据编织的粗疏、细密程度划分出如:白色细绢的"纨""缚""缟",双丝织成的细致绢布"缣",厚实的丝织品"绨",编织粗疏的"缰",较一般丝线粗大的"绌",细密的织物"縈",纤细的缯帛"纤"等不同质感的丝织品;考虑到花纹装饰有无的设置,则有不饰花纹的丝质布料"缦""素",当然也有有彩色纹饰的"缕"。(图1-11)

图1-11 浙江湖州前山漾出土的绢片

由蚕丝纺织而成的布料有着独特的材质魅力,不仅因为先民根据蚕虫的生命演化而赋予其沟通鬼神的神秘力量,其本身轻柔、光亮、舒适、惑人的手感与观感,即使是其中最为"粗陋"的丝织面料依然令人心向往之,更不用说饱含高超技术含量、结构复杂的五采织物。马王堆汉墓中曾出土有绢、纨、縠、绨、缣、绮、锦、纱等较为全面的丝织品种类,织造工艺多变,有的用并丝或打绞的方式组织面料，看似粗绢，实际却细密至可以防水的地步；有的轻薄透明，又仍不失经纬线间的紧致处理，而一向视作贵重之物；有的用一组经线和一组纬线交互相织，组成结构复杂令人眼花缭乱的精美图纹，兼有艳丽的色彩增色，倍显名贵；也有的丝织品虽相对普通，却胜在数量庞大、应用广泛，涉及大到衣裙、里衬，小到裙腰、系带、手套、香囊等精巧配饰，均显示出丝织品的珍贵不凡，及其形态的百变多姿。

《糸部》以 289 字之多的文字数量成为《说文》中少数的几个最大部系之一，昭示出丝织品在上古社会生活中的重要地位。至少至《说文》成书时的东汉时期，编织方式不同、厚薄疏密不一、精致贵重不等的各式丝质布料已成为制作衣饰的主要原料，丰富的丝绸品种亦为服饰设计的创造性突破提供了坚实的物质基础和技术保障。尽管丝织品为上层贵族所垄断，却并不妨碍劳动人民对织造技术的改良与创新，进而推动服饰的新样式、新纹样逆袭进入统治阶级，甚至在整个社会之中，引领时尚潮流的走向和品味更新。

4. 丝织品的装饰途径

从多样丰富的丝染色彩到"纹"样的多重表现："绣""绘""（针）织"，丝织品的装饰途径在《说文·糸部》的取象构形中展露无遗。

（1）丰富的色彩装饰

我们今天通常用"色""颜色""色彩"等词汇来表达这个相对抽象的概念。按照许君理解，"色"和"颜色"当时指向人体两眉之间羞愧喜忧等表情的展现[①]；"彩"则在书中查无此字，普遍认为其本字为"采"，如《周礼·春官·典瑞》载："缫藉五采五就"，"采"通"彩"，而直到秦汉后才复加"彡"符成"彩"，而"采"原来只是"从木，从爪"、有摘取义的具象文字，段本释曰："木成文，人所取也"，与颜色毫无关系。无论从字形还是字

---

① 《段注·颜》曰："凡羞愧喜忧必形于颜，谓之颜色。故色下曰颜气也。"

义分析，先民们对色彩的漠视都十分直白，又或许与上古初期缺乏色彩应用的市场、染色技术严重受限等因素有关。然而，与此结论相反的是，《说文·糸部》中记录了 30 多个有关颜色的文字，并构成指向不同色系的语义场：

白色系：

缟，《说文》："缟，鲜色也。"

纨，《说文》："纨，素也。"

縛，《说文》："縛，白鲜色也。"

素，《说文》："素，白緻缯也。"

䌟，《说文》："䌟，白鲜衣皃。《诗》曰：'素衣其䌟。'"

繱，《说文》："繱，白鲜衣皃。谓衣采色鲜也。"

䋵，《说文》："䋵，白约，缟也。"

红色系：

絑，《说文》："絑，纯赤也。《虞书》'丹朱'如此。"

纁，《说文》："纁，浅绛也。"

绌，《说文》："绌，绛也。"

绛，《说文》："绛，大赤也。"

绾，《说文》："绾，恶也，绛也。一曰绡也。"

缙，《说文》："缙，帛赤色也。《春秋传》'缙云氏'，《礼》有'缙缘'。"

綪，《说文》："綪，赤缯也。从茜染，故谓之綪。"

缇，《说文》："缇，帛丹黄色。衹，缇或从氏。"

纗，《说文》："纗，帛赤黄色。一染谓之纗，再染谓之赪，三染谓之纁。"《段注》曰："赪（赪）者，赤色也。纁者，浅绛也。"

红，《说文》："红，帛赤白色。"徐灏《段注笺》曰："赤中有白，盖若今人所谓桃红；白中有赤，乃粉红耳。今人称纯朱曰红。"

纂，《说文》："纂，似组而赤。"

绯，《说文》："绯，帛赤色也。"

黄色系：

缃，《说文》："缃，帛浅黄色也。"

青色系：

绢，《说文》："绢，缯如麦䅌。"《段注》曰："䅌者，麦茎也。缯色如麦茎青色也。"

绿，《说文》："绿，帛青黄色也。"

缥，《说文》："缥，帛青白色也。"

绪，《说文》："绪，帛青经缥纬。一曰：育阳染也。"

紫，《说文》："紫，帛青赤色。"张舜徽《约注》曰："青即黑也。今语称布帛之色黑者，但曰青布青绸，不言黑也。"

繱，《说文》："繱，帛青色。"《段注》曰："尔雅。青谓之葱。葱即繱也。谓其色葱。葱浅青也。深青则为蓝矣。"

綥，《说文》："綥，绶紫青也。"

纶，《说文》："纶，青丝绶也。"

綟，《说文》："綟，帛苍艾色。《诗》：'缟衣綟巾。'未嫁女所服。一曰：不借綟。綦，綟或从其。"

綵，《说文》："綵，帛雅色也。《诗》曰：'毳衣如綵。'"

緅，《说文》："緅，帛青赤色也。"

绀，《说文》："绀，帛深青扬赤色。"

缲，《说文》："缲，帛如绀色。或曰：深缯。"

黑色系：

缁，《说文》："缁，帛黑色也。"

纔，《说文》："纔，帛雀头色。一曰：微黑色，如绀；纔，浅也。读若谗。"《段注》曰："今经典緅字许无。纔即緅字也。考工记：三入为纁，五入为緅，七入为缁。注：染纁者三入而成，又再染以黑则为緅。緅，今礼俗文作爵，言如爵头色也。又复再染以黑，乃成缁矣。"

綷，《说文》："綷，帛戻艸染色。"《段注》曰："艸部：

‘蒃艸可以染留黄。’染成是为綟……其色黎黑而黄也。”

以上所有颜色皆从“糸”符形旁，依许书文字释义看，不同色调概念产生的缘由都与丝织工艺直接关联，人们会不由自主地想办法在素色的“缯”“帛”织品上染就各种漂亮的颜色进行装饰。尽管段氏认为“采”之“俗字手采作採，五采作彩，皆非古也”（《段注·采》），但从“彩”字之后漫长的历史发展中衍生出的指向丝织品的从糸部“綵”和由表示彩色花纹的“彡”会意的“穀”两个异体字表现看，亦证明了“丝”制织品的出现的确为色彩的绽放提供了物质条件，改变了原来天然皮、草类材质不宜赋彩的窘境，同花纹一样成为装饰丝织品的一种重要路径。这是人造丝织品染织技术进步的必然结果，同时，用象征身份权势之“组”“绶”上所施色彩定义具体颜色，也显示出色彩与礼制规范之间的深刻羁绊，是更深入划分阶级层级的依托之一。如此，是否可以推论：从糸部构形的各系色彩均是应社会礼仪的着衣要求衍生出来的？曾有人类学家经研究指出，颜色区别的精细程度加剧与社会的进步、知识的积累、技术的成熟息息相关，不仅因为这需要雄厚物质、技术的鼎力支持与层层铺垫，同时也是社会分层和人际关系复杂化所导致的必然结果。[①]换句话说，色彩变得丰富与否的关键在于社会的发达程度，及其所带动的工艺技术的进步。

在指向白、红、黄、青、黑五类色调的色彩语义场中，除黄色以外，其他四个色系都衍生出相当多样的色彩近义词。如红色系中的“缇”和“縓”，一个是丹黄色、一个是赤黄色，在今天来看，丹和赤都属红色，没有什么明确的界限，但在先民认知中，“丹与赤不同者，丹者如丹沙，与赤异”，虽然“其分甚微”（《段注·缇》），却在上古因硬性冠以“缇”和“縓”的称谓而被要求

① [美]C. 恩伯、M. 恩伯：《文化的变异》，杜杉杉译，辽宁人民出版社 1988 年版，第 132 页。参见原文：“色调的数量随着文化程度的增加而增多……越复杂的社会所需要的色调可能越多，这是因为他们拥有更多的可以由颜色区别开来的装饰品，或者是因为他们拥有更为复杂的制备染料和涂料的技术”。

必须区分清楚；如青色系中有"绢""缥""緅""绀""缲"等各种颜色的专业表达，其实不过是青色偏白、偏红、偏黄，或深浅度的些微差异，却偏偏对每一种程度的偏色作出专门的命名；如在许书中的训诂有许多同训或递训的白色系文字，像："紑"和"縩"，"皦"和"缟"，均有洁白鲜明之义（图1-12），却能分化出不带重样的各式名称；又如黑色系的"缁""纔"和"緅"，分别显示出纯黑色、微黑色、黑中泛黄三种颜色的细小差别。这些在今天看来令人难以理解的对色彩细腻变化的执着命名，或许源自先民因染色所得色彩之丰富的惊异与兴趣，或许出自对如此众多颜色的实际应用需要，又或者是因为古人对色彩的天生敏锐，但无论原因如何，可以肯定的是，这些色彩最初的繁荣有赖于从"糸"部丝织品织造技术的成熟，先秦典籍中"素衣朱绣"（《诗·唐风·扬之水》）、"衮衣绣裳"（《诗·豳风·九罭》）的描述即说明了上古时期丝织服饰的华贵，其雅致、精美的丝质布料完美地配合了等级社会"衣帽取人"的礼制法度而融于生活、深入民心，更兼以各式色彩严格区分阶级地位。只是从现代汉语的角度看，这些从糸部的专字专名多已没落，甚至走向死亡，当色彩与权力政治剥离开来，人们似乎对它的关注度和分辨力也不再那么强烈、敏锐，社会早期资源匮乏时代稀罕的五采装饰在当代数字化设色、印染等高技术的介入下早已司空见惯。不过，纵然没有了显赫的社会地位，丰富的色彩表现却依然从审美的角度不断重新演绎着对衣着装饰的美感再造新体验。

（2）精致的纹样绣绘

丝织品上的图案纹样同色彩一样都是装饰衣服的表现手法。《诗·秦风·终南》云："君子至止，黼衣绣裳"，即指上衣手绘、下裳刺绣图案的装饰方式，特别是古代帝王袍服上的纹样多通过纯手绘绣饰制成。"绣""绘"均系《说文·糸部》，其所建语义场统摄以形符"糸"构形的文字有四个：

绣，《说文》："绣，五采备也。"

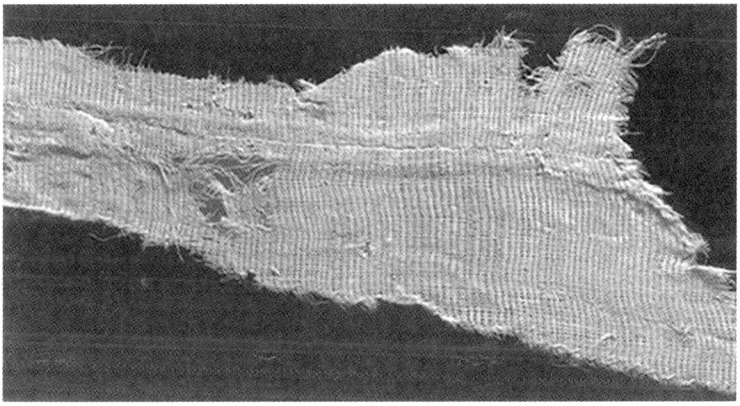

图 1–12 （东汉）新疆民丰尼雅遗址出土的素罗

绚，《说文》：“绚，《诗》云：‘素以为绚兮。’”《段注》曰：“许次此篆于绣绘间者、亦谓五采成文章。”

绘，《说文》：“绘，会五采绣也。《虞书》曰：山龙华虫作绘。《论语》曰：绘事后素。”

锦，《说文》：“锦，襄邑织文。”徐灏《段注笺》曰：“金有五色，止合襄色之义，故用为声耳。”

按照《说文》所示，服饰上的纹样表现主要包括：绘画、刺绣、针织几种方式。图案的内容则与十二章纹有关，一般认为“日月星辰山龙华虫”的图纹是徒手画在上衣上的，且绘画事以素色为底，通过运笔将颜料涂绘在恰当的位置，组成装饰性的“绚”美彩色图纹；“宗彝藻火粉米黼黻”的纹案是用针黹绣在下裳上的，汇集各色彩线按设计好的纹样运针走线，《说文》中更专设“絉”字展现当时“绣文如聚细米也”的精湛绣功，说明精致的绣迹已可淋漓尽致地表达不输于绘画的完美效果。[①]（图 1–13）与绣绘方式不同，“锦”是在纺织丝织品的过程中就将五彩的花纹错杂其间的贵重织物，不需要再用画笔或绣线作二次加工，即可表现任何有彩色

①《尚书·益稷》：“帝曰：予欲观古人之象，日、月、星、辰、山、龙、华虫作会（绘），宗彝、藻、火、粉米、黼、黻，絺绣，以五采彰施于五色作服，汝明。”

图案的"缕",像《诗·小雅·巷伯》中"缕(萋)兮斐兮,成是贝锦"的贝壳花纹,或出土实物显示的几何纹、凤鸟凫鸭纹、对舞鸟兽纹、舞人动物纹等,只是"锦"这种有着先天花纹装饰特性的丝织品在上古中原地区仅作衣饰配件或花边使用,而不作为衣料剪裁。(图1-14)

图13a　烟色菱纹罗地信期绣　　　　　图13b　黄色绮地乘云绣

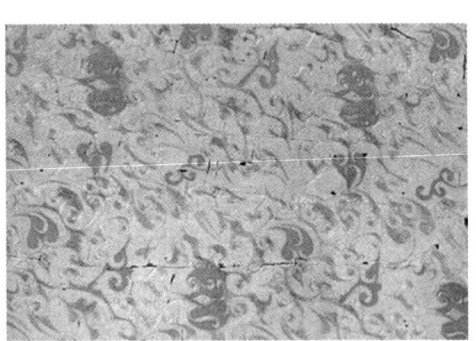

图13c　绢地茱萸纹绣　　　　　　　　图13d　树纹铺绒绣

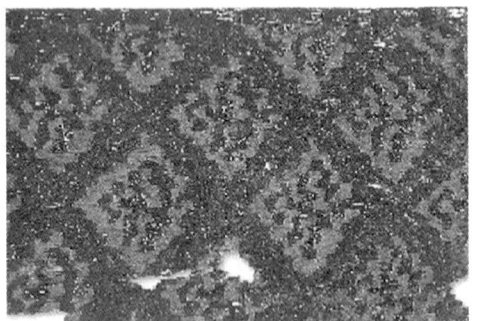

图1-13　马王堆汉墓出土的绣品

《尚书》记载的四千多年前的"章服制度"推动十二章纹被赋予丰富的政治涵义,成为专门用于只有圣王才有资格享用的服饰装饰,郑玄疏注的《周礼·春官·司服》中帝王冕服"希衣"就是对用刺绣装饰的服饰专称,其中的"五采彰"以五色施于服装上,使在上古时期原本就极为珍贵的丝织品上更附加了斑斓的彩色纹饰和高超的绣绘工艺价值,截然区别于一般人群所服衣衫而显得华贵非

第一章 "衣"的设计解读   65

图1-14a 朱砂染凤鸟凫鸭纹间道锦

图1-14b 通幅对舞鸟兽纹经锦

图 1-14

帯。许君为此专设"繻"形容昂贵丝织品上呈五彩颜色装饰的绚烂之美。战国时期的出土丝织品，如：湖北江陵马山一号楚墓中的对龙凤大串枝绢面彩绣衾、龙凤大花彩绣纹、凤鸟纹绣衣、几何纹文锦、朱砂染凤鸟凫鸭纹间道锦、对舞鸟兽纹经锦、舞人动物纹锦等等扩展了原本十二章纹的几种固有图案样式，增加了奇花异草、珍禽鸟兽、人物活动，及充满抽象性和秩序性的几何式样等寓意美好的鲜活纹样，也出现了提花针织、重组织的复杂结构，很好地诠释了先民对画缋五色文绣之事的成熟认知和丝织品装饰表现的概貌，同时也以丰沛的艺术语言、独特的情感色彩渲染着衣饰纹样装饰的视觉效果，充实着人们日常生活中精神上的高层次享受。

第三节　服饰设计的初始形态分类

上古时期的服饰发展已达到相当成熟的阶段，虽然可能没有今天衣饰样式如此丰富多样，但是从戴在头上的元服到重点包裹身体的体衣，再到装备到脚底的足衣，所有衣裳部件的雏形都可以在《说文》中找到相应的分类与共通点，只是式样、名称都发生了不同程度的变异。

一　头衣服饰

头衣也称元服，即人们通常理解的帽子，与鞋子一样都属于衣饰中的小类，但由于其包裹的是头部的显眼位置，常常与体衣一起联袂登场，成为各方关注的焦点。班固在《白虎通·绋冕》中曾云："冠者，卷也，所以卷持其发也"，说明上古时期的头衣服饰与现代所理解的冠帽在功用上有着很大的出入，"卷持发"的意思大致可释为收拢、固定头发，而非保暖、遮阳、装饰等用途。在古人看来，披头散发的装扮是未开化民族的野蛮表现，但"身体发肤受之父母"的理念却使肆意生长的头发难以保持一个姿势长时间不松散，于是用于"持发"的头衣应运而生。

《说文》中关于帽子的语汇共有 17 字，分别分布于冖部、冃部、月部和䀠部。此外还有诸多从页部、糸部、竹部和玉部的头衣配饰，反映出上古冠类服饰的成熟体系和繁荣景象。

1. 从冠类字看元服的品类发展

作为"弁冕总名"的"冠"发展到今天已十分多样，而追溯其最初的类别，《说文》中的古文字的写法与组成中无疑隐藏着传统元服形式种类及功能的大量线索。

（1）从"冂"部看冠服的演进

冖，《说文》："冖，覆也。"徐灏《段注笺》："冂 象巾覆盖形。"

冃，《说文》："冃，重覆也。"桂馥义证："冃，通作冒。"

冃，《说文》："冃，小儿蛮夷头衣也。从冂；二，其饰也。"朱骏声《说文通训定声》："冃，今字作帽。"

冒，《说文》："冒，冡而前也。"徐灏《段注笺》："古帽字。冃之形略，故从目作冒，引申为冒之义，后为引申义所专，又从巾作帽，皆相承增偏旁也。"

上文提到"冠"从"冖"部（小篆"冂"），《说文》曰："凡冂之属皆从冂。"通过这种从巾形、表覆盖的"冂"衍生出的多种变体，一方面从上文的释义可以看到"冖""冃""冃""冒""帽"，虽形态不同，却字义相通，均指同一发具；另一方面也从字形的变化上明显感觉到，元服的样式、种类，甚至质料也逐渐向着繁复、讲究、贵重的方向发展。冠帽不再仅仅只有"冖"，还出现了"冂"下多装饰的"冃"、小儿专用品的"冃"。"冒"是"帽"的古字，《说文》时以动词形象示人，有覆盖、冒犯、冒昧、假充等义，《后汉书·志·舆服下》"上古穴居而野处，衣毛而冒皮"中的"冒"即体现了帽子覆盖头顶的功能。早在原始社会，人们就已试着用兽皮、树叶暂代帽子保护头部，直至南朝《玉篇》时才出现从巾部"帽"字。其实"帽"之初文"冖"本身就是"巾"中的"冂"形，好像一块巾布垂落的样子，据说古代欧洲的男子就多戴类似这样的无边帽或兜帽，女子也常覆面纱和头巾，与文字的仿象之形十分相似。后来帽成为正式的元服,并配饰了绳带、佩巾等垂饰,制作的材料从茹毛饮血时期的毛羽皮革拓展到含有较高加工技艺的丝巾布帛,从廉价粗陋的葛麻到精致华美、品类多样的丝帛,材质的选择更是不断拓展、翻新;装饰的比重也大幅倾斜。各类元服款式层出不穷,如:《淮南子·主术训》中楚文王偏爱的獬冠,用代表传说中獬豸之角为装饰,象征执法官吏有可断是非曲直之能;[①]长篇巨制的《离骚》中屈原戴的高余冠,蕴含着不同凡俗的气节与决心;《庄子·盗跖》中提到的"枝木之冠",据说是"似雄鸡形"(《经典释文》引李颐语)的一种特制高冠;《后汉书·志·舆服下》中的武弁大冠则自战国赵武灵王效胡服开始,一直沿袭到秦汉,冠上饰加黄金珰、蝉形花纹和貂尾,又名貂蝉冠,也有的因在冠左右两侧加竖双鹖尾而得名鹖冠;依《后汉书》所述,进贤冠"前高七寸,后高三寸,长八寸",虽说是"古缁布冠也,文儒者之服也",却在贵族官吏圈中十分流行。而与冠相搭配的附件样式则有垂形的系配的绳索、丝带,包裹头发的巾布丝帛,及覆于帽下、固定头发的各种首饰。(图1-15)

(2)中国最古老的朝冠:弁

"弁"在今天已是一个生僻字,少有人知它曾代表的头衣样式与意义,不过《诗·卫风·淇奥》"有匪君子,充耳琇莹,会弁如星"寥寥数语的描述却为后人留下了对"弁"之华美的无限感叹与向往。

弁,《说文》:"弁,冕也。周曰弁,殷曰吁,夏曰收。从皃,象形。籀文弁从廾,上象形。,或弁字。"

冕(綖),《说文》:"冕,大夫以上冠也。邃延、垂瑬、纩纊。从冃,免声。古者黄帝初作冕。綖,冕或从糸。"

[①]《淮南子·主术训》:"楚文王好服獬冠,楚国效之。"高诱注:"獬豸之冠,如今御史冠。"

第一章 "衣"的设计解读　69

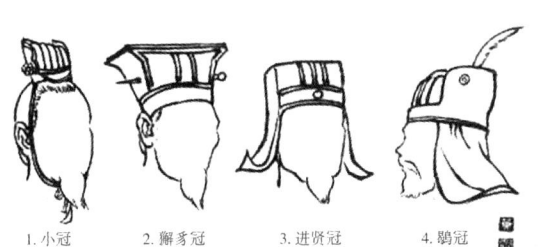

1.小冠　2.獬豸冠　3.进贤冠　4.鹖冠

图1-15a　冠

图1-15b　西汉毡帽

图 1-15

在许书文字释义中，"弁"与"冕"之间是递训关系，"弁"本义指"冕"，可追溯到上古时期的夏朝。相比之下，冕则是现在人们较为熟知的法定礼帽，按《说文》的说法，即仅供帝王、诸侯和卿大夫的身份、地位所匹配，以如此高级别的"冕"释义"弁"，可以想象弁帽在当时社会中的非凡规格。《尚书·金縢》也载："王与大夫尽弁，以启金縢之书"，描述了王与大夫戴着正式礼冠举行祭祀的场景，祭神祭祖是商周时期象征政治权力的宗法制度核心，其庄严肃穆的仪式氛围、高品质的等级配置无不透露着弁帽地位之尊崇。而"弁"之甲文"𦥑"、金文"𠷎"字形仿若双手扶冠，双手捧冠之态亦显"弁"本身之尊贵，反过来，也正因为"弁"的贵重所以先民才会举双手以示尊重。再联系上文作为"弁冕之总名"的"冠"的训释，"弁"无疑是最为古老的朝冠。只是在具体形制上，"弁"与"冕"确有较大的差别，而且据传至周代弁地位渐卑于冕。

《说文》中"弁"之小篆体写作"𤰇"，上"小"下"兒"状，即上部窄狭下部宽广，如两手相合，穿戴时以一玉笄固定。《释名·释首饰》曰："弁如两手相合抃时也。以爵韦为之谓之爵弁，以鹿皮为之谓之皮弁"，可见弁有爵弁、皮弁之分。在古代爵与雀相通，因此爵弁也称雀弁，颜色赤而微黑（爵头色），是大祭时士人所戴最高等级礼冠，据说爵弁的形制如冕，但是除去了顶部的延板和旒，亦无高低起伏之势。皮弁"以鹿子皮为之"，"长七寸，高四寸，制如覆杯"（《后汉书·志·舆服下》），状如委貌冠，前高后卑，皮缝中用采玉装饰，是天子视朝、诸侯告朔之服[①]。在古代成人礼一连串繁复的程序中，"三加冠礼"的最后两次加冠选用的就是皮弁和爵弁，分别表示入朝之贤和拥有祭祀权，以"三加弥尊"的仪式表达对未来"加冠进爵"的美好愿望，戴上象征最高级别的王公诸侯的"爵弁"。

"冕"字为"从冃，免声"结构，本取义有角饰的帽子，其或体"絻"从糸的部属则强调了这种高级礼帽上的丝品流旒。孔子也说："麻冕，礼也，今也纯俭，吾从众"，其中，"纯"指丝织品，说明冕的主要质料初用麻后为丝，皆属于纺织制品，与从糸的冕之异体字"絻"所指涵义相印。而依朱骏声《通训定声》的补充："冕尊于弁，其制以木为干，广八寸，长倍之，前圆后方，前下后高，差一寸二分，有俛伏之形，故谓之冕。衣以三十升布，上元下纁，前后各十二旒，长六寸，饰以玉"，冕的外形顶部是一块类似长方形的覆板"邃延"，前圆后方，前低后高，以

[①] 孙冶让《周礼正义》疏《春官·司服》"眡朝，则皮弁服"句曰："盖以彼月吉诸侯视朔，当服皮弁，而皮弁为天子之朝服，故亦通称朝服。"

喻天地交合、万物生长，有通吉之意；在綖板前后两端垂饰的数串小玉珠，称作"垂旒"；冕固定在发髻上，用一支玉笄（簪）别住；笄的两端垂挂朱红色的丝绦，可系于颔下，谓之纮，其下垂缨；饰于延两侧的彩绦"紞"各悬挂一枚黄色绵丸，称黈纩，亦谓之瑱，因"瑱"系在冠圈上位于耳孔处，所以也称塞耳、充耳。（图1-16）

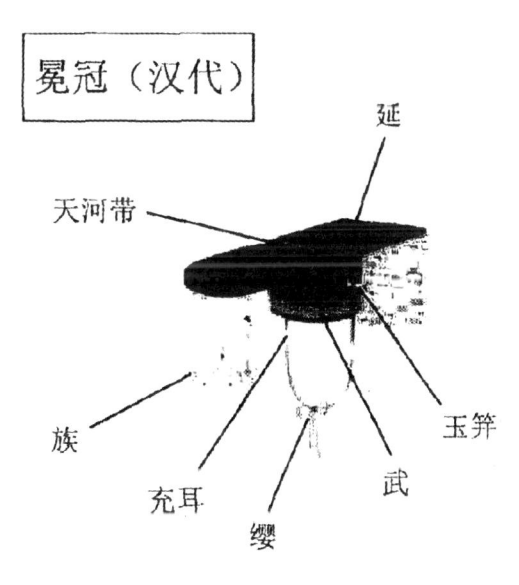

图1-16 （汉）冕

（3）以巾代冠的无奈

基本从"帽"最后增加的义符"巾"也可直观看出纺织制品材料在帽子的制作中所占据的地位与分量。但"巾"不等于"帽"，《说文》释"巾"为"佩巾"，也就是于巾的意思。"帽"包含冠、弁、冕、帻、幞头、兜、胄、鍪等品类，而巾不仅为头衣"帽"的文字构形，更常与帽类字连用，如：小冠、小帽、小帻等，显示出巾与帽关系的密切。尤其，《说文》中还提供了一个专门形容缠头布巾的帽子"帻"。

帻，《说文》："帻，发有巾曰帻。"《段注》载："方言曰：覆髻谓之帻巾，或谓之承露，或谓之覆。独断曰：帻，古者卑贱执事不冠者之所服也。汉以后服之，其制日详。"

幅，《说文》："幅，一曰：头幅。"

简单来说，如"帻""幅"都是用来包裹鬓发、遮掩发髻的巾帽。从前文释解可知，古时先民以披头散发作为判断是否为异族的标准之一，而在中原地区严格的礼制规范下，有"持发"之功的弁、冕等朝冠需要有相应的品级才有资格使用，非一般百姓可以享用，且基于这些冠帽过于正式、华贵，上面坠饰、镶嵌的宝石配饰更加重了礼冠本身的分量，亦不适合文武百官日常家居穿戴。因此，早期的"帻"可能只是系在前额防止头发披散、凌乱的头箍，之后演变为一种较宽的、特殊样式的宽巾，可裹住头，并固定发型。（图1-17）虽然蔡邕《独断》中提到"帻"是不能戴冠的卑贱之人的头衣，不过也指出汉代以后"帻"也为戴冠者所用，可在必要场合帻上加冠搭配使用。颜师古曾注"帻"曰："韬发之巾，所以整乱发也。常在冠下，或但单著之"，可见汉后帻的种类、功能增加，可针对其具体式样出现了详尽的划分贵贱的等级标准；而且帻的使用方式更加灵活，单独穿戴或配合礼冠皆可，应用人群、环境更为宽泛，上至帝王将相下到黎民百姓，从祭祀庆典到平日闲余等状况均能自如应对。

关于"帻"帽功能的演进，古文献中还有若干版本的说法，如"元帝额有壮发，不欲使人见，始进帻服之"（蔡邕《独断》），也有俗语称"王莽秃，帻施屋"，说王莽因秃顶而以帻巾覆之，反映出帻在践行实用理念的同时兼顾美化修饰的特性。

其他帽类款式如：胄、兜、鍪等军事用头盔，将在第五章第三节的护卫类兵器设计中加以详解。

此外，自冠帽衍生出的相关的语汇还有："冣"为积聚；"青"为有装饰物帐子的象形；"冡"为覆盖，今通"蒙"；"襾"为上下包覆；"覂"为翻覆；"覆"有翻覆、覆盖之义；"䍃"为祭祀时有幂冒的酒爵；"同"为聚集、汇合；"最"指最高等级;"覈"今通"核"。从其构造、组成、含义中不难看出冠在成型之初承载了实际使用功能和礼仪规范内涵。

图1-17 秦兵马俑的介帻

2. 从冠类字看传统元服的配饰

元服的配饰大致可以分为例如笄或先的簪饰；瑱、璪、鋺等的玉石饰品；纮、紞、缨、纩等的丝织品配饰三大类。它们由于被装饰于不同的礼冠、不同的位置，选用的大小、数量、材质、颜色、排列方式不同而导致它们最终呈现出来的面貌和名称琳琅满目。正因为如此，这些五彩斑斓的贵重配饰在不影响"器"的实用功能的基础上，以千变万化的姿态将原本平凡无奇的冠帽装饰得闪耀夺目，华贵非常；而配饰细琐繁杂的名目、细致严格的规格更将礼冠烘托得身价不凡，令人望之心生敬畏。

（1）男女皆宜的"笄"

笄，《说文》："笄，簪也。"

先，《说文》："先，首笄也。"《段注》："此谓今之先即古之笄也……无必有歧，故又曰叉，俗作钗。释名曰：叉，枝也。

因形名之也。篆右象其叉，左象其所抵以固弁者。"

　　古礼规定女子十五岁"及笄"，是成人的象征，其礼仪中的道具主角"笄"即今天通俗理解的发簪，用来装饰发耳、固定绾髻的首饰。"笄"字从竹部，却不局限于"竹"这一种材质，河姆渡文化二期发掘出土的早期簪子曾用骨、角类材质制作，此外还有如木、荆、石、蚌、玉、陶、铜、金、银、象牙、玳瑁等品类繁多的材质陆续加入，雕饰成有着吉祥寓意的凤凰、孔雀等鲜活动物的形象，并加饰各种精致的纹路，极富装饰性，凸显女性的柔美气息。与"笄"形成递训关系的"兂"同"簪"三者同指一物，簪是通俗的叫法，笄是兂（簪）早期的称谓。从字形结构上看，"（兂）从儿，匕象形"，小篆右边像树枝的形状，左边以如匕首般锋利的前端插入发髻并以物什相抵，也可同理固定弁帽。因此据说古时女子的发簪就是由匕首演化而来，既作首饰，也是一种防身武器。（图1-18）

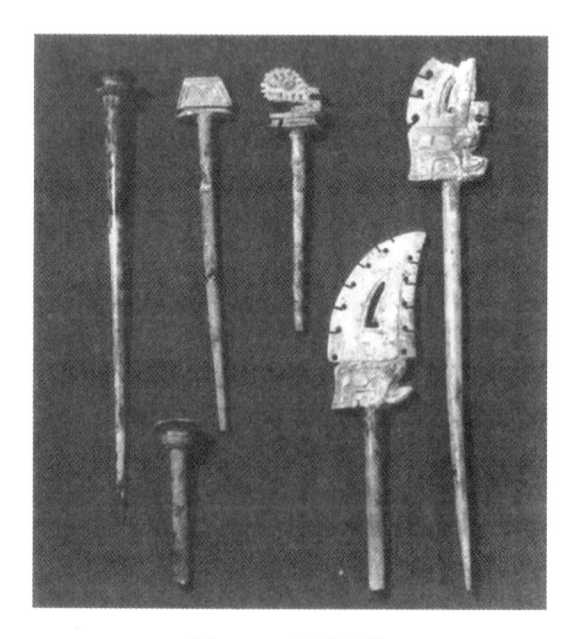

图 1-18　殷墟骨笄

不过笄并非女子专属，也不止固发一种用途，当戴冠之风盛行时，贵族男子也会"贯之于其左右"，用笄横穿过冠与发髻的两侧，以防冠帽从头上滑落或发髻散落，有时甚至会插许多根笄于冠帽上，排列成禽鸟展翅开屏的样子，着意于装饰用途。不过，按段氏分析，上古男子用笄有着严格的配置规范，笄固定的帽子只有冕和弁两种，弁又分皮弁和爵弁两种（《仪礼·士冠礼》），都是尊贵的元服形式，且专门以名为"纮"的各色织物丝带作搭配上卷装饰，等次身份，"天子冕而朱纮。诸侯冕而青纮"（《段注·笄》），其他不能用笄固定的冠帽则用"缨"为之。

（2）"有頍者弁"

頍，《说文》："頍，举头也。《诗》曰：'有頍者弁。'"《段注》曰："頍围发际，结项中，隅为四缀以固冠，今未冠笄者箸冠卷，頍象之所生也。"

按照段氏疏注，"頍"是中国传统元服的最简单形式，是一种圆形的发箍或额带，围在发际，也因此有人认为这种用布条、革带、竹条、金属条等材质编扎成的"頍"很可能就是后世冠冕、巾帽等元服的雏形。不过，根据记载"頍"应该是中空的，只是勒在额头上，将两鬓的头发紧紧束缚住，头顶则没有任何遮掩，好像孙悟空的头箍，又为宽形，再用垂于两侧的缨绳在下颌处打结固定。考古发掘中龙山时期的商代玉人形象上，其头饰"頍"即是一种扁平的冠饰式样，有的还在"頍"上缀饰宝石，可见在商代时頍冠的形制已相当成熟。（图1-19）

古人注重头发，认为"身体发肤受之父母"，是不能轻易损毁的，除了婴孩时期需要剃去胎发外，之后是不用刻意修剪的。而且因为内敛的礼仪文化传统，如今天披散头发显示潇洒、飘逸的做法在当时被称为"披头散发"，有不庄重、不讲究之义，为礼教所不容。因此，为了使肆意生长的头发变得贴顺，人们会把长长的头发挽成发髻，然后按照身份地位的区别，贵者戴冠、贱者戴巾。《仪礼》曰："古不用笄贯冠者，则着頍围发际结项中"，《后汉书·志·舆服下》载:"古者有冠无帻,其戴也,加首有頍,所以安物",尽管用各种材质的帽子裹覆住了头发,但因为人在活动中会不经意间发生较大幅度的晃动而导致冠帽的滑落或歪斜,頍的作用与"笄"相同,都是为稳固头上的元服而特意设置的,且兼有装饰的功能。

图1-19 殷商妇好墓出土的有頍玉人

(3)莹莹玉饰

瑱,《说文》:"瑱,以玉充耳也。《诗》曰:'玉之瑱兮。'䪖,瑱或从耳。"并非真的用玉石塞住耳朵,而是用玉石缀于耳旁,示意塞耳。王筠《句读》引《左传·昭公二十六年》正义："礼，以一条五采横冕上，两头下垂，系黄绵，绵下又悬玉为填以塞耳。"

珥，《说文》："珥，瑱也。"

璪，《说文》："璪，弁饰，往往冒玉也。璂，璪或从基。"

瑬，《说文》："瑬，垂玉也。冕饰。"

由《说文》从玉部的元服饰品说解可知，玉饰已出现多样形式的表达：有缀在冠冕两侧的"瑱""珥"；有蒙缀在皮弁接缝处的一粒粒采玉"璪"；也有"自上而下，动则逶迤，若流水也"（徐锴《说文解字系传》）的玉珠串"瑬"装饰在冕的延板前后两端。自古玉即被赋予各项美德，被看作是君子的象征，许君经总结得出其有仁、义、智、勇、廉洁五种品德，也因此可在人们的行事、修为方面起到规劝、示警的作用。孔颖达疏注《礼记》时曾云："自士以上皆有玉佩。上云君无故不去玉，则知下通于士也"，普通老百姓是没有资格佩戴玉石的，至少要是士以上的阶级才能使用，尤其是帝王、权贵，一举一动都关乎社稷安稳，为世人表率，而饱含各种人性美德的莹莹玉饰恰恰成为上位者无可挑剔的品格证明，又以绚丽夺目的光彩色泽及从属于礼制规范的用玉色彩、数量，逐级展现非同凡响又上下有别的美化装饰和等级区分。

（4）从糸部的装饰织物

纚，《说文》："纚，冠织也。"

紘，《说文》："紘，冠卷也。"贾公彦疏："谓以一条组於左笄上系定，绕颐下，又相向上仰属于笄屈系之，有馀因型为饰也。"

缨，《说文》："缨，冠系也。"《段注》："以二组系於冠卷，结颐（腮颊、下巴）下，是谓缨。与紘之自下而上系於笄者不同。"

紞，《说文》："紞，冕冠塞耳者。"

緆，《说文》："緆，缨卷也。"

緌，《说文》："緌，系冠缨也。"

在《糸部》字所列的指向头衣配饰的语义场中，丝织装饰品呈现出两种不同的造物形态，一种是以"纚"为代表的巾布，依段氏所述，"冠织者，为冠而设之织成也。凡缯布不翦裁而成者谓之织成……纚一幅长六尺，足以韬发而结之矣。礼经赞者奠纚而后设纚，宾正纚乃加冠，是以纚韬发而后冠也。此纚盖织成，缁帛广二尺二寸，长只六尺，不待翦裁，故曰冠织"，"纚"是一块宽约73厘米、长近2米，且未经剪裁的黑色布帛，其幅面、长度都足以满足束发和打结固定的需要，常常隐藏在冠帽下；另一种则属于带状或绳系的细长式样，如：纮、缨、紞、紶、緌，但它们的功能、应用范围却各有不同，"紞"是冕冠两侧用来悬挂瑱的彩色丝带，"紶"形容冠绳绕于下颌时卷曲的样子，"緌"指帽绳系结后垂落的部分，"纮"和"缨"均为冠帽上的系带，却两者绕系方向相反，纮是绕过下颌将两端上系于笄处，缨却是自上而下地系在脖子上，同时"纮"和"缨"的服务对象也有明确规定，"士冠礼注曰：有笄者屈组为纮，垂为饰。无笄者缨而结其绦"，再联系上文笄仅在弁冕中的限制应用，纮应是冕弁的绳系专名、缨对应冠。单单一个冠帽的绳带就会因使用时因绑扎所表现的样子引发不同文字的细致描述，也会小心地针对元服的等级类别进一步加以区别应对，并注意到在戴帽之前先用布帛包裹头发的微小细节，这些政治意义远大过实用意义的文字在现代汉语中多已变得十分生僻，却也沉默地诉说着上古冠冕曾在上古阶级社会中的发达程度与人们意识中的重要地位。

二 体衣服饰

体衣是整个"衣"类生活组成部分中的主体，自甲文时的首秀"󰀀"到小篆文的书写"󰀀"，"衣"字的形态结构基本没变，"󰀀"或"󰀀"的组成图形好像曲领，其下搭配的"󰀀"则简略而鲜活地勾勒出有着两袖"󰀀"和两襟互掩"󰀀"的上衣特征，徐灏《段注笺》云："上为曲领，左右象袂（衣袖），中象交衽（衣襟）"。与"衣"之字形表达一致的是其在许书上的训释："上曰衣，下曰裳"，两者均特指"上衣"，显然和现在人们理解的包含上衣、下服、内衣、外套等各式衣服的"衣"之涵义有所出入。不过，随着清代学者王筠进一步阐明："析言之，则分衣裳，浑言之，则曰衣"（《句读》），"衣"义本身应有广义与狭义之分，既可如《说文》所指，将"衣"归至上衣类别，与专指下裙的"裳"相对，也可笼统地把着于身上的衣服都称作"衣"，无分上下。《诗·秦风·无衣》即是这一广义"衣"应用的典型案例：

"岂曰无衣？与子同袍。王于兴师，修我戈矛。与子同仇！

岂曰无衣？与子同泽。王于兴师，修我矛戟。与子偕作！

岂曰无衣？与子同裳。王于兴师，修我甲兵。与子偕行！"

诗中"衣"被依次赋予了"袍""泽""裳"三种不同含义，虽皆可含混地统称为"衣"，却又因为包裹身体的部位不同而细分为：衣、裳连缀的，似袍的深衣"连衣裙"；里衣，或称贴身"上衣"；以及半身裙"下裳"。而这三种衣服形制至此也成为上古体衣服饰的基本划分标准和主要版块构成。

同时，"衣"还是字书《说文》中的大部首，包括"衣"字本身在内共载录从衣字129个，内容涉及各式成衣和构成成衣的多样部件，并搭配黹部、巾部、糸部、玉部展现了传统体衣配饰五光十色的灿烂一面。

1. 从"衣""巿""㡀"等部看体衣分类

按照《说文》"衣"字的狭义表达"上曰衣，下曰裳"看，体衣基本呈现有上身穿的"衣"和下身着的"裳"两大类。

衣，《说文》："衣，依也。上曰衣，下曰裳。"

常（裳），《说文》："常，下裙也。裳，常或从衣。"《段注》曰："士冠礼：爵弁，服纁裳。皮弁，服素积。玄端，玄裳，黄裳，杂裳可也。礼记深衣：续衽钩边，要缝半下。今字裳行而常废矣。从巾，尚声。从巾者，取其方幅也，引申为经常字。"

而"衣"与"裳"又在《说文》"体衣语义场"中分别构成了

两个"子语义场":

(1) 上衣子语义场:

裘,《说文》:"裘,皮衣也。一曰象形,与衰同意。"

褐,《说文》:"褐,一曰粗衣。"

褞,《说文》:"褞,编枲衣。一曰头褞。一曰次裏衣。"

褧,《说文》:"褧,檾也。《诗》曰:'衣锦褧衣。'示反古。"《段注》曰:"毛传曰:衣锦,锦文衣也。夫人德盛而尊嫁,则锦衣加褧襜。"指麻纱做的单罩衣。

襟,《说文》:"襟,南楚谓襌衣曰襟。"

襌,《说文》:"襌,衣不重。"《段注》曰:"此与重衣曰複为对。"

複,《说文》:"複,重衣皃。一曰褚衣。"

袷,《说文》:"袷,衣无絮。"

襺,《说文》:"襺,重衣儿。《尔雅》曰:'襺襺襧襧'"

褴,《说文》:"褴,裯谓之褴褛。褴,无缘也。"

褴,《说文》:"褴,楚谓无缘衣也。"

褙,《说文》:"褙,无袂衣谓之褙。"

袛,《说文》:"袛,袛裯,短衣。"

裯,《说文》:"裯,衣袂,袛裯。"

褗,《说文》:"褗,短衣也。《春秋传》曰:'有空褗。'"

襂,《说文》:"襂,短衣也。"《晋书音义》曰:"襂,连要(腰)衣也。"

襦,《说文》:"襦,短衣也。一曰曩衣。"

衧,《说文》:"衧,诸衧也。"《段注》曰:"诸于、大掖衣。如妇人之袿衣。按大掖谓大其褒也。方言。袿谓之裾。于者、衧之假借字。"指妇人穿的上等长袍。

褿,《说文》:"褿,帴也。"

帗,《说文》:"帗,败衣也。从巾,象衣败之形。"

敝,《说文》:"敝,帗也。一曰败衣。"

褻，《说文》："褻，弊衣。"

袞，《说文》："袞，天子享先王，卷龙绣于下幅，一龙蟠阿上乡。"

袆，《说文》："袆，《周礼》曰：'王后之服袆衣。'"

褕，《说文》："褕，翟，羽饰衣。一曰直裾谓之襜褕。"

褓，《说文》："褓，小儿衣也。"《段注》曰："古多云'小儿被'也。"

襁，《说文》："襁，负儿衣。"

褯，《说文》："褯，褓也。《诗》曰：'载衣之褯。'"

卒，《说文》："卒，隶人给事者衣为卒。卒，衣有题识者。"

裋，《说文》："裋，竖使布长襦。"《段注》曰："竖使谓僮竖也。《淮南》高注曰：'竖，小使也。'"

袯，《说文》："袯，蛮夷衣。一曰蔽膝。"

襲，《说文》："襲，左衽袍。䙝，籀文襲不省。"

祝，《说文》："祝，赠终者衣被曰祝。"

襄，《说文》："襄，丹縠衣也。"

袗，《说文》："袗，玄服。裖，袗或从辰。"

袾，《说文》："袾，好佳也。《诗》曰：'静女其袾。'"《段注》引《广韵》曰："朱衣也。"

袢，《说文》："袢，无色也。一曰《诗》曰：'是紲袢也。'"

衵，《说文》："衵，日日所常衣。"

亵，《说文》："亵，私服。《诗》曰：'是亵袢也。'"

衷，《说文》："衷，裏亵衣。《春秋传》曰：'皆衷其衵服。'"

䘳，《说文》："䘳，服衣。长六寸，博四寸，直心。"《段注》曰："丧服衣。"

衰，《说文》："衰，艸雨衣。秦谓之萆。"

袍，《说文》："袍，襺也。《论语》曰：'衣弊缊袍。'"

襺，《说文》："襺，袍衣也。以絮曰襺，以缊曰袍。《春秋传》曰：'盛夏重襺。'"

（2）下裳子语义场：

袆，《说文》："袆，蔽膝也。"

襜，《说文》："襜，衣蔽前。"

帔，《说文》："帔，弘农谓帬帔也。"

帬，《说文》："帬，下裳也。裠，帬或从衣。"

帴，《说文》："帴，帬也。一曰妇人胁衣。"

幝，《说文》："幝，幒也。襌，幝或从衣。"

幒，《说文》："幒，幝也。䘚，幒或从松。"

市，《说文》："市，韠也。上古衣蔽前而已，市以象之。天子朱市，诸侯赤市，大夫葱衡。从巾，象连带之形。韍，篆文市。从韦，从犮。"

韐，《说文》："韐，士无市有韐，制如榼，缺四角。爵弁服，其色韎。贱不得与裳同。司农曰：'裳，纁色。'韐，韐或从韦。"

纀，《说文》："纀，裳削幅谓之纀。"

褽，《说文》："褽，衺幅也。"

韠，《说文》："韠，韍也。所以蔽前，以韦。下广二尺，上广一尺，其颈五寸。一命缊韠，再命赤韠。"

襗，《说文》："襗，绔也。"

褰，《说文》："褰，绔也。《春秋传》曰：'徵褰与襦。'"

绔，《说文》："绔，胫衣也。"

縛，《说文》："縛，葰貉中，女子无绔，以帛为胫空，用絮補核，名曰縛衣，状如襜褕。"

襱，《说文》："襱，绔踦也。䙅，襱或从賣。"

裯，《说文》："裯，绔上也。"朱骏声《通训定声》曰："股所居处。苏俗谓之裤当是也。"

繑，《说文》："繑，绔纽也。"

以上按相近语义系联所列的两个"子语义场"显示，上古体衣服饰较之早前蛮荒时代披围式的着装方式表现出跨越式的进步。不仅演化出不同于经典上衣下裳式服饰组合的新服饰品类：深衣和胡服，也体现了与原有服装样式的整合、衍生，及对外来衣饰样式的吸收、融合。

首先是上衣类服饰。根据前文所述，早在生产力和技术水平极度低下的时期，作为"民生之本"的"衣"就已"布帛可衣"地制作出简易的披风式服装"以芘寒暑也"（《释名·释衣服》），并通过选择毛或葛麻不同的原材料加以区分冬服和夏衣，尽可能地保证衣服穿着时的舒适感。而当发展到较成熟的"衣"阶段时，受各种社会因素和需要影响的分类方法愈加拓展。有按质料工艺分的，如：皮衣"裘"，专门将毛翻向外面"以为观美"（饶炯《部首订》）；粗布衣"褐"，"以毳毛织之，若今马衣者也。或曰：枲衣也。一曰：粗布衣"（《段注》引赵注《孟子》语），即是用兽毛或粗麻织成的衣服；未绩之麻编的衣"襺"，因缺少搓捻成线的加工步骤而显得十分粗鄙，与一般草编雨衣"衰""萆"相类；单层衣衫"褧""襌""襌"，不复加里衬，麻纱制的罩衣"褧"套在彩色花纹的丝织服饰外更流露出几分返璞之意；夹衣"複""袷"与单衣相对，"複"为夹层里铺装丝絮的衣服，"袷"虽未有填允，但也是用双层面料制作。有按样式分的，如：无缘衣"襜""幨"；无袖衣"裯"；短衣"衹""裯""鸐""褐""襦"；一贯到底的服饰"袍""襺""衽"；披肩"褙"；衣服破旧的样式，如：字形本身就仿象"衣败之形"的"㡀"、破旧的衣服"敝"和"袃"。也有按身份分的，如：天子和王公的礼服"衮"、王后祭服"袆"和"褕"、妇人穿的大袖外衣"衧"、小儿戴的围嘴"褚"、小儿抱被"緥"和"褓"、背婴儿的背带或衣兜"襁"、隶役的制服"卒"、童仆穿的麻布衣"袒"、蛮夷衣"袯"、死者之服"袭"和"裞"；按颜色分的，如：红色的细纱衣"襄"、纯色的服饰"袗"、大红色的"袾"、无色"袢"。还有女性服饰"袆""衧"袜""繡""褧""袑"；根据场合需

要穿戴的衣服，如：日常贴身私服"衵""褒""衷"；丧服"縗"；雨衣"衰""䄛"等等。（图1-20）

图1-20a 西汉直裾素纱襌衣

图1-20b 西汉曲裾素纱襌衣

图1-20c 战国黄绢面绵袍

图1-20d 西汉黄纱直裾长袍

图1-20

在指向所谓"上衣"涵义的子语义场一中，文字的释义出现了大量关于"短衣"表述，朱骏声《通训定声》语："（短衣）其长及膝，若今之短襖"，古时上衣长度大概在膝盖处，是有着短下摆或短后摆的上身装束。但是这种上衣的长度并非绝对，《说文》释"襦"为"短衣"，又以"襦"训释"袒"服。按照《段注》中的记述①，"襦"服的形态可长可短，长者如"长襦"、短者如"裋褕"。而无论何种襦服，其长度都在膝盖以上，是与另一种长至脚踝的"襜褕"相对而言的"短衣"。其中，《说文》"一曰直裾谓之襜褕"的"襜褕"即属于深衣类的"直裾"单衣。

值得注意的是，底层劳动者所穿之"短衣"已与"垂衣裳而天下治"的权贵者崇尚的服饰样式发生区别，更出现了如"襜褕"等宽博的深衣制袍服和近似"短衣"的胡服。

"深衣"一词最早现于先秦经典《礼记·深衣》篇，其存在历史应不会早于春秋时期，很可能始于春秋、战国之交。孔氏《正义》曾云："所以称深衣者，以余服则上衣下裳不相连，此深衣衣裳相连，被体深邃，故谓之深衣"，深衣打破了原本上下分开的着衣模式，将上衣和下裳缝合在一起、连缀为一件衣服，因"被体深邃"而得名，具有一通到底的服饰特征。而对《礼记》中"续衽勾边"一句的认识，郑玄相信是由于衣、裳连体后致使衣襟加长的缘故，而在穿着时需要将衣服前襟绕到背后，形成深衣最初的一种"续衽"款式：曲裾。②不过，这种"续衽勾边"的裹体紧身式似乎并不符合汉服深衣的传统审美标准。《说文》中与深衣"褕"皆属"衣"部、且同音近义的"衧"，在春秋时通"裕"，在指向衣服特征时应皆有宽大、富余之义，又如上文所述，"褕"为直裾深衣，说明宽松的"褕"之直裾深衣已明显不再担心活动时可能暴露下体的尴尬，应该是紧裹身体的曲裾深衣改良版，为产生于内衣完善后的新型服式。桂馥《义证》引《三礼六服图》曾语："褕狄（翟），王后从王祭先公之服也。侯伯之夫人服以从君祭宗庙"，可知"褕狄""襜褕"类服饰还是当时上流社会女性出席隆重场合

---

① 《段注》释"竖使布长襦"语曰："竖与裋叠韵，竖使谓僮竖也。淮南高注曰：竖，小使也。颜注贡禹传曰：裋褐谓僮竖所著布长襦也。方言曰：襜褕，其短者谓之裋褕。韦昭注王命论云：裋谓短襦也。本方言。"

② 郑玄疏注《礼记·深衣》中"续衽勾边"语："续，犹属也。衽，在裳旁者也。属，连之，不殊裳前后也。钩，读如'鸟喙必钩'之'钩'。钩边，若今曲裾也。续，或为'裕'。"

的正装，宽衣大袖的服饰样式统治着先民穿着审美的主流。而深衣的应用范围不止在女式礼服上倍受热捧，因得以"先王贵之"，《礼记·玉藻》中还将其视作诸侯、大夫等贵族阶层的家居便服，及庶民们的礼服，"可以为文，可以为武，可以摈、相，可以治军旅，完且弗费，善衣之次也"[①]。深衣形制超越了阶级、性别、官衔、职业，且"盖有制度，以应规、矩、绳、权、衡"（《礼记·深衣》），其下裳所裁十二幅更顺应了古时人们对天时人伦的认识，成为中国传统社会影响广泛而持久的汉服服饰。（图1-21）

与深衣类似的长款上衣，《说文》中还提到了一种浑言"袍"的服饰，下摆到脚踝。可以在夹层著絮称"袍"，也可以制成丝绵夹衣"襺"，且因袍"有表，后代为外衣之称"[②]，由于夹层常常纳絮而不擅长曲裾等紧身式样，而偏向宽大的直裾深衣风格。河北易县出土的战国制"青铜长衣烛奴"的衣着，从实物角度也演示了与深衣剪裁有所雷同又自成体系的早期袍服式样：长衣上下通幅通缝，直襟直筒，交领右衽，长袖有缘，下摆肥大，有束腰带。（图1-22）胡服"袯"则是《说文》中对上古西北塞外地区少数民族服饰吸收融合的一个反映。与古来视宽衣博带为特权标志的礼制观念相背离，其形制近似底层劳动者和奴隶短衣打扮，衣长及膝、衣身紧窄、活动便利，自赵武灵王始被引入军队后，也在不断交流中逐渐推行到民间。[③]（图1-23）

其次是下裳服饰，按《说文》中相关语汇指向所示，包裹下体的衣物初为类似围裙的，如"市""韠""袆""襜""袷"等延用古代遗制蔽于身前的蔽膝（图1-24）；后发展为由若干块幅面缝合而成的裙裳，如："帔""帬""幭""纔"；"裤"在《说文》中查无此字，只有"绔"字音同义近，只是该服饰形制不属于

---

① 参见《礼记·深衣第三十九》原文。
②《段注·袍》："玉藻曰：纩为茧，缊为袍。注曰：衣有著之异名也。记文袍襺有别，析言之，浑言不别也。古者袍必有表，后代为外衣之称。释名曰：袍，丈夫箸，下至跗者也。袍，苞也。苞，内衣也。妇人以绛作，义亦然也。"
③ 参见《史记·赵世家》和《后汉书·五行志一》。

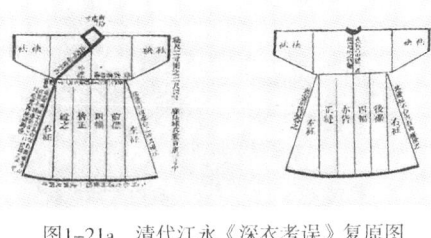

图1-21a 清代江永《深衣考误》复原图

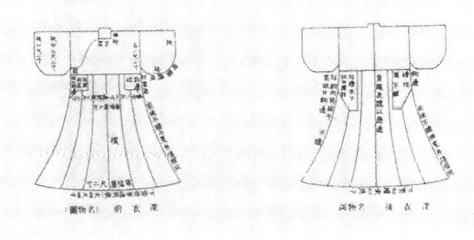

图1-21b 日本诸桥辙次《大汉和辞典》深衣图

图1-21c 绕襟衣陶舞俑

图 1-21

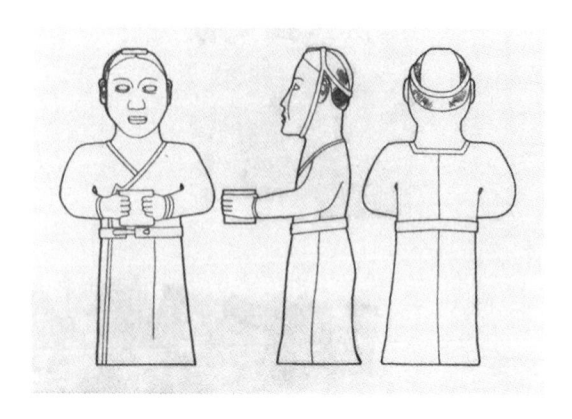

图 1-22　战国青铜长衣烛奴

图 1-23　侯马织绣齐膝衣背剑人陶范铸像

传统下裳式样，而是引进自边关少数民族的着装，是因时代变迁而出现的新式服装品类，其形态更在使用中持续变形进化，呈现出有别于现代意义的不同类别的"胫衣"。

"裳"为遮蔽下体的裙子，《段注》引《释名·释衣服》云："下曰裳；裳，障也，所以自障蔽也"。"裳"字结构从尚从衣，"尚"本身有展开、摊出之义，与下"衣"结合即可表意铺展的衣摆;又或从尚从巾,好像用一块巾布遮蔽下体充作蔽膝。且在其递训之从巾从君的"帬(裙)"中,"君"为"尊也",《说文》中从糸从尊的"纁"本义即指"状如襜褕"的女性服饰,在《诗·小雅·斯干》也有:"乃生男子,载寝之床。载衣之裳,载弄之璋","裙"于男女皆通用,为上古先民日常穿着的传统下服。

图1-24　商周贵族服饰——窄袖织纹衣、蔽膝穿戴

据《帝王世纪·帝王世纪续补》记述:"黄帝始去皮服,为上衣以象天,为下裳以象地",在摆脱披围兽皮的原始衣饰后,"上衣下裳"制的服饰形制即是黄帝时期接续皮服、富于礼制传统和原始自然认识的衍生新造物。其具体式样如与"裙"声符相同的"帬"字所示,"裙下帬也,连接裾幅也"(《释名·释衣服》),"凡裳,前三幅,后四幅也"(《仪礼郑注·丧服》),合每幅二尺二寸,七幅计十五尺四寸,约合现代尺寸五米的样子。此外,在《说文》中还收录一种腰部以下穿着的"绔(裤)",同上衣"被"一样均源自北方少数民族服饰,而非传统礼服。原始

90   《说文解字》的设计解读

"绔（裤）"的样式不如今天所见由裤裆、裤腰、裤腿三部分组成的成熟形态，而是一种称为"胫衣"的奇怪下衣，它无腰无裆，只有两条裤管套在小腿上，用带子系于腰间，与前述"蔽膝"遮挡身前要害处方式相反，除小腿外下身都是完全暴露的，所凭借的就是长衣、袍服，或腰裙"裳"等可到达脚踝以作遮掩的下摆。说是"绔（裤）"，其实更像是暖腿的护套，因此，在跪、坐、行、立时人们都极重规矩，以防不小心暴露下体肌肤。"胫衣"后来渐渐延伸成包裹大腿的开裆裤，继而缝合裤裆，有了满裆裤"幝""幒"，并设置裤纽"繑"，最终完成裤上"袑"部分所有基本功能设计，形成真正的"裤子"，赋予身体活动上充分的自由和便利。不过，在衣饰的搭配上名为"幝""幒"的长裤却依然扮演着隐藏在短衣或裙袍之下的衬裤配角角色，不允许外穿。（图1-25）

自障蔽身体的衣饰出现以后，先民参考天时人伦秩序，将"乾上坤下""君上臣下"等理念运用于服饰设计中，到商代创造出经典的"上衣下裳"制服饰组合形式，并为后世推崇成为最高等级的礼服制式。从以上所讨论的《说文》中的各式服装可以看出，均是在"衣"与"裳"基础上的灵活变化，如：衣裳连体的深衣制袍服、"短衣+裙裳"的襦裙制女装服饰搭配，以及多为普通百姓打扮的短衣长裤式裋褐制衣饰。先民们依据祭祀、朝会、游赏、劳作等活动性质和男女对象的不同制定出一系列形制考究、装饰精美的"套装"，其影响之深远，无论服饰的形式发展到何种丰富的程度，人们至今将其统称为"衣裳"。

2. 从衣类字看体衣的部件组成

《说文》中小篆体的"衣"是对实物上衣图像的仿象，徐灏《段注笺》中亦有"上为曲领，左右象袂，中象交衽"的说解，说明领、袂、衽等应为体衣的基本组成部件。

（1）衣领

襮，《说文》："襮，衣领也。《诗》曰：'要之襮之。'"

襮，《说文》："襮，黼领也。《诗》曰：'素衣朱襮。'"

图1-25a 秦始皇陵陶俑　　　图1-25b 西汉马王堆汉墓出土导引图局部

图 1-25

褗，《说文》："褗，褔领也。"朱骏声《通训定声》曰："领之有缘者为褗。"

裺，《说文》："裺，褗谓之裺。"

帹，《说文》："帹，领耑也。"

裍，《说文》："裍，领耑也。"

暴，《说文》："暴，颈连也。"《段注》曰："颈当作领。（领连）谓联领于衣也。"

（2）衣襟

衽，《说文》："衽，衣䘳也。"

褛，《说文》："褛，衽也。"

褋，《说文》："褋，袷缘也。"

袷，《说文》："袷，交衽也。"

袄，《说文》："袄，袭袄也。"

（3）衣裾

裔，《说文》："裔，衣裾也。"

裾，《说文》："裾，衣袍也。"朱骏声《通训定声》曰："裾，衣之前襟也。今苏俗曰大襟。"

袧，《说文》："袧，裾也。《论语》曰：'朝服，袧绅。'"

褻，《说文》："褻，衣博裾。俅，古文褻。"

（4）衣袖

袪，《说文》："袪，衣袂也。一曰袪，褰也。褰者，袤也。袪，尺二寸。《春秋传》曰：'披斩其袪。'"

褎，《说文》："褎，袂也。袖，俗褎从由。"

袂，《说文》："袂，袖也。"

襃，《说文》："襃，袖也。"

（5）其他

表，《说文》："表，上衣也。古者衣，以毛为表。襺，古文表从麃。"

裏，《说文》："裏，衣内也。"

衺，《说文》："衺，衣带以上。"

襘，《说文》："襘，带所结也。《春秋传》曰：'衣有襘。'"

襄，《说文》："襄，侠也。一曰橐。"

褍，《说文》："褍，衣正幅。"

襗，《说文》："襗，繟也。"

祐，《说文》："祐，衣袚。"

袚，《说文》："袚，祐也。"

裻，《说文》："裻，一曰：背缝。"
褙，《说文》："褙，衣躬缝。"邵瑛《群经正字》载："褙当为'衣背缝'正字。"

《说文》中形容衣领的名称各异，有"襋""襮""褗""裺"，多数时会表现出"衣"字图画所描绘的交领形态，衣领连缀衣襟在胸前左右交叠，一般是左前襟压在右襟上，再于右腋处挽结，此即汉服着装时的一种常见形式，另外也有衣领于胸前平行下垂、不做交叠的矩式直领形制，如湖北江陵马山楚墓中存于小竹笥（方形竹器）内的浴衣"䘲衣"①（图 1-26）。不过，不管交领还是直领，其所处位置都如"领"所指向的人体部位，"领者、颈项也……衣之上曰领"（《段注》），以体衣顶端结构部件包裹脖颈，有绣饰黑白相间花纹的衣领"襮"，有在衣领上再加一段装饰边缘的"褗""裺"，也有用"纂"强调的"联领于衣"。

图 1-26 直领"䘲衣"

---

① "䘲衣"之名源于墓中服饰所附标牌的文字记录，又鉴于《仪礼·士丧礼》的"浴衣于篋"之说，推断此"䘲衣"应为陪葬浴衣。

按"褛""衽"在《说文》中的递训释义,其所指为上衣类服饰结构中胸前交领的部分,也指衣下两旁形如燕尾的掩裳交际处。《段注·衽》引《仪礼·丧服》曰:"衽二尺有五寸",约合长度83厘米,郑玄疏注:"衽所以掩裳际也。上正一尺,燕尾一尺五寸。凡用布三尺五寸",从而形成衣襟。殷商甲文"$\hat{?}$"前襟向右掩的着装方式显示出上古中原礼服衣裳制"右衽"的传统,而至金文时"$\hat{?}$"出现的左衽之服则体现了少数民族的装束习惯,亦暗示了因外族统治或融合带来的服装交掩方式的变化。

"裔"在许书中释为"衣裾",即大襟;段氏认为其为"衣裙";徐锴《系传》中则指为"衣边"。而回顾古文"裔"字原本结构,上衣下冂的组合中,"冂"有下垂之义,会意出其对衣服下裙,或称"下摆"部分的注重,因此古代各本中"衣裾""衣裙""衣边"的解说皆可视为同义词。《说文》中与"裔"同属衣部且涵义一致的还有"裾""袳""褱",这些文字形容的正是在衣裳制服饰基础上发展起来的深衣裙摆,也显示出古人对深衣下裙的重视。根据裙摆的表现形式,又分为曲裾和直裾。其中,《礼记·深衣》记载的"续衽钩边"就是对绕襟式曲裾深衣的形容,接续衽片的三角形布料从身后绕至前襟,再用大带加以束缚,还能掩藏"续衽"末梢,美化服饰,一举两得。这样层层环绕的衣襟显示出对下体的严密包裹,亦反映出尚未成熟的裤还缺乏对重点部位作连裆处理的经验。从出土文物看,男式服饰下摆较为宽大更便于行动,但在深衣的款式上仍与女子一样均为曲裾。(图 1-27)不过以现代审美眼光分析,曲裾稍显紧窄的优雅式样更易展现女子婀娜的体态。直裾深衣则大幅削减了曲裾时繁琐的衣料缠绕,以简洁的幅面拼合下裙。但因裙摆幅度增加亦使下体的遮挡难度加大,为应对这一弊端,裤裆处被缝合起来,彻底杜绝了各种走光的可能。

《说文》中"袪""褒""袂""褱"同指一物,都是衣服上用来覆盖手臂的圆的部分。(图 1-28)与今天搭配肩形单独制作立体圆筒式衣袖不同,传统衣饰的袖子是以平面形态联合衣身统一

图 1-27 战国锦缘云纹绣曲裾衣彩绘俑

裁剪而成，无法修身，只能贴合肩膀顺势覆盖。又因为崇尚衣饰宽大的传统，贵族穿着的服饰衣袖显现出肥大、衣褶簇拥堆砌的特征。袖口处则细心地设计了"袪"，《段注》按"按袪有与袂析言之者。深衣注曰：袪，袂口也。丧服记注曰：袪，袖口也。檀弓注曰：袪，袖缘口也"，是袖子的收口部分，如同现在京剧中旦角的水袖。保存至今不多的服饰图画、文字、实物资料中，"盖袂上下径二尺二寸。至袪则上下径尺二寸"（《段注·袪》）的小口大袖样式在秦汉以前贵族妇女的身上多有体现。而衣袖长短的标准也以"反诎之及肘"（《礼记·深衣》）的人手臂长度一又二分之一计算，可全然以实际测量的人体尺寸数据为本机动应对、统一设置。

图 1-28　战国曲裾袍服

其他描述服饰构件的语汇还有：以毛为衣饰表面的"表"、衣里"裏"、衣带以上的"袤"、衣带交结处"襘"、口袋"橐"、衣裳正幅"褍"、下裳的锁边"䙅"、裙子正中开衩处、衣背缝"裻"或"褿"。显示出其与现代服饰已无太大差别，区分了衣服的正反面、上身和下身的差别布置，并考虑到衣饰外表的装饰手法与里层贴身的舒适问题；细节处的口袋、锁边是实际生活经验的积累；裙子的开衩"袥""衸"和衣正幅"襊"的接合拓展了服饰的张幅，使人们的身体活动更加随意自如；衣背缝"裂""褙"的加入则解决了上古纺织技术上布料幅宽较窄的缺陷，将背部衣料以人体脊椎为中线分开剪裁再缝合，以满足对服饰衣料宽度用量的要求。

3. 体衣的配饰分类

说到配饰多会想到簪在头发上的金、银、玉、石等闪烁发亮的材质物什，事实上也的确如此，这些数量稀少且做工精美的饰品往往令人趋之若鹜，成为上层阶级佩戴、装饰、炫耀身份的道具和专属。不过，此类饰品的产量毕竟稀少，既不能满足各阶级消费者的需要，也因自身重量缘故注定不能用料太多，真正是"点"到即止，尤其作为体衣上的配饰，更是有限。《说文》中列有相当数量的各式体衣配饰，从文字的形态建构和语义指向上看，多来自纺织品类，也有少量玉器配饰的点缀。《段注》载："巾以饰物。故谓之饰"，所以"巾，所以饰首，衣，所以蔽形"（《风俗通·愆礼·公车徵士汝南袁夏甫》），用衣料遮掩身体的做法本身就是最大的装饰与美化，也是衣饰起源的一个重要原因，更不用说"饰首"。轻薄的材质特性、高产的原料供给、精良的制作工艺决定了在体衣配饰中的主体地位，其不可欠缺的是，与衣裳相搭配的绣纹、缘饰、佩巾等极具视觉审美效应的丝类配饰。

（1）从"黹"部看体衣的纹饰

黹，《说文》："黹，箴缕所紩衣。"

黼，《说文》："黼，合五采鲜色。《诗》曰：'衣裳黼黼'。"

黼，《说文》："黼，白与黑相次文。"

黻，《说文》："黻，黑与青相次文。"

綷，《说文》："綷，会五采缯也。"

粉，《说文》："粉，袞衣山龙、华、虫。粉，画粉也。"

（2）"缘"类的花边装饰

缘，《说文》："缘，衣纯也。"

縱，《说文》："縱，緎属。"朱骏声《通训定声》曰："縱如今织边，可装饰衣物者，緛、絛、紃之类"

紃，《说文》："紃，圜采也。"

緛，《说文》："緛，絛属。"

絛，《说文》："絛，扁绪也。"

緎，《说文》："緎，采彰也。一曰：车马饰。"《段注》曰："彰者，辵彰，可以缘饰之物也。"

（3）实用与装饰相一致的佩巾

巾，《说文》："巾，佩巾也。"

帉，《说文》："帉，楚谓大巾曰帉。"

帅（帨），《说文》："帅，佩巾也。帨，帅或从兑。"

幇，《说文》："幇，礼巾也。"

帤，《说文》："帤，巾帤也。一曰：幣巾。"

幦，《说文》："幦，覆衣大巾。或以为首鬟。"

（4）从糸、从巾的织物配饰

带，《说文》："带，绅也。男子鞶带，妇人带丝。象系佩之形。佩必有巾，从巾。"《段注》曰："古有大带。有革带。革带以系佩韍而后加之大带。则革带统于大带。故许于绅、于鞶皆曰大带。"

绅，《说文》："绅，大带也。"

鞶，《说文》："鞶，大带也。《易》曰：'或锡之鞶带。'男子带鞶，妇人带丝。"

绲，《说文》："绲，织带也。"

紟，《说文》："紟，衣系也。縊，籀文从金。"

絭，《说文》："絭，扁（编）绪也。一曰：弩要钩带。"

绂，《说文》："绂，韍维也。"朱骏声《通训定声》曰："许君所云'绂（韍）维'者，谓蔽膝之系，所以系于革带者。"

组，《说文》："组，绶属。其小者以为冕缨。"朱骏声《通训定声》曰："织丝有文，以为绶缨之用者也。阔者曰组，为带绶；狭者曰条，为冠缨；圆者曰紃，施鞾与屦之缝中。"

绲，《说文》："绲，缓也。"《段注》曰："缓当作绶。"

纂，《说文》："纂，似组而赤。"

继，《说文》："继，绶维也。"

纶，《说文》："纶，青丝绶也。"

绖，《说文》："绖，系绶也。"

（5）玉件佩饰的形制与功用

璬，《说文》："璬，玉佩。"《段注》曰："璬之言皦也，玉石之白曰皦。"

珩，《说文》："珩，佩上玉也。所以节行止也。"《段注》曰："云佩上玉者、谓此乃玉佩最上之玉也。统言曰佩玉。"

玦，《说文》："玦，玉佩也。"

璧，《说文》："璧，瑞玉圜也。"

璜，《说文》："璜，半璧也。"《段注》曰："按大戴礼佩玉下有双璜，皆半规，似璜而小。"

环，《说文》："环，璧也。"

瑞，《说文》："瑞，以玉为信也。"

瑗，《说文》："瑗，人孔璧。"

琮，《说文》："琮，瑞玉。大八寸，似车釭。"

琥，《说文》："琥，发兵瑞玉，为虎文。"

《说文》释"黹"为用针线缝制的衣服，其金文"黹""黹""黹"字形写法虽稍有区别，却均表达出对服饰上所装饰的缝纫图案的摹绘，李孝定《甲骨文字集释》载："（契文、金文）正象所刺图案之形"。段氏则根据文献中有"希声而无希象"的情况，怀疑"希"字是"黹"的前身，"从巾，上象绣形。从㡀，苿省。象刺文也"（《段注·黹》）。而《周礼·春官·司服》中称周天子的礼服有一种就是"希衣"，郑玄相信此衣即为"黹衣"，也就是用丝线在衣服上刺绣花纹作为配饰得到的新样式冕服。通过小小的绣花针穿引彩线，将原本单纯的丝线、绒线，或毛线，按照提前设计好的图案花样走线于衣服装饰所需部位，以丰富服饰在精神上的多层次感染力。从黹部文字也分别以不同角度阐述绘制衣饰花纹的多重面貌，如：绣饰颜色鲜明的"黼"、黑白纹饰相间的"黼"、黑色与青色序次装饰的"黻"、汇集各种颜色的缯帛"黼"，以及专指在衮衣上以绣迹构成山、龙、花、虫等各色纹样的"黺"。

不止是用丝绣配饰体衣，许君又引用卫宏"分间布白"的说法认为纹饰"黺"其实是用颜料画在衣服上的，而《段注》借郑玄之口辨析"黺"实为"绣饰"，一时众说纷纭。但不管是刺绣还是绘画，由"黹"配饰的衣服纹饰都是体衣装饰中的重要组成。

古时装饰的部位也有讲究，《说文》在此提供的"缘"类纺织品式配饰通常即位于衣服的边缘，形态为带状，以不同于所饰衣裳处的颜色、花样出现在领口、袖口、下摆边缘等处。通俗地讲，就是用狭长的布帛作衣服的包边、花边，只是不同于今天流行的蕾丝边倾向纯色、通透的式样，依据《说文》中"緃""紃""緮""绦""絨"等指向服装边饰的训解看，除"缘"未有明确色彩说明外，其他几字均显示为五彩花纹样式，且没有镂空，不仅体现出其在衣边装饰品设计趋向上的偏重和盛行，也体现出先民传统审美观念上对热闹的图案色彩的执着与偏爱。

"巾""帛""帅""幋""帤""幣"在《说文》中皆从巾部，有"佩巾"义，如徐灏《段注笺》所云："巾以覆物……亦用拭物"，"因系于带，谓之佩巾"。直白地说，佩巾就是手巾，在一些古装题材的影视作品中即表现为随身携带的拭汗、擦手、清洁用巾帕、手绢，又可别在衣服上，起到美化服饰的功效，是实用与装饰并举的一类配饰。虽然在《现代汉语词典》中依然保留了"巾""帅""帨"三个巾系文字，但"帅"造字本义的佩巾涵义已经消失，"帨"也因为其上古名称而不常见。"巾"则从模仿巾布下垂之姿的"从冂象巾"字形到书中"佩巾"的释义，全身心凸显"巾"之形态和功用。而且，按古文献"女子设帨于门右"（《礼记·内则》）和"结亲其缡"（《诗·豳风·东山》）记载，当中指向佩巾的"帨"和"缡"均专供女子使用，绵软的绢帕亦暗示了女子在家庭中的次要地位和职责，以及顺从各项礼仪、不得违背的柔性特质。

"带"是上古礼服中极具特色的配饰，因此许君在书中亦建立了配饰"带"语义场。从这些组成文字的部属涵义分析，可以按制作材质划分为两类，一为从巾、从糸的丝织布带，如腰带"带""绅""绲""紟""紮"，绶带"绶""组""緺""繐""纂""纶""綖"；一为从革的皮带"鞶"。从"带"字的历史可溯源至殷商甲文时期，其形"𢃗"如用扣结样"𢆜"的布条联系前后巾布"ᚡ"和"ᚢ"，即表意系裙裳于腰间的扁长布条。至小篆体时代，两巾重叠的"帶"形被写作"帶"，以表示古代凡饰物都需利用织物佩挂于腰带上，与"饰首"的"戴"相区别。按《说文》中的递训关系，"带"为"大带"，且"男子鞶带，妇人带丝"。由郑注"凡佩系于革带"之语可推导，革带"鞶"应用于系联各种配饰，特别是像男子身前的蔽膝、玉佩、为显勇武兼防身之用的兵器剑饰及附于腰间革带上的带钩等佩饰挂件都须拴在革带上。于是，在众多指示"腰带"的小篆文字中夹杂着一个从金的籀文"鋚"，反映着上古服饰隶属大带范畴的革带与金属带钩的亲密关系（图 1-29）。上观战国时诸侯之混战时期，面对开放的社会氛围，革带上的带钩也出现异彩纷呈的姿态，无论贵族王孙还是文武百官皆风行各式奢华奇巧的带钩，以使"满堂之坐，视钩各异，于环、带一也"（《淮南子·说林训》）。相比较女子的衣带功能要单纯许多，只着重束衣即可。不过《段注》还提及"革带以系佩韨而后加之大带"的情况，说明革带和丝制大带还可因束衣、佩饰的职责区分而同时系于腰间，且大带在革带上方。

尽管今天"绶"与"带"常被连在一起称谓，也都从属丝织类

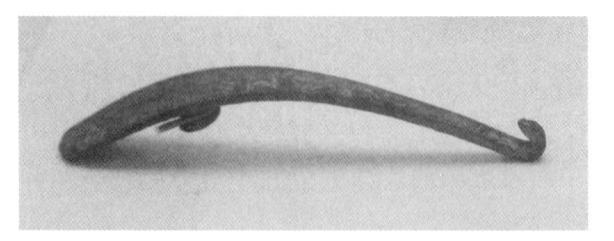

图1-29a　战国后期错金几何纹带钩

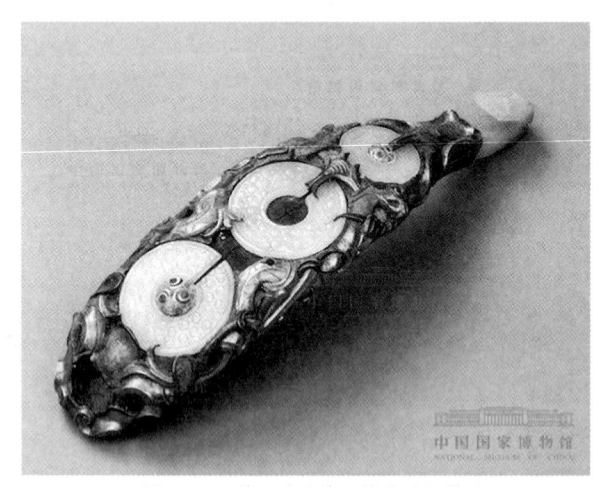

图1-29b　战国鎏金嵌玉镶琉璃银带钩

图 1-29

面料,但其实二者在形态及功能应用上并不相同。《段注》中曾详细描述"绶"之演变:"司马氏舆服志曰:五伯迭兴,战兵不息,于是解去韍佩,留其系璲,以为章表。故诗曰:鞙鞙佩璲。此之谓也。至秦乃以采组连结于璲,光明章表,转相结受,故谓之绶。"因战事频繁,下裳服饰也应时而变,原本装饰身前的蔽膝大巾遭到淘汰,徒留系韍的丝縢仅作象征,至秦代又用彩色丝带串联玉饰,《说文》中亦列有赤色的"纂"、青色的"纶"。显然秦汉时的"绶"已与西周时的绶带大相径庭,甚至将丈余长的带状织物折叠后附于腰带,而且"佩者、内则左右佩用是"(《段注》),佩挂的绶带往往成双成对,置于左右。另外,按照《段注》引《玉藻》

记载，与绶带搭配组合进行配饰的类型很多，有："白玉而玄组绶""山玄玉而朱组绶""水苍玉而纯组绶""瑜玉而綦组绶""瓀玫而缊组绶""象环五寸而綦组绶"，除了玉件加绶带的固定模式组合外，最大的不同即在于组绶颜色、材质的变化，及玉饰质料品质、色泽、造型的差距等。（图1-30）

但是，从关于《段注》的佩饰引文可发现，衣饰中的玉部玉器质料同与其相系联的从系、从巾的衣带、绶巾，还有缘饰花边、绢帕等配饰文字部首所指向的材质完全迥异，却又和谐地融入佩饰的大家庭中。"从人者、人所以利用也。从凡者、所谓无所不佩也。从巾者、其一耑也……俗作珮"（《段注》），段氏从"佩"字的本体构形上阐明了佩饰在"凡"字中隐藏的"无所不佩"的强大容量配置，以及在"巾"字里暗示的可百搭各样"俗作珮"挂件的织物巾绳。而"绶""即佩玉之组"（《段注》），《释器》曰："璲，瑞也。此谓玉瑞也。又曰：璲，绶也"，本指拴系玉饰的丝带。自新石器时期早期开始，用美石装饰身体的画卷就已展开，其佩饰玉件遵循着不同时代的审美眼光打造着风格殊异、形式多变的艺术品，有注重色泽的白色玉佩"璬"；有以多片玉饰串联为手法设计的成组列玉饰；也有针对玉佩本身形态制作的圈形的"环"，环形有缺口的"玦"，中间有小孔的圆形"璧"，半璧形的"璜"（图1-31），大孔璧"瑗"，外面八只角、中间圆而空的"琮"，刻有虎形花纹的发兵玉件"琥"；以及作为玉质信物，雕刻图案不一、形态表现自由的"瑞"等等。

三 足衣服饰

足衣，顾名思义，即为对穿戴在脚上装束的统称。《说文》中从革、从韦、从足、从履、从尸部类的足衣类文字指向不同类型、材质的鞋袜。虽然鞋与袜同属于穿在脚上的服饰，但明显已有内外之别，袜裹于内，更贴合肌肤，鞋着于外，似外衣有着更强的装饰性和耐磨性。很可能至迟到汉代，足衣就已形成如内衣与外衣之间

104 《说文解字》的设计解读

图1-30a 敦煌壁画：朝服垂双绶图

图1-30b 战国组佩木俑

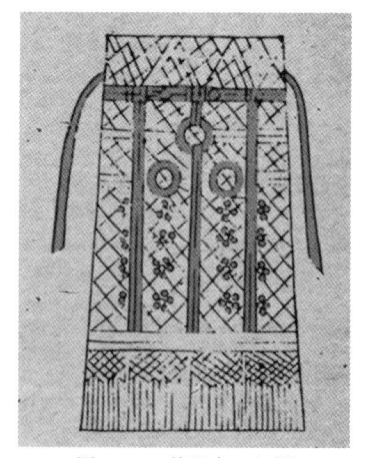

图1-30c 战国白玉组缨

图1-30

的功能细分与形态差别，湖南长沙马王堆一号汉墓中出土的绢夹袜亦证实了足内衣——袜的存在历史，鞋则因材料、式样、性质等因素的影响而呈现出不同的名目。

图 1-31 玉璜

1. 鞋的品类拓展

鞋，即古文中的"履"，如许书所释："履，足所依也"，"履"是脚所依托的用具，也是各类鞋子的通称。段氏认为："古曰屦。今曰履。古曰履。今曰鞵。名之随时不同者也"，又云："履、舃者一物之别名"，朱骏声在其《同训定声》中更进一步训解："汉以前复底曰舃，禅底曰屦，以后曰履，今曰鞵"。可见，从古至今，鞋的名称并非一成不变，甚至经历了"舃、屦—履—鞵（鞋）"的多次变革。

（1）鞋的种类

在汉以前，鞋子称为"舃""屦"，"履"只作动词，表示践行之义，后来履的内涵逐渐扩展，包含了"舃""屦"原有的意思。《说文》中以"履"训"屦"义，二者为递训关系，从"履"字的构成看，"从尸，从彳，从夂，舟象履形"，其异体字"屦"虽然在字件的结构、形态上略作调整，但仍不离船形鞋、表前行的"彳"或"足"，以及会意思考、职责的"页"或"尸"三部分。尤其鞋的造型仿象舟船式样的表达在字形和字义上都得到了充分的体现，只是于材料选用方面十分含糊不清，这很可能源于上古鞋履质料多样性因素的作用，《说文》中就有一个展现各种材料的鞋类字语义场：

鞘，《说文》："鞘，鞘角，鞮属。"朱骏声《通训定声》曰："苏俗谓之木屐。"《方言·卷四》曰："东北朝鲜洌水之间谓之鞘角。"

鞮，《说文》："鞮，革履也。"

鞵，《说文》："鞵，鞮属。"徐锴《系传》曰："此字今俗作鞋。"

鞻，《说文》："鞻，革生鞮也。"

鞔，《说文》："鞔，履也。"

屦，《说文》："屦，履也。一曰：鞮也。"朱骏声《同训定声》曰："汉以前复底曰舄，禅底曰屦，以后曰履，今曰鞋。"

屝，《说文》："屝，履也。"

屟，《说文》："屟，履属。"

屩，《说文》："屩，屐也。"

屐，《说文》："屐，屩也。"颜师古云："屐者，以木为之，而施两齿，所以践泥。"

絘，《说文》："絘，履也。一曰：青丝头履也。读若阡陌之陌。"徐灏《段注笺》曰："絘为麻履之本名。"

絇，《说文》："絇，枲履也。"

舄，《说文》："舄，䧿也。象形。"《段注》曰："自经典借为履舄字而本义废矣。"

在这一语义场中，足外衣"鞋"的取材呈现出多元的发展，从文字所属部首和语义看，已囊括草、木、麻、丝、革多种材质，如草鞋"屩"，木底鞋"屐"，麻鞋"絇"，丝履"絘"，以及皮鞋"鞘""鞮""鞵""鞻""鞔"等等。其中从皮革的鞋类文字数目占到整个语义场语汇总量的将近一半，而作为早期鞋子通称的"屦"更有一个专门强调皮革质地鞋子的多义语义——从革部皮鞋"鞮"，延续至"鞻"字亦通过义符"革"直白地显示出皮革材料的应用在后世鞋履制作上的普及性。

不可否认，面料的选择可以直接影响到鞋子本身的档次规格和应用场合，虽然不如冠帽置于头顶般引人注目，却仍然在一定程度上代表拥有者的身份或职业性质等。如同现代的鞋子，不仅有男女之分，皮鞋自几千年前祖先用兽皮裹足延展至引进西方皮靴而来的商品大宗，如今已默认为"体面""上档次"的同义词，是出席正式场合必需的衣着配备；布面的鞋子则相对平民化些，虽然价格低廉，却穿着轻便，布艺的面料更让制造商们玩出了不一样的花样，染织、涂鸦、拼贴和新科技的介入，将百无禁忌的布鞋样式打造成潮流人士最爱的穿着装备，无论出游、运动，就连正式西装也搭配出雅痞首选的范儿；工业产物下的塑胶鞋靴则常常应用于雨天行走，或为与排水等工种相关的行业必需品。

同时，与鞋面相契合的鞋底的质料选择亦关系到鞋履整体的功能领域，朱骏声《同训定声》中曾言："汉以前复底曰舄，襌底曰屦，以后曰履，今曰鞵"，说明在汉以前，鞋的命名源自底部的形态结构，单层底的普通鞋子称作"屦"，双层底的鞋履则名为"舄"，晋代崔豹训"舄"为"以木置履下，干腊不畏泥湿也"（《古今注·舆服》），即指在单层底的鞋子下面垫一块木板做的厚底，以防止不良路况对单底鞋的浸印。后世浑言"履""鞵"，不再对单层底或双层底做专门区分，却在文字的记述中显示出先民已然关注到鞋底处理在应对复杂环境时的重要性，遇到雨湿泥泞的路面时会换成有防水效能的双层底鞋，相当于现在的雨鞋。历史上著名的"谢公屐"虽说是谢灵运为旅游方便所改良的登山鞋，其原型却是许书中"以木为之，而施两齿"的"屐"。不知是否受复底鞋"舄"下的木料托底启发，二者确是在木底的选择上想法一致。

出于对不同行路需求和服务对象的考量，鞋的种类还有如下指向：

靸，《说文》："靸，小儿履也。"桂馥《义证》曰："履之无跟者也。"

鞾，《说文》："鞾，鞮鞾沙也。"《段注》曰："谓鞮之名鞾沙者也。靮角、鞾沙皆汉人语。"

䩕，《说文》："䩕，舞履也。䩕，或从革。"

有适合孩子穿的鞋子"鞁"，有汉时少数民族穿着的一种鞋头不加护套的靴子"鞾"，还有专门用作跳舞的舞鞋"䩕"，均是根据各自服务对象的年龄、职业、喜好、生活习惯等表现出不同的鞋履特征，如儿童鞋"鞁"会考虑到孩子刚学会走路，尚不平稳，及其本身活泼好动的天性情况而有针对性地设计出平底无跟的鞋子，以便于行走、活动；北方游牧民族因经常骑马而制作鞋帮可覆盖脚踝以上的筒状靴子"鞾"，又因马上生活无需鞋头的保护而使这部分的护套发生简化；跳舞时需要保持身体的灵活、稳定，因此使脚脚踏实地接触地面，"不著跟、曳之而行"（《段注》），是舞鞋"䩕"设计的特点，参考西方古典芭蕾舞舞鞋的款式即可明了。（图1-32）

此外，《说文》中专门辟出"繑"字以体现对鞋子艺术美观的细节注重，《说文》载："繑，以丝介履也"，段氏释"介者、画也。谓以丝介画履间为饰也。盖即周礼之繶絇"，"繶絇"是一种用布麻丝缕搓成绳索，并以此盘画于鞋头，作为装饰。《后汉书·志·舆服下》言："显宗遂就大业，初服旒冕，衣裳文章，赤舄絇履，以祠天地"，对于鞋子的装饰工作，从不曾因为其不起眼地穿在脚下而有所忽视，古人们会搭配符合礼制色彩规范的鞋子，在履头处装饰精巧的立体图案，有据可查的帝王祭祀正装中，尊贵的鞋"舄"就从视觉角度用装饰物"繑"增强其高贵、华美之感。

（2）鞋的构成部件

根据上面履屦类鞋子的解读，上古鞋的品类十分多样，按材料分有：草鞋、麻鞋、布鞋、木屐、皮鞋；按鞋底结构分有：双层底的"舄"和单层底的"履"；按功能用途分有：童鞋"鞁"、马靴"鞾"、舞鞋"䩕"。但无论何种样式、功能的鞋，其基本构造是一定的，《说文》中就出示了一组鞋构件的语汇：

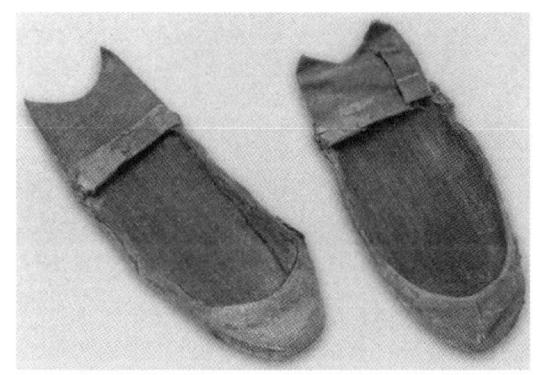

图1-32a 汉代岐头丝履

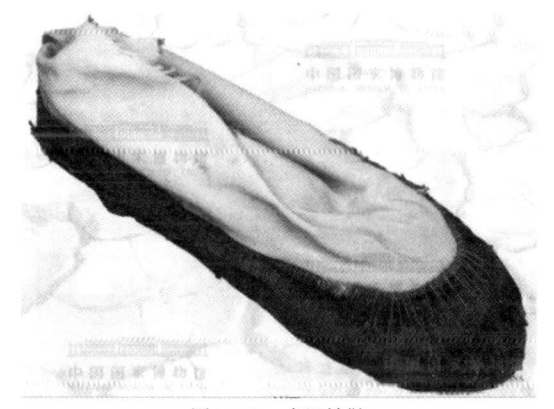

图1-32b 东汉锦鞋

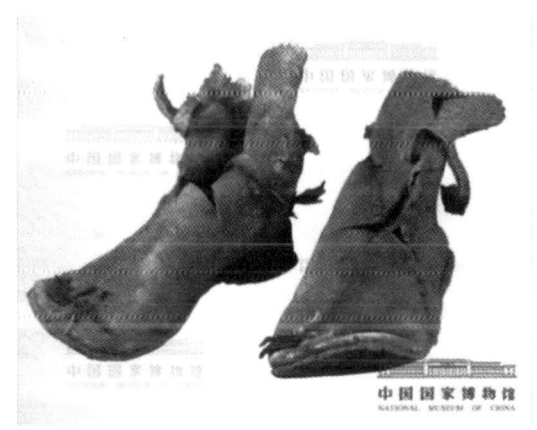

图1-32c 西汉牛皮靴

图 1-32

屧，《说文》："屧，履中荐也。"《段注》曰："即今妇女鞵下所施高底。"

苴，《说文》："苴，履中艸。"

屟，《说文》："屟，履下也。"

鞠，《说文》："鞠，履空也。"《段注》曰："空、腔古今字。履腔如今人言鞵帮也。"

䩞，《说文》："䩞，鞮也。"钱桂森曰："当作'鞮系也'。《广雅》：'鞮，履也。其紟谓之綦。'""《士丧礼》：'组綦系于踵。'注云：'綦，履系也，所以拘止屦也。'今革履之系，或亦柔革为之，故字从革也。"

靸，《说文》："靸，履后帖也。緞，靸或从糸。"《段注》曰："凡履跟必帮贴之，令坚厚，不则易敝。"

木屐中垫脚的底板"屧"、鞋垫"苴"、鞋底"屟"、鞋帮"鞠"、鞋带"䩞"、后跟帮贴"靸"，已基本覆盖了组成现代鞋履的各部构件。构成鞋腔的鞋帮"鞠"与鞋后跟处被加工成类似脚跟形状的帮贴"靸"共同构成整个鞋帮部分，以包拢、护住脚面周围。其制作材料不拘，草、麻、丝、革均可，不过从鞋后帮贴"靸"特意从柔皮"韦"部看，先民已注意到行走和穿脱皮鞋时，后帮会频繁受到曲挠、拉伸，其边缘位于脚关节活动处也经常与皮肤发生摩擦，为增强穿着时的舒适感故而首选柔软的熟皮。鞋底"屟"是脚下被踩的部分，汉以前就已出现单层鞋底和双层鞋底两种，用于行走、站立时缓冲地面对脚的作用，还可起到隔热保温的功效，有着双层底的鞋"舄"亦形成了现代鞋底内外分层的雏形，内底不仅要承受人体全部的重量，将该重力传导到外底和鞋跟上，还要应对因脚部运动、出汗所带来的鞋腔内部温度、湿度、扭曲、挤压、摩擦等各种情况影响；外底则与地面等外部环境直接作用，要考虑到防滑、抗压、耐磨、防水、隔热等问题。与外底紧连的鞋跟亦可帮助外底减小导热性和浸水的可能性，同时提高脚落地时的鞋底弹性和抗震性。

而木屐是我国传统足衣中最古老的特殊样式，其结构较之后来履屦类鞋子更为简易，除了前面提到的鞋底"屦"，包括底板和板下分布于前后两位置的鞋跟，或者称屦齿外，就是充作鞋帮的鞋带"鞻"。屦的鞋底部分是一块上面穿有孔洞的木制底板，孔洞处用来穿系鞋绳，屦头形状则以男方女圆为区别。屦齿装在鞋底下方，如王筠《句读》载："《众经音义》云：'屦，凿腹令空荐足者也。'然则屦以木为之而空其中也"。"屦"以一片木板和绳条构成最初级鞋的造型，不比后世功能更为细致精巧的鞋子构造，却已基本满足保护脚部的需求。浙江宁波慈湖新石器时代晚期遗址出土的良渚木屦已拥有四千多年历史，不同于今天看到的夹脚式木屦单模式，屦身上分别呈现出五孔和六孔的底板处理，虽然鞋绳已经腐烂消失，但从两孔之间设有的凹槽，以及槽宽和孔径相等情况来看，鞋绳的穿系轨迹已然清晰，应是鞋绳穿过孔洞后嵌入槽内、使表面平整的走线路径，且木屦的穿绳方式不拘一格。

2. 袜的原初形态

当今袜的发展丝毫不逊于时装，有连裤袜、长筒袜、中筒袜、短袜、船袜等的丰富款式；有棉袜、毛袜、丝袜、各类化纤袜的多样材质；有平口、罗口、有跟、无跟、平织、提花等的针织式样；有用于特殊行业、除臭抗菌的指定功能设置；还有从流行元素中汲取的大量生动色彩、图案。而汉代以前穿在脚上的袜子与现在人们熟悉的"袜"字并不相同，《说文》中仅收录"韤"和"褐"两个与足衣"袜"义有关语汇：

韤，《说文》："韤，足衣也。"

褐，《说文》："褐，编枲韤。"

袜是穿在足上的衣饰，与一般服饰的功用一致，起着保护和美化身体的作用。从文字的所属部类看，"韦"有经过鞣制处理的柔软熟皮含义，王筠《句读》引顾炎武语也认为："古人之韤，大抵以皮为之"，"衣（衤）"则表示纤维纺织而成的布帛质料，"褐"本义即指用粗麻编织的袜子，因此古代袜子材料可基本划定为皮革和布帛。考古挖掘出从实物角度证实，至少在汉代缝制袜的形制已相当成熟，并进入人们的日常生活成为衣饰中的必需品。这两双珍贵的西汉时期短筒绢夹袜通体由整块素绢布裁剪缝制，合缝位于脚面和后侧，脚底无缝，充分考虑到行走、站立时平滑布面在舒缓脚步压力的作用。袜子有两层，外层夹细绢、内层夹粗绢，其袜筒开口方向与今天的袜子相同，均为后向，袜口处没有松紧，而以袜带替之，穿戴时需将袜带系于踝关节处。

《文子》中载"文王伐崇，袜系解"，《中华古今注》也提到"三代及周著角𩡾，以带系于踝"语，古文献中关于这种用袜带扎系防止脱落的穿着方式最早可追溯至距今四千多年前的夏朝，初为三角形的兽皮制系带袜，后随纺织技艺的兴起，葛、麻、丝、毛等材料相继加入到袜子的进化过程中，史载有锦袜、绫袜、纻袜、绒袜、毡袜等。如湖北江陵凤凰山西汉墓出土的女式麻袜，新疆民丰大沙漠东汉墓出土的、需要 75 片提花综才能织成的锦袜，都有力地展现出秦汉时期在织袜工艺、材料技术上的日益拓展、精进。（图 1-33）至魏晋时期出现的近似于现代针织袜的丝织松软"罗袜"才打破长久以来系带袜的垄断局面，将袜模式从传统"附加式"逐渐转变为更贴合脚形的"依附式"。

第四节　社会等级规范下的服饰设计

在等级森明的古代社会，认为只有制定"君君，臣臣，父父，子子"（《论语·颜渊》），"衣服有制，宫室有度"（《荀子·王制》）的秩序规范，才能达到实质上的和谐。因此历代帝王十分注重衣冠服饰的设计，"易冠服"的举措几乎成为每每新政权建立后定国安邦的一项重要的政治改革，以使"奇服文章，以等上下而差贵贱"（贾谊《新书·服疑》）。所谓"衣帽取人"即源于此，人的身份地位高低、官职品阶大小可以通过衣帽的色彩、图案、纹饰、形制等内容直观地分辨出来。与初期衣饰单纯的实用意义有所出入，"衣冠"一词更富有代表高贵身份的象征意义，显示出与礼制紧密联系的深层文化韵味。如墨子所言"其为衣服，非为身体，皆为观好"，衣服的功用不仅能够防寒保暖，还可针对不同的人群、场合、事件等呈现出不同类型的分工，并表现出严格的等级限制。

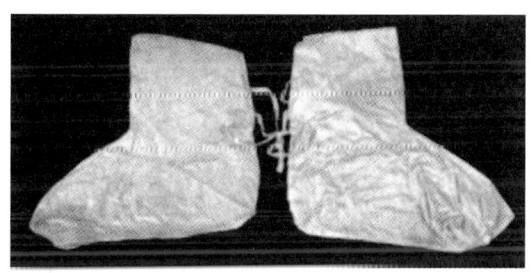

图1-33a　汉代素绢夹袜

图1-33b　东汉"延年益寿大宜子孙"锦袜

图 1-33

一　服饰样式中的等级规范

在关于冠帽、体衣、鞋袜的一系列服饰类文字释解中，《说文》引用大量经典反映了传统服装等次官爵上下的重要属性。自"黄帝、尧、舜，垂衣裳而天下治"（《周易·系辞下传》），服饰从初始不分男女老少的披围到在兽皮中央穿洞的腰间束带贯头衣，辅以葛麻织品，再搭配原本用以蔽体的下服，服装样式越来越繁复讲究。到黄帝时期，即使在不注重官阶品位的史前社会，每个氏族部落依然有酋长、巫师和一般部落成员之分，他们因负责工作的性质而地位不一，于是借助"乾尊坤卑之义"（韩康伯注），以衣服样式体现身份贵贱，尤其上位者无需亲躬劳作的趋向造就了其服饰沿着不符合日常生活需要的宽博繁长式方向持续演进。黄帝在观察宇宙天地、花鸟虫鱼的过程中体悟到花纹、色彩等列尊卑服饰时的用处，后遂"垂衣裳"制定等级分明的服饰制度，将"五彩文章"融入其中，逐渐形成有着鲜明品级规范的礼仪规范，以"昭文章，明贵贱，辨等列，顺少长，习威仪也"（《左传·隐公五年》）。投影到《说文》中，这些借上古文献解释字义的词条及文字的构形亦不可避免地透露出服饰样式中的等级规制。

1. 从冠类字看元服形态中的等级规范

"冠"字的结构形象似乎并非一成不变，除了从"冖"、从"元"、从"寸"的经典组合外，在魏碑《敬史君碑》等中还会看到异构体的"衮"字，这个冠字将"元"用"衣"替换，虽写法不同，却能从另一个侧面揭示出"冠"与"衣"之间的紧密联系。作为服饰的一个重要组成部分，"冠"不仅同服饰一样，包含着侧重装饰功能的配饰部件，而且因为"冠服相因"的讲究，其配饰用度根据官职、爵位不同也有着相应的严格规定。冠类字在《说文》中十分发达，仅从"冖""曰""冃"部的冠类字就有 17 个，还不包括散落于"糸""巾"等部的。可以说，元服的社会功用远大于其实际使用价值。而作为古代服饰中备受关注的元服，即使在讲求民主、自由的今天，依然受世人重视，"衣冠整齐"之类词汇屡见不鲜，只是古代礼制下的元服更为考究。

"士冠，庶人巾"[①]，戴冠是达官贵人的标志，但即使是贵族，当中也有等级的差别，这种差别不可避免地反映在元服的形态表现上。依据大小不同的官职品阶，元服的规格会有所区别，所谓加冠进爵即与此有关。《周礼·夏官·弁师》："王之皮弁，会五

[①] 《释名·释首饰》载："二十成人，士冠，庶人巾。"

采玉瑱，象邸，玉笄。王之弁绖，弁而加环绖。诸侯及孤卿大夫之冕，韦弁、皮弁、弁绖，各以其等为之"，郑注云："各以其等，缫斿玉瑱，如其命数也。冕则侯伯缫七就，用玉九十八。子男缫五就，用玉五十，缫玉皆三采。孤缫四就，用玉三十二。三命之卿缫三就，用玉十八。再命之大夫藻再就，用玉八，藻玉皆朱绿"，如此冠服依品级由高到低而玉饰数目递减；因官职性质不同，元服的款式也会有所变化，如汉代何休注解《公羊传·宣公元年》"已练可以弁冕"句曰："所谓皮弁，爵弁也。皮弁武冠，爵弁文冠"；而出席活动的场合不同，也会影响元服的形态展现，如《周礼·春官·司服》："王之吉服，祀昊大上帝，则服大裘而冕；祀五帝，亦如之。享先王，则衮冕；享先公、飨射，则鷩冕；祀四望山川，则毳冕；祭社稷五祀，则希冕；祭群小祀，则玄冕"，"凡兵事，韦弁服；眡朝，则皮弁服。凡田，冠弁服。凡凶事，服弁服"；此外，对元服的颜色也有着详细的规定，桂馥《义证》引《尉缭子》曰："天子玄冠玄缨，诸侯素冠素缨，大夫以下，练冠练缨"。但是若贵族在规定的场合当冠而不冠，或带错冠，是非礼的，严重者可招来杀身之祸。同理，若庶民百姓越礼戴冠，结果只能更糟，因此戴巾对于庶民来说已相当于戴冠。因向往冠而不得不以巾代冠的强烈渴求，民间甚至出现了冠的变体字"帽"①，从巾从官，再次佐证了礼法森严的古代社会区分贵贱时在元服上的严格体现。

此外，我们还注意到"冠"的另一个异体字"䄙"②，其字体构成中"元"变为"示"，"示"字本身源于祭台形，从另一个角度将元服与动态的、与祭祀有关的冠礼联系在一起。在古代，男子当长到二十岁时即可在宗庙举行"冠礼"（即成人礼）告慰祖宗，也是取得家族认同、福佑的仪礼。一般只有贵族的家庭或家族才会设立祠堂、家庙，③《礼记·冠义》载："古者重冠，重冠故行之

---

① 收录于《集韵》的关于冠的异构字。
② 见魏华山王妃故公孙氏墓志。
③《谷梁传·僖公十五年》："天子至于士，皆有庙。"

于庙"，表明在宗庙举行冠礼，是一个家族对该仪礼最高规格的尊重，也是古代礼仪中的第一重礼，有"所以为国本也"之说，是自周代以来历史久远的冠礼制度[①]。以祭祀、供奉祖先的庄重仪式烘托"冠"之尊崇，也即是对仅能戴巾的平民身份的定位，其背后所代表的是严苛礼制下不可逾越的阶级差距。

2. 衣着取人的等级划分

当然，"凡服，尊卑之次系于冠"（孙诒让《周礼正义》），在体现尊卑贵贱的等级地位方面，元服的地位终究不及体衣。遵循"冠服相因"的礼仪规范，如《段注·鍪》所载："衮衣之冕十二旒，则用玉二百八十八。鷩衣之冕缫九旒，用玉二百一十六。毳衣之冕七旒，用玉百六十八。希衣之冕五旒，用玉百二十。玄衣之冕三旒，用玉七十二"，服饰尊卑的彰显是以体衣为主体，再搭配相应元服共同维护的，且与贵贱有序的元服一样，体衣的等级划分自有规则。尤其当为维护阶级统治的礼制建立后，作为礼之实物载体的服装——礼服通过不同的式样、图案、纹饰等元素标示不同等级人的身份地位，以加强宗法制度在教化人心时的直观体验。

按照前面对《说文》服饰类文字的整理情况看，为尊重传统，殷商时出现的衣裳服制，即大袖交领的上衣匹配下裙，被视作礼服的正统形制最高级别得到沿袭。其里穿单层裹衣，下裳着蔽膝、大带、绶、玉佩等只有上层人士才有资格佩戴的饰件，进而形成规范而讲究的礼服套装模式。

以礼服"衮"为例，有"卷龙绣于下幅，一龙蟠阿上乡"，因衣服上绣有昂首向上的卷龙而成为专供皇帝及上公享用的最尊贵礼服，在祭祀天地、宗庙、社稷、先农、册拜、圣节和举行大典的庄严场合所穿戴[②]。除了采用上衣下裳的传统服制外，其与一般礼服或普通服饰最大的区别即在于衣服上绣画的图案、纹饰，"周制以日月星辰画

---

① 关于冠礼制度的种种记载多见于《仪礼》《周礼》等历史典籍，这些古籍成书时间主要集中于周代以后，故可推断，冠礼制度应该兴起于周。

② （清）黄以周：《礼书通故》，中华书局2007年版。

于旌旗。而冕服九章。初一曰龙。次二曰山。次三曰华虫。次四曰火。次五曰宗彝。皆画于衣。次六曰藻。次七曰粉米。次八曰黼。次九曰黻。皆绣于裳。则衮之衣五章。裳四章。凡九也"(《段注》)。当中所指的"章"为图案，是中国帝制时代最为著名的礼服纹饰，龙、山、华虫、火、宗彝、藻、粉米、黼、黻，再加上日、月、星辰，通称"十二章"[1]，分别代表可审时度势地机变应对国事（龙）；高山般地稳重（山）；像雉鸡一样文采卓著（华虫）；光明磊落（火）；有忠孝之美德（宗彝）；高洁的品行（藻）；注重农业，安邦定国（粉米）；如斧头般干练果敢（黼）；能明辨是非、知错即改（黻）；皇恩浩荡、普照万民（日、月、星辰）。将这些纹饰绘绣于衣裳上可列次帝王及高级官员的等级高低，以十二章纹为最高基准，品位等级由高到低依次按章纹种类的奇数递减，天子毫无疑问使用"日月星辰十二章"，"三公、诸侯用山龙（以下）九章，九卿以下用华虫（以下）七章"。[2]而且，这些衣服上的图案纹饰对普通老百姓是绝对禁止使用的，有"五帝画衣冠而民知禁"之说（《晋书·刑法志》）。由此，图案纹饰通过种类数量的多寡、有无有序划分从帝王到平民的地位等级。（图1-34）

后来衣裳连缀的深衣也被纳入礼服形制，"古者深衣，盖有制度，以应规矩，绳权衡"（《礼记·深衣》）。《说文》中体现的长衣"袍""襌"和"褕"等都是在深衣的基础上发展起来的，理所当然，"先王贵之"的深衣顺应了以宽博为尊、为贵的社会主流审美，承袭"衣裳"制传统礼服宽身大袖的设计特点，成为贵族阶级人士的家居便服和庶民百姓的礼服。虽说不如"十二章纹"那样对品位等级有着明确而严格的定位、规范，却也将平民和少数民族穿着的及膝短衣"裋""被"等窄小紧身型的服饰在长短、宽窄等

---

[1]《尚书·益稷》云："予欲观古人之象，日、月、星、辰、山、龙、华虫作会（绘），宗彝、藻、火、粉米、黼、黻，絺绣，以五采彰施十五色作服，汝明。"
[2]《后汉书·志·舆服下》："天子、三公、九卿……祀天地明堂，皆冠旒冕，衣裳玄上纁下。乘舆备文，日月星辰十二章，三公、诸侯用山龙九章，九卿以下用华虫七章，皆备五采……"

显著的形式裁剪上有了迥然的演进方向。（图1-35）

日	月	晨	山
龙	华虫	宗彝	藻
火	粉米	黼	黻

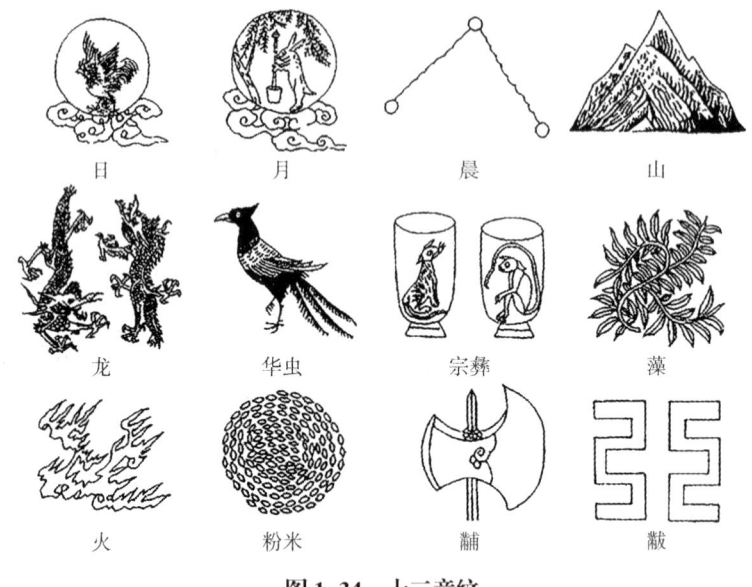

图1-34 十二章纹

段氏考《舆服志》后认为象征权力的佩饰绶带也通过颜色、形态区分官爵等级，而且"自黄绶以上、绶之广皆尺六寸。皆计其首。首多者系细。首少者系粗。皆必经纬织成。至百石而不计其首。合青丝绳辫织之。有经无纬。谓之宛转绳"，不同级别的人群在使用绶带时对其颜色、长短、头绪等都有着严格的规范。此外，服装上的其他具有等级意味的佩饰，像蔽膝"市"、大带、玉佩等亦有着相似的表达，皆可使人轻易地从其外观形态上辨识出身份的高低贵贱，前文已多有阐述，在此不再赘言。

二　服饰色彩中的身份象征

作为上古传统服饰的重要组成部分，从糸部色彩的种类因受发达织染技术的推动得到极大繁荣，而五彩颜色的参与不仅承载着单纯的审美趣味，其不同色彩背后所隐含的不同性质亦在不知不觉中打下深刻的政治烙印，成为指向社会等级尊卑的标识之一。

图1-35a 扬子山着帽着帻着巾短衣农民陶俑

图1-35b 山东沂南汉墓石刻武士像：漆纱冠、大袖衣、大口绔、佩虎头鞶囊、系绶、佩剑

图1-35

1 正色与间色的地位变化

关于色彩在服饰中的身份象征常常夹杂在文字释义及对上古文献的引用中，如《说文》训释敝膝"巾"时，有"天子朱市，诸侯赤市，大夫葱衡"的阐述，段氏研究各家经典后把"朱"和"赤"

归类于红色谱系,"天子纯朱,诸侯黄朱"(《段注》),"朱深于赤,则黄朱为赤也"(《段注》),若以天子朱色为标准,诸侯所服颜色则红中偏黄,若以赤色论,诸侯的资格色也要浅于天子色。于是,"玉藻曰:一命缊韍幽衡,再命赤韍幽衡,三命赤韍葱衡。郑注:缊,赤黄之间色。所谓韎也。衡,佩玉之衡也。幽读为黝,黑谓之黝,青谓之葱"(《段注》),鉴于官爵等级的差距,这里的色彩提到了正色与间色的概念,根据上下文理解,像赤色、缊色都是间色,因其对应等级均低于天子,所用的红色纯正程度自然渐次降低,而"赤"的贵重程度相应高于"缊"。

这种基于社会阶级统治需要,将色彩赋予尊卑贵贱性质的正色与间色,从某一角度说也象征着色彩的等级礼制趋于完成。当色彩与衣裳结合,标记了强烈政治色彩的彩色服饰即成为统治者维护等级社会和谐与彰显身份尊贵的有效手段,以看得见的视觉体验理解方式快速覆盖受众,从而提高人们对等级差异的认知力和接受度。今天常听到的"垂衣裳"即是黄帝为实现"以辨贵贱、乾尊坤卑之义也"(韩康伯注)目的制定的一整套服饰制度,其中一项内容就是规范色彩。

正,《说文》:"正,是也。"徐锴曰:"守一以止也。"

间,《说文》:"间,隙也。"《段注》曰:"凡有两边、有中者皆谓之隙。"

按照许君对"正"与"间"的定义,"正"有正直无偏斜、从一即止之义;"间"为间隙,"有两边、有中者"。具体到服饰色彩上,正色即为纯正的颜色,排除了其他一切颜色的糅杂,一是一、二是二,不会有一点五之类的小数存在;与正色相对,间色则包含了两种以上正色的混合,呈现出你中有我、我中有你的不确定性色彩表达,属于杂色。《周礼》规定正色与间色各有五种颜色,可分贵贱,"正谓青、赤、黄、白、黑,五方色也;不正谓五方间色也,绿、红、碧、紫、骝黄是也"(皇侃语)。正色用于正式礼服,是高贵的象征;间色则饰于私服、中衣、衣服内层布料,或平民服装，为卑贱之代表。

　　自黄帝时起，仿象乾坤天地设计了以正色构成的玄衣黄裳礼服，至西周，染织工艺逐渐成熟，颜色变得丰富起来，朝廷专门设立司服、内司服之职掌管王室服饰。反映西周至春秋中叶社会生活的文献《诗经》即记录了当时的服饰色彩使用情况，《诗·郑风·缁衣》中"缁"为"帛黑色也"（《说文》），"缁衣"就是卿大夫穿的黑色帛质朝服；《诗·小雅·采菽》中"玄衮及黼"之"玄"亦属黑色正色，法天之色，黑中带红，有如黎明将至，可着色于只有帝王和三公才有资格穿的衮衣龙服，足见"玄"在服色级别中的地位；《诗·豳风·七月》中"载玄载黄，我朱孔阳，为公子裳"之句则是对下裳颜色的描述，当中提到了"玄""黄"和"朱"三种布帛的颜色，除了"玄""黄"二色，"朱"也被归类为正色范围，因此贵族王孙的裙裳都是专门染就的正色系贵重衣料；《诗·邶风·绿衣》中卫庄公夫人庄姜以"绿衣黄里""绿衣黄裳"作喻，暗讽庄公宠妾灭妻的荒唐行径如同着衣绿上黄下般违背礼教、上下颠倒，可见这时属于五正色之一的"黄"明显尊于间色"绿"……正色、纯色被视为贵族穿着衣裳制礼服用的标准色彩，特别是玄色，较其他正色尤为尊贵。西方基督教牧师的制服也为黑色，认为是一种不经污染的纯洁，这与中国玄色隐喻上天的缘由不同，却殊途同归地表达了对信仰的虔诚崇拜。而在同一件衣服上出现间色或二色是不合礼制的卑贱之色，如此可轻易区分贵族与庶民、奴隶等。可是在细分官爵的色彩规划层面上则尚无明确的标准，应是配合着"十二章文"的服饰图案、形式等内容顺序尊卑。

　　然而，《说文》中反映的大量记述颜色类文字，尤其是由染织牵发来的糸部字却显示出间色色彩的丰富与繁荣，是在各自谱系中分别衍生出浓淡不等的颜色式样，显然也是春秋战国时期染织技艺大发展的产物。从诸多儒家经典关于服饰色彩的记载看，为了强调等级的秩序性，正色的地位依然未变，但考虑到礼乐制度崩坏、群雄割据的混乱现实，及贵族阶级对高品质物质资源的绝对占有，以凸显其尊贵社会地位的实际需求，正色与间色各自包含的内容也在悄悄发生转变。《礼记·玉藻》载："衣正色，裳间色，非列采不入公门"，说明战国至秦汉时期礼服下裳颜色规定为间色，"汉承秦故。至世祖践阼……初服旒冕，衣裳文章，赤舄绚履，以祠天地……祀天地明堂，皆冠旒冕，衣裳玄上纁下"（《后汉书·志·舆服下》），其中，裳之"纁"为浅绛色，属间色，《段注》引《尔雅》曰："一染谓之縓，再染谓之赪，三染谓之纁"，于印染工艺而言，颜色越深工序越繁琐，需要技艺的准确把握和漫长的制作时间。而这种复杂的加工程序、高超的工艺技巧和费时耗力的慢工精琢正是一件高品质产品的价值所在[①]，像"纁"色既有大地印象的美好意喻，又要求微妙的深色印染技艺，虽是间色却十分难得。所谓"物以稀为贵"，这种昂贵的色彩因此成为统治阶级的专属颜色，这不是后天性政治因素的硬性加注，而是因先天含有珍贵价值吸引所得的等级优待。

出于印染业色彩种类的壮大，颜色等级服饰情况也愈加频繁，甚至细节到佩饰，如象征权力的佩饰"绶"："天子佩白玉而玄组绶，公侯佩山玄玉而朱组绶，大夫佩水苍玉而纯组绶，世子佩瑜玉而綦组绶，士佩瓀玟而缊组绶。孔子佩象环五寸而綦组绶，是其制也"（《段注》引《礼记·玉藻》），天子佩白玉、系玄色组绶；诸侯佩玄色山纹玉饰、系朱色组绶；大夫佩苍色水纹玉饰、系纯色组绶；世子佩美玉、系青黑色组绶；士佩瓀玟、系赤黄色组绶；孔子佩直径五寸的象牙环、系青黑色组绶。尽管纯色、正色，尤其玄色仍为最尊贵的天子象征，但在接下来的官爵服饰等级区分时，各种价值含量高的间色也加入到序列身份、规范级别的不同角色之中。

[①] 中共中央马克思恩格斯列宁斯大林著作编译局编：《马克思恩格斯选集·卷三》，人民出版社 2012 年版，第 530 页。参见原文："一个劳动产品的价值是由制造这个产品所必需的劳动时间来决定的"。

2. 黄色的异军突起

至今，从糸部的红、绿、紫、绛等颜色类字仍十分常见。仔细翻阅《说文·糸部》会发现，用于描述颜色的糸系字不在少数，上古时期开始的养蚕织丝及其后续加工等扩展活动在当时社会所产生的普遍而深远的影响可见一斑。而凭借在丝织品上运用的绣绘和一入再入的浸染工艺，日常生活所见的衣饰色彩实现了真正意义上的异彩纷呈。从上文对糸部中指向颜色涵义的文字梳理情况看，当中存在许多间色的色彩变异，大致可有黑、白、红、青四类色系，几乎覆盖生活中的所有常见色，只黄色为主系的间色除外。不过，在其他红、青、黑色系中仍有个别指向略带黄色偏向的色彩文字，如：橘红色的"缇"、浅红色的"纁"、青黄色的"绿"、苍绿色的"綟"。由古织丝工艺泛化而来的色彩类文字唯独在黄色系的表达上尤为稀少，多是从田部的"黄"字基础上孳乳分化出各种黄之同类色：赤黄的"黇"、黄黑色的"黗"、青黄色的"䵤"、浅黄色的"黇"和明黄色的"難"。这种将同属一个色系的颜色用字集中于同一字系，却在有着强大颜色制造能力的糸部中只字未提的情况十分罕见，要不就是黄色的丝织染色技术不发达而导致其染织成品寥寥，要不就是工艺太过高超只是人为的故意限定，又或者两种情况兼具。

黄，《说文》："黄，地之色也。从田从炗，炗亦声。炗，古文光。"

按照"黄"字之训解，指土地的颜色，是自然界固有的颜色，其字形结构的演化更可追溯到甲文"𩫏"、金文"𩫏"，好像腰间佩饰环形饰品，郭沫若《金文从考》解："黄即佩玉。后假为黄白字，卒至假借义行而本义废，乃造珩若璜以代之，或更假用衡字。""黄=佩玉"，古人视玉如宝，常以玉部会意"珍""瑞""珠"等显示物品的华美贵重程度，《说文》曰："玉，石之美者，有五德，润泽以温，仁之方也……"，所以古时"君无故玉不去身"（《礼记·曲礼下》），其中"君"为"尊也"（《说文》）。在金文的书写上，"玉"与"王"同文，许书载："象三玉之连。谓三也。丨其贯也"，而"王"字释解中曾引述董仲舒之语曰："古之造文者，三画而连其中谓之王。三者，天、地、人也，而参通之者王也"，两相系联，足见玉被赋予可沟通天地、象征帝王的强大力量，"天下所共传之宝""和氏璧"亦曾得秦王许诺以十五城池交换，历朝历代的国之印玺也均以玉石雕制。"黄"字从取象构形的角度与佩玉同阶等列，无疑衬托出黄色之贵重。

再者，小篆"黄"还"从炗（古同'光'），炗亦声"，《释名·释采帛》训："黄，晃也。犹晃晃象日光色也"。而与"黄"发音一致的"皇"亦同以日光作比，歌颂上古先贤圣君"三皇"功绩之"大也"（《说文》），林义光《文源》曰："象日光芒出地形"，吴大澂《古籀補》载："日出土则光大。日为君象，故三皇称皇"，从"黄"帝到"皇"帝，黄之色与帝王及其所代表的尊位保持着千丝万缕的联系。

当结束了蛮荒时代用皮革围裹身体的生活方式，黄帝法象"天玄而地黄"（《段注》），"上衣玄，下裳黄"（《后汉书·志·舆服下》），"黄帝始去皮服，为上衣以象天，为下裳以象地"（《帝王世纪·帝王世纪续补》），便开启了尊贵的"黄"色在衣裳中的应用。其象征上天的黑色上衣与表示土地的黄色下裳，无不把对天地的原始崇拜及其上下之礼的有序遵循淋漓尽致地展示在"衣裳"的形制和色彩上。

而且人们相信五色与五行、五方有着内在的必然联系，认为"东方谓之青，南方谓之赤，西方谓之白，北方谓之黑，天谓之玄，地谓之黄"[①]，而这一点在《说文》中也被巧妙地用来阐释字义。至于位于东西南北之外的"中"方则有黄色代表，《礼记·郊特牲》曰："黄者中也"，《论衡·验符》也说："黄为土色，位在中央"，由此象征"中央""土地"的黄色也成为历代帝王喜欢

[①]（汉）郑玄注，（唐）贾公彦疏：《周礼注疏》（阮元校刻十三经注疏），中华书局1980年版，第918页。

的颜色，如周天子的礼服颜色即为玄衣黄裳。至战国时兴起的阴阳五德说承续五行说之原理，将五行看成五德，并以五色一一对应，诠释王朝承天之运而兴替的规律："虞（土）→夏（木）→商（金）→周（火）→秦（水）→汉（土）"。汉朝时崇尚的土德更将相应代表色正黄色推向至高位，成为皇家专属色彩、社会等级尊卑的评判标准，其他人不得轻易僭越。

三 服饰材质中的贫富差距

形态各异的衣裳服饰是通过布料裁剪而成，经纬交织的布料则取材于自然界的动植物纤维，在经过不同程度的加工处理后成为供给纺织的纱线。而鉴于各式布匹在原料、工艺等方面的高低差距，体现在阶级社会，其制成的服饰亦对应相当地位品级的人群，反映出极强的等级差异。《说文》中从衣部字共129字（含重文），基本都或多或少显示出其社会的阶级属性，甚至许多服饰的表达成为某种身份的代名词，如：贵人穿的"裘""衮""祎""襄""褕""衿"；贫贱者穿的"褐""襦""裋""卒"。在区分社会地位高下的服饰等级体系中，材质的作用是不容忽视的，它与样式、图案、色彩一样象征着贵族阶级对稀有资源的绝对占有，并以此体现其不同一般的权势地位，同时亦深刻烙印在服饰类文字的内在意义中。

1. 皮裘服饰中的等级差别

皮革类服饰用字在《说文》中十分稀少，多指向用量较少的元服皮弁、臂套"韝"，或从韦、从革的足衣"韈""鞮"之类，而需要大块面剪裁的体衣则有前面提到的"市（或从韦之'韨'）"，再有即从衣之"裘"。

"市"为象形，构形太古先民遮蔽身前的皮制布巾形象，前文对其形态多有描述，在此不再赘言。值得一提的是，这种粗糙的服饰却被延用到宗法等级社会，甚至成为贵人们举行祭礼时穿着的一种高贵祭服。《段注》曰："祭服称韨，玄端服称韠"，《说文》

中呈递训关系、同属一物的"韍"与"韠",此时不止在原料皮革方面因稀少的从皮类体衣服饰而显露出高昂的价值,在社会功能方面也反映出不同一般的地位等级,古人认为"国之大事,在祀与戎"(《左传·成公十三年》),祭祀与征战是一个国家的头等大事,熟皮"韦"制的"韍"和端部着玄色的"韠"能作为专门祭服被用于有如此崇高地位的祭祀仪式,其在衣饰中的地位亦可想而知。不过随着纺织技术的日益发达,皮制蔽膝"市"渐渐被布帛取代,"王易之以布帛,而独存其蔽前者,不忘本也"(《段注·市》),孔子顺势以从糸部"绂"作"韍",等列君臣上下,言"天子三公九卿朱绂,诸侯赤绂"。而这番"绂"之颜色等级论并非凭空捏造,西周至春秋时期文献《诗经》中"朱市斯皇,室家君王"(《小雅·斯干》),"彼其之子,三百赤芾(市)"(《曹风·候人》)之语分明已将朱色的皮市和赤色的皮市一一对映君王和大夫阶层,即使是后来系系的"绂"也依然没有脱离最初皮制蔽膝"韍"形成的这一礼制规范。

"裘"即"皮衣也",其文字历史与"市"一样都可上溯至金文之商周时期,因仿象皮衣表面毛之外露的样子而得形[①]。的确,兽毛外翻的样子极具装饰性,但也十分娇气,容易磨损变成光秃秃的皮板。为表贵族所服"裘"之贵重,许君在书中还引入从衣部的"裼",本义指脱去外衣,袒露身体,具体到裘衣,即是一种能保护皮裘外露皮毛的外罩衣。想来,在平时着裘时人的活动及与物品的碰撞、摩擦都会损伤覆于皮革表面的兽毛,而外加一件罩衣无疑可以大幅降低此类磨损的频率,在一定程度上达到保护的目的。当然,裼衣对于"裘"的覆盖比例不是百分百的,具有装饰美感的面料若全部被包裹住,也就失去了其原有的意义。因此,为了最大限度地凸显居高位者的富贵、荣华,裼衣同时也考虑到装饰的问题。《礼记·玉藻》曰:"裘之裼也,见美也",皮裘色彩单一,贵人

---

① 饶炯《部首订》:"古人著皮衣,毛向外以为观美。重文求,上象领,下象皮衣毛露之形。因叚借为祈求而又加衣以别之。"

们在见礼或者宴客时穿着未免有些单调，套上有着文采装饰的无袖裼衣更可以增加服饰的层次美感与色彩、图案的丰富变化。不过，在上古礼服制度中，仍然以不加裼衣的裘为最隆重场合的礼服，《周礼·天官·司裘》载："掌为大裘，以共（供）王祀天之服"，帝王举行祭祀大典时，即着"示质"①之"裘"以显郑重。按照宗法礼制规定："袒外衣而露裼衣，且不尽覆其裘，谓之裼；不裼，谓之袭。盛礼以袭为敬；非盛礼以裼为敬"，即为此意。不着裼衣的"裘"称为"袭"，"袭"的形制匹配"盛礼"，"裼"则在"非盛礼"时穿戴，其档次明显下降，原本同为皮裘的袭与裼仅因一层布帛而在"脱衣见礼"（《玉篇·衣部》）的礼仪规范面前硬性造成了等级上的高低贵贱。

另外，影响"裘"服饰等级的因子还有制裘的皮毛种类，如：虎、狼、熊、狐、豹、貂、羊、鹿、狗、兔等等。其中，以狐裘和豹裘最为轻暖名贵，为显贵们所喜爱，明代冯梦龙曾言："狐裘，贵者之服"（《东周列国志》）；像上面提到的君王祭天服饰"大裘"指的也是一种十分难得的贵重皮毛：黑羔裘，为"君臣日视朝之服也"；羊裘、鹿裘较为一般，可能因为当时的中原人地上羊、鹿十分普遍所致，所以上古文献中的记载："（贫人）冬则羊裘解札"（《淮南子·齐俗训》）、"身衣羊裘皮绔"（《后汉书·马援传》）、"夏日葛衣，冬日鹿裘"（《史记·太史公自序列传》）、"布衣鹿裘以朝"（《晏子春秋·外篇》）等，把羊裘、鹿裘与指代贫贱者的鲜明服饰布衣、葛衣、皮绔等统归于一类。由此在羊裘、鹿裘的廉价皮料与狐裘、豹裘等昂贵服饰之间划出阶级的差距。裘衣的衣料种类甚至成为人的官阶、品级和社会地位的代名词，君服狐白裘，其左右护卫着虎裘、狼裘，士以下穿犬、羊之裘，没有纹饰也没有罩衣，其他有官爵者则着狐青裘豹袖、麂裘青豻袖、羔裘豹饰、狐裘等，尽显华贵，并借由皮料的珍贵程度区分

---

① 《周礼·天官·司裘》："掌为大裘，以共（供）王祀天之服"，郑注："大裘，黑羔裘，服以祀天，示质。"

出人在社会中的尊卑高下。①

2. 丝、麻之间的贵贱区分

《说文》中收录的种种成衣服饰类文字中，以显示服装质料的糸部数目最多，如：胫衣"绔"、小儿衣"褓"、状似围裙的"縛"、丧服"縗"等。从糸从虫的"茧"表示蚕在变蛹前吐丝制成的丝壳，蚕从卵孵化成蚕虫最后破茧成蛾，生命形式的多次转化成为人们心中向往的不朽代表，其所吐蚕丝织成的丝织品更被赋予可与鬼神沟通的神秘力量，在相当长的一段时间被作为宗教首领巫祝的通灵法器。许书中释"王"："天下所归往也。董仲舒曰：'古之造文者，三画而连其中谓之王。三者，天、地、人也，而参通之者王也。'孔子曰：'一贯三为王。'"从文字构形和意义来看，"王"不仅是能够令天下归往的原始部落首领，还兼具沟通天地的能力，可兼任巫师的角色，《史记》中也有"（颛顼）依鬼神以制义，治气以教化，絜诚以祭祀""（帝喾）明鬼神而敬事之"、"昔西伯拘羑里，演《周易》"等相似的说法。而从原始社会进入到阶级社会，约定俗成的礼从开始的宗教崇拜扩展至世俗凡人生活的领域，蚕丝制品的应用亦在与"礼"的结合中演化为象征权力与等级的标志，物化为原始巫术、宗教及宫廷政坛上维护等级秩序的实物载体，以宣扬"君权神授"的人伦礼制规范，愚化民众代天统治人间的帝王地位不容置疑与反抗。当充满规则化的周礼礼制体系建立，丝织品的使用无论在数量、色彩、图案、样式等各方面都受到国家礼制的严格把控，努力配合日益完善的官僚吏制对等级区分的需要，其本身亦代表着权贵阶级显赫的地位。尽管后来"锦文珠玉成器不鬻于市"②的礼制禁令被打破，贵重的衣料也被

---

① 《礼记·玉藻》："君衣狐白裘，锦衣以裼之。君之右虎裘，厥左狼裘。士不衣狐白。君子狐青裘，豹褎（袖），玄绡衣以裼之；麑裘，青豻褎（袖），绞衣以裼之；羔裘，豹饰，缁衣以裼之；狐裘，黄衣以裼之。锦衣狐裘，诸侯之服也。犬、羊之裘不裼，不文饰也不裼。"

② 《礼记·王制》："锦文珠玉成器不粥于市，衣服饮食不粥于市。"其中，"粥"通"鬻"。

允许进入寻常人家，但其高昂的价格依然令多数人望而却步，只有极少数富户能够负担得起。自由买卖的繁荣市场未曾真正改变丝帛的高端消费层次，反而在彻底破除原始崇拜的魔咒后愈加加深了丝织品在人们心中的高贵印象。

古籍中有"衣作绣，锦作缘"之说，许君释"锦"为"襄邑织文"，指用五彩色丝织出各种花纹。这是一类独特的丝织品，在《说文》中既不归于糸部、衣部，也不在巾系文字之列。将"锦"字拆开来看，"从帛，金声"，帛就是没有纹彩的白色丝织品，其形旁直白地道出"锦"之材料本质，而"帛"或可理解为"白巾"，按此思路，"锦"之"金帛"又可释为像黄金一样贵重、华丽的丝织品。《诗·郑风·丰》载："衣锦褧衣，裳锦褧裳"，锦衣的华贵程度即使在重要场合穿着时也要在外面罩上一层细麻料的单衣，起保护作用。关于"褧"之质料细麻，《说文》保存了许多同义词，如：縩、絟、緦、緆、絟等字，它们皆从糸旁，却不是蚕丝制品，虽是麻质细布，又显见与一般粗布织品品质不同，手感更加细腻、做工也更加考究，特别是"緆"，更是麻布精品中的佼佼者，《段注》引颜师古称其："緆布之尤精者也"，价值不逊于一般丝织品，更为上古贵族"麻衣如雪"①之奢华服饰的裁衣布料。锦衣用如此高级的细麻衣作罩衫，无形中亦衬托出"锦"无与伦比的高等级。《诗·秦风·终南》的"君子至止，锦衣狐裘"，用锦衣与"贵者之服"狐裘同列，均归于"诸侯之服也"②。锦之价不仅"如金"，还是一种无法比拟的尊贵与权势。③

然而，毕竟丝麻有别，当最上品的丝织品"锦"与精美的细麻织品相遇，细麻衣"褧"也只能充当锦衣的护卫角色。更不用说粗麻织品"紵""绤"等制成的粗布衣"褐"，通常为军队、平民、

---

① 参见《诗·曹风·蜉蝣》。"麻衣如雪"句与前面的"衣裳楚楚""采采衣服"相呼应，显示出周代时贵者用细麻衣裳织造的高超技艺。
② 《礼记·玉藻》："锦衣狐裘，诸侯之服也。"
③ 《释名·释采帛》："锦，金也。作之用功重，于其价如金，故其制字，帛与金也。"

奴隶等卑贱者所服，以致麻织"布衣"最后成为普通庶民的代称。结合"后圣有作，然后……治其麻丝以为布帛"（《礼记·礼运》）之句，与麻布相对的桑帛确是尊贵者的专利，昭示着其各自之间的贵贱区分。

四　服装玉饰中的身份隐喻

许慎注解"玉"时，借用其物理特性赋玉以"五德"：仁、义、智、勇、洁。这里，玉不再单单是石头，其色泽、触感、纹理、音质、硬度、纯度等性质均被人格象征化，所以在几千年的佩玉文化中，"古之君子必佩玉……君子无故玉不去身"（《礼记·玉藻》）。

"玉"字可追溯的殷商甲文时期，其形好像一根丝绳串联起四片宝石般的薄片，并在丝绳顶端打有绳结。从《说文·玉部》中大量关于玉石佩件饰品的外观描述看，自商代以后，雕刻技术日益高超，出现了璬、珩、玦、璧、璜、环、瑞、瑗、琮、琥、瑱、瑽、珥、瑬等多样玉饰形态，雕刻工艺亦更为拓展，有线雕、圆雕、浮雕、镂雕等。而从圆形的璧到中间穿孔越来越大的瑗，到只有半个的璜，再到元服上的玉珠瑱、瑽、瑬等，佩于服饰上的玉件呈现出小型化趋势。还有，如此众多的玉饰称谓所指实物的形态之间，许多饰件的差别其实并不大，之所以对其大小、形状等方面的细微变化严格设置，相当程度上源于礼制规范的需要。段氏引用《礼记·玉藻》之语疏注《说文》中绶带的含义时，就曾提到玉饰佩件与象征权力的组绶一起挂于大带的情况，天子白玉、公侯山玄玉、大夫水苍玉、世子瑜玉、士瑌玟、孔子象牙环，玉件的颜色、质地、纹路、形状等直接影响到上层人士地位的尊卑贵贱，与衣饰中的绶、市等配饰相互呼应，并兼具观赏性和装饰性。饱含着君子五德的"礼制玉"由此也成为贵族男女服饰上不可缺少的成组列美玉佩饰。

第五节　服饰的设计规范

在《说文》汇总前人服饰设计的数百用字中，规范化的设计意识所显示出的强大张力甚至透过文字、超越时空亦能强烈地感受到。这种规范不仅反映在具象的、以人体部位构形的衣饰类用字上，也体现在贴心考虑不同场景性质、对象等级地位、宗教信仰禁忌等实际社会生活问题的字义表达中。人性化的设计标准结合宗法礼制的制度要求逐渐形成成体系的合理规范与准则，贯穿于《说文》聚录的该类文字之中。

一　尺寸有度的制衣规范

在传统制衣过程中，"相体裁衣"是一件十分重要的步骤。简单地说，就是要根据实际的人体尺寸制作长短、宽窄、大小适宜的服装，如清代李渔所说："手欲出而袖使之藏，项宜伸而领为之曲，物不随人指使，遂如桎梏其身"①，衣裳裁剪时须注意尺度规范，穿在身上要让人觉得舒适，活动时也不会有禁锢之感。而这个合宜的度的把握关键在"人"，是对人体各部位物理长度的度量。

其实，制作服装时对人体尺度、需要的注重很早就已刻印在中国上古传统市制单位的文字语义中。

尺，《说文》："尺，十寸也。人手却十分动脉为寸口。十寸为尺。尺，所以指尺矩事也。从尸从乙。乙，所识也。周制，寸、尺、咫、寻、常、仞诸度量，皆以人之体为法。"

寸，《说文》："寸，十分也。人手却一寸，动，谓之寸口。"

咫，《说文》："咫，中妇人手长八寸，谓之咫。周尺也。"

寻，《说文》："寻，绎理也。度人之两臂为寻，八尺也。"

---

① （清）李渔：《闲情偶寄》，李树林译，重庆出版社 2008 年版，第 201 页。

常，《说文》："常，下裙也。"

仞，《说文》："仞，伸臂一寻，八尺。"

寸、尺、咫、寻、常、仞等诸多度量单位都属于周制规范。按照《说文》中的语义训释，以上所有这些文字均有一个共同的参照物：人体。如"寸"为距离人的手掌一寸的动脉处；一尺等于十寸；"咫"相当于妇人手长八寸的尺度；"寻"则以人的两臂长度，约八尺为标准；"常"要求裙子穿在身上"短毋见肤，长毋被土"，至脚踝为恰当；"仞"与"寻"同指八尺，表深度。从其古文字的构形来看，"尺"仿象从脚掌到膝关节的小腿部分、"寸"指事手腕切脉的位置、"寻"取形张开双臂测量睡席的样子……皆取象于以人体器官测量物品之形。西方欧洲国家也不例外，英文中人体部件"脚"与长度单位"英尺"也有着同一个名字"foot"。早期的造物设计从粗糙的用视线估算物品的长、宽、高等数据到以人的肢体为测量标准，逐渐约定俗成地将五花八门的参照物尺寸规范化、制度化、系统化，最终形成自周代开始的一系列必须遵守的行业统一准则，为各项制造行业进行"规划、组织、安排、管理、监督和检测"，以及"产品生产的速度、质量和实效"提供一个相对合理又易于操作的规范标准。[1]类似"布指知寸，布手知尺，舒肘知寻"（《孔子家语·王言解》）的造物规范亦如"尺""寸"等字形字义所反映的信息，是"一种原始规范的集体意识沉淀"[2]，初时取材于对人体的意识，借用酋长、君主身体的手、肘、腿等的尺度作为造物的标准和参照，之后随着氏族部落、诸侯国等之间的混战、兼并，将这一规范要求从国家、部落内部不断向外推广，并伴随社会生活的丰富、实践活动的展开、知识技术的积累和礼仪制度的健全而益加复杂、系统和规范。

有别于今天工业化批量生产的成衣统一标准化型号，无论高矮

---

[1] 李立新：《中国设计艺术史论》，天津人民出版社、人民出版社2011年版，第78页。

[2] 同上。

胖瘦各种体型的人群，均被硬性套入 S、M、L、XL、XXL、XXXL 几种大中小服饰尺码，传统服饰制作方式采用的是"相体裁衣"的平面剪裁，通过对每一个人的领围、胸围、袖长、腿长等具体部位测量，真正做到"以人为本"、尺寸有度。《礼记·深衣》载："短毋见肤，长毋被土。续衽，钩边。要缝半下。袼之高下，可以运肘。袂之长短，反诎之及肘。带，下毋厌髀，上毋厌胁，当无骨者。"除了服饰产生之初具有的保暖、遮羞的功用外，适用性是量体裁衣的另一个重要指标。这里包含两层含义：其一，舒适性，在不暴露身体的条件下，衣服需要给予身体足够活动的空间，裁剪时尺寸也要有所富余，以应对劳作时轻松地"运肘"，纵然有衣带的束缚，应做到"下毋厌髀，上毋厌胁"，不勒在骨头上，最大限度地使人感到舒适、自如，也能保证穿脱方便；其二，衣服包裹身体的长度标准是个问题，太长就会拖地，于行动造成不必要的麻烦，太短又无法完整地覆盖身体，造成暴露时的尴尬，针对这一情况，工匠们在长期实践的基础上总结经验，制定简明有效的制衣规范，使之成为具有业内共识的遵守规则。而且，"尺寸有度"还要考虑到不同地位人的行为特点、不同地域的风俗审美、季节环境的变化规律，进而人们会在测量得到的人体尺寸基础上进行灵活的调整。不过，实际"尺寸"的测量仅仅只是制衣时的初始步骤，符合生活需要和审美眼光才是把握制衣规范"道"的最终标准与关键所在，也是制衣时"尺寸有度"的另一人性化规范。

二 神鬼观念下的色彩禁忌

《说文》从衣部文字描述了大量关于上古体衣服饰的形态，有上衣、下裳、短衣、长袍、绔装、单衣、夹衣、深衣等等。若按功能和适用场合看，记录较为完整、种类相对齐全的还要数贵族以上祭祀礼服。人们对自然力量、神鬼观念和自身生老病死等无法抗拒的结果充满恐惧、敬畏之情，并将其寄托于力图与神秘力量修好的庄严仪式，使之成为精神庇护的净土。这种观念之根深蒂固甚至与

"在戎"之事并列，跨越社会、伦理、地域、经济、技术等领域，反映在生活造物的形态设计中。李立新先生说："从思维观念看，设计是一个根据目的需求而预先筹划的过程，将天圆地方、四方神祇及社会伦理掺和进设计之中，是早期设计世界的普遍现象，反映了这一时期造物设计由日常生活用器进一步转化为礼器和设计主体人的思维观念的发展状况"[①]而与祭祀、丧葬活动相宜的服饰色彩设计亦承载着人类童年时期对宇宙的理解和神灵的崇拜。

古时黄帝、尧、舜始做衣裳，遵从天地乾坤之法，设玄上黄下为礼服正色，天色未明、"黑而有赤色者为玄"，象征"地之色也"为"黄"。自商代起，先民们把代表天玄地黄的衣裳制礼服作为祭祀天地神灵、祖先等的专用祭服，而在与日常生活服饰之间划下一条不可逾越的界线。用先民们取得共识的天地之色施予服饰上更加彰显祭服的高贵，以尽力匹配可沟通人们心中不可亵渎的伟大神灵的神圣祭礼。

《说文·第十五上》提到"（古者庖牺氏）始作易八卦"，先时的部落首领地位尊崇，可身兼神官之职，有与神鬼交流之能，其所创"易八卦"本身必然也富含天地崇拜的巫术色彩，更不用说其起源之"五行"。按许书对金、木、水、火、土五行文字的训释，进一步证明五行与古人对天圆地方的宇宙朴素认识联系密切，并将西、东、北、南、中五方和白、青、黑、赤、黄五色一一对映。白、青、黑、赤、黄五色也因此被视作意喻天地的五种正色为王孙贵族所独享。《说文》从衣部的"袆"是王后参加祭礼时最隆重的服饰，郑注"袆衣，画翬（'雉五采皆备'[②]）者。从王祭先王则服袆衣"，"袆"明显有五彩相合之意，不仅将祭服装饰得富丽堂皇，更重要的是其所包含的五彩正色正是借助人们心中对天地高不

[①] 李立新：《中国设计艺术史论》，天津人民出版社、人民出版社2011年版，第53页。
[②] 参见《说文·翬》："大飞也。从羽，军声。一曰伊、雒而南，雉五采皆备曰翬。《诗》曰：'如翚斯飞。'"

可攀的原始崇拜象征了王室地位之尊崇。在如此虔诚的宗教观念下，与之直接作用的是服色的等级限制，平民、奴隶的服装颜色只能使用本色或五正色之外的间色，更不能施以彩色绣纹，以表卑下。

之后自阴阳五行发展而来的五德终始说亦将天命赋予国家兴衰，认为木、火、土、金、水所代表的五种德性是依天道更替王朝的。所以，当"水德代周而行"后，秦朝上下均以水德对应的黑色为贵，由神鬼崇拜衍生出的色彩禁忌渗入到社会伦理层面，凌驾其他正色之上，尤其在祭祀典礼中以表现出统治者对天地、先祖等祭祀对象的最大敬意，及其本身地位之超然、贵重，非一般贵族、平民、奴隶等可比。

三 "功能"至上的男女服饰差异

《说文》衣饰类字568字，在全书所反映的上古社会生活中占有巨大比重，民生必需中"衣食住行"同样将衣裳列于第一位。"古之民未知为衣服"（《墨子·辞过》），"后圣有作……治其麻丝，以为布帛"（《礼记·礼运》），"适身体，和肌肤"，身体"依也"（《说文·衣》）。服饰的实用功能从其诞生之日起就已存在，随着社会生活的益加复杂，对于服饰在各种场合的实际应变能力的要求也越来越高，并一直推动着服饰不断前行。

从"披"围动物毛皮开始，人们满足了保暖、御寒的需要，看似简单的腰间布巾蔽膝"市"担任起遮羞、保护身体等的重责大任，经历了从韦部"韨""韠"到糸部"绂"，相当长的一段布料工艺进化过程。在"垂衣裳而天下治"的服饰制度推广中，宽袍大袖的上"衣"下"裳"在保留了衣服遮掩身体的基本功用基础上，累赘又不便于行动的传统礼服以其独有的方式承担着"表德劝善，别尊卑也"（《白虎通·衣裳》）的社会功能，并相应衍生出配套的元服和足衣。拖沓的裙裳不便于劳作，却恰恰显示出贵族阶级"十指不沾阳春水的"的高贵身份与特权；仿象"乾上坤下"的衣与裳将阶级社会的政治哲学进行到底，昭示出统治者极力宣扬的君臣、父子、上下分明的社会秩序，衣裳中的构件领、袖、冠（官）、履（吏）等名称亦被一语双关地用于官职机构的命名；后来发展的衣裳连缀的深衣也包含了等级社会丰富的礼仪教化，下裳的 12 幅面寓意一年十二月份，以显示顺应天时的理念，圆形的袖子、方形的交领、背后的中缝无不被赋予伦理道德的思想，"以应规、矩、绳、权、衡"（《礼记·深衣》），充满对行为中正、举止有度礼仪规范的潜移默化。而且，深衣的应用跨越了性别、职业、身份、年龄等重重障碍，最大限度地渗透到社会的各个角落，被广泛接受的同时其本身蕴含的教化万民的礼仪功用也得到最大发挥。

按照《说文·衣部》所述，服饰的实用功能还体现在可自如应对不同的季节气候，如：冬天穿的夹衣"複""袷""袍""襺"，夏天穿的单衣"衫""襌""襟"，雨天穿的蓑衣"衰"；不同的出席场合，如：祭祀时穿的"衮""袆""褕"，出嫁时穿的"褻"，日常私居时穿的"袒""裹""衷""袢"；不同的职业身份，如：婴孩的服饰"緥""褓""禧""褴""襦"，蛮族的服装"被"，死者的寿衣"袭""裞"，士卒的制服"卒""褚"等等。尤其在底层辛勤劳作的民众平时会着便于行动的短衣"褗""褐""襦""衹""裯"，与之相配的是下身逐渐成形的长裤式"襗""褰""绔"等。有别于传统的裙裳式服装，裤装的快速发展也得益于战争、骑射的现实需要，战国时期的赵武灵王就曾为抵御外来入侵坚决推行短衣长裤式的胡服，在《说文》中载有各式表达裤装的文字，足见其自产生后的社会影响力与对象范围已上升至与衣、裳一样重要的位置。

关于男女服饰的差异，无论衣、裳（裙）、裤等类型的服饰在《说文》的描述指向都不明确。当中虽然也有提到女性服饰，如：袆、褮、衬、袾、𧜀、褧、袒，却在样式结构上与男式服装并无明显区别。不过，有一种单层的连衣裙——曲裾深衣通过"续衽钩边"之"衽"围绕、包裹身体，以平面的剪裁立体地勾勒出女性独有的婀娜体态。同时，短衣长裙的"襦裙制"也多为女性穿戴，长度仅到腰部的短衣"襦"与垂落近地的裙裳，以一种不同于曲裾深衣凸显体形曲线的方式修饰出女子修长美好的身段比例。但是，这类男女服饰差异的说明在许书中实在有限且隐晦，更多的笔墨着眼于服饰的社会功能与实用功能，男女服饰的差异上到王孙贵族、下到平民百姓，均不在服饰设计的考量之内，女性服饰不过是男权社会主流式样的附属品，图案、颜色被用作等阶上下的铭牌，甚至连衣扣的系连方向都统一以右侧为准。（图1-36）

图1-36 长沙战国彩漆酒卮上缨帽狐裘人

四　服饰天性使然的遮丑趋美

许君释"衣""依也"，认为服饰是蔽体的依靠，在此实用功能基础上增加龙纹绣饰的"衮"、绣有黑白相间的衣领"襮"、绘饰野鸡尾羽图案的"褕"、红色的细纱衣服"襄"、纯黑色的衣服"袗"、衣裳连体的"袍"、满裆裤的"幝"……通过改变服装的样式、图案、色彩、材质等内容不断冲击人们视觉神经，刷新审美高度。而"衣"之所以能够穿越古今在社会生活中占有较大比重，相当程度上源于服装纹饰修身之审美因素的影响。

古之先民曾有"被发文身"（《礼记·王制》）的传统，

"文"通"纹",其甲骨文"🈳"像由各式线条"彡""ʓ"构成的纹样,许君言:"文,错画也。象交文""黄帝之史仓颉见鸟兽蹏迒之迹。知分理之可相别异也。初造书契。依类象形、故谓之文",所以,"文"之纹样、图案创造的初衷是传达思想的形象表意性图画,有的金文"🈳"甚至会在交织的图案化符号里加"心(ʘ)",以强调这一点。当先民们在身体上加饰花纹,继而延续到服饰上绣绘图案时,亦在一定程度上反映出上古审美思想的觉醒。

甲文"文"中的"彡"线条甚至在《说文》中成为专门意指"毛饰画文也"的彡部,从而形成一个与纹样发生直接关系的语义场:

形,《说文》:"形,象形也。"

彡,《说文》:"彡,稠发也。《诗》曰:'彡发如云。'"

修,《说文》:"修,饰也"

彰,《说文》:"彰,文彰也。"

彫,《说文》:"彫,琢文也。"

彭,《说文》:"彭,清饰也。"

㣇,《说文》:"㣇,细文也。"

𢒉,《说文》:"𢒉,鹹也。"

彦,《说文》:"彦,美士有文,人所言也。"

从服饰设计的角度看,"彡"符带有清理、修饰的涵义,认为擦拭干净令其焕发原本的光彩即为"饰";用颜料、绣线等材料增加彩色的图案花纹即为"饰";通过组织构件使形体看起来更加美好即为"饰"。因为"饰"概念的介入,衣服的审美功能得到了明确设定。(图1-37)

出于对美的追求,当初形式简单、着重实用的围腰"市"或贯头衣已不符合社会礼制规范与主流审美的要求,衣衫及地的宽绰衣裳在完全遮掩身体的实用功能下,进入高人一等的贵族视线,成为受人艳羡的高贵服饰,再加上难得的丝帛、裘皮的使用、五正色的等级性占有、绣饰纹绘的富丽增色,都极力美化着有限条件下服饰的外在形态,新奇的纹案色彩刺激着先民的审美趣味走向。随着织

图1-37 长沙陈家大山楚墓帛画：云纹绣衣梳髻贵族妇女

造、染色、裁衣等工艺技术和材料的不断前行，单调的本色"素"类布料有了更加多样的选择，各色系颜色的变化愈加丰富，除传统正色的五采装饰，工艺复杂的间色也颇受权贵们的青睐，使得色彩占有的种类多寡、章纹样式的数量成为评判服饰贵贱、美丑与否的一个重要标准。另外，有鉴于裙裳对人行为的诸多限制，一不小心就会露出下身肌肤而违背礼法丢丑，"裈"类胫衣裤装的设计虽隐藏在裙摆下却巧妙地解决了这一行动上的不便，更发展出新型的衣裤制着装模式，还有如袍、襦裙等新式的服饰样式亦反复刷新着人们的视觉陌生化。

上古服饰的演进离不开实用艺术，换句话说，对于事物美的判断标准首先在于它的实用功能，能够遮羞御寒、适应社会生活的需要，尤其是统治阶级在政治、经济、军事、宗教等方面的需要，是上古先民们造物的起点与审美的标准。古之先贤在论述纹样与本质关系时，也多偏重物品本身"用"的品质，并以此为美，至于"饰"之层次，不过是锦上添花的附丽，但不可否认的是，造物的图案、色彩等装饰的确带来了装饰价值的升值，及礼制规范下等级美的人为定义，引领整个社会的审美喜好与风向，只是这里的"饰"也不是纯粹出于审美的目的，更多的是作为阶级统治的道具而存在，可以说是实用主义的另类表现。

第二章

"食"的设计解读

中国饮食文化源远流长，素有"民以食为天"的观念与传统。上古周代之治国"八政"中更将"食"放在首位，《尚书·洪范》载八种政务为："一曰食，二曰货，三曰祀，四曰司空，五曰司徒，六曰司寇，七曰宾，八曰师"；《礼记·王制》言"八政"："饮食、衣服、事为、异别、度、量、数、制"。不仅因为其与民生必需联系紧密，也由于被用作盛装食物的器皿在神圣的宗教祭祀、庄严的礼制等级活动中所代表的崇高地位。通过解读《说文》关于炊具、食器的各项语汇，以较清晰地梳理上古时期先民在烹饪初期所使用的各类器具的基本进化轨迹、功能效用等设计问题。

第一节 饮食炊具的发端

据考古资料证实，早在 5000 年前的远古时代，先祖们就已学会烹饪美食，新石器时期的仰韶、龙山文化遗址出土的鼎、鬲、罐、碗等大量饮食炊具实物均已证明这一点。当时的人们已开始使用各式工具制作、盛放食物，尤其当火的应用所带来的划时代的技术变革更令饮食炊具在样式、功用方面的发展一发不可收拾。

一　由火引发的饮食炊具的革命

在用火烹饪器皿内的食物出现以前，先民对火的认识与应用经历了一段相当漫长的时间。

火，《说文》："火，燬也。南方之行，炎而上。象形。"

燬，《说文》："燬，火也。从火，毁声。"

烜，《说文》："烜，火也。《诗》曰：'王室如烜。'"

按照《说文·火部》中语汇间的同训、递训关系看，史前先民初见火时应感到十分畏惧，所以，才会用"燬"字形容之，"燬"与"毁"同音同源，《六书故·天文下》曰："燬，焚之尽也"，而"火"之甲骨文"㊀""㊁""㊂"，"象火光迸射之形"（林义光《文源》），又与"山"字相似，显示出先时人们眼中自然生成的山林大火对所到之处焚烧殆尽的巨大破坏力与灾难性。也因此，从火部的"烖（灾）"在《说文》释为"天火"，其所列异体字"灾""灾""災"皆从火，后来在形容水灾、火灾、天灾、兵灾等灾祸时，其字形构成都节选自天火之"烖"，有的取"火"，有的取"戈"，火即为人们观念中最大的祸事。

然而，事物总在进步，人们对火的认识也非一成不变。从《说文》所载火部文字"焚""然""爇""烈""焦"的字形字义看，自然之火造成的山林灾害不仅将烧毁山中林木，连鸟兽也不得幸免，如犬（然）、猪（豕）、鸟（隹）等野兽的肉都受到烈火的炙烤，几剩残骨、焦黑一片。如此受到启发的人们逐渐尝试用火制作熟食，改变了"昔者先王……未有火化，食草木之实，鸟兽之肉，饮其血，茹其毛"（《礼记·礼运》）的原始状态，向着人类进化的方向迈出崭新的一步。随着人工火的产生，人们对火的使用程度更加熟练，烧饭的手段也愈加多样，如：连毛带皮整只一起慢慢烧烤的"炮"、切成块串在一起烧烤的"炙"、直接在火上烤的

"燎"、"抗火炙肉"的"熹"、反复烧烤的"燔"、来回在旺火上焙烤的"烘"……

很快地，在制作熟食的过程中，先民们发现火与土之间的作用可使泥土变得坚硬，这或许也是匋的起始，之后又参与到金属器的冶炼、铸造中，由此各类饮食烹饪器具相继产生，其烹饪方式从明火直烤进化到用器皿熬煮。其中，于"烹饪"二字的理解，《段注》认为："经传用亯、用烹，乃鬺之假借。"

鬺，《说文》："鬺，煮也。从鬲，羊声。"

饪，《说文》："饪，大熟也。从食，壬声。"

从"鬺"之《说文》释义联系其甲文图像""""来看，至少在殷商时期就已使用名"鬲"的器皿烹煮羊肉以献祭神灵。（图2-1）《玉篇零卷·食部》释"饪"曰："鼎，象也，以木巽火，亨饪也"，当中亦牵扯出炊具"鼎"在烹煮食物时的媒介作用。此外《说文》还记录了像"釜""甑""鬴（鬲的异体字）"的炊具。与"鼎"不同，"釜""甑""鬲"炊具的材质直接从字形结构上明确之，有镤属青铜制的"釜"，也有瓦部陶器的"甑"，及"鬲"，虽然"鼎"没有确切的偏旁指示，但据考古所得，从新石器时期到秦汉时期，却经历了从陶制到金属制材料的并行、更迭，《礼记·礼运》载："后圣有作，然后修火之利，范金，合土……以炮，以燔，以亨，以炙，以为醴酪……以养生送死，以事鬼神上帝。"无论是熟食的制作，亦或是陶制炊具、金属器皿，都离不开与火发生的激烈碰撞，先民们以"修火之利"在调整远古饮食结构与习惯的条件下，亦对原本的天然材质泥土和金属的性质、形态进行变更，最终促成各式不同材质、不同式样的饮食炊具的诞生。

二 酉（酒）的肇始

酉，《说文》："酉，就也。八月，黍成，可为酎酒。象古文酉之形。丣，古文酉。从卯，卯为春门，万物已出。酉为秋门，万物已入，一，闭门象也。"

144 《说文解字》的设计解读

图 2-1　商周时期饕餮纹鬲

　　酒，《说文》："酒，就也，所以就人性之善恶。从水，从酉，酉亦声。一曰：造也，吉凶所造也。古者仪狄作酒醪，禹尝之而美，遂疏仪狄。杜康作秫酒。"

　　按照《说文》记述，酒的酿造需要大量农作物"黍"（今北方称"黄米"）为原料，而"黍"亦为当时人们的主要口粮，在秋天的酉月（即八月）成熟，所以释酉"就也"。由夏禹时始酿酒可推断原始社会末期到夏朝的时间段里，粮食的生产应已达到一定规模和数量，又或者因酒本身的色香味美而令人欲罢不能。据闻于西安凤鸣汉墓出土的 26 公斤美酒由于保存完好，开封时仍然酒香四溢、青翠透亮。所谓"葡萄美酒夜光杯"，自古讲究美酒要有美器相称才能相得益彰。《说文》关于器皿类文字数量高达 180 字，占据总量的 30%，[①]显示出上古器用造物的高度发达，而酒器更是其中的大宗。尤其商周时期，人们多好酒敬神，酒也称琼浆玉露，因稀少珍贵而常常在祭祀神明、礼仪宴会等神圣、肃穆、庄重的场合出现，代表等级森严的阶级权力。如此用于盛装美酒的器皿其形态也因此由早时的单一样式分化出多重面貌，不只是出于讲究的饮食文化和审美要求，同时也是对所敬奉的神灵先祖的一种尊重。

殷商甲骨文曾描绘酒坛形态为"酉""酉""酉"，郭沫若经研究认为，此"乃壶尊之象也。丣字实古卯字耳"，李孝定则在《甲骨文字集释》中进一步分析"上象其颈及口缘，下象其腹有花纹之形"。从考古得来的容器看，河北藁城台西村商代中期的制酒作坊内出土有盛酒用器：陶制瓮罐，瓮中甚至还留有大量酿酒用发酵母，只是因为年代久远，这些灰白色的沉淀物已失去了当初的活力。而其盛器陶瓮的外观却与酒坛"酉"之甲骨文结构极为相似，都是阔口、细颈、鼓腹、尖底的造型特点。结合制酒的工艺流程，其基本形态特征完全遵循功能至上原则进行处理。所以，阔口的设计便于向罐中兑入配料；细颈的结构可尽量降低酒酿在空气中的过快挥发，失去酒香；鼓腹的处理在无形中大幅增加了器皿的体量容积，提高单件的承载量；最后瓶底尖形的样式则考虑到酒坛埋入地下、与坑面接触时对稳定性的实际要求。（图 2-2）酒坛"酉"的出现并非偶然，它凝结了先民在生产力大发展后对剩余粮食的巧妙加工与创新，关注了酒之珍贵且用于奉神的高档特性与盛酒器图案装饰的华丽外观之间的对应匹配，亦考虑了酒在制作、保存时所需的环境条件与酒器形态结构间的合理配置。简单地说，原始酒器的造型设计即为其性质、功能与形式相互作用的结果。

---

① 万献初：《〈说文〉字系与上古社会》，新世界出版社 2011 年版，第 235 页。

146 《说文解字》的设计解读

图2-2a 商代后期三羊尊

图2-2b 西周晚期"颂"青铜壶

图 2-2

三 祭祀活动推动下的饮食器变奏曲

祭祀一直是上古先民社会生活中的一项重要活动，《礼记·祭统》载："夫祭者，非物自外至者也，自中出生于心也"，当人们的物质生活达到一定水平时，必然会对精神生活有所要求，上古时期尽管生产力得到一定程度的发展，但是面对周围荒袤而处处充满危险的自然环境，面对外部神秘且种种不可驾驭的事物，再对比自身渺小、脆弱而有限的生命，无形中不由自主产生出卑微的心态与对自然、神灵无比崇拜和恐惧的复杂感情，祭祀由此诞生。

祭，《说文》："祭，祭祀也。从示，以手持肉。"桂馥《义证》曰："从又，右手也；从夕，即肉字；从示，用右手持肉以祭也。"

祀，《说文》："祀，祭无已也。"指祭祀活动是无休无止的。

奠，《说文》："奠，置祭也。从酋；酋，酒也。下其丌也。《礼》有奠祭者。"

祭祀被认为是人与神灵之间交流的仪式，《说文》释"祭"为将肉食用手举起供奉于高高的祭台上，"祀"则有连绵不绝之义，使最好的食物先紧着神灵、祖先享用，也让活着的人们通过在此种氛围用餐时每每牢记尊卑有制、长幼有序的宗法礼制，以至后来对祭祀的重视程度越来越高，更使"国之大事，在祀与戎"（《左传·成公十三年》）。而原本用于生活的饮食器在频繁的祭祀活动中从临时客串逐渐变得专业，出于对神灵的敬意，这些饮食器的制作工艺更为精致、繁复、规范，用料更为贵重、讲究，不再适用于平时生活所用，从而开始脱离日常用饮食器造物的形态模式，朝着独立的祭祀礼器新造物方向发展。观察祭祀礼器的甲骨文写实图像，以"🥢（奠）""🥡（奠）""🏺（礼）"为例，还可以发现，这些专用器具外观较一般用器更为修长，设有高足，象征着该器皿中所盛物品都是敬献给大地神明的，离地越高也仿佛距神灵更近。

在宗教崇拜和神灵祭祀的色彩笼罩下，实用饮食器从形态样式到性质用途，从内在结构材质到表面装饰图案都发生大幅变异，虽然脱胎于一般饮食器，却在供奉神食的道路上渐行渐远。《礼记·曲礼下》载："君子将营宫室，宗庙为先，厩库为次，居室为后。凡家造，祭器为先，牺赋为次，养器为后"，尤其是以祭祀神明为核心内容的商代，至今出土的青铜制饮食炊具几乎都服务于祭祀。为营造神秘而神圣的祭祀氛围，商代的祭祀礼器多厚重、巨大，且极富张力，以神的尺度进行打造，却仍华美异常，以如鬼斧神工般的重器形象极力渲染对天地鬼神的无限敬意。著名的四羊方尊是商代晚期的青铜礼器，各边长 52.4 厘米、高 58.3 厘米，重 34.5 公斤，四边饰蕉叶纹、三角夔纹和兽面纹，尊的四角各塑一羊，肩部饰有高浮雕的龙纹，在每两探出器表的羊头之间还设有一双角龙伸出器外；有"世界青铜器之冠"美誉的司母戊大方鼎口长 112 厘米、口宽 79.2 厘米、壁厚 6 厘米、连耳高 133 厘米，重达 832.84 公斤，鼎身以雷纹为底，饰盘龙、饕餮浮雕。（图 2-3）周朝吸取商灭亡的教训而偏重对人的关怀，用作礼器的饮食炊具尺寸慢慢向人的尺度靠拢。器表装饰纹样也从传说神兽转变为较为理性化的几何纹饰，如用于鼎上的"S"形"窃曲纹"[①]；内壁刻写铭文，述说祭器来由、宣扬功德、纪念先人等，以藏礼于器。另外，经常出现的"鸣钟列鼎"一词则透露出周时礼器的等级化与世俗化倾向转变，《周礼》曾严格规定：天子九鼎，诸侯七鼎，大夫五鼎，士一鼎或三鼎，作为祭祀礼仪重器的鼎也至此成为国家最高统治权的代名词（图 2-4）。

第二节 饮食炊具的形态分类

自新石器时代开始，因"修火之利"而"范金，含土"形成的

[①]《吕氏春秋·适威》："周鼎有窃曲，状甚长，上下皆曲，以见极之败也。"

图 2-3　商后期四羊青铜尊

图 2-4　西周早期师旂鼎

饮食炊具不断涌现，《说文》中收录大量饮食炊具的相关信息，涉及鬲、酉、瓦、缶、皿、匚、豆、竹、木、金等十多个字系，可帮助我们系统梳理早期饮食炊具的基本形制、联系、功用，以及成长脉络。

一 炊具分类

炊具在上古饮食器具中发育十分充分，自“鬲”从“鼎”独立出来，《说文》以鬲为部首的烹饪器囊括了煎、炒、煮、焖等多种烹饪做法需要的器具形态，并适时吸收新型的金属材质，体现出极具适应性的炊具在新环境下设计、制作和应用的灵活机变。

1. 从鬲部字看炊具的最初发展

许君在其《说文》“分别部居”的饮食炊具类部分中将“鬲”设于首位，足以说明“鬲”是一种非常古老的饮食炊具，而以“鬲”为部首发展出来的 26 个字亦体现出作为中国传统炊具的早期形态，以及对后续各烹饪器皿的设计启发。翻看先秦时期的历代经典文献，先不论其包含的是本义或是引申义，单“鬲”字本身即在众书中有所使用。只是随着“鬲”器的突然消失而在今天的常用语汇中销声匿迹，仅以文字的构成面貌出现，今天的《汉语大字典》中仍保留有 87 字，充分证明初期烹饪器皿“鬲”在数千年的文化传承中所持有的强大影响力与特殊地位。

（1）鬲与鼎的分道扬镳

鬲，《说文》：“鬲，鼎属。实五觳。斗二升曰觳。象腹交文，三足。鬲瓦，鬲或从瓦。歷瓦，汉令鬲，从瓦，厤声。”王筠《句读》曰：“《释器》：‘鼎款足者谓之鬲。’《封禅书》：‘其空足曰鬲。’索隐云：‘款者，空也。言其足中空也。’”

鼎，《说文》：“鼎，三足两耳，和五味之宝器也。昔禹收九牧之金，铸鼎荆山之下，入山林川泽，螭魅魍魉，莫能逢之，以协承天休。《易》卦：巽木于[火]下者为鼎，象析木以炊也。”

按照《说文》等古籍文献的释解，“鬲”归属鼎类，且两者十分相似，都有腹，有三足，只是鼎多了一副提耳，而鬲则强调了袋足部为中空的状态。"鬲"与"鼎"都曾在现今为止古老的图画性文字甲骨文中出现，鬲写作"🙽"，鼎示为"🙾"，图像直观显示出鬲器足部为袋状肥足，其腹部较之鼎的硕腹要矮浅许多，又由于与之相通的袋足中空，大幅提升了"鬲"的个体容积，可达到五斛。

在材质上，《说文》收录的"鬲"之异体字"瓹""䰛"皆从瓦，结合自新石器时期以降的考古实物年代测算与材质演变规律判断，陶鬲的产生应早于金属鬲。与从瓦的鬲不同，虽然《说文》并未列出强调材料的鼎的异体字，不过在"鼎之圜掩上者。《诗》曰：'鼐鼎及鼒'"，指圆圆向上收敛的鼎——"鼒"中却意外收集到其从金的异体字"鎡"，因此从一定程度上可以说鼎从金部。但并不是说鼎就是自金属制起家，事实上陶制和青铜制的鬲、鼎都曾有实物发掘出土，只是确如许书所示，鼎多为青铜制、鬲多现陶制。鬲和鼎之所以在书中从属不同部首很可能因为两者曾经以各自所属材质创造过辉煌的历史，同时也是对各自主打器皿功能形态的差别解读的结果。（图2-5）

通过上文对《说文》器皿类文字的部首排序解读，我们知道鬲是饮食炊具的始祖，在此之前，尽管已有熟食出现，但多是直接在火上烧烤，难以制作蒸煮类的菜肴。而最初以陶器面貌肇始的鬲为这一烹饪方式提供了可操作的物质基础，成为最原始的大烹煮器（"五觳"=六斗），更从器形结构上完美解决了因容量过于庞大，以及火力不足而可能造成的食物不熟等问题。三个巨大的袋状肥足充分增加了与火接触的器皿受热面积，且鬲的上部只有与袋足紧密相连的矮领，亦防止因器腹过大过高而影响烹饪器皿的加热效率，鬲从自身形态结构上力证了其专注做食物的初衷与决心。而陶质材料具有极为卓越的烹煮性能，能够均衡持久地把外部的热能传递给内部的原料，为食物与水的渗透营建相对平衡的温度环境，使食物随着时间的推移而益加鲜醇酥烂，表意粘稠状态的从鬲"鬻"

152 《说文解字》的设计解读

图2-5a 商代后期田告母辛方鼎

图2-5b 西周中期的鬲

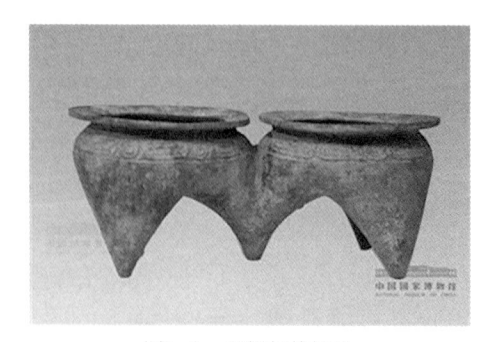

图2-5c 西周杞伯偶鬲

图 2-5

即可说明，至今仍在使用的砂锅亦应为上古陶鬲在质地上的经验传承。显然，陶鬲在上古时期无疑被定性为用于日常烹煮的生活器皿。除以上因素外，值得一提的是，与青铜鬲相比，制作陶鬲的成本低廉许多，无论在烹煮效果还是价位接受方面，陶鬲更容易普及，为大众所认可。

单就器形来说，鼎已不像专业烹煮食物的器皿，硕大且深的鼎腹大大提高了烧煮食物的难度与制作时间，其甲骨文的写实影像较之鬲的造型更趋美观，花纹装饰繁复多样。而青铜制的金属材料虽说导热性也很好，但以现代健康环保的眼光看，当中铅的含量不得不让人十分介意，然而不可否认的是，青铜器厚重、古朴、光亮的材料质感的确为观者带来美的视觉享受。据《礼记·祭统》载："夫鼎有铭……铭者，论譔其先祖之有德善、功烈、勋劳、庆赏、声名，列于天下，而酌之祭器，自成其名焉，以祀其先祖者也"，商周时期的鼎俨然已成为宗庙祭祀不可或缺的重要礼器，并在器形、装饰、材质方面都得到了全力的支持，器物功能的取向必然决定其外观形式的处理。（图2-6）

图2-6a　西周晚期颂鼎　　　图2-6b　颂鼎铭文及翻译

图 2-6

当然，由于结构上的变异，鬲与鼎在制作工艺上亦产生严重分歧。根据文物专家对鬲与鼎的模制实验证实，两者的制作步骤完全相反，鬲是先分别制作三个袋足，将之粘合完成后再在其上附加鬲领；鼎则先做盆状器腹，再接合立足即可。

鬲为鼎属，虽然同属于三条腿的烹煮类炊具，但出于对人食还是神食的用途差异理解，直接导致同种炊具的分化，并从形态、结构、装饰、材料、工艺等各个方面向着两个不同的方向持续演进：一个逐渐成为先民日常必须的生活用器，以其朴质的外表、实用的结构、廉价的质料得到广泛应用；另一个则被披上了神秘的宗教色彩，且因代表着至高无上的王权地位，成为统治者竞相追逐的国之重器，因此对鼎之造型装饰的重视远胜于对其实用烹煮的功能关照，精湛的工艺与华美的形体、装饰极力凸显其所承载的象征意义。

（2）鬲的阶梯式进化

《说文》鬲部字系提供了一组专门涉及各式鬲类烹饪器具的语义场，除了鬲本身外，还有：

䰜，《说文》："䰜，三足鍑也。一曰潞米器也。"徐锴《系传》曰："釜大口曰鍑。"

鬻，《说文》："鬻，三足釜也。有柄喙。"

䰝，《说文》："䰝，釜属。"

鬴，《说文》："鬴，秦名土釜曰鬴。"《段注》曰："（鬴）今俗作锅。土釜者，出于匋（陶）也。"

䰣，《说文》："䰣，鍑属。釜，䰣或从金。"《方言·卷五》载："釜，自关而西，或谓之釜，或谓之鍑。"

鬵，《说文》："鬵，大釜也。一曰鼎大上小下若甑曰鬵。"

䰤，《说文》："䰤，鬵属。"陆德明《释文》曰："䰤，本或作甑。"

鬳，《说文》："鬳，鬲属。"桂馥《义证》曰："鬲属者，疑作䰤属。本书：'甗，甑也。'"高鸿缙《字例》曰："器分上下两截，或分或联，中隔以有穿之板，上盛米，下盛水，可以蒸也，故即后世之甑字。"

这一组字均与肥足中空的三腿烹饪炊具直接发生联系，按照释文所述，䰜、鬻、䰝、鬴、䰣为专门的煮器，皆属鍑类，而鍑、釜都是"鬴"的异体字，较之"鬲"具形态而言，敞口更大且无足，实际操作时或有三足支撑，或吊起使用，因上部敞开面积大增亦在无形中加大了底部火烧受热的面积，"釜（鬴）"也成为后世无腿锅（䥷）的雏形，是从鬲到锅、从有腿到无腿的过渡形态。另外，还出现了一种蒸器："鬹"结构上尖下鬲，好像无腿而尖的炊具嵌入鬲中，《说文》释其为"釜"又"若甑"，反映出由煮器"锅（䥷）"向蒸具"甑"的转化；如果说"鬹"是从字形上表达了新器形蒸器的结构样式，那么"䵼（甑）"则是从字形字义两方面共同牵引出其器形特征："䵼（甑）"与"曾""层""增"为同源字关系，王逸注《离骚》中称："曾，累也"，有垒叠之义，其甲文"㠶（曾）"取象透过竹圈垫"田"升起蒸汽"ㄨ"，金文"㠶"会在竹垫下加锅形"ㄩ"，或有水的锅"ㄩ"，说明"䵼（甑）"是叠加于鬲上的组合型蒸器，针对于《说文》中"甑"字解释过于简洁的"甗也"，《段注》有着更为详尽的解读："所以炊蒸米为饭者，其底七穿，故必以箄蔽甑底，而加米于上，而馏之而馈之"，《周礼·考工记·陶人》也曾详细描述"甑"的形态："甑实二鬴，厚半寸，唇寸，七穿"，即原本用于煮水的鬲式结构不变，在其上垒加底部有七个穿孔的装物容器"甑"，容积为"鬴（釜）"的二倍；"甗（甗）"器多数为联体状，旨在烹饪蒸器"甑"内的食物，但也有鬲与甑上下部分体的情况出现，如殷墟妇好墓出土的"三联甗"就是一个特例（图 2-7），在长方形的鬲上分置三个甑，同时烹饪不同食物，此时的蒸器增加了蒸器底部镂空设计"箅"，便于沸水产生的热气穿越器具底部的阻隔，可更快地加热悬置于热水上方的食物。这一结构无疑已与今天蒸屉的工作原理无异，通过改变水的存在状态达到加热食物的目的，炊具形态的调整彻底带动了烹饪方式与器具功能的双向突破。蒸食炊具从腹内蒸煮的"鬹"到架于鬲上的"䵼（甑）"，再到设有竹箅、颇为完善的蒸笼"甗（甗）"，从与水亲密接触的"煮"到逐渐与水分离成就隔空烹饪的"蒸"，烹饪工具与手段愈加先进。（图 2-8）后世汽锅也是在此蒸锅基础上利用蒸汽衍生出的新式炊具造物。

图 2-7 "妇好"青铜三联甗

甗的形态怪异且制作复杂，不仅足部中空亦带有矮浅的领，但在实际使用中会发现其每一个部分的结构处理都恰到好处，不会无的放矢，想来甗的造型起源应不会太早，是经过长期的生活实践经验积累、总结后才逐渐形成的，又或者是在盆、罐等形体简单的器物上所做的加减法处理。之后，又以甗为参照蓝本，对其口沿、底腹、腿足略作变形，进而发展出类似现代无足的锅具煮器"鬴（锅）"、增加笼屉形成的新式蒸器"甑（甑）"。从甗到鬴（锅）、从鬴（锅）到甑（甑），甗类炊具的设计呈阶梯式不断丰富着上古烹饪器的门类，亦在各门类性质的设定下益加完善旗下式样、细化其中分支，"甗"系炊具呈现出系统性、成熟性特征。

2. 从瓦到金：炊具材质的演化

按照《说文》显示，上古日常使用的烹饪器皿源自陶制"甗"具，以"甗"为基础展开的烹煮用"鬴"、蒸食用"甑（甑）"等用途多样、样式迥异的烹饪用具均保留了陶甗部首以纪念其传承之源头。而世所共知，大量出土的青铜器说明商周时期青铜金属制品发展已相当繁荣，《说文》收录的上百个从金语汇则从文献资料的角度为金属器皿的研究提供参考与便利。由前文可知，鼎是上古炊

第二章 "食"的设计解读 157

图2-8a 西周早期南单甗

图2-8b 西周晚期晋伯父甗

图 2-8

158　《说文解字》的设计解读

图2-9a　商代后期兽面纹扁足鼎

图2-9b　商代后期戉鼎

图 2-9

具,初为陶制,后在青铜制的道路上达到鼎盛,甚至成为国之重器,将烹饪器皿的本义又从祭祀礼器延伸至皇权地位的象征。

鼏,《说文》:"鼏,鼎之圜掩上者。《诗》曰:'鼏鼏及鼏。'鎡,俗鼏从金,从兹。"指口小而圆的鼎。

鼐,《说文》:"鼐,鼎之绝大者。《鲁诗》说:'鼐,小鼎。'"

员，《说文》："员，物数也。鼏，籀文从鼎。"

鏞，《说文》："鏞，似鼎而长足。"

铏，《说文》："铏，器也。"《广韵·青韵》曰："铏，祭器。"王筠《句读》曰："《旧三礼图》：'铏鼎受一升，两耳三足，高三寸，有盖。上以铁为之，大夫以上铜为之，诸侯饰以白金，天子饰以黄金。'"毛奇龄《辨定祭礼通俗谱·卷三》载："铏则鼎之小者。便盛羹。"

錯，《说文》："錯，鼎也。"《玉篇·金部》曰："錯，铜器，三足有耳也。"

宗教崇拜盛行的上古时代，先民坚信"万物有灵"，并试图用最珍贵物品以各种不同的方式献祭给所信奉的神灵，冀望其能在受用贡品的过程中体会到自己的一片虔诚之心，从而得到恩赐与庇佑。而在生产力极为低下、生产资料严重不足的条件下，青铜制的金属器皿显得尤为贵重，也得以匹配得上祭神仪式上的用器标准。所以，如鼎类这样的具有祭祀性质的礼器多以青铜材质为主体制造，这不仅是以上许书中所列从金部鼎"铏""錯"，及"鼐"之异体字"鎡"的从旁佐证，也是长期考古挖掘、研究的判断与结果，其复杂多变的器形样式亦饱含了深刻的文化内涵。（图2-9）

金属质料也逐渐融入烹饪炊具的制作，衍生出各式鬲鼎类炊具，并在字系结构的变迁中逐步显现出来。

釜，《说文》："釜，鬴，鍑属。"釜是鬴的或体字。

鏉，《说文》："鏉，朝鲜谓釜曰鏉。"

鑊，《说文》："鑊，镬也。"王筠《句读》引《淮南·说山训》注曰："有足曰鼎，无足曰鑊。"

鑐，《说文》："鑐，鬵也。"

鍑，《说文》："鍑，釜大口者。"

鏊，《说文》："鏊，鍑属。"罗振玉《古器物识小录·鏊》载："其形制圆底，硕腹而细颈，反唇。一旁有环，一旁有方銎，可安木柄。"

锉，《说文》："锉，䥯也。"

䥯，《说文》："䥯，锉䥯也。"王筠《句读》引《声类》曰："锉䥯，小釜也，亦土釜也。"

鐈，《说文》："鐈，煎膠器也。"

鏂，《说文》："鏂，器也。"徐灏《段注笺》引《类篇》曰："一曰釜属。"指锅类器具。

以上记载于《说文·金部》的诸多烹饪器皿显示出上古时期青铜材质的突出表现，同时亦与考古发掘的青铜制实物相互印证。按照书中释义，这些从金部的青铜制烹饪炊具的基本形体结构传承于早期鬲的衍生器形，并始终将炊具质料的应用重心落脚于陶质制品，但可看出当时青铜制金属炊具仍延伸出丰富的造型样式，其中尤以"釜"和"镬"为代表，两者皆是在鬲和鼎式样为依据的前提下去其立足得来的金属新器形，其他炊具也大多是在这两种代表器形的模式下略作修改，或增减敞口面积、或省去沿口把手、或将圆底改为平底、又或等比例缩放器具的整体大小，以通过调整内部容积改变其本身性质。

此外，衍生出的陶制蒸锅"甗"同样随时代发展潮流向金属制方向迈进。

銚，《说文》："銚，曲銚也。一曰䰩，鼎也。读若摘。一曰《诗》云'侜兮哆兮'。"

锭，《说文》："锭，镫也。"《正字通·金部》载："锭，荐熟物器，上环以通气之管，中置以烝饪之具，下致以水火之齐，用类甗。"《广韵·径韵》曰："豆有足曰锭，无足曰镫。"

镫，《说文》："镫，锭也。"叶昌炽《释镫》曰："然膏之所以名为镫者，以其形似礼器之豆。"

原本瓦制的"䰩"被金属化为"曲銚"，类"甗"而制的金属蒸具"锭"，以及无足的从金部蒸器"镫"都是金属器皿居上后发展出来的或模仿陶器造型、或对器物各组成构件略作调整而形成的新造物。它们通过借助原有的陶制造物形态，以金属质感的新生材料延续着上一代的辉煌，同时又以崭新的面貌不断改变着新时代下人们生活行为习惯的面貌，尽力协调着人与社会、自然之间的和谐关系。

二 餐具分类

所谓餐具，更确切指盛食器和进食器，旨在盛放、分发或摄取食物。早期食具餐具粗糙而简单，投影到文字上表现出抽象概括的器皿类名，如：匚、豆、皿等古老字形，它们不限于某一具体质地，虽然关于器皿形态描述得十分模糊，却也为后来竹、木、陶、石、金等材质器具的演进提供基础。而进食器攫取食物的宽阔设计思路和大胆创新则为人们日常生活创造出极具特色的便利用具。

1. 形态多样的盛食器

（1）久远的"匚"

匚，《说文》："匚，受物之器。象形。读若方。匚，籀文匚。"钱坫《斠诠》载："象方形也。"张舜徽《约注》云："本当作凵，象正方之器，可以受物之形。为恐与厶鱼切之厶、口犯切之口相混，因侧立其文以相避，亦兼以便于为他文偏旁耳。自借方为匚，而匚废矣。"

匡，《说文》："匡，（饮）[饭]器，筥也。筐，匡或从竹。""匡"为方形盛饭器皿。

"匚"与"匡"都为阳韵字，且音义相近，在指向盛食器的语义上二者为古今字，因此由"匡"的或体字，明显凸出器具材质的从竹部的"筐"进行逻辑推导，匚也应为竹器。"匚"具有悠久的历史，从文字的历史可追溯到殷商时期，且其文字图像"匚""匚""匚"与今天所见的、经过长期文字内部构造调整的"匚"并无太大差异。其实，这是一个很少见的现象，一般而言，其字形结构通常都会随器物的发展变化而不断作出相应调整，多时会直接以部首的形式挑明当时该器具制作的材质倾向，如："鬲"的异体字为从瓦的"瓹""甀",直接以部首指向制作材料陶瓦。但是,在"匚"这里,无论实际上这类盛物之器质料如何演变,其字形"匚(甲文)—匚(金文)—匚(籀文)—匚(小篆)"都一脉相承,在部首、字体结构方面没有明显的材质提示,只大约勾勒出一个模糊的器形轮廓。

在《说文》从"匚"部的"受用之器语义场"中,罗列了各式功能与形态相近又有区别的盛物器:

匧,《说文》:"匧,[椷]藏也。箧,匧或从竹。"张舜徽《约注》载:"匧之言狭也,谓器之狭长者也。湖湘间称小棺为椷,亦谓之匧,以其形制狭长耳。"

匩,《说文》:"匩,渌米籔也。"《段注》曰:"籔即今之溲箕也。"

匴,《说文》:"匴,小桮也。槏,匴或从木。"

匪,《说文》:"匪,器,似竹筐。《逸周书》曰:'实玄黄于匪。'"朱骏声《通训定声》曰:"古者盛币帛以匪,其器隋方。经传多以篚为之。"

匱,《说文》:"匱,古器也。"

匫,《说文》:"匫,古器也。"

匬,《说文》:"匬,甂,器也。"《玉篇·匚部》曰:"匬,器,受十六斗。"

匮,《说文》:"匮,匣也。"《段注》曰:"俗作柜。"徐灝《段注笺》引戴侗云:"今通以藏器之大者为匮,次曰匣,小为匵。"

匵,《说文》:"匵,匮也。"王筠《句读》曰:"字与木部椟同。"

匣,《说文》:"匣,匮也。"《广韵·狎韵》载:"匣,箱匣也。"

匯,《说文》:"匯,器也。"

柩,《说文》:"柩,棺也。匶,籀文柩。"

匰，《说文》："匰，宗庙盛主器也。《周礼》曰：'祭祀共匰主。'"

从"匚"语汇皆与方形器具有关，但所用材料各有不同，按其释义，如"医""匲""匪""匣""匰"皆取类于竹，"𠤎""匱""匵""柩"取类于木，"匬"则类属瓦器，此外还有如"匡""匫""匯"等古器具由于时间太过遥远而难以追溯其具体形制，揭示出匚部笼罩下的各器物质料多元化发展。想来在创字之初"匚"部就已兼容各材质对三围一穿式器具的制作、表现，同时在对"匡"之本义：盛食器设计制作的过程中，逐渐将语义的外延扩展到"受用之器"，亦将大量形体大小、材料质地并不一致的方形容器也纳入其中，使"匚"的本身意义变为笼统而抽象的泛指，字形也再无更多变化。或许也正是因为这一部首过于古老、概括而无法充分诠释器具的独特之处，以至于后来被"木""竹""金"等偏旁取代。

（2）竹制器皿的繁荣

竹制器皿使用的历史相当漫长，可追溯到《说文·匚部》的"匡"，即与从竹部的"筐"在器皿义上相通，上文已有说明，此处不再赘述。竹器，顾名思义，是用竹子编制而成的器物，如《急就篇·卷三》载："竹器：簦、笠、簟、籧篨"，颜师古注："竹器，总言织竹为器也。"显然竹器与先时人们的生活息息相关，涉及到衣、食、住、用的多重层面。许书所列从竹部语汇共计145个，其中指向"竹制日常用食器语义场"如下：

籭，《说文》："籭，竹器也。可以取粗去细。"

籓，《说文》："籓，大箕也。一曰蔽也。"

䉛，《说文》："䉛，漉米籔也。"

籔，《说文》："籔，炊䉛也。"《段注》曰："本漉米具也。既浚干则可炊矣。故名炊䉛。"

算，《说文》："算，蔽也，所以蔽甑底。"

籍，《说文》："籍，饭筥也。受五升。秦谓筥曰籍。"

筈，《说文》："筈，䈿也。"

筲，《说文》："筲，饭及衣之器也。"

箪，《说文》："箪，笥也。汉津令：箪，小筐也。《传》曰：'箪食壶浆。'"

筵，《说文》："筵，筵箪，竹器也。"《段注》曰："是盛物之器。而非可以取粗去细之器也。"

箪，《说文》："箪，筵箪也。"

簄，《说文》："簄，圜竹器也。"

篓，《说文》："篓，竹笼也。"

笝，《说文》："笝，篮也。"

篮，《说文》："篮，大簄也。"《段注》曰："今俗谓熏篝曰烘篮是也。"

篝，《说文》："篝，笭也。可熏衣。宋楚谓竹篝墙以居也。"

笔，《说文》："笔，篅也。"《段注》曰："广韵。笔、籧也。按今俗谓盛谷高大之器曰士籧。"

篅，《说文》："篅，以判竹圜以盛谷也。"

簏，《说文》："簏，竹高篋也。箓，簏或从录。"

簝，《说文》："簝，裹也。"《段注》曰："裹、褢也。此谓竹器可以中藏一切者。"

簝，《说文》："簝，宗庙盛肉竹器也。《周礼》：'供盆簝以待事。'"

箕，《说文》："箕，簸也。"

簸，《说文》："簸，扬米去糠也。"

《说文》保留了详尽的竹制食器的上古资料，共计 28 字，占竹部语汇总数的将近五分之一。尽管今天在常用语汇中只有"篮""篓""箪""簸""箕"等有限的几个词，但可以想象，在现代工业塑料被制作成生活用具得到普及以前，竹制食器所占据的上古先民家用常备器具的重要地位，而从竹部器皿语汇的衰退亦反映出材质更迭在社会生产、生活和技术工艺进化过程中演化的自然趋势。

此外，竹制器皿还从生活用的物质领域进入到宗教祭祀的精神层面，形成了"祭祀礼器用语义场"：

簠，《说文》："簠，黍稷方器也。匭，古文簠从匚饥。匦，古文簠或从轨。朹，亦古文簠。"容庚《金文编》曰："《周礼·舍人》郑注：'圆曰簠。'今证之古器，其形正圆，与郑说合。"

簋，《说文》："簋，黍稷圜器也。匥，古文簋从匚从夫。"郑玄注《周礼·地官·舍人》曰："方曰簋，圆曰簠，盛黍稷稻粱也。"容庚云："今证之古器，侈口而长方。"

笾，《说文》："笾，竹豆也。籩，籀文笾。"《段注》曰："豆，古食肉器也。木豆谓之梪，竹豆谓之笾。"朱骏声《通训定声》载："豆盛湿物，笾盛干物。豆重而笾轻。"

这一组三种器皿均属礼器，却在考古中多以青铜制的实物形态面世，而非竹制。竹质材料很难留存，且相比于青铜制的金属礼器更粗陋许多，后来居上的青铜礼器参考原有竹器的形制样式，以新的铸造技术、纹样装饰对造物加以重新演绎、延续，使其重新焕发生机。陕西扶风出土的周代祭祀礼器厉王簋通体青铜铸造，力底、圆腹、高圈足，装饰有瓦楞纹、钩云纹，以及凤鸟形雕饰，厚重雄壮、古朴雅致；山东肥城小王庄出土的龙耳簋为西周晚期青铜器，浅斗形的盖、底完全相同，口沿处的扣卡、器足被巧妙地雕筑成神兽的首与卷尾龙形样式，兽体卷曲纹和象首纹的纹路装饰更显精致庄重；大唐西市博物馆所藏的青铜豆系春秋战国之物，有着当时流行的豆盖构件，豆腹较深，环状垂耳把手以卧兽造型巧妙构思，兽尾似耳珰作悬垂装饰，器物整体以蟠螭纹为主饰，配饰浮雕感甚强的卷云纹、鳞纹，并以绚索纹相间隔，下腹、柄及盘形圈足部分饰垂叶纹、圆点纹和长体蛇纹，细密的纹饰和高等级的呈灰白色稀有锡金属光泽将其青铜礼器烘托得无比华美且贵气十足。沉稳大气、闪耀着金属质感光芒的青铜礼仪用重器相比于轻巧的竹制器皿，无疑更能增添宗教祭祀时的神秘气氛，同时出土文物亦有力证实青铜器在上古时期曾覆盖包括礼器在内的生活用器、兵器等器具类型，占有绝对主导地位。但是，直至汉代《说文》问世，金部在此三类器皿的文字构造上仍未动摇竹部的统治地位，足见竹制形象在"簋""簠""筥"三者器形给人印象上无比深远的影响力。（图2-10）

（3）暧昧不清的"皿"

随着现代汉语词汇双音化后，"皿"常常与"器"关联合并使用，成为指向日常生活器皿，如：碗、壶、瓶、豆、杯、盘、罐、盆、瓮等物品的统称。

皿，《说文》："皿，饭食之用器也。象形。与豆同意。"

《说文》中从皿部的字有 25 个，从其他部首的皿构字更达到 29 个。许君训释"皿"字时着重于对其"饭食"功能的说明，而关于该器具本身形态描述仅用了"器也"这一含糊用语一带而过。但是，这种暧昧模糊的说辞并非有意为之，"皿"之本义虽源自盛食器却常常通过与它部的结合组成含义完全不同的语言文字，从其宽泛的语义指向可见一斑，因此许君的粗释确是本着求是精神对带有笼统、抽象意味用器的真实写照。

"皿"字很早以前就已被创造，殷商甲文写作"㫃""㫃"，王筠《释例》形容曰："上口圆，下底平，中以象腹"，好像高脚无盖的敞口容器，也有的"皿"器在口沿处添加双耳，以便于提放。不过，至于这种轮廓的器具究竟具体是何类别，却难以说清，说像"碗（㫃）""盘（㫃）"，却敞口的幅度不够；说像"豆（㫃）"，却没有明确的盛食标准，似乎肉类可以，但其它也行；说像"壶（㫃）"，相差更远，既没有敛口、鼓腹，也没有壶盖，却又都属深腹。可以说，"皿"之形具有各器皿的普遍性特征，且缺乏特殊性，连带着其功能亦呈现出多用途兼容的不确定性特质，像：肉类、粮食、蔬菜、瓜果、酒水等皆可称之为食物，而对于"皿"来说无论这些食物表现为固体还是液态，都可以得到充分包容。这无疑与"皿"在字形诠释、字义训解上所传递的器皿形态、

功能具有含混性的信息达成巧妙一致。（图2-11）

图2-10a 商代后期宁簋

图2-10b 西周早期荣簋

图2-10c 西周中期格伯簋

图2-10d 西周晚期颂簋

图2-10e 春秋中期史尸簋

图 2-10

图2-11a 新石器前期仰韶文化人面鱼纹彩陶盆

图2-11b 西周晚期鱼龙纹盘

图2-11c 春秋晚期透雕蟠龙纹豆

图2-11d 战国朱绘兽耳陶壶

图 2-11

而从另一个角度来看,"皿"的模糊性或许亦说明了该器的原始与古老,就如同传说中早期混沌一片的宇宙经过盘古开天地后逐渐分离变化出天地、空气、河流、湖泊、山脉、植物,以及鸟兽鱼虫等各种物象一样,"皿"作为后世各类器形发展的依据,是综合了容器器皿的基本功能构件形态：口、（耳）、颈、腹、足的简单雏形。这一估计不仅是在器皿发展规律：由简易单一到复杂多样、由生活实用到精神慰藉、由造型粗糙到装饰精美基础上的合理推断，同时也得到了考古界的实物印证。现藏于中国国家博物馆的"夹砂红陶罐"是1962年于江西万年县仙人洞发掘的最早（距今一万年左右）的新石器时代前期成型陶器（图2-12），"口径20厘米，高18厘米，直口，深腹，圜底，外饰绳纹，手工捏制而成，胎质粗陋，器形简单，制作技术原始"[①]。从图上看，这一器形特征通用，既可称为"罐"，也可视作大"碗"，与甲文中所示的"皿（ㄩ）"形十分类似。

图 2-12　夹砂红陶罐

另外，在"皿"的材质选用上模糊性的特质依然存在。《说文》中没有类似"鬲"器般从瓦、显示材质的"皿"之异体字，也没有具体质料的说明性训解。尽管陶器占据上古日常生活器皿的半

---

① 引自中国国家博物馆藏品《陶罐》的说明。

壁江山，从仰韶时期以卷唇盆和圆底的盆、钵及小口细颈大腹壶、直口鼓腹尖底瓶为主的彩陶，到器形渐趋规整，主要有罐、盆、鬲、豆、杯、鼎的龙山黑陶；从质地洁白细腻，富有生活气息的壶、卣、簋等的白陶，再到多用于陪葬的仿青铜制、陶制杯、盘、碗、壶、盒、鼎、炉、豆、敦、罐等的彩陶明器，但显然有着相似"皿（䀂）"形的用器不止陶器一种，还有青铜器、木器、竹器、角器、漆器等其他多种质料，几乎覆盖了上古时期所能见到的各类材质，又都创造出各自非凡的成就，因此"皿"在材料方面的阐述几乎完全省略地模糊了。

（4）豆非豆的神秘

今天我们对于"豆"的理解仅停留在如"绿豆""红豆""黄豆""黑豆""青豆""豌豆""蚕豆""豇豆"等豆类农作物或形状与豆粒相近的"土豆"等的印象上。但在上古时期，此"豆"并非彼"豆"，农作物的"豆"被统称为"菽"，而"豆"本身另有涵义。

豆，《说文》："豆，古食肉器也。从口，象形。䇺，古文豆。"

"豆"的本义是一种专门盛放肉食的容器，与农作物无任何关系，只是因古籍文献中常常假借"豆"作粮食作物的"荳"而逐渐被人遗忘了其原本的初义。《汉书·杨恽传》曾载："田彼南山，芜秽不治，种一顷豆，落而为萁"，段氏也引吴师道语云："古语祇称菽，汉以后方呼豆"，说明汉代时"豆"就已用于指代菽类粮食。事实上，作为器皿本义存在的"豆"在殷商甲骨文中就有显示，"豆""豆"（豆）之形好像高脚器皿"䇺"，内部指示性的一横表示器中装有食物，而上面时有时无的一横则好像盖子的配件，应该并不属于"豆"器的重要构成。在考古发掘方面，仰韶文化遗址出土的陶制大口浅盘高柄豆更将这种"古食肉器"的历史向前推进了上千年。

其实，"豆"与上文"皿"的训释思路完全一致，都是对器皿本身经历的不断更替的多样材料与兼容并行的多重功能的复杂历程所作的贴切形容。

"豆"材质的选择丰富，且根据不同质料还配备了专有称谓。仅《说文》就收录了从木、豆的木制豆器"梪"，有虎纹装饰的从豆古陶器"虘"，以及从豆持肉的礼器"豋（登）"，《尔雅·释器》亦载："木豆谓之豆（梪），竹豆谓之笾，瓦豆谓之登。"而对于正处于青铜器繁荣期的商周时代，除大量陶豆外，青铜豆、漆质木豆也多有出土。

材料的差异会导致制作的豆在形式、功能上的出入，例如：木制的豆应为最古老、传统的生活用盛食器，《说文》更在编排上使"豆"与"梪"近邻而居，说明许氏也认为附加了指向材料的木豆应为豆之初形，所以盛装的食物也是其造物的初衷：盛用肉食，而木质材料的特性亦保证了其中连带的汤汁不会发生渗漏问题；竹制豆器"笾"因带有镂空的形态特征而偏向于盛装较为大块的固体食物，像肉脯、水果等；郑笺曰："祀天用瓦豆，陶器质也"，当祭器与陶豆连接起来时，在神鬼崇拜的蒙昧时期，陶制材料能够占据豆器制作的主体地位这一事实其实也很容易理解。（图2-13）

图 2-13　周原始瓷豆

当然也有髹漆而饰的精美木豆，充满视觉冲击力的漆器一向是庆典、仪礼上的宠儿。相比于钟、鼎等沉重的礼器，豆的体量无疑娇小很多，器形表面的精雕细琢更显华美，亦可为所在宴会增色不少。湖北随县曾侯乙墓的带盖雕花漆木豆堪称精品，器身不但遍髹黑漆、朱漆描纹，更采用镂雕、浮雕等手法雕刻出器耳上的饕餮纹、豆盖上的仿铜器龙纹、云纹等装饰图案。同时，豆的使用数量也是根据拥有者的身份、地位而定的，《礼记·乡饮酒义》载："六十者三豆，七十者四豆，八十者五豆，九十者六豆"，作为庄重的礼器，豆有着严格的数量限制与规范，随年龄、威望的增高，可使用的豆器的数量也越多。

此外，"豆"还有量器的功能。《周礼·考工记·梓人》称："食一豆肉，饮一豆酒，中人之食也"，说的是一顿吃一豆肉、一豆酒是大多数人的饭量。那么一豆的量究竟有多少呢？于容量而言，"齐旧四量，豆、区、釜、钟。四升为豆"（《左传·昭公三年》），又据考古所得齐国量器推知，齐旧量一升约合205毫升，一豆为四升，相当于820毫升的容量；以重量计，"十六黍为一豆，六豆为一铢，二十四铢为一两，十六两为一斤"（《说苑·辨物》），换算出来，一斤等于2304豆。齐陶文中"王豆""公豆"字样的出土表明了当时"豆"作为通行计量器皿和统计单位多重身份的存在。

（5）碗的徘徊

碗是人们日常生活中必备的盛食器，《说文》曾收录一对音义相同的器皿语汇：

盌，《说文》："盌，小盂也。"《方言·卷五》载："盂，宋、楚、魏之间或谓之盌，盌谓之盂。"

椀，《说文》："椀，小盂也。"椀又作盌，后作椀，作碗。

"盌"与"椀"皆从夗声，《说文》释"夗"作"转卧也"，《段注》曰："凡夗声、宛声字，皆取委屈意。"与"屈"同义，许书中曾提到一种上敛下侈的饭器" "，形象的图文表达直观地体现出屈"夗"的凹陷方式。虽然碗在甲骨文、金文的记述中不可考，但与之同书递训的"盂"却在殷商时期的古文字中留下印迹。其甲骨文图像""的组成为上"竽"下"皿"的结构,"皿"取象于敞口盛器""的形象,如同现代的喇叭状扩音器用以放大竽的声音吓退野兽。而其上大下小、有碗足托底的造型样式亦与今天所见碗的正立面图形区别不大。盂为"饭器",也就是吃饭用的敞口陶盆,从《说文》释义"盌"和"䀀"时专门强调"盂"为"小盂"看,也显示出碗是盂在大小形制上收缩了的饭器,本身的容量不大,高度一般为碗口直径的二分之一、碗底直径仅将近碗口直径的二分之一,较之锅、盂等造型相同或相似,但对体量庞大许多的盛食容器而言,碗已可用单手轻松托起。(图 2-14)

根据考古出土文物与史料记载情况看,在工艺、技术、材料的不断推动下,虽大体形制不变,但碗在不同时期的具体造型细节、纹饰、材质、工艺等仍多有出入,尤其是材质的选用对碗字的结构影响最为明显。按照《说文》中关于碗的两个异体字"盌"与"䀀"的字形字义来看,碗曾经历过陶制器皿时期,特别在汉代以前这种陶质材料应为制作碗具的主要原料而受到热捧。文中所示"盌—䀀—椀—碗"的字系递换反映出碗在长时期发展过程中因选用材料的竞争淘汰、优化调整而导致文字内部瓦、皿、木、石等部首的交叉替换。字形中一个看似简单的系部取舍却隐匿地记录下碗的材质随碗形进化时所经历的每个细小的徘徊与演进。

图 2-14 春秋原始瓷盖碗

2. 进食器的智慧

（1）箸的创造

箸，《说文》："箸，饭攲也。"《段注》曰："攲各本作欹。支部攲、持去也。危部欹、䧢也。攲者倾侧意。箸必倾侧用之。故曰饭攲。宗庙宥座之器曰攲器。古亦當作攲器也。"

攲，《说文》："攲，持去也。"徐灏《段注笺》引《通俗文》曰："以箸取物曰攲。"

"箸"是中国特有的传统进食器"饭攲"，俗称"筷子"，它代替和延伸了手指的长度巧妙地夹取食物，相比于直接用手抓饭更加健康、卫生，也向文明的方向更进一步。今天世界上看到的用箸进食的国家，除中国外，还有朝鲜、韩国、日本、越南、蒙古国（部分使用）、新加坡、马来西亚等国，却都是受中华饮食文明辐射的结果。观察"箸"的文字结构发展史会发现，自金文"箸"上竹下 （煮），表示在熟食祭品上安插筷子以示虔诚，到籀文写实性的两支竹棍并用的" "，以及上竹下 会意用筷子夹紧的" "两种完全不同字形的变异，再到承续金文的小篆体" "，箸因与人们食之生活息息相关而备受关注，也因时代、地域的差别而产生不同的理解与字形表达。得益于对"箸"字不同角度的形象刻画，为我们研究上古筷子的材料、功能、形式等设计信息提供了很好的参考依据。

首先，"箸"从竹部，应主要以竹为原料，而且从商周时期的金文到秦国时的小篆，无论"箸"如何表达，" — — "都坚持了从竹这一唯一部属，可见竹筷在时间与空间上的维度覆盖面有多么广泛。另外，"箸"与表示停留之义的"住"同音，据说苏州吴中地区在行舟风俗上十分忌讳"住""翻"等字眼，即使音同也不行，所以"以箸为快貌"取之反义，称为"筷"。但也从另一个角度说明，上古"箸"具有保持停留的特性。不像今天看到的韩国烧烤用金属制筷子整体形状偏扁的样式；也不似日本为夹取生鱼片所制的稍短、尖头粗尾造型；中式竹筷却是圆头方尾的偏长形制，考虑到捡取食物时的便利性而采用横截面为圆形的处理，同时也注意到架筷时为阻止"箸"四处乱滚、造成不便所特意安排的方形尾部结构，偏长的尺度也贴合了传统圆桌的用餐特点，可使筷子代替人手接触到较远位置的菜肴。即使是两根简单的竹棍，"箸"依然从功能实用的理念出发，每一个细节的设计都做到恰到好处，不带一丝多余的动作，体现出上古先民造物时的智慧理性。当然，在质料的选用上也并不局限于竹，如贵族、官宦等为表身份之与众不同，也会选用价格昂贵且产量稀少的金属制作"箸"。

（2）匕族的创意

提到"匕"通常会联想到匕首、图穷匕见等一些与阴谋、暗杀、刺客联系在一起、给人印象不太美好的词语。上古十大名剑之一的"鱼肠剑"也是一种短小、藏于鱼腹的匕首，至今仍出现在众多影视、戏曲和文学作品中，为世人所熟知。但是，"匕"并不止此一种含义。

匕，《说文》："匕，亦所以（用比）取饭，一名柶。"《段注》曰："匕，即今之饭匙也。"

匙，《说文》："匙，匕也。"朱骏声《通训定声》载："苏俗所谓茶匙、汤匙、调羹、饭橾者也。"

柶，《说文》："柶，《礼》有柶。柶，匕也。"《段注》曰："凡言礼者，谓礼经十七篇也。礼经多言柶。士冠礼注曰：柶状如匕，以角为之者，欲滑也……盖常用器曰匕，礼器曰柶。匕下曰：一名柶。"

魁，《说文》："魁，角匕也。"《段注》曰："匕下曰：匕所以比取饭。一名柶。"

从《说文》关于"匕"的同训、递训语义关系看，匕与匙应同属日常生活中舀汤盛饭的饮食器具，柶、魁与匕、匙形貌相同，只是常作为礼器用于宗庙祭祀等庄重场合，因此匕、匙和柶、魁四者同指一物，是不同地域、环境、功能、材料限制下称谓相异的匕族餐具。

"匕"与前面的"箸"一样，都有取饭、进食、祭祀之用，只是出于进食器形态的不同，导致箸与匕形成的取食方式也呈现出完全不同的表达。从上文可知，箸由两根竹棍组成，通过五根手指之间的协调来操纵"箸"具夹取食物。而"匕"的金文"&（叞）"则取象握于人手"&"的长柄刀"&"，这种假借刀具兵器为进食用餐具之形的"匕"，无疑也与匕首等短刀有着某些类似之处。按照甲文"&"的图像显示，匕为有一定弯曲度的浅斗状长柄进食餐具，其前端侧面造型如匕首般尖而薄，如郑玄在《仪礼·少牢馈食礼》所注："匕所以匕黍稷"，"匕所以别出牲体也"，说明匕之形既可便于舀饭，亦可插取肉类食物，兼有后世匙羹与刀叉的双重性能。再结合今天看到的饭匙样式，其前端正面形态表现出的圆锋式样，是为避免匕与口腔接触时过于尖利的匕匙边缘可能发生割伤的情况所做的特殊处理，也体现出对于器具使用安全性的考量。相比于"箸"，"匕"的形态更加复杂，考虑的设计细节更为全面，顾及到美观、便利、安全、宗教信仰等更为深入的人的心理层面的需求，且其甲文记载也远早于"箸"的金文记录，由此推断，进食器"匕"的历史很可能也要更为悠久许多。

在材质上，"梠"从木制，也有"以角为之者"的"舥"，相同进食器属性的匕、匙在字形字义的表达上则落脚于对器形及其功能的描述。尽管古籍文献关于匕族进食器具的材质语焉不详，不过，从考古发掘情况看，匕的材质还有骨质、青铜质、玉质等。其中有一件史前时期的青铜匕格外引人注目。柄首人面装饰，形似商周时期北方流行的柳叶状兵器匕首，没有明显柄部，仅是愈下渐宽，末端收作长舌状，却是用于挹取食物的匕器，与鼎、鬲等炊具礼器搭配使用。如《仪礼·少牢馈食礼》载："雍人概鼎、匕、俎于雍爨……廪人概甑、甗、匕与敦于廪爨"，此外，商代"戍嗣子鼎"中刻写的"鼎"（图 2-15a）异体字和"四祀邲其卣"中的"煮"（图 2-15b），都显示出匕配合鼎、鬲等炊具挹取羹食的做法与用途。

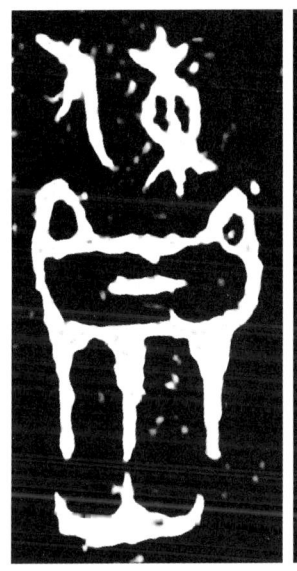

图2-15a 商代"成嗣子鼎"中的"鼎" 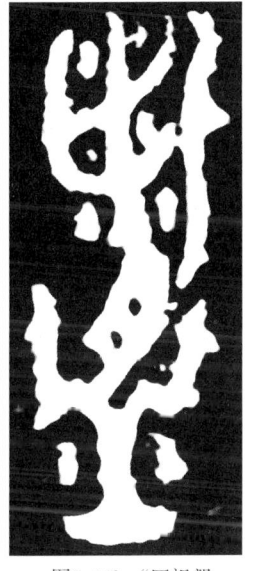　　图2-15b "四祀䢛其卣"中的"煮"

图 2-15

原始的"匕"形经历混沌状态的多功能器具使用期后，逐渐向攻击性兵器和盛取食物的餐具两个不同的功能方向演进，随着器具用途的明朗化，挹取食物的"匕"亦在形式上与兵器"匕"分道扬镳，纹样造型亦愈加向多样化和专业化方向发展。

三　酒具分类

上古时期发达的酒业为酒具的繁盛提供了可能，一时间盛酒器、饮酒器、挹酒器、温酒器，只要涉及饮酒的器具可谓一应俱全。《说文》保存的古酒器名在指向器皿类的语汇中占有较大比例，亦从侧面反映出当时人们对酒具的重视，以及酒器在社会生活中的广泛影响。根据许书中与酒相关的字形字义解读，按照其功能用途可将上古酒具大致划分以下类别：

1. 指向盛酒器的语汇

缶，《说文》："缶，瓦器。所以盛酒浆。秦人鼓之以节歌。

象形。"徐灏《段注笺》曰："下器体，上其盖也。"《段注》曰："缶有小有大，如汲水之缶，盖小者也。如五献之尊，门外缶大于一石之壶、五斗之瓦甒，其大者也。皆可以盛酒浆。"

甾，《说文》："甾，东楚名缶曰甾。象形。𠙹古文。"

壶，《说文》："壶，昆吾，圜器也。象形。从大，象其盖也。"王筠《句读》曰："凡器皿字，唯缶、壶有盖，皆盛酒者也。"

尊，《说文》："尊，酒器也。从酋、廾以奉之。《周礼》六尊：牺尊、象尊、著尊、壶尊、太尊、山尊、以待祭祀宾客之礼。𢍜，尊或从寸。"

彝，《说文》："彝，宗庙常器也。从糸；糸，綦也。廾持米，器中实也。彑声。此与爵相似。《周礼》：'六彝：鸡彝、鸟彝、黄彝、虎彝、虫彝、斝彝。以待祼将之礼。'𢑴、𢑸，皆古文彝。"

櫑，《说文》："櫑，龟目酒尊，刻木作云雷象，象施不穷也。罍，櫑或从缶。蠱，櫑或从皿。鼺，籀文櫑。"

椑，《说文》："椑，圜榼也。"颜注《汉书》曰："椑榼，即今之扁榼，所以盛酒者也。"

榼，《说文》："榼，酒器也。"

鈃，《说文》："鈃，似钟而颈长。"《段注》曰："钟者，酒器。古酒钟有腹有颈，盖大其下、小其上也。"

锺，《说文》："锺，酒器也。"《段注》曰："古者此器盖用宁酒，故大其下、小其颈。"《正字通•金部》载："钟（鍾），壶属。"

钫，《说文》："钫，方（鐘）[锺]也。"朱骏声《通训定声》曰："鐘当为锺，酒器之方者。"

鎕，《说文》："鎕，酒器也。从金，㽅象器形。㽅，鎕或省金。"王筠《释例》曰："其形似壶之下半，壶有盖有颈有腹，㽅则无盖也。"

匜，《说文》："匜，似羹魁，柄中有道，可以注水。"《段注》曰："斗部曰：'魁，羹枓也。'枓，勺也。匜之状，似羹勺，亦所挹取也。"王筠《句读》曰："彝器皆作'也'，语助夺之，小篆加匚为别耳。"

2. 指向挹酒器的语汇

斗，《说文》："斗，十升也。象形，有柄。"《段注》云："上象斗形，下象其柄也。"饶炯《部首订》曰："斗当为枓之古文，本酌酒器而容十升者。而斛量之斗，形亦相似，因借为名，后遂转注木以别之。"

升，《说文》："升，[二]十龠也。从斗，亦象形。"张舜徽《约注》载："挹水之器，有大有小。小者为升，大者为斗，古皆读登，即今语所称水登子也。太古以此挹水，亦以此量物，挹水量物，皆自下而上，故引申之上登为升。至于十合为升，十升为斗，乃后起之制。"

枓，《说文》："枓，勺也。"《玉篇·斗部》曰："枓，有柄，形如北斗星，用以斟酌也。"

勺，《说文》："勺，挹取也。象形，中有实，与包同意。"《段注》曰："外象其哆口有柄之形；中一，象有所盛也。与包同意，谓包象人裹子。勺象器盛酒浆。其意一也。"

欒，《说文》："欒，杅满也。"今称酒舀子。

魁，《说文》："魁，羹斗也。"《段注》曰："古斗枓通用……枓，勺也。杅羹之勺也。"

3. 指向饮酒器的语汇

醆，《说文》："醆，爵也。一曰：酒浊而微清也。"

斝，《说文》："斝，玉爵也。夏曰琖，殷曰斝，周曰爵。从吅，从斗，冂象形。与爵同意。或说斝受六斗。"

爵，《说文》："爵，礼器也。象爵之形，中有鬯酒，又持之也。所以饮。器象爵者，取其鸣节节足足也。𩰬，古文爵，象形。"

觵，《说文》："觵，兕牛角可以饮者也。其状觵觵，故谓之觵。觥，俗觵从光。"

觶，《说文》："觶，乡饮酒角也。《礼》曰：'一人洗举觶。'觶受四升。觠，觶或从辰。觗，礼经觶。"

舭，《说文》："舭，小觶也。"

觛，《说文》："觛，觶实曰觛，虚曰觶。𢍰，籀文觛从爵省。"

觓，《说文》："觓，乡饮酒之爵也。一曰：觛受三升者谓之觓。"《周礼·考工记·梓人》载："梓人为饮器，勺一升，爵二升，觓三升。"

卮，《说文》："卮，圜器也。一名舭。所以节饮食。象人，卪在其下也。《易》曰：'君子节饮食。'"

䜧，《说文》："䜧，小卮有耳盖者。"

𣝔，《说文》："𣝔，小卮也。"

4. 指向温酒器的语汇

鋞，《说文》："鋞，温器也。圜直上。"《段注》曰："谓可用煣（暖）物之器也。"

镐，《说文》："镐，温器也。"

鑣，《说文》："鑣，温器也。"

铫，《说文》："铫，温器也。"《正字通·金部》曰："今釜之小而有柄有流者亦曰铫。"

鎏，《说文》："鎏，器也。"《广韵·巧韵》曰："古巧切，浊也"，"苦绞切，温器"。

按照以上所列四种指向，从盛装到挹取到饮用，再到温酒的细节，显示出上古酒具覆盖下的全方位酒事服务。

《说文》关于盛酒器的称谓十分多样，其背后所代表的盛器形制亦各具特色，但若仔细归纳主要有三种类型。一是尊类，[①]其

[①] 王国维《说彝》载："尊彝皆礼器之总名也……然'尊'有大共名之'尊'，礼器全部。有小共名之'尊'，壶、卣、罍等总称。又有专名之'尊'。盛酒器之侈口者。'彝'则为共名，而非专名。"参见王国维《王国维手定观堂集林》，浙江教育出版社 2014 年版，第 74 页。

基本形制为侈口、有颈、大腹，外观形式虽然有方有圆，却都带有似葫芦般的曲线形变化，且通常情况下壶类器皿，像：缶、甾、壶、锺、钫均有壶盖；尊类器具：尊、彝、櫑等底座的设计多为圈足，但高低不等，也有无圈足的器皿样式，应与当时席地而坐的居住方式相匹配。此种类葫芦式盛酒器在所有样式、数量中所占比例最大。（图2-16）二是盒状或筒状器皿"椑""榼"，其口、颈、底作等宽处理。三是模仿羹勺之形，设置流道、低矮偏扁的"匜"类器皿（图2-17）。不过，这些分类也不能一概而论，当中也存在混杂、变异的情况，如"鏂"器，依王筠训诂，应是一种类似壶状的无盖器皿，其形介于壶与尊之间，又不完全属于任何一类；如"鉼"较之普通壶属容器颈部略长，显然在局部设计时发生一定变形；又如"尊"，除了甲义仿象的图画"尊"所显示的经典形状外，书中记载的牺尊、象尊却是模仿动物、人物的真实形貌制作而成，陕西宝鸡城郊出土的"青铜犀牛尊"就是一个塑造逼真犀牛体态的盛器工艺品，还有充满葫芦式的仿生"壶"类器、流线型的曲形"似羹魁"酒器，都或多或少地从现实景物中截取图像进行器皿设计，在文案装饰上，鸡、鸟、虎、龟目、云雷等身边的自然景物同样被运用其中，与几何化的简单造型有着明显的区别，更加多样生动。而以当时工艺水平而论，象生器皿的实物模仿，再加上具有勃勃生气的自然图景雕绘纹案装饰，其观赏性和艺术审美价值已摆脱早期粗糙的简单几何式造物（图2-18）。但这种日益精美的盛酒器即使在之后承担起祭祀奉神的"神器"职责，也依然未曾切断与生活实用的关联。[①]

在材料上，《说文》共聚录盛酒器13字，其中，从金部4字、从木部3字、从缶部1字，剩余皆无明显材料部系标注。很

[①] 李立新：《中国设计艺术史论》，天津人民出版社、人民出版社2011年版，第48页。

182 《说文解字》的设计解读

图2-16a 商代后期亚醜方尊

图2-16b 商后期龙虎纹青铜尊

图2-16c 西周中期青铜方彝

图2-16d 西周早期青铜罍

图2-16e 战国青铜罍

图 2-16

图2-17a 西周晚期齐侯匜

图2-17b 战国廿斿银匜

图 2-17

可能到许慎生活的汉代,远古时常用的陶制缶器已逐渐没落,更常见的是自商周兴起的铜铸工艺器皿,漆木制酒器应也得到了人们的青睐而流行,这些从目前各大博物馆馆藏文物的情况亦即可明了。而剥离了材质指向的文字则较为复杂,一方面在漫长的内部结构调整中,可能因涉及的材料种类过于丰富而全然放弃,转而倾向于对器物外形的表现,如"甾( )""壶( )";另一方面则源于礼制下"以待祭祀宾客之礼"的社会规范在文字形成中的深刻影响。

斗、勺类器具为把取之器,《说文》中除"勺"外,其他如升、料、斞、魁等均以"斗"为形符,而"勺"则在字义上与"料

184 《说文解字》的设计解读

图2-18a 西周中期"盠"青铜驹尊

图2-18b 战国兽形青铜尊

图2-18c 西汉错金银云纹青铜犀尊

图2-18d 西汉"长沙王后家"漆耳杯

图 2-18

（斗）"形成递训关系，共同建立起指向挹取酒水功能的语义场。不止许书中有所阐明，在汉代画像石描绘的宴饮场景中也会清楚地看到与盛酒器"尊"成套出现的勺类挹酒器，以便于饮酒者取用。这种被郑玄训为"尊斗"的挹酒器十分古老，至殷商时期就已以图画性文字的形态仿象出现，盛具上用指示符号"o"象征巨匙内盛舀的食物的长柄勺子"𠃌"，以及同样用长把手柄"十"和舌形大勺"つ"示意的斗"𣁳"，在基本构件组成上有着惊人的相似。取用溶液时，可借助每一匙的容量计算酒水的多少，今天仍在使用的"斟酌"二字即以"斗""勺"会意；其从甚、从酉的部首选择是否也显示了上古先民对琼浆玉露的酒之珍惜及其魔性的敬畏，因而在每次挹取时以斗、勺类等专门的挹酒器小心量取？但是与充满宗法等级意味的盛酒器"尊"不同，挹酒器的生活实用价值更为丰富，不仅成为现代汉语中的高频词，在日常生活中也随处可见，而且，大小、形态（手柄和勺部）、材质、图案色彩等均呈现出千般变化，较之出土的各式勺具，如：春秋中晚期的大波那铜棺墓中规格大小不等的铜勺、马工堆一号汉墓的"龙纹漆斗"、浑源毕村西汉墓中有铺首衔环造型的铜勺等上古挹酒器精品亦毫不逊色。

当酒液从盛酒器过渡到挹酒器，最终落入饮酒器时就可以直接饮用了。《说文》汇集了大量关于饮酒器的字形字义，当中不乏同义词和各式异体字，彰显出当时饮酒器形态设计表现的繁荣景象。有意思的是，收集到的指向饮酒器的文字竟皆与《角部》关系密切。我们通常所说的饮酒器"爵"在发音上就与"角（jué）"字一致。从"爵"字之广义上看包含了酘、斝、爵等"爵"之不同异名，及觯、觛、觚等从属角部的饮器，且与总名"觞"意义相通，"总名曰爵，其实曰觞"（《段注》），觞之籀文亦从爵省。而看似与角类饮酒器无关的多义字"卮"中有一义更明确指向角爵"觛"，连带的以"卮"为部首的"𨝭"和"𧗿"亦可结合字义推断为角系饮器。许书认为先民饮酒活动肇始自夏初"仪狄作酒醪"之事，而"角"即先民当时环境下的最佳饮酒用器具选择。甲文"角"字取象牛或其他大型动物头上弯曲、尖、硬、带纹路的自卫武器"𧢲""𧢲"，因其结构外表坚硬、内里中空而极为适合盛饮酒水，外观细腻的天然纹理与奇妙的色彩亦满足了人们对审美的追求。后来随着知识的积累、工艺的进步和社会礼制的需要，饮酒器的形制变得愈加丰富、成熟，陆续增加了三条腿的支架、口部前端倒酒的流槽、与"流"对称的尾、口沿上分立的两柱、腹部的把手、杯盖等。虽然这些附件时有增减，人们也以不同的酒具名称加以区别，制作材料更出现青铜、漆木、兽角、玉石等多元拓展，但是以角为偏旁的结构保留却为后人追寻饮酒器初始面貌保存了宝贵的线索。（图 2-19）

历史上有许多与温酒有关的典故，并从中弥漫出一股难以言喻的英雄豪情。除了主角酒浆深奥的温煮学问，温酒器的精心设计亦是不可忽略的重要一环。但由于时代久远，其具体形态似乎已难觅踪迹，文献《说文》仅留下几个被简单释义为"温器"的似是而非的文字，如：鋞、镐、鑃、銚、盪。从其文字构形看，尽管表示青铜等金属材质的金部字占据温器字总量的百分之八十，但从皿部的"盪"却好像含蓄地表达了温器前身不限于固定某一质料的多变式样，只是当金属器皿后来居上时亦在文字部首的调整上相应变换。展出于日本宁乐美术馆的温酒器"铜鋞"其轮廓仿自竹筒样式，与书中"圜直上"的描述十分吻合，想必"鋞"之雏形定然同竹筒的应用联系紧密，甚至很可能就是由竹筒演化而来。只是到了"有柄有流者"的"銚"，其形态更趋同于"斝""爵"的饮酒器（字）形象："契文爵字即象传世酒器爵斝之爵，两柱。侧视之，但见一柱，故字祇象一柱、有流（倒酒的口）、腹空、三足、有耳之形"（《甲骨文字集释》）。（图 2-20）按此逻辑推论，也有人说斝、爵本身兼任温酒功能，倚靠三根支足可以像早期的鼎鬲一样在器皿腹下生火加热酒水，其实也是温酒器。一时间众说纷纭，温酒器外形也因此变得神秘而多样，不过利用火或热水加温酒浆的器皿内在功能要求和结构原理始终不变。

四 一般通用器皿

根据盛装内容和功能用途的具体要求，我们经常会将器皿硬性分为：炊器、食器和饮器三类。然而，在先民们实际的生产、生活中，器皿的使用方式充满交叉和混杂，《说文》器皿类文字中即出

第二章 "食"的设计解读 187

图2-19a 商代后期册方罍　　图2-19b 商王武丁时期"后母辛"青铜觥

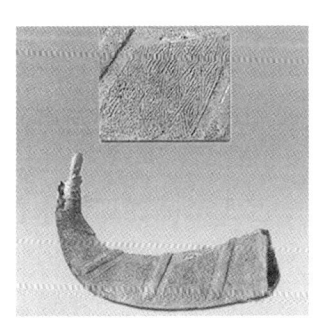

图2-19c 西周早期兕觥 　　图2-19d 西周早期"父庚觯"

图2-19e 商王武丁时期青铜爵 　　图2-19f 商王武丁时期青铜觚

图 2-19

188 《说文解字》的设计解读

图 2-20　商王武丁时期青铜斝

现了大量一般通用器皿。

1. 指向瓶坛类盛器

罂，《说文》："罂，缶也。"

罍，《说文》："罍，小口罂也。"《周礼·天官·凌人》疏曰："汉时名为甄，即今之甕是也。"

㙇，《说文》："㙇，小缶也。"

缾，《说文》："缾，罋也。瓶，缾或从瓦。"

罃，《说文》："罃，汲缾也。"

钲，《说文》："钲，下平缶也。"徐灏《段注笺》曰："今俗常用之器，其形平底，正所谓下平缶也。"

䓃，《说文》："䓃，备火，长颈缾也。"

缸，《说文》："缸，瓦也。"

瑊，《说文》："瑊，瓦器也。"

䍃，《说文》："䍃，瓦器也。"

罐，《说文》："罐，瓦器也。"《玉篇·缶部》曰："罐，瓦器，似瓶有耳。"

甂，《说文》："甂，罂谓之甂"

瓴，《说文》："瓴，瓯瓴谓之瓴。"

瓮，《说文》："瓮，罂也。"《段注》曰："罂者、罌也。罌者、小口罂也。然则瓮者、罂之大口者也。"

瓨，《说文》："瓨，似罂，长颈。受十升"

瓿，《说文》："瓿，甂也。"

甂，《说文》："甂，似小瓿也。"

瓶，《说文》："瓶，瓮，似瓶也。"

盧，《说文》："盧，饭器也。"

庐，《说文》："庐，罂也。读若卢同。罏，篆文庐。籚，籀文庐。"徐灏《段注笺》曰："庐、盧盖古今字。盧、罏亦古今字。以竹为之，故从由。盧既从由，复以山为偏旁（指'罏'字），重复无义。"

2. 指向碗盆类盛器

甏，《说文》："甏，大盆也。"

瓯，《说文》："瓯，小盆也。"

鋺，《说文》："鋺，小盂也。"

盌，《说文》："盌，小盂也。"

盉，《说文》："盉，小瓯也。"

盎，《说文》："盎，盆也。"

盆，《说文》："盆，盎也。"

宲，《说文》："宲，器也。"
鑑，《说文》："鑑，大盆也。"
鑐，《说文》："鑐，䰩也。"
鋗，《说文》："鋗，小盆也。"

这里包含的器皿有大有小、质地不限，形态样式也各有不同，按照文字释义中的递训、互训和同训关系可知，一部分指向腹大口小的瓶坛类容器，一部分指向口腹大小相近的碗盆类器皿。而瓶、坛、盆、碗等器皿对现代人来说并不陌生，是现代汉语中的高频词汇，可能在纹样装饰、材料选择方面由于时代的发展、文化的交流和技术的创新有所出入，但它们的确存在于我们的日常生活中。与前面提到的专用器具不同的是，这些器皿盛装的内容不受某一特定范围或液体、固体的限制，又或应用范围、性质的约束，具有多元的功能特性；相同的是，一物异名、专名的现象十分严重，《说文》中大量具有同训、递训关系的文字即说明这一点，如瓶可名为"缾""䍃"等；大盆称"䰩""鑑""鑐"，小盆名"瓯""鋗"，小盂样的碗连续变换了形符"皿"和"瓦"后仍保持了音义的一致……显然这些形制的器皿无论在时间还是空间上都有着强力的延续性和广泛的根植力，而且在经历从陶制到金属制的造物工艺材料更迭中，不断吸收、适应新的技术成果，优化造物结构，为多用途的器皿应用创造了坚实的物质基础。（图 2-21）

此外，还有一个设计的细节，缶原本是陶制器皿，类似瓦罐，形状很像一个小缸或钵，圆腹、有盖、肩上有环耳，也有方形的。像湖北曾侯乙墓出土的青铜冰鉴缶，即曾侯乙铜鉴缶，其夹层中有冰，可以帮助贮存、保质食物相当长一段时间，类似于今天的冰箱一般（图 2-22）。以"缶"为代表的有盖器皿在此与敞口的碗盆类造物产生差异，若说两者同时具有盛装物品的基本效能，有盖、可密封或保温的缶类器皿，其贮藏能力更为卓越，而敞口的碗盆则更便于对当中物品进行操作。

第二章 "食"的设计解读 191

图2-21a 春秋晚期鸟兽龙纹壶

图2-21b 春秋中期交龙纹盆

图2-21c 西汉双兽耳青釉硬陶瓿

图 2-21

图 2-22　战国青铜冰鉴

第三节　饮食炊具的制作工艺

器皿类字分布于《说文》众多部系，而清晰表达制作材质的则有：瓦部、缶部、金部、竹部等几个部首。虽然数量有限，却使人明显感受到技术进步带来的饮食炊具的飞跃性发展。从"土器已烧之总名"的"瓦"到"瓦器"之"缶""匋"的陶土制作；金部"镕""锻"工艺在金属器皿制作中的参与；竹编、木刻的巧妙组合，及以"镂""刻""错"等方法对器皿表面的加饰都反复说明了饮食炊具成长路上受工艺技术推动而逐渐精致的事实。

一　陶器的制作工艺

陶器的制作历史源远流长，自史前时代先民无意间发现经过火烧的泥土会变硬后，"凝土为器"之造物活动便一发不可收拾，从粗糙到精细、从厚重到薄透、从裸坯到釉彩，中国陶瓷在官府营造与民间私营之间的承续、并起和混战中不断演进、改革，创造出独属于自己特色的陶瓷样式和高超工艺，甚至是用器文化，以致在世界上声名鼎赫，更有表示瓷器含义的英文单词"china"同义国名。

1. 陶器的产生

匋，《说文》："匋，瓦器也。古者昆吾作匋。案：《史篇》读与缶同。"《段注》曰："今字作陶，陶行而匋废矣。"

"陶"，上古时期即指陶器，其本字为"匋"，后增加形旁"阝"以取义由高土中获得原料粘土。据徐锴《系传》释注，这种以陶土烧制的器皿肇始于夏桀时一名叫昆吾的诸侯。从文字形态的演化过程看，"匋"文字的历史最早可追溯到殷周时期的金文"🉐"，按照器物产生先于文字创造的规律推测，许君所述之陶器起源的传说应具有一定参考价值。有学者认为，"匋"的外围结构"勹"好像烧陶之窑的轮廓外形，其内部声旁的"缶"则取象于在泥池"🉐"中用杵棒"🉐"捣泥的情态，也有的金文会把杵形的"🉐"写成可增加摩擦力、有两个锤头的"🉐"或"🉐"，以示均匀、细腻的粘土是捣制所要达到的标准，最后加工好的陶坯"🉐"在窑穴中经过 段时间的烧制定形，出炉后就成为我们 般看到的陶器，《荀子·性恶》也说："故陶人埏埴而为器。"

埏，《说文》："埏，八方之地也。"

埴，《说文》："埴，黏土也。"

制陶最基本的原材料就是粘土，古代先民在长期的生活实践经验中了解到粘土和水后的可塑性特质，再结合对火烧泥土后物质发生硬化化学反应的感性认识，都为原始陶器的产生提前做出了很好的知识积累与造物铺垫。于是人们开始搜集"八方之地"的粘土，杵捣细碎后加水搓揉，使坯体内的水分均匀分布，同时也达到除气的目的，继而以众多技巧塑形成各式器物，等到晾干后，即可放到篝火上烘烤定形。

在人们学会利用工具进行再生产之前，手就是人们最初使用的最灵巧的原始工具，《说文》更专门开辟手部类属，囊括从"手"语汇297字，以文字的形式留下了先民早期徒手造物的印迹。其中的用手搓揉使长的"挻"、使物相聚的"捊"、"擢也"的"拔"、用手击搥的"捣"、推开又搥捣的"揫"、用手捏成团的"搏"、把土装在土筐中的"捄"……都是不可或缺的手在制陶时出现的动作行为。

2. "甄"和"窑"对制陶技术的革新助力

"陶"的金文"🅐"和"🅑"都不约而同地出现两个人"🅒"落在一起的图像，显示出当时制陶活动具有组织性、群体性，初时以氏族部落为单位进行制作，后被分化了的家庭所取代，并逐渐形成以制陶为业的专职陶人"瓬"。

瓬，《说文》："瓬，周（家）[礼]搏埴之工也。读若抚破之抚。"《周礼·考工记·总序》载："抟埴之工：陶、瓬"，郑注曰："抟之言拍也；埴，粘土也。"贾公彦疏注："抟埴之工二，陶人为瓦器，甑鬲之属，瓬人为瓦簋。"

以家庭为单位专门制作陶器的工匠"瓬""陶"在长期而专注的制陶过程中通过血脉的系联将日益精湛的技艺与丰富的经验知识一代一代延续下来。也随着制陶技术的分工越来越细，制陶技艺的每一项步骤都得到极大的关注与发挥，陶器在数量与品类变得多样的同时，其制作技术更得到快速更新换代。尤其明显的例子是《说文》中"甄"和"窑"关于在塑形与烧制两大制作环节上的技术描述。

甄，《说文》："甄，匋也。"《段注》曰："匋者，作瓦器也。"

窑，《说文》："窑，烧瓦灶也。即今窰字正文。"

按照史料文献释解可得，"甄"富有双重涵义，既可指制作陶器的过程或行为，也可理解为指向制陶的工具——转轮[①]。经考古发现，距今约七千年前的黄河中游的仰韶文化中期就已使用慢轮制陶，但是根据现代实验研究数据显示，转轮的转速需达到每分钟

---

① 李贤注《后汉书·郅恽传》"甄陶品类"曰："甄者，陶人旋转之轮也。"

90转以上才能使粘土球在按挤、外拉的制坯中有效做功，也就是说，慢轮的用处仅止于辅助性地对成形泥坯作局部修整，只有快轮以上的转速才能真正通过转盘旋转拉坯成型。至新石器晚期，利用快轮"甄"制陶已覆盖我国多地，如龙山文化中有薄、亮、匀、坚美誉的黑陶就多盛行轮制，较之手筑泥敷的原始制作，器壁的薄细、均匀、平滑程度无论从外观形态还是技艺水平方面讲都是一步巨大的跨越。

而影响陶器制作质量的另一个重要因素就是烧制温度。"陶"是一个多音字，除作名词时多读"táo"外，作动词时则音同"窑（yáo）"，且皆与瓦器"缶"有关，"陶"与"窑"有着极深的渊源。"窑"的出现将单纯置于篝火上烘烤的陶坯转移至相对密闭的穴式炉灶空间，虽然只是空间环境的简单变化，却在事实上巧妙避开了因露天条件所带来的各种对陶器烧制不利的因素，也更容易控制和提升烧制的温度，从而大幅减少失败品的数量，提高陶器工艺质量。

二　金属器皿的制作工艺

《孟子·滕文公上》载："以粟易械器者，不为厉陶冶"，这里"陶，为甄者；冶，为釜铁者"（朱熹语），或许因为制陶与冶金的程序同样复杂，又或者两者之间存在着某种天然的联系，所以"陶""冶"常常贯连使用。"冶"在《说文》释为"销也。从仌，台声"，有焙烧、熔炼金属之义，其金文"🔣"由表示工匠的"𠂆"、有凝结含义的"冰（仌）"和泥坯土范的"⊥"构成，也有的金文写作"🔣"，虽然内部构成有所调整，但依然不离"人（𠂉）""泥坯（🔣）""冰冻（仌）"三项内容的组合，说明冶金之术最晚至上古殷周就已产生，且其工艺方法更师从新石器时代发达的陶泥模制技术，是一种在制陶术的旧造物工艺基础上引申出的新型青铜器范铸技艺，陶器的冶铸技艺与知识当加入金属新材料后，开始不自觉地引发造物实践中技术与形式的延续机制，[①]二者存在着一脉相承的血缘关系，原本服务于制陶工艺的技术转而应用于金属器皿的制作。

而在《说文·金部》共收录197字，充分显示出上古时代冶金业的繁荣景象。

1."金"的含义

金，《说文》："金，五色金也。黄为之长。久薶不生衣，百炼不轻，从革不违。西方之行。生于土，从土；左右注，象金在土中形；今声。釡，古文金。釒，亦古文金。"

这里的"金"并非今天通常意义下的黄金（"Au"），确切来说应为"金属"的统称。先时人们从矿石中提炼金属，并将其以白、青、赤、黑、黄五色归类。

银，《说文》："银，白金也。"《段注》曰："黄金既专金名，其外四者皆各有名。"

镣，《说文》："镣，白金也。"《尔雅·释器》载："白金谓之银，其美者谓之镣。"

鋈，《说文》："鋈，白金也。"《诗·秦风·小戎》曰："阴靷鋈续"，《毛诗正义》疏："此（鋈）说兵车之饰，或是白铜、白铁，未必皆白银也。"

铅，《说文》："铅，青金也。"

锡，《说文》："锡，银铅之间也。"徐锴《系传》曰："银色而铅质也。"

鈏，《说文》："鈏，锡也。"

铜，《说文》："铜，赤金也。"

链，《说文》："链，铜属。"

铁，《说文》："铁，黑金也。"

不同金属能够带给人们不同的视觉体验，其质感、硬度也是影响器皿使用感受的重要因素。六千年前的黄铜器件曾因质杂、性脆

---

① 李立新：《中国设计艺术史论》，天津人民出版社、人民出版社2011年版，第266—267页。

而在实际生活中一晃而逝,取而代之的铜、锡、铅三元合金青铜却以熔点低、硬度大、可塑性强、耐磨、耐腐蚀、色泽光亮等卓越的铸造性能和生活实用特性倍受青睐,自此开启了署名为"青铜"的金之时代的序幕。从祭祀礼仪用的食器、酒器,到日常生产生活用的工具、农具、车马器、水器、乐器、生活用具、杂器、度量衡器、铜镜、货币,再到具有特殊用途的兵器、玺印和符节,青铜制器具的足迹几乎无处不在,也因此先秦以前古文献中"金"多指向青铜金属。但是,依许君所述,"金"虽为所有金属的总称,却始终以"黄金(黄色金属)"为代表,似乎与史书上所谓的青铜时代不符。然而,其实青铜在刚刚炼造好时是如同黄金("Au")一样耀眼的土黄色,与文中"黄为之长""黄金既专金名"的说法相合,只是因埋在土里上千年受氧化、侵蚀,才逐渐产生斑斑青绿色的锈迹,成为今天展示于博物馆中的样子。

2. 以"镕"看金属器皿的工艺特点

横向对比铜器的应用历史,中国的铜器起始时间在至今所发掘的义物考证年代上明显晚于世界许多古老文明,但是以青铜器为代表的中国上古金属器皿还是在世界艺术史上占据了其他文明造物难以匹敌的重要地位,原因何在?除了有金属器本身应用范畴、规模,以及多样品类、艺术性等形式方面因素,还有一个非常重要的原因,就是独特的制作工艺,许君在书中给出了详细的答案。

镕,《说文》:"镕,冶器法也。"朱骏声《通训定声》曰:"木曰模,水曰法,土曰型,竹曰范,金曰镕。《汉书·董仲舒传》:'犹金之在镕,惟冶者之所为。'注:'(镕)谓铸器之模范也。'"

铗,《说文》:"铗,可以持冶器铸镕者。读若渔人(荚)[夹]鱼之(荚)[夹]。一曰:若挟持。"《段注》曰:"冶器者铸于镕中。则以此物夹而出之。"张舜徽《约注》曰:"铗之言夹也,谓可以此夹持物也。即今语所称火钳也。以铁为之。其形与剪相似，故俗又名夹剪。"

铸，《说文》："铸，销金也。"桂馥《义证》曰："《玉篇》：'铸，镕铸也。'颜注《急就篇》：'凡金铁销冶而成者谓之铸。'"

镕，《说文》："镕，作型中（膓）[肠]也。"徐锴《系传》曰："铸锺镛属内空者，于型范中更作土模，所以后郤流铜也。又若果实之瓤。"

锢，《说文》："锢，铸塞也。"徐锴《系传》曰："铸铜铁以塞隙也。"

销，《说文》："销，铄金也。"指熔化金属。

铄，《说文》："铄，销金也。"

鍊，《说文》："鍊，冶金也。"《段注》曰："冶者，销也。引申之凡治之使精曰鍊。"

这一组从金部语汇构成了一个"金属器皿制作工艺语义场"。其中，以"镕"为代表向世人展示出上古时期铸造金属器皿的工艺流程与方法。"镕"在现代文献中已很少出现，《现代汉语词典》虽仍然保留字形，却已然将"镕""同'熔'"[1]一语带过，因此很多人已不知其原始初义。不过从《说文》及其相关文献的疏注可知，"镕"即今天通常所说的"模子"，只是因"模子"的质料为金属质，所以称"镕"。通过"销""铄""鍊"的方式将合金熔化成液体，浇注到金属范的范腔里凝固成器后，再用类似剪刀之形的火钳"铗""夹而出之"即成。当然，金属范已是技术发展到后来的高级形态，在此之前多使用陶范，也有木制、竹制之类，但无论在使用寿命、制成器物的质量，还是制范的耗时耗工量上都难以与"镕"比拟。徐锴在对"镕"工艺加以说明时是以陶范举例的，制作具有凹陷式的盛器往往需要在外范基础上再增加一个内范，内外范合体后留出的空隙就是器壁的厚度，而这个内范就相当于果实

---

[1] 中国社会科学院语言研究所词典编辑室：《现代汉语词典》2002年增补本，商务印书馆2002年版，第1072页。

的穰，即"镶"，当浇注完成且金属液体凝固成型后，内外陶范就会被打碎，进而得到里面的金属器皿，从这里可以看出这种"土型"的最大缺点，同时也是最大优点：一组陶范只能使用一次、制作一件金属器皿，即使每个器形花纹完全一致，每一件金属器皿依然是独一无二的存在。在模范拼接的缝隙处还可以用熔化的金属填塞空隙，许君称之为"锢"，以尽力修整使之成为一件精美的青铜器皿。

可见，中式制作金属器皿的工艺最大特点即"镕铸"或"冶铸"，其重点在于"铸"，用"铸"的甲骨文图像"𩫏"进行说明就最为直接，好像双手"𠂇"将鼎鬲器皿"𠀠"中的金属熔浆倾倒进下面的模范"𠃓"里，器皿中的"𠂊"表示模范中的迂回曲格。这样制作出来的器皿避免了捶打造型时的不确定性，亦减少了因反复修改器形所消耗的不必要的时间，将熔化金属与塑形两道工序在此"铸"工艺中一气呵成。或许不一定比西方锤揲工艺下的器皿制作更为精美，但是从耗时量、器物质量、效率等综合结果看，模范铸造的方法一定更具有明显的性价比优势。

3."锻"铁技术

锻，《说文》："锻，小冶也。"朱骏声《通训定声》曰："镕铸金为冶。以金入火，焠而椎之为小冶。"《段注》曰："锻从段金会意，兼形声。"

冶，《说文》："冶，销也。"《段注》曰："销者，铄金也。众之融，如铄金然，故炉铸亦曰冶。"

焠，《说文》："焠，坚刀刃也。"王筠《句读》曰："《汉书·王襃传》：'清水焠其锋。'颜注：'焠，谓烧而内水中以坚之也。'"

《说文》中还提到了一种"锻"铁术，按照古文献训解可知，锻铁与铜铸不同，不会将金属完全融化成液体进行重塑，而是将铁块入火加热捶打作柔化处理，继而使之硬化成型。先民们在长期的实践中认识到：经过反复加热、压延、捶打的"锻"铁会变得更加柔韧，可塑性极强；再将这种打制过的烧红的锻铁猛然淬激入冷水还可以增加铁的硬度，其优越的塑性和力学性能更胜青铜。当铁器被广泛制造时，尤其是对器具材料坚韧性要求较高的军事和农业生产领域，大量器具都很快获得了大范围替换。而这种"锻"铁技术亦从此登上中国冶铁业的历史舞台，并保持了这项技术长期领先于世界其他各国。

自战国末期至秦汉时期，用铁量开始大幅提升，并逐渐替代青铜的统治地位。《管子·地数》载：齐地"出铁之山三千六百九山"，考古发掘的上古遗址中也发现了成批铁器，如：春秋晚期至战国初期的临淄郎家大墓曾出土铁器 16 件；孙娄乡孙家营村出土战国时期铁器 7 件；窝托齐王墓发掘的五个陪葬坑出土铁器约 401 件，包括以兵器、农具为主（其中铠甲 3 领、殳 2 件、戟 141 件、矛 6 件、铍 20 件、杆形器约 180 件、镢 1 件、舀 1 件、锄 1 件、削 3 件）的生活用具、车马饰等多种器形品类，这与《说文》中作为被收录的铁器大宗——农具和兵器亦产生无声共鸣。

4. 加饰技术

"美"始终是人们不懈的追求，无论陶器、还是金属器皿，都不再满足于单一材质的简单造型，转而极尽所能地在器体表面增加平面的、或是具有凹凸手感的各式装饰图案、材料，以增加器物外观的视觉美感。

镂，《说文》："镂，刚铁，可以刻镂。《夏书》曰：'梁州贡镂。'一曰，镂，釜也。"《段注》曰："镂本刚铁可受镌刻，故镌刻亦曰镂。"

错，《说文》："错，金涂也。"《段注》曰："涂，俗作塗，又或作搽，谓以金厝其上也。"

钘，《说文》："钘，金饰器口。"《段注》曰："谓以金涂器口。"

按以上这组三项语汇的《说文》解析，上古先民已开始注重金属器皿表面，尤其是器口和器身处的装饰美观，并开发出各式不同的装饰手法，用今天的话说就是：镂刻、错金和鎏金等工艺技术。

（1）"镂""刻"工艺

镂，《说文》："镂，穿木镂也。一曰：琢石也。"

刻，《说文》："刻，镂也。"《段注》曰："《释器》曰：'金谓之镂，木谓之刻。'此析言之。统言则刻亦镂也。"

琢，《说文》："琢，治玉也。"

"镂"在《说文》中与有递训、互训关系的"镌""刻""琢"语义相通，都有雕刻、镌錾之义，只是装饰的对象个同，"镂"主饰金属器皿，"镌""刻"多在木器上雕饰加工，"琢"则指于玉、石上琢磨。借助"镂""刻""镌""琢"四者的语义关系，及其各自本身训释可推断，这是一种自玉石、骨角器加工工艺承袭而来的传统手工技艺，是以尖利的铁制工具，如"錾子""锥刀"等，在具有较好延展性能的金属材料上雕凿刻划的装饰工艺。"镂"字产生于秦始皇"书同文"后的小篆，为表示金属的"金（金）"和有"搂抱"含义的"婁（娄）"组成，比喻以雕刻的形式使图案或文字立体地浮现在金属器皿的表面。因此，"镂"之具体工艺内容应包括按照所需图案在器皿上划刻出相应纤细且流畅的线条，甚至做出将材料凿透的特别处理，最后再以打磨、抛光收尾整套镂刻加饰工序。经过镂刻的金属器皿会呈现出由线刻、浮雕、镂空雕等多项雕刻技法塑造的千变万化的图案装饰，如上海博物馆收藏的战国"乐舞狩猎纹盉"即是用线刻工艺雕饰的生活器具中的精品。

（2）"错"工艺

与"镂"字出现形式相似，"错"字在甲骨文、金文中皆没有记载，小篆体是其所能追溯到的最古老字形，可以推测"错"工艺出现的时期很可能起始于殷周之后的春秋战国时代，而就出土文物工艺和年代分析，河北平山县中山王墓出土的"战国银首人俑灯"考古实物也与"错"文字的产生年代大致统一，也从侧面辅证了许书关于"错"字的源义取自器物的装饰加工工艺的语汇释解。

在文字结构组成上,"错"从金部,声旁配以有放置含义的"厝""措"的省略字形"昔",表示用金属嵌饰器物。因此从这一意义上讲,"错"工艺的通常做法可包括"镶"和"错"两种。首先是"镶",这种装饰手法既可以是将异物直接嵌入器物,也可以对器具作大面积的包边处理,两种方式都会因材质的拼贴而造成明显的凹凸感。另一种"错"则是先在青铜器表面按预先设定的图案和文字浇铸或錾刻出浅状沟槽,再将被打制成细薄丝、片的不同质感的色金嵌入预设空隙,然后以错石捶打、研磨,直至与周围器形表面相平滑,最后还可使用加入木炭的清水对器体表面做进一步打磨,从而使器皿显得更加光亮。"错"较之"镶"增加了打磨、抛光环节,手感更加光滑细腻。

在《说文》中"错"有涂饰之义,文中"涂""从水,余声",原为水名,后引申为"使油漆、颜色、脂粉、药物等附着在物体上"[①],说明"错"工艺可以使金属表现出流体或膏状的形式,好像绘制中国传统水墨画一样将金属作为颜料涂抹在器皿表面进行装饰。而根据古文献记载所得,这种兴盛于汉的"错"工艺可称为"泥金法",即所谓的"鎏金"技术。是用汞作为从中调和的溶剂,使金银质的金属保持粘稠的液体状以便于涂刷,再经过烘烤程序去汞留金,从而得到完美的金饰效果。《说文·金部》的"釦"就是对器口处涂金装饰方式的专业形容。

无论是镶嵌、错金银还是鎏金,"错"工艺的崭新装饰技术革命性地改变了夏、商、西周以来单调的装饰做法和青铜制器皿坯体本色裸露的尴尬现状,丰富了金属器皿的色彩表现层次与和谐对比,进一步开拓了金属器装饰的工艺技法。战国制"宴乐采桑狩猎交战纹壶"器形本身并无突出特色,只是一般的侈口、斜

[①] 中国社会科学院语言研究所词典编辑室:《现代汉语词典》2002 年增补本,商务印书馆 2002 年版,第 1276 页。

肩、鼓腹、圈足，以及肩上的御环两兽耳，但是在壶身却以三角云纹为界带，以满饰的嵌错图案自上而下分别描绘了当时采桑射猎、宴乐弋射和水陆攻战的社会生活场景，嵌错精致、内容丰富。不仅以鲜活的图纹表现手法和精湛的装饰工艺增加了器体外形的观赏性，亦在如实描绘战国时代生产、生活、战争、礼俗、建筑等内容的过程中无意成为中国美术史、工艺美术史等的重要研究资料。

金属器皿的发展虽然滞后于陶器，但是回顾装饰手法的历程会发现，陶器所使用过的图案彩绘、雕刻、压印等各式装饰，在金属器皿的装饰中亦以不同面貌追随其脚步一一呈现，如：泥金彩绘、镂刻、模铸等，尽管材质不同，但装饰的手法与方式却出奇的相似，令人很难否认陶器装饰对金属器皿加饰的启发作用，也反映出上古时期金属器皿高超的制作水平。

三 竹木器皿的制作工艺

上古时代竹木制用器十分发达，尤其是竹制器皿在《说文》竹部的语汇总数中占到将近百分之二十，应用可谓十分广泛，而木部字则多用于建筑和车辆的构件用语，据统计，木制器皿类词汇共24字，在451字的木部字庞大基数面前几乎不值一提。纵观文字发展史，不可否认，在长期的文字内部结构调整中，许多原本从竹、从木的语汇渐渐改弦易辙，现代常用木部、竹部用语更所剩寥寥，但其在器具史上创造的非凡技艺与早期对先民生活的重大影响并不会轻易磨灭。

1. 竹编工艺

数千年来，竹制器皿一直是我国最为常见的生活用器，由于其独具的韧性、弹性、较强的易开裂性和易编织特性，成为自定居生活开始以后最早使用的主要编织器皿之一，据考古资料证实，殷商出土的陶器印纹甚至模仿了筐、篮等器皿上的竹编纹样作为装饰，如：方格纹、米字纹、回纹、波纹等都充满了浓郁的竹编工艺气息，同时也反映出竹制器皿编织工艺的日益精良，以及编织样式的丰富多变。

编，《说文》："次简也。"《段注》曰："以丝次弟竹简而排列之曰编。"

简，《说文》："牒也。"

牒，《说文》："札也。"《段注》引司马贞语曰："牒，小木札也。按厚者为牍，薄者为牒。"

由《说文》关于"次简"而"编"之"简"的递训释义可知，"简"即为小薄竹片，"编"可理解为有条理地排列薄竹片。但"简"之类的竹片毕竟主要针对书册而言，在《说文》中还有专门命名用于编织器皿的竹片语汇：

篾，《说文》："篾，笢也。"王筠《句读》曰："元应引《声类》：'篾，篾也。今中国蜀土人谓竹篾为篾。'"

笢，《说文》："笢，（折）[析]竹筤也。"

筤，《说文》："筤，竹肤也。"《段注》曰："（筤）竹肤也。肤，皮也。竹肤曰筤，亦曰筍，见礼器。俗作笢。巳析可用者曰篾。"

也就是说，竹制器皿的原材料其实是将竹皮"筤"剖分成细条的竹篾"篾"，再按照一定的组织规律或方法使竹篾由线及面地编织成不同纹路的器物，或成方形的竹筐"匚"，或似"篙""以判竹圜以盛谷也"围成圆形。如从竹部的器皿"箕"很早便已出现，在其甲骨文"𘉼""𘉽"的图像表现中，可以清楚地看到当时盛物器皿的一般基本形态：方形，或近方的圆形。而纹理明显是有经纬十字交织的网状结构，在一挑一压中逐渐将竹丝拼结成所需器形，并在沿口处进行缠边、加固的细化收口处理，以增加手握器皿时的舒适感和器物的坚固耐用性。

2. 木刻工艺

木刻，顾名思义，即是在木质器皿上刻画纹样、图案等。它与前面提到的在金属器皿上的镂刻加饰工艺异曲同工，按照《说文》对"刻""镂""镌""凿"的释义看，除了加工对象不同外，"刻"其实等于"镂"，只是用穿破木头的专用金属器具"镌""凿"在木制器皿上对形象、空间作消减意义上的"划""刻"。

镌，《说文》："镌，穿木镌也。一曰：琢石也。"《段注》曰："破木镌也。谓破木之器曰镌也，因而破木谓之镌矣。"

凿，《说文》："凿，穿木也。"《段注》曰："穿木之器曰凿。因之既穿之孔亦曰凿矣。"

按照《说文》及相关古文献释解，"镌""凿"作为木刻专业工具不仅能够划破木头，更能穿透木头，尖锐的器具可以帮助工匠随心所欲地雕凿出各式凹凸不等，具有阴刻、阳刻等各种表现手法的平面图样、花纹，也能制作立体、鲜活的浮雕、圆雕。与镂刻工艺相同，都是按照图纸预先设计好的图案样式由外及内循序渐进地、有层次性地脱壳雕饰，在经过一番精雕细琢后，对木刻饰品修光打磨，然后可得。

第四节　饮食炊具的功能演变

《说文》汇聚的饮食炊具类文字涉及十多部系，全面而系统地记录和还原了汉代以前先民使用饮食类器具的生活面貌。而仅用于日常实用进食类功能的只是一部分，当中还掺杂了大量宗教祭祀、礼制等级、审美追求等精神方面的功能关照。在这种食与器结合的造物设计中，倾注了人们对美好生活渴望的丰富感情，同时，满含人性情感与需要的饮食炊具亦借由百变的美好造型忠实地履行着人们对它的殷殷期待。

一　饮食炊具中的生活功用

"饮食"是千百年来中华文化中极其辉煌的组成部分，人们对饮食的追求不仅局限于食物的色香味层级，还扩展至制作、盛用饮食的器具，甚至引发出"美食不如美器"的感叹。《说文》中罗列了大量不同品类的饮食炊具，充分显示出上古烹饪技术的日臻成熟，且在其字形字义中亦隐藏着这些饮食炊具的品类在不断翻新、满足各种烹饪方式需求的同时，开始讲求与美食相得益彰的美器信息。

1. 饮食炊具的本职功能

饮，《说文》："饮，歠也。㱃，古文饮从今水。㱃，古文饮从今食。"

食，《说文》："食，一米也。或说：亼皀也。"

炊，《说文》："炊，爨也。"

按照《说文》中的文字构成与释义，"饮"有张口饮用液体之义，所以初时从"水"，而今天读作"饮食"的双音词，在古代仅以单音词"食"概称之，是将酒浆、汤羹等视作液态食物统归于食物门下，才有了后来的从"食"之饮的异体字"㱃"，也从侧面表达出饮酒与进食的关系。"炊"同样与食物联系紧密，自火被利用以来，"烧火做饭"就成了烹熟食物的必备步骤，颜师古曾就《急就篇》的"炊熟生"一句疏注曰："炊熟生者，谓蒸煮生物使之烂熟也"，其训释"爨""同象甑，从臼持之。冂象灶口，从廾推林内火，林，薪也"（徐灏《注笺》），结构复杂却形象地会意出生火烹食的景象，此外，发音相同的"炊"与"吹"亦巧妙地反映出对火吹气可以增加灶火的旺度、力度这一做饭细节，"取其进火谓之爨，取其气上谓之炊"（徐锴《系传》），"炊"通过系联取义构形的"爨"与同源词"吹"，从字形、字音、字义三种不同的观察角度全面点明了与烹食之间的密切关系。

当散发浓烈饮食信号的语汇"饮""食""炊"对器具冠名时，即直白地揭示出这类器皿制作的初衷：为人们日常用餐服务的器具。

"饮"的甲骨文" "" "，"象人俯首吐舌捧尊就饮之形"（董彦堂《殷曆谱》）。"尊"在《说文》被解释为一种盛酒的器皿，通常会在祭祀、宴会上双手奉举以招待宾客，其从酋的文字属类暗示了与承装酒水等液体不可分割的天然联系，据它的甲骨文图像"尊"显示，双手"廾"持捧的酒坛"酉"表现出鼓腹、细颈、阔沿的器形特征。出于对液体物质具有流动性、不宜持拿的特性考量，液体盛器多鼓腹以图盛放更多液体，细颈以尽力减少液体挥发所造成的损失，阔沿则是为便于向器皿中注入或倒出液体所做的特殊造型设计。在《说文》中与"尊"同样有盛酒、水等液体含义的器皿，如壶、鎜、杯、爵等，观察它们的象形文字"壶（壶）""亞（鎜）""盃（杯）""爵（爵）"，会发现与尊的器形特征非常相似，均以深腹或鼓腹的面貌出现，以最大限度盛装溶液，同时又会根据具体的使用需要，究竟是以贮存为主还是以饮用为主，决定口、颈部分的结构，细颈、宽沿的设计显然适用于主攻贮存功能的酒水器，如缶及缶部字；敞口、有流（倒酒口）的式样则满足了饮酒时的便利需要。英国社会人类学家、功能学派创始人之一的马林诺夫斯基就曾提出"有限变异"原则，认为任何形式上的变异都必须接受其所属功能的束缚，只能在一定规律的支配下"有限变异"。套用于饮具同样恰当，早期的饮器形态"酉（酉）"，以及经历功能细化、造型大爆炸后千姿百态的酒水盛器、饮器样式，更不论各种材质的竞争、渗透。以"尊"为例，强调陶制的"罇"和从木部的"樽"各自代表着不同时期"尊"的不同面貌，但都不曾脱离其基础性的盛装液体的功能特性，盛酒器忠实于其本职工作的外观特征。

"食"之甲文"食""食""食"本身就像一个带盖的圆形有脚盛食器皿，将米，或可引申为将食物聚集起来"设供于人"[1]。同时，"食"又搭配众多声旁构成相关语义场：

馈，《说文》："馈，滫饭也。"指半熟蒸饭。

---

[1] 杜预注疏："以饭食设供于人曰飤。"

馏，《说文》："馏，饭气蒸也。"

饔，《说文》："饔，熟食也。"

饴，《说文》："饴，米糵煎也。"指用米芽熬成的糖浆。

饧，《说文》："饧，饴和馓者也。"指饴糖和糯米粉熬成的糖。

饼，《说文》："饼，面餈也。"指面粉制作的扁圆形食物。

餈，《说文》："餈，稻饼也。"指糯米做的糍粑。

饘，《说文》："饘，糜也。周谓之饘，宋谓之糊。"指稠粥。

餱，《说文》："餱，干食也。"指干粮。

䉺，《说文》："䉺，餱也。"

饎（糦），《说文》："饎，酒食也。"

饭，《说文》："饭，食也。"指煮熟的谷类食物。

饡，《说文》："饡，以羹浇饭也。"

馦，《说文》："馦，嘰也。"指茶点之类的小吃。

……

这一组从"食"语汇反映出盛食器的强大包容力与功用，无论生食"饙"，熟食"饔""饭"，还是干食"饼""餈""餱""䉺"，汤水"饴""饘"；又或是热食"馏""饡"，凉食"饎""馦"等，盛食器都能够完全负责地履行自己的本职任务，盛纳各式复杂内容的食物形态，而不会有选择地服务特定的对象。

馌，《说文》："馌，饷田野。"指把饭食送到田地。

饟，《说文》："饟，周人谓饷曰饟。"

饷，《说文》："饷，饟也。"指进食给人。

馈，《说文》："馈，饷也。"

史前社会人们以氏族为单位用大锅烹煮食物，但在进食时就会出现许多麻烦与纷扰，盛食器在此无疑为人们提供了不容小觑的进食便利性与实用性，《说文》收录的"馌""饟""饷""馈"描述了当时将食物分装、进食给人的情景，也使带有羹汤的饭食远距离递送成为可能。"饷—饟—馈—饎"四字都有盛饭进食之义，与"饷"同音近义的"享"亦在无意中透露出盛食器为人们日常用餐、宴饮所带来的实惠与好处，进而使人得以真正享受到"食"的美好。

关于炊具的本职功能，《说文》则围绕炊具的雏形"鬲"和鬲部字展开充分说明。从前文我们知道鬲实际是一种带有肥足的烹饪器，改变了以往将食物在火上直烤的方法，可以事先在鬲中加入食物和水，再加大火烧制，形成相对温吞、也更为先进的做法"䰞（煮）"。而这种早先通用的新型烹饪法制作出的食物花样也十分多样，按照鬲部的文字构形显示，除了放入传统的肉类，如羊肉"羔"；还有大米一类的谷物，如"䰳（粥）"；以及将苇笋、蒲草一类的蔬菜、大米、肉类等混合烹煮"陈留谓键为䰞"的"䰞"，炊具这一盛装容器的加入使原本有限的食材范围不断扩大，帮助均衡人体摄入的营养，连汤带水的制法亦使人在食用后不会感到干燥、油腻，十分健康。而"䰞"更是在充分利用炊具"鬲"的基础上提升的高级烹调方法，初为干炒的"䰞"很快衍生出五花八门的各式炒菜，有加入水或汤汁的生炒、熟炒；也有先用蛋清、淀粉挂糊，再加卤汁勾芡出锅的软炒。但这些做饭的技巧都必须建立在使用炊具的基础上，可以说，炊具器皿在火与食物之间允当了一个非常重要的媒介角色，出色地完成了食物烹饪的工作，极大丰富了人们的饮食生活。（图 2-23）

2. 走下神坛的鬲鼎类炊具

《说文》中以"鬲"为基础发展而来的众多变体无不显示出"鬲"作为厨具初期的鼻祖对中国饮食炊具形态进化轨迹的影响。《段注》引《考工记》曰："陶人为鬲，实五觳，厚半寸，唇寸"，说明上古鬲、鼎又厚又大，"实五觳"的巨大器具可容谷物六斗，相当于今天公制的 60 升，可谓名副其实的国之"重器"。而这样过于庞大的尺度显然并不适用于人居生活使用，马克思认为，

210　《说文解字》的设计解读

图2-23a　新石器后期大汶口文化黑陶高柄杯

图2-23b　商代印纹硬陶豆

图2-23d　汉代错金银樽

图2-23c　战国时期蟠螭纹提链壶

图2-23e　汉代铜鍑

图 2-23

人能够制作出各种不同尺度的器物，以满足使用对象的实际需求，[①]基于其在祭祀仪式上的专职代言可以推断这是按照人们想象中神灵的尺度制作的精美祭器，融合了当时所能达到的最高技艺与审美装饰，以一种凌驾于人之上的超尺度脱胎于世俗的生活器皿。（图2-24）

图2-24　商后期夔龙形扁足青铜鼎

但是随着社会的进步，在鬲之上又增加了新的器形，《说文·鬲部》的诸项器皿，如："䰜"为"三足鍑"，又称"瀹米器"，可用于淘米，并在淘米后将多余的水倾倒出去，说明这时的䰜虽然还像"鬲"般有袋足可直接支于地面受火烹煮，但较原来"实五縠"的体形和重量而言已十分小巧、轻盈，如此才能轻易将淘米后的剩水倒出；"鬵"在"䰜"的基础上增加了柄和喙，"有

[①] 马克思：《1844年经济学—哲学手稿》，人民出版社1979年版。参见原文："懂得按照任何物种的尺度来进行生产，并且随时随地都能用内在固有的尺度来衡量对象。"

柄可持，有喙可泻物，此其别于敲者"（段玉裁注），考虑到倒水时手柄持握的便利性和器嘴显著的引流效果，显然，"鬵"比"敲"更加贴近生活，具有更人性化的实际可操作性；"䰝"却是在保持"鬲"敛口的状态下将腹下三足收起，剔除了相对冗繁且作用不大的构件负累；"䰠"综合了"敲"与"䰝"二者的共同长处：退化了显得过于笨重的袋足，又配合煎炒等烹饪技巧的开发调整器具口沿处的广度，最终形成今天所看到的"锅"的完全体。从"鬲"到"锅"的演化，是不断贴近生活实际的设计调试，也是从"神器"走向"人器"的观念转变，充满人文生活气息的器具形态表露在从有足到无足的器皿高度的下降上；从器壁"厚半寸"的笨拙重器到如"屮"符形声所会意的轻巧造型上；从造型复杂、装饰繁琐的"鬲（鬲、鬲）""鼎（鼎、鼎）"到结构简洁表现洗练的缺球形尖底敞口炊具上；从形制、体积统一单调的烹煮器发展到品种繁多、分工精细的茶壶"鬵"、土锅"䰠"、无足鼎"镬"、大锅"釜"、小锅"锉"、蒸器"甑""甗"等不胜枚举的器具。简单地说，走出神化迷雾的饮食炊具开始逐渐向着矮、薄、轻、简，且形式、功能多样的生活日用化造物方向发展。自战国设计造物形态"取象类物"的小篆文字才收录的新式炊具器形"釜""甗"等，较之甲文、金文中描绘的沉重笨拙的"鬲""鼎"，反映出设计意识中人性的觉醒，这是"一种真正为人为生活服务的设计意识"[①]（李立新语），其特质更在人们的日常生活中打开了一片宽广的需求市场，且在接地气的同时亦反过来推动了饮食炊具继续朝着"人器"样式方向不断发散。

依许书所述，鼎与鬲同属一个门类，孙诒让《周礼正义》疏"鬲"："形制与鼎同，但以空足为异。"两者，尤其是"鼎"更被视作祭祀礼器的代表而为世人所熟知。在"礼不下庶人"的严格等级礼仪规范下，即使是贵族阶级，一器一用也皆有定制，《周

[①] 李立新：《中国设计艺术史论》，天津人民出版社、人民出版社 2011 年版，第 71 页。

礼》云：天子用九鼎，诸侯用七鼎，大夫用五鼎，士用三鼎或一鼎。到了东周，则是天子、诸侯用九鼎，卿用七鼎，大夫用五鼎，士用三鼎或一鼎。西周吸取商亡的教训，在固有敬天思想中又添加了一整套"明贵贱，辨等列"，渗透进世人礼冠、昏、丧、祭、朝聘、乡射、宾客等日常生活方方面面的伦理思想和礼仪用器标准。鼎为代表的祭器以奇数化的组合按数量多寡、体量大小依次递减，进而从早前超人体尺寸的巨型神坛祭器成功转型为维护王权的标志。自此，尽管鼎之类器皿仍做祭祀之用、以慰藉心灵的功用为主，却已超越祭器的应用领域，象征皇权的列鼎制度更使之沾染了世俗、伦理的色彩。（图2-25）

3. 酒器中隐藏的劝诫

许君认为"酒""所以就人性之善恶。从水，从酉，酉亦声。一曰造也，吉凶所造也。古者仪狄作酒醪，禹尝之而美，遂疏仪狄。杜康作秫酒。"说明在上古先民眼中酒具有强大的魔性，能够助长人性的善恶、主宰事件的吉凶，酒散发的香气亦可使人迷醉、兴奋，欲罢不能。因此，尽管昔时禹饮酒后"遂疏仪狄，绝旨酒"（《战国策·魏策》），却最终未能阻拦酒及在酒业兴盛的推动下酒器的前进脚步。不仅因为"酒者，天之美禄"（《汉书·食货志下》），也由于其被视作最为美好珍贵之物而供奉神灵，同时又与等级礼制挂钩，"国索鬼神而祭祀，则以礼属民而饮酒于序，以正齿位"（《周礼·地官·党正》），于是，酒成为了人神沟通的神器和象征权力的政治道具，无论上界或人间、仪礼或生活，酒都成为备受欢迎的宠儿，并与"食"结缘，成为"饮食"的重要组成部分。但是酒容易使人"沈于酒也"的"酒"之特性并未被人遗忘，《说文·酉部》还描述了因饮酒导致的负面问题：

醉，《说文》："醉，卒也。卒其度量，不至于乱也。一曰：溃也。"也指溃乱。

酳，《说文》："酳，酗也。"指酗酒。徐锴《系传》曰："酒失（因酗酒而犯过失）也。"

214 《说文解字》的设计解读

图2-25a 战国青铜鬲

图2-25b 战国·楚"熊悍"青铜鼎

图 2-25

酗（酗），《说文》："酗，醉营也。"

醒，《说文》："醒，病酒也。一曰：醉而觉也。"指因醉酒引发的病态。

酒的美味会令人沉迷其中，不能自拔，甚至出现溃乱状态，而贪杯的下场不止会伤害自己的身体，引发不可预知的病症，还会做一些平时不敢做、也不会做的危险动作而最终害人害己。正是出于这样的担忧，好像今天商家会在烟盒上印注"吸烟有害健康"字样，酒类广告中会提示大家"请不要贪杯"之类的警示语一样，上古时期的酒器设计上也有类似的劝诫。

最典型的要数《说文》中的"卮"。"卮"是饮酒器的一种，通常以一种圆形的姿态现世。其文字主要由上部象人字的"厂"和下部有节制之义的"卪（节）"构形，从酒器名称上即阐明了《周易》所提倡的"君子节饮食"的观点，并因酒器"卮"字包含的"节"义而最终将"节饮食"的重点落在了酒上，委婉表示饮酒要有所节制。"故三皇五帝，有戒之器，命曰侑卮，其冲即正，其盈即覆"（《文子·守弱》），在该酒器的设计中，"卮"直接被设定成"满则倾，空则仰，随物而变"（陆德明《经典释文》）的酒量控制装置，会因杯中物的多寡而不断变化倾斜角度，以实际行动提醒饮酒者不可过量、过满，否则会引起酒杯倾覆。

另外，"卮"又异名"觛"，按照《说文》释义："卮，圜器也。一名觛。所以节饮食。"而根据许书中语汇的递训关系解析，"觛"即为"小觯"，只是盛满酒时念"觛"，没盛酒才称"觯"，也有说法认为觛器能够容纳三升则可谓之"觚"。显然，从"角"器皿在《说文》中实属饮酒器的大宗，如角、觯、觛、觛、觚等之间从形旁构建到内涵应用都有着非常深的渊源，且共同占据了饮酒器的半壁江山。《段注》后为"觯"释注："礼经十七篇用觯者多矣……今韩诗一升曰爵。尽也，足也。二升曰觚。觚，寡也。饮当寡少。三升曰觯。觯，适也。饮当自适也。四升曰角。角，触也。不能自适，触罪过也。五升曰散。散，讪也。饮不能自节，人所谤讪也。总名曰爵，其实曰觛。觛者，饷也。觗，廓也，箸明之儿。君子有过，廓然箸明，非所以饷，不得名觛"，"许慎谨案：觥罚有过。一饮而尽"，进一步阐明"角"部饮酒器在周礼古制中具有的劝诫作用："觚"示意饮酒应当寡少；"觯"器提示人们需自我节制，适可而止；"角"具则象征不能自持，因有失礼仪而过失触罪；有五升容量的"散"却代表了饮食过度、过量而会被人"谤讪"之义；"觥"更成为"罚有过"的专门饮器，以明确指出君子的过错。

而从出土的盛酒器"彝"等的装饰纹样上看，人们多喜欢刻饰饕餮。

饕，《说文》："饕，贪也。"

餮，《说文》："餮，贪也。"

由此组两个语汇看，"饕""餮"均从食，同训的"贪也"更直指该兽对口腹之欲无止境的贪婪，《吕氏春秋·先识》也说："（饕餮）有首无身，食人未咽，害及其身，以言报更也。"如此饕餮贪吃无厌的恐怖形象已十分清晰、深刻，只有一个头和一张大嘴，会吃人，甚至因为贪吃能把自己也吃掉。而且这种从字形、字义的角度与古代"饮""食"一家的"食"产生联系的"饕餮"表达亦使这种象征贪欲的凶恶怪兽造型频繁地应用于锺鼎彝等食器、酒器的装饰图案中，显然带有某种反面教材性质的警示意味。如同现代在标注有毒物质时会画上骷髅头的图案一般，上古先民同样为强调节制思想而创造出神秘而阴险的"饕餮"形象，生动、明了地劝诫世人饮食须有节制，否则会重蹈饕餮的覆辙。

不只是"卮"和角部酒器，饮酒器"爵"在许书中亦被释为："器象爵者，取其鸣节节足，足也"，依然暗含了劝诫之意。雀鸟鸣叫的声音"喈喈"，谐音为"节节"，所以以盛酒器中容积最小的"爵"作雀之形示意饮酒要有节制，一升已"足也"。《埤雅·释鸟·雀》更直接阐明："酒善使人淫泆，故一升曰'爵'，爵，所以戒也，亦取其鸣节足，所以戒荒淫之饮。"

可见，古人对饮酒的劝诫投影在酒器上亦是全方位、立体式的，不仅反映在器皿容量的控制上，一旦过量酒杯就会翻覆，还显示在材料、名称、图案装饰的文化寓意上，以及器皿外形和倒酒时发出的满含节制的谐音发声中，生动形象又不失诙谐地时刻提醒着饮酒者应适量而为。

4. 饮食炊具中的计量

如今仍能听到的古代容量计算单位无外乎斗、升、石之类，《汉书·律历志上》载："十升为斗……斗者，聚升之量也"，尤其"升"和"斗"似乎已成为中国市制容量单位的专有名词。虽然现代量器已将"斗"具废除，但是按照许书解释，"斗"本为有长柄的舀酒器名称，"升"也与"斗"渊源极深，"升、斗所象形同，因加一画为别耳"（林义光《文源》）。而从"斗"部字，如：容积十斗的"斛"、称量的"料"、称量容器"斝"、形制同斗的羹勺"魁"、使谷物与斗斛平齐的"斠"、用勺挹取的"斟"、舀取的"斜"和"斔"、量物而分去容量一半的"料"、量谷物而满溢的"斜"、等量交换物品的"斣"等，可以看出当中所包含的量器、容积单位等的计量之义也都借由斗而得。除舀酒器"斗"外，大部分饮酒器同样含有计量成分，《说文》就在训释时云："觚受三升者谓之觯""觯受四升"，《段注》考释"觯"时引南郡太守马季长语："一献而三酬则一豆。豆当为斗，与一爵三觯相应"，饮酒器"爵""觯"，甚至盛食器"豆"也都隐含着量器的功用。只是"旧说爵一升。觚二升。觯三升。角四升。散五升。谓韩诗说也。士冠礼注亦云。爵三升曰觯。而许云觯受四升。盖从周礼不改字"[①]，因从角酒器年代久远而众古籍中说法各异，有的说"觯受四升"，有的说"觯三升"，但不管这些酒器容量几何，均显示出其形制有规范定量，不是随意为之的，所以看到任意一件酒器就可以轻易凭借其外观形制判断其容积大小。（图 2-26）

[①]（清）段玉裁：《说文解字注》，上海古籍出版社 1981 年版，第 187 页。

218 《说文解字》的设计解读

图 2-26 汉新朝铜斛（量器）

事实上用于称量的器具不止酒器，炊具"鬲"也有这样的功能，《说文》就曾有"实五觳。斗二升曰觳"的记述，说明在炊具形成之初，人们就已学会使用一定体积的烹饪器具作为量器应用，尽管此时的"鬲"作为量器的角色只是在烹饪食物的余时短暂客串，不够专业的结果也导致称量精准度容易出现偏差。后来衍生的"䈰"弥补了这一不足，《周礼·考工记·槖氏》载："量之以为䈰，深尺，内方尺而圜其外，其实一䈰"，郑注则进一步阐明其来龙去脉："以其容为之名也。四升曰豆，四豆曰区，四区曰䈰。䈰，六斗四升也"，显然䈰是专职量器，亦取代了初期鬲的称量功能。然而，在"䈰"的异体字里还有从金部表示鍑锅的"釜"，炊具涵义的表露再一次预示了"䈰"的量器职业生涯也不持久。当出现比它更为精确的量器：角质的"觳"和木质的"斗""升"等后，"䈰"又做回烹饪的老本行。（图 2-27）

从非专业量器"鬲""䈰"到专业量器"觳""斗""升""斛"，饮食炊具在保证把取食物、盛装食物、烹饪食物计等的本职工作基础上，亦难以舍去计算食物数量多少、重量大小的下意识做法和便捷用途。从一开始附带性的参考计量，到后来功能分离的专用量器，计量器皿的发展并非一蹴而就，而是经历了漫长的过程，逐渐从粗略统计向精准测算的模式演化。

图 2-27　汉新朝铜方斗

二　饮食炊具中的原始崇拜

在许君依类部居《说文》字典时，正同他在叙文"仰则观象于天，俯则观法于地"的所述，是按从天到地的顺序排列系部的。尤其在卷一，"一贯三为王"的顺序思想尤为明显，饱含祭祀含义的"示"部被安排在了紧随代表上天的"一"部和"丄（上）"部的第三位，隐晦地揭示出祭祀活动在上古社会生活中"莫重于祭"（《礼记·祭统》）的崇高地位，同时作为承载人们无尽虔诚心愿的祭祀礼器亦站在材料、技术、图案、造型等制器最高规格的高度上成为难以忽视的瞩目存在献祭诸神，以此表达先民对所有未知力量的崇拜与敬意。

1. 饮食炊具中的生殖崇拜

《说文·女部》释"始"："女之初也。"桂馥《义证》载："言初生也。《释名》：'始，息也。'言滋息（生）也。"蒙昧时代，人们对事物的感知全凭直觉，看到婴儿从女子肚子中孕育而生、以乳汁哺育孩子、滋养后代等现象都感到不可思议，神秘又伟大的生殖器更令人们不由自主顶礼膜拜。《吕氏春秋·恃君览》载："昔太古常无君矣，其民群生群处，知母不知父，无亲戚、兄弟、夫妻、男女之别。"先时"知母不知父"的母系氏族时期，更使女性生殖器成为生殖崇拜的唯一对象。虽然后来父权逐渐统治社会，人们转而崇拜男性生殖器，但是当女性怀有身孕后，仍需祭拜、告知祖宗，祈求平安。《说文》曰："贞，卜问也。从卜，贝以为贽。""贞"即有占卜、告问之义。卜辞记载："贞，有身，禦"，"贞，禦疾身于父乙"，都说明了"贞"之问卜祭祀与怀孕之间的密切联系。《说文》后又引用西汉京房氏的说法，将"贞"与祭器"鼎"连于一体，并从文字演化的角度指出籀文曾"以鼎为贞字"的史实，显示出先民对于生殖、子嗣繁衍的重视程度任何时候都未曾消减，这种原始的崇拜甚至表现在日常使用器物的方面。

　　神话传说中曾说，尧时洪灾时，伏羲女娲躲藏在葫芦中躲避洪水侵袭，继而结合、繁衍子孙。葫芦多籽，且外形象极怀孕的母体，寓意后代延绵繁盛，可见，上古先民多喜将器物的外形与生殖崇拜、生存繁衍等内容联系在一起。《说文》载"酒器"曰"尊"，与今天常用的"樽""罇"为古今字①，古汉语中将母亲称为"尊堂"，一定程度上也体现出生殖崇拜在饮食炊具的延伸。翻阅殷商甲骨文对先民使用饮食炊具的外形刻画，会发现无论酒器"尊（🏺）""壶（🏺）""爵（🏺）"，还是食器"豆（🏺）""皿（🏺）"，或是炊具"鼎（🏺）"，都描绘了一个共同的器形特征：圆腹。甚至在许君形容器具形态时也会不自觉使用"象腹交文""三足两耳""似钟而颈长""小口罂也"等参照人体部位"腹""足""耳""颈""口"的喻示，使饮食炊具的外观轮廓与人体结构相匹配，以至无论器皿外形如何变化都不离口、耳、

---

　　① 《段注·尊》："凡酌酒者必资于尊……而别制罇、樽为酒尊字矣。"

颈、腹、足等几部分的组合，尤其是器皿必备的核心构件：口、腹和足中着重强调的"腹"，多为"鼓腹"，或称"圆腹"。先撇开其实际功用不谈，占据器皿大部分体积的"腹"更偏向于象征天赋人类的神奇孕育能力，刻印在人们触手可及生活器皿的外观造型上，成为难以忘却的记忆。（图2-28）

此外，"也"字在《说文》中被理解为"女阴也。象形"，是描摹女性生殖器具体形象的图画性文字，甲文作"𧰨"，好像一条头尖、身长的蛇，其造型亦与神话、文献中对造人之女娲的"蛇躯"描述十分吻合。而王筠经考证认为："彝器皆作'也'"，而且"也是匜的初文，后加皿，或加金，或皿、金全加。小篆匜更为后出"。依许书所言："匜，似羹魁，柄中有道，可以注水"，"彝，宗庙常器也……此与爵相似"，"匜"是形如勺斗的盛注水酒的器皿，"彝"则像"爵"一样，形似雀鸟、有流、有柱的造型与"匜"的羹斗形制亦有些类似，都仿如蛇身弯曲，似钩、似勺。又或许可以说，代表女性生殖器的"也"之象形较为具象地映射到人们日常生活用器与祭祀礼器的外形设计上。

2. 饮食炊具中的图腾崇拜

"图腾"是指"原始社会的人认为跟本氏族有血缘关系的某种动物或自然物，一般用做本氏族的标志。"[①]而根据《说文》的记载，不难发现其中涉及动物的文字占据相当大的比例，诸如狩猎对象：鸟、兽、鱼、虫，驯养家畜：牛、羊、马、犬、豕等，与之类似的还有被神异化的、不存在于现实的龙、凤、麒、夔、饕等动物。在与今天相比，文字数量还不够庞大、字系门类尚不成熟、文字用语极为省略的上古时期，各类动物的文字分类却已非常细致，形成完整的系统分部，这不仅是远古生活中动物种类丰富的真实反映，也明显揭示出当时动物在人们的社会生活中占据的崇高地位。

---

① 中国社会科学院语言研究所词典编辑室编：《现代汉语词典》2002年增补本，商务印书馆2002年版，第1275页。

222 《说文解字》的设计解读

图2-28a 新石器后期昙石山文化网纹陶釜

图2-28b 西周中期兔尊

图2-28c 战国嵌铜兽纹豆

图 2-28

先民的原始生活从刚开始的采集、捕猎，到后来的农耕、养殖，在漫长的进化历程中频繁地与动物打着交道，既有从鸟部的捕食鸟类、建巢筑居、鸟鸣婉转，从羽部的自由翱翔天际、与上界沟通；又有"鱼属"对水中鱼、虫、兽种类繁多的食物的赞美；有对身形庞大的猛兽的敬畏与艳羡；也有对家养牲畜的认识与应用。因此，先民们相信充满生机、活力的动物具有无比的蓬勃向上的伟大力量，《说文》在记录上古日常生活使用的饮食炊具时，亦保留了这一令人不可忽视的内容：多样的动物造型与纹样。如书中引用《周礼》时所提到的各式仿动物形态的酒器：有牺牛形的酒尊"牺尊"（图 2-29）、象形的酒尊"象尊"、刻有龟目图案装饰的"罍"之宗庙酒尊；鸡形的纹饰"鸡彝"、鸟形的图案"鸟彝"、虎形图画的"虎彝"、虫形的纹样"虫彝"；如与雀鸟形貌相仿，"首尾喙翼足具见。爵形即雀形也"的"爵"；又如文字结构从"虍"，表达如"虎"般大型的烹煮炊具"甗""鬳""盧（卢）"等。动物的形态以具象或抽象的方式鲜活地体现在器皿的设计上，无形中亦将脑海中对不同种类动物的印象、感受，以及崇拜之情通过器具的塑造自然流露出来。

图 2-29 西汉错金银云纹青铜犀尊

而动物的造型或纹案除了上面提到的、自然界真实存在的牛、象、龟、鸡、鸟、雀、虎等，还有就是富含想象与神话色彩的神兽，虽然《说文》在器皿的说解中少有提及，但是许君并未将其遗漏，而是划归到动物属类。如《礼记·礼运》曾将"麟、凤、龟、龙谓之四灵"，当中寄托了人们对美好事物的无限期待。而这些不属于凡间的奇异瑞兽亦如普通动物一样，其形态成为装饰器皿的最好素材，无论式样还是寓意都受到人们的喜爱与追捧。或许因为它们的形态构成源于其初创时最为原始的深沉力量，至今发掘出土在商代至西周早期青铜器上常见的各种神兽的纹样或造型亦证实了运用神异动物形态进行装饰的这一合理推断，这些神异的外观形象借助视觉的强烈冲击予人以凌驾世间神秘力量的心理震撼，而鬼斧神工的神兽形象与其所依附的超尺度、沉重、端肃的器物共同营造出近乎真实的神灵世界氛围，同时又与初民固有观念中的动物图腾崇拜巧妙应和，继而成为统治者维护政权稳定的精神利器之一。（图2-30）

3. 饮食炊具中的自然崇拜

人类童年时期对大自然的认识是单纯而直接的，以自身及其感受、想象为基本参照物，亦反映于文字的取象构形之中。"天"在"人"头顶之"上（古汉语写作'二'）"；"地"被视为"元气初分，轻清阳为天，重浊阴为地。万物所陈列也"；"火"为有可烧毁山林的毁灭性力量，且燃烧时光焰四溅；"雷"为人们信念中天神战车驶过天穹时发出的震天巨响；"电"取象于向各个方向劈裂开来的、令人惊恐的闪电；"山"为连绵起伏的山峰……

在先民们的心目中，自然的一切都是强大神秘、可怖又高不可攀的，在自然面前人是渺小的，只能跪伏于其脚下、祈求想象中的神的力量与恩赐。所以，殷商时期烹饪器皿的始祖"鬲"尺寸为"实五觳，厚半寸，唇寸"，远远超越人的承受标准，实际却是以想象中万能的神的尺度设计制造，以用于祭祀时供奉天神。在酒器"尊"的《说文》训释中，其作者曾引用《周礼》加以注解，当中所

第二章 "食"的设计解读 225

图2-30a 商代后期乳钉三耳簋

图2-30b 西周早期堇临簋

图2-30c 西周中期追簋

图 2-30

列的"山尊"即指刻画有山和云雷图案的酒尊，是用来祭祀和宴请宾客的专用礼器。"罍"则为"龟目酒尊"，通体雕刻云雷纹饰，象征着布施雨露恩泽没有穷尽。它们的体积相对于纪念碑式的"鬲""鼎"等炊具而言，虽然相去甚远，却依然将充满神秘色彩的自然物象，如：云彩、雷电、山峦等以图像的形式刻印在宗庙祭祀的酒器上，以显示对自然的尊敬与崇拜。同时，秩序化的装饰纹饰：火纹、云雷纹等，以及系列化、满含列器制度的器皿组合，把对自然的崇拜重新设定在伦理等级的礼制社会背景下，将原本神、人、鬼三界统构于更加有序的亲亲尊尊的制度和意识之下，而以物化的象征性器皿造型、艺术化的自然景象图案形式直观地表达出来。

三　饮食炊具中的等级差异

中国的饮食文化博大精深，《说文》中收录的食部字有64个，从肉部正篆字145个，除去描述人和动物的肢体器官、行为状态等的肉系字，肉食类字亦占有40字，若再仔细理解许君的训释，还会发现，如：馇、馈、饐、饟、饙、饗、馆等从食部字；胙、臘、脁、隋等从肉部字都与宗庙祭祀礼仪有关。而如今出土的上古饮食器具也如许书所载多是用于祭祀，可以说上古所谓之饮食与当今之饮食是不同的，当中更多的包含着祭祀奉神的内容，即先为神食后才能轮到人食。因"食"事有先后，继而也因此导致其载体饮食炊具的地位出现高低之分。正如《礼记·曲礼下》所说："君子将营宫室，宗庙为先，厩库为次，居室为后。凡家造，祭器为先，牺赋为次，养器为后"，当单纯的饮食加入了祭祀、礼制规范的影响参数，饮食炊具也发生了等级的分化。

1. 礼器的独立

豊，《说文》："豊，行礼之器也。从豆，象形。读与礼同。"

礼，《说文》："礼，履也。所以事神致福也。𠃞，古文礼。"

醴，《说文》："醴，酒一宿孰也。"

以上一组三字均同"豊"音,按照《说文》所云,"礼"从声符"豊","豊"为祭祀行礼的器皿,王国维释"豊""象二玉在器之形,古者行礼以玉",说明古人祭祀时用玉放在高脚盛食礼器豆中行礼,"豊"即此状的形象表现。"礼"亦由此取义,在"豊"基础上增加"示"部以强调祭祀中"礼"的重要性,《六书正讹》曰:"豊即古礼字,后人以其疑于豊字,礼重于祭,故加示以别之"。而"从酉,豊声"的"醴"则明显与酒有关,郑注《周礼·天官·酒正》曰:"醴,犹体也,成而汁滓相将(混合),如今恬(甜)酒矣。""醴酒"即为甜酒,更引中为美味之物,贴合致敬神灵以表敬意的祭品之高品质要求。由此,礼器的类型轮廓已依稀可见,总括了日常生活使用的各类饮食器皿,无论烹饪器、盛食器或饮酒器,且制作精良,包括工艺、材料、造型、装饰等方面都有着有别于其他一般器皿的高等级规范,以彰显礼器及其使用者非凡的身份、地位与权力,并努力向上天传达祭祀者最大的诚意。

许君的"行礼之器"一语道破礼器之出生密码,它的出现和独立始终与"礼"相伴,是"礼"的实物载体。《礼记·礼运》:"大礼之初,始诸饮食。其燔黍捭豚,污(汙)尊而抔饮,蒉桴而土鼓,犹若可以致其敬于鬼神"[①]的论述更明确指出"礼"的出发点就起于对生存的渴望,于是敬奉鬼神冀望从此得到上天厚爱,以至日渐精致、华美的祭祀用饮食类器皿开始从一般器具中独立出来,如"豆"般高脚盛器仿如人高高托起的双臂虔诚地将祭品奉献神灵,为献祭之事专门形成了一整套独属于自己的器皿形制规范与秩序。而当"周人尊礼尚施,事鬼敬神而远之"(《礼记·表记》)时,"礼"的内涵发生变更与倾斜,祭祀神灵不再是人们唯一的礼仪活动,被仪式化、神圣化的所有世俗生活场景,如:丧葬哀悼、朝觐聘问、战争田猎、婚冠宴飨等逐渐成为周人关注的焦点,行礼的道具——饮食类器皿的结构组成、形制样式亦随之调

---

① (汉)郑玄注,(唐)孔颖达疏:《礼记正义》,北京大学出版社1999年版,第666页。

整，以辅助不同场合、不同目的的礼仪属性，重组为有别于前朝的新型礼器权力规制。

2. "鼎"与"顶"

说到"鼎"，许书中曾提及这样一段传说："昔禹收九牧之金，铸鼎荆山之下，入山林川泽，螭魅蝄蜽，莫能逢之，以协承天休"，意思是夏禹当年收集九州之长贡献的金属后，曾在荆山底下铸造鼎器，他进入山林、江河、湖泽，螭、魅、蝄、蜽等各种鬼怪都没有遇到，凭借的是造鼎之事而和谐地接受了上天的恩赐。鼎似乎在铸造之初就已被上苍赋予神秘的力量。按照声符系联法，《说文》中显示了一个从鼎声的籀文"顚（顶）"，其表示"颠也"之义。将"鼎"与"顶"构成一组组合系联，可帮助我们寻绎烹饪宝器与指向人体至高点头顶部位之间的微妙关系。

将"顶"分解来看，形符"页"在《说文》指"头也"，"顶"为头部的最上部。不知是否巧合，与"顶"发生互训关系的"颠"同样从"页"，其声符"真"取义"仙人变形而登天也。从匕，从目，从乚；八，所乘载也"，充满神话色彩的真人具有长生不死的神力而变化形体腾云驾雾。"顶"字释解的"颠"所表达的令人不可思议的事件与神奇力量，同上文所述"顶"之籀文的声符"鼎"描写的神话传说无疑有着非常奇妙的共通之处，都是天赋神力。而根据"顶""颠"所指人体最高处位置来看，与之同音的收九州之金铸造的"鼎"必定也是位于相应的社会顶端的关键位置，如同头顶之于身体其他部位而言。与这一推论相验证，《左传·宣公三年》曰："桀有昏德，鼎迁于商，载祀六百。商纣暴虐，鼎迁于周"，鼎经历夏、商、周三代，辗转上千年而一直为国之重器，象征着国家政权与王位归属。因此，鼎也理所当然地成为体现其拥有者权力地位的礼器的核心。虽然礼器划归的范围很广，炊具、食器、酒器、水器都是其组成的一部分，但"鼎"却因天生具有天赋的神秘力量（这一点在《说文》释义的传说中得到证明），而成为阶级社会最具说服力的等级标志物。《周礼》甚至详细规定了每一个贵族阶层的用鼎数目和规范，"礼祭，天子九鼎，诸侯七，卿大夫五，元士三也"①，每一级别的人使用鼎的数量和规模都是有极值和定数的，逐级递减，彼此不可逾越。今天我们在上古墓葬发掘时，尤其是周代的墓葬，测定陪葬"鼎"的数量总是判断墓主人身份高低贵贱的重要指针。

3. 高人一等的尊"爵"

《说文》中存在着一个由"爵"、直接被训释为"爵"和间接递训得"爵"义的"爵之语义场"：

爵，《说文》："爵，礼器也。象爵之形，中有鬯酒，又持之也。所以饮。器象爵者，取其鸣节节足足也。"

醆，《说文》："醆，爵也。"

斝，《说文》："斝，玉爵也。夏曰琖，殷曰斝，周曰爵。"

觲（觥），《说文》："觲，兕牛角可以饮者也。"《段注》曰："周礼闾胥注曰：觲挞者，失礼之罚也。小胥曰：觲，罚爵也。"

觚，《说文》："觚，乡饮酒之爵也。一曰：觞受三升者谓之觚。"

觯，《说文》："觯，乡饮酒角也。《礼》曰：'一人洗举觯。'觯受四升。"

角，《说文》："角，兽角也。象形，角与刀、鱼相似。"

觞，《说文》："觞，觯实曰觞，虚曰觯。"《段注》曰："韩诗说爵觚觯角散五者，总名曰爵。其实曰觞。"

魁，《说文》："魁，小觯也。"

卮，《说文》："卮，圜器也。一名魁。"

𨡦，《说文》："𨡦，小卮有耳盖者。"

𨡳，《说文》："𨡳，小卮也。"

根据对饮酒器所列"爵之语义场"的内容分析，首先说明有三

---

① 《十三经注疏》整理委员会整理：《春秋公羊传注疏》，北京大学出版社1999年版，第74页。

个语义指向值得注意:"爵"意象有服务祭祀的功用;有礼仪教化的功效;有维护阶级社会尊卑贵贱的功能。另外,从《说文》《段注》关于"爵"的旁征博引可得,"爵"器有狭义、广义之分,狭义即为《说文》中对"爵"的解释,是一种雀形的小容量饮酒器;广义则囊括了"爵"在内的醆、斝、觵(觥)、觚、觯、角、觞、觛、卮、𩰿、𥁰……几乎所有的饮酒器。

在《说文》引用的古文献中,《礼记·礼器》规定:"宗庙之祭,贵者献以爵,贱者献以散,尊者举觯,卑者举角",《段注》引古周礼说又曰:"爵一升,觚三升。献以爵而酬以觚。一献而三酬,则一豆矣。"这里的"爵"应指狭义的"爵",在神圣的宗庙祭祀时,爵是尊贵的象征,只有地位高贵的人才有资格使用爵器。同时,爵又是所有酒器中容量最小的,按"旧说爵一升,觚二升,觯三升,角四升,散五升",也有异议认为"觚受三升,则觯当受四升也"(《段注·觯》),但不管其他酒器体量怎样浮动,爵受一升是肯定的,而且通常献爵一杯要酬敬三觚,一觚的量至少在二升以上,可见在酒器礼仪规范中是以小为尊、以爵为尊的。此外,其他广义的"爵"类酒器也都有着严格的使用规范,均根据参加祭祀或宴会者的身份、地位而差别对待,以显示尊贵者与卑贱者之间的巨大差距。仅通过观察酒器大小,如罚爵"觵(觥)"、卑爵"角""散"等容量达到四、五升的酒具器皿,就可令人一目了然持举该器者的大致家世背景。在墓葬级别的判定中,爵也是一项重要的参考系数。如位于陕西省宝鸡市渭滨区神农镇茹家庄的西周墓,出土青铜酒器礼器有二爵、一觯、二尊、一卣、一壶、一罍、一斗,这种高规格的用器标准从侧面显示出墓主人𩵋伯高贵的身份。但是,不论是尊爵还是卑角,或是贱散,亦或是醆、斝、觵(觥)、觚、觯、觞、觛、卮、𩰿、𥁰等其他爵类饮酒礼器,它们服务的对象都是贵族阶层,所谓"礼不下庶人"(《礼记·曲礼上》),不同等次的人使用不同的酒器,这里的人却不包含庶人阶级,尊卑也只是贵族阶级内部人员地位的相对而言,但所有的爵范围内的饮酒礼器，即使是"爵"类中较低微的"角"器，与庶民使用的杯盘碗碟相比依旧高人一等，是统治的一方阶级特权的象征。

当然，有雀鸟之形的"爵"始终是站在饮酒器等级顶端的器形。《礼记·祭统》载："尸饮五，君洗玉爵献卿；尸饮七，以瑶爵献大夫"，君王献卿大夫以玉制酒爵，献大夫以装饰美石的瑶爵。按照《礼记》所示，也仅有君王的尊位才能与爵之高贵相配，"爵"比起其他爵类礼器地位更加不凡。"爵"字最早可追溯到殷商甲骨文时期，商人尚酒，也相信酒的醇美可取悦神灵多多降福给献祭者，因而酒在当时礼制中的重要作用亦带动了酒器的繁荣。尤其是"爵"，《说文》认为该器皿有尾有柱象雀之状，其注洒声仿似节节足足的雀鸣之声。在商代，人们甚至以玄鸟作为图腾顶礼膜拜，足见"爵"在等级社会与人们心中的超然地位。

4. 方圆之间：从鼎类字看礼器的大地意象

一言九鼎、定鼎中原、楚王问鼎……关于鼎的成语历史上不胜枚举，而不约而同的是都被打上了政治权力的烙印。许君在《说文》中称其为"宝器"，并记述了一个与上古三位大贤大圣之一的禹帝有关的起源传说，极富神话传奇色彩。其实，关于鼎的传说还有很多，其中十分玄妙的是鼎的一个"自迁"能力，仿似神人般能感知天道正义的运转而选择真正王天下之有道明君。《左传·宣公三年》载："桀有昏德，鼎迁于商，载祀六百。商纣暴虐，鼎迁于周"；《墨子·耕柱》云："鼎成，三足而方，不炊而自烹，不举而自臧（藏），不迁而自行。以祭于昆吾之虚（墟）。上乡（尚飨）"；《艺文类聚·祥瑞部下·鼎》认为："神鼎者，质文精也，知吉凶存亡……昔黄帝作鼎，象太一。禹治水，收天下美铜，以为九鼎，象九州。王者兴则出，衰则去"。也因此，鼎不仅被视作国家重器参与到各大祭典宴会，以标识主人的权势、地位，也成为巫祝借以沟通上天、显示天神赋予得天独厚神通、眷顾的象征。

按照上古文献记载，春秋战国时期"鼎成四足而方"，是方形四足样式，能够有自主意识地行动，但依据《说文》描述，鼎为

"三足两耳"；鼏为"鼎之圜掩上者"的圆形小口鼎；构字鼎口圆象的"员"与圆形之"圆"亦是古今字，直指鼎的初始形态为圆形。从制器工艺上讲，自快轮制陶工艺兴起，圆形器皿的式样更具主导性，不仅因为其制作技术所向，其形态用料之省而容量之大的优势亦顺应了当时资源贫乏的现实窘况，显然应是鼎产生之初的原始形态，对实用功能性有着极为明显的倾向。不过，这类圆形器皿并非器形的唯一选择，实用性也不是单一的标准，以阶级社会为背景的鼎具设计不可避免地会受到政治因素的左右，是以器形的设计也会趋向于与当时统治理念一致的宣传与表达。《左传·昭公七年》就有"晋侯有间，赐子产莒之二方鼎"的记述，孔颖达曾引服虔之语释"鼎"之形为："三足则圆，四足则方"。而除了传统的三足圆鼎外，考古出土的商周方鼎：兽面乳钉纹方鼎、司母戊方鼎、禾大方鼎等也是样式繁多。商代晚期郭家庄 M160 的"亚止"墓中，出土的方形器皿更占到其礼器总数的 42.5%[①]。尽管方形鼎器的制作费工、费时、费料，却改善了过去单调的圆形鼎的视觉疲劳，更重要的是，这种四平八稳的构形模式对应了政府对神权、礼制的倡导，从"天圆地方"的原始认知到"没有规矩不成方圆"的礼数规范，从造型上的比例协调、平衡对称，到以"中"为核心的东南西北四方守卫的文化意喻，方形鼎器能所营造的庄严、神秘、凝重、秩序等象征权力荣耀的精神氛围和视觉冲击，都是圆形鼎难以企及的，也从形式上完美配合了代表等级秩序礼器的深层意义，维护阶级等次有序的和谐统治。（图 2-31）

5. 从鼎到爵：王权的崛起

"鼎"和"爵"的图像都曾在中国的甲骨文字中出现，或许因为"鼎"和"爵"都曾是最早一批被制造的重要器皿而获得留影纪念。按照《说文》中的说法，"鼎"的铸造曾与鬼神有关，尽管它有饮食烹饪的一般食器功能，但是在普遍对自然界存在不由自主的敬畏的上

[①] 高纪洋：《中国古代器皿造型样式研究》，博士学位论文，苏州大学，2012年，第 76 页。

图2-31a 夏二里头文化陶鼎

图2-31b 商后期后母戊鼎

图2-31

古社会，在相信所得食物均源自"天休"之神的恩赐观念驱使下，"鼎"作为祭器的责任远重于烹器、食器的作用。同理，"爵"也是在这样的认知中发展起来的，《说文》指出，"爵"的设计从命名到造型再到注酒的声音都与雀鸟有关，而商人笃信"天命玄鸟，降而生商"（《诗·商颂·玄鸟》）的传说，并崇拜玄鸟图腾，"爵"无论在外观形态还是意义上来说都是最佳的奉神祭祀器皿。

　　但是这种对于天地神明的祭祀目的并不单纯。"夫祀，国之大节也"（《国语·周语上》），当中固然饱含宗教色彩的狂热与崇拜，而亦在弥漫着神秘、神圣气息的宗教仪式场合与庄严祭器的配合中隐藏了君权神授的观念，以为更好地维护其国家统治。承商以降的周在器皿祭祀功能的基础上又融入了"君君，臣臣，父父，子子"（《论语·颜渊》）的社会伦理思想与"定尊卑，明贵贱，辨等列"（《郑笺》）的等级观念，以"鼎"和"爵"为代表的饮食炊具逐渐走下神坛，开始为人世间的君主服务，频繁亮相于各式祭神、祭祖仪式和宴会活动。被许君称为"此与爵相似"的"宗庙常器""彝"在《说文》引用的《周礼·春官·司尊彝》中划分为"六彝"，专门应用于酌酒灌地的古老祭祀裸礼。其与"尊""罍"亦有高低之别，按邢疏引《礼图》所云："六彝为上，受三斗。六尊为中，受五斗。六罍为下，受一斛"，说明"彝"在盛酒礼器中地位最高，"罍"最低，"尊"居中，所以这三种盛器的容量也各有不同，由上至下分别为：三斗、五斗和一斛。有时为彰显仪式的隆重，"彝"往往以六件套的组合形式现身宗庙祭典或宴会，以列器的实物形式体现宗法制度中鲜明的等级差异。西周贵族间盛行的用鼎制度也是如此，通过鼎的配置数量体现爵位品级的高低。在古文献记载的周礼用器制度中，"鼎"从宗教用的祭器、神器，转身为政治、伦理用的礼器，它们形制相仿、大小相次，呈系列化组合，常搭配其他青铜礼器，如：爵、簋等，共同成为贵族阶级的专属用器和维护王权统治的有效工具。

四　饮食炊具中的美感追求

　　美是人们自始至终不懈追求的目标，也是造物设计时重要的动力来源之一。当先民们在"远取诸物，近取诸身"中取象构字时，亦在无意当中将用心创造的美器之形、音、义赋予文字，虽然含蓄，却仍无法遮掩由"爱美之心"引发的原初感动。

1. 肥、美、味的崇尚

肥，《说文》："肥，多肉也。"徐铉曰："肉不可过多，故从卩。"

美，《说文》："美，甘也。羊在六畜主给膳也。美与善同意。"《段注》曰："羊大则肥美。"

味，《说文》："味，滋味也。"

甘，《说文》："甘，美也。从口含一；一，道也。"《段注》曰："羊部曰：美，甘也。甘为五味之一，而五味之可口皆曰甘……食物不一，而道则一，所谓味道之腴也。"

腴，《说文》："腴，腹下肥也。"

按照以上这一组语汇在《说文》中的递训、互训关系看，"肥""味""美"三者之间存在语义相通的系联。"美"与"甘"互为训解，甘通常被视为五味之一，又有味美则甘的说法。在文字结构组成上"甘""从口含一"，"一"即表示味道，段氏认为，古代先民对好味道的评价标准是统一的，不管酸、甜、苦、辣、咸，首先必须是可口，而"可口"的定义在于"腴"，通俗地讲，就是"肥"。"肥"有多肉之义，"美""从羊从大"有大羊意象，大羊才可能肉多，也可近似等于肥羊之义，所以味甘、鲜美。因此，"肥""味""美"其实亦可统一为一个字"大"。上古先民多崇尚以"大"为美，《庄子·外篇·天道》载舜之语曰："'美则美矣，而未大也。'夫天地者，古之所大也，而黄帝、尧、舜之所共美也"，《庄子·外篇·知北游》亦云："天地有大美而不言……圣人者，原天地之美而达万物之理，是故至人无为，大圣不作，观于天地之谓也"。这里的"大"个人认为可包含两层含义：其一为体型大；其二则有范围广、样式丰富之义。

这种对大美的追求投影于饮食炊具依然如是。在《说文》参考较多的文献《周礼》中曾描述鬲、鼎为"实五觳。厚半寸。唇寸",炊具可容纳六斗,相当于 60 升粮食的体积,壁厚半寸,是一种又大又厚的器具;在鬲基础上衍生的"䲣(甗)"结构从虍(虎),初民观念中相信老虎是一种身材庞大而凶猛的可怖野兽,在器皿上冠以"虍(虎)"符多强调该器皿如猛虎般体型巨大;谈到饮器,许君亦在书中指出,有"觥受三升者谓之觚""觯受四升"等如"觚""觯"般大容量的酒器。甚至在宗法等级森严的规范中,体量越大的器皿,在礼中越被视作尊者、贵者的象征,"(礼)有以大为贵者。宫室之量,器皿之度,棺椁之厚,丘封之大,此以大为贵也"(《礼记·礼器》),如鼎、鬲、簋等皆是如此。只是酒器略有不同,据许书所说,因酒可"就人性之善恶"、造吉凶,所以先民对饮酒多有节制,连带着酒器也与一般食器炊具以大为尊的标准模式不同,是以最小体量的饮器占据祭礼酒器中的至尊之位。而"大"的另一层含义在《说文》中体现得更加淋漓尽致。仅器具类部首就拥有总部首数量的三分之一,鬲部、鼎部、缶部、酉部、皿部、匚部、豆部、瓦部、角部……多不胜数。而按器皿用途划分的炊具、食具和饮器三大项里,每一大类下属都有着品类多样、用材丰富、工艺精湛的美器。如炊具有:鬲、鼎、䵻、鬶、䰝、䰞、䰟、鬻、䰫、䲣等;食具有:匜、匡、簋、簠、奠、虘、豋(登)、盌、盂、匕、壶、尊、枓、勺、盆、瓮等;饮具则有:醆、斝、爵、觵、觯、觛、觥、觚、巵、𧣪、𧣻、杯等。涉及材料,从易寻的竹、木、石,到陶、瓦,再到需要提炼加工的青铜、铁等金属,几乎无所不包。制陶工艺从开始的手捏粗制到后来的"甄"式快轮制陶,"窑"烧瓦灶;金属工艺则经历了模范冶铸的"镕"和"锻"造铁器的漫长探索;此外木刻、竹编的各式花样亦令上古器皿在技术上不断精益求精、美不胜收。

2. 饮食炊具中的纹饰思想

《说文》字书中关于现代汉语中的常用词"纹"并无记载,不过根据书中释义发现涉及纹饰语境的语汇相当丰富,组成纹饰语义场：

彡，《说文》："彡，毛饰画文也。象形。"

形，《说文》："形，象形也。"

参，《说文》："参，稠发也。《诗》曰：'参发如云。'"

修，《说文》："修，饰也。"《段注》曰："巾部曰：饰者，刷也。又部曰：刷者，饰也。二篆为转注。饰即今之拭字，拂拭之则发其光采，故引伸为文饰。女部曰：妆者，饰也。用饰引伸之义。此云修饰也者，合本义引伸义而兼举之。不去其尘垢，不可谓之修。不加以缛采，不可谓之修。修之从彡者，洒刷之也。藻绘之也。"

彰，《说文》："彰，文彰也。"

彫，《说文》："彫，琢文也。"

彭，《说文》："彭，清饰也。"《段注》曰："谓清素之饰也。"

彪，《说文》："彪，细文也。"指精细的花纹。

弱，《说文》："弱，桡也。上象桡曲，彡象毛氂桡弱也。弱物并，故从二弓。"

彣，《说文》："彣，𢒗也。"指彩色的花纹。

彦，《说文》："彦，美士有文，人所言也。"

文，《说文》："文，错画也。象交文。"

斐，《说文》："斐，分别文也。《易》曰：'君子豹变，其文斐也。'"

辬，《说文》："辬，驳文也。"指驳杂的花纹。

㲚，《说文》："㲚，微画也。"指细微的花纹。

按照上列关于"纹饰"的语义场可知，上古先民对于"纹饰"的理解十分宽泛，有普遍概念上的用手笔描绘或雕刻的交错花纹、图案，有直接涂刷彩色的颜料作为纹饰，也有简单地拂拭以发其光彩之"修"饰。而装饰的花纹也多种多样：有精细的花纹"彪"，稠密的花纹"参"，彩色的花纹"彰""彣"，雕刻的花纹

"彫",清素的花纹"彰",扭曲的花纹"弱",文字形的花纹"彦",描摹自然景物、社会生活、神话传说、人物故事等图景的"形",交错的花纹"文",作为边饰或分界线的花纹"斐",驳杂的花纹"辩",细小的花纹"氅"等等。足见先民对纹饰的认知已达到一定深度,在对饮食炊具进行装饰的不懈探求中,从原始的光饰到粉刷涂料,从杂乱无序的下意识表达到分解出主饰与边饰的有序表现,从各式象生纹饰到图文并举,从毛笔勾勒到刻画雕琢,从单色涂抹到多重色彩交错,器具的包装日益成熟,不仅装饰手法丰富,图案本身也更加层次分明、花样翻新。

依从由简单到复杂、由低级到高级的事物发展规律判断,器具装饰的起源应起于"拂拭之则发其光采"的"修",同时也是后来装饰步骤的起点。原始社会时期人们会将工具进行打制、磨光,不可否认当中确实存在功能辅助的作用,可以使器具在实际操作时更加趁手,也更加事半功倍。但是从审美装饰的角度看,经过人工修整的器具比加工以前表面光滑、圆润,无论是手感还是视觉上都会让人产生极大的愉悦。附丽的造型处理不仅不会影响器具正常的使用,甚至还会帮助提高其实用的便利性,更兼顾使用者的审美需求。正如德国艺术史家格罗塞所评价的那样:"对于一件用具的磨光修整,也认为是一种装潢"。距今一万年前的江西仙人洞发掘的手捏陶器,如果只是想要盛装食物或液体之类,不一定非要捏制得如此对称,还外饰绳纹;也不会在河南新郑县裴李岗发现进化出的匀称、薄壁的半球形陶钵;更不用提在器皿上赋施彩画、雕刻,以及不同金属材质、加饰技术的踊跃加盟而引起的饮食炊具品类和样式的大规模爆发。

从上古饮食炊具的纹饰渊源看,当中不乏诉诸"远取诸物,近取诸身"所得的创作灵感与题材,其中许君更提到"依类象形"之语。"象"依许书所释,"一曰指事,二曰象形。当作像形。全书凡言象某形者,其字皆当作像……韩非曰:人希见生象,而案其图以想其生,故诸人之所以意想者皆谓之象。似古有象无像,然像字未制以前，想像之义已起。故周易用象为想像之义，如用易为简易变易之义，皆于声得义，非于字形得义也"①。按字面意思理解，"象"包含了先民对事物形貌的尝试性表现与想象性理解，进而引申出上古朴素的从象形到象义的绘画样式与设计理念。这些作为装饰而保留在器皿上的图案源于对客观世界万象的主观表达，是先民"远取诸物"的结果，它们不是西方绘画崇尚的完全模仿与再现，而是综合了现实模拟与抽象夸张，共同作用创造的图像符号。图像中具体线条的分布、色彩几何等绘画的细节只是一部分需要考虑的内容，另一部分也是更为重要的，是透过这些充满抽象化、神异化、几何化的艺术性"写实"图形花纹和符号，象征其所要表达的深层涵义。如涡状的圆形火纹显示了先民对自然之力火的敬畏与崇拜；变异的兽面人脸以凝重冷峻的姿态营造着祭祖事神的庄严神圣和令人畏惧；而规则、连续、富有节奏感的纹风则突出了社会进入秩序化的条理分明；世俗化的战争、宴会场景的图案刻画却反映了当时诸侯征战割据的现实社会生活；装饰富丽堂皇，且以众多生动的动物形象展现吉祥寓意的纹饰图案，以花团锦簇的热闹形式烘托出国家统一时才有的繁盛与辉煌。

另外，在"纹饰"的语义场中还有一个被认为是与"纹"相通的古汉字"文"，在甲骨文中记作"𠁥"，朱芳圃《殷周文字释丛》曾写道："文即文身之文，象人正立形，胸前之•乂〜 即刻画之文饰也。《礼记·王制》：'东方曰夷，被发文身。'孔疏：'文身者，谓以丹青文饰其身。'"发轫于人体自身图案装饰的"交文"在饮食炊具一经问世，就几乎迫不及待地投影于其上，交错的图案样式由人体移植至器皿，同时也将人们对自然神秘力量的无限崇拜、对社会日常图景的概括描绘、对未来生活的美好向往，统统囊括于器皿千变万化的纹案中。虽然只是装饰对象的简单平移，却突出地体现了人对于美的执着追求，这或许也可以算得上

---

① （清）段玉裁：《说文解字注》，上海古籍出版社1981年版，第459页。

是"近取诸身"在饮食炊具设计上的典型案例。

3."器"与"道"的统一

器，《说文》："器，皿也。象器之口，犬所以守之。"《段注》曰："皿部曰：皿，饭食之用器也。然则皿专谓食器，器乃凡器统称。器下云皿也者，散文则不别也。木部曰：有所盛曰器，无所盛曰械。"

道，《说文》："道，所行道也。一达谓之道。䢔，古文道从䥽寸。"《段注》曰："道之引伸为道理。"

按照《说文》和古代文献考释，"器"为器皿，有口，可盛装食物等，通常为食器的专称；"道"本义为人行走的道路，后人将其引申为道理。两者看似毫无关系，实际却暗藏千丝万缕的联系。汉代《周易·系辞上传》在解说时有言："是故，形而上者谓之道，形而下者谓之器，化而裁之谓之变，推而行之谓之通，举而措之天下之民，谓之事业。"所谓大道无形，"道"即指客观的规律、法则，或人们约定俗成的行为习惯；"器"则是有形的或已成形的器物实体，两者之间的关系就如同《易传》中宇宙万物与其所遵循的易道一般，是统一一体、相互依存的，"器"是"道"的实物载体，"道"是"器"动态运行的内在规则，二者缺一不可。具体到饮食炊具的设计上，"器"关注的是器皿样式、材料、装饰等的外观表现；"道"则倾向于强调器皿设计时所需要遵守的标准规范，由各项影响因子作用所得的客观要求。

首先是生活方式的影响。《说文》中罗列的诸项室内家具，如："几""案""席""榻"等，与今天日常垂足而坐的生活方式相比已发生翻天覆地的巨变，如日、韩等国至今仍保留的席地而坐的起居形式带来的不仅是坐姿的变化、人在室内观察事物时视线高度的变更，还有位于生活核心区域的饮食器具的造型、装饰等内容的随之匹配。如：《诗·大雅·行苇》中"肆筵设席，授几有缉御。或献或酢，洗爵奠斝"，说明先秦祭祀时都用竹席铺地作"筵""席"，筵席上再摆案几，人们即跪席而坐，相互推杯换盏；至西汉仍然延续了前朝"铺筵席，陈尊俎，列笾豆"的家具组合格局，低矮的家具设置完全符合席地而坐的起居习惯。而为了配合人跪坐时与案几的落差，按《说文》对文中所列爵、斝、尊、豆等器皿形态特征的大致描绘来看，都对器皿的底足部分做了高度上的提升处理，通过配置高足以缩短饮食器皿与人之间的高度落差，便于进食中的取用。另据考古出土的器皿所示，当时的器皿纹案装饰分布的位置则覆盖了跪坐时人的视线所及之处。其次是烹饪方式的改变。从"火"部的原始烹饪，由烧烤式的"炮""衰""炙""燔""灼""燎""熹"等，到放入竹筒中烘烤的"黛"，再到烹饪方法的细化、分离，像：烘焙式的"烘""炀""穤""爊"；焖蒸类的"烝""烰""煦"；熬煮类的"煮（鬻）""𤈪""燀"；煎炒类"煎""熬""炒（鬻）"。[①]烹饪器皿的种类越来越齐全，花样越来越丰富，从开始的三袋状空足"鬲"到成熟型的半球形敞口无足"锅""釜"，期间还出现各式蒸具："鬻""甑""甗（鬳）"，以及各种过渡样式："敼""鬵""䰝""䰞""䰙""鍑"等，而且，器皿材料也从竹木、陶土等较为原始、脆弱的质料转为更加高级、结实的青铜和铁质。此外，以奉祖祭神为中心发展起来的饮食炊具更在食与祭的相互依存中、在人的审美与对神灵的无限敬意中、在标识着等级差别的材料、图案、样式、大小等的形制中，着力提高器皿的制造工艺与水平。

上古器皿功利色彩非常浓厚，简单地说就是功能至上，图案装饰只是为更好地完成功能目的的手段之一。先秦诸子百家曾对设计之美给予各自不同评价：从孔子的"华采之饰"，主张功能与形式、器形与装饰的和谐统一；到墨子的"非乐节用"，彻底反对装饰，宣扬造物不文的"实用、适体、节材、利民和内在美"的极度设计功利思想；到老子的"大匠若拙"，提倡一种以形体之美，自内而外地展现远超于表面装饰的更高境界；到庄子的"返璞归

---

① 万献初：《〈说文〉字系与上古社会》，新世界出版社 2012 年版，第 187—193 页。

真",讲求顺应自然之物的本真性,摒弃掉一切人为强加的规则,以感受天然朴素之美;再到韩非子的"物以致用",沿着墨家的观点走向极端,将功能与形式、装饰对立起来。①显然,古代先贤在装饰的问题上,立场基本一致,都以器物功能为优先考量,有的甚至认为具有实用性能的便利器具本身就是美的代表,是一种内在美的体现,需要依据不断变更的生活起居方式、饮食习惯结构和祭祀礼仪标准而同步改进、提升,想来这或许也是器具自诞生之日就在技术、工艺、形态、材料等"本质"性问题方面不停歇地演进的原因。

当然,纹样装饰也属于"器"的一部分,但更多的是被划分为功能实现的辅助性因素,而非简单的表面形式。不同时期对装饰的理解和应用也各有不同:原始社会时期,生产力不发达,抛光打磨的器具已称得上"装饰",却更多地出于使用的便利目的;笼罩在神秘宗教氛围下的夏商时期,龇牙裂目的鬼怪形象恰当地配合了厚重、粗大的器皿形象,以迎合人们意识中崇敬的神的形象;周代秩序化的连续、重复的规则之美响应了国家对伦理、等级、宗法制度的建立;春秋战国时期器皿上人文生活气息浓郁的画面反映了当时人们对人性解放的强烈诉求;而秦汉一统的盛世亦影响到器皿装饰风格的走向,体现豪富之美的形象设计日趋成为世人热捧的对象。

4."和"之美

"和"一直是自古以来中国社会追求的最高境界,无论是自然宇宙、阶级社会,还是艺术美学,总是会存在着来自各个方向的矛盾与冲突,将这些不和谐的因素加以调和,寻找当中隐藏的发展规律,建立理想状态的秩序与规范,是"和"之美学哲学的崇尚。而追根溯源,许君的《说文》早已为探寻其中已无从说明的关系留下了珍贵的线索。

和,《说文》:"和,相应也。"

---

① 李立新:《中国设计艺术史论》,天津人民出版社、人民出版社 2011 年版,第 74—77 页。

龢，《说文》："龢，调也。"
盉，《说文》："盉，调味也。"（图 2-32）

图2-32a　商代后期竹父丁盉

图2-32b　西周中期来父盉

图 2-32

根据以上"声符系联法"构成的一组相同声符"和"的对比组合，"和""盉""龢"三者分别被编排到"口""皿""龠"三个不同部属。说明上古时期对于调和、和谐之义的引申最初应起始于饮食与音乐领域。人们初时会将各种不同珍贵的味料放入器皿中加以混合，在调制的过程中研制美味的肴羹，段氏认为"鬻部曰䰞、五味盉羹也。从皿。调味必于器中。故从皿"，下意识地从烹食功能的角度将"鼎属"的"鬲"与"和五味之宝器也"的"鼎"两种器具从"皿"部并列等同。音乐也是如此，古人多用乐器龠"以和众声"①，也被引作"音乐和调也"，②以表达乐器演奏时相互"应和"之义。但是，尽管"和""盉"与"龢"所属部类各异，仔细体会其中含义，却均与人体器官"口"的感受紧密联系，"盉"需要经过人口品尝后才可妥善地调和味道，"龢"也需用口才能吹奏乐声、调和音乐，而"和"更明显地从口部，以强调其在"相应"中的重要角色。而在《说文》的语汇释义中会发现，上古乐器与食器常常会产生难以言明的关联，如"鼓之以节歌"的"缶"，就是复合状态下的乐器与盛酒器的功能合体。上古社会，尤其是先秦时期，人们看重音乐的力量，认为它是从人的内心深处流淌出来的声音，同样也可以深刻地影响人的思维与情感，所以在飨宴、祭祀等正式场合，饮食炊具和乐器都是必不可少的存在，有时同一样器具可能还要同时兼任食与乐这两项看似截然不同的工作。而无论是作为食器去调和食物的味道，以满足人们精神上和物质上的双重需求的"盉"；还是作为乐器去演奏音乐，使人的情感得到激发、抒导和平复，进而维护等级社会和谐稳定的"龢"，都与"和"相通，在现代汉语中属于"和"的异体字，如段氏所言："调声曰龢，调味曰盉。今则和行而龢、盉皆废矣"。

"和"之美即在于可以广泛地包容不同元素，并在此基础上调制出全新的味道，令审美的创造一加一可以大于，甚至远大于二；在于顺应事物发展的内在规律和存在状态，随着外部环境或内部因素的改变而对器具的外形、功用机动地做出合理的调整；在于"激

---

① 龠，《说文》："龠，乐之竹管，三孔，以和众声也乐之竹管，三孔，以和众声也。"

② 沈涛《古本考》载："《一切经音义》卷六引作'音乐和调也。'"

之""抒之""平之",以创造出激动人心的完满器物,不断弱化其间不和谐的因素,使之达到含蕴深厚的艺术境界。

第五节 饮食炊具的礼仪规范

"豊"是"禮",即现代常用简化字"礼"的本字,有的金文也曾加"酉"部构成"醴(礼)"的新形象,在"礼"字字形的象形表达中,食器"豆"和酒器"酉"的形态被重点凸显出来,无形中是否也暗示了饮食炊具在维护上古社会和谐稳定的礼仪制度中所发挥的重要作用?或者说,是通过饮食炊具本身及使用方式而展现出的礼仪秩序。西汉礼学家戴圣所著《礼记·礼运》:"夫礼之初,始诸饮食"亦在一定程度上明确回应了规范有序的器用模式在文字构形与《说文》训释中的流露。

一 饮食炊具与祭祀之礼

如前文所述,上古祭祀与烹饪密切联系,《说文》收录的从"食"、从"酉"均与祭祀有关,尤其祭祀之"祭"不仅在祭台"示"上显示出"以手持肉"的肉形"",其异体字"醊"也揭示出酒酿、酒器在祭祀典礼中的重视。将当时人们认为最好的食物盛装于器皿中呈献给神灵以求得庇护是饮食炊具在祭祀仪式中最初的位置,也是神祭与人食、饮食类器皿与祭礼规范发生系联之肇始。

1. 从酒类字看上古社会的祭祀器具系统

从前文已知,《说文》记载了大量酒类器皿,可谓传统器皿中的大项,虽然许多与酒有关的器皿语汇经历了多次部首的演变,却也显示出酒器因受到上古先民的重视而在材料质地、造型样式上的快速演进。

而受到先民重视的原因,由从"酉"部的酉、酒、礼、酋、尊、爵、醮、奠等文字释义可以看出，用于祭献诸礼已深深刻入酒的骨髓。自古者仪狄制酒，禹帝尝之而美，先人们就已领略酒之美味，酒醉后的飘飘欲仙、兴奋迷乱令人不禁臆测神灵饮酒后的状态是否也会相似，罗振玉在《殷墟文字类编》指出："卜辞所载之酒字为祭名，考古者酒熟而荐祖庙，然后天子与群臣饮之于朝"；从酉之礼明确将酒器划归为行礼之器范畴；酋在《周礼》中被视作祭祀中地位最高的执酒官；其余尊、爵、醮、奠等更直接被翻译为祭祀礼仪中的酒器礼器。从对斝、觚的《说文》释义，玉爵"斝"、爵、"乡饮酒之爵""觚"应处于整个酒器礼器的核心地位，地位尊崇，多供君主使用，余下还有尊、彝、壶、罍、觯、觛、锺、钫等各式盛放、饮用、挹取之酒器，共同构成庞大而完整的酒器祭祀器具体系。其装饰如《说文》对"尊""彝""觥""爵"等酒器的训解，无论造型、纹样，多仿自富有朝气的鸟兽形态。将对自身起源的认识与所祭祀的自然的理解融入酒器的铸造，以维护对商代神权统治的说辞，有意无意中促进宗教崇拜与政权统治之间的糅合。同时，"诞惟民怨，庶群自酒，腥闻在上，故天降丧于殷"（《尚书·酒诰》）；"（商纣）大冣乐戏于沙丘，以酒为池，县肉为林"（《史记·殷本纪》）等古籍的记载亦显示出商人对酒的钟爱甚至达到亡国的地步。可以说，没有商人对酒难以理解的执着偏好及其渗入祭祀礼制的政治支持，也就不会有酒具礼器的繁荣发展和造型质料上的不断更新，而酒具形态功能的扩大与完善也反过来进一步推动了祭祀礼仪活动中酒具用器的体系化建设。

2. 以"火"奉神的炊具孵化

古人信奉"所到必先燔柴，有事于上帝也"（《礼记正义（十）·郊特牲》），所以通过火祭，祭品焚烧后化作青烟升入空中，被认为是侍天之高，供奉天上众神享用的一种可行方法。而火的侍神功用亦被收录于文字的构成中，成为描绘原始社会以火祭神图景的一部分。

尞，《说文》："尞，柴祭天也。古文慎字。祭天所以慎也。"《段注》曰："烧柴而祭，谓之祡，亦谓之尞。"

祡，《说文》："祡，烧（祡）[柴]焚燎以祭天神。《虞书》曰：'至于岱宗，祡。'禷，古文祡，从隋省。"

可见从火的"尞"和从示的"祡"都是借助薪火燃烧祭祀天神，区别在于"尞"只是纯粹的烧柴祭天，相当于今天寺庙中常见的烧香叩拜之法，"祡"则是借烧着柴薪而将置于其上的牲体焚燎以祭祀神灵。但是无论是"尞"还是"祡"，火在其中起到的作用是显而易见的。另外，费尔巴哈认为，远古宗教往往会不由自主地将崇拜的对象——自然具象为有着鲜活人格的实体。[1]有鉴于此，火获得不同于其他神灵的双重身份：自然界众多神灵的其中一员和人神沟通的信使。这一认知一直保留下来，即使经历祖先崇拜的盛行也未曾消失。受"火"神崇拜的影响，一些与火有关的炊具亦开始孵化，并得到先民爱屋及乌的尊重。

其中，从篝火衍生而来的灶塘常被视为火之保护者的角色。按《说文》释义，灶为"炊灶。从穴，鼀省声。竈，灶或不省"，为了保护得之不易的火种，先民像对待神一样将其置于穴中尽心侍奉，防止熄灭。古时文献对灶的印象多有描述，如：《白虎通·五祀》有"灶者，火之主。人所以自养也"；司马彪注《庄子·达生》之"灶有髻"有"髻，灶神，着赤衣，状如美女"等说法，直至今天，民间仍保留有祭灶的风俗。这里，炊具"灶"在烹饪食物的同时亦被神人化，成为人们竞相拜祭的对象，也是对原始火崇拜的延伸。而"灶"在这样的崇拜观念下，形态设计更加完善细致，还出现了烟囱"突"，与灶口形成空气对流，提高了火的劲力。

3. 器中藏礼的法度规范

许书认为"礼"为"履也。所以事神致福也"，所以"履"为

---

[1] [德]费尔巴哈：《宗教的本质》，王太庆译，人民出版社1953年版，第29页。参见原文："对于自然的依赖感，配合着把自然看成一个任意作为的、人格的实体这一种想法，就是献祭的基础，就是自然宗教的那个基本行为的基础"。

"足所依也"，"礼"则为人处于社会中所需要遵循的依据。当上古蒙昧之时，生产力极度低下，事神致福即是人们最初行为的意图与规范，通过宗教祭祀仪式寻求自然神秘之力的庇护，为求生存，为使祭祀仪式井然有序，也为使祭祀后剩下的食物可以得到合理的分配，制定一系列行动的准则势在必行，这也是人类原始的自然生活呈现出礼化秩序性"始诸饮食"的开端。

而当各种源于生活的交际往来的"俗"事渗入礼制，作为"礼之初"的饮食器皿亦从祭祀礼器的形制大小、种类多寡、材料质地、组合方式、纹样花式等方面展现特定的等级与权力。例如商代以祭器等列贵族集团内部成员的系统标准，通常以特权享受的器具种类和对器具件数、类别组合的拥有程度，区分上下级别间的待遇、规格，以序次社会的和谐秩序。殷商礼器以酒器为主，铜觚和铜爵的组合套数反映着不同贵族的社会地位，所谓"名位不同，礼亦异数"（《左传·庄公十八年》）正是这个道理，层级越高的贵族享有的酒器套数越多，反之则越少，最末一等仅能拥有一套，而位于九级金字塔顶端的王室成员则可达到 50 套以上数目。当礼器从以酒器为主转向以铜鼎配铜簋的食器为主后，这种情况也依然没有改变。在形制大小上，尽管对尊贵的定义多有出入，像"鼎"是以大为尊，"爵"是以小为贵，其判别标准各有不同，却都按照一定顺序等次尊卑贵贱。（图 2-33）周代将等级制度物化为列鼎制度，使饮食炊具突破祭器身份的限制，扩展到冠、婚、丧、祭、乡、军、籍田等生活礼仪用器，以"自上以下，降杀以两，"（《左传·襄公二十六年》）的礼数规范，形成奇数鼎配偶数簋：天子九鼎八簋，诸侯七鼎六簋，大夫五鼎四簋，士三鼎二簋，其他壶、盘、彝等礼器也均有森严配置数量的礼制器用系统。这些繁冗、细致的器用礼数背后象征着使用者血统门第与权力等级在国家和社会中的影响度，满含世俗宗法与人伦礼教的色彩，在器皿外观形态、装饰审美以外更增添深层次的文化、政治内涵。

图2-33a 随葬礼器与贵族等级制度

50套以上
王室

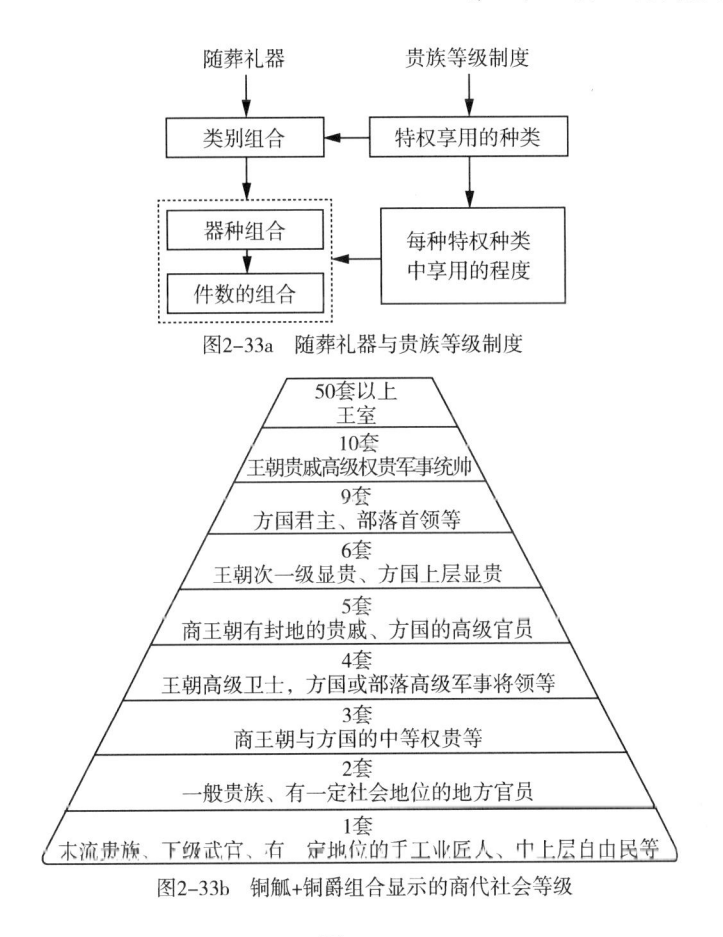

10套
王朝贵戚高级权贵军事统帅

9套
方国君主、部落首领等

6套
王朝次一级显贵、方国上层显贵

5套
商王朝有封地的贵戚、方国的高级官员

4套
王朝高级卫士，方国或部落高级军事将领等

3套
商王朝与方国的中等权贵等

2套
一般贵族、有一定社会地位的地方官员

1套
末流贵族、下级武官、有一定地位的手工业匠人、中上层自由民等

图2-33b 铜觚+铜爵组合显示的商代社会等级

图 2-33

二 饮食炊具与宴饮之礼

《说文》认为"神"即"天神，引出万物者也"，所以有了《叙》中"封于泰山者七十有二代"之说，虽然只是许君对殷商时期帝王祭拜大地的古籍引录，缺乏证明材料，却让后人看到了古来帝王在传统事神之事上的重视。《淮南子·说山训》载："先祭而后飨则可，先飨而后祭则不可。物之先后，各有所宜也"，在倚靠神权维护国家统治的时期，飨宴神食的内容多过人食，祭祀是排在第一顺位的，而后才是活人飨食宴饮，其行为做法有着严格的层次

顺序，高诱注曰："礼，食必祭，示有所先。飨，犹食也，为不敬，故曰不可也"，可见食、祭在上古礼仪制度中相辅相成，而且鬼神的地位是高高在上的。迷信鬼神的各式祭祀更多如牛毛，如《说文》从示部的祭祀名称"祠""礿""禘""祫""祰""祉"……但同时，许君也说人是"天地之性最贵者也"，《段注》引《礼运》注云："人者，其天地之德，阴阳之交，鬼神之会，五行之秀气也。又曰：人者，天地之心也，五行之端也"，反映出人与神之间地位的转换、调整。人，准确地说是帝王，在经历了轴心时代①的人性觉醒后替代神的地位成为人间真正的统治者——天子，在《说文》的释解中"王"被视作"一贯三为王"，天下归附向往的对象，祭祀不再是遮遮掩掩的君权神授，而将人（帝王）本身神化。虽然仍保留祭祀飨宴之事，但其性质、重点已是天地之别，而作为载体之一的饮食炊具亦成为实现尊卑列等、敬天保民等政治目的的有效宣传途径。

1."飨"中的祭祀之礼

飨，《说文》："飨，乡人饮酒也。从食，从乡。"罗振玉《增订殷墟书契考释》曰："象飨食时宾主相向之状，即飨字也。古公卿之卿，乡党之乡，飨食之飨，皆为一字，后世析而为三。"

按照文献资料所述，"卿""乡""飨"三者本为一字，在祭祀礼仪活动之后相对轻松的飨宴通常如"飨"之甲文所示" "，为二人相对饮食炊具而坐共食，而主人公的身份正是与飨同为一字的公"卿"、"乡"人，都是与统治有重大关系的王亲贵族、国之肱骨。

"以时相见，将和协典礼，以示民训则，无亦择其柔嘉，选其馨香，洁其酒醴，品其百笾，修其簠簋，奉其牺象，出其樽彝，陈其鼎俎，净其巾幂，敬其祓除，体解节折而共饮食之"（《国语·周语中·定王论不用全烝之故》），其中宴飨中饮食炊具的礼

---

① 轴心时代可理解为中国的春秋战国时期。参见李立新《中国设计艺术史论》，天津人民出版社、人民出版社2011年版，第66页。

器不仅在摆放、使用方式上显得尤为引人注目，其形制、大小、数量、组合方式、纹饰、功能、材质、工艺等也无不彰显着拥有者的身份地位和祭祀礼仪的规格级别。《国语》提到的食器簋、簠，酒器尊、彝，炊具鼎、俎等器具都属于祭祀礼器的一部分，从纯粹尚神的超常人尺度到保民思想觉醒后逐渐秩序化的器皿组合排列，再到形体更加轻盈、装饰更加浪漫精美的人性化器皿设计；从神异化的恐怖图腾到充满活力、布局条理有序的动物图案，《说文》中关于饮食炊具类器皿的字形字义对应用于礼仪制度语境下的设计思路的运行、调整、升级等情况均有所体现，前文已有详细解说，在此不再赘述。

2. 从酒器类字看宴饮中的尊卑有序

同时，从"饗"在《说文》以"乡人饮酒"作解可以推导，酒应属"食"的范围，同理酒器也为食器的一部分，更在祭礼中占有重要的特殊地位，并同食器一般体现出尊卑等次，至今仍显现着地位权力意味的"尊""爵"语汇（见《说文》释义）即脱胎于祭祀礼器的酒器名。"夏后氏尚明水，殷尚醴，周尚酒"（《礼记·明堂位》）；"丧祭之礼，所以明臣、子之恩也；乡饮酒之礼，所以明长幼之序也；昏姻之礼，所以明男女之别也"（《礼记·经解》）；"国索鬼神而祭祀，则以礼属民而饮酒于序，以正齿位"（《周礼·地官·党正》）……在《说文》中均能找到相应酒类语汇或与酒相关的释义，如血祭的"衅（衈）""乡人饮酒"的"饗"和"冠娶礼"的"醮"。而从许慎重点参考的古籍文献描述看，酒器与礼制的渊源应该比食器更为深远，且同从"酉"部的"酒"与"醴"亦显露出酒器在等级森严的礼制活动中象征的权力与秩序。

此外，许书中"掌酒官""酋"、丧祭时进献神灵的"奠"、"杀牲以血之"（《周礼郑注》）的"衅（衈）"，借助酒器"酉"表现政治地位的崇高和酒器本身运用于神圣祭礼的本色特征；尊爵卑角的酒器高低等次在觥筹交错的贵族集团内部的宴饮社交礼仪规范中标示了使用者上下分明的身份地位，使礼仪性交际活动按照具有等级性的人伦宗法规矩有条不紊地秩序进行，使"周旋序顺，容貌有崇，威仪有则"（《国语·周语中·定王论不用全烝之故》）；不掺水的酒"醇"、厚酒"醲"、醇酒"醹"、三重醇酒"酎"、浊酒"醅"、薄酒"醨"、清酒"酤"……则体现酒水的成色、浓度等内容，将不同级别的"玉食"享受与礼制、王权政治挂钩，从侧面透露出祭祀宴饮中酒器运用时所营造的端肃、神秘、尊卑有序的礼仪环境。

3. 从礼乐到娱乐：看缶的多用途兼顾

"缶"在《说文》中分释二义，其一为大腹小口的有盖盛酒器，另一义为鼓以节歌的乐器。从其甲骨文" "" "构形看，上面的"午"即"杵"，是一头粗一头细的圆木棒，下部圆腹的陶制盛酒器则为敲击的本体，上古先民在饮酒时会随性而起，击缶而歌，古文献中也曾多次提到"击缶"，像：《诗·陈风·宛丘》的"坎其击缶"、《史记·李斯传》的"击瓮叩缶"等。"以乐侑食"的礼仪活动自周公"制礼作乐"后便成为上流社会飨宴时渲染威仪气氛、引导仪式程序的极佳手段，将礼与乐从原始的一般行为导入典雅诗意的文明社会生活，正如孔子所言："移风易俗，莫善于乐；安上治民，莫善于礼"（《孝经·广要道章》）。

击缶而生的音乐伴随优美的诗词将原本艰涩、枯燥的礼以人们更易接受的美妙的诗歌艺术形式和谐地陶冶着人的精神世界，教化人心，顺序社会。而"缶"，或者说是由乐器演奏的"礼乐"就是引导民心、规范人伦秩序的重要媒介与桥梁。但归根结底，缶来源于日常饮食生活的盛酒器具，其所奏乐声亦饱含底层民众的世俗之情，因此，除了在正统、庄严的祭祀飨宴时作为引导程序化仪式的演奏乐器，同时也用于民间的娱乐活动。汉代桓宽《盐铁论·散不足》载："往者民间酒会，各以党俗，弹筝鼓缶而已"，《淮南子·精神训》亦云："今夫穷鄙之社也，叩盆拊瓴，相和而歌，自以为乐矣"，《史记·廉颇蔺相如列传》亦有蔺相如强迫秦王击缶的故事，可见在非仪式化的平日生活中，击缶所带来的娱乐效应并不拘于普通百姓或是王侯贵族，对艺术之美的享受在所有人面前都是平等的。（图2-34）

图 2-34　西汉鎏金铜沐缶

第三章

"住"的设计解读

房屋建筑是先民们面临险恶的生存环境时赖以栖身、求得庇护的重要场所。在这里，人们获得了身体和精神上的暂时安宁，并在其间从事着生产生活的一切社会事宜，有宗教祭祀的侍神活动，有歌舞宴饮的世俗娱乐，有造物所需的艰辛劳动，有文化熏陶的礼仪教化，更将思想观念中的天地宇宙、宗法伦理以秩序化的方式融入房屋的布局与建造，重塑了等级森严的制度规范在传统建筑中的形态展现。当然，这些房屋样式的呈现并非一蹴而就，在漫长的探索与演变过程，或为地穴、巢居；或为高大、低矮；或为单门独间、重屋广厦；或为茅屋土建、宫室连营……而所有关于"住"之设计的内容均被隐藏于《说文》的文字之中。

第一节　先民居住观念与建筑的起源

今天建筑呈现在人们面前的姿态，无论在形式、功能、观念、材料运用或是技术支持等方面，都已达到一种极致，远非上古先民最初尝试搭建寄居之所时简陋的房屋雏形可比。然而，作为充斥于世的一切建筑形态的源头，其为后世千变万化的建筑所提供的基础与思想至今仍在潜移默化中影响着建筑设计的走向，并不时地以自身特有的样式为当今设计供给着源源不断的养料，使之不断地生发出新的枝芽。

一　从"住"类字看先民的居住观念

房屋是上古先民摆脱蒙昧向文明社会跨出的重要一步，它不仅是单纯地模拟其他动物的生活状态或习惯，当中更包含了对自身生存环境的观察、思考与改造，也渗透着先民对房屋空间结构的认识，甚至夹杂着上下五千年来对自然神明始终如一的、不自觉的敬畏、崇拜和忌讳。

1. 从"尻"看上古先民的居住状态

"尻"是居住之"居"早期的写法，取象于上古时期人们日常居住情状的形象表现。其间虽偶有变化、误读、争论的情况出现，却依然极尽忠实地描绘了当时人们生活的真实环境，当中流露出的上古社会的居住状态值得人细细揣摩，下面是一组有关"居住"相似语义的排列：

尻，《说文》："尻，处也。从尸得几而止。《孝经》曰：'仲尼尻。'尻，谓闲居如此。"《段注》曰："凡尸得几谓之尻，尸即人也。引伸之为凡尻处之字。既又以蹲居（坐）之字代尻，别制踞为蹲居字，乃致居行而尻废矣。"

处，《说文》："处，止也。得几而止。"《段注》曰："夂，读若黹，从后致也。人两胫后有致之者，至乎几而止。"

居，《说文》："居，蹲也。"

住，《说文》："住，楹也。"

驻，《说文》："驻，马立也。"马立定止住。

"尻"描述了人凭几而憩的状态，显示出一种闲适、安定的氛围。与之相和的还有同样从几的"处""處"，以及字义相通的"住"。在物资极度缺乏、环境恶劣的上古时期，人们不得不终日疲于奔波、辛苦劳作只为生存计，想来能够靠在几上休息获得相对安定的短暂停顿已是一天辛勤工作后难得的珍贵时刻，而"几"所在的位置也标志了先民栖息之地的最终归属。

同样具有静止、安定的"居处"意蕴的"尻""处""處""住"，根据社会发展规律由流动到固定、由简单到复杂的逻辑顺序判断，上古先民的生活状况应是从"尻处（處）"字形中展现的以方便搬运的"几"为停留依据的流动性强的迁移生活向"住（柱）"之形态中体现的以大型土木工程为居住标志的稳定性强的定居生活转变。由于先民早期改造自然的能力十分有限，更多的只能顺应自然的变化而不断调整自身以适应周围环境，逐水草而居的生活方式就是这一情况的具体反映；当人们对自然的认识不断提高、改造自然的技术能力开始觉醒时，将野外环境营造成适宜人居的村落或城镇是人力与自然之力碰撞后的必要步骤，定居的生活也会因此带来住房内容与形式的多样变化，无论物质上还是精神上，以满足不同场合的人文需要。

也有说法认为段氏从几的疏正仍存误差，"居"之本字应从尸从兀，即："尻"。所据之义实为上古史之初的"昔尧遭洪水，民居水中高土"的事件而绘形。两种说法孰对孰错且先不论，只是"尸"与"兀"的会意组合或可从不同角度窥视上古先民的居住环境。

尸，《说文》："尸：陈也。象卧之形。"

兀，《说文》："兀，高而上平也。"

长卧不起为"尸"，取其人卧之形；"高而上平"为"兀"，形容山顶平坦的高丘大陵，两者相组合可理解为：高丘大陵之上平缓的地势为先民休息、耕作等活动提供相对稳定的生活环境，是以为"居"。那么，为什么一定要选择在高丘大陵之上栖身？回顾中国上古史，就会发现其成体系的历史始自尧时洪水。时洪患规模之大，"四岳，汤汤洪水方割，荡荡怀山襄陵，浩浩滔天"（《尚书·尧典》）。《说文》中亦多有对这一史实的记录：

溥，《说文》："溥，大也。"

澜，《说文》："澜，水大至也。"

洪，《说文》："洪，洚水也。"

洚，《说文》："洚，水不遵道。一曰：下也。"

浩，《说文》："浩，浇也……虞书曰：'洪水浩浩。'"

滔，《说文》："滔，水漫漫大皃。"

沆，《说文》："沆，莽沆，大水也。"

滂，《说文》："滂，沛也。"《段注》曰："《小雅》曰：俾滂沱矣。"

巠，《说文》："巠，水脉也。从川在一下。一，地也。壬省声。一曰：水冥巠也。"《段注》曰："冥巠，水大皃。"

洪灾肆虐，使人无处安身，只得上到山的高处以避"逆水"，"下者为巢，上者营窟"（《孟子·滕文公下》），低地的人在树上搭巢，高地的人挖洞居住。由此，象形"水中高土"的"兀"成为先民当时赖以生存之地。

"凥"也因人居于高土之上，免于洪灾侵袭，始得安乐的解读，可看出文字中保留的"尧遭洪荒"这一上古史记录中恶劣的自然灾害对人们相地择址时所产生的重大影响。以"丘"为例：

丘，《说文》："丘，土之高也，非人所为也。从北，从一。一，地也，人居在丘南，故从北。中邦之凥在昆仑东南。一曰四方高中央下为丘。象形。"《殷契佚存》曰："丘为高阜，似山而低，故甲骨文作两峰以象意。"《广雅·释诂》云："丘，居也。"《广雅疏证·卷二上》语："凡言丘者，皆居之义也……丘、墟皆故所居之地，若传称帝丘、商丘、夏虚、殷虚、少皞之虚、大皞之虚、祝融之虚、颛顼之虚之类，皆是也。"

其"从一从北"的文字组成，暗示了先时人们选择聚居地时以山地南面阳光充足、地势较高可免于洪灾肆虐，且地势平坦易于居住、耕种的地势条件为优先的择地标准。《风俗通义·山泽·丘》载："尧遭洪水，万民皆山栖巢居，以避其害。禹决江疏河，民乃下丘营度爽垲之场，而邑落之。""丘"成为当时躲避洪水的高土之地、庇护之所。人们对土地的感情甚至深到谈到土地就会联想到山地之土、家园之土、耕种之土……是不会长久被淹没于水中的干燥的土地，但又不会是干燥得寸草不生的贫瘠沙漠戈壁；虽说是高土，却是高于环绕于周围的水面高度而言的宜居之所；尽管称之为丘，但在人们生活的区域仍是相对平坦，不会影响日常的居住与生活。"土"就此与"水中高土"结缘，提到"土"，默认式即"水中高土"，象征安定、富饶、庇护之意。

上古洪荒之害延绵三代（尧、舜、禹），直至大禹治水才有所缓解，人们得以真正安居乐业，但在其后的建屋中依然下意识地选择地势高的土地，以避免因水侵而导致的不必要的损失和伤害。这种深深烙印在人们记忆中的、应对"洪水"的防卫性规范动作，在古文字的取象中可以找到许多类似的印记。

州，《说文》："州，水中可居曰州，州绕其旁，从重川。昔尧遭洪水，民居水中高土，或曰九州。《诗》曰：'在河之州。'一曰：州，畴也。各畴其土而生之。"

陼，《说文》："陼，如渚者陼丘。水中高者也。"

渚，《说文》："渚，水。在常山中丘逢山，东入渭……《尔雅》曰：'小洲曰渚。'"

沚，《说文》："沚，小渚曰沚……《诗》曰：'于沼于沚。'"

坻，《说文》："坻，小渚也。《诗》曰：'宛在水中坻。'"

墇，《说文》："墇，保也；高土也。"

虚，《说文》："虚，大丘也。"徐灏《段注笺》曰："人所聚居谓之丘虚。"

尧，《说文》："尧，高也。从垚在兀上，高远也。"《段注》曰："兀者，高而上平也；高而上平之上，又增益之以垚，是高且远可知也。"

垚，《说文》："垚，高土也。从三土。"

陶，《说文》："陶，再成丘也，在济阴。"

陵，《说文》："大阜也。"

昌，《说文》："昌，大陆，山无石者。象形。"《段注》曰："陆，土地独高大名曰阜。引申之为凡厚、凡大、凡多之称。"

　　陆，《说文》："陆，高平也。"

　　遵，《说文》："遵，高平之野，人所登。"

　　以上文字形态各有不同，却都紧紧抓住了先民对安居之所面貌特征的要求："水中高土""高而上平"、可安居。这些文字以多样的异构名称从先民居住地的特殊性方面展示出其具有的普遍性同质内涵。"州""陼""渚""沚""坻"皆有水中高地，且可居住、耕种之意，只是面积大小不同，"州"之面积最大，"陼""渚"次之，"沚""坻"最小；"墉"侧重已发展到一定规模的都邑小城，高大厚实的土墙将城内居民的生活与来自野外的危险隔离起来；"垚"强调累土之高；"陶"注重山丘叠置的高面层次；"陵""阜""陆"均指顶部又平又广的高山，区别在于"陵"是大阜，"昌（阜）"是大陆；"遵"形容高平的原野。

　　约而言之，上古时期先民们的居住环境十分艰难。洪水的侵袭导致人们被迫迁至高山之上，以保证居住地的基本安全；河流的不停变道又迫使人们不断地搬家。但无论如何搬迁，先民对于居住基地的选址问题一直有着自己的坚持——"高而上平"的可居之土，即指能够远离洪水侵害的高地，且地势平缓，可以为人们的生存提供适宜居住和耕种的土地。这里的"土"涵义丰富，规定了居住地的地貌特征，虽有洪水环绕，高山之上的平缓土地却成为居民遮风避雨的安全场所；界定了当地的土质状况和生活环境，宜于耕种的肥沃土壤、草木繁茂的森林资源，为家园的建立提供充足的物质条件；也暗示了先民们在面临天灾时对给予庇护和食物的土地的依赖和感激之情。当然，依据聚居地周围具体的择址位置和环境，先民们也会选择穴居或是巢居以作出妥善应对。

　　2. 从崖岸看初民的暂居之所

　　上古初民因洪水困扰而不得不上山避难，至此于山上求生的初民之聚落营地就与"山"紧紧联系。为世人所熟知的"陶复陶穴"

和"筑木为巢"两种史前居住形式固然历史久远，无疑是初民居住房屋的雏形。然而从居住情况的演变轨迹来看，天然洞穴的利用明显早于穴窟的人工开凿，并且这一情况在《说文》中也得到了相应的印证。

虽然历经千年变革，今天的有些文字在形体或者语义上似乎已很难看出其原初形象的端倪，甚至与现行的表意南辕北辙，但若追溯其甲骨文体结构或原始文意，仍会发现当中隐藏的居住形态的印记。谈到"广"，最容易让人想到的会是与之相组合的"广场舞""广阔""广告""广播""广州"等词语，却很难将其与最古老的居住形式产生联想。因为无论是字形、字音还是字义，在《现代汉语词典》，甚至《辞海》中注疏的内容都已与其创字时的初衷相去甚远。不可否认的是，"广"在古汉语中的确代表着一种居住样式，而且其在《说文·广部》中并不读"guǎng"，而是"yǎn"。从语音系联发现：

广，《说文》："广，因厂为屋，象对剌高屋之形。"徐灏《段注笺》曰："因厂为屋，犹言傍巖架屋。"

巖，《说文》："巖，厓也。"《段注》曰："各本作岸也。今依太平御览所引证。厂部曰：厓者，山边也。厓亦谓之巖。故厂下云。山石之厓巖。人可居也。"

礐，《说文》："礐，礜礐也。"《段注》曰："犹上文之礜礐，积石高峻皃也。"

"广""厂"都是"因岩为屋"，其字形取象于上古时期初民栖身的天然岩洞之侧面轮廓。正如王筠《句读》中描述："左之斗绝者山也，上之横覆者厓也。土山不能横出，故曰山石之厓巖（岩）。"先时由于生产力水平的极度低下，人们无力营建坚固的房屋以满足对生命安全的基本需要，为了避免在野外"以天为盖地为庐"的危险居住境地，天然洞穴当之无愧地成为当时恶劣居住条件下初民们优先选择的理想处所。这一事实在先秦典籍中多有印证，其中《墨子·辞过》中就曾提到："古之民，未知为宫室时，就陵阜而居，穴而处下。""陵阜而居"即以山洞作为居住之地。从"广"在段氏释义上看，"厂"之本意是指"山石之厓巖"，后来因被初民改造为更适宜人居之所而记为"广"，因此，"广"与"厂"的相连强调的是"陵阜而居"的地理位置和形态，不过其各自所指代的居住形式却有着质的差别。这里的"厂"不是今天意义上的"工厂""厂房"，而是可人居的天然山洞的"山石之厓巖"。但是若单从《说文》"厂"义的释解来看，似乎更偏向自然景观的描绘，因为"巖""礊"都有"岩"之义，《说文·山部》释"巖（岩）"为"岸"，《说文·石部》的"礊"则更为细致地描绘了岩"塹礊也"之状貌，《段注》曰："积石高峻兒也"，"品象石之砳巁"。相较之下，"宕"或许更能说明上古时期人们择洞穴而居的实际生活情况。"宕"的甲骨文"🏠"上部"⌂"取自人们居住的石洞出入口形状，下部以"石"会意该洞屋是初民居住的天然石洞。然而"宕"的洞屋之义今天早已消失，只保留其引申义"拖延、放荡"之义，不过从《说文》："宕，过也，一曰洞屋"仍可回溯"宕"的本来面目，再次证明初民曾以崖岸洞穴为"陋室"的事实。而"广"已是后期于工具、技术等能力大幅提高后为改造自然而在崖岸上开凿、修建的精美建筑。可见，上古先民最初暂居之所实为"崖岸"。

"广"是更具体于带有人工雕凿色彩的传统建筑形式，徐灏《段注笺》释其为："因广为屋，犹言傍岩架屋"；《北史·李谧传》也提到："结宇依岩，凭崖凿室"；"上有一岩屋，相传灵人宅"（唐·杨衡《游陆先生故岩居》）；"水烟晦琴徽，山月上岩屋"（宋·梅尧臣《送良玉上人还昆山》），这种凭岩结屋的"广"式建筑不仅广泛地出现于众多古代典籍、诗文的字里行间，而且在今天中国的山西恒山、河北苍岩山、河南淇县、浙江建德大慈岩、福州永泰、四川旺苍、青海西宁等地保留完好的悬空寺，山西绵山悬崖建筑群，黄山玉屏楼，峨嵋金顶，武当金顶等多处都留有凿岩而建的鬼斧神工。在国外，雄踞于巨大山岩顶点的希腊米特奥拉修道院、位于斯里兰卡马特莱区堡垒和宫殿的废墟中央的狮子岩、建于缅甸火山顶上的汤恩格拉德寺院、意大利五渔村、西班牙悬崖小镇隆达也都是今天因崖而建的岩屋古迹游览胜地。

相比之下，崖岸之地终归只是初民居无定所时不得已为之的无奈做法。《说文》中保存了关于崖岸的丰富记载，从形态和含义中发现有以下语义场，可透析出崖岸特点。

（1）指向"高山边缘、崖岸狭仄"的语汇：

崖，《说文》："崖，高边也。"

岸，《说文》："岸，水厓而高者。"水边高出的地方。

屵，《说文》："屵，岸高也。"徐灏《段注笺》曰："屵盖即岸字，岸本作厂，籀文从厂增于声作厈，此则从厂加山。"

厓，《说文》："厓，山边也。"

厂，《说文》："厂，山石之厓巖，人可居。象形。"

仅从字形看，"崖""岸""屵"三字从山厂的构形就已形象地表现出其取象于"山"的初衷。《中国字例》从"厂"之甲骨文、金文之形，及后世转注、声意符附加的传承关系推断，"厂""厈""岸"为重文一字。[①]"崖"与"厓"字义也时有相通。[②]而按上面词组在《说文》中的训诂，"山"与"崖""厓""岸""屵""厂""厈"在含义上都有着密切的联系："崖""厓"指高峭的山边；"岸""屵"指水边；"厂""厈"取象山上石头形成的岸边；在"三尺之岸"的疏正中，杨倞将水边之"岸"与山边之"崖"画上等号[③]。之所以会认为"山边"即"水边"，就不得不再次提到"洪水滔天，浩浩怀山襄陵"（《尚书·益稷》）的典故，初民被洪水围困于高山之上，山水相依、相连，"厓"

[①] 高鸿缙《中国字例》："厂厈本象石岸之形，周秦或加干为声符作厈，后又或于厈上加山为意符作岸，故'厂、厈、岸'实为一字。"

[②]《集韵·佳韵》："厓，或作崖。"

[③]《荀子·宥坐》："三尺之岸"，杨倞注："岸，崖也"。

也在典籍中被认为与"厓""涯"相通①。此外,《段注》"小阜之旁著于山岸胁,而状欲落堕者曰氐"中,"山岸"之词组已显现;而今天的用词"山崖""山岸""崖岸"的词组连用更是十分常见,直接突出了"崖""岸"就是"山"的实质。更确切地说,"崖""岸"属于高山中与水相接的部分,也就是"山边"或者"水边"。

《说文》中"厂"与可人居的崖岸同属一个部类,即"凡厂之属皆从厂",如此可推:

厌,《说文》:"厌,厝也。"《字汇·厂部》曰:"厌,俗作狭。"

仄,《说文》:"仄,侧倾也。从人在厂下。"出人在厂下会意。

厝,《说文》:"厝,仄也。"

厞,《说文》:"厞,隐也。"

"厌""仄""厝""厞"皆从"厂"取类,即有"崖岸"之义。上古时期,初民选择在高山边缘的崖岸居住,其"厞"之隐蔽的特点的确避免了人们在陌生的崇山峻岭中遭遇许多不确定的危险与麻烦,然而崖岸本身并非无可挑剔,其中一个直面居住条件的重大的问题就是狭窄逼仄。"厌""厝""仄"三者形成递训关系,"厌,厝也",即狭窄,《段注》曰:"厌与陕(xiá)音同义近。""厝,仄也",同指狭窄之义,张舜徽仆《约注》释"厝仄"为"湖湘间犹称室之褊小者"。"仄"从其籀文写法可知,是以人在厓下倾头而居的会意之形形象地描绘了崖岸山洞中人们生活空间的窘迫与紧张。有"崖岸"之义的"厂部"虽囊括了"夹""辟""人"多种不同的样式表达,其意义核心却始终不变,反复点明了崖岸因位于高山边缘而导致的固有空间狭窄的致命弱点,徐

---

① "厓":《说文》:"山边也。从厂,圭声。"《韵会》:"或作崖,今山崖字皆作崖。"又《尔雅·释丘》:"望厓洒而高,岸。"郭璞注:"厓,水边。"《玉篇》:"或作涯。"又《韵会》:"珠厓,郡名。汉武帝置地居海中,厓岸出珠,故曰珠厓。"

锴《系传》更毫不讳言："人在厓石之下，不得安处也。"

（2）指向"峭壁陡立、崖下水深、山石易崩"的语汇：

洒，《说文》："洒，涤也。"《段注》曰："洒释为陗者。洒即陖之假借。二字古音同。𠱾部曰：陖者、陗高也。陗者、陖也。凡斗立不可上曰陗。"《尔雅·释丘》载："望厓洒而高，岸。"

湄，《说文》："湄，水厓也……《诗》曰：'寘河之湄。'"

陗，《说文》："陗，陖也。"《段注》曰："凡斗直者曰陗。'斗'俗作'陡'，古书皆作'斗'。"

陖，《说文》："陖，大𠱾也。"𠱾《段注》曰："谓斗（陡）直而高也。"

崔，《说文》："崔，大高也。"

嵬，《说文》："嵬，高不平也。"

崩，《说文》："崩，崩也。"

𡹔，《说文》："𡹔，崩声。"

陊，《说文》："陊，小崩也。"

崒，《说文》："崒，危高也。"

阢，《说文》："阢，石山戴土也。"

崖岸位于高山之上的边缘地带，地势险峻，崖下渊深，更兼有不时从山巅滚落的土石，无端平添了许多崖岸居处的危险系数。正如段氏借用《尔雅·释丘》对崖岸环境特点的描述："望厓洒而高岸。夷上洒下不湄。李巡曰：夷上，平上。洒下，陗下。故名湄。孙炎曰：平上陗下故名曰湄。不者，盖衍字。据李孙之释湄，则知李孙之释岸亦必曰陗下而高上也。陗下者，谓其体斗陗平上。高上者，谓其颠有崔嵬平坦之不同。嵬下曰：高不平也。对夷上言也。洒释为陗者。洒即陖之假借。二字古音同。阜部曰：陖者，陗高也。陗者，陖也。凡斗立不可上曰陗。"[1]其中的"望厓洒而高，

---

[1] （清）段玉裁：《说文解字注》，上海古籍出版社1981年版，第442页。

岸"彰显了崖岸陡立和崖下水深的双重特点,郭璞也认为:"厈,水边。洒谓深也。视厈峻而水深者曰岸。"渊深的洪水紧紧包围着高山崖岸,因洪水拍打峭壁而终使"百川沸腾,山冢崒崩"[①],"崔嵬"所代表的不甚结实的"土山戴石"的山体在洪水的激荡中面临崖上山石不断崩塌,最终落入水渊深处的境况。

危险的景况会加重人们心中的负担,使人惊恐,产生逃离的欲望,如:

滣,《说文》:"滣,水厈也。《诗》曰:'寘河之滣。'"
厬,《说文》:"厬,口耑也。顩,古文厬从页。"
惴,《说文》:"惴,忧惧也。《诗》曰:'惴惴其慄。'"

崖岸之地理位置之凶险、生存环境之恶劣可谓有目共睹。此组三项在声符与义项上形成对应关系,"滣"与"厬"声符相同,都有"耑(端)"义,这与"惴"同为同源词,滣有水厈之义,惴有忧惧之义,从《说文》中字的形音义的系联上都显示出上古初民在面对惊险重重、空间窘迫的崖岸环境时的惊惶、无助。"从厂,自卪止之"的"危"也从其文字形态上显示出初民在悬崖高处居住的恐惧心情:由厂示意的惊涛拍岸的高边崖岸之处,如"勹"般岩石凸悬于初民暂居的洞窟前,使之成为危地,人们不得不努力压抑这种对高而险的环境的恐惧心理。因此,无论从客观环境还是居住者心理状态来讲,崖岸都不是适宜长久定居之地。

崩,《说文》:"崩,山坏也。𨹹,古文自从。"
硕,《说文》:"硕,头大也。"
氏,《说文》:"氏,巴蜀山名岸胁之旁箸欲落𪨰者曰氏,氏崩,闻数百里。象形,乁声。杨雄赋:响若氏隤。"
队,《说文》:"队,从高队也。"《段注》曰:"占书多作队。今则坠行而队废矣。"
陊,《说文》:"陊,落也。"

[①] 于夯译注:《诗经·小雅·十月之交》,山西古籍出版社2001年版,第106页。

降，《说文》："降，下也。"《段注》曰："此下为自上而下，故厕于队陨之间。释诂曰：降，落也。"

陨，《说文》："陨，从高下也。《易》曰：'有陨自天。'"

磒，《说文》："磒，陵也。"《段注》曰："陊也。陊者、落也。"

碩，《说文》："碩，落也。《春秋传》曰：'陨石于宋五。'"

大量从𨸏、从石的文字表现出自山上频繁滚落、坠下大小石块，显然，崖岸是危险的、可怕的。垂立的峭壁，崖下汹涌的洪水，还有不时滚落的山石无不对上古初民们的生命安全造成威胁。但是，从《说文·厂部》："厂，山石之厓岩，人可居，象形"来看，虽然崖岸存在着诸多不安定因素，但不可否认的是，它为初登上高山、在陌生环境中寻求庇护的人们而言确实提供了宝贵的暂居之所。

3. 空间的概念、方向与方位

居住是人们生活中一项必不可少的重要民生内容，建筑伴随人的居住需要而产生，由泥土、木材、竹草、砖瓦、石头，甚至玻璃、钢筋、混凝土搭建的建筑在无意中将"空无"融入其中，使建筑中"空"的部分得以承载人们所有的生活行为与房屋应有用途。诚如《道德经·十一章》中所述："凿户牖以为室，当其无，有室之用。故有之以为利，无之以为用。"故此，只有虚与实相互协调、空间与建筑相互结合，才能充分发挥出建筑的真正功用。而空间概念的展现正是通过建筑中这种有与无的统一实现的。

（1）"间"的概念理解

在建筑范畴的理解中，"间"是一种围合结构，是中国传统建筑中的最小构成单位和要素。通过一定形式的排列、穿插、组合，"间"可以使单个房屋变为多进式的围合院落；将建筑群式的复合院落进一步扩展成拥有纵横交错的街道，秩序井然的市场，大规模的居住区、商业区的大尺度城镇。这种构图如大空间套小空间般地将不同层级的环境和功能有序地整合在一起，类似网格般将具有不同用途的空间嵌套其中，无论封闭的房屋、开敞的庭院、流动的集市，还是喧嚣的街道。

　　柱，《说文》："柱，楹也。"《段注》曰："柱之言主也。屋之主也。"

　　间，《说文》："间，隙也。"《段注》曰："隙者，壁际也。引申之，凡有两边有中者皆谓之隙。"

　　建筑产生之初无疑来源于人们对居住用途的迫切需求。从皇亲贵胄居住的美轮美奂的宫殿豪宅，到大江南北呈现的印子房、竹楼、鼓楼、土楼、吊脚楼、天井式院落、窑洞、四合院等各式民居，分析其中的任意一座独栋建筑都会发现，不管该幢建筑的规模多么庞大、样式多么华丽，也不管它的结构有多么复杂，嵌套方式多么灵活、巧妙，其平面布局依然以"间"作为最小构成单位，并以"柱网"的形态进行阵列布局，每根柱子即是位于"间"的角点，又或者说，"凡在四柱之中的面积都成为间"[①]。作为建筑空间最小单位的"间"是灵活的，它可以不受任何规则的约束，自由地排列，可以是环形阵列、矩形阵列，或有意识地穿插组合，也可以不仅仅局限于二维平面的层次，而向三维立面方向延伸，以表现出千变万化的姿态与趣味。而这一点上与西方现代建筑师勒·柯布西耶提出的柱网式多米诺建筑框架结构体系有着异曲同工之妙，不同的仅在于中国传统空间是以木石结构为主的木框架体系，多米诺体系则是由钢筋混凝土浇灌而成，但两者都以各自不同的材料表达最大限度地扩展空间的自由度，打破了因墙体负重造成的封闭与不便，使空间的划分更加随意、流动，将室内外环境有机地融为一体。

　　（2）空间的方向与方位

　　此，《说文》："此，止也。从止，从匕。匕，相比次也。"

　　处，《说文》："处，止也。得几而止。"

　　在，《说文》："在，存也。"

---

① 见梁思成《清式营造则例》。

方，《说文》："方，併船也。象两舟省、緫头形。"

旁，《说文》："旁，溥也。"

从这组字的字形、字义来看，虽看似较为抽象，实则是以人为参照依据，将人自身的位置作为空间表达的原点，并由此向四周发散出去，首先将人身边最为熟悉的环境方向与方位梳理清晰，再推而广之，扩展到离自身更远的区域或事物，这种处理空间环境的方法虽然原始而简单，却使人对周边地形、河流、道路、方向等情况掌握得更加清晰明了。在上古时期人们活动范围有限，且对世界的理解不够全面的时候，用自己的身体测绘和规范外部世界的方法就显得尤为有效、实用。从已发掘的大量远古人类生活遗址、墓葬情况来看，早在六七千年前先民们就已对居住空间的基本知识有所认识，如：仰韶文化的仰韶村遗址，整个地势是北高南低的缓坡，东西南三面环水，便于生活、农业灌溉、畜牧和交通，饮牛河西岸仰韶村南寺沟村北的台地位于韶山以南，阳光充足，高立的台地亦可阻断上古洪荒的肆虐，且居住生活区与墓地、窑场分别坐落于不同区域范围。以围绕于村子的大壕沟为界，沟外北部为墓葬区，东边为窑场。无独有偶，位于河南安阳小屯村周围的殷墟遗址同样依山傍水，遗址沿恒河两岸呈环形分布，宫殿宗庙是遗址的中心，坐落于厚实高大的夯土台基上，西南两面也挖有防御性壕沟，可起到类似城墙的功用，其东面商城四周是夯筑的城墙，王陵遗址位于殷墟宫殿宗庙区的北面高地，手工作坊、窑场等皆分布于商王居住、理政的宫殿外围较远处。而这种空间方位与方向上的布局也为之后历朝历代城市的选址与建造提供了参考范本。

可见，初民在选择生活居处时会有意识地选择阳光充足的山南高地和水流汇聚的交通要道，并会注意将阳宅与阴宅分而处之。从以上情况来看，上古时期或许初民还不懂得抽象化的空间方向与方位，但是却已能从最熟悉的自身和居住地区域为中心出发，开始对周围空间环境进行直观而经验性的认识和利用。

其实，在认识、处理与空间位置关系时，初民还惯于以自己的肢体定位、定性环境，甚至直至今日我们仍习惯用"背山面水""左青龙右白虎"等类似的表达来描述自己生活的空间环境。而这种出自人体部位的方向表述，也体现在文字的取象构形和词义解说过程的联系上，下面予以阐析：

面，《说文》："面，颜前也。从𦣻，象人面形。"

背，《说文》："背，脊也。"

左，《说文》："左，手相左助也。从𠂇工。"

右，《说文》："右，助也。从口，从又。"《段注》曰："又者，手也。手不足，以口助之。故曰助也。今人以左右为𠂇又字，则又制佐佑为左右字。"

回顾人体与环境联系的具体情况可以得知，"面"有面前、朝向光明正大之意，若说"面某处"可知此"某处"是朝南向阳的方向；相反，"背"则有背阴、朝北的含义，"背某处"往往指空间的北面。"左""右"之于人体"面""背"两面而言居于侧面的辅助地位，也因此历来古代帝王端坐殿堂都是坐北朝南，文武官员陈列左右。

另外，初民在认识空间的过程中并不仅仅依靠人体本身辨识空间的方向与方位，自然景物的提示也是非常重要的风向标。这一点在《说文》的释解中也得到了充分的说明，如："东""从日在木中"；"南"为"艸木至南方，有枝任也"；"西"是取象"鸟在巢上"之形，因"日在西方而鸟栖，故因以为东西之西"；"北"则"从二人相背"。

二　建筑的起源

巢穴是人类真正开始亲自动手伐木筑土、营建生存之所的起点，是至今人们仍然延用的喻示居住空间"家"的古老语汇，也是之后千姿百态的居所建筑、政治色彩浓厚的宫廷建筑、神秘端肃的祭祀建筑、鱼龙混杂的商业娱乐建筑等各类房屋设计建造的肇始。如今已生活在高楼大厦的我们或许已很难想象粗陋的巢穴在最初传递给人的温暖与安全之感，经历了千百年各种临时的、永久的、移动的、固定的、装配的、天上的、地下的建筑形式的变迁，巢穴始终凝结着人们在创物之初对生活的思考与感动。

随着社会生产力水平的不断提高，上古先民逐渐从寄居"崖岸"的天然洞穴走向自己动手建造的更为适宜人居的巢穴。又由于南北两地地势环境气候的迥异，最终形成以北方穴居、南方巢居为主要特点的建筑面貌。

1. 穴居的空间形态与发展

上古先民择穴而居的历史并非一蹴而就，从天然洞穴到人工穴窟、从地下挖掘到地面建构、从胆怯隐藏到勇于彰显，文字同样将这段漫长而艰辛的居住发展记录其中，令我们可以从中了解到建筑形式的始发与演进。

穴，《说文》："穴，土室也"，《段注》曰："引申之凡穴窾皆为穴。"这里的"穴"并非前文"崖岸"中提到的"穴居而野处"中的天然洞穴，而是"陶其壤而穴之"[1]的人工挖掘之穴。

从"穴"的甲骨文、金文亦可知，造字之初"穴"的形象是洞穴的正剖立面，饱含了人工雕凿的痕迹的矩形规整形态；内里有两根相交的斜线，仿佛倾斜的木棍支撑着洞穴内部的空间，以防坍塌，无声地宣告了此时的洞穴已非过去所谓的单纯的"崖岸"，人们已有意识地改造，甚至营建适合自己的舒适生活环境。（图3-1）《王国维手定观堂集林·卷第三·艺林三·明堂庙寝通考》载："宫室恶乎始乎？《易传》曰：'上古穴居而野处，后世圣人易之以宫室。'穴居者，穿土而居其中；野处则复土于地而居之。《诗》所谓'陶復陶穴'是也"。古文献的记载显示出人造洞穴由来已久，且延用时间很长，甚至到"宫室"极为发达的后世，仍然因种种原因而受世人青睐，未有废弃，《后汉书·东夷列传·挹娄》载："处于山林之间，土气极寒，常为穴居，以深为贵，大家

---

[1]《毛传》："陶其土而复之，陶其壤而穴之。"

至接九梯。"考古亦证实，人工洞窟主要出现在高山、丘陵等地势较高地带中的适合人们居住的环境。新石器时期初期，人造洞窟就已大量出现，也因为黄河中上游地区的土质没有过多坚硬的岩石，适宜当时粗陋的生产工具的挖掘，至今仍残留下大量人工开凿过的洞穴遗迹。正如《郑笺》中载："凿地曰穴"，这种早期地穴式居住形式在祖先眼中也被看作是"堀"。

| 甲骨文 | 金文 | 秦简 | 小篆 |

图 3-1 "穴"字形象的演变

《说文·土部》："堀，突也，《诗》曰：'蜉蝣堀阅。'"《段注》曰："突为犬从穴中暂出，因谓穴中可居曰突，亦曰堀，俗字作窟"，"堀"即指人工挖掘的洞穴、洞窟。"容"的甲骨文形态也显示出原始地穴的其中一种形式：竖向袋形且口小肚大的地窖，既可置物又可住人。[①]"穴"虽在《说文》释为"土室"，实际上只是深挖而成的土质坑洞。而今天在我国黄土高原流布的、仍用来居住的窑洞正是之前原始横向土穴建筑形式的升级版。由此可见"穴"居的样式十分灵活，既有在断崖、坡地开凿的横向土穴，也有在一般平地挖建的袋状竖穴。

而随着人们生活环境的逐渐改善，一种新的半穴居的居住形式开始出现，也因此在秦简、篆文中，"穴"字较之以前头上又增加了一点（图 3-1），有别于过往全地穴的形态，转变为半地穴形式。半穴居的建筑形式虽依然以土坑为穴，以坑壁为墙，屋顶却从穴洞中独立出来，架构在坑壁向上的延续部分上，显露于地面之外，为人们遮风避雨，出入以土坡或土阶为通道，把室内与室外空

[①] 唐汉：《汉字密码》，陕西师范大学出版社 2009 年版，第 664 页。

间连接起来。①同时，覆的出现也使洞穴内部结构变得复杂，从单一空间分裂成多个房间，且房室相通，形成复合结构。《说文·穴部》："覆，地穴也。从穴，復声。"朱骏声《通训定声》："凡直穿曰穴，旁穿曰覆，地覆于上故曰覆。"覆的穴居形制"如楼然"是空间上下叠置的结构，即在原有的洞穴下方加挖地下室，再在其上重复建室，并使所有洞穴上下左右相互贯通。②较之"直穿"的"穴"，先民"陶其下为室，复于其上重复为室"的"覆"式穴居明显进化许多，不仅考虑到居住空间中各种动与静环境的功能需要，在技术上也真正实现了空间的分隔与错落。也许从美学的角度来看，这种复式穴窟还存在许多欠缺之处，不过以原始社会各方面都极度匮乏的物质条件作为背景来观察，复式穴窟对当时的居住条件来说可谓相当先进。

2. 筑木为巢的空间演变

巢居是与穴居相对而言的居住方式。如果说穴居是从地下生活逐渐上升到地面的话，巢居就是从空中下降到地面的建筑形式。一般而言，穴居多出现在黄河流域，而巢居则多集中在长江流域地区。至今，在安徽仍保留有巢县巢湖之地名，并且在《鄂君启节》《左传》《史记》等古籍中也早有记载，数千年不离"巢"之一字，巢居思想之根深蒂固在此可见一斑；陕北星罗棋布的窑洞民居亦延承着上古穴居的古老居住形式，因此也有"南越巢居，北朔穴居"之说。

巢有"鸟窝"之义，《说文》理解："巢，鸟在木上曰巢，在穴曰窠。从木，象形。"徐锴系传："臼，巢形也；巛，三鸟也。"巢即是木上构筑的鸟窝，后被上古先民模仿应用。巢的甲骨文、金文形状都是在木上取鸟巢之象。到了篆文时期，下面的木部未变，上面改为"甾"，以"巛"表示小鸟探出的头，强调鸟窝之

---

① 参考谢光辉说，《汉语字源字典》2006 年版，第 311 页。
②（清）王筠：《说文句读·卷十四》，第 12 页上。"陶其土而复之者，刚者曰土，既陶其下为室，复于其上重复为室，如楼然。"

义。如此可推测巢居之建筑形态的产生最早源于先民对鸟窝的观察与模仿；且从文字构形来看，亦展露出巢居建筑的特点：架筑于树木之上，处于凌空形态，并不与地面相接触。与"巢"同音义的另一个"樔"从木部的构形进一步加强了巢居高架木上的房屋状态。"樔，本又作巢"[①]，樔与巢古今一字，《说文·巢部》："樔，泽中守草楼，从木巢声"，《段注》载："形声包会意也，从巢者，谓高如巢"，古时先民即以木构樔（巢）居住。巢居形成之初脱胎于鸟巢之形，筑于独木之上，可以想象其空间之狭仄，建造之简陋，促使人们不断改进。在四川出土的一件青铜器上刻有巢的异体字"𢆉"。树屋虽仍架空于树上，但已不拘泥于一棵树的范围，而变为由多棵树共同构架。这种做法大幅推动了巢居建筑空间的拓展，也使居于空中的房屋更加平稳、结实，足以抵抗风雨。

另外，需要一提的是，南方巢居、北方穴居的论断并非绝对，两者之间也互有渗透。《礼记·礼运》曾载："昔者先王未有宫室，冬则居营窟，夏则居橧巢"，《孟子·滕文公下》也说："下者为巢，上者为营窟"，可见影响穴居或是巢居的因素还有季节气候的变化，以及地势的高低。上古时期的北方，气候温润、水量充沛、林木茂密，为巢居提供了充分的环境条件与可能；而南方也有高山峻岭和可供开凿的洞窟居穴。如贵州黔西县沙井的观音洞遗址、湖北郧县梅铺的龙骨洞遗址、江西万年大源的仙人洞遗址等都留下了南方穴居的痕迹。

而无论选择穴居还是巢居，明显地，两者在确实地实施建造之前都有认真地勘测当地的自然环境，能充分地使用现有的建筑材料，真正做到因地制宜，而不会盲目地采用"一刀切"的武断做法，简单地只以黄河流域还是长江中下游流域为唯一考量依据来决定建筑的形式。

[①]《礼记·礼运》："夏则居橧巢"，陆德明释文，"樔，本又作巢"。

第二节　从"住"类字看传统建筑的分类

为了在艰难的环境中安身立命，先民们曾对房屋的形式、材料等做过多方尝试，也曾为适应不同功能的需要而分化出各式建造形态及构件，室内的家具与精心布置透露着对美好生活的憧憬和诉求。于是，《说文》在"住"类字的构形与释义中摹绘了大量形态各异的房屋式样，反映着上古时期成体系的建筑类型和成熟的设施配备。

一　传统建筑的类型

1. 先民传统建筑的最初发展

从《说文》中大量描摹建筑形式的图画性文字来看，自先民为躲避恶劣自然天气、野兽袭扰等不良环境因素而始有"巢穴"临时处所之后，改良房屋形态结构以满足人们不断增长的实际生活需要似乎成为当时一项必不可少的工作内容，房屋样式变得越发多样丰富。不过，从字形、字义显示出的总体形貌来看先民传统建筑的最初发展存在着两大趋向：

（1）半穴居的低矮宅室

宀，甲文作"∩"，《说文》："宀，交覆深屋也。象形。"《段注》曰："古者屋四注（屋檐滴水处），东西与南北，皆交覆也。有堂有室，是为深屋。"

家，甲文作"𠖷"，《说文》："家，居也。"指居住的地方。

宅，甲文作"𠕁"，《说文》："宅，所托也。"指寄托身躯的地方。

宫，甲文作"𠖗"，《说文》："宫，室也。"指人的居所。在秦汉以前人们的住所都称"宫"，并没有高低贵贱之分。

室，甲文作"𠖣"，《说文》："室，实也。""室"与"宫"为递训关系，所以都有民众居处之义。

宋，甲文作"𠆢""宋"，《说文》："宋，居也。"

向，甲文作"向"，《说文》："向，北出牖也。从宀，从口。《诗》曰：'塞向墐户。'"

寝，甲文作"𡨦"，《说文》："寝，卧也。"张舜徽《约注》载："（小篆）寝字当从宀，从人又（手）持帚，会意。今北人居长炕，上铺以席，就寝前必持帚扫除灰尘，盖自古之遗俗也。"

（2）重屋高台的亯京与楼

高，甲文作"高"，《说文》："高，崇也。象台观高之形。"

亯，甲文作"亯"，《说文》："亯，献也。从高省，曰象进孰物形。《孝经》曰：'祭则鬼亯之'"

京，甲文作"京"，《说文》："京，人所为绝高丘也。"《两周金义辞大系考释》载："象宫观廱儀之形。在古素朴之世非王者所居莫属。王者所居高大，故京有大义，有高义。"

亭（郭），甲文作"亭"，《说文》："亭，度也，民所度居也。从回，象城亭之重，两亭相对也。或但从口。"指人们居住的地方。

楼，甲文作"楼"，《说文》："楼，重屋也。"

殷商甲骨文忠实记录了当时出现的建筑基本形态，虽然胖瘦、高低姿态各有不同，但是这些象形文字中描绘的屋顶基本形貌大体不变，皆以人字坡形轮廓为准，只是屋身下方的构成部件有所不同。是以以此为依据主要分半穴居的低矮宅室和重屋高台的高耸建筑两大类。

上述"宀""家""宅""宫""室""向""寝"等在甲骨文字雏形中图像化记载了出现屋顶和墙壁围合的低矮房屋样式。与殷商以前具有绝对地域特色的"巢""穴"居处相比，混合了北方土穴与南方木构各自建筑特色的半地穴建筑，无论在材料混搭还是式样创新方面都取得巨大突破，其中"宋"字由土穴"宀"和"木"柱二者的组合会意暴露于地面之上的"处所"也从侧面佐证了这一点。尽管直至商代早期，因地域环境限制而自发发展的地窖式陶穴土居仍然十分盛行，但从安阳殷墟发掘的建筑遗址来看，半地穴房屋已将南北建筑形式逐步融合。（图 3-2）而从《说文·宀部》对"家""宅""宫""寝"等有居住之义的语汇来看，在半地穴的人字形屋宇正面轮廓下，先民们从事着各式各样的活动，如：圈养家畜、打扫卫生、就寝休息、会客……这些由"宀"衍生出的如此数量众多的与半穴居人工建筑有关的同义或近义语汇，结合其甲骨文的历史图形记录，足以验证殷商时期一般臣工百姓的生活也已普遍脱离原始的居无定所的状态，进入定居式的"宫室时代"①。反过来，也正因为当时半穴居建筑模式的大规模涌现，以及在之后的深远影响，才能以如此典型的姿态在《说文》中成系统地继承和沿用，并没有因为朝代的变迁、文字的演进而消亡，反而形成了一个非常重要的部首门类，当中更包括人们在室内生活情状在内的 71 个居家用字。

此外，从字形结构上看，虽然房屋因无台基支撑而在高度上显得低矮，不过这并不妨碍其在横向上的连续拓展。尤其"宫"中连环洞室之形"🐘"，形象地表现出此室连着彼室、延绵不断的"宫"的最初形象。

不同于尚未发育完全的半地穴宅室，拥有高大台基的重屋已是名副其实的地上建筑。从殷商甲骨文和《说文》小篆的图画性文字展现的台基样式来看，又可细分为凸出地面的"口"形台基和底部架空的"𠔼"形干阑式样，且无论是台基支撑还是底部架空的台基建筑与半地穴房屋两种居住样式，至少在殷商时期就已并行存在。虽然"高""亯""京""郭"等文字取象殷商时期地面建筑的有台房屋，如以夯土筑台的"髙（高）""𠂤（亯）""𩫏（郭）"和底部

---

① "宫"与"室"在《说文》中含义相同，都是指人的居所。直至秦朝开始，"宫"成为帝王居所的专有称谓，范围大幅缩小，成为各类房屋形式中的其中一种。陆德明曾《尔雅·释宫》中"宫谓之室，室谓之宫"句释文："古者贵贱同称宫，秦汉以来惟王者所居称宫焉。"

图 3-2 半坡半地穴式房屋构造及室内环境

以桩木承托基座的"䆠（京）"，但是它们在《说文》中的涵义并不相同，像："高"形容建筑巍峨崇高之状；"亶"有祭祀先祖之义；"京"表现的是帝王居住的人工建筑的高绝；"郭"模仿的是先民居住的雄伟城郭之风貌。

"楼"的发展则不同于"宫"之横向的平面扩展，为垂直方向上的连续叠高。（图 3-3）其甲骨文形象描绘了在两个叠置的庐屋旁设有"阜"状的楼梯的"楼"房之象，以示房屋构成形制为可向上攀爬的、至少有两层的空间立向组合。"楼"的本字为陆地之"陆"，从其金文"䧙（陆）"右半边从"丄"的示意看，这种重屋高楼一般应建在高而平的夯土台基之上，并"陆续"衔接一层又一层的与"楼"同音近义的"庐"之楼层。至秦文小篆时"楼"成为房屋叠置的一种特殊建筑构形的专称。而早在殷商时期这种屋上置屋的建筑形式就已出现，不仅前面提到的"楼"之甲骨文有所显示，《考工记》中也有"殷人重屋"的与之相对应的记载，并由此为"楼"形式之滥觞。战国时期出土的青铜器上印有钟鸣鼎食的高楼享乐宴饮场景；汉代殉葬明器中画有五层高的重屋楼房；《汉书》中载有汉武帝建五十丈高的高楼；《西京赋》中也有"旗亭五重，俯察百隧"的相关记录。"楼"建于高台之上，又有重屋叠层，远远望去在一片低矮的屋宅映衬下更显巍峨挺立。

图 3-3　东汉绿釉陶楼

不过，指向高基有台的房屋语汇较之一般民众生活的低矮建筑词汇而言严重缩水，也从另一方面反映出高台建筑可能因为高规格的等级限制而在实际建成数量上较为稀少。不止因为等级社会礼制规范的严格规定，当中应该也有建造技术与财力的限制，使之不能被大多数人采用。从这些取象高屋的语汇涵义看，它们多应用于帝王和少数贵族的居所、祭祀宗庙，以及等级较高的城池，其庞大的体量和具有压迫性的震慑感，使人在其面前不由生出崇拜、敬畏之情。与中国传统人物画的作画特点相类似，画中主要人物一般以当中地位最高者为刻画重点，而且会特别将其人物刻意放人以突出画中主角，如《韩熙载夜宴图》中人物被画至最大的即是主角韩熙载，其他侍者、客人、表演者等都比照主角的个头相应缩小。高台重屋建筑也是如此，在一众低矮的地穴或半地穴房屋面前展现出一种居高临下的优越感，以"一览众山小"的姿态俯瞰其他低矮民宅，也是从体量上区别其社会中地位与等级的方式。

2. 传统建筑的空间构成与内容

因为空间的性质、功用、内容构成的不同，传统建筑名称也随之出现了各式各样的变化，从《说文》记载的让人应接不暇的空间称谓来看，上古时期人们对生活用建筑空间，及其设施配备的认识、理解和建造已相当成熟完善。以下按照传统建筑空间的内容构成大略归为一般寓舍、宫殿官制建筑、祭祀场所和别墅庭院四大类别。

（1）民居住房的形态内容

寓，《说文》："寓，寄也。庽，寓或从广。"

舍，《说文》："舍，市居曰舍。从亼中，象屋也。囗象筑也。"

宅，《说文》："宅，所托也。㡯，古文宅。厇，亦古文宅。"

庐，《说文》："庐，寄也。秋冬去，春夏居。"《段注》曰："小雅。中田有庐。笺云。中田、田中也。农人作庐焉。以便其田事。"

按照此组文字的构形与释义看，"寓""舍""宅""庐"四者均有托庇之义:"寓"中表房屋外形的"宀"下是一个"禺"字,意喻房中有蛇,是长期闲置、无人居住的结果,因此所谓"客寓"即为来往旅人、过客准备的临时居所;①"舍"的金文是在村邑"🔲"中用单独木柱支撑的无壁简易茅屋"🔲"组成,原指供路人暂歇的客店;"宅"有"㝉""庈"等异体字,是由人之身体得托于房屋而来;"庐"则适用于春夏时节居住的陋屋,也有农人为方便农事而临田造庐暂歇。文明早期人们为了躲避自然环境中的各种危险将身体寄于有着四面围合、顶有遮盖的空间中,然而这种住房形式带有极大的临时性特点,因为本身建造的简陋,有的是类似窝棚一样没有墙壁的茅草房,有的是年久失修、破败荒芜的废宅,有的房屋建造完整,装饰细腻,的确可以寄托身体,却考虑到传统土木材料易腐蚀、易损毁的特性而使人与房屋之间的关系始终保持不稳定的状态,建筑好像机器一样经过一段时间就需要更换零件,或者整体移除重建,不如西方砖石构造的房屋仿佛一件永久性的纪念品可长久保存。不过,无论什么样的房子毕竟为先民们撑起了一片相对安全、舒适的场所,可以寄托身心,并且在寄居生活的过程中,以居住功用为原点,逐渐辐射到交际往来、宗教祭祀、娱乐游赏等各项服务功能。

（2）宫殿官制建筑的类型组构

宫,《说文》:"宫,室也。"

殿,《说文》:"殿,击声也。"《段注》曰:"此字本义未见,假借为宫殿字。燕礼注:人君为殿屋。疏云:汉时殿屋四向流水。广雅曰:堂埕,壁也。尔雅:无室曰榭。郭注:即今堂埕。然则无室谓之殿矣。"

邸,《说文》:"邸,属国舍。"《段注》引颜注曰:"郡国朝宿之舍在京师者率名邸。"

馆,《说文》:"馆,客舍也。《周礼》:五十里有市,市有

---

① 唐汉:《汉字密码·下》,陕西师范大学出版社2009年版,第670页。

馆，馆有积，以待朝聘之客。"

寺，《说文》："寺，廷也。有法度者也。"《段注》引《汉书注》曰："凡府庭所在皆谓之寺。"

邮，《说文》："邮，境上行书舍。"王筠《句读》引《汉书·黄霸传》曰："邮亭书舍，谓传送文书所止处，亦如今之驿馆矣。"

与一般民居相对的是服务统治阶级及其机构运作的官制建筑，像：宫殿、官方客舍"邸""馆"、府庭"寺"、驿馆"邮"等。相比于仅用作寄居的低矮简陋的住所"寓""舍""宅"，甚至更原始的"巢""穴"类建筑；地穴建筑、半地穴建筑、干阑建筑等，无论形制或功能考虑得都要更为成熟、周到，当然其形成时间也更要推后。它在满足房子基本的遮蔽、保护功用外，亦显示出一种身份等级上的无声划分。建造技术的翻新与财力、人力、物力的巨大投入俨然超出普通民众所能承担的工程开支界限，房屋的格局、尺度、外观造型逐渐成为权势地位的象征，到后来在礼制规范的约束下，原本单纯的居住用房屋被赋予了新的意义，承载了更为详尽的、落实在物质形态上的伦理礼教与阶级配置。如《墨子·辞过》描述"宫室"时曾语："故圣王作为宫室，为宫室之法，曰：高足以辟润湿，边足以圉风寒，上足以待雪霜雨露，宫墙之高，足以别男女之礼"，至周代，"宫寝之制"的创立进一步凸显了宫室之权势象征，《尚书大传·多士》载："天子之堂广九雉，三分其广，以二为内，五分内以一为高，东房、西房、北堂各三雉；公侯七雉，三分其广，以二为内，五分内以一为高，东房西房北堂各二雉；伯子男五雉，三分其广，以二为内，五分内以 为高，东房、西房、北堂各一雉；士三雉，三分其广，以二为内，五分内以一为高，有室无房堂"，《礼记·礼器》亦有："天子之堂九尺，诸侯七尺，大夫五尺，士三尺"等细致的规定，以致"宫""殿""邸""馆""寺""邮"等文字成为帝王、贵族等统治阶级居住、议事、祭祀、宴饮等活动场所的专用名称。

（3）从郊外到室内的祭祀场所

祐，《说文》："祐，宗庙主也。《周礼》有郊、宗、石室。一曰大夫以石为主。"

祖，《说文》："祖，始庙也。"《段注》曰："始兼两义。新庙为始。远庙亦为始。故祔祐皆曰祖也。"

庙，《说文》："庙，尊先祖皃也。庿，古文。"《段注》曰："尊其先祖而以是仪皃之。故曰宗庙……宗庙者、先祖之尊皃也。古者庙以祀先祖。凡神不为庙也。为神立庙者、始三代以後。"

社，《说文》："社，地主也。《春秋传》曰：'共工之子句龙为社神。'周礼：二十五家为社，各树其土所宜之木。祏，古文社。"

宗，《说文》："宗，尊祖庙也。"

坛，《说文》："坛，祭场也。"《段注》引颜师古语曰："筑土为坛。除地为场。"

场，《说文》："场，祭神道也。"《段注》曰："玉篇引国语屏摄之位曰坛。今讹场坛之所除地曰场。"

从这一组指向祭祀场所的语汇看，先民们的祭祀地点不拘于某一特定场所，既能在室外除地设坛，登高跪拜；也可夯土建屋，在室内供奉主位，以表虔诚，带有很强的机动性和灵活性，其从土、从广、从宀、从示部的文字及释义明确地说明了这一点。古时诸侯王等贵族阶级的宫城并非单一一座宏伟建筑所能道尽，当中包括了与主体宫殿建筑融为一体的院落、宫阙、门廊等附属设施，最重要的是设置了呼应王侯祈天祭祖行为的宗庙建筑，配合着整座城市的布局规划，显示出皇家万千的威严气象。而宗庙建筑地位之高，更凌驾于世俗生活用建筑类别，"君子将营宫室，宗庙为先，厩库为次，居室为后"（《礼记·曲礼下》）。

许书所录"祐""祖""宗""庙"字，或为宗庙神主、或为始庙、或为祖庙，均与"庙"有关，为供奉祖先而设。而"庙"

"从广，朝声"，是展示祖先尊貌的开敞式人造建筑，人们在屋中虔诚朝拜所供之物，如同身临朝堂般尊崇、敬仰。尽管《周礼》中记载了郊外、宗庙和石室三类环境的祭祀规范，但相比从示和从土的、指向露天祭祀的"社""坛""场"等场所，有瓦遮顶的祭祀建筑类用字在种类、数量上都更为多样、丰富。另外，《说文》中与"祏"同指宗庙藏神主的石函的还有从"宀"的"宝"，同义词之间结构的变化：由示部变为宀部，声符用"主"替代"石"取义，是否可以解读为祭祀活动已渐渐从荒郊野地转移至华宅大屋之中？而依周时礼制，"庶人祭于寝"（《礼记·王制》），普通百姓是没有资格立庙祭祖的，只能在"寝"中简单祭拜。大约到汉代，得皇家恩典，一些位尊禄厚、权重势大的贵族才开始建庙立祠，如"谥曰敬侯"的张安世曾被"赐茔杜东，将作穿复土，起冢祠堂"（《汉书·张安世传》），才拥有了祭祀先祖的正式场所。

（4）别墅庭院中的诗意点缀

亭，《说文》："亭，民所安定也。亭有楼，从高省，丁声。"

楼，《说文》："楼，重屋也。"《段注》曰："重屋与复屋不同，复屋不可居，重屋可居。考工记之重屋，谓复屋也。释名曰：楼谓牖户之间诸侯射孔楼楼然也。楼楼当作娄娄。女部曰：娄，空也。囧下曰：窗牖丽廔闿明。"

层，《说文》："层，重屋也。"《段注》曰："后人因之作楼。木部曰：楼，重屋也。引伸为凡重叠之称。"

台，《说文》："台，观，四方而高者。与室屋同意。"

榭，《说文》："榭，台有屋也。"

作为闲暇时的娱乐场所——园林庭院，汉代以前园林艺术的发育尚未展开，不如魏晋以后的文人园林、寺院园林和皇家园林品类繁多，更能考虑到对自然景色的再创造，又能以方寸之地容纳九州山水美景，令人得以寄情于景、诗意人生。

不过，在中国传统园林设计中，除了山石、花草、鸟兽、流水等规定的自然景物外，掩映其间的人工建筑却是不可或缺的真正主角。而今日尚存的明清时期传统园林中，如：亭、台、楼、榭等各具姿态的观赏性景观建筑早在东汉许书的记录中就有体现。按照《说文》释义，以上这些建筑可观、可住、可游、可赏，功能不一，且相对一般居住房屋更为开敞、通透，框景、借景、对景、障景、泄景等组景手法虽是后人在长期的实践经验中总结而来，但通过不同景园建筑间承接转合的巧妙布局，早已将其有机融于园林的设计之中。或许，当中还有许多细节处理得还相当粗糙，甚至完全无法与后世的任何一处园林景观相比，也在审美观念、意境渲染方面较为稚嫩，却已与有着封闭围合式居住建筑产生明显分歧，缺乏身为地面建筑的四面维护界面——墙体。如："台"是一个"四方而高"的土石堆，人站在上面可居高临下地将周围的景色毫无遮挡地尽收眼底；"榭"虽说是在"台"上筑屋，但其实这个屋却不是今天理解的有着厚实墙壁的房子，其"从木，射声"的文字构形暗示了"榭"是一个如射箭一般，可观望至高处、远处的开放式木框房子；"楼"也是台上之屋，却"狭而修曲"（《尔雅·释宫》）、镂空开明；"亭"亦有楼，《正字通》中以"亭榭"连缀释其义，很可能二者相同，皆建在台上，后通指有顶无墙之屋。安寝、以避风雨的建筑本质属性由此遭到压制，或者说拓展。这并不是说房屋的居住功能彻底消失，只是所占比重大幅下降，如此开放、四面通风的空间即使用于居住也不宜长久停留。相应地，建筑中观望、游赏的休闲娱乐性质逐渐增强，自此由"巢""穴"起始的传统居住功用得到发挥、演化。

3. 传统建筑的规模形制

（1）从"广"看摒弃原始粗糙的开敞式建筑

上古时期，先民为躲避洪水侵袭而暂居崖岸，崖岸下部空旷、上部凸出于崖壁之外所形成的半围合空间成为当时人们所能找到的最佳栖身之所。洪水退去后，人们对于崖岸的这种依恋之情并未因此消散，反而随时间推移而持续发酵，最终在天然崖穴的基础上加入大量人工元素，将其改造为更为适宜人类居住的房屋。而依借崖岸之"厂"形发展而来的人工雕琢的精致建筑也在取象构形的造字之初留下了"广"系高大、宽敞的开敞式建筑类文字的印记，其较之天然洞穴的"厂"字头上多出一点，即暗示了中国传统建筑特色屋顶"勾心斗角"的飞檐与屋脊装饰。

从"广"部衍生出的文字多达 49 字，可在其《说文》字形和含义的区别联系中发现隐藏于"广"系建筑中的形式特点：

①高大空阔

广，《说文》："广，因广为屋，象对刺高屋之形。"

廣，《说文》："廣，殿之大屋也。"

廱，《说文》："廱，天子飨饮辟廱。"

庠，《说文》："庠，礼官养老。夏曰校，殷曰庠，周曰序。"

庙，《说文》："庙，尊先祖皃也。"《段注》曰："宗庙者、先祖之尊皃也。古者庙以祀先祖。凡神不为庙也。为神立庙者、始三代以后。""皃"指牌位。

府，《说文》："府，文书藏也。"

库，《说文》："库，兵车藏也。"

厩，《说文》："厩，马舍也。《周礼》曰：'马有一百十四匹为厩，厩有仆夫。'廐，古文从九。"

庌，《说文》："庌，庑也。《周礼》曰：'夏庌马。'"

廥，《说文》："廥，刍藁之藏。"《段注》引《史记正义》曰："刍藁六星在天苑西。主积藁草者。"

庾，《说文》："庾，水槽仓也。一曰仓无屋者。"

庖，《说文》："庖，厨也。"

厨，《说文》："厨，庖屋也。"（图 3-4）

庞，《说文》："庞，高屋也。"

廖，《说文》："廖，广也。《春秋国语》曰：'俠沟而廖我。'"

②开敞与分隔

庭，《说文》："庭，宫中也。"朱骏声《通训定声》曰：

"堂、寝、正室皆曰庭。"

廇，《说文》："廇，中庭也。"《段注》曰："中庭者，庭之中也……按释名曰：室中央曰中廇。"

图 3-4 东汉庖厨画像砖

庑，《说文》："庑，堂下周屋。廡，籀文从舞。"

廡，《说文》："廡，庑也。"

庮，《说文》："庮，楼墙也。"

廦，《说文》："廦，墙也。"《段注》曰："与土部之壁音义同。"

序，《说文》："序，东西墙也。"

廉，《说文》："廉，仄也。"《段注》曰："廉之言敛也。堂之边曰廉。天子之堂九尺。诸侯七尺。大夫五尺。士三尺。堂边皆如其高。"

③精致中仍显粗糙

廔，《说文》："廔，屋丽廔也。"

廛，《说文》："廛，一亩半，一家之居。"《段注》曰："古者在野曰庐。在邑曰里。各二亩半。"

庀，《说文》："庀，开张屋也。"

廑，《说文》："廑，少劣之居。"《广韵·震韵》曰："廑，小屋。"

庐，《说文》："庐，寄也。秋冬去，春夏居。"

废，《说文》："废，舍也。《诗》曰：'召伯所废。'"

㡩，《说文》："㡩，行屋也。"《段注》曰："行屋、所谓幄也。许书巾部无幄篆。周礼。帷幕幄帟。注云。四合象宫室曰幄。王所居之帐也……帐有梁柱可移徙。如今之蒙古包之类。"

庰，《说文》："庰，中伏舍。一曰屋庰。"《段注》曰："谓高其两而中低伏之舍也。"

人工高屋的"广"与崖岸之象的"厂"有着极为相似的外貌特征，以致稍不留神就会把它们弄混。而先民们因受崖岸庇护产生的难以言说的、对洞穴的强烈情感依赖，使此种形态持续投影于之后的纯粹人工建筑的房屋外观造型上，又在远取诸物的仿象构形中烙印在最初的文字图像里（见本章第一节）。于是，《说文》记载的从"广"构形的建筑类文字："堂无四壁"（《段注·廣》）的高架大屋"廣"，天子组织百姓参加乡饮酒礼仪式的高大建筑"廱"，古代教学楼"庠"，供奉牌位和祭祀先祖的"庙"、储藏如宝贝般珍贵文书的高屋"府"，收藏兵车、武器的大型仓库"库"，可容纳一百十四匹马及仆夫的棚舍"厩""庌"，存放草料、木材的货仓"廥"，收纳经水路运抵的露天粮仓"庾"……所代表的房屋都是一种高大空阔的形态，与"宀"部构形指代的封闭性居住类建筑有很大不同，其屋梁高架的建造方式和卸去围护结构墙壁的做法与崖岸之形产生人为的共鸣，示高屋的"庬"和广大的"廖"更直白地点出了这一特点，可满足贮藏各式大小不同、性质各异的物品要求。

不止如此，回忆自然环境下的崖岸，仿佛图底关系的转换，因其上部延伸出的部分所造成的高大空阔的崖岸洞穴开敞流动，及隔断洞穴与周围一切环境联系的土石墙壁是一对完全相反的虚实、黑白组合，正因如此，在源于"广"的创意房屋中先民们亦将崖岸中这种矛盾的存在糅合其间。按照《说文》训解，被空间界面围合形成的生活空间：房室之中的"庭"、庭室中央的"廇"、堂下周围的屋子"庀"和"虏"都对空间内部没有更进一步设置细小的室内隔断,以屏障人的视野与身体的自由穿梭、通行。除了空间内部的空敞外,其空间垂直界面与屋台的简短延伸、屋檐廊角的展开也形成只有四分之一墙体围合的灰空间,虽然人行通道较为狭窄,但空间其他三立面均无任何遮挡,亦可说相当通透、流动。而这些房屋功能的体现,实际需要对其内部空虚的部分加以设计、布置,而非其各方围合的界面,不过,若没有空间界面的实质限制,同样无法有效展露建筑真正的性质。"庵""廦"和"序"三字在许书中是一组关于墙体的近义词,更明确显示出墙壁构成空间时担负起的重要围合角色。

仅从"广"之字形来看,在"厂"上增加的一点装饰虽是看似简单的一点,却包含了先民自然景致的崖岸伸出之形的模仿和再创造。在两千多年以前的汉代,甚至更遥远的时期,其建筑的精致程度难与明清时期保留下来的金碧辉煌的故宫宫殿群、颐和园景观建筑、皇家寺院、恭王府的官制建筑等相匹敌,更不用说一些建筑于荒野、农村等地的平民处所:仅供一家所居的"廛"、小而简陋的房子"廘"、农忙时暂歇的棚舍"庐"、茅草搭建的"庋"、可移动的帐篷式"庚"、两边高中间低的屋舍"库"。可这种进步并非一步到位的,经过一段时间的打磨,"广"类房屋也渐渐呈现出"廔"般房屋户牖制作精美、玲珑的一面。

(2)从"宀"看精致成熟的居住形制

"宀"部与"广"部相同,同样取象于人作建筑之形态轮廓。不过,从《说文》实际从"宀"系的 81 个汉字,远超从"广"部 49 字的建筑语汇情况来看,仿象于人字形屋顶的"宀"类建筑式样在上古时期已十分普遍。原始先民打破了早期"巢穴"蜗居的窘迫局面,将居于野处的临时处所转移至地面,并开始在固定的地点长期经营日常居住和生活的环境。

部首从"宀"的语汇众多,从数量上保证了其建筑形制的成熟稳定。也为我们梳理"宀"类建筑形态特征提供了丰富的素材。

①"宀"形建筑的精致性

宀，《说文》："宀，交覆深屋也。"

宫，《说文》："宫，室也。"

室，《说文》："室，实也。从宀从至。至，所止也。"

宠，《说文》："宠，尊居也。"

仔细查阅《说文》中的建筑类部首会发现，"宀"是自远古时代先民在不断适应自然和改造自然的斗争中进化而来的经典式样。从开始的借助于天然的洞穴"厂"，到依崖造屋的"广"，再到不依附任何物体的独立营建，房屋样式不断走向精致与规范。或许"宀"起初是以半地穴的建筑形制为原点发展的，但随着工艺技术的进步，解决了承重难题之后，以原本各式半地穴建筑为蓝本，在结构、造型方面变得更为复杂多样的人字形屋顶建筑陆续崛起，被打造得更高耸、更雄伟，重屋连院的形态成为专门匹配有着尊贵身份的特殊人群。以"宫"为例，其甲文写作"⌂"，房屋轮廓"⌂"下的"□□"除了半地穴居背景下的复屋说法外，还有人认为是大型建筑上开着的多个窗口，很可能有多层楼层；也有人说这意味着一门一窗，即增加了墙壁的地上"高"建筑。无论是哪种解释，都显示出"宫"已摆脱地穴巢居的原始状态，甚至其在土台上建造深屋的做法亦反映了即使在营造帝王居所的早期，"宫"依然坚持对每个工艺细节精雕细琢的严格要求与探索。（图3-5）

②前低后高的深屋格局

宣，《说文》："宣，天子宣室也。"

宗，《说文》："宗，尊祖庙也。"

宝，《说文》："宝，宗庙宝祏。"

官，《说文》："官，吏，事君也。"徐灏《段注笺》曰："官为官舍。从宀在𠂤上，象其高于闾阎也。因之在官之人谓之官。许以官吏事君为本义，非也。"

豐，《说文》："豐，大屋也。《易》曰：'豐其屋。'"

宸，《说文》："宸，屋宇也。"

宇，《说文》："宇，屋边也。《易》曰：'上栋下宇。'寓，籀文宇从禹。"

图 3-5 东汉陶院落

相关语汇有：

"屋深响也"（《说文》）的"宏"；"屋响也"（《说文》）的"浤"；"屋虚大也"（徐锴《系传》）的"寁"；"寁也"（《说文》）的"㝮"；"宛也"（《说文》）的"奥"；"屋宇开张之儿耳"（徐灏《段注笺》）的"寫"；"屋宽大也"（《说文》）的"宽"；"宽也"（《说文》）的"宥"；"石洞如屋者"（林义光《文源》）的"宕"。

以上一组以"宀"为部首的文字表达了"深屋"这一概念背后的浩大建造规模和高级别规制配备。如：天子居住的宽大正室"宣"、尊崇先祖的宗庙"宗"、宗庙内藏神主的石匣"宝"、隶属政府机构辖制的官舍"官"、大屋"䆤"等，服侍对象无不是帝王贵族或祖宗神灵，社会地位崇高，非寻常人所能企及。"宀"部甲文"∩"描绘的人字形坡屋顶形象地展示出古时房屋形制的建造特点：其屋顶下方屋边"宸""宇"的低矮程度使屋顶从远处观望几乎占据整座建筑高度的一半还多，也使得屋顶上限的屋脊与下限的屋檐形成巨大高度落差，其前伏后高的造型设计恰恰配合了社会宗法礼制中君臣、父子等高低上下的地位关系，以致数千年来纵使经历了多次外族文化的冲击始终未曾变化。而《说文》中更汇聚了宏、宖、寁、寏、奥、寫、宽、宥、宕等文字，以同训、递训的形式多角度表现了房屋深邃的格局特点。

③住宅内的成熟布置

奥，《说文》："奥，宛也；室之西南隅。"《段注》曰："宛、奥双声。宛者委曲也。室之西南隅，宛然深藏，室之尊处也。"

宧，《说文》："宧，养也。室之东北隅，食所居。"

宦，《说文》："宦，户枢声也；室之东南隅。"朱骏声《通训定声》曰："户在室之东南，故以户枢开合宦然之声名之。"

窔，《说文》："窔，宧窔，深也。"《释名·释宫室》载："东南隅曰窔，窔，幽也，亦取幽冥义。"

牖，《说文》："牖，穿壁以木为交窗也。"《段注》曰："古者室必有户有牖，牖东户西，皆南乡。毛诗曰：向，北出牖也。"

向，《说文》："向，北出牖也。《诗》曰：'塞向墐户。'"徐锴曰："牖所以通人气，故从口。"

廉，《说文》："廉，庆也。"

寏，《说文》："寏，周垣也。院，寏或从自。"

根据《说文》对室内细化到部位、角落的专名设定，能够强烈体会到先民对生活休憩用"室"的注重。室内四个角落统称为"隅"，其中，西南角称"奥"、东北角称"宧"、东南角称"宦"或"窔"、西北角称屋漏[1]、中央或中庭称"廉"。人们依照长期的生活经验总结，规划功能区域。古时大门设在南墙偏东处，其西南角因"宛然深藏"而多受尊贵者青睐，为"室之尊处

---

[1] 管锡华译注：《尔雅》，中华书局2014年版，第342页。

也"。以今天的眼光观察，室内西南隅"奥"距离人来人往的门口最远也最为隐蔽、安静，又位于屋内向阳开窗处，可采光、保持室内温暖，是安歇、休养的首选地点。餐厅则多设在东北角"宦"处，一方面，虽然朝向面北有些阴冷，但好在用餐时会增加体内热量，不会感到寒冷，而且在此处逗留时间不长；另一方面，餐厅属于居室空间的公共部分，私密性要求等级低，因而设在与门户相对的北面问题不大。东南隅"㝔"离门最近却受光照最少，且听门轴转动噪声最响，适于贮存物品。西北角的屋漏照古文献《释名》所述常为丧礼用地，可引水入屋故称屋漏。这里，"室"虽然包含了休息、用餐、贮存、祭祀等多样功能，但相较于与之平分房屋的"堂"，实在是人们长期活动居住的私密空间，基于此种考虑，"室"的设计比开敞、虚空的"堂"封闭许多，二者之间只通过单扇的"户"流动连接。此外，在堂室的侧边加设狭窄的"廉"，并用墙体"奂"围合院落，进一步提高了房屋居住时的安全性和舒适性。而即使摒弃一切阴阳五行、风水命理之说，这样的空间功能安排也是极为合理的，为上古日常的居住生活尽其所能地提供了优质的舒适布置。（图 3-6）

二　非居住类房屋的传统建筑类型

在上古先民长期的营建活动中，不只执着于现实的房屋日常生活居住需要，还涉及到居住以外的其他出于各种目的的建造类型，如城郭、园囿、桥梁、台榭、墓室等内容。它们或许不如房屋建筑亮相的频率高，但同为土木工事，无论在建造技术工艺、步骤方法，还是材料上都几乎没有任何不同，有时因为顺应时代潮流或政治需要，甚至超越一般房屋的建筑投入与回报成为永久性的存在。

1. 从"囗"看区域划定的范围形态

囗，《说文》："囗，回也。象回帀之形。"指回绕，取象回绕一周的样子。

回，《说文》："回，转也。从囗，中象回转形。"

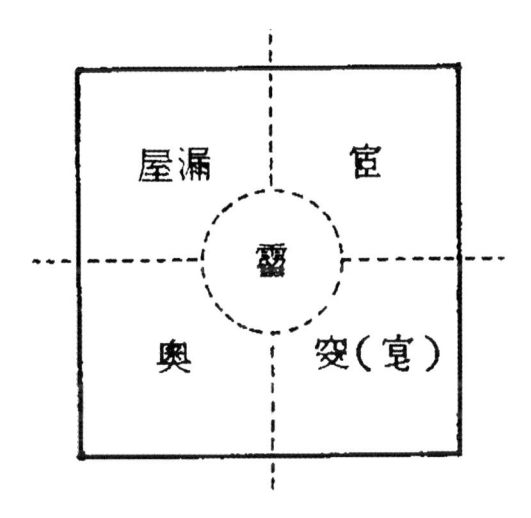

图 3-6　室内空间方位布置示意图

　　按照"囗"在《说文》的释义，是与"回"有语义连通的递训关系，"回"的甲骨文造型更给出了一个直观的图画造型"🔲"，像徐灏所释，"古文回，盖象水旋转之形"，其造字时选取的参考物象整体轮廓应为方形或近似方形的形状，并将区域中心团团包围，可让人轻易理解其中含义。"囗"又为占国字之初义，结合"囗"所代表的四周划定界限的居住范围形态意义看[①]，上古时期先民的居住聚落平面轮廓和城市整体布局形状开始时应都是以方形为基本形规划建造的。其实，这种方形的布局方式在其他一些义字的象形甲文中也有体现，例如同样从囗的邦国之"邑"，它的甲文"🔲"描述的是在一处划定的区域下有人跪坐的场景，以会意人们聚居的地方，而这处区域形状取象为四边方形；又比如从回的人口聚居之地"郭"，它的甲文"🔲""🔲""🔲"虽然有多种写法，但是很明显被亭包围着的中间代表城郭的居住领域其形状始终不变，也都是以方形示意，在层层城墙的包裹下护卫着中

---

① 《字汇·囗部》："囗，古作国字。《商子》：民弱囗强，囗强民弱，有道之囗，务在弱民。古国字皆作囗。"

间的生活空间；不仅如此，其他从口的甲骨文也都以方形表现区域范围，如："▨（囷）""▨（囿）""▨（囵）""▨（圃）""▨（因）""▨（囟）""▨（困）""▨（圂）"等，这种非偶然性的反复呈现从旁证实了早先人们生活的布局形状多为四方矩形。可见在很早以前，先民们就已有了规矩的概念，并将这一思想不自觉地应用于城市的各种规划布局中，形成讲求方正、对称的严谨平面形制。从"上栋下宇"的单体居住房屋矩形平面到具有游赏养植性质的"圃（▨）""囿（▨）"的四方分割，从城内棋盘格式的生活区域划分到城郭围合形态的整体布局，方形的设计母题贯穿于整个人工建筑环境布局，通过每个小的矩形组成单位的各式组合排列，将原本的小矩形单间房屋发展为成规模体系的庞大方形城镇，配合着"天圆地方"的宇宙观念彻底渗入到建筑的各个层级。（图3-7）

另外，"囗"还是"围"的古字，[1]在《说文》中"围""卫""韦"三字音义相通，均源自同一甲骨文"▨"，四只人的脚印围绕着方形的城池巡守，亦衍生出护卫的涵义。

围，《说文》："围，守也。"

卫，《说文》："卫，宿卫也。"

韦，《说文》："韦，相背也。"

图文结合下可看出"围"的防卫性功能十分浓厚，除了派遣士兵昼夜不停地巡逻守备，保卫城池安全，还用城墙将居住地四周围合封闭，甲骨文"▨"中四方形代表着从四面围合的夯土城墙，许氏称"墉"，也是墙垣之"城"和邦国之"域"的本字，所以中国古代都市都会修筑城墙环绕在其周围，划定控制范围的同时，也起到"守民卫君"[2]的功用。此时的"囗"已成为抵御外敌，保护

---

[1]《段注·囗》："回，转也。按围绕、周围，字当用此，围行而囗废矣"，《玉篇·囗部》："囗，古围字。"

[2]《吴越春秋·逸文》："鲧筑城，以卫君造郭，以居人（《初学记》作"守民"）。此城郭之始也。"

图3-7a 东汉市楼画像砖

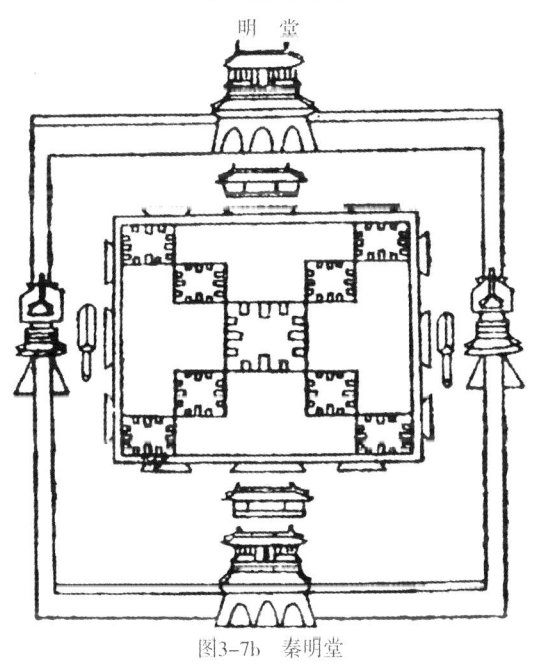

图3-7b 秦明堂

图3-7

城镇都邑内部政治、经济、民生平安稳定的军事工事和屏障；作为国家设置在各地的重要统治枢纽，"囗"之城墙亦肩负着宣传尊卑有序的形象大使工作，建制规格最高、最大者为君主王城，其次为国都诸侯城，都城卿大夫采邑位份最低，相应规模也最小，其等级排序皆依礼制宗法、血缘亲疏而行，以维护阶级社会的和谐秩序。

2."木"系中的居与游

木系建筑元素"桥"与"榭"都是中国传统园林配置中极具艺术气息的组成部分,园林山水中常利用其优雅轻盈的体态和空灵的结构式样点缀风景,也为景园中人们居与游的行为活动提供更为贴心的周到服务。

(1)小"桥"流水

上古时期"桥"产生的时间和其最初的实物形貌皆已不可考,唯有文字的形态、演变及文献记载尚遗留下一丝当初桥之样式的踪迹可寻。

桥,《说文》:"桥,水梁也。"《段注》注:"水中之梁也。""凡独木者曰杠,骈木者曰桥,大而为陂陀者曰桥。"

梁,《说文》:"梁,水桥也。"

榷,《说文》:"榷,水上横木,所以渡者也。"

从文字构成看,"桥"字由其选用的主要制作材料"木"和表示桥之形状"高而上曲"的"乔"会意;段氏形容"桥"的"陂陀"一词亦体现出其如山阜般中间凸起有坡的样子,这些文字图像都形象地呈现出造字时所参考的"桥"的原形特征。而在《段注》中所提的"杠"则与"榷"同指"独木桥"之义,《孟子·离娄下》曰:"岁十一月,徒杠成;十二月,舆梁成",说明"杠"只能允许人徒步通过,"梁"却能够承载车舆通行。根据以上《说文》中皆指向"桥"义的语汇"桥""梁""榷"又均与"水"有关的释义看,古时桥梁是一种针对性很强的水上交通设施,它的建筑选址都是在水面上,用于连接被水面分隔的两岸,引渡来往行人车辆。

段氏认为"梁之字,用木跨水,则今之桥也","桥"在甲骨文、金文中未见踪迹,只有《说文》中与之发生互训的"梁"在金文中尚有体现,如此看来,"桥"的本名应为"梁",水桥之"梁"出现时间最晚应不超过金文出现的商周时期,而"桥"之名应是后来才出现的,又因二者为异名同义的关系而常常连用,"桥梁"一词也由此产生。至汉代以降，无论平桥、拱桥，还是独木桥、骈木桥，各式桥梁都以"桥"为通称。从桥梁的营造结构看，《说文》收录的一个"梁"的异体字"𣛮"，体现了在应对水面较阔的河流、湖泊等情况时而显现的结构，若是如独木之桥"榷"[①]简单横于水面就可完成引渡功能固然是好，但当木的长度不够时就需要进行拼接，而异体字"𣛮（梁）"右半边"木"与"木"之间的一小横"-"即为两木相汇合时产生的缝隙。（图 3-8）《水经注》中曾有类似记载，春秋晋平公时建于汾水的三十柱桥即是在柱径五尺的桥桩上铺设木板，以形成平直的"梁"面，方便来往的行人车辆。[②]

图 3-8　四川出土的东汉画像砖中的桥

现今可以找到的关于桥梁的描述出自《诗·大雅·大明》："亲迎于渭，造舟为梁"，讲述的是周文王成婚时曾并舟为桥，在渭水纳聘的故事。这里的桥不同于前面提到的任何一种桥样式，而是用舟船串联起来的浮桥。经考实秦代李冰设计建造的夷里桥（又

[①]《初学记·卷七》引《广志》："独木之桥曰榷。"
[②]《水经注·汾水》："横水有故梁，截汾水中，凡有三十柱，柱径五尺，裁与水平，盖晋平公之故梁也。"

名笮桥）更以竹索的形式独创桥的又一新样式。[①]自此，桥的样式已十分多样，"裁于水平"的梁桥、高而上拱的拱桥、机动并船的浮桥、绳索悬吊的索桥四种类型无一不全，它们都横于水上，成为重要的交通建筑设施。

而如今在城市随处可见的各式钢筋混凝土制成的高架桥、立交桥却已大大超越人们传统认知，与古之水桥面貌迥然不同，它将桥的"住址"从固定的水上扩展到陆地，并以其纵横交错、多变多端的"艺术线条"点缀在城市的各个角落，增添了无限活力与图案美的现代气息。

（2）水"榭"歌台

榭，《说文》："榭，台有屋也。"

《说文》在语义释解中将台与榭联系起来，"台榭"之名听来已令人联想到用于观赏游乐的园林。而自春秋时期礼制崩塌、高台建筑逐渐兴起，台上有木的"榭"这一建筑形式也随之走入普通人的视野。

"榭"最早出现于金文"🅐"，表示的是在一间开敞的建筑中有人拉弓射箭的场景，可以看出当中带有很强烈的军事色彩，而所指代的建筑本身很可能属于某类型的军事练习场地，更有"讲武屋"之义（杜预注《春秋公羊传·宣公十六年》）。即使"榭"发展至篆文时，依然保留了"射"的声义组件，而只依照选用的建造质料将部首"广"改为"木"，可见当时其军事功能在人印象中影响之深远。

不过，从许氏在"榭"之释义中提到"台"看，"榭"原本的建筑用途此时已悄悄转变。自古"台"以"观"为要旨，单就上古历代君主以图享乐的赫赫名台：南单台、鹿台、灵台、章华台、姑苏台等就足以说明"台"的功用，甚至被史书评价为"高台榭，美宫室"，"以明得意"（《史记·苏秦列传》）。而在台上再建房

[①]《蜀中广记卷二·川西道·成都府二》："《寰宇记》云：笮桥去州（成都）西四里，名夷里桥，以竹索为之，因名笮桥。"

屋，虽仅为开放式的木构观景敞屋，不特别做封闭围合处理，却为游赏的娱乐活动提供休息的便利，成为真正可居可游的景园小筑。正如南宋词人辛弃疾所写："千古江山，英雄无觅，孙仲谋处。舞榭歌台，风流总被雨打风吹去"。"榭"百变的"制亦随态"样式，可游、可居、可观、可赏的多重游娱功能，以及依据地势灵活点缀的机变装饰更使其在后来的发展中成为中国古典园林中不可欠缺的组成部分。

3. 从"棺""墓"类字看阴宅的形态表现

"棺"的声旁"官"本身源自阳世的官舍建筑①，并与人居之客舍"馆"声旁相同，先民将"棺"与"馆"以同音命名，足以证明上古时期亡者寄身之"棺"与活人栖居之所都被看作有着同样的功用、性质。

棺，《说文》："棺，关也。所以掩尸。"

櫬，《说文》："櫬，棺也。"

柩，《说文》："柩，棺也。"

槥，《说文》："槥，棺椟也。"

槨，《说文》："槨，葬有木亭（郭）也。"

如《说文》中"棺"语义场的各语汇形义显示，盛放遗体的匣子谓之"棺"，其材质主要选用的是与"棺"类语汇的偏旁木系一致的各类木料；其外观造型应如匣柜之"椟"②；其构成则如"槨"义中同音字"郭"所代表的建筑内外城墙形制，采用大棺套小棺模式，由大小不一的两层形体相近的棺木嵌套而成，外层称"槨"，内层称"棺"。在考古发掘的殷墟商王陵墓室中，外棺槨室也多是大木条叠压成的匣体方形，或有如宗庙房屋平面形貌的亚字形样式呈现，正中安放墓主人棺木。先民将"棺"之形态建成与人居房屋形式相同的样子，以同样实现使人"居"于其中而"止息"的目的，从建筑形式上与前面将生者居住之"馆"与亡者安息

---

① 徐灏《段注笺》载："官为官舍。从宀（屋）在𠂤上，象其高于阛阓也。"
② 《说文》曰："椟，匮也。"

之"棺"同音命名的现象相互印证,《说文》中的语汇特点不经意透露出当时人们对生前、身后住所等同视之的思想观念。

自"后世圣人易之棺椁"[①]后,墓葬之风日盛。"墓"之甲骨文"🐾"从日从艹(草),以示太阳没入草中象征身死。古希腊神话斯芬克斯之谜中也曾以太阳在一天中悬挂天空的不同位置比喻人的一生。至秦代小篆又追加义符"土"为偏旁,更加明确地表示出有史以来传承至今的"入土为安"的土葬观念。

墓,《说文》:"墓,丘也。"指坟墓。《方言·卷十三》载:"凡葬而无坟谓之墓。"

坟,《说文》:"坟,墓也。"《段注》引郑注《礼记》曰:"墓谓之兆域,今之封茔也。土之高者曰坟。"

茔,《说文》:"茔,墓也"

垄,《说文》:"垄,丘垅也。"《方言·卷十三》载:"冢,秦晋之间谓之坟,或谓之垅,自关而东谓之丘。"

在《说文》提供的"丧葬语义场"涉及的这一组"坟墓"语汇中,与隆起的土丘发生联系,许氏认为"丘"是非人力造就的高阜,"陵"之本义与"丘"相同,也常常联用为"丘陵"。所以,古代帝王亦竞相以"陵"命名自己的坟墓,以显示其地位的崇高,《国语·齐语》曰:"昔者,圣王之治天下也……陵为之终"。据文献记载统计,自殷商汤王到满清光绪帝,帝陵数目共计221座。其中最引人注目的秦始皇陵至今仍隐身于高高凸起的土丘之下尚未打开,地面陵寝虽已荡然无存,但据说神秘的巨大地宫遵循"事死如事生,事亡如事存"原则,陵墓中的结构、建筑皆仿造当时咸阳都城、宫殿的布局而建,当中宅室不计其数。

"宅"与"室"在《说文》中也都有寄托身躯的止息之义(见

[①]《周易·系辞下传》:"古之葬者,厚衣之以薪,葬之中野,不封不树,丧期无数,后世圣人易之以棺椁,盖取诸大过。"指最初的丧葬,用木材厚厚地堆在尸体上面,埋在荒野中,不设立坟墓,也不植树,居丧没有一定的期限。后世圣人,制定丧礼,换用棺椁以殡葬,是取象于大过卦。

"半穴居的低矮宅室"章节），然而这一释义在寄居的阴宅还是阳宅的环境性质描述上存在模糊性，在古文献中亦有通用现象，例如，《孝经·丧亲》："卜其宅兆，而安措之"，这里"宅"与"兆"叠义，指墓穴；《诗·唐风·葛生》："百岁之后，归于其室"当中的"室"也指墓穴；而"宅"在《说文》的或体加入了与"墓"相同的义符"土"，在字形上同样流露出其与坟墓有相关之义的信息。"宅"与"室"一肩同挑阴阳二义的语汇表达，再次应和了上古人们对死后生活的理解，"丧礼者，以生者饰死者也，大象其生以送其死也"（《荀子·礼论》），也暗示了其建造的墓穴构造应大体与生前居住环境无异，并同样受礼制约束规范，孔子曾云："生事以礼，死葬之以礼，祭之以礼。""宅""室"跨越生与死的界限，尽归于礼之约束。

三 传统建筑的组成构件

在木结构为主导的中国传统建筑中，木系构件在《说文》中有着非常丰富的语汇体现，共同组成了房屋建筑的基本框架。

1. 从"户"看门与窗的历史信息

门户构件出现历史久远，从文字记载角度最早可追溯到殷商甲骨文时期，而同样从"户"的"牖"亦与户有着千丝万缕的联系，都是房屋外檐装修中的重要内容。

户，《说文》："户，护也。半门曰户。象形。古文户从木。"

牖，《说文》："牖，穿壁以木为交窗也。从片、户、甫。"《段注》载："交窗者，以木横直为之，即今之窗也。在墙曰牖，在屋曰窗。此则互明之。必言以木者，字从片也。"

从《说文》字形和释义看，户与牖都以木为材质制作。两者本义分别为连接堂室的单扇小门和窗，均是为了创造适宜人居的生活环境而在墙壁上开凿的孔洞，也常常合起来比喻家室房屋。"户"属"门"类，能护卫房屋安全；"牖"即今天所说的"窗"，可引阳光入室。从字形上看，牖与户十分形似，不仅都是通过凿穿墙壁而在洞口用木板制成垂直相交的窗框、门框，其推窗的动作也与门的开合设计相近，因此在窗"牖"字形构成时选择用"户"会意。不过，户与牖毕竟不同，户虽承担防止外人进入的工作，但为方便人们进出房室而将洞口下端开得很低；牖的功用并不在进出室内，从"甫（男子）"上设"日"的文字构形看，牖的开窗位置应该很高，主要为透入室外光线，是房中最为光亮的地方。

在《说文》构成的"户"与"牖"的两个语义场中，都充分显示出各自代表的构件形制的成熟与样式的丰富。

（1）"门类构件语义场"的解读

植，《说文》："植，户植也。"指门外闭时用来落锁的中立直木。

枢，《说文》："枢，户枢也。"指门的转轴或承轴臼。

椳，《说文》："椳，门枢谓之椳。"

楣，《说文》："楣，门枢之横梁。"

梱，《说文》："梱，门橛也。"指门中直立的短木桩。

榍，《说文》："榍，限也。"指门槛。

柤，《说文》："柤，木闲。"

楗，《说文》："楗，限门也。"指关门的木闩。

欘，《说文》："欘，弋也，一曰门梱也。"

横，《说文》："横，阑木也。"指拦门的横木或栅栏。

扉，《说文》："扉，户扇也。"

扇，《说文》："扇，扉也。"

扃，《说文》："扃，外闭之关也。"指从外面关闭门户的门栓门环。

開，《说文》："開，门構枑也。"

閑，《说文》："閑，门扇也。"

阖，《说文》："阖，门扇也。"

闑，《说文》："闑，门梱也。"指门中竖立的短木，以限止门。

阈，《说文》："阈，门榍也。"

阁，《说文》："阁，所以止扉也。"指门打开后插在两旁用来固定门扇的长木桩。

鐍，《说文》："鐍，开闭门利也。"指开关门的锁簧。

阑，《说文》："阑，门遮也。"指门的栅栏。

闲，《说文》："闲，阑也。"多指设于门限处的栅栏。

關，《说文》："關，以木横持门户也。"

闌，《说文》："闌，關下牡也。"王筠《句读》载："關，横设之；闌，直设之，而承關之下。闌有孔以受闌，關有孔以受闌，故曰關下牡也。以木为之。"

上古时期先民住家房屋中的用门都是单扇的小门"户"，只有规格更高的宗庙、王宫、城郭等重要建筑或户外用门才会施用双扇的大门"門"，以显郑重。[1]门自产生之时起就有防寒保温、抵抗侵害的功用，小到护卫家居宅院，大到防御外敌入侵，守护城阙国土安定，门的内外由此成为两个世界，门内的环境使人感到安全舒适，门外则充满各种不确定的危险因素，通过门的阻隔与传递亦可使内外相闻，在保护房屋安全的同时窥探其外部状况。因此，门户在传统建筑和当时人们心中地位之重要，是今天的人们所难以想象的，先秦典籍《礼记》记载的"五祀"之首就是门神[2]。古时蒙昧，先民相信万物有灵，并将自己所畏惧、崇敬的事物化身神佛，以仪式化的方式祈祷祝愿，门类构件即是其中关键的一环。

之后，门还被赋予了划分等级的礼制功能，包含着社会伦理秩序、身份地位区别等观念，如：门当户对、门户之见、门阀世家、蓬门荜户等等。因门所承载的物质与精神方面的多项功能，及其所

---

[1] 见《说文》"房"下的王筠《句读》："古之房室皆用户，庙门、大门始用门。"
[2]《礼记·月令》："（孟冬之月）天子乃祈来年于天宗，大割祠于公社及门闾，腊先祖五祀。"郑玄注："五祀，门、户、中霤、灶、行也。"汉代王充《论衡·祭意》："五祀报门、户、井、灶、（室）中霤之功：门、户人所出入，井、灶人所饮食，中霤人所托处。五者功钧，故俱祀之。"清代富察敦崇《燕京岁时记·门神》："夫门为五祀之首，并非邪神，都人神之而不祀之，失其旨矣。"

涉及到的社会生活的诸多方面而备受世人关注，连带的对于门的结构部件、细节处理也相当齐备，从《说文》中关于门构件的语汇竟跨越"木"系、"户"系和"门"系三类部首亦可看出一二。在门的结构上，"門"字本身就已形象刻画出门的基本组成构件：门扇和门柱。而在《说文》中分类则更加细致多样，门扇是门构件中最为醒目，也起护卫功能的主要组件，因此关于门扇的名称出现了"扇""扉""閉""闔"四种称法；考虑到门的开合需要转动的连件，而设置了"枢""椳"；为了关紧门户，也设计了简易的门锁，有从屋内落锁的机关"梱""橜""闌"，有从屋外上锁的装置"植""扃""横"，有横着的门闩"楗""閣""關"，有接应横栓的竖立门闩"闟"，也有灵巧的锁簧"闟"；门枢上架筑的横梁有"楣"；为阻挡雨水等不利因素而设置门槛"橝""阈"；有如今天防盗门一般的门栅栏"柤""阑""閑"；还有以结构进行门上装饰的"闈"。

（2）"窗类组件语义场"的解读

榡，《说文》："榡，户也。"《广韵》载："榡，牖旁柱也。"指窗旁的立柱。

䆫，《说文》："䆫，房室之疏也。"指房室的窗户。

櫺（棂），《说文》："櫺（棂），楯间子也。"指窗、门、栏杆上的雕花格子。

囧，《说文》："囧，窗牖丽廔闓明。"形容窗格交错敞亮。

与门的组件构成数量相比，窗牖类语汇明显简化很多，相应其构成也较为简单，基本可分为窗框和窗扇两部分，且以木系材料为偏旁部首，好似缩小的简易"门"形构件。窗框如"榡"等皆大同小异，以固定窗户的功能为主，并不作特别设计或处理。窗扇相对变化丰富许多，样式上不仅有双开、单开之分，也有固定和活动之别；打开方式上有平开式、推拉式、遮篷式等类型；窗扇边围合的整体形状上有圆形、方形，有卧式的椭圆形、立式的椭圆形；有正六边形，也有不规则的异形体；窗棂的装饰花样上尤为繁多，仅从因取象的窗牖装饰纹样改变而产生字形变化的"窗"和"囧"的古文字记录看，五花八门、形式多样的窗棂装饰就已令人目不暇接，更不要说应用于实际建筑窗牖的装饰图案，其格式、花形的种类恐怕更是难以估量。（图 3-9）不过，无论窗扇如何变化，其构造主要包括确定窗扇形状边缘的"边框"和由棂条编织接合而成的"棂格"。而棂格的图案式样虽然看似变幻无常，但仍有规律可循，其一是以直线棂条为主，通过横向、竖向、斜向的排列，长短不一的组合制成有序质朴却又不失灵活变化的网格装饰；其二是以曲形线条为主，用弯曲的柔和形态表达温柔亲和、华贵、富丽等主题。

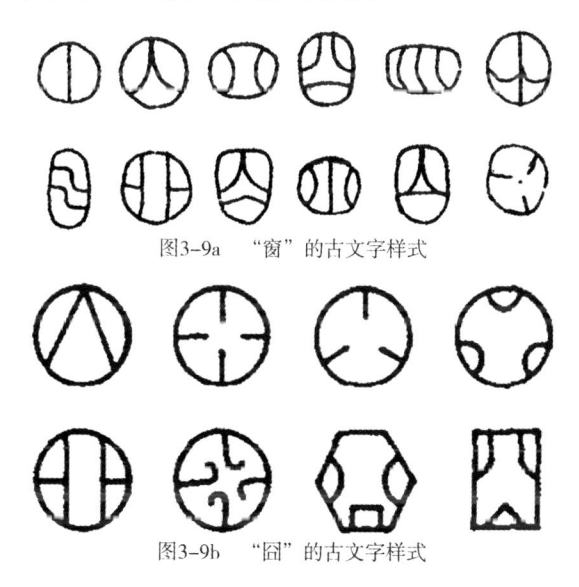

图3-9a　"窗"的古文字样式

图3-9b　"囧"的古文字样式

图 3-9

窗和门尽管同被纳入建筑的外檐装修范畴，但或许由于门承担供人进出、防卫安全的重责大任而备受礼仪制度的关注，其形态组件的尺寸数量、色彩图案、式样造型更因涉及官制等级而遭遇诸多限制。而"窗"在这方面的政治色彩相对淡化很多，为窗的形式创造保留了广阔的空间，少了一丝凝重多了些许活泼。

2. 传统建筑中的木结构主导

中国传统房屋多以土木结构为主，当中许多主要的结构性建筑构件都由"木"料搭建完成，其以木为筋骨框架空间、荷载建筑内部各构件压力的表现方式突出显示了木结构在纵横架筑房屋方面的主导作用。

（1）木骨泥"墙"

自"巢穴"之居从天地两极归于地面后，"墙"由此从屋舍中独立出来，并成为空间围合中的组成部分。

牆，《说文》："牆，垣蔽也。"

垣，《说文》："垣，牆也。"

壁，《说文》："壁，垣也。"

堵，《说文》："堵，垣也。五版为一堵。"

以上所列《说文》中的"牆""垣""壁""堵"之间形成互训、递训的同义词关系。语汇表达角度各有不同，却表达着同一个意思：墙体。而多样的"墙垣"别名也显示出当时房屋建造过程中墙体构件的受重视程度与重要地位。

其实，四、五千年前的殷商甲骨文中"墙"字就已出现，取象于一套版筑造墙的夹板工具"爿"，即在筑墙时用立柱、板头在墙筛中夯实生土，使之模铸成"墙"，也以此造墙工具之形代表"墙"义。甲文"爿（墙）"形仿佛"片"之左右镜像的反片，金文又以"爿"为偏旁增加义符自护[①]之"嗇"，组成新的"牆（墙）"体。之后由于早期的墙体均为夯土筑成，部首从表意版筑的"爿"转为示意材料的"土"。

"爿—牆—墙"三者字形变化看似距离颇大，却始终围绕着最早土墙构筑的方法及其功能用途而造。在"堵"的《说文》训诂中，"五版为一堵"虽然只有短短五字，却从文字叙述的角度留下了上古时期先民夯土造墙的宝贵记录。从释解看，堵是墙壁的面积

[①] 从嗇，徐锴《系传》："取爱嗇自护也。"

单位，版筑土墙的建造方法就是以木板为模、为骨，内填砂石、粘土和一些芦苇、红柳等筑料将其夯实，并层层垒叠。所以板模的长度即是墙堵的宽度，"五版"的五层板高度为一墙堵的标准高度。如同现代建筑中的预制板，以钢筋、混凝土为材质制作的有模数的空间组成构件，中国传统建筑早在殷商时就已运用此原理建造房屋墙体，只是质料更换成了木筋黄泥。

另外，"壁"与"辟"皆从"辟"得声，可避挡风寒侵入，与之有递训关系的"墙"在《说文》看来，其在建筑运用上也有"垣蔽也"之功效，可阻挡外人的视线、身体进入房屋内部，护卫空间内部的安全与稳定，其高大坚固的建筑形态因太过印象深刻而带给人心灵上的安慰与支持。

基，《说文》："基，墙始也。"
圪，《说文》："圪，墙高也。《诗》曰：'崇墉圪圪。'"
埒，《说文》："埒，卑垣也。"
㙩，《说文》："㙩，周垣也。"

"基""圪""埒""㙩"皆直观反映着从"土"构形的夯土墙相关形态特征。在"基"的应用中，如：基石、房基、地基等词语都有牢固、稳定的意味。而作为墙体起始部分的"基"，或称墙脚，也是筑墙时承载力最为雄厚的部分。不仅因为有埋入地下的坚实基石作为墙基，[①]也因为其基厚几乎占据墙高 半之数的厚重面貌，以及至墙顶部逐渐收窄的宽度仅为总高四分之 到五分之 的墙之横截面，其呈现的梯形之状亦给人以安定、稳固之感。"圪"代表高墙之象，当中亦包含着社会伦理与礼仪规范之传统观念，墨子的"宫墙之高，足以别男女之礼"（《墨子·辞过》）即是如此，这里的墙甚至在一定程度上已超越了其基本的防护功能而更偏重于精神上的礼仪区分。如此，对于墙的形态高低、围合方式等限制有所解除，根据实际情况的需要，其样式、应用开始多变起来，

---

① 王筠《句读》："今之垒墙者，必埋石地中以为基。"

有简单从“土”系的：低矮的墙垣“埒”、环抱的墙体“壈”、城墙“墉”、齿状的矮墙“堞”；有仿若山陵“阜”系的：矮小的城墙“隝”、城上的女墙“陴”、道旁矮墙“隊”；也有位于人工房屋“广”系内的：楼上的矮墙“庵”、堂屋的东西墙“序”等。

（2）雕“梁”画“栋”

“梁”在《说文》释义为“水桥”，其形以弯刀作势、以木材为质横跨水面，（图 3-10）可见，“梁”原指河上支撑重量的主要横跨结构，与房屋结构并无明显联系。中国传统建筑屋顶产生之初不设立柱，而以承重的水平横木直接与房屋顶部的纵深向部件相构连，仿若水桥之梁，故而借用“梁”的概念应用于房屋建造上。如此可推测屋上大梁与“水桥”之“梁”相类似，不仅功用上可以将屋顶的荷载传递到承接的柱上，其形亦如水桥之态，横向构架于屋顶上，《尔雅·释宫》亦称：“宋廇谓之梁。”

图 3-10 小篆“梁”文

宋，《说文》：“宋，栋也。”

桴，《说文》：“桴，栋名。”指房屋的二梁。

栋，《说文》："栋，极也。"屋顶部分居中最高的的地方。朱骏声《通训定声》载："屋内至中至高之处，亦曰阿，俗谓之正梁。"

极，《说文》："极，栋也。"徐锴《系传》载："屋脊之栋也。"

橦，《说文》："橦，帐极也。"《段注》载："极，栋也。帐屋高处也。"

櫋，《说文》："櫋，梦也。"

梦，《说文》："梦，复屋栋也。"

按照上列关于"屋栋"语义场中各语汇所形成的形符系联和字义互训、同训关系看，木系水平承重构件是中国式框架结构中的重要组成部分，它与竖向的木"柱"类构件一起共同维护支撑屋顶重量的建筑体系。今天我们通常将"梁"与"栋"串连共用，但实际上"梁"的概念在中国上古建筑中并不存在，而是以"栋"的不同别名区分呈现。"栋"一般指位于屋顶最高的中央屋脊，其构筑方向与房屋横截面相一致，或许因为其地位的关键而名称多样，如："宋""栋""极""橦"，复屋的"櫋""梦"，以及帐屋的"橦"；徐灏在《段注笺》中更将中央大梁"栋"与二梁的"桴""櫋"等统称为"栋"[①]。

栋梁架设于柱上而负载装配于檐底的椽子，与"栋"相同，其在《说文·木部》中也出现了多个有着同义别称的"所指"语汇。

椽，《说文》："椽，榱也。"指安在大梁上承接屋顶的木杆。李诫《营造法式·大木作制度二·椽》载："椽，其名有四：一曰桷，二曰椽，三曰榱，四曰橑。"

榱，《说文》："榱，秦名为屋椽，周谓之榱，齐鲁谓之桷。"

桷，《说文》："桷，榱也。椽方曰桷。"《段注》载："桷之言棱角也。椽方曰桷，则知桷圆曰椽矣。"

[①] 徐灏《段注笺》："屋之中极谓之栋，其次谓之櫋，浑而名之皆曰栋。"

橑，《说文》："橑，椽也。"

㮰，《说文》："㮰，短椽也。"

以上承接屋檐望板和瓦片的木椽统称为"榱"，其中横截面为方形的称"桷"，圆形的称"椽"。"橑"与"榱""桷""椽"功能意义完全相同，只是专门用于复屋，"㮰"则为短的椽子。其样式、应用划分之详细可见一斑。

栋（梁）与椽是建构中国传统房屋屋顶的重要框架构件，不仅因为其根据不同类型房屋的不同部位而对同种构件做出样式上的细微调整，所反映出的对该构件做工的讲究、严谨态度，同时也从《说文》尽管语汇数量有限却仍列出大量同义词反复解释说明同一构件语汇的应用情况可以证明。

（3）中流砥"柱"

自上古先民学会建造形制成熟的地面建筑"宫室"后，其所代表的"宀"类人工建筑与室内设施也大量涌现。殷商甲骨文中"𠆢（宀）"形象地概括了当时"宫室"建筑的轮廓特征：人字形屋顶"∧""人"和柱壁"丨丨"。房屋轮廓中绘制的两根柱壁架筑起大跨度的房顶屋檐，也为檐下空间保留了一片供人栖身的场所。

主，《说文》："主，镫中火主也。"

柱，《说文》："柱，楹也。"

"主"原为"柱"的本字，从"主"的甲骨文看，显示的是一个方形榫卯结构的嵌套"◊"，并在其下方配以"木（木）"形，以体现承接木质横梁的房柱"￥"。《说文》将"主"释为灯中竖立的火烛，其形甚微而明照一室，如同房中立"柱"的直径尺寸较之房屋长宽比例虽然纤细，却能撑起整座建筑，两者以甚微的竖向之形统领整个空间的本质是相通的。也因此，以木构件为骨架的房屋体系中，夯土筑构的竖向部件墙壁只起分隔、维护空间的作用，不与"柱"同属承重构件。

此外，《说文》还通过"柱"的互训和由《木部》字构成了相互系联的"屋柱类语义场"。

楹，《说文》："楹，柱也。《春秋传》曰：'丹桓宫楹。'"

榑，《说文》："榑，壁柱。"《段注》载："谓附壁之柱，柱之小者。"

樘，《说文》："樘，衺柱也。"指用斜柱支撑。

楣，《说文》："楣，柱砥。古用木，今以石。"

在这一组与楹柱有关的竖向建筑结构语汇中，皆以构件材料"木"为形旁。其中"楣"为柱础，为防止风、水等的侵蚀，更好地传导垂直方向上的支撑之力，使上层柱楹保持长时间的牢固稳定而在后世的实际操作中以石代木，并由此传承下来，但在字形构成上依旧保留了初始时选用的质料"木"。"柱"与"楹"以同义词的语汇形式反复强调了建筑大木作中这一竖立的支重构件，它们承担着将巨大屋顶的荷载之力分化、传递到地基的任务。柱楹构件及其位置布局之关键足以影响建筑的整体结构与建造，为此，围绕柱楹这一承重的直立式主体木构件，还配备了体型略小的壁柱"榑"、支撑的斜柱"樘"和柱砥之"楣"，共同辅助支撑着源自屋顶的荷载，也形成了结构完整的竖向承重框架系统。

（4）斗"栱"形制

楢，《说文》："楢，榑栌也。"指斗栱，柱头上支撑大梁的方木。

栌，《说文》："栌，柱上柎也。"指柱头上的斗栱。

枅，《说文》："枅，屋栌也。"指房屋的斗栱。

栭，《说文》："栭，枅也。"

楠，《说文》："楠，屋枅上标。"指房屋斗栱向上高耸。朱骏声《通训定声》曰："以方木为之，如斗而拱，所以抗梁。"

上列《说文》中构成的"语义场"皆出自《木部》，为指向建筑构件的"斗栱"语汇。"楢""栌""枅""栭""楠"五种"能指"语汇乃同物异名，都"所指"古代建筑构造中置于屋檐之下、柱头之上的导力过渡结构，通过在水平构件"梁栋"与垂直构件"楹柱"之间的出挑，将屋顶的荷载力经斗栱平均分散于各承托构架直至地面，以减少梁柱衔接处因直接接触受力而易出现的横向木结构折断现象。

"栱"即指"斗栱"，以"斗"形象作比"栱"结构之形。虽然"栱"在《说文》中并没有相对应的释解，不过从"斗"的语义场可推断出"栱"在当时的形貌特征。

斗，《说文》："斗，十升也。象形，有柄。"饶炯《部首订》载："斗当为枓之古文，本酌酒器而容十升者。而斛量之斗，形亦相似，因借为名，后遂转注木以别之。"

枓，《说文》："枓，勺也。"《玉篇·斗部》载："枓，有柄，形如北斗星，用以斟酌也。"

勺，《说文》："勺，枓也。挹取也。象形。中有实，与包同意。"《段注》载："外象其哆口、有柄之形。"

按照以上《说文》相关释解，酌酒器的"斗"也可写作"枓"，"枓"形如北斗七星连线所成之状，且又与挹取之器"勺"互训，段氏认为"勺"之外形特征多口、有柄。由此可知"斗栱"应为一组木质构件拼合而成，大致可分为两类基本木形：状如酌酒用的方形斗器和弯如弓形的手柄，从方形的木块挑出若干个臂形横木均衡承接上方结构传递来的重量。而"斗"的甲骨文"ᘐ"、金文"ᘑ"字形亦直观地表现出斗栱与立柱结合时的弯曲形态，单纯的弯曲、单纯的分力减震减压，所以在斗栱产生之初结构应相对简单，只是方木与曲柄的交错组合。然而随着两木块的反复交叠组合，斗栱的结构开始变得复杂多样，仍然是千篇一律的两木块相交替，却在简单的重复过程中衍生出无穷的变化与样式。"中国之斗栱种类之多，竟至不能详细调查"[①]，其在关注功能的同时亦变得注重以结构的繁复创造充满叠嶂般起伏的华丽美感，孔子《论语·公冶长》中"山节藻梲"之句形容的即是刻成山形、具有装饰性的斗栱和彩绘有水藻图案的梁上短柱，其"节"之语即意

---

① [日]伊东忠太：《中国建筑史》，陈清泉译，湖南大学出版社2014年版，第35页。

指斗拱，被普遍认为是古文献中关于斗拱的最早记载。

閞，《说文》："閞，门欂栌也。"

另外，斗栱之形的应用并不拘泥于梁柱间的单一位置和起缓冲分压的实用功能，在门柱上做斗栱的"閞"明显更趋于对建筑部件的装饰倾向。

（5）"檐"牙高啄

中国传统屋檐有着与世界其他任何建筑屋檐完全不同的独特样式，这一"盖世界无比之奇异现象"[①]在《说文》语汇中同样有所体现。

在语义上与"檐"发生递训、同训关系，共同指向"屋檐"语义场的语汇如下：

槏，《说文》："槏，梠也。"

梠，《说文》："梠，楣也。"

楣，《说文》："楣，秦名屋檼联也。齐谓之檐，楚谓之梠。"

檐，《说文》："檐，屋檼联也。"朱骏声《通训定声》曰："（檐）亦曰梠，曰槏，曰楣，曰櫩。"

樀，《说文》："樀，屋梠前也。"李诫《营造法式·大木作制作二·檐》载："檐，其名有十四：……三曰橑，四曰楣……六曰梠……八月联檐，九曰樀……十三曰槏……"

櫩，《说文》："櫩，广梠也。《尔雅》曰：'檐谓之櫩。'"

以上《说文》所列同义词语汇从侧面体现出先民对屋檐这一建筑部件在房屋建设中的重视，及其本身在空间构成、生活居住中的重要影响。其所从"木"类形旁同前文的"牆（墙）""栋""柱""栱"一样都显示出木料在檐类构件制作中占据的主体地位。

从"檐"的语音联系看：

檐，《说文》："檐，櫩也。"指房檐。

---

① ［日］伊东忠太：《中国建筑史》，陈清泉译，湖南大学出版社2014年版，第33页。

厃，《说文》："厃，仰也。从人在厂上。一曰：屋梠也，秦谓之桷，齐谓之厃。"

岩，《说文》："岩，山岩也。"指山的崖岸。

延，《说文》："延，长行也。"

沿，《说文》："沿，缘水而下也。"

"厃"为"檐"之本字，两者同字同音①。"厃"之形取象人（"ク"）站在高耸的崖岸（"厂"）上，有摇摇欲坠之义。其在《说文》释义"仰也"，可见所描述的屋檐位于高处。以"厃"为部首形容地位之险峻，而中国传统建筑部件皆以"木"系为语汇形旁义符，所以单独以"屋檐"为义，另造字"檐"。而"岩""延""沿"也与"檐"的发音相同，山岸之"岩"同"厃"义一致，有让人仰视的高危之状；"长行"之"延"有延伸、延长之义，突出于房屋空间的柱壁界线；"沿"为顺水流而下，亦有倾斜之义。综合以上同音字的语义描述，再结合前文"宀"之甲骨文"介"的房屋轮廓图画得知，屋顶之"檐"是其坡面延长了的边缘部分，被高高架构在梁柱木框架上、不与地面接触，房檐依人字形角度顺势倾斜，且超出房屋墙壁位置，便于雨水顺坡面淌下，在屋檐末端滴落地面，也因远离墙壁而保护了"木骨泥墙"的房屋本体免遭雨水侵蚀。

此外，关于"厃"的另一义"屋梠"，毛际盛在其《述谊》中认为屋梠即平常所说的屋脊，而屋脊之"厃"上的"ク"形似取象传统屋顶上的神兽鸱吻，且设于屋顶正脊两端，"如角双植"。②传说鸱吻为龙的九子之一，喜欢吞火，其形折而向上的凹曲屋面，连带整座屋顶皆表现出一种反曲向上的腾飞之势。原本沉重、静止的巨大屋顶随神兽充满动态的形体塑造变得轻盈灵动，檐部飞翘，静中含动，恰如《诗·小雅·斯干》描写的那样："如跂斯翼，如

---

① 《段注·詹》："从厃，此当作厃声……厃与檐同字同音。"

② 毛际盛《述谊》："即俗所云屋脊是已。屋有厃，犹背有吕，故曰屋梠。屋梠鸱吻如角双植，故亦曰桷，皆以形言。"

矢斯棘，如鸟斯革，如翚斯飞"，高啄的檐牙以其独特的构造将屋顶装点得如繁复华丽的冠冕，有别于世界上其他建筑式样。

（6）斜倚"阑"干

阑，《说文》："阑，门遮也。"

闲，《说文》："闲，阑也。"

按照《说文》从"木"的"闲"与"阑"的递训关系看，二者意义相通，都有门前栅栏的语义指向，且由字形从"木"义符的通常用料倾向推测，其所指栏杆的最初材质也应为"木"无疑，这与后来"阑"字增加义符组成表意更为清晰的"欄"有所对应，也因此"阑干"与"栏杆"经常互相通用。

栏杆有"遮挡"之义，所以也常常作为安全防护结构设置于建筑、桥梁等处，而且在遮蔽的同时还可以有效的分隔空间，又不会将眼前景物完全遮挡，影响视线的交流，是一种很好的隔断形式。虽不如帘、幕等灵活机动，可根据需要改变分隔的位置与状态，却也有着自己独特的分隔手段，并能在室外与建筑配合起到围护功能，可长期设置，十分牢靠耐用。在距今约六、七千年前的河姆渡建筑遗址中就已发现简易的栏杆的存在和应用；在商周青铜器刻印的生活场景图案上，汉代画像石、画像砖以及明器装饰上也都陆续发现有各式各样的栏杆，其中的纹样造型更是花样繁多。《说文》中涉及"栏杆语义场"的语汇除了"阑"和"闲"外还出现了两个同义词：

楯，《说文》："楯，阑楯也。"指殿上防止人坠落的临边栏杆，也有装饰之义。

柤，《说文》："柤，木闲。"指木栏。

"阑""闲""楯""柤"不仅注重实用的围护功能，还兼顾装饰的用途，尤其是今天被称为"钩栏"的阑楯，顾名思义，其曲折如钩的栏杆造型丰富着空间层次，并随屋势曲折勾连，极具装饰韵味。而在栏杆间精致多变的棂格雕饰同样有着独立的审美艺术价值，也因其本身优美的艺术造型而在诸多名篇中被反复借用，以渲染氛围。

四　室内陈设与装饰

室内陈设与装饰是室内空间设计中不可或缺的重要一环。早在《说文》中就已有了诸如室内家具的形态材料、使用方式和空间粉刷装饰等的相关记载。

1. 室内家具

家具一直是室内设计中必不可少的重要内容，也是与人们日常居住生活、生产工作、社会活动息息相关的陈设器具。上古时期室内家具品类匮乏，《说文》中仅列出了"席""几""牀"为主的为数不多的几样起居用基本家具。

（1）从"席"看室内家具的特点

席，《说文》："席，籍也。《礼》：天子、诸侯席，有黼绣纯饰。"

"席"的出现与发展有着十分悠远的历史。早在殷商甲骨文中"席"（"▨"）字就已出现，其形"囗"如《段注》所训："'从巾'，其方幅如巾也"，内部的图样"▨"则模仿了真实"席"具像波形的编织纹路，天子、诸侯所用的"席"其边纹绣饰更表现出了精美的黑白斧形纹样。从甲文"▨"、籀文"▨"到金文"▨"，再到综合前三者字形特点的小篆"席"，发现这些"席"均以如巾方形为基本形状，尽管当中或许会在细节的图案装饰等方面有所出入。至于"席"的材质和功能，许氏则以从"竹"部的"籍"为训，认为"席"是用劈成条状的"冬生艸"，即由芦苇、高粱秆皮、竹子等草篾或竹篾编成方形的垫子。

因此，在以"竹"部为形符统摄的语汇中，形成了与"竹席"含义相同或相近的语义场。

筵，《说文》："筵，竹席也。《周礼》曰：'度堂以筵。'筵一丈。"

箁，《说文》："箁，竹席也。"

籧,《说文》:"籧,籧篨,粗竹席也。"
篨,《说文》:"篨,籧篨也。"

这一组字均以"竹席"为释,只是从《说文》释解看,"筵"直接平铺于地面,所以经常以丈长的筵为标准测量明堂,好像今天日韩传统民居中仍在使用的榻榻米,不仅以其坪数计算室内面积,而且也不会将其随意移动。而"席"根据《说文》的解释则应该是作为垫子置于"筵"之上的席类家具中的一种,因较之丈长的"筵"窄短、精致而与人体直接接触,供人坐卧。与"席"意义相同的粗竹席"籧""篨"必然也如"席""簟"一样被用于人们起居时的坐卧。这也是同被用于铺地的"筵"与"席"类竹席最大的不同。

名称各异、功能体贴、分工细致、注重规格尺寸和装饰的竹席在室内家具仍十分窘迫的情况下能有如此表现,一方面佐证了"席"在家居生活中的显赫地位,另一方面也透露出"席"的设计已相当讲究,不管是材质、装饰,还是使用方式上都呈现出多样的表现形式和严格的规范。正如《说文》对"席"的释解:"《礼》:天子、诸侯席,有黼绣纯饰",在注重礼仪礼制的周代,"席"丰富的形式设计、材质表达、图案样式和成熟的工艺技术皆被纳入了礼的范畴,并为以此划分人的秩序等级提供了有力的物质基础。

另外,"宿"与"安"在《说文》中都是描写室内人们活动行为和情状的语汇。

宿,《说文》:"宿,止也。"
安,《说文》:"安,静也。"

"宿"表示的是人在屋中睡觉的行为,其甲骨文"宿"更以图画的形式将人正在睡觉的重要道具簟席"⊠"画于室内"冂",人"亻"旁以直观会意。"安"则反映的是一女子跪坐于室中的情景,从其甲骨文"安"中女子"𡔇"跪坐的行为推测,虽然字形中不如"宿"那么直白地画出"席"之形,却也暗示了在跪坐的人体下是垫着席子的。如此可见，在上古社会"席"类家具在室内承担着供人坐、卧的多重生活功用，它将人们在室内活动的范围束缚在"席地"的高度，也由此延续了上千年"席地而坐"的居住方式。

（2）从"几"看陈设中的各式家具

在室内家具发生大规模分化以前，以"几"为形制基础的相同或相近的词义语汇构成了关于各式陈设家具的语义场。

几，《说文》："几，踞几也。象形。《周礼》五几：玉几、雕几、彤几、鬃几、素几。"

且，《说文》："且，荐也。从几，足有二横，一其下地也。"指垫放物体的家具。

俎，《说文》："俎，礼俎也。从半肉在且上。"指行礼时盛放祭品的家具。

案，《说文》："案，几属。"

楎，《说文》："楎，圜案也。"

桯，《说文》："桯，牀前几。"

榁，《说文》："榁，榁桯也，东方谓之荡。"《段注》释："榁、荡皆牀前几之殊语。"

牀，《说文》："牀，安身之坐者。"《段注》释："床之制略同于几而庳（低）于几，可坐。故曰安身之几坐。"

"几"本取象实物的蹲踞之形，造型低矮，也是为了配合"席地而坐"的居住方式，如："依几"的"凭"、"从尸得几而止"的"尻"、"得几而止"的"处"体现的都是当人跪坐席上支肘依靠的样子；同时也为了在人们坐、卧、休息时便于取用身前盛放的物品。"几"属家具多由木制，像"案""楎""桯""榁""牀"等"几"的种类和类似"几"的形制家具都以形旁"木"标示出其家具材质的选用倾向。或许在这几种"几"类家具的产生、发展过程中曾有别的材料掺入其中而致使字体构成中出现有其他部首的变体，不过在《说文》小篆中最终沉淀下来的偏旁部首，也是当时器物创建初期人们生活中最为常见、普遍认可的制作材料还是

"木"系的。当然，也有"几""且""俎"这样的并没有明确形旁提示的家具，说明该家具的质料选用不拘于任何材质，石质、玉质、木质、竹质、陶质、青铜质皆可。以"几"为例，仅《周礼》中规范的"几"就有"玉几、雕几、彤几、髹几、素几"五样，而其中的"髹几"实际就是木制"几"，只是表面涂上了一层色漆。（图3-11）

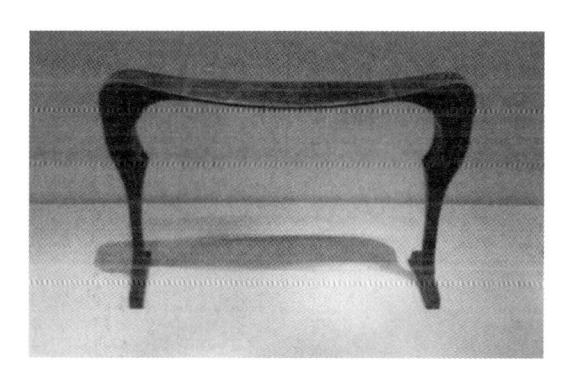

图3-11 战国朱绘黑漆凭几

在"几"类家具中的"且"和"俎"都以"且"作其义符，按"且"之甲金文与祖先之"祖"义相通，并由"且"得"祖"声。而"俎"本身也包含祭祀之义，是行礼时盛放牲体的器具，所以"俎"也是一种祭器，有足，示意将祭品举起供奉给神明以表恭敬、庄重。当然这种举起的高度仅相对于地面而言，如：在山西襄汾发现的尧舜时期的陶寺遗址中，木案、木俎的高度为10—25厘米，[①]在敬神祭祖的同时也考虑到上古先民"席地"生活的活动高度与范围。而考古出土的辽宁义县商代青铜俎和河南安阳大司空村商代石俎，究其外观式样已颇具案、几、桌类家具之雏形。

随着审美意识的不断觉醒，在关注器物的功能实用的前提下，对家具的造型雕琢也逐渐被提上日程，如："案"。"案"在设计

[①] 杨泓：《美术考古半世纪——中国美术考古发现史》，文物出版社1997年版，第406页。

之初只是作为放置物品的常规"几"属条状小桌，并无出奇之处，"檈"虽然仍为几案，却已突破"几"类家具的传统形制，变方为圆，给人以视觉上的新鲜感和刺激。在纹样装饰上，有注重材质质感色泽的；有偏向图案装饰的；有以色彩、雕刻装点表现的；也有将多种装饰综合使用的，设计手法层出不穷。在河南信阳长台关发掘的春秋战国时期的漆案装饰诸如此类的装饰表现已十分考究，案面用金、银、黄、黑四色彩绘角涡纹、云纹，案脚搭配青铜质料制作，并模拟兽蹄之形造型，整体体现出一种高贵华丽的装饰之美。

在"几"属家具之外还有一款与"几"形制相似的"爿"。《说文》认为"爿"略低于"几"，恰与爿前几"桯""㯳""㮾"的器形高度相匹配。从"爿"的甲骨文"爿"来看，殷商时期已出现床的形制，"爿"好像立置着的平板床，放倒后则似乎与今"床"无异，都有床脚支撑。①但此时的"爿"以供人端坐功能为主，与今"床"的睡卧用途完全不同。另外，"墙"的甲骨文与"爿"相同写作"爿"，有人认为"爿"也有如夯土夹板的结构筑形，只是里面填充物是草而非土，以起到保温效果。而到了战国时期，河南信阳长台关楚墓中的漆木爿有 44 厘米高，相比于前文提到的尧舜时期与爿同源的低矮"几"属俎案而言，家具变高许多，已与今天常见的家具高度相差无几，也在无形中影响着室内的空间高度和先民们的生活方式。

2. 从"屏"类字看室内隔断

所谓隔断，即是能够分隔空间的存在，有的是真实可见的；有的是无形的，但却在心理造成限定；有的呈现半分隔状态，对人体产生部分的阻隔作用，只允许视线或部分肢体短暂地穿越；有的隔断是固定不动的；也有的是灵活机动的。在室内设计中，隔断的种类十分多样，最常见且为人所熟知的是"墙"，此外还有各类家具，如：门窗、橱柜、帘幕，甚至柱子、顶棚、地面、花罩等房屋

---

① 张舜徽《说文解字约注》："（爿）盖但作爿，横视之，其形自肖。"

构件的形态、色彩、装饰物都有分隔空间的作用。不过这里重点讨论的"屏"类隔断较为特殊，不同于一般认知的室内隔断，如分隔空间十分典型的"墙"。

屏，《说文》："屏，屏蔽也。"

从《说文》中"屏"的图画构形来看，"尸"部取象屋室之形，在屋中像有两人各持一竿，呈遮挡之形"="、"并"之象，且"并"还有连动跟随之意。如此，再结合"屏"的《说文》释义可发现其在居室中的功用与特性。首先是室内的"屏蔽"功能，这是"屏"隔断担任的最基本职责，可用于划分功能空间，丰富空间的功能与层次，使人们在进入房间时不会感到空旷单调，而产生出一种类似迂回曲折的装饰美感和游戏般的趣味性，也因此空间在无形中被放大了。同时"屏"在一定程度上遮挡视线，不至于让外人站在门口就能将室内情况一览无余，保证了空间的私密性。不过，从"屏"字的会意形体看，这种遮挡并不完全，仅仅徒有其形，若有心从"="间通过并非办不到，更不用说视线的自由穿梭，这也是"屏"隔断的第二个特性："隔而不断"。其三，屋下二人"廾"而"相从也"的形象表意显示了"屏"的活动性和灵便性，可根据居室内人的具体需要改变遮挡的方向和位置，或者选择收拢还是展开。"屏"作为室内陈设中的组成部分兼具家具和隔断的双重身份，也因此使其比其他类型的隔断的功能更加多样，设置更为灵活、方便。

基于从"屏"的字形字义表露出的隔断特点，在《说文》中还发现了与之相似又有所区别的室内隔断语义场。

幔，《说文》："幔，幕也。"

帱，《说文》："帱，禅帐也。"指单层的牀帐。

帷，《说文》："帷，在旁曰帷。"指围在周围的帘幕。

帐，《说文》："帐，张也。"指张在牀上。

幕，《说文》："幕，帷在上曰幕，覆食案亦曰幕。"

幦，《说文》："幦，帷也。"

簾，《说文》："簾，堂簾也。"指堂上挂的竹簾。

幄，《说文》："幄，木帐也。"《释名·释床帐》载："幄（幄），屋也，以帛衣板施之形如屋也。"

横，《说文》："横，所以几器。一曰：帷屏风之属。"指用来搁置物品的器具，另一说指帷帘屏风之类。

扆，《说文》："扆，户牖之间谓之扆。"

从材料上看，其选用材质以"巾""竹""木"为主。其中尤其是"巾"系的隔断："幔""㡡""帷""帐""幕"，明显是用轻薄的巾帛制成，装卸轻便、收放自如的灵活特性自不必说，还因为"巾"自身的柔软性可使人轻松撩开而自由出入，不会造成任何硬性拦阻；巾帘的半透明性也如"屏"般，虽有阻隔，却仍能隐约看到帘后的景色，像专门强调单层帘幕的"㡡"即是如此，亦增加了空间的层次感。"簾"以"竹"为材质，较之巾帛沉重许多，不过从其声旁"廉"的《说文》释解"仄也"看，"簾"是选用薄窄、轻盈的竹片排列连接制成的，在重量上虽与巾帛不可比，但可卷可放的优点，以及竹片间可通光透气的缝隙亦有着与"巾"系隔断殊途同归的设施特性。而从"木"部的"幄"和"横"在《说文》的解释中具有复合性，与其说"幄"和"横"以"木"为部首，不如说与"巾"的关系更为紧密。古代在户牖之间常常架设屏风，以作遮挡之用，而设在此处的屏风即称"扆"，或许更确切地说"扆"是室内各式屏风中一种。

3. 装修涂料的运用

有感于土木建筑材料易于腐烂、损毁的弊端，以及人们天生对美的视觉享受的追求，对于房屋的装饰装修从很早的时候就已开始，从《说文》中可以窥探到初期先民利用天然涂料巧妙装点家居环境、维护延长房屋使用寿命的粗浅装修行为。

从《说文》中关于涂料的字形字义分析，上古时期原始装修涂料的运用基本可分为"桼"的髹饰、"泥"涂料的粉刷、"错"金装饰三大类。

（1）"㯃"的髹饰

㯃，《说文》："㯃，木汁。可以髹物。象形。㯃如水滴而下。"

髹，《说文》："髹，㯃也。"指刷漆。

䰂，《说文》："䰂，㯃垸已，復㯃之。"指将漆和骨灰混合并反复涂饰于器物表面。《句读》载："作㯃器者，以木片为骨，灰㯃涂之，暴之旷日，故曰'㯃垸已'也。石磨令平，乃復以㯃，发其光也。"

很早以前先民们就已懂得运用㯃树内粘稠的汁液制作涂料，并涂抹于木制房屋内需要保护和着重装饰的部位。据古文献记载，尧舜时期就曾以黑漆[①]涂抹于食器上，大禹时代也曾使用"墨染其外，而朱画其内"的漆饰祭器。[②]考古发掘发现，距今约六、七千年前的河姆渡文化遗址曾出土史上最为古老的木胎朱漆碗和筒，虽经历千年，但因为木胎表面被㯃汁覆盖而完全没有任何腐烂的迹象，且㯃色鲜艳，为原本平淡无奇的木质器物增添一抹亮色；距今五千多年前的良渚文化时期的出土漆器，除了传统的在木器上髹漆外，更出现了在陶器上漆绘的装饰方式，如：江苏吴江的漆绘彩陶杯；梅堰遗址用金黄、棕红二色漆绘的彩陶器；杭州水田畈遗址的黄地红色弦纹和黑陶黄色弦纹两种漆绘陶片，以及余杭出土的漆朱色几何形图案的黑陶。粘稠的液体㯃汁以其卓越的融合性和附着性可自由地装饰于各式材质，无论木器、陶器还是后来的青铜器、布帛、竹器、金属器等，虽然从单纯的使用人漆（天然㯃）到红漆再到混入其他各色颜料的彩漆，其间的演变过程《说文》中并未留下详细的记载，不过其工艺方法已结果性地反映出㯃善于与其他材质

[①] 因乳灰色的天然漆氧化变干后颜色会接近于黑色，所以有人推测黑漆为最早使用本色漆阶段，并早于红漆的使用年代。见王世襄《中国古代·漆工艺》，《中国美术全集·工艺美术编·漆器》1989年版。

[②]《韩非子·十过》："尧禅天下，虞舜受之，作为食器，斩山木而财之，削锯修其迹，流漆墨其上，输之于宫，以为食器，诸侯以为益侈，国之不服者十三。舜禅天下，而传之于禹，禹作为祭器，墨染其外，而朱画其内，缦帛为茵，蒋席颇缘，觞酌有采，而樽俎有饰。此弥侈矣，而国之不服者三十三。"

相融合以共同装饰物品的特性。

《说文》中"桼"系字的分宗立户，尽管只列出三个语汇，却喻示了髹漆工艺已成为一门相当独立的行业，相应地，漆应用的范围和技艺必然已达到一定高度，只是建筑实物因年代久远、战乱、天灾等因素而均未能流传下来。但从考古出土的上古时期漆器文物仍可看出当时漆艺水平：在河北藁城台西、河南安阳殷墟、湖北黄陂盘龙城等处出土的商代木胎漆器上，除了常规的涂刷色漆、打磨、推光、彩绘图案，即"髹"和"䤽"，还运用漆本身粘稠易混合的特性出现了用形状多变的绿松石，经过雕琢的螺钿、蚌泡为镶嵌花纹装饰的器物；河南上村岭的虢国墓、北京琉璃河的燕国陵墓中则出现了西周时用雕刻装饰的漆器；至秦汉时期，还出现了许多新的表现手法，如："锥画"、金银片和宝石的镶嵌、鎏金装饰、堆漆等，汉代中山靖王刘胜墓出土的一只漆樽甚至呈现出金属器皿般有着凹凸、色彩、图案、拼贴等的装饰效果。

（2）"泥"的粉刷

上古时期，受当时工艺技术水平的限制，房屋的装修维护都以从"土"部的泥巴为主要原料，并依据涂抹位置、颜色、成分的不同而在名称上产生差异。以下是《说文》中因"土"部系联的关于装修涂料的语义场。

塗，《说文》："塗，涂也。"指用泥巴涂抹。

墐，《说文》："墐，涂也。"《段注》载："合和黍穰而涂之谓之墐。"

垷，《说文》："垷，涂也。"《段注》载："涂泥可以附物者也，故引伸之，用以附物亦曰图。《广雅》：'垷，拭也。'"

墀，《说文》："墀，涂地也。礼：'天子赤墀。'"

墍，《说文》："墍，仰涂也。"

垩，《说文》："垩，白涂也。"指用白色涂料粉刷墙壁。

单纯用泥涂抹称"塗"；泥与草茎混合涂抹的称之为"墐"；泥中附带其他物质的涂抹称"垷"；而涂在地面上的为"墀"；涂

于顶棚的曰"墍";白色的泥土涂料则称为"垩"。这种360度无死角,且墙壁内外无一遗漏的粉刷可称得上现代室内外装修的鼻祖。然而,原始时期的房屋粉刷究其根源,并不像今天业界关于形式与功能关系的实验性设计那样轻松、随意,毕竟当代的建筑、技术水平已发展到一个十分成熟的地步,以至可以为设计师的肆意挥洒提供宽广而有力的平台。在民众普遍仍生活在半穴居或简陋木屋中时,生存的基本物质需要主导一切,面对潮湿的半穴居室内、四面漏风的脆弱的木屋墙壁,先民由此发明了"墐涂"法,用随处可见的泥土和水与"黍穰"一起混合后涂抹在墙壁、顶棚、地面等处,以达到防潮防风、坚固房屋的目的。此外还有专门为泥涂的建筑构件命名的案例,如"壁",即为由竹木编织的涂泥隔断。而"墐涂"之法更被载入《礼记》成为中国流传两千年以上的、生活中遵循的轨仪准则,[①]并在后世发展中日趋完善。

当然,这并不是完全不关注审美需求,只是在倾斜比例上更偏重功能而已。在经历了大范围、长时间黄泥涂抹的疲劳轰炸之后,白色泥土"垩"的运用为一成不变的房屋装修带来"陌生化"的视觉体验,也为房屋装饰增添进新的色彩,从而产生美的愉悦感受。而《说文》中的"赤墀"地面不仅是一种简单的用红色油漆涂饰的装修手段,当中更包含着等级社会中礼制的规范与要求,以精美的装修、昂贵的材料、鲜艳的色彩凸显上位者地位的显赫不凡。

(3)"错"金装饰

错,《说文》:"错,金涂也。"

厝,《说文》:"厝,厉石也。《诗》曰:'他山之石,可以为厝。'"

措,《说文》:"措,置也。"

《说文》中"错""厝""措"三者皆从声旁"昔",通过"声符系联法"可从不同角度理解上古工艺"错金银"的制作方法

[①]《礼记·内则》:"涂之以谨涂。"郑注:"谨当为墐,声之误也。墐涂,涂有穰草也。"

与运用。

　　从各家对《说文》的相关释解看，"厝"和"措"实际在古代许多经传中早已与"错"通用。[①]"错金银"又名"金银错"，《说文》认为"错"是指用金银涂饰器物表面，而这种涂饰的方法大致可有三种。其一就如《说文》所释，将金银液体直接涂抹在器物的表面，烘烤蒸发后去汞存金，形成表面光滑平整的鎏金装饰，即所谓的泥金法。其二则如《段注》中所阐释的"谓以金措其上"，即将金银放置于金属器上的意思。然而，若是简单放置必会很容易脱落而达不到装饰的目的，从与"错"相通的"厝"的释解看，是把金银箔片黏贴到需要部位后，并用厝（错）石不断磋磨，直至箔片与器皿表面相平滑为止。第三种方法与第二种包贴法相比较为相似，只是装饰物与器物连结更为紧密，处理手法更为稳妥，是以镶嵌之法预先在金属器皿表面铸出或錾刻出装饰所需的各式图案或文字形状的凹槽，然后将金银丝、片嵌入其中，并同样用错石打磨，以形成不同材质的拼贴装饰。

　　中国传统建筑拥有世界建筑史上不为多见的色彩表现。而这种脱离于建筑本身原生态的、颜色单调的鲜艳色彩实际更多地源于对日常居住功能的补充意图，是装修涂料为保护建筑材料而涂抹后附带产生的效果，却意外地为室内外的空间环境增添进丰富的色彩装饰，使生活在其间的人们获得精神上的愉悦。如：为防止木材腐烂、延长以木结构为主的建筑使用寿命而选择涂抹黑色、红色等不同颜色的漆；为防潮和坚固房屋，也在一定程度上阻止风吹日晒对房屋实体的侵蚀而在墙体外立面和屋内顶棚粉刷水土混合的黄泥，在内墙壁涂以白垩，在地面铺抹色漆；为保护器物本体而在其表面施以黄、白色彩装饰的错金银工艺，关注实用功能的同时也兼顾着人的审美体验。随着建造技艺和生活水平不断进步，色彩的广泛应用更衍生出对其在艺术审美、礼仪制度、宗教思想等各文化观念方

---

① 《段注·厝》："按许书厝与措错义皆别，而古多通用。"徐灏《段注笺》："厝，凡摩鑢（磋磨）金石谓之厝。古通作错。"

面的诸多规范和要求。

在中国传统建筑中，同样的布局结构却会表现出不同的功能属性和性格特征，其区别的关键即在于室内的陈设与装饰。与搭建人们整个生活环境的外观建筑相比，室内陈设装饰或许更倾向于美的表现和具体细节功能的关怀，但这并不代表室内陈设装饰是无足轻重的。与建筑房屋一样，具备着影响人们生活方式的能力；通过不同材料、形制、装饰等处理手法的应用引发美的视觉感受；其形制的尺寸大小、颜色花样、质料选用、数目规制等也同样受到宗教崇拜、社会礼乐制度的等级规范与约束。室内陈设装饰与建筑外观形态是房屋居住设计的一体两面，地位同等重要，相辅相成。

第三节　传统建筑的建造材料与工艺

"昔者先王未有宫室，冬则居营窟，夏则居橧巢"，华夏数千年辉煌的营建文明就是源自这简陋的土作"营窟"与木构"橧巢"，而之后由此衍生而来的雄伟宫城、浩大墓葬、鳞次栉比的院落、巧夺天工的苑囿……皆被"土木工程"一词以概之。中国传统建筑与"土""木"血脉相连，正是土木技术的不世之功铸就了建造史上无数显赫功勋，尽管这些成就多已掩埋于历史的长河之中，但《说文》仍尽力还原了当时的建造技术图景，主要体现在土、木材料方面。

一　夯土筑基

"土"与人的居住生活渊源极深，可追溯到远古时期的穴居、半穴居。《说文·土部》："土，地之吐生物者也，二象地之下、地之下、地之中，物出形也。"土地孕育万物，像母亲一样包容一切，正如"土"的古字"⬥""⬥"就是取孕妇之形以示"地载万物"之意。因此，先民们对"土"有着难以言喻的依赖与依恋，也相信"落叶归根"后的天堂即是回到"地母"的怀抱，希腊神话中亦将大地之神盖亚设定为众神之母，并拥有创造生命的原始自然力量。而且"土"有着极强的可塑性，可以根据不同的需要变幻成不同的形态，护卫着生活于其中的人们，给予无限的安全感。许书中从"穴"字 51 个，都是关于土建穴居的建筑形式及行为动作的表达，也有直指"土"符的居住类用字约 17 字，更加明确地阐明上古建筑从地下挖穴到地上建屋过程中，土之材料百变形态的制作与多功能应用。

从早期的原始穴居、崖居到后来的半穴居、地面建筑，土在房屋主体的营建中始终扮演着重要角色。尽管上古的建筑物多已不存在了，但遗留在文字中的居住类房屋字形和训解仍展示出"土"的应用所达到的技术境界与艺术水平。

基，《说文》："基，墙始也。"王筠《句读》曰："今之垒墙者，必埋石地中以为基。"张舜徽《约注》曰："湖湘间称为墙脚。"

堂，《说文》："堂，殿也。"颜注："凡正室之有基者则谓之堂。"指有房基的正室。

垛，《说文》："垛，堂塾也。"《尔雅·释宫》曰："门侧之堂谓之塾。"是位于门堂两侧的房间。

坫，《说文》："坫，屏也。"《段注》曰："以土为之，高可屏蔽。故许云'屏也'"，方以智《通雅·宫室》曰："凡垒土甓成台可阁物者皆谓之坫。"搁置物品并作为屏障的土台。

臺（台），《说文》："臺，观。四方而高者……与室屋同意。"四方、高平的土筑建筑。

无论建墙还是造屋，最关键的还是基础的稳健，而这一点从上一组从"土"构形的房屋类文字即可看出。墙体是围合空间的重要组成部分之一，若想将房子建得结实，"筑墙之始"（郝懿行义疏）的"基"是建筑上层结构扩展的根本。不过，其从土部的构形所指并非自然状态下的"生土"，而是一种经过人工加固过的夯土。《说文》曾以"从木筑声"的"築（筑）"生动反映上古先民加工生土的原始方法，即用直春的木棒"杵"类重物用力砸击土层，经过这一反复的"築"的动作，泥土中的空隙就会遭到严重挤压而变得密实、坚硬。但是筑土的基本方法是用干打垒分层夯实土层，要真正达到捣实土层、塑形、稳固的标准，实际需要大量轻壮劳动力的高强度同时作业才可能完成，有时甚至需要集结成千数万人的力量，如今享誉盛名的古长城、秦始皇陵、马王堆汉墓、故宫等建筑的地基都是以此法修造的，其工艺之成熟无需任何化学处理、添加或更为坚固的材料辅助、替代，仅以土为原料却保持了古建筑能够延续几百数千年不毁，实在是世界建筑史上的一个奇迹。根据考古发掘，早在距今四、五千年前的龙山文化时期就已出现夯土"築"术，并在之后应用于墙、堂、垛、坫、臺等各式建筑的塑造中，这些建筑物从土的字形构成亦是对"夯土筑基"筑造技术应用的充分证明与认可。

二 版筑技术

直至今天，在中国许多偏远山区依然随处可见有着泥土颜色的泥墙土屋，它们本身的制作工艺正如眼前所看到的，既不是西方盛行的传统砖石垒砌，也不是现代技术下的钢筋混凝土整体浇灌，而是由纯天然的泥土制成。

版，《说文》："版，判也。"王筠《句读》曰："谓判之而为版也，可以筑墙。《诗》'缩版以载'是也。长者谓之版，短者谓之干，又谓之㮇。"

筑，《说文》："筑，捣也。"王筠《句读》曰："所用以捣者，亦谓之筑。《左宣十一年传》'称畚筑'疏曰：畚者，盛土之器；筑者，筑土之杵。《三苍解诂》：筑，杵头铁沓也。"

栽，《说文》："栽，筑墙长版也。"《段注》曰："古筑墙、先引绳营其广轮方制之正。诗曰俾立室家、其绳则直是也。绳直则竖桢榦。题曰桢、植于两头之长杙也。旁曰榦、植于两边之长杙也。植之谓之栽。栽之言立也。而后横施版于两边榦内。以绳束榦。实土。用筑筑之。一版竣。则层累而上。"

牏，《说文》："牏，筑墙短版也。"《段注》曰："长版用于两边。短版用于两端。一缩一横也。此牏之本义。"

榦，《说文》："榦，筑墙端木也。"

櫼，《说文》："櫼，榦也。"

桢，《说文》："桢，刚木也。"

据《说文》中与"版""筑"语义系联文字的训释看，版筑土墙工艺即是用木板作挡土板以夯筑墙体。首先引绳索确定墙体的"疆域"，竖立长木桩在墙体两头的名"桢"、两边的称"榦"，横施长板在两边的"榦"内，用绳子缚紧长板，两版之间的距离即等于墙体的厚度；然后一边向其中填充泥土，一边将其垂捣压实，一版完成后再以相同方法向上筑第二版。如上文所说，夯实挡土板内泥土的行为名"筑"，筑土的工具"杵"亦名"筑"。《段注》引古周礼及左氏说："一丈为版，版广二尺，五版为堵，一堵之墙长丈、高丈，三堵为雉，一雉之墙长三丈、高一丈。以度为长者用其长，以度为高者用其高也。"说明上古时期，"版"的长度为一丈，高二尺，一堵墙通常用五块"版"层层垒筑至一丈高；"雉"形容的是墙的长度，一般一雉墙有三丈长、一丈高。也有文献认为："八尺为版。五版为堵。五堵为雉。版广二尺。积高五版为一丈。五堵为雉。雉长四丈。"虽然"版"和雉墙的尺寸众说纷纭，但这种版筑的技术基本已达成共识，均以两块木板相夹施土压紧、压实而成，夯筑完毕后拆去绳索和木板，即可获得所需墙体，该道工序称为斩板。不过在修筑高墙时，较高的土墙还需要搭建脚手架，工匠们会在夯层中安置插竿，墙体建好后拆去脚手架即可，同时压在夯土中的插竿还能起到加固作用。这种土坯墙就是后来砖墙的雏形，有的还会在土墙表面涂抹一层稀泥作保护、装饰之用，《说文》中的"杇""槾"就是专门用来涂墙的工具，二者同指一物，只是因秦地、关东地区不同而叫法各异，可见用泥饰墙的做法各地都有，从工艺步骤来看，应属于相对更为讲究的深加工建造装饰。

三 烧砖制瓦

《说文·土部》中记载了有着众多相同或相近语义的"墙体"语义场：

垣，《说文》："垣，墙也。"

圪，《说文》："圪，墙高也。《诗》曰：'崇墉圪圪。'"形容墙高大之象。

堵，《说文》："堵，垣也。五版为一堵。"

壁，《说文》："壁，垣也。"

獠，《说文》："獠，周垣也。"周围环绕的墙。

㙊，《说文》："㙊，壁间隙也。"墙壁的缝隙。

埒，《说文》："埒，卑垣也。"低矮的围墙。

城，《说文》："城，以盛民也。"

墉，《说文》："墉，城垣也。"

堞，《说义》："堞，城上女垣也。"《段注》曰："古之城以土，不若今人以专（砖）也。土之上，间加以专墙，为之射孔，以伺非常……今字作堞。"堞即为"城上如齿状的矮墙。亦称女墙。"[1]

按照上列关于"墙体"的语义场可知，尽管"土"在这里占据毋庸置疑的统治地位，但其表现形态却已呈现出多元化趋势。不只有前面提到的分土筑基及版筑法建墙，段氏对"堞"字的疏注中明确指出女儿墙上掺入的"专墙"，显示出土坯砌墙与版筑互补混用的事实。

"专"在许书中显示为一个多义词，其中一义为"纺专"，从文献资料和文物出土情况看，上古纺专形态更似碎了的陶瓦片。而"瓦"是"土器已烧之总名"，段氏疏注为："凡土器未烧之素皆谓之坯。已烧皆谓之瓦。毛诗斯干传曰：瓦，纺专也。此瓦中之一

---

[1] 辞海编辑委员会：《辞海》，缩印本，上海辞书出版社1989年版，第619页。

也"，可见古时"专"与"瓦"并无特别区分，也可说是同物异名。"秦砖汉瓦"一词至今仍被用来形容当时房屋装饰的辉煌，是土器烧造技术在建筑领域的成功应用。

瓦，《说文》："瓦，土器已烧之总名。象形。"

甍，《说文》："甍，屋栋也。"《段注》引《释名》曰："甍、蒙也。在上覆蒙屋也。"

甓，《说文》："甓，瓴甓也。《诗》曰：'中唐有甓。'"桂馥《义证》曰："《九章算术》：'今有出钱一百六十买瓴甓十八枚。'李淳风注云：'瓴甓，塼也。'"

甃，《说文》："甃，井壁也。"《段注》曰："井壁者、谓用塼为井垣也。"

解读"瓦"符建立的这个"语义场"可发现，至此，天然材料的"土"性质已完全转化，不同于先前夯土、筑土式的物理性挤压土层空隙，使之变硬、变实，受高温加工化学反应作用，而成为人造的匋瓦制材料。江西万年县仙人洞遗址发现的圆底罐即为陶质人工材料，经年代检测证实，为一万年前的新石器时期早期文物。"瓦"之小篆文"𤬱""象卷曲之状"（《段注·瓦》），如两片凹凸泥片"𠄏""𠄎"交互钩连，最早用于屋脊的蒙覆，因屋顶是人字形，其屋脊连接处极易漏水，而开始尝试性地使用稀罕的陶制瓦器，并最终解决了屋顶漏雨的技术难题，从瓦部的"甍"也成为专指覆盖在屋脊上的瓦片，后逐渐普及，更扩展至整个屋面。通过在每两列凹瓦之间扣盖拱瓦的方式搭建起组织严密、精细的防雨、排水屋顶系统，以确保每一滴雨水在滴落至屋顶时会落入凹列瓦沟中，继而顺着斜坡面滑向屋檐，引流积水。"瓦"字不曾在甲骨文和金文中出现，其最早的文字记载是西周早期的大篆，但据说夏桀时"瓦"就已应用于屋顶，"夏世，昆吾氏作屋瓦"（谯周《古史考》），"桀汉、作瓦"（张华《博物志》），陕西周原遗址中则出土少量西周屋瓦遗存，包括灰色的筒瓦和板瓦，以及一些半瓦当。

按《说文·瓦部》中所列建筑构件类文字及释义，砖瓦字很少，只有包括瓦在内的甍、甓、瓬四字，其应用范围主要为铺路、砌墙等方面。从甓和瓬的字形结构分析，皆是在瓦的基础上发展起来，产生年代亦远晚于瓦，这一点与考古发掘相印证。东周时期的城市宫殿遗址中出土的瓦类建材已不仅局限于构筑屋顶的筒瓦、板瓦、瓦当之类，还开始出现用于铺设地面、装饰墙壁的砖块，甚至有了替代木料构建墙体的空心砖。（图 3-12）后世文献《义证》和《段注》都曾以"塼"训释瓦器"甓"和"瓬"，朱凤起《辞通》语："古无甎砖字，但作专。世称生女为弄瓦，盖取专一之义……后世甎瓦异物，故时统称为瓦"。因此，当"砖"与"瓦"逐渐分道扬镳，但作为土器，亦同样有如未烧制的"坏"和已烧制的"瓦"之分[①]，许书称之为"墼"，与"坏"释义相类。

坏，《说文》："坏，一曰瓦未烧。"

墼，《说文》："墼，瓴适也。一曰未烧也。"《段注》曰："瓦部甓下曰：令甓也。按令甓即令适也。甓适墼三字同韵。释宫曰：瓴甋谓之甓。郭云：甎甓也……加瓦者俗字也。甎甓亦皆俗字。甎古只作专。"

如《说文》所释，"墼"就是将泥浆倒入模具凝固成型却未经火烧的土坯，是上古建筑材料中的一种，因与烧制过的砖块本质相同均为土制，且形状相似，而有时难以从视觉上轻易分辨，但并不妨碍先民们使用这种土坯砖砌墙盖房。按段氏疏注，"塼—甎—砖"[②]三者同音义，只是部首上发生变动，应是建材"砖"在制器的选材、时间、形制方面交叉与竞争的结果。"砖"表现出未烧土坯的、烧制陶制的、如石头般坚硬的、石头的等各式质料形态。然而，《说文》未曾收录塼、甎、砖三者中的任何一字，很可能直到秦汉时期，烧制的砖块仍未被用于建筑用材。从版筑建房到"砖"块砌墙，表现形式的繁荣背后，其从土建形的传统一直保留下来。

---

① 《段注·瓦》："凡土器，未烧之素皆谓之坏（坯），已烧皆谓之瓦。"
② 《篇海类编·器皿类·瓦部》："甎，俗作砖"，《玉篇·土部》："甎，亦作塼"。

图3-12a 战国瓦当

图3-12b 西汉几何纹空心砖

图 3-12

与瓦部记述屋顶用字极少相对的是从艸部的茅草盖屋顶，如：茨、葺、蓋、苫、薍。在人们还没有掌握木结构房屋的建造技术之前，用茅草搭建屋顶，为土穴遮风避雨是当时可以选择的最佳方案。更不用说，在水草丰美的上古时期，草是比树木更为寻常且容易获得的原材料，也是先民运用最早、最为普遍的建筑材料之一。即使在更先进、精美的建筑材料——瓦和瓦当出现以后，草类材料作为中国传统建筑材料仍然占据重要地位。后世将"茅茨土阶"的建筑发展初级阶段引申为简陋的房屋或简朴的生活，另一方面又恰恰说明了草质材料因其易得、廉价的特点适应了原始社会早期和以后社会的底层民众窘迫的生活条件而长期担任了十分重要的角色。

四 榫卯结构

木材是中国传统建筑中重要性可与土质材料齐肩的建材原料。在今天享誉已久的传统建筑，无论是皇家宫苑、南北民居，还是山水园林，当中修建的建筑物都主要由木材构筑而成。传承于原始的巢与穴建筑的原型，并将两者融合发展的间架式木结构，最终以主导者的姿态将木质材料的巧妙使用推向极致，成为中国传统建筑最为突出的特色之一。在《说文》中从木构形的文字多达421字，其中反映建筑、构件与居住的字有45个，还有表示半木的"片"部字，沉默地记录了大木作与小木作在框架式土木结构方面巧用木件的工艺技术。

检索《说文》发现，当中并无"榫"字，只有"笋"与之相配，许君释其"竹胎也"，《段注》按："今字作笋"，有外凸之象。"卯"字在书中言"冒也。二月，万物冒地而出。象开门之形"，为凹进的结构。如此一凸一凹的相互契合，可使木制构件紧紧咬合在一起，且不分构件的形态，甚至会因为受力的加大而嵌入更深，两构件间结合更为紧密，以单一的榫卯楔入连接方式衍生出千变万化的组合样式。

这是由远古"巢居"肇始而来的木构技术上的创举，显示出独具中国特色的传统建筑建造风格，完全不同于西方砖石结构的堆砌。其出土实物最早可上溯到七千年前的河姆渡新石器时期，在此基础上发展的斗栱组件即以嵌套的榫卯连接在不断重复、交叠的过程中变幻出"山节藻棁"般的富丽结构体系，不仅可以根据实际工程的需要和建筑等级的规范，通过增加或者减少斗栱的数量叠加，灵活地调整接点的接触面，还具有很好的防震、减震的结构特性，兼任装饰的双重功效。而梁柱式木框架结构更是从土穴巢居中演化出的地面房屋建筑结构体系，如《说文》中列举的大量房屋构件栋、极、桴、宑；梁、檼、棼；柱、楹、樘、楷；構、樚、榙、枅、栭、枓；椽、榱、橑、桷、栋；檐、楣、柤、榱、檩、檩、樀等，都是借助榫卯结点连接，将这些纵横交错的木质骨架紧实、坚韧地结合起来，以支撑整个房屋的重量。而这种间架式的房屋构成方式有些类似于现代主义大师勒·柯布西耶创造的多米诺体系，以混凝土的梁柱结构解放了厚重的承重墙对力的支撑与空间的限制，却是使用更加环保、对土地不造成严重破坏的原生态木质材料，运用年代更向前推进数千年。这一框架结构的最大特点就是房屋的墙壁变为单纯围合的构件，可以按照生活的需要进行平移或拆除，也可随意改动墙壁上门窗的大小、形状，而不必担心由此可能导致的房屋倒塌情况的出现。

上古建造房屋使用的材料除了土与木两大传统天然材料，《说文》还同时记载了石、草等其他天然建材及砖、瓦等稍晚出现的、经过人工处理的陶质材料，其质感、性能可补充土木材料在房屋建构中的不足，正如《进新修〈营造法式〉序》载："五材并用，百堵皆兴"，只有多样化运用各类建材，才能在满足房屋结构需求的同时，亦实现对被替换材料性能、美观度上的改进与提升。

第四节　传统建筑的功能延展

从崖岸暂居到巢穴为屋，再到土木建筑，先民们用勤劳的双手在陵阜野地开拓出属于自己的聚居之地，从单间独居到复合堂院，虽都是极为简单易寻的材料，却从空间结构和技术手段上不断翻新、扩展，使建筑样式呈现出多样的变化，规模也随之增加。老子曰："埏埴以为器，当其无，有器之用。凿户牖以为室，当其无，有室之用。故有之以为利，无之以为用"（《道德经·十一章》）。老子口中之"无"无疑道出了中国传统建筑功能之精髓。"万物生于有，有生于无"，正因为空间的"无"而生出可以包容无限的"有"之空间功能，传统建筑的功能才得以由单纯的居住功用向更为复杂的精神追求转变。透视《说文》中文字的形态与含义，即可从中解读出上古时期式样各异的建筑背后所隐藏的各项功能。

一 从"住"类字看传统建筑的生活功能

为先民提供生活所需的基本居住条件是建筑存在的首要要素，也是建筑中最为本质的特点。下面将从《说文》中的相关语汇逐条解析传统建筑中所体现的庇护、容纳、安定、娱乐、生产等空间功能。

1. 传统建筑的庇护功能

上古时期先民们居于野处而生活的种种艰辛促使人们对视之为"家"的建筑产生出莫名的信赖和眷恋之感，希望不再遭受漂泊之苦，在每日辛勤劳作之后可以拥有庇护之所得以安歇。在《说文》中指向庇护功能的建筑语汇，如：

庇，《说文》："庇，荫也。"

寄，《说文》："寄，托也。"

寓，《说文》："寓，寄也。"

宅，《说文》："宅，所托也。㡯，古文宅。宅，亦古文宅。"

《说文》中与建筑有关的语汇多与"广"部、"宀"部有关。像"广"部取象于"因崖为屋"的天然洞穴修建加工后的外轮廓；"宀"部则仿自人工造屋之形，字中所绘房舍更为精致华美。但无论是从"广"之庇的粗陋，还是从"宀"的"寄""寓""宅"等建筑的成熟，人们均可托庇于屋舍之下。在人工修建的屋室中，有屋顶、有围墙；可挡风避雨、可阻拦野兽，将一切于人生命安全不利之外界因素统统拦截在外，从身与心的角度最大限度地给予人们抚慰，人与建筑由此建立起最初的庇护关系。（图3-13）

338　《说文解字》的设计解读

图 3-13　东汉三合式陶屋

不过这种庇护具有暂时性。如"庇"之象形描述的是一对夫妻临时栖息在屋棚的情景；[①]"寓"内有蛇之象，喻示久未有人住、因长期闲置而生出寄居的蛇虫之类的房子，《孟子·离娄下》："无寓人于我室"中的"寓人"更直接点明"人在室中寄居"之义，[②]而"寓"的这种寄居性发散来看很可能是类似旅店等为来往旅客歇宿准备的临时居所；"宅"在《说文》中释为"人所托居也"，即指途中临时的借宿之所，字根"乇"有"将物品一分为二"之义，在"宀"下置"乇"可会意为"屋舍位于路途的中间"，再次验证了传统房屋的临时性特点[③]。因此，传统建筑的首要基本功能是庇护性，但是这种庇护只具有短期效应，并不长久。联想前文提到的传统建筑多以"木"系材料为主的现象，与西方讲求永久性的砖石建筑不同，木系材料相比于石材易腐烂、易损坏的特性限定了房屋的使用寿命，需要定时对建筑构件进行替换，甚至整体房屋的重新建造，这种木结构形式的非永久性建筑也在一定程

---

① 廖文豪：《汉字中的建筑与器皿》，中国商业出版社 2015 年版，第 44 页。
② 唐汉：《汉字密码》，陕西师范大学出版社 2008 年版，第 670 页。
③ 同上书，第 665 页。

度上应和了《说文》中庇护性语汇中所隐含的临时性意蕴。深受中国传统建筑影响的传统日式建筑甚至将这种临时性发挥到极致，伊势神宫的维护方式严格遵循"造替"制度规范，每隔二十年就在与旧宫土地面积相等的空地上复制原宫，以保证其建筑精神传承的持续不断（图3-14）。

图3-14 伊势神宫

2. 传统建筑的安定功效

身体上的庇护必然会作用于精神，带来心理上的慰藉与宁静。传统建筑的产生所引发的效应是双重性的，既承担生活上的现实安稳，也是安定心灵、陶冶性情的灵魂之所。《说文》中代表传统建筑安定功效的语汇，如：

安，《说文》："安，静也。"
定，《说文》："定，安也。"
宜，《说文》："宜，所安也。"
宓，《说文》："宓，安也。"

在《说文》看来，"女居室中为安"；回至家中为定；有地有房、人心稳定为宜；得以定止安歇为宓。安定的功效始于建筑提供的优渥的止顿环境，先民们无需再在野地露宿，过着担惊受怕的日子。从文字的构成可以发现，"宀"代表的坚固房屋是安居的基本保障：四面围拢的坚实墙壁与顶部闭合的屋顶将居于其中的人们层层护卫起来，无形中成为一种令人安心的心理暗示，或许是因为之前的洪荒时代带给人们的灾难太过深刻，漂泊无依的彷徨在安定的居舍中获得充分释放。拥有坚固墙壁和能够挡风遮雨的屋顶成为精神归宿的象征。又因为居住环境的营造是建筑的起点，可以治愈心灵的安定特质也就成为了家的另一注解，并在之后拓展成为整个建筑空间的功用之一。

3. 传统建筑的容储能力

建筑是由地面、墙体和顶棚共同围合而成的空间，其功能可否得到发挥最重要的是在于由建筑构件围合起来的虚空部分，可以承载各样用途，而非墙壁、台基或屋顶等实体构件。而房屋除了主要的供人居住的功能以外，还具有容物储藏的能力，这在《说文》的建筑语汇中都有所体现，如：

宬，《说文》："宬，屋所容受也。"

容，《说文》："容，盛也。"

寍，《说文》："寍，安也。人之饮食器，所以安人。"《段注》曰："此安宁正字。今则宁行而寍废矣。"

寫，《说文》："寫，置物也。"

宋，《说文》："宋，藏也。《周书》曰：'陈宋赤刀。'"《段注》曰："今作宝。"

庤，《说文》："庤，储置屋下也。"

自土木建筑问世之日起，就由"宀"之甲骨文"∩"或"∧"中显示的屋顶和墙壁围合成一定的室内空间，并提供了生活所需的容储功能，"宬"因为屋舍内部的空间如器皿般可以盛放各式物品，而表现出房屋的容纳能力；"容"有"容受、接纳、宽容、允许、或许"等词义，至今为世人频繁使用，从"容"字的小篆讹变结构看，在深屋中堆积谷物为容，直白地揭示出建筑可容储众多物品的其中一项常备内容；"寍"是一个会意字，其中"宀"代表坚固高大的房屋，可以安身立命，"皿"是饮食器皿，象征衣食无虞，可以安心定神，宀、心、皿三者叠合在一起，既有容纳日常生活用品之义，又有安定人心之功；"寫"指代在屋中放置物品的状态，徐灏注笺："古谓置物于屋下曰寫，故从宀，盖从他处传置于此室也"；"宋"在对待物品时的态度更加慎重，不仅仅是简单的放置到房中，还有"收藏""保（宝）护"之意；不同于前面几个语汇都是在精制成熟的建筑中容纳人与物品，"㡯"是将物品堆存在相对粗糙的开敞式建筑中。从《说文》中的语汇释解可以看出，存储物品的建筑形式变幻多姿，有封闭式的、有开敞式的、有依山崖而建的、也有起于平地的；存储方式也各有不同，有随意堆积的、有简单摆放的、也有珍而藏之的，但作为房屋都有一个共通之处，即容纳人的日常活动与各类物品的贮存，只是依据物品内容、数量、价值等因素的差异，而采用不同的保存手段，包括地点、温度、湿度、采光的选择，以及摆放形式的调整。

在《说文》中根据存储物品的性质区别，还表现出不同类型指向的容储空间名称：

府，《说文》："府，文书藏也。"

库，《说文》："库，兵车藏也。"

仓，《说文》："仓，榖藏也。仓黄取而藏之，故谓之仓。"

囷，《说文》："囷，廪之圜者。圜谓之囷，方谓之京。"

庾，《说文》："庾，水槽仓也。一曰仓无屋者。"

廥，《说文》："廥，刍藁之藏。"

厕，《说文》："厕，清也。"

从希冀有挡风遮雨的栖身寄所到未雨绸缪地贮存必备物品，房屋功能的扩展轨迹反映了远古社会先民生活水平的提高和物质资料的丰富，使得剩余财富不断增加。同时，这些变化又会反过来作用于建筑空间，因功能用途的分化而带来空间布局形式的改变，如美国建筑师沙利文所说："形式追随功能"。每一个存储空间名称都代表着一种特定的用途空间，由《说文》中留存下来的这些称谓可以了解到上古先民对贮存空间机能的不同需要。如"府"的金文之形表现的是高架深屋内贮存财物"贝"的境态，所以府的本义为存储财物的场所，后成为放置文书的地方。"库"的字体形态构成从金文到隶书都变化不大，即：在"广"下藏车，因此，"库"的建筑存储功能主要是收藏兵器和车辆。虽然，今天"库"多与"仓"相连，写作"仓库"，但在古代两者指向并不一致，《商君书·去强》："仓库两虚，国弱"中的"两虚"就是指的粮仓和武库。"仓"实际取象粮仓之形，以"∧"形的顶部、"∪"形的仓体和由"彐"所示意的单扇仓门共同会意，用于储蓄米粟、谷物等粮食。其余如"囷"和"庾"也都是储存粮食的场所，但是据《说文》释解，"庾"是"水漕仓"，仓内所储粮食均自水路转运而来，潮气较重，因而"庾"仓的储藏方式也与前面粮仓防止虫鼠、潮气侵入而选择"口"合式的封闭造型相反，尽力把粮食暴露于日光下，以驱散水汽，防止粮食霉变，它们之间的保存方式虽南辕北辙，却都因地制宜地很好完成了各自的贮存功能。"廥"是杂物房，在屋中汇聚各类物品，张舜徽《约注》说："声中有义，谓会合多物而藏之也。""厕"则有贮蓄秽物的功用，而从《说文》等相关古籍字书中常将"清"或"圊"作为其释解看，亦反映出古人对厕所的卫生清洁问题的重视，以及居住空间中附属房屋环境质量的标准与要求。（图3-15）

　　建筑容储的功能特点决定了空间形式的走向，从《说文》的字形、字音和字义中可以解读出上古时期贮藏用建筑的基本形态，开敞的布局，或高、或深、或广的面貌完全配合着空间存储内容的具体需要，以最大限度地贴合人在房屋中活动、生活的实际状况。

　　4. 传统建筑的娱乐用途

　　建筑是人一天中停留时间最长的地方，除了囊括起居等日常生活的实用功能，陶冶性情、欢娱的精神照拂也是建筑空间建造时需要考虑的内容之一。传统建筑娱乐用途的指向语汇，如"宴"，其在《说文》释为："安也"，转指"宴享"，《段注》中"引申为宴飨"。"飨"有"乡人饮酒也"之义，"乡（鄉）"的古字形如

图3-15a 秦代陶囷

图3-15b 东汉陶仓

图 3-15

饮食过程中两人相向共食时把酒言欢的情景。《诗·豳风·七月》中"朋酒斯飨（飧）"的诗句也记录了亲朋乡人聚在屋中享受美食时欢畅热闹的景况。据杨宽先生考证，乡饮酒礼制度承接自氏族聚落的共食习俗。在饮食过程中增进乡亲族人之间的情感，达到"宴以合好"的目的。正如《荀子·礼论》所载："凡礼，始乎棁，成乎文，终乎悦校。故至备，情文俱尽；其次，情文代胜；其下，复情以归大一也"[①]，随着建筑庇护下的酒食为礼逐渐由礼俗转变为礼仪，进一步促进了人与人相见时将隐藏于内心深处的这种令人酣畅淋漓、心情愉悦、充满人情味的温馨之情尽力表达出来。基于固定处所而使人身心安稳自在，因建筑的庇护而衍生出富有文采的诗意礼俗，先民们真挚热忱的情感在建筑强有力的保护下透过"宴"的形式完整地传达出来，使与宴中的人感受到由衷的欢乐。

由于处在上古蒙昧之时，对图腾、天地、山川的祭祀等娱神的活动理所当然地成为宴飨中的重要日程，《周礼》《礼记》更把"飨"通作"享"，并以"享"为正字。《说文》曰："享，献也"，即有"进献食物祭祀鬼神"之义，伴随着美食的还有歌舞等节目以娱乐鬼神，希望福佑世人。《周礼·天官·膳夫》载："凡王之馈，食用六谷，膳用六牲，饮用六清，羞用百有二十品，珍用八物，酱用百有二十瓮。王日一举，鼎十有二，物皆有俎，以乐侑食。"《礼经释例·杂例》中则记录了乡饮酒礼上演奏的音乐："凡乐皆四节，初谓之升歌，次谓之笙奏，三谓之间歌，四谓之合乐。"[②]而在《说文》中"舞"释为"乐也"，可见"舞"也属于乐的一种形式，亦可在宴会中表演。另一方面，巫自古被认为可以通神，《说文》认为："巫，祝也。女能事无形，以舞降神者也，象人两袖舞形。"巫从舞取象构形，二者音义相同，不排除同源的可能。因此，作为能"降神"的"舞"也成为娱神宴会中必不可少的一环，在《礼记·乐记》也包含了"及夫礼乐之极乎天而蟠乎

[①] 梁启雄：《荀子简释》，中华书局1983年版，第359页。
[②]（清）凌廷堪：《礼经释例》，中华书局1985年版，第379页。

地，行乎阴阳而通乎鬼神"之类通神娱神的描述。于是，享食、音乐、舞蹈均成为屋中宴会上的必备内容。

另外，上古时期的先民们很早就懂得通过修建园林达到娱乐的目的。只是受到当时信仰和观念的束缚，"殷人尚鬼神，周人敬天而重人"，园林的功能也随之从娱神向娱人转变。《说文》中关于园林的语汇，如：

园，《说文》："园，所以树果也。"

圃，《说文》："圃，种菜曰圃。"

囿，《说文》："囿，苑有垣也。一曰禽兽曰囿。𡈘，籀文囿。"

苑，《说文》："苑，所以养禽兽也。"

从以上语汇的《说文》释解可知，虽然这时的园林主要以种植蔬果、圈养动物为内容，但已初具园林雏形。在《山海经·西山经》中描绘了远古神话时代的园林环境："又西三百二十里，曰槐江之山。丘时之水出焉，而北流注于泑水。其中多蠃母，其上多青雄黄，多藏琅玕、黄金、玉，其阳多丹粟。其阴多采黄金银。实惟帝之平圃，神英招司之，其状马身而人面，虎文而鸟翼，徇于四海，其音如榴。南望昆仑，其光熊熊，其气魂魂。西望大泽，后稷所潜也。其中多玉，其阴多榣木之有若。北望诸毗，槐鬼离仑居之，鹰鹯之所宅也。东望恒山四成，有穷鬼居之，各在一搏。爰有淫水，其清洛洛。有天神焉，其状如牛，而八足二首马尾，其音如勃皇，见则其邑有兵。"[①]文中已然流露出园林于祖先、图腾的献祭、娱乐功能，是先民在对鬼神等虔诚膜拜下对上界景象臆测后的模仿创造。商朝重视神权，轻人事，"殷人既事事皆取于鬼神，其风尚所及，遂有某种放任之生活态度"[②]。如商汤时期建造的园林

---

① （西汉）刘秀编著，（晋）干宝著：《山海经》，时代文艺出版社2000年版，第25页。

② 劳思光：《新编中国思想史·一卷》，广西师范大学出版社2005年版，第54页。

主要以向宗庙等祭祀场所供给祭品为目的①。到了商纣时期，园林工程日益浩大，《史记·殷本纪》载："厚赋税以实鹿台之钱，而盈巨桥之粟。益收狗马奇物，充仞宫室。益广沙丘苑台，多取野兽蜚鸟置其中。慢于鬼神。大冣乐戏于沙丘，以酒为池，县肉为林，使男女倮相逐其间，为长夜之饮。"大肆建造酒池肉林、修筑鹿台，沉浸在个人的私欲和享受里而轻慢鬼神。虽然在园林中仍保留了宗教祭祀的娱神形式，像："登高通神"的鹿台，"以酒为池，悬肉为林"的祭品，"男女倮"而相观②，但是从另一个角度来看，这些娱神形式其实已沦为帝王炫耀财富、权利和地位的道具，园林原本祭祀娱神的功能开始向娱人转化。园林娱人的功能在周代正式确立，《诗·大雅·灵台》描述了周文王的"灵囿"，曰："王在灵囿，麀鹿攸伏。麀鹿濯濯，白鸟翯翯。王在灵沼，於牣鱼跃。虡业维枞，贲鼓维镛。於论鼓钟，於乐辟雍……鼍鼓逢逢，矇瞍奏公。"此时的苑囿在祭祀神灵的同时，也关注到了由于其中的人的心理感受，白鸟、鱼跃、鹿鸣、钟鼓……无处不陶冶着人的情操，洗涤人的心灵，成为娱乐身心的重要场所。

5. 传统建筑中饲养生产

从《说文》看，以房舍之形为部首的语汇饱含着人们在室内活动的各项内容，或者说是建筑的各种实用功能。其中涉及的一项十分重要的民生问题，也是建筑直至今天仍然承担的一项工作任务，即：饲养生产。

家，《说文》："家，居也"，是供人居住的地方。学界有一种说法认为，"家"之形取自在"宀"（房子）里养猪的情境。猪为家畜，也代表财产，在家中饲养家畜也意味着先民定居生活的开始。"家"将代表房屋的"宀"与象征家畜的"豕"结合在一起的

---

① 《淮南子·泰族训》："汤之初作囿也，以奉宗庙鲜犒之具，简士卒，习射御，以戒不虞。"

② 《墨子·明鬼下》："燕之有祖，当齐之社稷，宋之有桑林，楚之有云梦也，此男女之所属而观也。"

文字构成一定程度上暗示了上古时期人畜混居的恶劣生活状况，甚至至今在我国南方一些偏远地区还保留着底层饲养家畜、上层供人居住的干栏式建筑样式。而这种古老的居住形制更以实物的形式佐证了以居住环境"家"的面貌最早出现的建筑，其空间功能之一就是生产饲养。事实上，"家"历来都遵循着以家庭为基本生产单位，自给自足以满足自身需要的传统生存模式，所以，在名为"家"的建筑中进行的生产养殖也是传统建筑功能的重要组成部分。

不过，随着生活环境的改善，空间划分日益细致，于是用于生产饲养的建筑从人居建筑中分离出来，成为独立、专门的饲养场所，建造的样式也十分灵活，如：

牢，《说文》："牢，闲，养牛马圈也。取其四周帀也。"

廄（厩），《说文》："廄（厩），马舍也。《周礼》曰：'马有二百十四匹为廄，廄有仆夫。'𢉖，古文从九。"

庌，《说文》："庌，庑也。《周礼》曰：'夏庌马。'"

圈，《说文》："圈，养畜之闲也。"

圂，《说文》："圂，廁也。从囗，象豕在囗中也。会意。"

"牢"虽然从牛，但是在甲骨文中也有从羊、从马形的。《段注》曰："牲系于牢，故牲谓之牢。"在古代祭祀所用的牛可能是以活体的状态关押在牢内进行献祭，由此可以推测，用于动物献祭而寄居的"牢"一方面其建造样式会较为精致，因为奉献给神灵的祭品都是最好的，即使是盛放的容器也不例外，而且与之相印证的是，"宀"所代表的建筑形制较之其他部首所代表的房屋样式也更加成熟；另一方面，由于是活体祭祀，动物在献祭时因挣扎而与"牢"发生碰撞在所难免，因此坚固必定是"牢"的一个重要特征，由关牛之栏的"牢"所引申出"牢固"之义在今天仍然延用。

"廄"是马舍，"庌"是马棚，两者都是饲养马匹的专用房舍。"圈"和"圂"也是专门养殖牲畜的场所，只是较之前面的"牢""廄"和"庌"简陋许多（见本章第二节"传统建筑的规模形制"部分），是用栏杆简单地从四面圈合围养，但相应地可供动物活动的范围也更大。即使在家畜的饲养上，传统建筑针对动物不同的使用需求而调整其自身形态的应变机制也毫不放松，以真正达到饲养生产的功能目的。（图 3-16）

图 3-16　东汉陶猪圈

二　从"住"类字看传统建筑的祭祀功能

祭祀是上古先民生活中的头等大事，《左传·成公十三年》载："国之大事，在祀与戎"[①]，《礼记·祭统》也有："礼有五经，莫重于祭"之说，而作为保证祭祀活动顺利进行的场所载体，建筑的空间功能亦承担着这一庄严仪式的重责大任。《说文》中"远取诸物，近取诸身"的文字形体和释义保存了汉以前中国传统祭祀建筑的原生形态，在缺乏鲜活实物资料的情况下，这种融入象形、表意的文字构成与精神或许可以从另一个全新视角展现社会初期传统祭祀建筑的真实面貌。

1. 从"擎天"高台看天人关系

高，《说文》："高，崇也，象台观高之形。""高"之义主要指向建筑的高台之象，从"高"的甲骨文"髙"和金文"髙"的

---

① （周）左丘明传，（晋）杜预注，（唐）孔颖达正义：《春秋左传正义》，北京大学出版社 2000 年版，第 867 页。

形体记录也可以看出，当时的建筑形制已出现高大而有台基的房屋，正如徐灏所解："高非台观之名，乃为崇高之义而取于台观……按𩫖为台观之形，故托以寄崇高之义，口声。"与以夯土为台的"高"字形极为相似，同样取象于高台建筑的还有"亯"，但是字义与其取象的建筑形态并毫无关系，更确切地说其语汇指向的其实是高台建筑的空间功能，《说文》释："亯，献也。从高省，曰象进孰物形。《孝经》曰：'祭则鬼亯之'"，吴大澂在《古籀補》释"亯"之金文（畠）曰："象宗庙之形。"人站在这样高大的高台面前自然而然就会感到高不可攀，从而产生仰望、崇敬的心态，而这种情感恰恰与先民对自然之力的恐惧和崇拜两种矛盾而复杂的情感相吻合，也完全符合了当时人们对于神圣的祭祀建筑空间氛围的营造要求。这些用于祭祀的高台建筑虽然在几千年的沉淀中未曾遗留下实物供后人一观，但从由此传承而来的明清时期的祭祀天地的建筑，如：天坛、地坛、社稷坛等可以看出，建筑高台的营建无疑已成为祭祀类建筑构成不可或缺的重要组成部分，也隐晦地表明了高台建筑中被供奉者的崇高地位。

"高台"成为祭祀类建筑标志性构件的原因，除了其因缘际会地满足了祭祀建筑需要塑造高不可攀的空间形象的因素外，最重要的还是源于先民们对天地神灵的原始崇拜。从《说文》释解了解到："天，颠也。至高无上，从一大。"人在代表自然的"大"的面前是匍匐的、微小的，"天"的甲骨文"𠕇"是由一个正面的形象的"人"（𠕇）和"上"（二）组成，以突出"人之上为天"的信念，"天"在世人的心中无论是客观形象还是主观认定都是高高在上、不可亵渎的存在，李白在《夜宿山寺》一诗中也曾感叹："危楼高百尺，手可摘星辰。不敢高声语，恐惊天上人。"当中虽有夸张的成分，但对"天"的崇敬确实存在。"天"所展示的自然之力令人畏惧却更诱人向往，又由于祭祀天地神祇的场所不为之修建庙宇，所以表现在建筑上即是用"高台"的面貌来诠释。先民相信，越高的地方离天越近；越接近于神之所在，也就能更容易与神明对话，甚至有时会因为位于高处而"不敢高声语，恐惊天上人"。而筑高台以祭祀天地神明并寻求上天指引的行为未尝不是人神沟通、天人合一的有效注解，如祭坛即是一个典型案例，所谓"坛"，《说文》曰："祭场也"，朱骏声认为："除地曰场，曰墠；于墠筑土曰坛。"即通常所说的累土而建、与地面有一定落差的高台，专门用于祭祀天地神灵。

取象于祭奠神主实物之形[①]的"示"在古文字中与宗庙祭祀自始至终都紧密相连，《说文》释："示，天垂象，见吉凶，所以示人也。从二、三垂，日月星也。关乎天文以察时变。示，神事也"，在"万物有灵"的坚定信仰的前提下，自然世界中显现出的任何难以解释的现象都被认为是上天对人的垂示，或者说是天与人另类言语的沟通，如此也才有了"替天行道""受命于天"的说法。

事实上，早在远古时期天与人就已难分彼此，天成为了人格化的自然界，人则成为天下的主宰。随着原始部落的不断集结，部落联盟的首领被冠以"王""帝""皇"的尊号，从其古文字释解看：

王，《说文》："王，天下所归往也。董仲舒曰：'古之造文者，三画而连其中谓之王。三者天地人也，而参通之者王也。'孔子说：'一贯三为王'"。

帝，《说文》："帝，谛也。王天下之号也。"朱骏声《通训定声》引《风俗通》曰："帝者任德设刑以则象之，言其能行天道，举措审谛。"

皇，《说文》："皇，大也。从自'王'。自，始也。始（皇）'王'者，三皇，大君也。"吴大澂在《古籀補》释金文"皇"（🌱）为："日出土则光大。日为君象，故三皇称皇。"

作为人间的主宰，"王""帝""皇"自此与至上的天神联系

[①] 雷汉卿：《〈说文〉"示部"字与神灵祭祀考》，巴蜀书社2000年版，第1页。

起来，成为上天在尘世的代理人，甚至干脆成为天神的化身，最高统治者更被称为"天子"，其血统可以追溯到黄帝，是名副其实的天神之子，他们被赋予统治天下、向百姓传达上天神谕的无上权力，《史记·五帝本纪》载："于是帝尧老，命舜摄行天子之政，以观天命。"因而其地位也随之变得崇高，表现在居住方面体现为房屋样式与祭祀类建筑规制相类似，均为有台基的"崇高"形象，与当时民众居住的普遍低矮无台的处所形成鲜明对比。从居住样式这一层面上讲，人格化的自然（天）与主宰人间的帝王（人）已无实质性区别，"天"与"人"因在社会中独特而崇高的身份地位而在高台建筑的形制选择上和谐地合二为一。

2. 祏中的原始崇拜

祏，《说文》："祏，宗庙主也。《周礼》有郊、宗、石室。一曰：大夫以石为主。从示石，石亦声。"

石，《说文》："石，山石也。在厂之下；口，象形。"

示，《说文》："示，天垂象，见吉凶，所以示人也。从二；三垂，日月星也。观乎天文，以察时变。示，神事也。"

以上一组三个同声字都直接或间接地与"祏"之"宗庙主"之义发生联系，巧合的是，"示"与"石"不仅与"祏"同音，还是"祏"字构形的组成部分。从《说文》释解可以看出，祏是周代礼制祭祀中一种非常古老的石质祭祀道具，是用于存放神主牌位的石室（匣），正如徐灏所说："宗庙主藏于石室，谓之宗祏。浑言之，则祏曰宗庙主，非谓祏即主也。"当然也有一种说法认为，祏是大夫以石头作为神主。而"石"最早就是来源于崖岸"厂"下之山石，因此，从"祏"的甲骨文图形"祏"推测，神主"示"（丁）起初应该仅是放置在有人工开凿痕迹的山崖洞穴中的，并以石头构筑成"示"（丁）之形的充满神秘宗教崇拜的"神主"纪念物。

关于"祏"的宗庙之"主"字，王筠在《释例》中曾推测"或此主字为宝之残字"。因为从卜辞"宀"部字看，都与原始的祭祀洞屋有关，"∩者宗庙之象形也……古之宗庙，本为石室，宗庙所从∩乃石厂之形"，之后随着宗庙礼制的建立与完善、精致华美的木结构庙堂建筑的兴起，神主才由原初居住的石崖洞屋迁至"石函"，再奉于宗庙之中，每逢祭祀之日才会开启。[①]

主，《说文》："主，镫中火主也。"

宝，《说文》："宝，宗庙宝祐。"古代藏神主的石函。

硂，《玉篇·石部》："硂，石室。"这是"宝"的一个异体字。

通过这一组皆从主为声符而构成的同音语汇系联可以看出，由"神主"衍化派生而来的"宝"和"硂"都与原始崇拜有着千丝万缕的联系，在神主迁至屋宇之后都成为放置"宗庙主"的"石室"，其文字形态构成分别从最早护卫神主的建筑轮廓和石制材料两个方面加以突出说明。需要说明的是，尽管当神主迁居至宗庙后，收藏神主牌位的"祐"仍然被称之为"石室"，但实际上与原先的洞屋石室相比，在建筑体量上已严重跳水，收缩得如匣椟般大小。又因为"祐"依旧保留了"室"的名称，可见祐的真实形态并非简单的箱、函之类，而应是制作更为复杂精巧、模仿庙宇形制建造的微缩型"石室"。在今天福建的一些农村老房子里仍可以看到供奉着的神龛牌位，当中收藏神主的"石室"虽已不再是旧制规定的石作函匣，但样式还是保持了庙室之形，以象征神灵所居之处。[②]

祭祀神主的居所从野地洞穴转移至华屋高堂中供奉的石室，虽然神主之居所形制几经变化，但石制的建筑材料选用始终保存了下来。从最初对石头的认定，在石崖洞穴中对象征神明的石头虔诚地顶礼膜拜到后世演变为承纳、护卫神主的石室，人们相信石头有灵，有护卫平安之神力。"石"也由此成为人们争相祭祀、崇奉的对象。直到今天，在一些少数民族中仍保留着崇拜石头的习俗传

---

① 陈家梦：《祖庙与神主之起源》，《文学年报》1937年第3期。
② 詹鄞鑫：《神灵与祭祀》，江苏古籍出版社1992年版，第198页。

统，并相信有神灵附于其上，是超自然之力存在的象征。像：羌族的白石崇拜、藏族类似的白石供奉，还有白族的巨石崇拜，据说在兔罗坪山上的五间石屋里各供奉着一块被称为石头皇帝的巨石，能够保佑那里的人们生活和谐宁静。如同祏"从示石"的字形结构；《释示》也疏解"示"之"甲文作丁、丅为原形，即象大石碑，作示若示，即象洒血之形"[1]；"砫"作为石柱的专用字，好像示石"丁"之形，同时还是收藏神主的石室，先民的祭祀活动很早以前就已与"石"密不可分，石中凝聚着先人对自然万物最为原始的崇拜与信仰。

3. 从"宗"看传统建筑的祭祖奉神

在传统西方建筑中，宗教建筑和世俗建筑在外观形态方面有着明显的区别，而相比于西方古典建筑这种空间表现落差悬殊情况，中国传统房屋具体的空间功能有时很难粗略地从建筑的外轮廓就能辨别清楚，而根据空间功能用途的变化，最直接的变化还是体现在其名称的改变上，由图画演变而来的会意、象形文字无疑成为各种空间功能性质的最好注解。

宗，《说文》："宗，尊、祖庙也。"《段注》曰："当云：'尊也，祖庙也。'""宗"字整体由"宀"和"示"两部分组成，关于"宀"前面已解释了很多，由于土木结构的人字形坡屋顶在传统建筑中十分普遍，并不因为功能不同而有所变化，因此无论是居住功能的"家""宅""寓"；还是祭祀用途的"宗""宋""宝"；又或是皇家用房的"宫""室""宣"，都从"宀"部，以表现传统建筑"一极两墙之形"[2]的木构架样式特点。而"宗"的空间功能指向的关键还在于"示"的部分，李孝定《甲骨文字集释》曰："示象神主，宀象宗庙，宗即藏主之地"，通过"示"对神主牌位的象形会意房屋为供奉、祭祀祖先神主之功用。不过，在《说文》的文字归类编排中，"宗"并未被"示"部收录，而划归

---

[1] 姜亮夫：《文字朴识·释示》，云南大学法学院丛书1964年版。
[2] 王筠《说文释例》："（宀）乃一极两字两墙之形也。"

入"宀"系字中，王筠《释例》认为："天神、地示坛而不屋，人鬼乃庙祭，是宀中之示也。故说曰从宀示。"虽同样具有祭祀功能，但不同的祭祀对象所对应的建筑类别、名称，甚至外观形态也会有不同的区别，像"宗"内祭祀、保存的往往是祖先牌位，而前文提到的"坛""场"则用于祭祀天地神祇。

《说文》中以"尊"释"宗"，将祖先的神主供奉于专门的宗庙中，并定时以各种祭祀方式使先灵饗食人间烟火供奉，祈求先祖的护佑，足见先民浓重的尊祖观念。《礼记·郊特牲》载："万物本乎天，人本乎祖。"先民们注重祖先宗族，讲求血脉传承，相信灵魂不灭，祖先有灵可长存世间，此时的祖先已成为神明的化身，能够保佑后代子孙，因此先民尊祖敬神，对祖先的崇拜从营造祭祖的专属建筑到祭祀仪式都有着巨细无遗的规定和说明。这种崇拜祖先的思想甚至占据整个社会的主流意识、形成严格的宗法制度以维系社会伦理关系。相应地，在建筑空间布局时通常也会以供奉祖先的"宗"建筑为主进行考虑。

同样供奉祖先的建筑还有"祖"。《说文》释："祖，始庙也。"先时祭祀时常将肉放置在礼器俎上祭祀祖先，所以祖先早前被称为且，后来增加义符"礻"成为祖（且）之庙。《段注》曰："始兼有两义，新庙为始，远庙亦为始，故袝祧皆曰祖也"，段氏认为"祖"庙包含了新庙和已毁坏的庙，"庙"在《说文》中指为存放尊贵的祖先牌位的地方[①]。从古代文献资料的记载判断，本文认为这里的"祖"应理解为始祖、远祖之庙，以周朝为例，曾奉夏朝的开国君主大禹为祖。《考工记·匠人营国》载："左祖右社。""社"为祀土地神之所，[②]在当时神灵崇拜极为盛行的条件下能与土地神之"社"并肩而立的庙宇必定有着旗鼓相当的崇拜级别。只是在三代以后庙中供奉的对象不再是单纯的祖先牌位，也开

---

① 《说文》："庙，尊先祖皃也。"
② 《说文》："社，地主也。"

始祭祀神明。[①]

虽然"宗"与"祖"都是为祭祀祖先而设立的专门场所，但从两者构成之义符神主之"示"与祖先之"且"来看，"宗"与"祖"应该分属古老宗庙祭祀先祖的不同层级场所，如今天颇负盛名的宏村、西递等古村落不仅有建于家宅内部的小祠堂，也有独立于住宅之外、自成体系的公共建筑：家庙或宗祠，以供奉宗族祖先。作为以血缘为纽带的传统宗法社会，宗庙一类的祭祀建筑在其他所有建筑中的规制等级是最高的，虽然难与国之太庙相提并论，但均建在所在区域的核心地带，屋院相连、广厦重宇、雕廊画栋，地位显赫，时刻教化后人不忘"尊祖敬宗"，以致后世常将"宗"和"祖"混合连用。

三 从"住"类字看传统建筑的政教功能

上古时期，先民对于建筑的使用与功能延展已相当全面且成熟。这种功能应用的多样性在文字的构形表现上亦烙下深刻的印记，为重启先时建筑使用情况的影像留下宝贵线索。除了前文提到的日常生活功能和祭祀用途外，《说文》中还反映了建筑承载的政教功能。

1. 从"宣""邸""邮"看传统建筑的等级差别

宣，《说文》："宣，天子宣室也。"天子居住的宽大正室。

邸，《说文》："邸，属国舍。"郡国诸侯为朝见天子在京城设置的馆舍。

邮，《说文》："邮，境上行书舍。从邑垂。垂，边也。"指建在国境上传递公文的驿站。

从以上语汇在《说文》的释解可以看出，"宣""邸""邮"已成为明确指代统治阶级处所的专有语汇，与一般民用房屋的称谓相区别，非特定权贵阶级不能享有，呈现出严格的等级规范性，轻

[①]《段注·庙》："古者庙以祀先祖，凡神不为庙也。为神立庙者，始三代以后。"

易不可僭越。如"宣"为皇帝居住的宫室专有名称，《段注》曰："盖谓大室，如璧大谓之瑄也。"从甲古文造型观察，"宣"字为代表房屋的"宀"和"亘"组成，"亘"有回旋之态，以示意能够容纳多人在屋内活动，其与"宽"义略同，意指宽大的房屋。《淮南子·本经训》载："武王甲卒三千，破纣牧野，杀之于宣室。"这里的"宣室"即指纣王居住的宏大宫殿。

按下面一组从声符"氐"的语汇与"邸"字的形态构成和释解看：

氐，《说文》："氐，至也。从氏下箸一。一，地也。"

底，《说文》："底，（山）居也。一曰：下也。从广，氐声"

"氐""底"与"邸"为同源字，《说文》释"氐"为"至也"，有抵达之义[1]，《段注》引颜师古《汉书》注"邸"为："郡国朝宿之舍在京师者，率名邸。邸，至也。言所归至也"，而作为居所名称的"邸"含动态性语汇抵达的"至也"，即着眼于房屋的临时性特点。"底"从"广"部，与"邸"相同亦有居住、止息之义，故皆从"氐"声，有根本之义。不过，从《说文》中"邸"隶属"邑"部的划归，而非"底"字的"广"部或"氐"字的"氏"部看，"邸"的规格已不同于普通民居。依《说文》释解，"邸"为诸侯王以上身份品级者居住的房屋，非一般宅第可以冠此名使用。

而"邮"的房舍虽然地处边"垂"之地，地理位置不如"宣""邸"般设在最为繁华、热闹的京城，但也是专属于官家递送公函要件人员暂歇的驿馆，《汉书·循吏传·黄霸传》载："师古曰：'邮亭书舍，谓传送文书所止处，亦如今之驿馆矣。'"[2] 可见"邮"只对官府中特定人群开放，与一般民宿客栈的性质和级别完全不同。

---

[1]《段注·氐》："氐之言抵也……氐者，下也。是许说氐为高低字也。"
[2]（汉）班固撰，（唐）颜师古注：《汉书》，中州古籍出版社1991年版，第596页。

古代宗法等级制度将贵族皇室与一般平民严格划分，这种区别渗入到社会生活的每个方面，包括建筑样式规格，亦反映在指向建筑的语汇的形、音、义中，从阔屋明堂的空间规制到部分特定建筑称谓的垄断独占，无不昭示着特权阶级的与众不同，同时也是建筑功能中维护社会等级秩序的特有表达。

2. 从"廱""庠"看传统建筑的教化功能

从"廱"和"庠"在《说文》的阐释看：

廱，《说文》："廱，天子饗饮辟廱。"天子举行乡饮酒礼的地方称为辟廱。《段注》释："辟廱者，天子之学。"

庠，《说文》："庠，礼官养老。夏曰校，殷曰庠，周曰序。"是古代养老之所，同时也是殷代的学校名称。

以上所列语汇均与古代社会注重的礼乐制度有关，显示出传统建筑在与乡饮酒礼的礼仪、制度深度融合过程中所承担的教化世人的社会功能。张舜徽《约注》引孙星衍观点释"廱"载："辟廱者，四方有水，中有宫焉。即明堂、太学、灵台之所在，天子所以宗祀、朝诸侯、校士、养老、观云物之处也。"天子乡饮酒礼的专属场所"辟廱"有着极强的政治性和教化性，包括"宗祀、朝诸侯、校士、养老、观云物"等功能内容，而"庠"中的敬养老人也是其中的一项重要功能，"乡饮酒义者，以其记乡大夫饮宾于庠序之礼，尊贤养老之义也"（《礼记正义·卷六十一·乡饮酒义》）。从最初的礼俗、礼仪到周代礼乐制度的建立、完善，再到后来与礼一脉相承的"德"的替代，建筑为其提供了发生的场所，配合当时社会倡导的注重亲情、重老尊贤、尊卑有序等传统思想，为其开辟专门的"廱""庠"等活动处所，借以宣扬有利社会稳固的等级观念与礼教思想。

第五节　传统建筑的建造规范与禁忌

建筑并非孤立存在的物质对象，而是处于一个复合、复杂的社会人际组织的交流与联系之中，它的一言一行皆以其独有的传统建筑语言传递着与其同时代并存的社会等级、地位差别、规范禁忌等观念习俗。

一　宇宙观下的传统建筑图式规范

上古时期，建筑一直被视作一个完整的宇宙图式投射于人们的居住生活之中。这种庞大而整体的宇宙模式并不仅仅局限于建筑表面的形式结构，更将社会等级秩序中皇权规制和礼制规范的政治组织结构容纳其中，同时也流露出古老自然崇拜作用于建筑的和谐生态观念。以下《说文》中各相关语汇的字形、字义皆体现了这一点。

1. 从"宇""宙"形象看传统建筑样式

宇，《说文》："宇，屋边也，从宀，于声。《易》曰：'上栋下宇。'"

宙，《说文》："宙，舟舆所极、覆也。"指屋宇覆盖的栋梁。

在《说文》对"宇"与"宙"的释解中，就已按照上古先民的既有观念将房屋与"天地万物的总称"[1]之"宇宙"联系起来，将房屋空间比作宇宙天地，认为房屋是广大宇宙的缩小版模型，而宇宙则是呈覆盖于地面上房屋状的无限延伸。盛行于当世的"盖天说"相信，天的形状圆如穹窿可笼盖四野，地的形状则方如棋盘，由于上下二者的形状并不匹配，所以地的周边需要有八根柱子支撑，天就此像一把大伞一样高高悬在大地之上。

---

[1] 辞海编辑委员会：《辞海》，上海辞书出版社1989年缩印本，第1123页。

而这种"天覆地载"空间思想无疑也与"宇宙"所表现出来的建筑形象相吻合。如盖笠般遮覆地面的天即有屋檐之义的"宇",取象交覆深屋的"宀"下是取义大口喘气的"于",两相组合会意为前脸开敞而有顶无墙的廊房,从殷墟长形房子的复原图看(图3-17),廊房十分通透,有柱廊、窗和门,因此在《诗·豳风·七月》才有"八月在宇"之说,以示通风开敞的房屋适于人们在盛夏中消暑之用;千古绝唱"又恐琼楼玉宇,高处不胜寒"诗句中的"玉宇"也有像廊房般四面开放的亭阁之义;在汉代贾谊《过秦论》中气势滂沱的"有席卷天下、包举宇内、囊括四海之意","宇内"意指"寰宇",与"四海"相和,亦描绘出空间上下四方通透的样貌特征。但是从技术上讲,如此巨大的穹盖若没有强有力的支撑很容易会坍塌倾倒,而"宙"的房屋栋梁所给予的建筑支撑之力恰恰迎合了中国传统宇宙观"盖天说"立柱擎天的理论,高高的立柱"宙"架起"宇"之屋檐而笼盖四野,成为高大的房屋,尤其是居于正中的中柱更起着中流砥柱的作用,是整座房屋成立的依托与守护者。在传统的木构架建筑体系中,梁柱横竖交错的构件组织是支撑房屋空间的关键所在。而梁柱支撑房屋之力存在的时间越长房屋留存的寿命也越长,两者之间的时间关系成正比存在,也因此"宙"与时间维度发生联系,东汉高诱曾曰:"往古来今曰宙","古往今来"一词亦暗示了一座房屋在宇宙中生命线的长度。受汉代宇宙认知影响,明堂九室之形制十分盛行,《大戴礼记·卷八》载:"凡九室,一室而有四户八牖,三十六户,七十二牖。以茅盖屋,上圆下方。"[①]1975年发掘出土的西汉王莽所建明堂亦取法天圆地方之象、设喻意宇宙天极之九室而建。

[①](汉)戴德撰,(北周)卢辩注:《大戴礼记》,商务印书馆民国26年版,第142页。

360　《说文解字》的设计解读

图 3-17　殷墟长形房子的复原图

　　从房屋的立面图像来看，"天覆地载"的宇宙图式亦蕴含于建筑的屋顶、屋身和台基三大部分之中。占据房屋几乎二分之一比例的屋顶以弯曲上仰的姿态使原本沉重的部件变得看似轻盈，有向上升腾之感；覆地的台基因凸出地面且水平延伸的稳定体块而以厚实稳重的形象支撑起上层巨大的屋顶和被屋顶遮掩大半的"虚空"墙柱。这种传统建筑塑造的如翼似飞的屋顶和抱覆大地的台基的视觉效果与自古流传的"天""地"印象完全吻合。传说中，宇宙本为混沌一片，因一名为"盘古"的巨人用大斧将其劈开而使轻而清的东西，缓缓上升，变成了天；重而浊的东西，慢慢下降，变成了地。天和地分开以后，盘古怕它们还会合在一起，以身体支撑天地终使天地定形。轻而清的"天"拟态为上仰的屋顶，重而浊的"地"具象为厚重庞大的台基，中间的墙柱构架屋身将"天"与"地"彻底分离开来。上部飞升、下部稳定的房屋立面形体样式亦将"天覆地载"之传统宇宙观念诠释的淋漓尽致。

　　法象天地的上古建筑在给人以安全庇护的同时，也将人隔离于自然世界之外。或许是对这一缺憾的弥补，房屋的"宇宙"图式将先民朴素的时空意识中无限的天地形象浓缩于有限的建筑之内，通过对"天覆地载"的世界面貌的模仿与艺术化再创造将对天地自然的崇拜融入日常居住的生活过程中，亦成为传统房屋建筑样式延续所遵循的规范之一。

2. "中正和谐"的建造规制

中，《说文》："中，内也。从口；丨，上下通。"指"丨"从"口"的中间纳入。小徐本与"和"同义。

正，《说文》："正，是也。从止，一以止。"指正直无偏斜之义。

和，《说文》："和，相应也。"

谐，《说文》："谐，詥也。"为和谐之义。

从以上《说文》的释解看，"中""正""和""谐"四字在语义上多有相通之处，是指对两种极端表现的中和调济，也是对待事物不偏不倚，表现得当适中形式的多重体现。在上古相对较为贫乏的语汇中，对于同一种意思能够从不同角度反复阐释表达的情况亦显示出"中和"思想在传统文化中的重要地位。中国传统思想认为，天下万物均分阴阳两极，阳为刚，阴为柔，无论做任何事都不应偏激失控，而要保持刚柔兼济、融合的态度以取得适度的效果。中和之道亦被奉为"天下之大本""天下之达道""天地位"，可见已上升至一种"崇高"的境界。

推及传统建筑领域，"中正和谐"更是传统房屋建造规范审美中的最高准则，无论城市的整体规划、房屋院落的布局序列，又或是室内陈设摆放都不离对居"中"而置的推崇与规范。"中"位对于上古具有强烈阶级色彩的社会而言更增添尊崇地位与无上权威的等级意味，因此中心位置往往布局着最重要的建筑，而左右前后次之，距离中心位置越远，地位愈加低微。城镇中的官府衙门、村落中的祖先祠堂、宅院中的高堂中室都是各自环境布局中的重要内容，所以不管是南方多喜的不规则整体轮廓，还是北方严谨的东西、南北中轴对称规划，它们的位置始终不变，总是位于象征崇高地位的正中部位。而这种"中正和谐"的建造格局又因处于阴阳乾坤正负比例调和的恰当之处，也成为草木繁盛、万物生长的上吉之所。对"中和"建造原则的关注甚至影响到房屋场所的命名，多将"中""正""和""谐"引入其中，不难窥探到古人对中正和谐之审美的推崇与偏爱。

　　早在商代甲骨文中就已将"中商"之位列为尊崇之地，可震慑四方。其王城的布局亦按照"井"字形将王宫设置在正中央位置，从而突出其非同一般的尊贵身份。因此在各类古文献的记载中，"中正"之位对于帝王而言都有着非凡的意义。如："天子中而处"（《管子·度地》）；"择天下之中而立国，择国之中而立宫，择宫之中而立庙"（《吕氏春秋·审分览·慎势》）；"王者必居天下之中，礼也"（《荀子·大略》）等都反复强调了天子所在之处居中而建的营造观念，天朝上国位居天下正中，掌控国家政治权力中心的都城坐落于整个国家的中央，集权一身的皇帝所在的宫城位于都城的中心，帝王日常当朝理政、就寝休息的宫殿处于整座宫城的中轴位置，九五至尊的宝座亦设在宫殿的中央。

　　"九"与"五"今天看来都是帝王的象征，不过其中的"五"在易学阳数中更处于正中位置。中国阶级社会肇始于夏商周，这三代对天子端坐的明堂修建规制都是统一的，《魏书》引郑玄对《周礼》的注解中[①]，中间天数[②]"五"为明堂宫室之数制，"五室"之数制应和上古阴阳五行之宇宙图式成为最初帝王权威的代表，相比于汉代兴起的以"九"之极数为尊的九宫形制历史更为悠久，也更深入民心。（图3-18）

　　此外，据古文献《考工记》描述[③]，周代王城的建设同样遵循着以"中"为尊、为贵的原则，将"君君，臣臣，父父，子子"（《论语·颜渊》）的社会尊卑等级秩序融入建筑布局规范之中，使"中正和谐"的轴心对称成为整个中国传统城市与房屋的建筑规

[①]《魏书·列传第二十》："'……周官匠人职云：夏后氏世室，殷人重屋，周人明堂，五室、九阶、四户、八窗。'然则三代明堂，其制一也……明五室之义，得天数矣"，又引郑玄语："五室者，象五行也。"

[②] 在阴阳五行理论中，"一""三""五""七""九"五个奇数为阳数，也称天数。具体见"礼仪规范下的等级化"中的"数制的等级限制"章节。

[③]《周礼·考工记·匠人营国》："匠人营国，方九里，旁三门。国中九经九纬，经涂九轨。左祖右社，面朝后市，市朝一夫"。

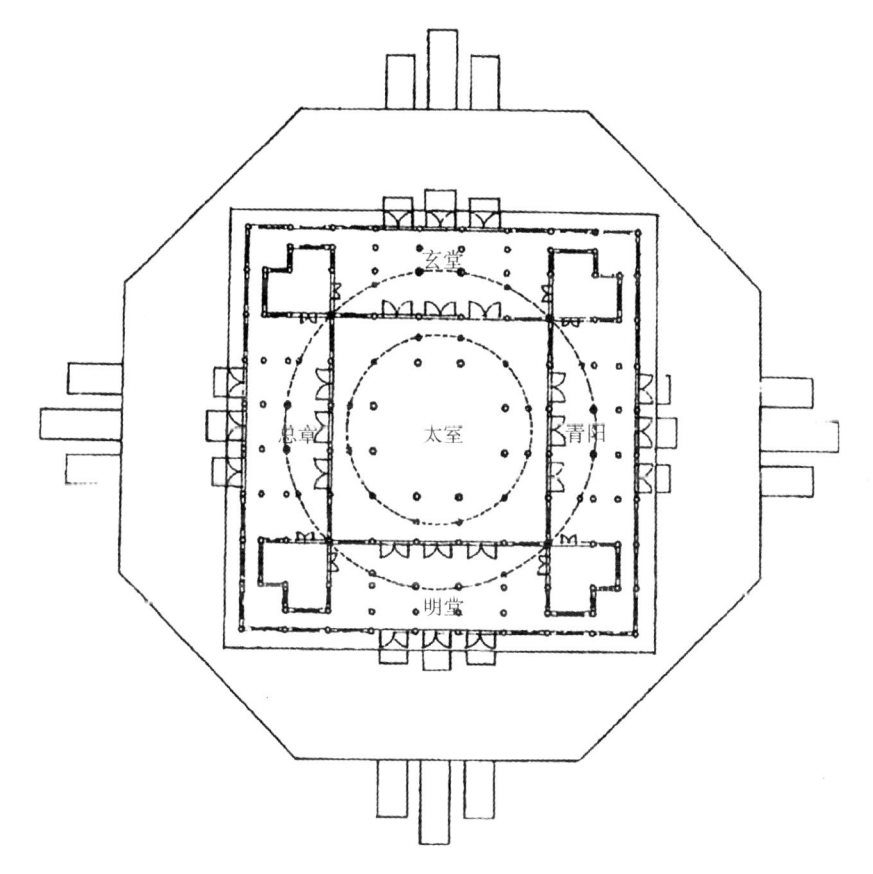

图 3-18 五室明堂平面图（王世仁复原）

制和特点。这种居中建设的格局理念更扩展至寺庙、民居、园林等各类建筑类型，将政治伦理中倡导的君臣有别、长幼有序、尊卑有制、妇从民顺的各式社会、家庭关系渗入到建筑的各个层级、角落，在政治组织构成与建筑规划布局的异形同构原则基础上，体现着"宇宙"平衡的意识和主次有序的社会等级秩序，并通过这种相辅相成的关系将"中正和谐"的建造规制不断延续下去。

3. 方向与方位中的风水观念

在上古先民营造房屋的过程中，已明显注意到方向、方位等的地理位置称谓的表达和区别，虽不比今天源自西方的精确区位划分与五花八门的命名，却也初步形成了自己独有的一套位置标定方法。从《说文》的字义与形体表现看，关于方向、方位的指向语汇如下：

此，《说文》："此，止也。从止，从匕。匕，相比次也。"
处，《说文》："处，止也。得几而止。"
在，《说文》："在，存也。"
方，《说文》："方，併船也。象两舟省、緫头形。"
旁，《说文》："旁，溥也。"
面，《说文》："面，颜前也。从𦣻，象人面形。"
背，《说文》："背，脊也。"
内，《说文》："内，入也。从冂，自外而入也。"
外，《说文》："外，远也。卜尚平旦，今夕卜，于事外矣。"
前，《说文》："前，不行而进谓之歬（前）。从止在舟上。"
后，《说文》："后，继体君也。厂象人之形，施令以告四方，故厂之。从一口。发号者，君后也。"
左，《说文》："左，手相左助也。从𠂇工。"
右，《说文》："右，助也。从口，从又。"《段注》曰："又者，手也。手不足，以口助之。故曰助也。今人以左右为𠂇又字，则又制佐佑为左右字。"
东，《说文》："东，动也。从木。官溥说，从日在木中。"
南，《说文》："南，艸木至南方，有枝任也。"
西，《说文》："西，鸟在巢上。象形。日在西方而鸟棲，故因以为东西之西。"
北，《说文》："北，乖也。从二人相背。"
上，《说文》："上，高也。此古文上。指事也。"
下，《说文》："下，底也。指事。"
中，《说文》："中，内也。从口；丨，上下通。"

建筑源于人的实际生存需要，而最初对于自然环境、建筑空间的认识亦与人体自身紧密联系在一起。按照《说文》或抽象或具象的释解看，这些关于方向、方位的语汇都是以人和人所能接触到的事物为参照，借以表达空间关系的。以人所在的具体位置"此""处""在"作为整个空间的参照点向四周延伸，以确定"在"空间"旁"与"方"的秩序关系。而这种借助人体各部位形象表达空间的原始方式还以"面""背""左""右"的直接表达易懂地传达出空间与自然环境之间的具体状态。"东""南""西""北""中"的方向语汇也同样与"左""右""面""背"所指向的空间方向相互对应。风水上提到的"左青龙，右白虎，前朱雀，后玄武"中，"左"即对应"东"方，"右"则对应"西方"；"前"有前面、面朝之义，自古以来，正"面"朝向的方向都是"南方"，所以也有"面南而王"之说，"前"也因此对应"南"方；相应地，"后"为"背"面，对应"北"方；"中"为人所"在"之"此""处"。空间之"内""外"也与人的活动和取象天地自然的占卜有关。如此可得，建筑空间的方位、方向与自然环境、人和人的行为活动构成连带关系，从而也影响着建筑选址、规划、布局与人和自然的和谐关系。（图3-19）

图3-19 东汉宅院画像砖

在远古对天地和宗教崇拜的滥觞中，先民渴望达到的最高境界不是西方人所追求的进入类似天堂的理想境地，而是对规范宇宙的天地法则与现实中的生存环境（包括人文建筑环境）两者自然统一的理想实现，拥有天人感应的空间风水布局正是这一理想的实体化呈现。无论房屋外观表现、空间构件组合，还是院落序列的主次安排，亦或是城镇、都邑布局的组织规划，都凝聚着先民对自然宇宙的朴素认识，本是纯粹的人工环境，却使建筑的选址、方位方向、布局等皆融汇于宇宙自然与人伦天道的有机关系之中，而方向与方位中的风水观念实际就是依循自然宇宙法则所建造的与之相适应的理想建筑环境。如中国传统房屋建筑以"坐北朝南"为一大营建特征，中国地处北半球，大部分土地位于北回归线以北，太阳多从东偏南方升起，西方落下，尤其冬日阳光高度角较小，可使更多阳光射入室内，同时又可避免西北寒风的侵袭，将原本阴暗、湿冷的空间变得明亮、温暖。室内的采光、温度、湿度历来都是人们居住环境重点考虑的内容，"凡宅居滋润光泽阳气者，吉"[①]，先民趋吉避凶的天性决定了房屋的朝向必然为南，自然地理环境与人的日常行为习惯、方式达到高度统一，久而久之背山向阳（南）的建造规范与准则也成为风水选址中尤为注重的观念。中国古代风水中提到的诸如风水宝地等符合人的需要的光照、气候、地势地貌、风向、水流、植物、景观、生态等建筑环境因素的综合判定，以及建筑过程中运用到的工序技艺，甚至种种要求禁忌，也都是从人与自然宇宙环境和谐共生思想中衍生而来，在古老宗教信仰的作用下，直接、有效地指导着上古时期先民的原始的生态建造活动。

二 礼仪规范下的等级化

从荒蛮到文明，从礼俗到礼制，礼仪规范为数千年等级社会的安定和谐构架了行之有效的遵循标准与原则，也为中国博大精深的

---

① 《古今图书集成》（第47册），中华书局影印铜活字本1934年版，第58198页。

传统文化的绵长发展提供了不可替代的思想基础。而礼并不仅是一种抽象、不可捉摸的思想或精神，它切实地通过对各种物质形态的等级划分与限定以令人欣然接受的艺术化的面貌反映出传统社会与文化所倡导追求的和谐秩序与伦理价值。当然，建筑亦属于人们衣食住行用中占据重要位置的物质表现形态之一，建筑语汇中包含的关于其造型、用色、构件规制无不浸润着不可僭越的礼仪规范。

1. 建筑形制的尊卑差距

源远流长的礼制文化渗透在建筑造型的每个角落，带给人强烈的视觉冲击外，亦感受到等级森严、尊卑有序的震慑力。无所不在的礼仪规范体现在《说文》中表现为建筑形制的高矮差距、构件装饰等相关语汇。

（1）"高"类字象征的等级差异

从由甲骨文、金文形态发展而来的篆体文字在《说文》中记录了当时建筑发展的真实状态：除了由最初的穴居、半穴居、巢居等南北方特色原始建筑融合发展而来的低矮民宅外，一种带有高台的建筑形式亦陆续走入人们的视线。如：高、台、亯、京等。

高，《说文》："高，崇也。象台观高之形。"

台，《说文》："台，四方而高者。"

亯，《说文》："亯，献也。"

京，《说文》："京，人所为绝高丘也。"

从《说文》释解看，"高"所代表的的建筑物形象如高山般雄伟高大，令人不由自主生出敬畏之心"崇也"而匍匐膜拜。出于宗教信仰的虔诚崇拜，先人修筑各式类似"高"的高耸建筑以祭祀。后来扩展到世俗建筑，以区分社会等级地位，"台"即是筑高台技术应用的主要代表之一，用于"观"为主旨的方形夯土结构建筑，史学家曾评价其为"高台榭，美宫室"，"以明得意"（《史记·苏秦列传》）。有台的高大建筑经常会于其上构筑木制建筑物，成为"台"与"榭"的混合体，《尔雅·释宫》载："无室曰榭，四方而高曰台。"此时的高台楼榭已然成为统治阶级享乐的工具和身份的名片，其高耸而与天相临的形象喻示着高台建筑拥有者身份之高贵甚至可与"天神"比肩。高台建筑又名台榭建筑，顾名思义，分别由底层高大的土台和上部木构的楼榭组成。《史记·秦始皇本纪》载："秦每破诸侯，写放其宫室，作之咸阳北阪上，南临渭，自雍门以东至泾、渭，殿屋复道周阁相属。"尽管文中只字未提"高台"之语，但仍从"殿屋复道周阁相属"的描述可窥探出战国时期诸侯等权贵阶级居住的宫室房屋都是筑于高台之上的，而又再修建了类似今天常见的"廊桥"的高架道路，以实现屋与屋之间的流通便捷，减少跨域房屋时带来的不必要耽搁与上下跑动。其典型案例如：秦咸阳宫殿遗址、西汉未央宫前殿遗址等，虽然因为年代久远而致使台上木制结构皆已损毁，仅留下看似毫不起眼的"土堆"痕迹，依据考古发掘的实物资料数据，秦咸阳宫殿1号遗址的土台高出地面6米，东西长60米、南北宽45米；西汉未央宫前殿遗址的土台，至今存留下的、至高处离地面有15米的高差，南北长350米、东西宽200米。书籍文献中也有诸多相关记述，如："周文王灵台，在长安西北四十里，高二丈，周回百二十步"（《三辅黄图》）；"纣为鹿台，七年而成．其大三里．高千尺，临望云雨"（刘向《新序·刺奢》），在鹿台上还可容数百间楼阁宫室；"吴王夫差筑姑苏之台。三年乃成。周旋诘屈，横亘五里，崇饰土木，殚耗人力，宫妓数千人。上别立春宵宫，为长夜之饮。造千石酒钟。夫差作天池，池中造青龙舟，舟中盛陈妓乐，日与西施为水嬉。"（任昉《述异记·卷上》）等。自高台出现以来，立即成为世俗建筑中权贵们享用的宫殿样式的专供，有别于平民日常居住的房屋形象。夏启始建"钧台"，暴桀筑有"瑶台"，商纣自焚于"鹿台"，西周之初修筑"灵台"，魏有"文台"，韩有"鸿台"，楚有"章华台"，吴有"姑苏台"……历代王家诸侯贵族争相修建高台，在追逐享乐嬉戏的同时亦无声地向天下宣告人与人之间身份地位的悬殊。

虽然从功能实用性的角度来看，设有台基的房屋可避免与地面直接接触，以保护居住其中的人们免受湿气的侵害。但在等级鲜明的古代社会，建筑形态中的政治性显然占据压倒性地位，高台建筑无疑为权贵阶级所垄断，成为具有一定社会地位的象征。而在权贵阶级中同样存在相似的鲜明等级划分，以区别其身份地位的高低贵贱。台基越高地位越尊崇，相应地，台基越低地位也越低下。《礼记·礼器》曰："天子之堂九尺，诸侯七尺，大夫五尺，士三尺。"这里提到的"堂"即为台基，不同的身份级别所对应的台基高度也会逐级减少。

高大的台榭建筑与权贵阶层的紧密联系不仅体现在阳居、娱乐的宫室，同时亦关照着其先祖的安灵之所。在古代非世家大族不设宗庙。"亯"的古文也取象于高台建筑（🅰），字形下部的构成要素"口"明显为台基形貌，上部"🅱"象房屋之形，亯为进献祭享之意，吴大澂《古籀補》曰："象宗庙之形"，如此，应用于祭祀宗祖的高台建筑犹如一座托起的"示"台，将门阀贵族的先祖高高供奉于宗庙中，使其可仍如生前般继续享受人间尊荣，也以此昭示掌权贵族的血统高贵、纯正。

另外，体现高台建筑的字形下部中，还有似取象于阙式建筑的"🅲"，如"京"（🅳）构形于先民筑木为台的屋舍样式，三竖划如三根支柱托举起上面房屋，描绘了不同于前面以"口"作台基建造的高台建筑风格。郭沫若在《两周金文辞人系考释》中说道："象宫观㕞羛之形。在古素樸之世非王者所居莫属。王者所居尚大，故京有大义，有高义。""㕞羛"即"嵯峨"，有高峻之义，"京"之高是人工建造的最高丘，而这种人力所为的极致高度与体量也象征着与之最为匹配的最高的统治者帝王之头衔。《诗·大雅·文王》载："祼将于京"中的"京"在孔疏达认为，即指"京师"，帝王之居所，而今天我国政治中心的名称"北京"是从明清时期天子居所紫禁城之"京"延用下来的。与之相反的是，房屋越低矮、狭小、简陋，也意味着居住者的身份地位越卑下、低贱。以"帽"取人，对于建筑来说同样适用。

（2）四阿重屋的贵贱标志

"宀"的甲骨文"∧"取象中国传统人字形坡面屋顶之轮廓，在构成文字的过程中大部分用来表示房屋建筑的屋顶，偶尔也用来示意人的头顶或衣领。如同可以通过冠帽的式样辨别一个人的身份，屋顶也是整个房屋的头服、"门面"，其形制有着森严的礼制等级规范，是凸显房屋拥有者身份地位的重要标志与传达通道。高大宫室形象的营造不仅在于增加台基及其高度，其屋顶的形态也在其中起着至关重要的作用。从前面有"宀"构成的"高"类字的象形文字来看，描摹于现实物象的"宀"式建筑在具备高台之基的同时亦有了重屋的屋顶样式。

四阿重屋很早就已出现，俗名又称"四大坡"，即屋顶的前后左右都设有斜坡，也是留存至今的传统建筑中的庑殿顶。《考工记》载："殷人重屋，堂修七寻，堂崇三尺，四阿重屋"，可见早在商代四阿重屋就已存在。但是奇怪的是，在殷商甲骨文、金文中均无"阿"字，反而"亚"字十分常见。于省吾先生经过研究指出："亚字象隅角之形……亚和阿音义并相通，故亚为阿字的古文，阿为亚后起的通用字。"[①]"阿"在《说文》训为："大陵也。一曰：曲阜也。"王筠《句读》曰："阿谓山曲隈处"，《段注》："引申之，凡曲处皆得称阿"，在《九歌·山鬼》："若有人兮山之阿"中，"阿"亦被释为曲隅。显然"阿"意为曲隅，是弯曲的角落。联想"四阿重屋"的垂脊、翘檐、飞角等屋顶的曲线造型，再与"亚"的甲骨文"✧""✦"，金文"✧""✦"之形相联系，不觉有着异曲同工之妙。且在《甲骨文字释林》中明确指出"亚"字取象"隅角之形"，也与"阿"的各家释解不谋而合。由此"阿"与"亚"在形义上确立互训关联，"四阿"即为"四亚"。

据自宋以来历代名家关于"亚"的释解来看，上古时期，

---

① 于省吾：《甲骨文字释林》，中华书局1979年版，第339页。

"亚"之形与祭祀宗庙的平面基地形貌相同，像"♣"形的四面屋。在宗教信仰至上的时代，用于供奉祖先、祭拜神明的宗庙是不可亵渎的神圣存在，而"亚"之形可与重要的礼制祭典场所异形同构，也显示出"亚"形背后所代表的崇高地位。"阿"字虽然直至晚周才出现，但承继了"亚"在建筑方面所象征的至高权威，是殷商时期开始的礼制建筑等级秩序与规范的具体体现。"四阿"顶也成为像氏族时代的祭祀宗庙般最庄严尊崇的代表，是最高等级的屋顶样式，甚至到了清朝时也只有皇家和孔庙中的极少殿阁能够有资格配置。

对于"四阿重屋"中的"重屋"历来均被训为重檐之屋，并在殷商时期就以图画的形式记录于甲骨文、金文中，像："窯""畣""介"等字形反复将"重屋"两层屋顶的立面形象表现出来。在文献资料中也留下了许多相关的补充释解，如："重屋者，王宫正堂，若大寝也"（《周礼郑注》）；"世室、重屋，制皆如明堂……姚姬传曰：重屋，复屋也。别设栋以列椽，其栋谓之棼，椽栋既重，轩版垂檐皆重矣"（戴震《考工记图·卷下》）；"殷人重屋，屋显丁堂，故命以屋是也……殷人曰阳馆，周人曰明堂"（孙诒让《周礼正义》）；"复庙重屋，八达九房"（张衡《东京赋》）……以上关于"重屋"的疏注可以想见其自古就是天子宣明政教的礼堂，其形制在平面和立面上都达到多个空间房室的连接垒叠，高度和广度上都得到极大扩展而显得出奇的雄壮高伟。相比于殷商时期半穴居仍较为普遍的低矮简陋的建筑居住状况而言，四阿重屋建造规模浩大、工艺精巧的建筑形态，"四阿"顶醒目、庄严的恢弘形象，以及当中有意区别一般平民住所的等级规范和礼仪秩序都将其尊贵的身份凸显出来，与所有矮小的房屋居所严格区分，远远望去极有震慑之感，成为绝对权威的标志。

（3）门的建造规格与等级

在《说文》中门的种类有很多，所列"门"系语汇多达 57 个，《说文·门部》："门，闻也。从二户。象形。"门不仅是出入建筑的通道构件，还可以独立为特殊建筑形式存在。不同位置的门名称各异，在礼教森严的等级社会中也意味着这些处于不同位置的门建造规格与等级也各不相同，在严格的礼制规范约束下，门的样式、大小、高低、装饰也成为其隶属房屋建筑的"脸面"，甚至代表一个城市、都邑、家族在整个社会中所处的地位与身份。

由阶级社会衍生出来的城市建筑无不打上等级秩序的烙印。特别是在完善的周礼制度的规范下，大到天子的王城—诸侯的都城—大夫的都—平民的邑，小到房屋群组—建筑单体—构件小品，皆构成有序的等级布局，各地方按照"宗子维城"的方式进行分层级的礼制规划，不同的城市与建筑依循血缘关系的远近、尊卑人伦的秩序被授予不同的位份，以明贵贱，便于统治。而作为引领整个建筑物主题、体现尊卑差异的重要建筑组成部分——门同样承担着维护等级秩序的重任。从《说文》所列各式门字的形态结构和释义即可界定上古时期传统礼制下不同等级的门：

阊，《说文》："阊，天门也。"

闉，《说文》："闉，城内重门也。"

阙，《说文》："阙，门观也。"宫门外两边的楼台，中间有路，也称阙门。

阛，《说文》："阛，市外门也。"指市区的外门。

闍，《说文》："闍，闉闍也。"指城门台。

闶，《说文》："闶，巷门也。"

闾，《说文》："闾，里门也。从门，吕声。《周礼》五家为比，五比为闾。闾侣也，二十五家相群侣也。"

閈，《说文》："閈，门（闾）也。从门，干声。汝南平舆里门曰閈。"

阎，《说文》："阎，里中门也。"指里巷中的门

闑，《说文》："闑，闑谓之樀。樀，庙门也。"

闱，《说文》："闱，宫中之门也。"多指宫中小门。

闺，《说文》："闺，特立之户，上圜下方，有似圭。"指上

圆下方的小门。

　　阁，《说文》："阁，门旁户也。"指大门旁的小门。

　　阈，《说文》："阈，楼上户也。"

　　《说文》释义使"门"的等级位份随所属城市地区级别和建筑布局位置变得尤为鲜明：传说中天门的"阊"、城内重门的"闉"、楼台之间的"阙"、市区外门的"阓"、城门台的"阇"、巷门的"闾"、里门的"闬"和"闲"、里中之门的"阎"、庙门的"闇"、宫中之门的"闱"，以及较之闱门更小的"闺""阁""阈"。守护城市的大门必然大过城内各处，如：市、巷、里和房屋之门；整个院落的正门也必定大过院中的其他各处门户，更不用说其中单体建筑内的小门。反过来看，门大小高低的建造规格同样可以反映出门的隶属等级，正如《礼记·礼器》所载："有以高为贵者……天子、诸侯台门"，门的规模体量已成为衡量身份尊贵还是低贱的重要标准，与组成房屋的其他构件，如：台基、屋顶等一起，共同服务于等级分明的礼制体系。

　　与门相比，从"户"的甲骨文形态"日"看只有一扇门，但仍属于门的一种表现形式。不过，不同于高大、对开的双扇"门"常常应用于户外建筑和宫殿，"户"主要指居住房屋内的小门，后因"门"涵义的扩展覆盖而发生收缩，在《说文》中"半门"[①]的"户"系语汇仅有 10 个，主要集中于房室等的居住类语汇。人们在门内生活、作息、聚会、游赏，出入门的"门"随着词义的引申，如"户""房""扉""门""阀""阅"等皆成为家或家族的代名词。于是，"门"在礼制规范的作用下，依循家庭或家族在社会中地位的高低而以不同规格尺寸进行搭配，称谓亦随之改变，如：有钱的人家称为"富户"；贫寒的家庭称为"柴扉"；世代为官的名门望族称为"门第"和"阀阅"；家族中长子一脉成为"长房"……社会的等级规范与伦理秩序尽显于"门"。

　　[①]《说文》："户，护也。半门曰户。象形。"

2. 建筑用色的权威塑造

自周代起，颜色被硬性划分为正色和间（jiàn）色两类。

正，《说文》："正，是也。"指正直无偏斜。从"正"之古文字形结构看，正从"二"，"二"为"上"字之甲骨文，有在上位的人之义，"上"落于"止"上，两者结合在一起则有上位者止于正道之义。

间，《说文》："间，隟也。"《段注》曰："隙者，壁际也。引申之凡有两边、有中者皆谓之隙。隙谓之间，间者，门开则中为际。凡罅缝皆曰间，其为有两、有中，一也。"

按照《说文》的释解，"正"为正中，"间"为偏斜，两者为一对反义词。在上古先民的观念中，在天地两极之间的正中、中和之位，阴阳交错相合，呈现草木生发、万物向荣之机，寄寓着美好的吉祥福瑞，因此是极佳的建筑规划方位，历来为上位者所用。拓展开来，"贵和尚中"的伦理思想也深深地植入正统主流极力推崇的尊卑有序的等级观念中，同理色彩亦以"正"色为尊，正色的运用成为彰显皇权、塑造权威的有力武器。正色分为五色，即青、赤、白、黑、黄五种单纯色，周人在《周礼·考工记·画缋》中就曾记载："画缋之事，杂五色。东方谓之青，南方谓之赤，西方谓之白，北方谓之黑，天谓之玄，地谓之黄。"而位于"正"之两旁、偏斜处的"间"则相对有卑微之义，联想中国传统房屋建筑布局可知，一套院落中正房主屋内居住的必然是宅主或长辈，整个院落的中轴线从主屋正中处贯穿，位于主屋两侧的耳房、厢房等体量均小于主屋，居住者地位也相应低微。而间色也如建筑群组中的偏室侧屋般等级不如主位的正色，是由正色中任意两色所配出的混合色。自西周时礼乐制度的介入，色彩开始有了正色与间色的等级差别，掺杂了社会、政治、宗教等复杂因素的色彩由此建立起贵贱分明的阶级秩序体系。由此，色有其制成为中国传统等级礼制中特殊的存在。

从桂馥《义证》阐述①可得"正色"之语义场：

青，《说文》："青，东方色也。木生火，从生、丹。丹青之信，言象然。"

赤，《说文》："赤，南方色也。从大，从火。"

白，《说文》："白，西方色也。阴用事，物色白。从入合二；二，阴数。"

黑，《说文》："黑，火所熏之色也。从炎上出囧；囧，古窗字。"

黄，《说文》："黄，地之色也。从田，从艾，艾亦声。"

从所列正色的《说文》释解可以看到，青、赤、白、黑、黄五正色与代表金、木、水、火、土的五行词汇，以及指向东、西、南、北、中的方位语汇结合在一起。这些与"以垂宪象"②、辅助统治的易学语汇相联系的正色于《说文》释解中亦暗示了其内在浓厚的政治色彩。（图3-20）

色	青	赤	黄	白	黑
方位	东	南	中央	西	北
季节	春	夏	土用	秋	冬
五行	木	火	土	金	水

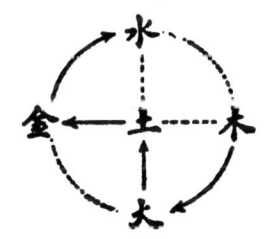

图 3-20　五色与方位、季节、五行之间的关系对应图

阴阳五行是遵照自然变化规律发展而来的重要学说，是自古奉天为神的先民们所依仗的行动指南。"天"，是古文"上（二）"与"人"的组合，示意在人之上为天。上古大帝亦询卦问卜以为

---

① 桂馥《义证》引杨慎说："木色青，故青者，东方也；木生火，其色赤，故赤者，南方也；火生土，其色黄，故黄者，中央也；土生金，其色白，故白者，西方也；金生水，其色黑，故黑者，北方也。此五行之正色也。"

② 见《说文·第十五上》："古者包羲氏之王天下也，仰则观象于天，俯则观法于地，视鸟兽之文与地之宜，近取诸身，于是始作《易》八卦，以垂宪象。"

"天命"，相信政权的更迭、国家的兴衰与五行间相生相克之道存在着深刻的联系。从《说文》反映出的阴阳五行说知道：水生木，木生火，火生土，土生金，金生水；而水克火，火克金，金克木，木克土，土克水，两两相生相克，随时间推移而依次序循环往复。源于五行理论的"五德转移说"借用这一思想，将五行融入政治领域，认为皇朝的更替遵循着五德相克规律：（周）火—（殷）金—（夏）木—（虞）土。于是笃信天命的上古历代帝王都不约而同地将五行与政权所属之德相对应，并以其对应之色彩奉为当朝最尊贵的颜色，用于王宫的建筑装饰。

所以，具备金德的商朝以白色为尊，"夏后氏世室……四旁两夹窗，白盛"（《周礼·考工记·匠人营国》），使用白色蜃灰粉饰宫殿的墙壁。至周代，红色成为周王崇尚的尊贵色彩，《春秋谷梁传注疏》载，"礼楹，天子丹，诸侯黝，大夫苍，士黈"，天子居住的堂屋前部的柱子为红色，诸侯用黑色，大夫以青色为准，士一级以黄色为标志。正色中不同颜色之间也开始有了等级的区别，其中以红色地位最高，其余如黑色、青色、黄色依次降等。到了秦代，秦始皇按照"水克火"的"五德转移说"线路，以象征水德的黑色作为最高等级的色彩被垄断，一举将原本以诸侯国身份存在的秦提升至与夏商周地位相同的王室等级。由于历史太过久远，从秦时的宫殿实物角度已难以考证，但从发掘出的残留壁画看，黑色的确占据主导地位，而且正色中黄色和红色也得到了大量的应用，映射出其在建筑装饰色彩中的较高地位。汉代时，统治者为复兴周室火德之正统地位，再次以红色为尊，这在汉赋等许多古代文献中得到印证，如《汉书·外戚传下·孝成班倢伃》："俯视兮丹墀，思君兮履綦"中的"丹墀"；《鲁灵光殿赋》："崇墉冈连以岭属，朱阙巖巖而双立"中的"朱阙"、《汉书·货殖传》："诸侯刻桷丹楹，大夫山节藻棁"中的"丹楹"……在内蒙古和林格尔发掘的东汉墓中，其中室南侧室的南壁壁画是一座三层建筑，包括门窗、廊檐、楹柱等皆用赭红绘制；在中室与前室之间的甬道右壁和中室东壁上，壁画宁城幕府南门的斗栱和菱纹则分别由黄色和红色装饰而成。[1]汉武帝时曾以土德代替火德，将黄色尊为皇家象征，更有以"黄门"命名专司天子事务的官署。[2]

尽管建筑中最尊贵的装饰色彩因为统治者的心态变化和政治需要而发生轮替，"王者必改正朔，易服色，制礼乐，一统于天下"（董仲舒《春秋繁露·卷七·三代改制质文》），不过，将色彩作为身份地位的象征这一点早已渗透进礼乐规范中，为统治者所认同。建筑装饰色彩使用规范的产生并非出于简单的审美意趣或突发奇想，而是伴随着阶级社会的等级观念、伦理秩序而诞生的。随着上古时期礼乐制度的不断完善，为统治阶级服务的正色的地位变得更为尊崇，且与间色的等级差距愈加明显，在一尊一卑之间将阶级社会中上下、尊卑的等级界线明确划定，维护了统治阶级的正统权威。

3. 数制的等级限制

《说文·第十五上》载："古者庖牺氏之王天下也，仰则观象于天，俯则观法于地，视鸟兽之文，与地之宜，近取诸身，远取诸物，于是始作《易》八卦，以垂宪象。及神农氏结绳为治，而统其事，庶业其繁"。自神话时代开始，"数"就与维护国家的统治、安定结下了不解之缘，伏羲氏通过"数"询卜上苍，在千变万化的卦象数字中探求未来吉凶；之后神农氏时代又以原始的结绳来记录遭遇过的事与数，并以此治理天下。数对于中国传统建筑而言并非单纯的计算工具，而是混合了古代社会的社会等级、政治需要、伦理秩序、宗教道德规范等内容所形成的独特的数的礼制规制，所有的构图布局都与"数"的积累、组合有关，在房屋尺寸、构成数量等方面有着严格的等级控制，也饱含着对人文精神的隐喻和和谐社

---

[1] 内蒙古文物工作队、内蒙古博物馆：《和林格尔发现一座重要的东汉壁画墓》，《文物》1974年第1期。

[2]《汉书·霍光传》："上乃使黄门画者画周公负成王朝诸侯以赐光（霍光）。"颜师古认为："黄门之署，职任亲近，以供天子，百物在焉，故亦有画工。"

会的追求。由此得出以数字为顺序排列的语义场：

一，《说文》："一，惟初太始，道立于一，造分天地，化成万物。"

二，《说文》："二，地之数也，从偶一。"

三，《说文》："三，天地人之道也。"

四，《说文》："四，阴数也，象四分之形。"

五，《说文》："五，五行也，从二，阴阳在天地间交午也。"

六，《说文》："六，易之数，阴变于六正于八。"

七，《说文》："七，阳之正也，从一。微阴从中衺出也。"

八，《说文》："八，别也，象分别向背之形。"

九，《说文》："九，阳之变也，象其屈曲究尽之形。"

十，《说文》："十，数之具也，一为东西，丨为南北，则四方中央备矣。"

根据以上《说文》对数的释解可以看出，"一"到"九"的数目字本身十分抽象，只是"以事托声"的假借象征符号，其中许氏关于数目字的字义阐释更浸透着阴阳五行的易学思想，当中的"四""五""六""七""九"直接以阴阳五行之语训释，"一""二""三""八""十"语汇的释解也与易学关系紧密。据《周易·系辞上传》载："天一地二，天三地四，天五地六，天七地八，天九地十。天数五，地数五，五位相得而各有合。天数二十有五，地数三十，凡天地之数五十有五。此所以成变化而行鬼神也。"[1]如此将数目字"一""三""五""七""九"的奇数语汇划为天数或称阳数范畴，将"二""四""六""八""十"的偶数语汇归为又称阴数的地数之中，天数与地数、阳数与阴数、奇数与偶数交错排列，穿插而生。不同的数的语汇被易学赋予阴阳五行的特殊含义，形成一套独特的以数为代表的规制体系，又因为《易》的创作本身源于治国规范之初衷，因此，数的规制也成为传

---

[1] 朱安群、徐奔编著：《周易》，青岛出版社2011年版，第203页。

统社会等级规范的基础和一种重要表达方式。社会等级的高低、尊卑、贵贱均可以在建筑形制中以"数"的多寡大小明确区分，再结合易学成体系的哲学理论后盾，在建筑上更体现出一目了然的礼制等级秩序。

　　古代以男性为尊、为天，《说文》曰："天，颠也"，是至高之处，独一无二，因此也与易学中规范的以奇数为"天数""阳数"之名对应相合。"一""三""五""七""九"，随着天数数值的增大，其所代表的权贵等级愈高，当数值达到"尽"之"九"时，即阳数之尊，应用于建筑上也就成为最高规格等级的房屋，只有天子有资格居住。如《礼记·礼器》所载："礼有以多为贵者。天子七庙，诸候五，大夫三，士一……此以多为贵也"；"有以大为贵者。宫室之量，器皿之度，棺椁之厚，丘封之大，此以大为贵也"；"有以高为贵者。天子之堂九尺，诸候七尺，大夫五尺，士三尺，天子、诸侯台门，此以高为贵也"。"贵者"的地位皆由建筑中的"天数"定调，并最终与所得建筑的尺寸、高度、体量和数量相匹配。依照"天子""诸侯""大夫""士"顺序而降的等级身份，天子可有七府，诸侯五府，大夫有三府，士仅能有一府，遵循以多为贵的数制礼制规范；在建筑的高度规定中，天子居住的堂屋最高可有九尺，诸侯的高七尺，大夫的高五尺，士的只能有三尺，表现出以高为贵的数制等级要求；而房屋数量和高度的结合更反映出其整体体量、规模的大小，因此数制的等级秩序也是以大为贵的礼制体现。《周礼·考工记·匠人营国》载："周人明堂，度九尺之筵，东西九筵，南北七筵，堂崇一筵，五室，凡室二筵。室中度以几，堂上度以筵，宫中度以寻，野度以步，涂度以轨。庙门容大扃七个，闱门容小扃三个，路门不容乘车之五个，应门二彻三个。内有九室，九嫔居之。外有九室，九卿朝焉。九分其国，以为九分，九卿治之。王宫门阿之制五雉，宫隅之制七雉，城隅之制九雉。经涂九轨，环涂七轨，野涂五轨。门阿之制，以为都城之制。宫隅之制，以为诸侯之城制。环涂以为诸侯经涂，野涂以为都经涂。"在周代完善的礼制规范下，自王至卿大夫，建筑形制因所对应名位等级的高低不同，表现在数制"天数"上而"礼亦异数"。天数与地数之间是交叉顺序的，因此从以上两个数制案例可以看出，每两个相邻的天数之间公差为二，所谓"自上以下，降杀以两，礼也"（《左传·襄公二十六年》），这种在官制建筑中以相差数为二的奇数天数数制，也因此使不同等级的建筑形象体现得更为明显，同时也是礼制在建筑数制上的另一种表现。

天数、地数、奇数、偶数，甚至它们的差数、倍数无不被赋予了传统礼教、伦理秩序、等级制度等深厚的阶级文化内涵与严格的级别限制，不容随意逾越。

三 宗法有序的布局要求

在中国传统观念中，家与国在组织、结构、形态方面是共通的。从一个家庭、家族的居所，或者说由血亲统领的宗族所聚居的宅院布局结构，到整个国家城池、都邑的规划特点，即可反映出当时国家和社会对人伦、秩序的倡导与要求。正如《黄帝宅经》所载："夫宅者，乃是阴阳之枢纽，人伦之轨模。"房屋的建筑不仅满足着人们日常生活的基本物质需要，其空间布局实际更遵循了社会伦理的秩序要求，成为维护国家安定和谐、教化万民的"轨模"和手段。《说文》中相关又有区别的文字语汇形态和释解更证明了这一点。

1. 高堂父母

堂，《说文》："堂，殿也。从土，尚声。从高省。"颜师古注："凡正室之有基者则谓之堂。"可见堂即为有台基的正室。直至唐以前，"堂"与"殿"的称谓都曾通指"高严"之屋，[①]即建在屋基上的高大建筑。只是到了后来"殿"成为特指帝王居所、陵

---

① 颜师古注《汉书·循吏传·黄霸传》："丞相所坐屋也。古者屋之高严，通呼为殿，不必宫中也。"《段注·堂》："古曰堂，汉以后曰殿。古上下皆称堂，汉上下皆称殿。至唐以后，人臣无有称殿者矣。"

寝，以及供奉神佛建筑的高大正屋，而"堂"则泛指一般官邸、民居中的主体建筑部分，但"堂""高显貌也"[①]的形态位置并未因居住对象身份的限定而有所变化。从文字组成结构看，"堂"从高尚之"尚"，徐灏《段注笺》曰："尚者，尊上之义"，《字汇·小部》也提到："尚，崇也，又尊也。"在现存的传统宅邸中，"堂"的中心、主导位置依然与其语汇构成中显示的"尚"义相呼应，位于整个建筑院落正中央的"堂"肩负着议事、祭祀、会客、婚庆等对外事宜，也因此，"堂"亦有堂皇之义，《释名·释宫室》载："堂者，当也。谓当止向阳之屋"，是一种承载对外交往功能的居住类公共空间。以上足见"堂"在整个房屋院落中所处的高位、尊位，不仅体现在其字形"土"部所象征的建筑于夯土高台上的外观形态方面，也蕴含着"堂"之空间功能中所显示的尊崇地位。而在古代称谓中，常常以"高堂"尊称自己的父母，以"令堂"敬称他人的父母，"堂"此时无疑成为父母长辈的代称，如《后汉书·马融列传》中就有提到："常坐高堂，施绛纱帐，前授生徒，后列女乐"。由于在古代家庭的居住安排上，父母的居处往往选在一整套建筑物正中位置的堂屋，这里的地面和屋顶相较于院落中的其他房屋都要略高一些，如此也自然将居住于堂屋的父母以形象生动的"高堂"之词代而称之。事实上，敬老尊贤一直是古代社会规范与秩序中十分注重的一环，"序序之礼""养老之义"等尊长养老的思想更贯穿于乡饮酒礼的始终。以"高堂"称代父母，从其所指"高堂"建筑本身的高大形象与空间中的重要功能意义都表达出当时社会尊老敬长思想的影响之深远。同时，通常所讲的"四世同堂"之语指的是以父系血脉论的同祖旁系血亲共聚天伦。因此"堂"之建筑形态亦反映出这种以男性为中心、建立在血缘基础上的亲属关系和伦理秩序，暗含了中国传统社会以家族、宗族为单位的社会组织特点。（图3-21）

[①]《释名·释宫室》："堂，犹堂堂，高显貌也。"

382 《说文解字》的设计解读

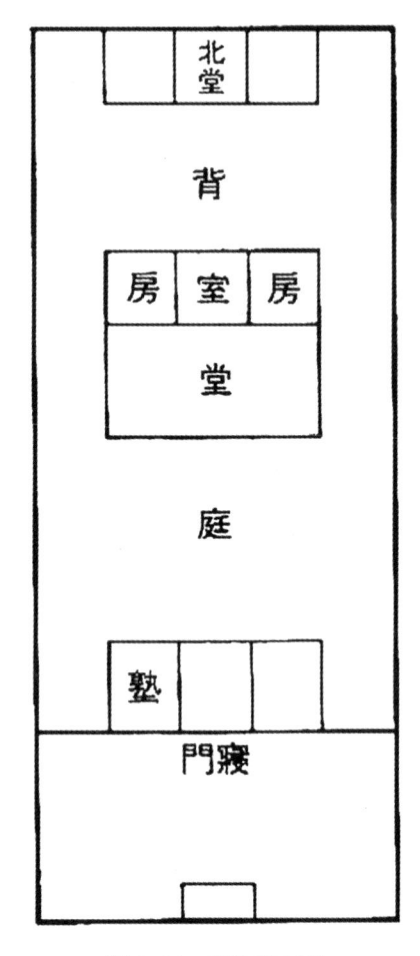

图 3-21 仪礼宫室图

2. 室房妻妾

室，《说文》："室，实也。"《段注》曰："古者前堂后室。《释名》：'室，实也。人物实满其中也。'"

房，《说文》："房，室在旁也。从户，方声。"

自周代开始建造规制健全的地面建筑，其主体建筑就主要由前文提到的"堂"与"室"两部分组成。与"堂"的高大开放相比，"室"虽然与"堂"前后相邻，同处在整个院落的中轴线上，为

"前堂后室"[①]式设置，但"室"已属房屋内部区域，是密闭性的私密空间，也因此在中国传统居住建筑中，无论南北形态多么迥异，均以合院式建筑结构为基形。"室"供人居住，尤其以女性配偶为主，《礼记·曲礼上》载："三十曰壮，有室。"《郑注》释："有室，有妻也，妻称室。"可以说妻子居住的地方称为"室"，所以"室"亦时常被指代为"妻"。《说文》释"妻"为："妇，与夫齐者也。从女，从中，从又。又，持事，妻职也"，从"妻"的别称，如"正室""嫡妻"来看，在重视宗亲血脉、伦理秩序的古代传统社会，其别称所反映出来的"妻"在家庭、家族中的正统地位不容忽视。在"妻"尚未成为男子配偶的泛称之前，在官家作为正室的妻还会因不同的品级而有着专属的称谓以示尊贵，《礼记·曲礼下》载："天子之妃曰'后'，诸侯曰'夫人'，大夫曰'孺人'，士曰'妇人'，庶人曰'妻'。"

"堂"与"室"是相通的，但因内宅之"室"被布置在会客之"堂"的后面，在进入内室之前必要经过外堂，再由连接"堂"与"室"的"户"进入内宅。"户"在《说文》中释为"护也"，是保护内宅的门户。《礼记·礼器》载："未有入室而不由户者"，足见以"户"为界，房屋院落的内外即已划分清晰。所谓"登堂入室"意味着由外入内的状态，而从空间主要使用者的身份来看，即体现为"内外之别"的空间讲究。这种"内外之别"并非室内与室外的单纯物质空间结构和功能分别，而是一种"男主外，女主内"的伦理秩序上的内外区别，因此在夫妻称呼上，妻子也别称为"内子"，丈夫时有称为"外子"。映象到房屋建筑的布局上，则表现为出于社会性活动而划分的密闭性的"内宅"环境和相对开敞共享式的"外放"环境，妻子在内宅中位处"正室""中宫"的重要位置，因此也相应地掌管全部家庭内部事务，拥有绝对的话语权。（图3-22）

---

① 《段注·室》："古者前堂后室。"

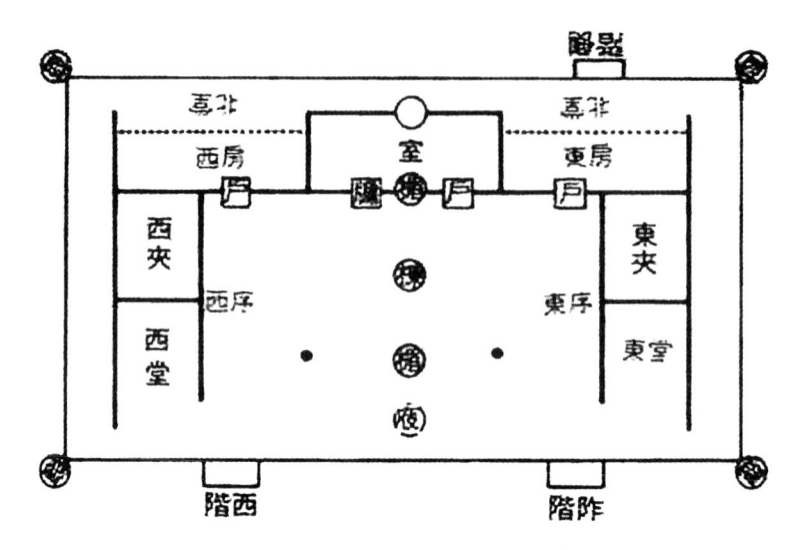

图 3-22　天子诸侯左右房室图（局部）

然而，尽管上古婚姻形式主张"一夫一妻"的专偶婚制，但在权贵阶层仍盛行着一夫一妻+姬妾制的婚姻状态，当中不仅包含有传宗接代、多子多福的传统观念，同时也是财富、权力、地位的一种变相的象征与炫耀。在传统房屋布局中，"室"能够成为"正室"的只有一间，室的两旁同样有居住功能的皆称为"房"，《释名·释宫室》载："房，旁也，室之两旁也。""房"既然在中室的两旁，那么实际也就是侧室、偏房。在古代，所谓侧室、偏房即为"妾"的别称。

"妾"在甲骨文上其字形为一古代刑刀，表示有罪，受刑，下方由一"女"字完形，以表示有罪的女子。《说文》曰："妾，有罪女子，给事之得接于君者。从辛，从女。《春秋》云：'女为人妾。'妾，不聘也。"在先秦和秦汉时，"妾"即为女奴，地位十分低下，在婚礼嫁娶中更无娶妻时所讲究的"三书六礼"，甚至可当货物般买卖、赠与，与"妻"之地位有着天壤之别。从"房"在建筑布局结构中的位置可看出多量的"房"相对于唯一的"室"是处于从属地位的，这亦与婚姻关系中"妾"之于"妻"的主从关系相对应，如此"妾"也称为"房"，因此，由一"室"统领多"房"的房屋布局形态亦与古代"一妻多妾"的婚配现象异体同构，同时也有机融合了古代注重血统秩序的伦理观念和聚族而居的社会组织形式。（图3-23）

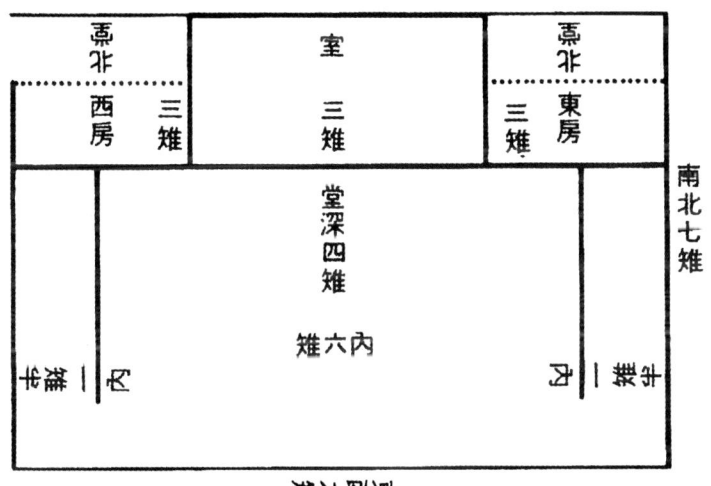

图3-23　东房西房北堂

四　传统建筑的审美标准[①]

中国上古时期的先民们在追寻美的路途上与世界上所有的人们一样，都伴随着对周遭自然环境的细微观察与原始生产生活实践的感悟体验，在不断梳理自然万物中所隐藏的规律、法则中，孕育出独属于自己的审美意趣与经验标准，并在漫长的历史岁月中得以不断积淀、成形，与中国传统设计文化融于一休。《说文》中的文字在与历史并行中亦记录了传统建筑对审美的偏好、倾向。

1. 观物取象

伏羲氏"仰则观象于天，俯则观法于地，视鸟兽之文，与地之

---

① 《〈说文解字〉的设计解读：上古时期传统建筑的审美标准》，《安徽建筑》2016年第4期。

宜，近取诸身，远取诸物"，创造出《易》和八卦，以从万物抽象而来的符号及其千变万化的组合排列示意前路吉凶；黄帝的史官仓颉"见鸟兽蹄迒之迹，知分理之可相别异也"，按照物类的形象画出形体而制造出文字；古者圣人观察鸟兽栖息方式后，教会人们"陶复陶穴"和"筑木为巢"，房屋建造之形态至此与模拟自然万物之象结下不解之缘。

象，《说文》："象，长鼻牙，南越大兽，三年一乳，象耳牙四足之形。"

从《说文》释解看，"象"是一种哺乳动物，体型庞大且充满生命力。所谓观物取"象"，从天地万物中提取的即是以富有动势、气韵为原则的样式与结构。事实上，对于生命的崇拜，中国与西方有着截然不同的理解。在西方国家的传统艺术中，植物类的图案和样式一直占据主流地位，如古埃及的莲花束茎柱、古希腊科林斯的花篮式柱头、拜占庭艺术中写实的植物纹形象、洛可可艺术中的卷草舒花装饰、伊斯兰抽象的几何植物纹图形等等。而在中国的上古时期，原始先民则在各式造物中多使用动物造型，在较早期的裴李岗文化中，出现了比较成型的猪和羊的艺术形象；仰韶文化以后，动物的形象在陶器上表现更加丰富，有的以动物纹样作为纹样图案、有的是把器物的局部做成动物形状、有的甚至将整个器皿塑造成各类动物形貌；青铜时代各类由飞禽走兽拼贴组合而成的传说瑞兽大量应用于器物造型与纹案装饰中；秦汉时期鸟兽人物形象更是遍布人们生活中的衣食住行用各个造物环节……无不体现着人们对活着的、有生命力的生物的偏爱与注重。先民相信活蹦乱跳的动物具有旺盛的生命力，这种力量神秘、让人敬畏，也使人着迷。于是以动物形象为化身，动感十足的"力"亦成为先民崇拜的神灵，并在造物设计中无意识地展露出来。

在中国传统建筑设计中，陶居建筑与干阑建筑的房屋早期形态也是仿形于动物所造之巢穴形态，先民们通过观察自然界中的万物而将生命之象注入建筑之态。不同于古典西方对数学几何在建筑中的执着贯彻：中规中矩的规则几何形建筑构图、横平竖直的构件形体切割、一丝不苟的黄金分割结构组合。中国传统建筑虽然也注重轴线、对称的艺术表现，但其根源并不与古代西方对理性的追求相同，而是一种出自感性自然的象形模仿，虽然之后从"形似"的具形模拟发展到"神似"的符号化抽象模范，但不妨碍中国传统造物艺术从"诸身""诸物"中获取素材与灵感的本质。当然，对建筑注入的鲜活"生命"动势除了取材于动物的生活方式与居住形态，也引入了自然界中如天地、山川、河流、日月、花木等有灵万物的象形符号。

从建筑的立面构图看，飘出的深远檐口通过下方梁柱的支撑将基座的矩形高台牢牢地笼盖在巨大屋顶的穹窿之下，构成"天覆地载"的宇宙模式。而占据整个建筑立面近乎一半比例的屋顶并未造成上大下小、头重脚轻的不协调视错觉，正是因为"勾心斗角""檐牙高啄"的曲线动势为建筑赋予了蓬勃的"生命"气息，上翘的飞檐及其带动的运动曲面使原本沉重的屋面产生出向上飞升的轻盈之"力"，从视觉上极大程度地减轻了巨形屋顶的覆压感。而支撑上方房屋结构的基台因宽阔和高耸的形象使建筑底部的体量无形中加大，进而将整座建筑的重心归于平稳。从建筑的平面布局形态看，与四阿重屋之"阿"古文形状相同的、代表房屋平面布局的"亚"（具体可见前文"四阿重屋的贵贱标志"部分），在《说文》释解中亦取象活生生的人体形态[①]。而充满动势的中国传统单体建筑在群体组合的院落鸟瞰布局图像中，亦有着不同于立面构图的有机形象。如《阿房宫赋》中描写的："盘盘焉，囷囷焉，蜂房水涡，矗不知其几千万落"，俯瞰阿房宫建筑群，盘旋曲折如蜂房、水涡般。在建筑构件的装饰上，各种传说中神秘的祥瑞都被运用其中。屋脊、瓦当、藻井、天花、斗拱、雀替、门窗、台基、梁柱、墙面、地砖等各个角落皆缀有生动的瑞兽，象征满

---

① 亚，《说文》："亚，丑也。象人局背之形。"

天神佛汇聚穹窿宇宙，既活跃屋中氛围，增添生气，又寓意吉祥安乐。

2. 天人合一

人，《说文》："人，天地之性最贵者也。"

天，《说文》："天，颠也。至高无上。从一大。"

大，《说文》："大，天大，地大，人亦大。"

三，《说文》："三，天地人之道也。"

从《说文》对"人""天""大""三"的释解可以看出，天—人—地三者是彼此相互联系的统一整体，而人位居中央起主导作用。荀子在其《王制》篇中也曾说："水火有气而无生，草木有生而无知，禽兽有知而无义；人有气、有生、有知，亦且有义，故最为天下贵也。"因人"有生有知"，所以在天与地之间创造出全然不同于自然世界的人类社会，并通过建造房屋得以寄身休养，以土木之功彰显人类之文明。人作为"天地之性最贵者"，所建造的房屋亦融汇天地、贯通自然，所以在中国传统建筑的朴素审美思想中，人与自然的和谐一直是其关注的重点。这种和谐不仅体现在房屋对人的物质和精神的关照上，亦反映于建筑与环境的关系处理方面。

自上古先民以巢穴为居以来，房屋就成为了守护人们身心的"家园"。然而，这个家园并非是令居住其中的人们与外界绝缘的场所，相反，它以无比宽阔的胸怀包容着人们的一切活动，体现着世间万物的宇宙关系，亦将自然野趣引入"园"中，使自然之景与人工环境有机融合。

中国传统建筑素来以群组建筑"家国天下"的同构布局独步世界，当中以"间"为单位穿插、排列、组合而形成的虚实相宜的各式建筑形态，皆直接或间接地呈现出对天地伦理关系秩序的理解与模拟。《考工记》曾记载上古礼制建筑已有"一堂""五室""四旁""两夹"的形式布局。"堂"位于宫殿前部，面阔六间、进深两间，空间开敞便于处理朝堂事务；宫殿后部对应的六间"五室"

供居住休息所用，相对封闭；"堂"的左右为"四旁"；"室"的两侧为"两夹"，"旁"和"夹"都是角落的小房。从布局形态和名称都可以看出，整座院落以中间宽阔的"堂""室"为尊，窄小的"旁""夹"为卑。如此也在传统建筑审美中融入了尊卑有序、内外有别、主次分明的社会礼制等级象征元素。

《说文》中"祖""社""宗""庙"都是"家"之建筑体系中的重要组成部分，是先民供奉天地神明、祈求祷告上苍的祭祀场所。在这里，建筑作为天人沟通的通道而存在，尽管在设计和建造，甚至在空间功能的选择上建筑都是以人为中心运行的，不过此时的建筑从精神层面上是向自然敞开的，在这里人与自然通过庄严神圣的仪式结为一体。从建筑形式看，传统屋顶"宀"之形实际取象于"∧"的深交的人字形坡屋顶，深远的屋檐与屋下廊柱相交，形成一片向自然过渡的柔性中介空间，人们亦可在此自由地穿梭于不同性质的空间之间。

"园"的《说文》释解为："所以树果也。"园在上古时期多用来种植果木，虽然自然气息较为浓厚，但仍属于人工建筑的范畴，是人工塑造过的自然园林。园林不仅可以供人居住，还能满足久居喧闹城市的人们对悠然自然山水的游赏愿望。汉代以后，园林建筑更将"天人合一"的境界与艺术效果推到了新的高度，将本为人作的建筑环境修造成"宛自天开"的自然场所，模范山水胜景的园林由此将庙堂之高与山水之境相连通，使居住于此的士族文人通过在"神似"自然的园林中寄托幽思、净化性灵，从而在精神上得以跨越院墙围合的范围之地，获得自由无拘。道家所看重的自然"天"道与儒家关注的"人"伦社会在以"自然"为主题的人工园林中，以肉体的"入世"和精神的"出世"达到"天人合一"的完美结合。

此外，从"巢穴"造屋开始，中国传统建筑的审美发展脉络就以效法自然之景为最高准则。在建造房屋时，先民们会根据周围的实际环境营建不同形式的建筑。"穴"在《说文》释为"土室"，是因为居住地临近崇岩幽谷而凿穴窟;"巢"在《说文》中则有"鸟在木上曰巢"之义,因尧时洪水,居于低洼处潮湿林区的先民由此选择在树上构木为巢;而以原始巢穴为基础发展起来的版筑瓦屋、干阑木屋也均就地取材,建筑群落所形成的天际线随所在地形地势蜿蜒起伏;筑屋建房时皆注意因地制宜地巧妙利用周围环境,以有效保护自然生态资源。如道家所提倡的"无为"之道,理应顺应自然天道,"天然去雕饰"之美即在于将被社会伦理异化了的人及其所造之建筑看作自然中的一部分,有机地与聚居地周围的自然环境,包括地理地貌、植被、河流、土壤、色彩等元素相生相合,在以人为本的前提下,使人与自然和谐共生。

3. 对称之美

自神话时代,祖先就已开始通过"远取诸物,近取诸身"的自然观察与生产实践逐渐认识和掌握对称之美,并在总结对称的审美规则基础上将其熟练而巧妙地运用于设计之中。虽最初取象于自然,却在人为抽象与提炼后创造出符合审美标准的人工造物。

从《说文·叙》中可以了解,先民对于对称之美的意识源于自身及外物固有体态的对称性感官认识,在最早的生产活动中,无论是狩猎还是耕种,先民们接触到的所有动物、植物在外观上都是以轴线对称的形态成双成对出现的,就连水中的虚像也以沿岸为边界轴线与岸上实体成镜像映射的对称状。于是,三皇五帝之首的伏羲氏"始作《易》八卦,以垂宪象"。八卦图为正八边形,象征现实中北、南、东、西、西北、西南、东北、东南八个方位。八卦中的长短两种符号的灵活组合变幻出八八六十四卦的无穷涵义,在推演世间万事万物之变化发展与各类事物间的关系中承载着先民们对上天的无比敬意与崇拜;同时,八卦图式所表现出来的完美的对称性亦流露出当时人们对美之形式的理解与观感。对称之美的形式秩序更渗透进图案、服饰、器物、建筑、音乐、舞蹈、文字等与生活有关的各个层面。尤其以庞大的体量投影于建筑形态上,更给人以威严震撼之感。

早在《周礼·考工记·匠人营国》中就提到先时的城市建设就是以轴线对称的形式美感为原则进行规划的，"匠人营国，方九里，旁三门。国中九经九纬，经涂九轨。左祖右社，面朝后市，市朝一夫"，祭祀不同神灵的宗庙以中央皇城的竖向中心轴线为参照等距地分布在其左右两边，市场和民居也以宫城的横向中轴线为基准前后对称布局，且除功能不同外，对称分布的"朝"与"市"大小面积完全相等。表示城市"郭"的古文造型"✥"取象于上古城池形貌，其所体现的轴线镜像的构形样式亦可看出先时人们对对称之美的执着与偏爱。在建筑院落的整体平面布局形式上，典型的"亚"式规划同样遵循了对称原则，其甲骨文"✥"等量对称的曲隅与郭之"✥"文在结构上甚至有着极高的相似度，只是在面积规模上发生了等比缩放。单体建筑的外观立面也继续保持了对称之美学法则的坚持，从早期粗陋的人工洞穴"冈"（穴），到之后交覆深屋的华屋美宁"∩"（宀）、夯土结构的"亯"（高）、干阑结构的"余"（京），对对称性的建筑审美追求始终未变，更不用说建筑内部的组成构件，如"𠀤"（门）、"⊕"（窗）、"井"（井）等，也都以对称的构形原则为美。

对称之美的关键在于其中心、中轴的确定。"中"在《说文》释为："内也。从口；丨，上下通。"指"丨"从"口"的中间纳入，无偏无倚。小徐本更以"和"释"中"。中国传统文化贵"中"尚"和"，讲究心中有尺，行事有度，不可逾越，这一来自战国时期的中庸思想，在从感官本能摸索得来的对称形式美之外，更为其披上了一层华丽的礼制外衣，因与政治导向相一致而备受历代统治者推崇，广泛应用于宫殿、官邸、宗庙等具有官方性质的类型建筑中，其轴心对称的建筑形制更成为威严、公正、权威的代名词深深植根于人们的固有观念中，使人不由自主地产生崇敬之情。

第四章

"行"的设计解读

  交通工具产生以前，人们通过步行来往于城邑、村落或其他各个目的地之间，并凭借自身有限的肢体能力搬运物品。这种原始的出行方式和物流运载模式在字书《说文》中多有体现：从彳从止、表示人千里迢迢万步远行的"迈"；仿象一个人扛戈前行样子的"何（甲文：𤰔）"；"何也"之"儋"的初文、取象肩挑重担的"𠂔（小篆：𠂔）"；构象头顶重物并用双手扶持的"異（甲文：𢌿）"……以图像文字的形式还原了先时人们在缺乏交通工具的条件下，以肩扛、手提、头顶、背负的方式艰辛劳作，进行原始运输的情态行为。所以随着生产力水平和制造技术的不断提高，交通工具开始出现，在一定程度上减轻了人们徒步出行时的负担、提高了办事效率，是"行"生活中一场革命性的突破。

  本章主要探讨水、陆两种交通工具的形态样式、功能结构、材料工艺与规范标准，至于组成整个交通体系的道路系统规划设计内容暂不讨论。

第一节　交通工具溯源

无论何时，"行"都是人们日常生活和社会交往中不可或缺的行为之一。从徒步而走到制造运输工具通行四方，交通工具的出现无疑为人们的出行提供了无穷便利和效率，通过对人们出行时所遇到的各种状况和处理方式的整合、提炼和更新升级，各类交通工具相继问世，而《说文》中相应指向语汇及其释义恰好为透析上古交通工具的起源提供了可以信赖的平台和依据。

一　"交通"的概念理解

"交通"一词并非现代词汇，上古时期就已出现，在殷商甲骨文中，"交（ ）"就已仿照人交叉双腿站立的模样被创造出来；"通（ ）"则从彳从甬，以打井的比喻（甬）表示脚下走出的道路（彳）接连两地。许慎经过审慎的考察后亦对"交""通"做出相同注解：

交，《说文》："交，交胫也。从大，象交形。"

通，《说文》："通，达也。"

达，《说文》："达，行不相遇也。"

自春秋《管子·度地》"万物交通"，"交""通"二字开始联袂呈现，但其指向意义虽有相交通达之义却与本章将要讨论的影响先民行走、运输方式发生颠覆性变革的辅助交通工具并不一致。不过，随着"交通"一词的频繁运用，汉代以后更逐渐出现交流、交往、串通等引申意义，当中隐含了地域间和人际间的沟通联系，如司马迁所书的"布皆与其徒长豪杰交通"（《史记·黥布传》），班固记载的"交通郡国豪猾"（《汉书·江充传》），其中的"交通"寓意已与改变人们出行方式的"交通"有所接近。

"交通"的创造起源于人的肢体行为，包括站立时腿的交叉情状和行走的动作、结果，更确切地说是从人的脚所引发的出行活动将各区域以踩出的道路贯连起来，连带的也产生出人际、部落间的交往通讯。而随着技术的进步，交通工具的产生与发展使原始的徒步出行发生质的变革，无论在速度、承载容量还是能够到达的目的地方面，都跃上了交往频密、道路通达的"交通"新高度。而今天的"交通"的范围仍在不断扩大，从肉眼可见的水、陆、空立体交通运输网模式的开启，到无形的电报、电话、卫星通讯、手机、互联网等文字、图形、影音的数据传送，谁又能想到原本因出行需要而产生的"交通"在达到当今如此发达程度之时甚至反过来改变着人们的生活节奏、状态与交流模式。当然，这又是后话不提。

二 从"宙"看上古生存环境

宙，《说文》："宙，舟舆所极、覆也。"

"宙"《说文》释义中的"舟舆所极"指的是舟船行驶到的极地"山边""水边"和车舆运行到的尽头"山顶"；"覆也"有因为位于最高处可覆盖其下之义。而这种理解只为该句数读中的其中之一，桂馥《义证》曾将整句话断为两截，即"舟舆所极也；覆也"，由此赋予了"舟舆所极"和"覆也"之间一种循环往复的意蕴：到达舟舆所能行驶到的尽头后并不是结束，而是继续乘车从高处返回低处乘舟，而后再驾车登上山顶，再下山乘舟……这一解说也从另一角度描补了"宙"背后折射出的先民们不得不奔波于山之厓、水之角的缘由，一个几乎被掩埋的上古史实。其实从对"舟舆所极也；覆也"的阐述中已可隐约猜测到"宙"本义所指之史实即为尧时洪水，人们为了避难而被迫乘舟抵达崖岸，再弃船搭车行驶至更为远离可怕洪水的山巅安全之处，安顿好生活居处后，一部分人返回山下重新乘舟营救溺水者，并将其带回山上聚居之地安置。

《舜典》也对"宙"中的恶劣环境有所回应："肇十有二州，封十有二山，浚川"，可见尧时的十二座大山间的陆路交通皆被洪水切断，只能依靠水路船只的行进在山与山之间保持交通往来联系。舟徘徊于所极的洪水边岸之间，《段注》中更出现按照此意构形的语汇"亟"，以说明"舟在二之间绝流而竟"的情境，船只在山岸间的水面上行驶，一直行到没有水的岸边搁浅为止。而舟行到尽头后就要转乘陆上交通工具了，《说文》中与水行之舟相接相对的山行交通工具"檋"承续了"舟"的历史讲述，其所引用的《虞书》中夏禹为治水乘檋上山勘探山势的故事，间接反映出先时人们在衣食无着的艰难窘境下还不得不为应付频繁艰辛的大量山路而专门制造适用于山行交通工具的无奈举动。

山与水就此构成了上古时期单纯而险恶的生存环境，也半强迫着生活于其中的人们设计出辅助的交通工具，帮助克服因诸多不利环境因素而为出行带来的不尽困扰和阻碍，在生存、生活与交往过程中跨山渡水，通过仅凭人一己之力无法越过的阻隔，顺利往返其间。

三　舟车檋𨏮的传说

《说文》释"檋"时曾引用《虞书》关于原始社会人们出行工具的描述："予乘四载：水行乘舟，陆行乘车，山行乘檋，泽行乘𨏮"，应对各类路面状况的早期交通工具舟、车、檋、𨏮等纷纷亮相。

舟，《说文》："舟，船也。古者，共鼓、货狄，刳木为舟，剡木为楫，以济不通。象形。"

车，《说文》："车，舆轮之总名。夏后时奚仲所造。象形。"

檋，《说文》："檋，山行所乘者。《虞书》曰：'予乘四载：水行乘舟，陆行乘车，山行乘檋，泽行乘𨏮。'"檋即指登山用的轿，也称梮①。

𨏮，《说文》："𨏮，车约𨏮也。"王筠《句读》曰："《史记·夏本纪》作'橇'，《河渠书》作'毳'，《汉书》同。服虔

---

① 《段注·檋》："檋与梮，一物异名。"

曰：木毳，形如木箕，擿行泥上。"

按照《说文》释义舟、车、檋语汇时所引用的古代文献传说看，"舟"产生年代最早，始于"共鼓、货狄"所处的黄帝、尧舜时代；"车"的形成时期应不晚于夏朝；"檋"曾在大禹治水时被用于登山勘探地势，故其至少在夏禹生前就已被创造并应用。"橇"在《说文》中未有显示，但从王筠考察的《史记·夏本纪》"泥行乘橇"传说看，其与"檋"出现时期应大致相同，大禹治水时代就已有所使用。这些交通工具的出现并非偶然，包含了原始时期人们对周围事物形态变化的细心观察、模仿，也凝结着对周遭艰难生存环境的不懈抗争，以及被迫顺应自然时的自我不断调整与随机应变的机智。以"舟"为例，因长期被水围困，滨水的生活环境令人们开始观察水的特性，并认识到竹木中空结构在水中的强力漂浮性能，[①]在反复的经验与教训中创造出应用于生活出行的载人木舟和原始马达"楫"。人们凭借造物之"舟"穿越看似难以通过的汹涌水流，达到彼岸。在浙江余姚河姆渡、杭州水田畈、吴兴钱山漾和湖南澧县城头山的原始社会遗址都出土了类似的木桨、木舵等船具构件，也力证了原始（黄帝）时期造船的传说。"车"的制作虽然复杂且相比于"舟"出现稍晚，但是借助人力、畜力，以轮轴为基础结构亦衍生出远超于舟的各式形态与广泛用途。

第二节 交通工具的品类划分

虽然《说文》中提到的舟、车、檋、橇已是针对不同路况而划分的不同交通工具类别，不过总体来讲，这些交通工具还可进一步归纳为水路和陆路两大类，如上文"宙"所述尧时洪水之史实，人

[①]《世本》："古者观落叶因以为舟"，《淮南子·说山训》："见窾木浮而知为舟"，"窾"为"空"义。

们所能接触到的出行环境只有洪水与高山两种情况，逃离洪水时驾舟而行，当行到水流穷尽处的山岸时，再乘车舆向更为安全的山极处行驶以图暂居，水上工具之"舟"与陆上工具之"舆"因此成为上古人们日常生活中出行常用的两种重要交通工具。从语音系联关系看，"舟舆"与"宙宇"发音相同，古人认为"往古来今谓之宙，四方上下谓之宇"（《文子·自然》），自己的生活环境是由时间之"宙"和空间之"宇"二维构成的，推及交通工具情况，再结合史书的记载，水行"舟"具和陆上"舆"具也共同涵盖了出行工具的所有类型。

一 水上交通工具

从上文可知，水上交通工具之舟船早在黄帝时代就已出现，基于糟糕的洪水灾害影响而先于其他交通工具产生。人们把圆木挖空制作船身，又削木为桨，使其可在水中自由前行。所以在《说文》收录的小篆体"前"被写为上止下舟"岁"，并释义为"不行而进谓之岁。从止在舟上"，说的是不用走路就能行进，即把乘船称作前，上古先民造字时将人乘坐舟船的情态应用于前进之"前"的文字构形，以取象人脚的"止"字置于"舟"上之情状会意。说明水上之舟已成为上古非常重要的交通工具之一。

1. 船的品类发展

舟，《说文》："舟，船也。"

船，《说文》："船，舟也。"

"舟"与"船"在《说文》中是互训关系，说明两者指代内容、意义相同，《段注》认为舟船为古今同义词，"古言舟，今言船"；杨雄以地域风俗称谓差异为由，在其《方言》讪训舟为"自关而西谓之船，自关而东谓之舟"；朱骏声在《说文》释义的基础上进一步阐释"舟"与"船"的关系，曰："古以自空大木为之曰俞，后因集板为之曰舟。又以其沿水行曰船也"。至此，水上交通工具的品类构成与发展脉络已十分清晰，包括了早期简易的独木舟和后来集板而成的各式船只。

（1）早期的独木舟：俞

俞，《说文》："俞，空中木为舟也。从亼，从舟，从刂。刂，水也。"

这里，许氏认为"俞"是用一根中间空了的树干制成的船，即通常所说的独木舟，能够在河川①中行进。《段注》曰："其始见本空之木用为舟，其后因刳木以为舟"，原本原始人们对于舟船、浮力、中空等事物并不了解，只是偶然见到中空腐烂的树干可以漂浮在水面而受到启发，而有了之前提到的"刳木为舟"之说，毕竟中空腐烂的结实树干还是稀少，要找到也需要一定运气。从利用天然的中空之木到人工仿造中空之木，虽然只是木头中空部分形成方式发生变化，却揭开了人类造船史的序幕，帮助人们将活动范围扩展到水上，"刳木"也成为原始造船的最初方法。

刳，《说文》："刳，判也。"

判，《说文》："判，分也。"

剖，《说文》："剖，判也。"

根据《说文》语汇间递训、同训关系推出，"刳"从刀，为剖分之义。原始社会生产力十分低下，尽管常用的坚利工具已出现石质的石斧、石锛一类，但要刳挖开质地密实的树干仍是一件难以完成的、规模浩大的工程。于是制舟工艺由此引入火烤之法，即用湿泥涂满需要保留的树干部分，然后用火炙烤需要剖挖的区域，使之炭化，这样再用斧锛等工具开凿时就会事半功倍，如此以火烧、斧凿反复交替刳木，独木舟在工具简陋的条件下也得以较快制成。这一制舟之法同时得到了历史实物的验证：江苏武进淹城考古发掘时曾出土一只拥有 2800 年历史的西周时期独木舟，船身由整段楠木挖空制成，外形如梭，两端尖翘，中间舱体较宽，全长 11 米，舱口宽 0.9 米，深 0.45 米，内壁布满刀劈火烧的痕迹，显然在制作过

---

① 王筠《句读》："犹云巜即川也。嫌巜是小水，不足行舟，故重明之。"

程中经历了无数次的烧凿轮替。而这种整体成型的制舟方法最大的优点就是不会出现船体进水的问题，较之筏、泭等併木而制的船只性能尤为优越。

（2）併木以度之"泭"

泭，《说文》："泭，编木以渡也。"《段注》载："《方言》曰：泭谓之䉬。䉬谓之筏。筏、秦晋之通语也。《广韵》曰：大曰䉬、曰筏。小曰泭。按《论语》乘桴于海。假桴为泭也。凡竹木芦苇皆可编为之。今江苏、四川之语曰䉬。"

"泭"在《说义》中被释义为一种把木头编扎在一起用于渡河的简易工具，也称"桴"或"栟"，《方言》也将"泭"称为"筏"，认为是秦晋的通语。但是"泭"与"筏"虽指向同种水运工具，在大小形体上仍略有不同，《广韵》认为："筏，大曰筏，小曰桴，乘以渡水"，可见筏的体积应大于泭，相应的其荷载量和稳定性也必然优于"泭"。

按照《说文》和《段注》的注解看，"泭"这类水上交通工具制作简单，材料也唾手可得，"凡竹木芦苇皆可编为之"，只需将竹、木、芦苇、藤草等并排码好再将其编扎起来即可，无论在耗时和技术难度系数上都不用花费太多精力。

原始人们在漫长的生活经验积累中认识到中空的竹木可浮于水上的奇特现象，并出于日常活动的需要想要利用这一漂浮的特性，但是常见易得的竹木枝干单体纤细，难以承受较为沉重的人体或货物的重量，而负载力较强的粗大树干不仅珍贵难寻，若要制作成独木舟更是耗时耗力。以当时人们已然认识到竹木可浮于水面这一情况为基础，依据现实的工具制造水平和人们趋易避难的一般习性推测，"泭"应先于独木舟"俞"而广为众人所熟知和应用。但是，併木以度的"泭"虽然克服了单根竹木浮力有限、运载力低的弊端，但是这种拼接的水运工具不管编扎时多么密实到底会有缝隙，若运载人数或货物数量太多就会负荷不起，当然更无法与急流高浪抗衡，很容易就会在水流的巨大冲击中解体。其整体性和结实程度均难与独木舟比拟。

不过，像独木舟选用木料的标准实在太过苛刻，人们更倾向于采用并排编扎圆木的方式制作泭筏。而从与"筏"同音近义关系的语汇"橃"来看：

橃，《说文》："橃，海中大船。"

能够在海中顺利行驶的大船"橃"与并木以渡的"筏"在承续演化方面必有着一定关联，联系朱骏声"后因集板为之曰舟"定义可推，舟船所属之"橃"在形式结构上应与"筏"有些许相似之处，即：都是集木而成。不过，泭筏还不是舟，更与舟之形相去甚远。从殷商甲骨文中"𠙹（舟）"的形象分析，舟的形态至少应具备两根竖线代表的两侧的船舷，以及横线表示的连接加固船体的横木、坐板构件，因此"泭""筏"等只是先于舟出现的简易水上交通工具而已。

（3）从"舟"看形态各异的船

然而随着人们对水上运输量及质量要求的提高，原始的独木舟"俞"和简易的并木之"泭"已无法满足日益增长的运载需要，舟船不得不面临转型和结构形态方面的改良。根据"舟"之语义得到下面的"语义场"：

朕，《说文》："朕，我也。"《段注》载："其解当曰：'舟缝也。'"

舡，《说文》："舡，船师也。《明堂月令》曰'舡人'。习水者。"

方，《说文》："方，并船也。象两舟省、总头形。"

舫，《说文》："舫，方舟也。"

梭，《说文》："梭，船总名。"

艛，《说文》："艛，江中大船名。"

橃，《说文》："橃，海中大船。"

从"舟之语义场"的语汇构成看，继"泭"和"俞"之后，水上交通工具开始融合前两者各自的优点并进行改良，制成了由木板接合有"朕"的舟。这种舟的形制较之木排之"泭"增加了船舷，当载货量较大时两侧的船舷会解决因船底吃水过多而浸没船身的问题，并且加大了对木材的加工力度，避免了独木舟"俞"高规格的整料限制。这一从"泭""俞"到木板船的转变对中国古代造船史具有非凡的意义，其中最受关注的防水问题已得到完满解决，以至在"舟"系语汇中专门列出了该木板船防水特点的语汇：有"舟缝"之义的"朕"。其甲骨文"％"、金文"№"都显示了在一条小舟旁有两只手握着一件弥合船板接合缝隙的工具。可见在殷商时期木板船就已现世，运用当时现有的木作工艺，以榫卯、铆接等手法连接木板、填充接缝制作，形状酷似独木舟，其后各式船只的结构造型也都是以此为原形相继展开的。1978年河北平山的中山国一号墓中发掘证实，其船葬坑中的民用客货运输船在处理船板接缝处时运用了铅皮、铁箍等金属构件，为修补船板间因缝隙带来的不便。至今在广西的多弯狭窄的河道处仍偶然可见类似舢板船的早期古老形制，即三板船。船只整体由船底和两侧充当船舷的三块木板拼接制成，为提高稳定性还在船身加固支撑横梁，缝隙处用稻草等柔软的纤维材料塞紧，以防止行船时出现漏水现象，其具体形态从"舟"之甲骨文"♉"亦可窥得一二，之后还对舱体进行分隔以延缓船只局部进水时的下沉速度，民间繁茂的漕运、摆渡等水上活动无疑推动了舟船的不断改良。（图4-1）

而朕"之释义"我"的甲骨文"✝"形状为一把有三个戈头的戈之象形，许氏释其为"从戈，从才"，有"古杀字"之义，展览于北京故宫的一件西周中期的"我"形兵器（图4-2）与文中器形"✝"十分相似，具有很强的杀伤力；《段注·舟部》中也曾增录一小船"舠"，段氏引《诗·卫风·河广》："曾不容刀"，以强调船之形与刀相同。

说明舟船之形状似锋利的戈、刀等兵器可破水而行，事实上这些水中行驶的舟船功用也的确如其兵刃形态所指被经常用于战争，据文献传说记载，武王伐纣时就曾集结军队渡过黄河攻陷朝

402 《说文解字》的设计解读

图4-1a 西汉前期的木板船

图4-1b 东汉陶船

图 4-1

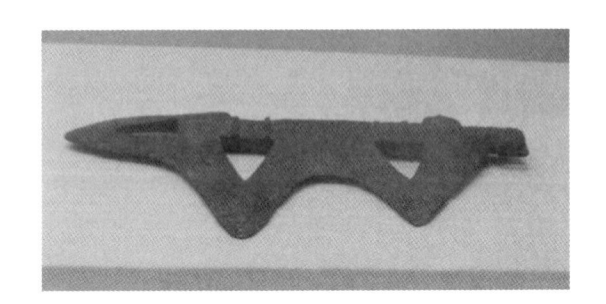

图 4-2 西周中期我形兵器

歌[①]，若没有大型木板船的强大运载力，没有使用木板拼合的较为快速的制船技术和相对易得的小体积木板，也就没有快速的大军压境，从而灭亡商朝夺取政权。史料中记载的其他一些后来出现的"艅艎""三翼""突冒""楼船""戈船""桥船"等船型也都是以木板船的拼合结构为基础发展出来的战船，其造型结构虽最初

---

① 《艺文类聚·舟车部·舟》："武王伐殷，先出于河，吕尚为后将，以四十七艘船济于河。"

源于民用船只，但却拥有远超一般船只的卓越航行性能，代表着当时造船技术的最高水平，只是根据作战的不同需要在形制大小上区别较大。

另外，还有一种受"泭"之排木制法影响很深的舟船形式，即：将两只以上的舟船并联，如"舫""方""艕"指向的都是同种联排船型。《段注》释其"方"形曰："下象两舟并为一，上象两船头总于一处也"，人们通过在并排的船上固定梁杆，并在其上铺设木板使之连为一体，同时增加了船上的活动空间，为放置家具、设备等留有余地。在连接方式上，仿佛併木以渡的"泭"，又不至于像"泭"一般因运载量增加而使船体没于水中。与木板船一样，同样都结合了独木舟与木筏的特质，有效地提高了船只的承重系数和抗击风浪的稳定性。不过，这种做法也暴露出一定的弊端，并排固定起来的船只行驶速度上会比单个船只缓慢许多，连带着在转向、掉头等操作上也失去机动性。

从指向"船的总名"的三个语汇看，无论之前提到的按应用领域划分的民用客船、货船还是战船，都可根据船只行驶的区域又分为江船"檥"和海船"橃"，亦可统称为"梭"。而它们统一的形旁"木"符更一目了然地表达出所有船只制作材质的选用方向。从"舟"到"檥"，再到"橃"，记录着上古造船技术一次又一次的自我突破，并将人们活动的范围从陆地拓展到江河、近海，甚至远洋，使人们的足迹遍及世界每个角落。（图4-3）

2. 船的各部构件

楫，《说文》："楫，舟櫂也。"指船桨。

般，《说文》："般，辟也。象舟之旋，从舟；从殳，殳，所以旋也。"

舳，《说文》："舳，舳舻也。汉律名船方（长）[丈]为舳舻。一曰：舟尾。"

舻，《说文》："舻，舳舻也。一曰：船头。"

404　《说文解字》的设计解读

图 4-3　春秋战国时期的内河战舰

　　《说文》收录的船之构件不多，除了船头"舮"和船尾"舳"以外，所费笔墨最多的要数行船工具"楫"和"般"字所从之"殳"。

　　行船工具在船只结构组织中占据十分重要的地位，它在船体推进和方向控制方面往往起主导作用，所以自舟船始创，行船工具就作为必备装备搭配舟船随之问世。距今七千年前的河姆渡新石器时期遗址中曾发掘出行舟用的木桨，湖南城头山遗址也出现了木舵使用的痕迹，并据此将上古人们行船年代的推断时间大幅提前。

　　"楫"也就是船桨，用于船侧人力划水行进，从出土的远古文物形貌看，其上部为圆柱体，便于手握抓举，其下部略宽，呈扁平状，当人们握住"楫"的上部手柄处用力划水时，其下部相对宽大的部分可以最大限度地向后拨水，进而通过水的反作用力推动舟船前进。而"楫"有长有短，《字书》曰："楫，舟旁拨水者。短曰楫，长曰櫂"，应该都是依据船体比例制作。早期的独木舟船体较小多为短"楫"，随着船体的不断膨胀，楫的长度也等比例伸长。在一件属于战国早期的铜鉴古物上饰有巨大楼船形象，在船体下层绘制的桨手使用的行船工具正是与船体大小匹配的长桨"櫂"，且每艘船都已用到四个桨手，可更加快速地推动战舰前进。（图4-4）

图4-4a 东汉陶船局部

图4-4b 水陆攻战纹鉴中腹图形：水战中的楼船与长楫

图 4-4

与舟的推进器"楫"不同，"般"以可使舟旋转的篙类工具"殳"会意，它的功用兼具"楫"和今天所说的"舵"的功用，不仅可以推动舟船前行，还可以调整行舟的方向。《说文》曾借用《周礼》对"殳"的形象进行描述，"殳以积竹，八觚，长丈二尺"，由多根竹子集合而成的八棱长杆，无刃，根据单位换算长度可达将近四米。"殳"形的撑船器具形制简单，操作方便，仅需要用竿撑向河底就可以推动舟船前进。因此应与木筏"泭"的产生时间相同，并用于"泭"的方向、速度控制，当然也可与舟船搭配使用，不过仅限于河流不深的区域。专司船只定向功能的"舵"在《说文》中并无体现，不过从考古发掘情况看，西汉时应已出现只用作控制方向的木桨，[①]舟船部件分工的细化亦显示出造船技术的逐渐成熟。船体的大型化、构件的专门化、工艺的精细化都为舟船走出江河驶向海洋，晋升为江中大船"艦"、海上大船"橃"提供了充分的物质和技术的双重保障。

二 陆上交通工具

人到底还是生活于陆上，在陆地上活动的时间无论在频繁度上还是持久性上都远远超过在水上的时间，因此可想而知，陆上交通工具也必然在种类和制作精细度上高于水上舟船。而车是陆上交通工具中最重要的人工造物，《说文》中更收录达 99 个车系语汇，还不包括散落于其他部系的相关语汇。车的用途很广，且制作精密，以下是从《说文》中解析出来的车类工具的类别和组成构件语义场。

1. 车的品类发展

自夏后时奚仲造车，即成为车这种有轮的陆上交通工具之滥觞。借助机械的力量，日常的生活与劳作得到极大的解放，"车"也因应用情况、领域、对象的差别而出现细化，品类、样式、工艺技术上都有了极大的发展。至东汉许氏所录车系车名已达 19 种之多，形成包含了上古人们使用到的各种式样、不同用途的十分丰富的车之种类语义场。

轩，《说文》："轩，曲辀藩车。"徐锴《系传》载："大夫以上车也。"指大夫阶级以上乘坐的车，是由曲辕牵引，车箱左右有窗、后面有遮蔽。

辒，《说文》："辒，軿车前，衣车后也。"指像軿车一样前面有帷幕遮挡，又像衣车在车箱后部开有门窗。

[①]《长沙发掘报告》，科学出版社 1985 年版；《湖北江陵凤凰山西汉墓发掘简报》，载《文物》1974 年第 6 期。

輧，《说文》："輧，辎车也。"指四面有帷幕屏蔽的牛车，多为妇人乘坐。①

辒，《说文》："辒，卧车也。"指可供人睡卧的车。《段注》引孟康语曰："如衣车，有窗牖，闭之则温，开之则凉。"

辌，《说文》："辌，卧车也。"

轺，《说文》："轺，小车也。"指由单匹马独辕牵引、有顶但四面开敞的小车。

轻，《说文》："轻，轻车也。"

軨，《说文》："軨，轻车也。《诗》曰：'軨车鸾镳。'"

䡞，《说文》："䡞，兵车也。"段氏释为"楼车"。

軘，《说文》："軘，兵车也。"段氏引为"屯守之车"。

轀，《说文》："轀，陷敶车也。"轀作冲，高诱释"冲车"曰："大铁著其辕端，马被甲，车被兵，所以冲于敌城也。"

櫼，《说文》："櫼，兵高车加巢以望敌也。《春秋传》曰：'楚子登櫼车。'"指在有八个轮的高大战车上加筑高五尺（约1.65米）的版屋以观察敌情。②

輀，《说文》："輀，一曰：下棺车曰輀。"指将棺木下葬时用的车子。

輛，《说文》："輛，丧车也。"指运载棺木的车。

肇，《说文》："肇，车揉规也。一曰：一轮车。"即指独轮车。

軒，《说文》："軒，一曰：一轮车。"肇与軒同物异名，王筠《句读》曰："肇下亦云。盖阳、庚二部多通用，故一器而两名。"③

輂，《说文》："輂，鞥车也。从车，从口在车前引之。"

---

① 《释名·释车》曰："軿车：軿，屏也，四面屏蔽，妇人所乘牛马也。"
② 桂馥《义证》引《卫公兵法》："以八轮车，上树高竿，竿上安辘轳，以绳挽版屋上竿首，以窥城中。版屋，方四尺，高五尺，有十二孔，四面列布，车可进退，圜城而行，于营中远视。亦谓之巢车，如鸟之巢，即今之版屋也。"
③ 王筠：《句读·卷二十七》，第38页下。

指人在前面牵引的车。

辂，《说文》："辂，车軨前横木也。"《段注》载："輓辂之车用人，不用牛马。"多指帝王用的大车。

輂，《说文》："輂，大车驾马[者]也。"指驾马的大车为輂。

𨏖，《说文》："𨏖，连车也。"

栈，《说文》："栈，棚也。竹木之车曰栈。"

（1）马车

以上所列车之种类大致可分为乘车、货车和战车，而从语汇释义看，拉车的动力源多以马匹为主，尤其是战车和贵族的乘车，对马的使用十分普遍。《说文》中更以"马"为偏旁规范划分车的种类和级别：

骈，《说文》："骈，驾二马也。"

騑，《说文》："騑，骖，旁马。"

骖，《说文》："骖，驾三马也。"《段注》引王肃语曰："古者，一辕之车驾三马，则五辔。其大夫皆一辕车。夏后氏驾两，谓之丽；殷益以一騑，谓之骖。周人又益一騑，谓之驷。"

驷，《说文》："驷，一乘也。"《段注》曰："乘者，覆也。车轭驾乎马上曰乘。马必四，故四马为一乘。"

驸，《说文》："驸，副马也。一曰：近也。一曰：疾也。"指牵引副车的马。

服，《说文》："服，一曰：车右騑，所以舟（周）旋。"《段注》曰："马部曰，'騑，騑也，旁马也。'古者夹辕曰服马，其旁曰騑马。此析言之，许意谓浑言皆得名服马也。独言右騑者，谓将右旋则必策冣右之马先向右。"

古时一辆车驾马的数量有二、三、四匹不等，被分别命名为两马并驾的"骈"、由三匹马牵引的"骖"或"騑"，以及四匹马为一乘的"驷"；依据拉车之马所处的不同位置亦有不同命名，如：驾副车之"驸"、紧邻车辕两侧马曰"服"、两边的马曰"騑"、六匹拉车的马称"六骓"等，车与马之间，你中有我、我中有你，至先秦时常将车与马浑言连读。《世本·作篇》曾载生活于夏朝初年的商王族相土"作乘马"，制作和使用马车；夏启在"征西河"（《竹书纪年》）和"大战于甘"（《尚书·甘誓》）等军事战争中也大量应用马车征伐他地；《诗·大雅·烝民》"四牡彭彭，八鸾锵锵""四牡骙骙，八鸾喈喈"描绘了周代四匹公马拉车时马匹矫健俊美的样子，这种四马系驾的方法最初源于商代骈驾之法，后又发展出骖驾和驷驾。周武王伐纣时曾派出"戎车三百乘，虎贲三千人，甲士四万五千人"，事实上，自商周以降，战车一直都是衡量各诸侯国军事实力的重要指标和作战装备。到春秋时代，礼制对驷驾一乘的战车规定：天子六军，每军千乘，共六千乘；大国三军；中国两军；小国一军。所谓"千乘之国""万乘之国"也都是以马拉战车的数量命名和划分。另外，在《说文》中专门提到把马尾捆成发髻形状的"䭱"，秦始皇兵马俑中拉车的马的尾巴也都是呈捆绑状的，据《左传·成公二年》记载，齐晋于鞌地大战时因"不介马而驰之"，即指不把马尾挽起就驱车追击晋军，而使马尾打结挂于树上终被晋军反败为胜。《说文》中大量关于拉车牲畜马的义字描述比比皆是，马车在上古时期的运用可见一般，马车作为一种高级的交通工具服务于战争和统治阶级，像：大夫以上乘坐的"轩"、载运秦始皇尸体的辒辌车、四面开敞的有顶小车"䡊"等都是为乘坐和打仗而备。不过也有例外，《说文》列出一种用于运货的人马车"輂"，使马车的功用也拓展至运输领域。（图4-5）

（2）牛车

"辎""軿""栈"等车则属于牛车范围，或是需要承担载重量极大的沉重货运工作，或是乘坐者地位较为低下，因为在等级森严的阶级社会禁止使用与身份不匹配的高规格马车。"栈"在《说文》中释义为一种用竹木编成棚子的车，《周礼·春官·巾车》载："士乘栈车，庶人乘役车"，所谓役车，顾名思义应是一种与服役运输关系密切的较大形体车种，与栈车一样受制于贵贱界限分

图4-5a　一号铜车马

图4-5b　秦始皇陵二号铜车马（安车）

图4-5

明的礼制规范，只能用牛牵引车辆。其实，牛车和马车的形制结构、系联方式等大致相同，只是古文献中习惯以牛车作大车、以马车作小车称谓，从《论语·为政》所述"大车无輗，小车无軏"看，"大车"等同于牛车的、自夏商周流传下来的牛车形式，直至东周初期的春秋时代仍旧通用，但在"轴心时代"[①]的巨大变革面前，牛车的制造技术和形态结构亦随时代发展产生了突破性的进化。在陕西凤翔八旗屯1976年出土的牛车明器模型（BM103）属于东周秦国的陶制陪葬品，与之前形制车辆相比，牵引用独辕变为双直辕系联，无辐条支撑的实心小型"辁"轮全新登场，改变了传统独辕牵引的粗简形制，为双辕车后续的精工发展奠定了基础。（图4-6）

---

① 李立新：《中国设计艺术史论》，人民出版社2011年版，第66页。

图4-6a　东汉辎车画像砖

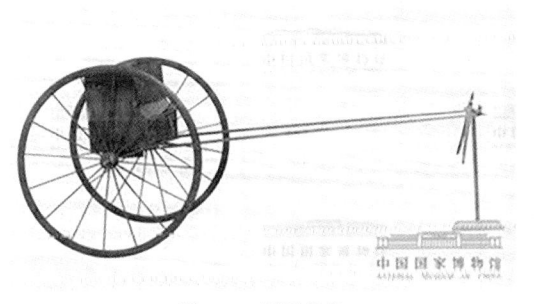

图4-6b　西汉栈车

图 4-6

（3）人力车

除了马车、牛车外，人力车也是上古时期一种非常重要的运输、代步工具。"輂"或"軒"独轮车的发明，为一些山路崎岖难行，不适宜大型牛马车辆通过的狭窄路段提供更为便宜、灵活的车型选择。按照徐中舒研究，这种手扶独轮车的产生年代远早于双轮的畜力车，这在"客""路""络""略"等从人脚足"各"之原义均可得到证明，其字形发生取自行于路上的独轮车形象，而双轮高车形式的"车"之甲骨文象形文字则说明商朝时双轮畜力车应已从西方传入中原地区，后创之"辂"字却是集双轮高车与手扶车样式于一体的新车型。①从《说文》释义看，"辂"和"辇"也是人力车的一种，如同"辇"的构成是两个人"㚘"在前面牵挽车辆前行。这类车无论在速度或是运载量上都无法与畜力车相提并论，因此并不用于战争。《段注》引《司马法》云："夏后氏二十人而辇，殷十八人而辇，周十五人而辇。"可见，"辇"字二夫挽车的图像形容只是一种示意的方式，又或者确实最初是由两人挽车发展而来，但到后来的秦汉时期，"秦以辇为人君之乘，汉因之"②，辇成为皇家御用之物，符合礼制规定的挽车人数增加亦成为必然，象征着天家的气象威严与无上权力。

（4）舆轿

欙，《说文》："欙，山行所乘者。《虞书》曰：'予乘四载：水行乘舟，陆行乘车，山行乘欙，泽行乘輴。'"即上山时乘坐的滑竿一类轿子。

筊，《说文》："筊，竹舆也。"指竹质的轿子。

另外，《说文》还收录了一种舆轿式的人力交通工具，按照《说文》引《虞书》之言，舆轿早在大禹治水时期就已出现，为便于夏禹上山勘察地势而用。司马迁在其著述中也有类似"山行乘欙""山行即桥"的记载，所谓"欙"和"桥"应该就是后来舆轿的雏形。依王筠训诂，《说文》之"欙"与《史记·河渠书》之"桥"、《史记·夏本纪》之"橇"和《汉书·沟洫志》之"梮"同属一物，且"橇""梮"发音与人手抬举之"举"相近，在舆轿运行方式上二者亦有相通之理。而舆轿之"舆"的甲骨文形态"𦥑""𦥑"也好像仿象众人将人所居的车舆抬起之形。因此，与车辇靠轮轴传动不同，舆轿的箱体之下不设轮轴与辕，只在轿箱底部边框处捆绑轿杆和抬杆，其驱动行驶全凭轿夫肩扛手抬以行。③如

---

① 徐中舒：《怎样研究中国古代文字》，载《古文字研究》第15辑。
② （唐）杜佑：《通典·卷六十六·礼典》，中华书局1984年版，第369页。
③ 参见王筠《句读·卷十一》，第39页上。

第四章 "行"的设计解读 413

《汉书·严助传》所载："舆轿而逾领"，这类专职载人的交通工具常用于不适宜牛马车行驶的难行山道，服务人群也限于官宦世家的贵族阶级，非一般人可以搭乘。

从"篼"和"欓"的偏旁部首可知，这类交通工具最初都是用竹、木编扎而成，不易长久保存，考古发现的最早舆轿实物只能追溯到春秋战国时期，1978 年在河南固始侯墓葬坑出土的三乘漆木舆轿仅一乘可复原（图 4-7），轿身呈长方形，顶盖仿建筑之庑殿顶形制制作，四面以帘幔围合遮蔽，门开于前，抬杆自轿身底部两侧支抬箱舆，与后世所见舆轿已非常相似，可以推测秦汉时出现的各式竹舆"编舆""竹篼"或齐鲁以北的"筍"等也都始源于此，"舆如今舆牀，人升以行"。[①]

图 4-7 东周舆轿复原图

2. 从"车"部看车的组成构件

"车"结构十分复杂，不仅因为其在实际应用中依据不同功能的需要衍生出形态各异的车之样式，也由于其作为陆上交通工具要考虑比舟船更多的牵引力传导、方向控制、构件连接、动力源操控、摩擦减震等多种更为复杂的问题。

《说文》中以"舆轮之总名"归纳"车"的车厢和车轮是其形

[①]《段注·篼》："篼，竹舆也。公羊传曰：胁我而归之，筍将而来也。何曰：筍者，竹篼，一名编舆，齐鲁以北名之曰筍。将，送也。释文曰：筍音峻。史、汉张耳传曰：贯高篼舆前。服虔曰：篼音编。编竹木如今峻，可以粪除也。韦昭曰：舆如今舆牀，人升以行。按公羊、史记、说文舆皆去声。亦作篝，作樔。"参见（清）段玉裁《说文解字注》，上海古籍出版社1981年版，第 194 页上。

态特征中最具代表性的组成构件。当然，车的构成部件并不止这两种，在"车"的甲骨文、金文中（图4-8），以图画的方式和移动的视角详细绘制了商周时期"车"的形态构成特征：一根"轴"串联车子的双轮，车上载有"厢舆"，有方形也有长形，车中央一条竖向的直线代表"辕"，将车厢与前端的横线——驾马用的"衡"相连接，"衡"两端设人字形"轭"，其往往与靷绳结合使用以驾驭牛马，如此共同组成完整的"车"之基本形象。而随着大量商周时期墓穴的挖掘现世，作为陪葬品的先古车舆的实物形态亦证明了古"车"字象形记录的真实性和可靠性（图4-9）。

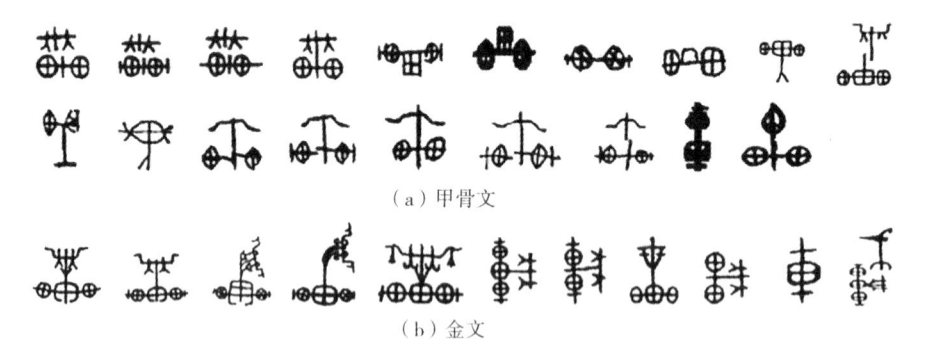

（a）甲骨文

（b）金文

图4-8 "车"的甲骨文和金文

图4-9 殷墟车马坑图

从《说文》车类语汇的字形和含义看，车构件存在着以下几种类别的指向：

（1）指向"轮"的语汇

轮，《说文》："轮，有辐曰轮，无辐曰轱。"

轱，《说文》："轱，蕃车下庳轮也。一曰：无辐也。"指藩车下面低矮的车轮，也指没有车辐的轮子。

輮，《说文》："輮，车（軔）[辋]也。"指车轮上的边框。

毂，《说文》："毂，辐所凑也。"指车辐汇集的中空圆木。

辐，《说文》："辐，轮轑也。"指车轮中连接毂和輮的直木条。

轑，《说文》："轑，一曰：辐也。"也指车辐。

（2）指向"舆"的语汇

舆，《说文》："舆，车舆也。"指车箱。

辑，《说文》："辑，车和辑也。"段氏改释为"车舆"。

䡊，《说文》："䡊，车耳反出也。"指车箱两旁象耳的部分向外反出。

轼，《说文》："轼，车前也。"指车箱前供人扶靠的横木。[①]

軓，《说文》："軓，车轼前也。《周礼》曰：'立当前軓。'"指车前横木"轼"下掩蔽车箱的木板。

輢，《说文》："輢，车旁也。"指车箱两旁可供人倚靠的木板。

辄，《说文》："辄，车两輢也。"

軨，《说文》："軨，车轖间横木。"指车箱（前面和左右两侧）的方格木栏。

轐，《说文》："轐，车軨前横木也。"

轛，《说文》："轛，车横軨也。《周礼》曰：'参分轵围。去一以为轛围。'"指车轼下横直交错的栏木。

---

① 徐锴《系传》："人所凭也。"朱骏声《通训定声》："车阑上之木周于舆外者，在前曰轼。"

軨，《说文》："軨，轺车前横木也。"指小车前面的木栏。

軫，《说文》："軫，车后横木也。"指舆后部的横板或栏杆，上古时期人们从车后登上，所以栏杆"軫"处留有缺口供人通过。

輄，《说文》："輄，大车后也。"指大车后部的栏杆，以别于小车的"軫"。

軜，《说文》："軜，车约軜也。"指车上缠束阑板的带子。

轖，《说文》："轖，车籍交错也。"指车箱四周用皮革缠绕的车席。

轑，《说文》："轑，盖弓也。"指车盖上象椽形的爪形骨架。

䡴，《说文》："䡴，淮阳名车穹窿䡴。"指淮阳地区把弯曲如弓的车盖称为䡴。

（3）指向"辕"和驾具的语汇

辕，《说文》："辕，輈也。"指大车上成对的直辕。

輈，《说文》："輈，辕也。"指小车上呈弯曲状的独辕。

曑，《说文》："曑，直辕车鞼也。"朱骏声《通训定声》："小车曲辕之缚曰鞼，大车直辕之缚曰曑。"指缠绕在大车直辕上的皮革。

軏，《说文》："軏，车辕耑持衡者。"指车辕前端持接车衡的关键。

輗，《说文》："輗，大车辕耑持衡者。"指大车车辕前端持接车衡的关键。

軶，《说文》："軶，辕前也。"指车辕前端扼制牛马脖子的横木。

軥，《说文》："軥，軶軥也。"指车轭向下延展的、围扼在马脖子上的曲木。

軥，《说文》："軥，軶下曲者。"与"軥"同义。

轙（钀），《说文》："轙，车衡载辔者。"指车衡上穿过缰绳的大环。

靷，《说文》："靷，骖马内辔系轼前者。《诗》曰：'浂以觼靷。'"指系在车箱前横木上的、四匹马拉的车子的外侧骖马的内侧缰绳。

楅，《说文》："楅，大车枊也。"指大车的车轭。《段注》曰："枊当作軶，隶省作轭。"

（4）指向"轴"的语汇

轴，《说文》："轴，持轮也。"

辖，《说文》："辖，车声也。一曰：辖，键也。"指车声，也指贯穿车轴末端控制车毂的插销。

𨌥，《说文》："𨌥，车轴耑键也。两穿相背，从舛；萬省声。"指贯穿车轴两端的金属插栓。

軎（轊），《说文》："軎，车轴耑也。"指车轴两端的金属套筒。

䡅，《说文》："䡅，车轮小穿也。"桂馥《义证》引《诗诂》曰："车轴之耑，毌毂者名为轊；毂末之小穿，容轊者名为䡅。"

𫐄，《说文》："𫐄，毂端沓也。"指车毂末端圆管状的冒盖。

軑，《说文》："軑，车𫐄也。"与"𫐄"同义。

軝，《说文》："軝，长毂之軝也，以朱约之。《诗》曰：'约軝错衡。'"指长毂上的装饰物，用朱漆涂饰的皮革缠束。

靷，《说文》："靷，《周礼》曰：'孤乘夏靷。'"《周礼》中指在车毂处绑束的红色带子。

𨍷，《说文》："𨍷，车伏兔也。《周礼》曰：'加轸与𨍷焉。'"指在车箱底部、轸与轴相交处，为半规形，与车轴衔接，状似伏兔又像屐齿的短木。①

---

① 徐灏《段注笺》："盖𨍷在舆底轸下，为半规形，与轴相衔，似伏兔。又与屐齿相类，故因名（车屐）焉，亦谓之钩心。"

鞻，《说文》："鞻，车伏兔下革也。"指固定在车伏兔"樸"下面的皮革。

䡇，《说文》："䡇，车轴缚也。"指固定（车伏兔"樸"）和车轴的绳索。

（5）指向"车"其他附件的语汇

轫，《说文》："轫，碍车也。"指阻碍车轮转动的木头。

辅，《说文》："辅，人颊车也。"

輅，《说文》："輅，车軨前横木也。"指绑在车箱栏前（辕上）让人牵引的横木。

幭，《说文》："幭，衣车盖也。"指有遮蔽四周帷幔的布质顶盖。

磐，《说文》："磐，韶车后登也。"指供人登车的石头。

较，《说文》："较，车（骑）[輢]上曲铜也。"指车箱两旁輢板上弯曲的铜钩。

軴，《说文》："軴，大车后压也。"指大车后部用来压车的构件。

䡩，《说文》："䡩，大车篸也"指大车上铺设的竹垫。

茵，《说文》："茵，车重席。"指车中加厚的席垫。

𦈢，《说文》："𦈢，车𦈢也。"指置于车轼上的柔软囊袋。

绥，《说文》："车中把也。"指登车时握持的把手。

车的构件十分琐碎繁杂，但上面所列的语汇指向，显示出车有：轮、舆（车箱）、辕、轴，及其附件五大组件类别，只是每一类别又由许多小的构件组成，说明上古时期的造车技术已达到相当高的水平，且工艺精细成熟。

"察车自轮始"[①]，轮是车中最重要部件之一，直接与地面相接触又承载着自身和所载货物的重量，也因此往往选用坚硬的木头制作。轮分为两种形态，一种是有辐条的，名曰"轮"；另一种是

---

① 《周礼·考工记·总序》："凡察车之道，必自载于地者始也，是故察车自轮始。"

没有辐条的低矮车轮，称为"辁"。"辁"轮较为单纯，没有过多的结构插件，十分结实耐用，经常做得很小，也被称为"庳轮"，又因为在轮牙和中心"毂"之间没有镂空，整体实木化使"辁"本身较为笨重。而有辐条的"轮"正与之相反，车轮相对较大，且轻便，但这种"大"并不是毫无止境的，需要考虑坐车之人上下车时的方便性、拉车人或牲畜的省力系数，以及毂与輮（牙）之间的大小比例，以保证辐轮的坚实、牢固。在车轮的结构上，车轮外框"輮"—直木条"辐"—车轮中心的圆柱体"毂"，按从外到内的顺序共同构建车轮。其中"毂"更占据机要地位，其中心钻有贯穿孔，用于插入车轴，其外侧则设有一圈榫眼，便于汇聚连接"輮"的三十根辐条。（图4-10）

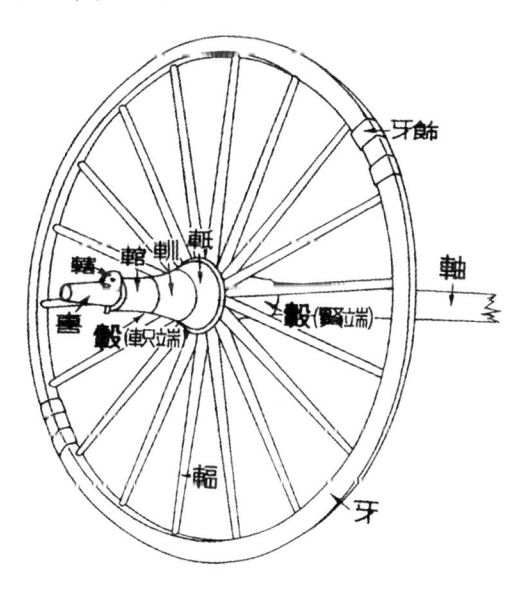

图4-10 古代车轮结构图

许氏定义"车"时专门把"舆"与"轮"并列强调，说明舆同轮一样，也是车中非常重要的组件。"舆"指代车箱，并通过舆实现其作为交通工具载人载物的基础功能。而且"舆"不仅可以主体姿态配合车轮组成车具，也可为舆具独立使用。其组件包括车前的横木扶手"轼";遮蔽车箱的挡板"帆""輤""𨍷";围绕在车箱周围的阑木"䡊""轛""𨍱""軨""軹";固定阑板的带子"䡅";包裹装饰车箱的车席"䡝";以及车盖"橑""䡓"等。从这些构件搭建的车箱结构图像推断,车箱前端的横木扶手,及其两侧的阑板,因要承担人体的倚靠重量而需要保持稳固的状态,因此,其部件应该均为固定不动的。当中有可能设置窗户,但不会设供人出入的活动门板,以保证人扶靠时的安全。所以,车箱"舆"的门应该是开在其后部,供人从车后登入。另外,车盖部分还包含有支撑结构骨架"橑"和穹窿式车盖"䡓"。

辕、驾具和轴则都属于系联装置,它们通过将车的主体舆、轮和动力源,如马、牛等相连接,从而使"车"真正活动起来。

辕和驾具主要设于车前,用于驾驭牲畜、牵引车辆。辕有直"辕"与曲"輈"之分,"辕"通常用于牛拉的大车,单头牛被置于左右两道直辕中间拉动车子;穹窿向上的曲輈应用范围较广,农用车、战车、轿车上皆有体现,车中央的独"輈"与其前端的横木"軶"联接,再利用"軶"上延伸出来的两个对称曲木"輨"或"軥"夹于马颈,[①]其后端与车轴相连,起到曳引车体运动的效果。同时,考虑功能亦不忘美观装饰,细心地用皮革缚于辕上,直辕上有"䡝"、曲輈上有"䡇"。因考虑到双马并行时驾驭牲畜的缰绳不易控制,还周到地在车箱前设置了约束缰绳的大环"轙"和栓系缰绳的横木"軜"。

车轴是一根圆柱形的长杆,两头穿有车轮,毂是车轮中心聚辐处,也是车辆行驶时的重点受力处,为防止车毂因超负荷运载而发生碎裂,在毂的两端设有毂饰,加固核心部件的同时也起到装饰作用。毂饰由近舆的"贤"节和近辖的"轵"节组合而成,较为实用、常见的毂饰通常由位于车毂左右贤端和轵端的各三节毂饰联接构成,紧邻"毂"两侧的两节名"軝",离木"毂"最远的两节毂

[①] 朱骏声《通训定声》:"大车、柏车、羊车左右两木,曰辕,其形直,一牛在辕间;田车、兵车、乘车皆居中一木,穹窿而上,曰輈,其形曲,两马在輈旁。"

饰名"輨",介于"軹"和"輨"之间的毂饰名"軐"。车轴末端露于毂外的部分还套有金属套筒"軎","辖（鎋）"插于"軎"和"轴"上,是防止车轮脱落的销钉,没有"辖"车子就无法行进。车轴不仅连接"轮"和"辕",还衔接车伏兔"𨍏",并用皮革"䩞"固定轴与𨍏。如此"轴""辕"和"𨍏"三者共同支撑起上部的车箱"舆"。一般在车子的关键结构部位都会添加装饰物,也是一种保护的方式,如:牙饰、毂饰、軎饰、轴饰、车伏兔"𨍏"下的"䡼"等。

此外,车上还配备了许多附属部件使车子更为安全、美观、舒适、方便,像:制动装置"軔",在启动车子前要将軔移开;车轮外另增的两根夹毂直木"辅",其与车的关系好像面颊与牙床,"辅""车"相依可提高轮子的承载力;车衡上以备不时之需时由人牵挽车辆所用的横木扶手"輅";有布质顶盖的车帷幔"幭";登车时垫脚的石头"䂿";铜钩"軗";稳定车子的"輗";车内铺设的席垫坐具"𦍢"和"茵";车前扶手上的软垫"㹤"……展现着车辆组成构件的庞杂与细致入微。（图4-11）

第三节 交通工具的功能演化

一 从"载"看车类交通工具的核心功能

载,《说文》:"载,乘也。"《段注》载:"乘者,覆也。上覆之则下载之,故其义相成。引申之谓所载之物曰载。"

桼（乘）,《说文》:"桼,覆也。从入、桀;桀,黠也。军法曰乘。𠅞,古义乘从几。"甲文作"󰀀""󰀁""󰀂",仿象人登木之形,其本义有登、升之义,引申为"加其上",即指"覆也"。[①]

[①] 王国维《戬寿堂所藏甲骨文字考释》:"（甲文）象人乘木之形。"李孝定《甲骨文字集释》:"乘之本义为升为登,引申之为加其上。许训覆也,与加其上同意。"

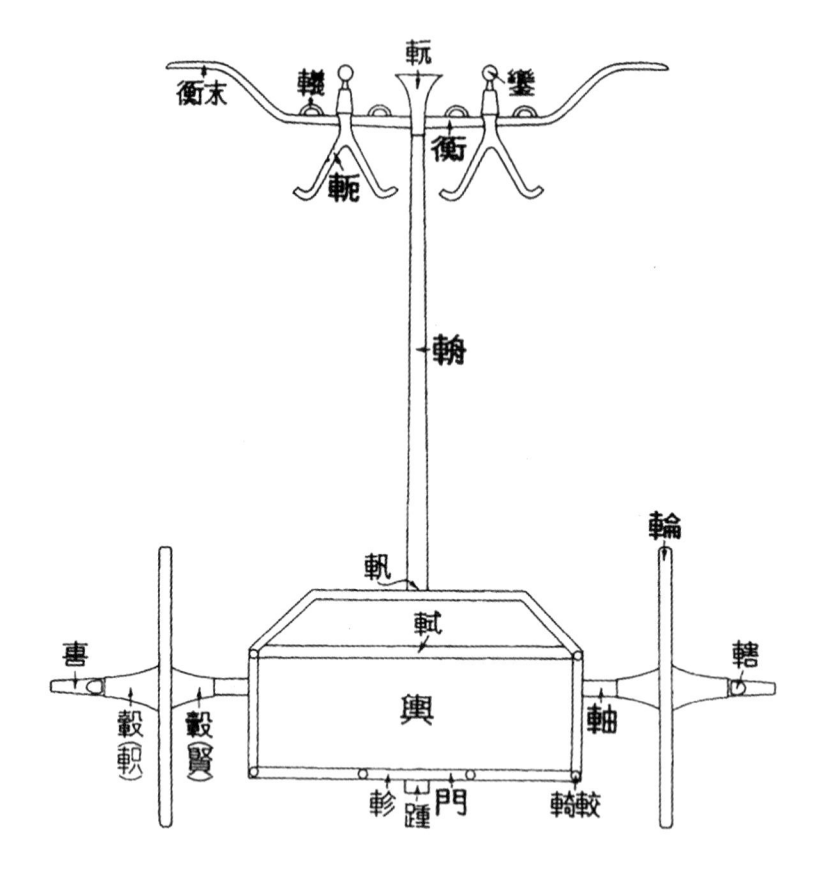

图 4-11　古车各构件名称及位置示意图

覆，《说文》："䈩也。一曰：盖也。从襾，復声。"《段注》载："反覆者，倒易其上下，如襾从冂而反之为凵也。"。张舜徽《约注》："覆者盖也，凡在物上者谓之盖，若易而处下，则所谓反覆也。"

按照《说文》从车的"载"的递训关系看，应包含两层含义：其一，也是当中最重要的，即利用交通工具承托、运载人或物品，不过这里的交通工具指的并非牛、马、羊、驴等牲畜，尽管在古代人们也经常借用动物驮运货物或人，但这里的交通工具则特指人造陆上交通工具，如：乘车、战车和货车，可以说只要是交通工具，都具备"载"的这一层含义，因此承托、运载功能也是各类交通工具共有的基础功能之一；其二，"载"有包裹、遮挡、保护之义，具体可参考其递训"覆"之"襾"形，如"冂"和"凵"的上下嵌套、反复包裹，将寄托在"行"具中的货品和人安全地护卫其中。上古时期，人们或乘坐交通工具会友、探亲、游玩、远行；或运输货物、军备物资、粮草等物品；又或将其投入战争用于输送兵将等，但无论其载人还是载物，交通工具作为人肢体手与脚的延伸极大地提高了搬运的数量和速度，且较之以人体直接搬运、行走而言，因会在车上加装遮挡防护的帷幕、车盖等构件，如衣车而使其托运功能更加优化，不会受到风吹雨淋的破坏，也不会受到人为因素限制而减少运载量、降低运载速度或出现物品损毁。在之后的交通工具功能衍化中，尽管被广泛地投入于礼仪、商用、丧葬等诸多事宜领域，其核心运载功能却始终未变。

如《说文》中列举的"轩""辎""耕""辒""辌""辚""栈"等车除了托载这一基础功能外，还在供人坐立的轸板上增加了箱栏、帷幕、车盖、门窗等，仿佛迷你状的房屋将车舆从四面八方周密地围合起来，既防止了箱舆外部不利因素的侵害、阻挡了企图窥视的目光，又保证了车内自成体系的空间独立性，且因门窗、帷幕等的自由开合保持了车内空气温度、湿度等的适宜。可见，交通工具的"载"功能并不仅仅是运输这样简单，对车箱包裹围合的处理包含着对车中所载人的生理舒适需要的关照，以及对寄存物品等实施的防潮、防风、避光、保温等安全措施的考量。（图4-12）

二 交通工具的战争用途

《说文》收录的车之籀文"𨏖"以兵器"戈"为构成要素，段氏释义为："从戈者，车所建之兵，莫先于戈也。从重车者，象兵车联缀也，重车则重戈矣"，推测车的产生和最初的应用很可能与兵器战争有着莫大的关联。（图4-13）

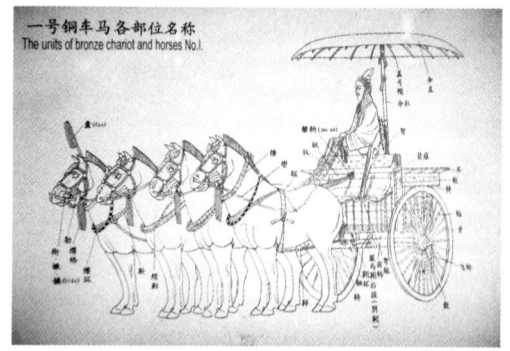

图4-12a 立车各部位名称

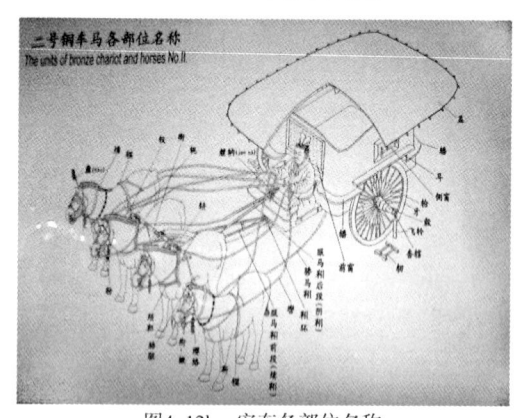

图4-12b 安车各部位名称

图 4-12

图 4-13 战国时期轮内戈

根据《说文》记载，用于军事的专用车辆种类多样，有："轻""辎""軿""軘""輣""轞""轈"等，且功能应用与擅长领域各有不同。如："轻"，又名"驰车"，顾名思义，其形体轻便小巧，速度迅捷，常常在战场上有很强的机动性，以"驰敌致师"，因此在车箱上不设巾、盖[①]。"辎"和"軿"也属于轻车，但较之"轻"在箱舆四周和顶部增加了帷盖，主要用于运载粮草补给和兵器装备等军事物资。王筠认为"辎"和"軿"都属于衣车，因此可以在车中休息躺卧，只是衣车门开在前，辎车门开在旁侧。而"辎"和"軿"的不同在于："辎"载重，有后辕，"軿"载轻，无后辕。按照郑玄对《周礼·春官·车仆》所载"苹车"的理解，其应为一种有覆盖物、隐蔽性较强的车种，而从《说文》的语音系联和王筠《句读》释解[②]看，苹车即为軿车。軘车形制至今已不可考，不过从声旁"屯"看，应该是一种防御性战车，形体笨重却易守难攻。"輣""轞""轈"三者都应属于楼车类，用于攻城，从其声符"朋""童""巢"可推测，这类车的体量应该很大，如棚子、楼屋、巢房般高耸，亦可供士兵爬至其高处观察敌情。而车的构件"輢"不仅有倚靠、供人休息的功能，还是插设兵器之处，王筠引郑玄注《考工记》曰："戈、殳、戟、矛，皆插车輢"，其时刻不忘与兵器联系的状态亦反映出车本身浓烈的军事战争色彩。

很早以前，车即作为兵器应用于战场，夏朝初期"左不攻于左，右不攻于右，女不共命。御非其马之政，女不共命"（《史记·夏本纪》），战车之用已初露端倪；夏末时"殷汤良车七十乘"（《吕氏春秋·简选》），殷此时还只是臣服于夏的附属国，战车就已达七十乘；至夏商之战"汤革车三百乘，困之鸣条，擒之焦门"（《淮南子·主术训》），殷商的战车达到三百乘，并以此一举灭夏建

---

① 《后汉书·志·舆服上》载："轻车，古之战车也。洞朱轮舆，不巾不盖，建矛戟幢麾，轚辀弩服。"

② 王筠引杜子春语云："'苹车当为軿车'，是也。"见王筠《说文句读》卷二十七，第28页上。

商。可见战车作为高端军事武器在赢取战争胜利的重要作用。

此外，《说文》中一些其他的车部字虽不再指向某种车或车的构件，但仍有许多语汇与兵器军事有关：

军，《说文》："军，圜围也。四千人为军。"

軷，《说文》："軷，出，将有事于道，必先告其神，立坛四通，树茅以依神，为軷。既祭軷，轢于牲而行，为範軷。《诗》曰：'取羝以軷。'"

範，《说文》："範，範軷也。"指用车碾轧祭品可喻示无险难。

轢，《说文》："轢，车所践也。"

輾，《说文》："輾，轢也。"

轧，《说文》："轧，輾也。"指车碾压。

辈，《说文》："辈，若军发车百两为一辈。"严章福《校议议》曰："百两者，百车也。一车三人，百车三百人，所谓辈也。车有两轮，故一车为两。盖用《司马法》。"

斩，《说文》："斩，截也。斩法车裂也。"《段注》载："此说从车之意。盖古用车裂，后人乃法车裂之意，而用鈇钺，若今腰斩。故字亦从车。斤者，鈇钺之类也。"

轘，《说文》："轘，车裂人也。《春秋传》曰：'轘诸栗门。'"

车在战争中应用灵活而广泛，一方面作为兵器用于围城、刑罚，其千里奔袭的作战需要和肩负任重道远的运输等多重功能，体现出战车如磬般牢固的"䡈"和车重"辀"的特点。另一方面更涉及到战争祭祀，如征战途中的山行祭祀"軷""範"。所谓"国之大事，在祀与戎"（《左传·成公十三年》），祭祀的重要性凸显于战争"戎"之前，"名不正，则言不顺；言不顺，则事不成"（《论语·子路》），大动干戈之前首先要祭告上苍祖先，获得必胜的谕示，从一种超自然的精神角度凝结力量，激励士兵的战斗力和凝聚力，而战车作为厮杀的兵器亦渗入祭祀的仪式中，扮演着战争开始前鼓舞人心的角色，赋予人们无穷的精神力量。同时车部字还按数量命名军队级别"军",并划编兵车单位"辈",令战争中的军队调遣和物资补给变得更加井然有序。

三 丧事用车的功能拓展

关于丧事用车《说文》特别提到下葬棺木时用的"輀"和运送灵柩的"輔"两类,并在释义时明确将其与丧葬礼俗联系在一起。承培元在其《引经证例》中更以《礼经》为证,证实"輀",即是后世俗体字"輀"的下棺车,只有天子诸侯以上级别才有资格享受,其四周用帷幕遮挡以显示当中所乘之人身份的高贵和不可亵渎。① 可见上古时期车已在丧葬活动中广为使用,并既定成俗为丧葬礼仪中必不可少的礼仪用具,甚至有着一定严格的用车形制标准与规范,不可随意僭越。许氏曾直接释"輀"为"丧车",其结构"从车,而声",《说文》亦引用《周礼》释"而"曰:"作其鳞之而",认为"輀"是借用声符"而"繁缛多须的字形涵义以突显丧车注重装饰的外观特征。《段注》则广征《文选》注、《玉篇》《广韵》《龙龛手鉴》等古文献附议许氏"从重而者、盖丧车多饰"的论断。② 与輀车同样有包裹特点的"辒""辌"其实也有丧车之义,虽然在《说文》《段注》中都未曾有明显指向,不过从段氏引用颜师古观点的语句看来,"半路出家"的辒辌车尽管不如輀车专业,却有着卓越的保温、通风和遮蔽效果,便于存放尸体而逐渐被后世认可,作为专门运载棺木之用。③ 且辒辌车以柳翣为饰,

---

① 承培元《引经证例》:"下棺车今《礼经》多作輀,輀即輀之俗体耳。輀车,丧车,四周有帷,天子诸侯所用。"
②《段注·輀》:"文选注、玉篇、广韵、龙龛手鉴皆作輀。从重而者,盖丧车多饰。如丧大记所载致为繁缛。而者,须也。多饰如须之下垂,故从重而,亦以而为声也。"
③《段注·辒》:"孟康曰:'如衣车有窗牖,闭之则温,开之则凉。故名之辒辌车也。'师古曰:'辒辌本安车。可以卧息。后因载丧,饰以柳翣,故遂为丧车耳。辒者密闭,辌者旁开窗牖,各别一乘,随事为名。后人既专以载丧,又去其 ,总为藩饰,而合二名呼之耳。'按颜说是也。本是二车可偃息者,故许分解曰卧车。始皇本纪上浑言曰辒辌车,下言上辒车臭,以尸实在辒车,不在辌车也。古二车随行。惟意所适。"

与辒车多饰的风格相类，相信在"事死如事生"（《礼记·中庸》）的丧葬观念影响下，辒车、辒车、辌车等用于丧事的车辆外形装饰应大致趋于相同，都极尽奢华，以体现死者生前拥有的权势、地位和财富。

根据考古发掘所得，早在殷商时期的贵族墓葬中就已出现制作精美的马车殉葬品。

殉=形旁"歹"+声符"旬"

"殉"字本义为按墓主人年龄的旬岁决定陪葬的人数，如：若死者年寿39岁，则应陪葬3人；若年龄为52岁，就陪葬5人，以此推类。所以《玉篇》释"殉"为"用人送死也"，而车马陪葬品也是殉葬的其中一项内容，象征着墓主人身份地位的高低贵贱，随着车马殉葬数量和规模的不断扩大，这种差别也在日益分明，甚至被规范为一种严格的等级制度以维护社会的和谐。虽然《说文》未曾收录此字，但是传统意识中对祖先的崇拜和死后世界"灵魂不灭"的信仰，推动着厚葬之风的蔓延。《吕氏春秋·节丧》载："国弥大，家弥富，葬弥厚，含珠鳞施，（夫）玩好货宝，钟鼎壶滥，舆马衣被戈剑，不可胜其数，诸养生之具，无不从者。"举世震惊的秦始皇兵马俑坑则对应出土了大量有着华丽出行仪仗、进攻阵列的陶制车马。至汉代厚葬之风更盛，以车马殉葬亦几乎成为一种默认定式。[1]至此，"车"在上古丧葬活动中不单单只是担任运载棺木的工作，并作为殉葬品为墓主人在其死后世界继续服务而存在，同时也被纳入礼制范畴，成为维系国家统治、阶级划分的重要举措。

四 隐性的炫耀

《说文》提到的"辂""辇""轩""栈"等车并非一般人

---

[1]《后汉书·礼仪志下》注引《皇览》："汉家之葬，方中百步，已穿筑为方城。其中开四门，四通，足放六马，然后错浑杂物，扞漆缯绮金宝米谷，及埋车马虎豹禽兽。发近郡卒徒，置将军尉候，以后宫贵幸者皆守园陵。元帝葬，乃不用车马禽兽等物。"

可以乘坐,"辂"和"辇"是人拉着走的车,都曾为帝王用大车;"轩"是大夫以上级别专供;"栈"则是供士乘坐的牛车。可见车舆的制作和使用规范制度亦成为维护国家等级秩序的重要组成部分,所谓"贵者乘车,贱者徒行","是以君臣朝廷尊卑贵贱之序,下及黎庶车舆衣服宫室饮食嫁娶丧祭之分,事有宜适,物有节文"(《史记·礼书》),出行乘车与否代表了一个人身份的尊卑贵贱,并依据乘车者的身份地位不同,在车的装饰构件材质(金、银、铜等),图案纹样(龙、凤、虎、豹等),车盖样式和帷幔质地(革、丝等),以及驾驭牲畜种类、数量上都有着明显的限制。因此,车舆作为社会制度代表着统治阶级内部各等级的身份地位,成为社会高端人士权力和财富的象征而被世人仰视追捧。正如《荀子·荣辱》所说:"人之情……行,欲有舆马。"直至秦汉时期,马车依然被作为高档、奢华的交通工具为当时的王孙贵族所垄断,"贾人不得乘马车"(《后汉书·志·舆服上》),等级身份的壁垒分明使贵族统治阶级将乘坐马车作为炫耀身份、财富、权力的道具,即使死后仍然将其视作昂贵的陪葬品带入坟墓,冀望在地下世界能够继续享有这份尊荣。(图4-14)

　　同时从《说文》关于车构造轮、轴、辕、舆、附件等的各式繁复的组件及其制作看,车舆本身制作不易,无论在精力、技术、金钱等人力、物力上都需要投入不菲的花费,因而往往被视为奢侈品受到贵族和富民的竞相追逐,引领社会风尚。据考古实迹证明,殷商车轴长度最长300cm,短的为280cm;西周车轴最长为324cm,短的有300cm、294cm、280cm;东周车轴最长为242cm,短的有222cm、155cm。[①]可推测车轴有逐渐向变短趋势发展。而在《说文》出现的指向"车相碍"的"䡿"和有"牛辕相击也"之义的

[①] 郭宝钧:《殷周车器研究》,文物出版社1998年版,第21—23页。

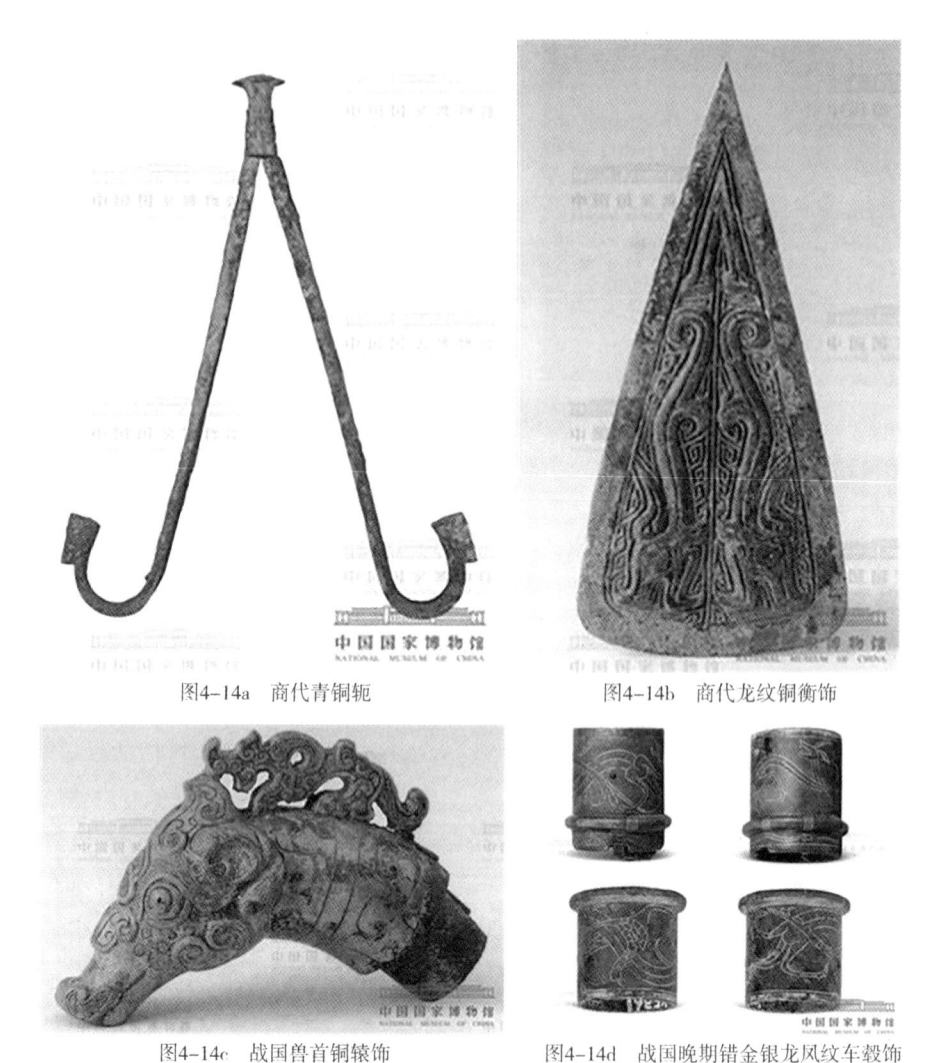

图4-14a　商代青铜轭　　　　图4-14b　商代龙纹铜衡饰

图4-14c　战国兽首铜辕饰　　图4-14d　战国晚期错金银龙凤纹车毂饰

图 4-14

"軎"①，亦与车轴变短的实际情形相对应，反映了当时因车数量激增而拥挤的路面状况。其中"辖"是位于轴头处插于軎（轊）上的车轮控制插栓，许多古文献上也称之为"车毂相击"。《史

---

① 轚在《周礼》中提到："舟舆击互者"，郑注曰："谓于追隘处也。"见《说文·车部》关于"轚"的释解。

记·苏秦列传》载："临淄之中七万户……临淄之涂，车毂击，人肩摩，连衽成帷，举袂成幕，挥汗成雨"，这段描述虽不乏夸张成分存在，但在当时繁华的大都市中车舆的数量和使用已相当庞大而普遍，人们出行时贵族效法皇室、庶民富户仿拟王孙贵胄以抬显身价，而致使原本宽阔的道路变窄、车毂相击，甚至出现害（轊）折车败的事故频发。但这些并不妨碍世人对车舆奢华风气的崇尚，"今庶人富者银黄华左搔，结绶韬杠。中者错镳涂采，珥靳飞軨"（《盐铁论·散不足》）；"作乘舆辇，加画绣茵冯，黄金涂，韦絮荐轮"（《汉书·霍光传》）；"其嫁娶者，车骈数里，缇帷竟道，骑奴侍童，夹毂并引。富者竞欲相过，贫者耻其不逮，一飨之所费，破终身之业"（《后汉书·王符传》）；"盗取御水以作鱼钓，车马服玩拟于天家"（《后汉书·宦者列传·曹节传》）。人们争相用黄金、珠宝镶嵌装饰车盖、箱舆，车舆把手被挽成花结，车中席垫加饰绣纹，连拉车的马匹也装点得华贵非常，以致"一飨之所费，破终身之业"，更有甚者车马之用"拟于天家"，其奢靡风气之盛异乎寻常，迫使汉代诸多位皇帝不得不下禁令严厉打击这些僭越行为。然而这种大肆攀比的心态、日渐改变的消费理念和对贵族以上阶级生活奢侈的向往并没有得到有效遏制，车舆因背后所代表的显贵地位和巨大财富而在无形中推动整个社会风气向着提高身价、追求奢华享受的方向蔓延，亦成为一种无声的炫耀。

第四节 交通工具的设计规范与标准

"崖岸"中描绘的山与水相依并存的地理景象使车与船成为人们日常生活出行的两大交通工具，而"水中高土"上的生活又使陆上交通工具使用频繁，形式变化多样，制作更为规范、讲究和精美，甚至被纳入礼制的范畴，与阶级社会特权、等级、意识形态等紧密相连，自成一套严格的设计规范与标准体系，从以下《说文》字系考析中可探询推之。

一 以人为本的设计标准

仓颉造字之时，车箱"舆"与"轮"作为标志性构件现于"车"中，许氏释义时提炼出"舆"与"轮"为车之突出特点，并将"舆"置于"轮"前，显然字隙间透露出对人所居之"舆"可代表车的认知倾向，《考工记》更直接称"舆人为车"；[①]而"舟"从其创造者"共鼓、货狄"的名字看，舟的出现应出于人们生活、出行、经商的需要而被创造出来。上古交通工具设计关于人文因素的考量在古文献的字里行间展露无疑。作为一项实用设计，"车""船"的产生与应用均源自人，以人的需要为优先考量，因此，以人为本亦是车之设计的首要准则。

1. 以安全、舒适为设计标准

人居于箱舆、舟船中，在人力或牲畜的牵引下由车轮传动等向前行驶，由于有了人的介入，围绕与人接触最为频密的箱舆，以及舟船，都反映出更多的人性关怀。

（1）安全性

人居于车舆中借助圆形的车轮向前行进，因此车轮和架于其上的车箱的稳定与否关系到乘车者的生命安全。从前文所列"车"之构件语汇释义看，"辖（銴）""毂""輨""軔""軹""轐""轼""軨"等都体现着车辆设计中的安全考量。例如，《淮南子》载："车之能转千里所者，其要在三寸辖"，"辖（銴）"是车轮定位的关键构件，没有它的辖制，车轮在行驶中会从轴上脱落、散架，甚至出现车毁人亡的事故；（图 4-15）《考工记》经过长期造车经验的积累对"毂"的尺寸等亦有着严格的规定，因

[①]《段注·车》："车之事多矣，独言舆轮者……故仓颉之制字，但象其一舆两轮一轴。许君之说字，谓之舆轮之总名。言轮而轴见矣。浑言之则舆轮之总名。析言之则惟舆称车。以人所居也。故考工记曰舆人为车。"

图 4-15 西周晚期人首形车辖

"空壶中也"的"毂"连接车辐、车轴、毂饰等构件，考虑到贯轴毂孔的大小和载辐处壁径厚薄的比例关系，再加上车辐与毂长度、厚度的合理搭配，都直接影响着车轮的坚固性和其使用寿命；车子行走的中枢"毂"为此而增加了装饰"𫐓""軝"和"軹"，这不仅只是为了好看，也是一种保护，防止"毂"在外力冲击下发生碎裂的同时无形中为行车安全增添一重保障；车舆因架于辀辕上而使得车箱两侧与车轴产生约9厘米的空隙，[①]车辆行驶时就会在颠簸中左右摇晃，即使有革丝缠绕固定底部也难以消除车箱倾倒的危险，而车伏兔"檏"接实了箱轴间两边晃荡的空隙，在这一点上彻底解决了车箱架于轴上不稳的弊端；"轼""軨""绥"都属于车箱上

---

① 郭宝钧：《殷周车器研究》，文物出版社1998年版，第28页。

的防护设施，扶手和栏杆的设置可免于车中的人们摔出车外或因站立不稳而发生碰撞等问题出现，有一定的缓冲保护功效。

（2）舒适性

段氏曾对《说文》中一种卧车"辒"作过详细注解：其形制如同衣车用车围包裹车箱，可供人睡卧休息，不必经受外面尘土扬天、日晒雨淋的折磨，而自成一个相对封闭的私密空间；并在车壁上开设窗户，可根据车内的温度选择打开或是关闭窗户，自由调节气温和通风换气，以营造舒适的车内环境。而舆内配备的附件：竹垫"蓁"、加厚的席垫"茵"，以及置于供人扶靠的车轼上的柔软囊袋"䭿"等也都尽力将车箱中与人接触密切的部位打造得更加柔软舒适，即使在车辆的颠簸行进中也能享受到宜人的环境与贴心的服务。

关于舟船的舒适性《说文》中并没有明确的说明，不过根据其所收录的语汇，从联排船型"舫""方""斻"到巨型化的江船"艢"和海船"艍"看，舟船的体积变得越来越庞大、吃水越来越深、人在船上的活动范围越来越广、船上的生活设备配置也越来越齐全，各式桌、椅、床、柜等家具一应具全。而且，船体变大后其抗击风浪的能力会相应增强，船的行驶也会变得更加平稳，因为晕船导致身体不适的人的数量大幅减少。人们不用辛苦地走路，好像居坐家中一般，在宽敞舒适、日常用具齐备的船舱中悠闲地生活，就能毫不费力地到达目的地。

2. 以满足精神需求为衡量标杆

《说文》中反映的尧时洪水逼迫人们跋山涉水、举家迁徙，面对难以通过的艰难路途，"水行乘舟，陆行乘车，山行乘檋，泽行乘輴"（《说文·木部》），车船造物之初不过是原始人类为应对各类恶劣自然环境而不得已制作的代步工具，使上古先民可以利用这些水陆用交通工具轻松运载人与物，减轻人的劳动负担，提高运载量和运输能力。于是，交通工具的安全、舒适成为人们从生存角度追求的首要目标。按照美国心理学家亚伯拉罕·马斯洛的需求层次理论，人不仅有基础的物质的生存需要，更有超越物质的精神方面的渴求，当基本的生存需要得到满足后，精神需求就会无法遏制。上古时期先民的精神需求也随着物质资料的积累而不断觉醒，主要包括对装饰审美的追求和阶级社会中等级地位的凸显两方面。

自车船出现以降，《说文》中收录的至汉代的车船样式种类已不胜枚举。像"舟船"，有：最初的独木舟"俞"，併木以渡的"泭""筏"，木板拼接的"船"，并舟形成的大船"舫""方""斻"；应用于不同水域的船"梭"、江船"艬"和海船"橃"；也有运载功能不同的客船、货船和战船等，每一个舟船名称代表着不同样式的船型，更不用说因地域、风俗、身份地位、个人喜好等因素的不同，致使相同称谓的船的造型衍生出的百般变化。陆上工具"车"之样式则更加多变，有：兵车"辒""軿""軸""輣""轞""轢"；可坐卧之车"辒""辌"；轻便小车"轺""轻""辎"；贵族以上阶级乘坐的车"轩""辂""栈""辇"；丧车"輀""輌"；独轮车"輂""軒"；轿子"箯""櫺"；大马车"輂"、连车"軬"等，其实从"车"字多样的甲骨文、金文形态也可看出，上古时期车子形态的变化已十分丰富，它们依照不同用途需要，极大程度地拓展着车子的新奇式样，予人以多种不同的车子外观视觉冲击。

而在细节装饰环节，桼绘与装饰构件的加入亦大大提高了车子本身的可观赏性，如士人乘坐的栈车，会以髹漆涂饰车舆①，车轮边框"輮"、轮轴相合处的"毂"、车轴末端的"軎"、制动装置"辖"、车伏兔"蹼"等结构关键处皆用金属饰件或彩色革丝绳索包裹、缠绕，大大降低零件耗损，延长车辆运行寿命的同时，车子形态因细部的精致处理而变得更加美观，突显了其审美价值。而礼制规定下的车辆通过其样式尺寸、配置规格、图案色彩等内容的严格区分，也为乘车者带来象征其特殊身份地位的无上优越感，从而

---

① 王筠《句读》注《考工记》"栈车欲弇，饰车欲侈"之句曰："不革鞔而桼之曰栈车。"

436 《说文解字》的设计解读

满足特权者对社会尊重与认同的精神需求。（图 4-16）

图4-16a 商代后期兽面纹车饰

图4-16b 战国后期鎏银云纹軎、蟠螭纹軎辖

图4-16c 战国错金银马兽形铜辕饰

图4-16d 秦代错金银伞杠

图4-16e 战国时期错金银龙凤纹车衡末饰

图 4-16

二 尺寸有度的车船规范化完善

尺，《说文》："尺，十寸也。人手却十分动脉为寸口。十寸为尺。尺，所以指尺规榘事也。从尸，从乙。乙，所识也。周制，寸、尺、咫、寻、常、仞诸度量，皆以人之体为法。"

寸，《说文》："寸，十分也。人手却一寸，动脉，谓之寸口。"其小篆字形"㣟"更是取象于人体右手之形，并以指示符号"-"形象示意人手后退一寸处的动脉所在位置。

造物初期，尚无今天成熟的国际统一标准规范，然从许氏《说文》的阐释中发现，上古造物的规范化设计意识尽管粗陋原始，从仅依靠人的肢体这种不甚精准的度量方式对设计品加以粗略计算来看，却已显示出先民意识中朦胧的规范化倾向。刚开始或许只是某种约定俗成的测量方法或参照，最后则成为有明文规定的严格礼仪制度，包含了制作步骤、用料、样式、数量等全方位的造物形态内容，成为不得不遵守的法令规条和造物标准。逐步朝着规范化设计的"雏形、初创、完善"[①]方向迈进。

在车船规范化的雏形阶段，陆上交通工具从"车"最初的基本构成到功能样式繁多的"车"之样式，《说文·车部》中各类语汇的显现揭示出车子在进化的过程中曾产生、遭遇了诸如以何种方式装配、加工、制作、装饰等问题。车最初由"轮""舆""辕""轴"四大基本构件组成，但在实际运行中会出现轮轴分离、箱舆颠簸、轴断车毁的事件，也难满足长途旅行中人们生活的各种需要，于是逐渐衍生出各类配件和改进式车型。如《说文》所载，在逐步完善的车架系统中，除原本建立的基本构件：轮、轴、辀（辕）、舆、衡外，还增添了控制车轮外移的"辖"；具有保护装饰车轴作用的"车毂饰"；防止车箱剧烈晃动的车伏兔"棋"；驾驭拉车牲畜的"軛"与"靷"；供人扶靠的车阑干"轼""軨""輢""輒"，车壁"輢""轀"；遮光避雨的车盖"輢"；柔软

[①] 李立新：《中国设计艺术史论》，人民出版社2011年版，第79页。

的车阑囊袋"𫐐";登车扶手"绥";遮挡视线的帷帐"幔"等各种服务于车箱中的人所需要的器件设备。且据考古数据统计显示，商代时车辆尺寸已有一定标准的限定：辀辕长度一般在2.6—2.9米之间；车箱的进深设定在1米上下，宽度1.3—1.5米，轴长约3米，车轮辐条基本为18根，轮径1.2—1.5米，轨距2.1—2.4米，并用靷绳和车轭与鞿有机连接牲畜与车体。①

在设计造物的初创阶段，古文献记载之车辆制作已有十分严格的标准。今天看似西方传来的"模数"思想其实早在东周时期就已记录在册，构架车辆的其中一部件，一旦确定尺寸，其他构件皆会以此为参照标准相应放大或缩小，从而便于装配整驾车辆。以"舆"为例，《考工记》明确规定"轮崇、车广、衡长"三者长度相等，其中，车舆尺寸均以"车广（车宽）"为基本参照，车长（"隧"）为"参分车广，去一"；"轼"的高度为"广之半"；"较"的高度为"隧之半"；"軫"的周长为"六分其广，以一为之"；"轼"的周长为"参分軫围，去一"；"较"的周长为"参分式围，去一"；"轵"的周长为"参分较围，去一"；"轛"的周长为"参分轵围，去一"。②并按分工不同全面记述了东周时期各式木质车辆的模数标准和技术要求。值得注意的是，制作后的零件只是半成品，文献制定的一系列规范中还有最后一道严格的质量检验关，只有通过测试的产品零件才算确实完成。如车轮的检测更有六种工具参与其中，分别是：用圆规检验轮圆是否周正；用萬测试轮轴是否垂直；用悬绳的方法观察上下相对的辐条是否成一直线；用水检验两只轮子的沉浮是否相等；用黍测验轮轴与轮毂的间隙，观察两端毂孔大小是否一致；用等臂杠杆权衡两只轮子的重量

---

① 郑若葵：《交通工具史话》，中国大百科全书出版社2000年版，第19页。
②《周礼·考工记·舆人》曰："舆人为车，轮崇、车广、衡长，参如一，谓之参称。参分车广，去一以为隧。参分其隧，一在前，二在后，以揉其式。以其广之半，为之式崇；以其隧之半，为之较崇。六分其广，以一为之軫围。参分軫围，去一以为式围。参分式围，去一以为较围。参分较围，去一以为轵围。参分轵围，去一以为轛围。"

是否平均。[①]从《考工记》"车人""轮人""舆人""辀人"各篇分专题地介绍车辆制作规范的方式看，显然在制作车辆的人员分配方面也出现了规范化的分工，于是如"轮人""舆人""辀人"的专攻某一类部件的匠人因而大量出现。如同大工业社会的生产流水线般，中国上古制车业也有着自己独有的分而制之、分工协作的"工厂"模式，进而轻易解决有着复杂工艺、繁琐规范标准和检验措施的造物设计，提高了工作效率和技艺精湛度，减轻了匠人的工作负担。自秦始皇实行"车同轨"的标准化政策后，"为同器物者，其大小长短广必等"[②]，车船器物尺寸变得更加统一，其构件甚至可以通用、互换而不影响正常的使用。

从段氏关于"轨"的释解："中庸车同轨，兼广陿高庳言之。徹广六尺，轵崇三尺三寸，天下同之。同于天子所制之度也"，到西汉时期造物设计规范化与秦朝"车同轨"政策十分相似，在结构、标准上都作了进一步统一规定，不过汉初景帝对商用车船的放宽："始税商贾车船，令出算"[③]，令当时车船数量、种类都有了大幅增加，车船上的设施也更加完备，已与秦时不可同日而语，从而也在秦代造物统一化的基础上推动规范化标准在广度与深度上更进一步一统与完善。

三　尊卑分明的车舟制度

《说文》释"邑"时曾提到："先王之制，尊卑有大小"，这种大小尊卑的先王之制并不仅限于都邑城邦或房屋建筑之类，更渗透进人们周围衣食住行的生活方方面面，以"经纬其民"。正如

[①]《周礼·考工记·轮人》曰："规之以眡其圜也，萭之以眡其匡也。县之以眡其幅之直也，水之以眡其平沈之均也，量其薮以黍以眡其同也，权之以眡其轻重之侔也。"

[②] 李立新：《中国设计艺术史论》，人民出版社2011年版，第81页；转引自翟光珠《中国古代标准化》，山西人民出版社1996年版，第90页。

[③] 参见（东汉）班固撰，（唐）颜师古注《汉书·武帝纪》，中州古籍出版社1991年版，第26页。

《左传》中孔子对"度"的定义："贵贱不愆,所谓度也",认为贵贱的等级应有序地遵守,不得逾越。其中,车船使用之"礼"亦反映着阶级社会尊卑的等级高低,尤其《说文》中许氏大量引用《周礼》的语言释解如"軹""斻""轛""帆""艡"等车船名和车构件,当中不可避免地涉及到与之相匹配的乘车者身份、等级,使对车的规范纳入"礼"的制度规范,成为历朝历代统治者为区别身份地位而制定的重要措施之一。

"孤乘夏軵"是《说文》释"軵"时引用《周礼》的一段文字,取自对上古时期各等级人士所乘用公务车款式要求的明确规定:"服车五乘:孤乘夏篆,卿乘夏缦,大夫乘墨车,士乘栈车,庶人乘役车。"意思是公侯乘坐用红色带子捆绑着车毂、且有华丽纹饰的五彩车;卿乘坐没有花纹雕刻的五彩车;大夫所乘坐的车为"墨车",即黑色、不加纹饰的车;士乘坐的车由竹木制成,只做简单的髹漆装饰;而庶人只能乘坐供役之车。说明乘车人的身份地位都是与车所代表的等级相称的,换句话说,车子的色彩、纹饰等差别内容其实已大致标示出其所有者的社会等级。

在《春官》篇还记载了王和王后乘用车马样式的详细情况,这类车马的使用较之一般贵族、官员的用车标准更为繁复和讲究,仅乘坐车子的类型就有五种,并以专有名称"路"称谓其车,象征天家的非同一般,而不同的"路"装饰内容不同,亦代表着用于不同性质的事件。以王的用车为例,共分祭祀之"玉路"、会见宾客之"金路"、用以上朝之"象路"、军事封赐之"革路",以及专司田猎之"木路"。其中,"玉路"顾名思义,即是以玉石为装饰的车辆,车上竖立的旗帜边缘或下方以十二串玉串进行悬饰,旗上写有"大常"字样,驾车之马的额头则以刻金为饰,络马的带饰都用十二匹彩带缠饰;"金路"则指车以其名"金"为装饰,车上竖"交画升龙降龙"的"大旂"旗,驾车之马由金钩装饰,络马的"樊"和"缨"用九匹彩带缠饰;"象路"同样以名为饰,车上竖红色的"大赤"旗,马上配有红色的络头装饰,马腹和马颈处以七匝彩带缠饰；"革路"以漆革为装饰，车上竖白色的"大白"旗，马络头以黑白杂色为饰，"樊"和"缨"则以丝绦缠饰五匝；"木路"即车以漆木为饰，车上竖黑色的"大麾"旗，旗饰为鹄色缨带，马匹装饰不设"龙勒"，马腹处以浅黑色饰带"樊"装饰，马颈革"缨"则饰以鹄色。①以上所列王乘坐的各"路"马车，从其装饰物质地、数量看，亦有尊卑之别，其中以饰有数量十二的"樊缨"和玉饰的车"路"为最尊，用以祀天，而以田猎为目的、简单漆木为饰的"木路"等级最低。但是即使如此，除非君王亲赐，否则其下官员都不允许僭越乘坐"路"，而与之相配套的五采饰带同样为君王专属，严格划分着君臣之间的等级界限。王后乘坐的车与王车相应也有五路，②在马车形态、装饰、用料等方面都有别于其他贵族女性用车，不过其象征尊贵的车顶容盖在大夫以上级别及其夫人所乘马车上也有应用。

　　《段注》中还曾引经据典地对不同级别身份人的乘驾马匹数量做过讨论，毛诗认为，"天子至大夫同四，士驾二"，按《礼》，"天子驾六，诸侯与卿驾四，大夫驾三，士驾二，庶人驾一"，《易》和《春秋》则与《礼》说法相同。③虽众说纷纭，未有定论，但可以确定的是，每辆车搭配的马匹数量多寡都是依照乘车

---

　　①《周礼·春官·巾车》："王之五路：一曰玉路，钖樊缨，十有再就，建大常，十有二斿，以祀。金路，钩樊九就，建大旂，以宾，同姓以封。象路，朱樊缨七就，建大赤，以朝，异姓以封。革路，龙勒，条缨五就，建大白，以即戎，以封四卫。木路，前樊鹄缨，建大麾，以田，以封蕃国。"
　　②《周礼·春官·巾车》载："王后之五路：重翟，钖面朱总；厌翟，勒面缋总；安车，雕面鹥总，皆有容盖；翟车，贝面组总，有握；辇车，组挽，有翣，羽盖。"
　　③《段注·骖》载："古者一辕之车驾三马，则五辔，其大夫皆一辕车……五经异义：天子驾数。易孟京、春秋公羊说天子驾六，诗毛说天子至大夫同四，士驾二……谨按礼王度记曰：天子驾六，诸侯与卿同驾四，大夫驾三，士驾二，庶人驾一。说与易、春秋同……孔晁云：马以引重，左右当均。一辕车以两马为服，旁以一马骖之。则偏而不调，非人情也。株林曰：乘我乘骄。传曰：大夫乘骄。则毛以大夫亦驾四也。且殷之制亦驾四，故王基云：商颂约軝错衡，八鸾锵锵，是则殷驾四不驾三也。按诗笺曰：骖，两騑也。檀弓注曰：騑马曰骖。盖古者驾四，两服马夹辀在中，左右各一。騑马左右皆可以三数之，故谓之骖。"

人的尊贵程度排序的，等级越高，配备的马匹数量也就越多，反之亦然。与之相通的还有方舟"舫"，由《说文》引礼制规定："天子造舟，诸侯维舟，大夫方舟，士特舟"看，天子渡水可以将船并联成桥贯连两岸，诸侯可用绳索系联四艘船，大夫可使两船相并，士则只能乘坐单舟。车船的形态、使用与社会等级密不可分，这种紧密联系甚至体现在对各式车船的称谓释解中，渗透进规范国家秩序的礼仪制度中，成为体现尊卑贵贱阶级秩序的重要载体。

四　阴阳五行的用车讲究

自伏羲仰观俯察、观法天地人物，创出易八卦，其卦爻辞文字尽挚乳于阴阳五行，蕴含自然天道演变之法。[①]这种动态的朴素造物观念影响着中国传统设计的方方面面，亦包含着对车船等交通工具的设计使用规范。阴阳五行学说"盖出于羲和之官，敬顺昊天，历象日月星辰，敬授民时"（《汉书·艺文志》），尤其战国时代邹衍建立于阴阳五行理论基础上而提出的"五德终始说"在之后的上古用车讲究上亦产生深远影响。

在戴圣收编的秦汉以前的礼仪选集《礼记·月令》中曾载：天子出门乘车按照季节时令而出现规律性的变换，春"乘鸾路，驾仓龙，载青旂"；夏"乘朱路，驾赤骝，载赤旂"；秋"乘戎路，驾白骆，载白旂"；冬"乘玄路，驾铁骊，载玄旂"。阴阳与五行二说结合，有机地应用于社会活动、日常出行，更以礼仪规范的形式将季节方位的流动变化与五行相生相克、生生不息的动态模式无缝地契合于同一规律框架内，将易学对社会生活的影响发挥到极致。[②]据

[①] 许慎《说文·第十五上》载："古者包牺氏之王天下也，仰则观象于天，俯则观法于地，观鸟兽之文与地之宜，近取诸身，远取诸物，于是始作八卦，以垂宪象。"

[②] 李立新教授认为："阴阳五行说是将原始的阴阳观和五行说结合，用于社会人事历史，从而建构出物质运动与时空统一的一体化动态模式的基本框架，五行相生与四时五方的流转变换契合无间，节律同一，万事万物变化有序，动息有节，形成了对立统一的和谐整体观念"，参见李立新《中国设计艺术史论》，人民出版社2011年版，第67页。

阴阳五行说理论：春主木、夏主火、秋主金、冬主水，土位于夏秋之交，处中间，所以不同类型的车在使用时都以四时运转的规律为依据，而人们在配合各季节气候特征的同时亦受到阴阳五行的规范。

阴阳五行的用车讲究还具备"弥纶天地之道"[①]的功用。以秦国为例，秦始皇灭六国，继周室一统天下，按照"五德终始说"的说法，周王朝性属火德，秦的属性为水，水能克火，所以秦能够取代周。又因为水德属阴，与黑色对应，其在《易》卦中以"六"标示阴爻，故而始皇帝改终极之数"十"为"六"，"衣服旄旌节旗皆上黑。数以六为纪……而舆六尺，六尺为步，乘六马"（《史记·秦始皇本纪》），至此，车宽定为六尺，六尺为一步，并以一辆车驾六匹马为最高等级，仅为天子专享。这一顺应阴阳五行之天道的用车规范将"奉天承运"的国家兴衰更替与"五德"周而复始的内在循环运转融于一体，将包含天地、阴阳、四时、神鬼、万物的自然天道与尊卑有序、等级分明的现实社会有机结合，从而使其顺理成章地归类于天道使然之理，亦完美粉饰了充满高低贵贱、严格阶级差别的和谐社会。

而这种遵循自然规律和社会等级礼制的思想也无处不体现在车子的形态、细节构件、装饰等方面。《周礼·考工记·辀人》描述天子用车结构时仍始终不忘与代表日月星辰之物象、天数相结合，"辀之方也，以象地也；盖之圜也，以象天也；轮辐三十，以象日月也；盖弓二十有八，以象星也；龙旂（旗）九斿，以象大火也；鸟旟七斿，以象鹑火也；熊旗六斿，以象伐也；龟蛇四斿，以象营室也；弧旌枉矢，以象弧也。"以方辀象地，圆盖象天，三十条轮辐象征日月，顶盖骨架象征天上二十八个星宿，龙旂、鸟旟、熊旗、龟蛇、弧旌枉矢亦都象征星宿。

以阴阳五行之法则规范车辆的设计标准表面看只是出于对自然

[①] 刘大钧、林忠军译注：《周易经传白话解·系辞上》，上海古籍出版社 2006 年版，第 280 页。

界各事物的抽象化仿象，蕴含宇宙天地的运行轨迹、四时五方的交替变化，其实内在深处却紧系阶级社会伦理尊卑之道，以天道之名行阶级划分之实，同时也为上古用车规范染上一层神秘的宗教色彩。

五　文与质的审美争论

文，《说文》："文，错画也。象交文。"指交错刻画的花纹。

彣，《说文》："彣，䘌也。"指彩色的花纹。

彡，《说文》："彡，毛饰画文也。象形。"指毛发、彩饰、图画、花纹。

质，《说文》："质，以物相赘。"

从字源学的关系看，"彣"应为"文"的孳乳分化字，"从彡，从文"。按照《说文》释义，"彡"之义包含"彣"义本身，亦与"文"义相通，都有彩饰、装饰之义。

饰，《说文》："饰，刷也。"《段注》曰："又部曰：刷饰也。二篆为转注。饰拭古今字。许有饰无拭。凡说解中拭字皆浅人改饰为之。而彡下云：毛饰画文也。聿下云：聿饰也。皆即拭字。浅人不解而不之改。若刷下云：饰也。则五经文字所据尚不误。周礼司尊彝注云：涚酌者，涗饰勺而酌也。释文作饰，今本作拭，实无二义。凡物去其尘垢即所以增其光采，故刷者饰之本义。而凡踵事增华皆谓之饰，则其引伸之义也。"

以上可知，古时"饰"与"拭"异名同义，所谓"饰"其实本义指向用类似象形的毛刷"彡"擦拭物品以增加其光彩，后来引申为只要能为物品本身增添美感皆可称为"饰"。

《说文》中"贲"亦以"饰"为训，并通过《周易》特殊的爻辞语言符号阐释上古"文饰"的真实理解。《周易·贲卦》载："贲：亨。小利，有攸往"，意思是适当的阴柔纹饰可以使阳刚的物品本身更添美感，但仍要注重物品的内在实质，而非无关紧要的表面形式。与贲卦相似，同样和装饰有关的卦象还有离卦，宗白华先生认为，"离者丽也……所以器具的雕饰能够引起美感。附丽和美丽的统一，这是离卦的一个意义。"[①]

[①] 宗白华：《中国美学史中重要问题的初步探索》，载自《艺境》，北京大学出版社1987年版，第334页。

第五章

其他类设计解读

本章就《说文》全书中与日常生产生活有关的工具、农具，以及战争兵器、飨宴乐器等器物设计的关联字系及其取象词义加以辨析，从而发掘论证深藏于许氏字书之中的上古设计艺术造物资讯与文化意味。

第一节 工具设计解读

所谓"工欲善其事，必先利其器"，好的工具是成功的必备要素。在生产力低下又生存环境恶劣的上古社会，一件称手的工具、装置，或者说具有针对性的专业化器具可以在完成某一工作、事物等内容时达到事半功倍的效果。而从对《说文》的语汇梳理发现，上古先民们已然对此深有体会，并围绕各项社会活动展开创造性的造物设计，以下将从猎捕、计算度量、书写、冶金、针灸、提水几个方面对可能应用到的生活生产工具进行设计解读。

一 猎捕工具设计解读

古时"崖岸"所代表的高山大河为先民的生存提供了既物产丰

富又险象环生的双重自然环境。富饶的森林原野和密布的河流湖泊中充斥着形形色色的鸟兽虫鱼，似乎令人不用担心日常食物的来源，然而凶恶的猛兽、难料的毒虫却也潜藏在看似平静的景致背后时刻威胁着人们的生命。在大规模养殖、畜牧生产之前，猎食和防范是生活中一项重要的工作，然而，人力毕竟有限，但狩猎工具的创制与应用却使先民在与兽争斗的过程中占尽优势。而这一早期重要的生产方式和工具也理所当然地尽数沉淀于《说文》各字系的文字构形与表达之中。

1. 手的延伸：棍棒击捕工具

狩猎一直是原始人们获取食物的一条重要途径，人手的灵巧更至今广为歌颂，在起初的猎捕中《说文》用图画性文字形象记录了当时先民们用双手打猎的情形，如：以"'又'持'尾'"的"隶"和"逮"[①]；"获"取象"捕鸟在手之形"[②]等。然而，徒手击捕猎物毕竟有所局限，而且当面对大型野兽时也会滋生许多危险因素，甚至遭到致命伤害。从前文提到的"水中高土"、森林原野的文字构形解读看，上古洪流肆虐的时期虽然灾害频生，但自然环境却相当优越，水草丰美、林木丛生，可以说为早时木石工具的制作与应用提供了丰富的资源条件。

《说文》释义"干"："犯也。从反入，从一。"其甲骨文写作"¥"，"象有桠杈的木棒形"，徐灏在《段注笺》写道，"疑干即古竿字。"无独有偶，在甲骨义的图像表达上，"单"表现出出奇的相似："¥""¥""¥"，《说文》训："大也"，形义结合起来看，较之"干"似乎多出许多裹缚在一起的桠杈，以及绑在杈顶的石头，猎捕时既可用杈尖或绑缚其上的石块攻击野兽，又可借助木棒拉开与猛兽间的距离，在一定程度上保护身体不受

[①] 章太炎《小学答问》载："隶逮亦本一字，古文当只作隶。""隶，及也。从又、从尾省，又持尾者从后及之也。"

[②] 罗振玉《增订殷墟书契考释》："（甲文）从隹，从又，象捕鸟在手之形。与许书训'鸟一枚'之隻字同形。"

伤害。

下面建立的一组以"干"为形符，所构成的相互系联的语义场，可帮助我们寻绎先民们制作及使用的猎捕用木棍的形态与设计。

羊，《说文》："羊，撠也。从干。入一为干，入二为羊。""撠，刺也。"

屰，《说文》："屰，不顺也。从干下屮。屰之也。"

幵，《说文》："幵，平也。象二干对构，上平也。"王筠《句读》："此则谓干戈之干，故不言从而言象也。（《广韵·先韵》）又引'构'作'举'，盖是两干平列，未尝交构。"

并，《说文》："并，相从也。从从幵声。一曰从持二为并。"

按照许书训释，先民们在使用所谓的木棍时，动作应多为戳刺，从这个角度思考，当时棍棒的一头很可能被处理得十分尖锐，用于更有效地攻击猎物或敌人。"单"的甲骨文图像表现的是用锋利、坚硬的石头替代相对脆弱的木制尖头，而且该尖部可能还出现了如之后的箭镞形态，其尖头处带有倒钩，一旦成功刺入猎物体内，就会很难拔出，"屰"于血肉中。如果蛮力生硬拉扯还会造成更大程度的二次伤害，却非如今天电视、电影上看到的棍棒武器，通体几乎一般粗细，主要以"抡"的动作进行击打，也有说法认为这种武器的设计其实渗入了佛家慈悲为怀、不杀生见血的思想。当上古武器棍棒平行"并"列为"幵"时，其所对应的动作又变成了防御性的挡"举"，棍棒上纵横交错的枝桠俨然成为阻挡猎物反扑、降低身体受伤害程度的防具。在缺乏经验、缺少物资的原始时期狩猎中，"干"与"单"代替徒手肉搏，成为手的延伸，弥补自身构造机能上的弱点，制造出不止一个的攻击点，大幅增加猎捕对象的受伤概率，完成各种狩猎任务，并兼具"盾"之护卫功能，以实现战斗中的攻防合一。

2. 从网罟看缚捕工具的种类变化

"网"对于身处信息技术高度发达的当代人来说已十分不稀

奇，从抽象、不可碰触的互联网、雷达网、无线电通讯网、电网、法网，到体育赛事中无处不在的各式实物球网等，"网"的内涵从虚拟到现实跨越多个领域。

网，《说文》："网，庖牺所结绳以渔。网，网或从亡。網，网或从糸。𠔿，古文网。㓁，籀文网。"

按照《说文》所释，"网"在创制之初其实只是为了捕食，面对比人的身体更为矫健、速度更快、更善于飞行和潜水等技能的鸟兽鱼虫，而智慧性地设计制造出可替代和提高人手能力的工具。其甲骨文描摹实物所得的各式"网"字："⚹""⚻""⚺"均是一副绳索倾斜交织、张网以待猎物的样子。《周易·系辞下传》亦载："古者包牺氏之王天下也……作结绳而为网罟，以佃以渔"，说明上古网罟的应用范围既有水中捕鱼又有陆上猎兽。"网"的造物历史起始于远古上神伏羲，从其古今字和异体字𠔿—网（网、網）的结构演变来看，用于结网的材料开始时并非从丝，据前文"由采集、种植而来的服饰材料演变过程"部分的推断，应该为更加粗糙的野生葛藤类植物纤维编织而成，丝麻纺织则是随后来生产技术的发展才出现的新品类，远晚于织网技术的诞生年代，这一事实亦在出土的石器时代网制实物中被反复证明，尽管网罟材料的易腐蚀性使得留存下来的古物并不充足，无法与金属制箭矢利刃相比。（图5-1）

此外，"网"还在《说文》中单独辟出一部54字，以表现各类姿态不等的网式工具，及用网捕罗鸟兽虫鱼的动作行为，足见网罟作为古老的狩猎工具在实际狩猎行动中的广泛应用。

罨，《说文》："罨，罕也。"

罕，《说文》："罕，网也。"《段注》曰："罕之制盖似毕。小网长柄。"

䍖，《说文》："䍖，网也。"

罦，《说文》："罦，网也。"

翼，《说文》："翼，网也。《逸周书》曰：'不卵不鷇，以

450 《说文解字》的设计解读

图 5-1　新石器前期仰韶文化人面鱼纹彩陶盆

成鸟兽。'翼者，钀兽足也。"

𦊓，《说文》："𦊓，周行也。"徐注："网即周布之意。"

罩，《说文》："罩，捕鱼器也。"郝懿行《尔雅义疏》曰："今鱼罩皆以竹，形似鸡罩，渔人以手抑按于水中以取鱼。"

䍖，《说文》："䍖，鱼网也。"

罪，《说文》："罪，捕鱼竹网。秦以罪为辠字。"

罽，《说文》："罽，鱼网也。𦉚，籀文锐。"

罛，《说文》："罛，鱼罟也。《诗》曰：'施罛濊濊。'"

罟，《说文》："罟，网也。"

䍜，《说文》："䍜，曲梁寡妇之笱。鱼所留也。篓，䍜或从娄。《春秋国语》曰：'沟罛篓。'"

罜，《说文》："罜，罜麗，鱼罟也。"

麗，《说文》："麗，罜麗也。"

罧，《说文》："罧，积柴水中以聚鱼也。"

罠，《说文》："罠，钓也。"

罗，《说文》："罗，以丝罟鸟也。古者芒氏初作罗。"

翼，《说文》："翼，捕鸟覆车也。辍，翼或从车。"王筠《释例》曰："覆车，吾乡谓之翻车，不用网目，以双绳贯柔条，张之如弓，绳之中央缚两竹，竹之末箕张亦以绳贯之，而张之以机。机上系蛾，鸟食蛾则机发，竹覆于弓，而羃其项矣。以其弓似半轮，故得车名。"

罩，《说文》："罩，翼也。"

罔，《说文》："罔，覆车也。《诗》曰：'雉离于罔。'罦，罔或从孚。"

罻，《说文》："罻，捕鸟网也。"《段注》曰："王制注曰：罻，小网也。"

罟，《说文》："罟，兔罟也。"

罝，《说文》："罝，[兔]罟也。"

罝，《说文》："罝，兔网也。䍜，罝或从糸。罝，籀文从虐。"

以上一组指向网罟工具的语义场中，显然鱼网在当中占据了相当比例，如："罩"是专用于捕鱼的竹笼，形如鸡罩，不如一般渔网柔软可捆缚水中猎物，若用手抑按于水中取鱼却十分方便；"罶"亦为竹编而成，却是类似"迷魂阵"，"此笱实竹器，与筐笼相似，口阔颈狭，腹大而长，无底。施之则以索束其尾，喉内编细竹而倒之，谓之曲薄，入则顺，出则逆"（萧凤仪《嫠妇之笱谓之罶解》），以确保鱼困于其中；也有搭建水中乐园吸引鱼群，再用竹簾围取的"罧"；还有大网"罛"、围栏式鱼网"罧"等多种鱼网样式。而除了存在的大量表示捕鱼的罗网式样，网系工具亦擅长捕捉鸟、兔等陆上禽兽，但可能由于捕猎对象的形体较为巨大或动作更为灵活，工具"网"常常不单独使用，而是与其他工具、覆车、翻车等机关设备组合应用，以提高捕捉时的成功率，像："罩"是绑束于长杆上的小网，可较远距离捕获小型猎物；"翼""罔"和"罟"均是安装于覆车（或者说机关）上的捕鸟竹罩，一旦小鸟因饵食触发连动的张开的竹条机关，即可被网罗；也有捕兔网"罟""罝""罝"等。

"网"是先民在长期实践中摸索出的一件行之有效的捕猎工具，然而，它并非一成不变，《说文》收罗的各种"网"的表达与方言无关，亦不同于异体字之类的异名同物的情况，而是对真正的不同形态、功能的网的命名，是基于对不同狩猎对象形体特征、生活习性、饮食喜好等问题的观察所得设计出的网罟式样。这些"网"可以从对象的不同弱点切入，或远距离捞捕、或设下诱饵围捕、或利用行为规律设计迷宫，又或者设置更为精密、庞大的捕兽器以应对较大型禽兽的激烈挣扎。它不仅能够抓捕水中的鱼虾，地面上奔跑的形形色色的动物，无论是温顺无害的食草类，还是獠牙利爪、凶猛异常的食肉派，还能够捕捉天上飞着的禽鸟。随着功能需要的变化，网的形态也会相应调整，具有极强的实用性和适应性。

3. "阱"之形态

阱，《说文》："阱，陷也。从𨸏，从井，井亦声。穽，阱或从穴。汬，古文阱从水。"

陷，《说文》："陷，高下也。一曰：陊也。"《段注》曰："穿地陷兽。"

陊，《说文》："陊，落也。"《段注》曰："凡自上而下皆曰落。"

很明显，从"阱"在《说文》的递训关系解说可知，"阱"即是在高大上平、没有石头的"𨸏"之地面上开凿如"井"般的垂直深穴，又或者利用现有的天然坑洞在经过有意识的遮挡、伪装后，使野兽跌落到深洞里，进而捕捉猎物。当然，从《说文》收录的"阱"的异体字"汬"构形看，先民为了达到有效捕猎的目的，在"阱"的设计上有时也会选择向陷阱里灌水，以消耗猎物的体力，防止猎物全力挣扎时发生逃脱的情况。单纯看成语"落阱下石"的表面意思，也表现为在陷阱的设计上不断增加击杀猎物的投石装置，提高陷阱捕获猎物的成功概率。陷阱作为一种地点固定的猎捕工具，因其本身不可移动的特殊属性而使这种狩猎手段带有一点守株待兔的味道，又因其不需要人一直看守在旁，可节省时间分身于其他工作，又常为人们所选用。

但是这种枯等实在太过无期，且所获寥寥。《说文》中录有"从口化"的"囮"，字义为"译也。率鸟者，系生鸟以来之，名曰囮。"说的是先民们在制作陷阱时会系着一只活着的鸟吸引同类鸟进行诱捕，这种鸟称为媒鸟，后引申为专门诱骗野兽走进陷阱的诱骗物，类似于鱼饵的功用，只是将诱饵从水中转移到陆地上。

至此陷阱的设计可谓基本完成，包含了吸引野兽的饵料、隐藏陷阱的遮蔽物、有足够控制猎物活动的深阱、消耗猎物抵抗力的后续补充装置或袭击武器。从引诱、隐蔽到捕捉和进一步控制或击杀，陷阱的设计在以捕捉为目的的前提下每一步都环环相扣，以尽量确保一击必中。

二 计算度量工具设计解读

子曰："工欲善其事，必先利其器"，任何造物无论服饰、器皿、建筑、用具等等在制作的过程中都需要对器物进行严格的检测，以保证其日后交付使用的安全性、实用性和美观性。而这种检测事实上是指针对制作工艺制定的一系列审查标准，简单地说，即：规、巨、准、绳。

规，《说文》："规，有法度也。从夫，从见。"张舜徽《约注》载："谓谛视人体，取以为法也。"

巨，《说文》："巨，规巨也。从工，象手持之。榘，巨或从木矢；矢者，其中正也。𠂇，古文巨。"

准，《说文》："准，平也。从水，隼声。"《段注》载："谓水之平也。天下莫平于水。水平谓之准，因之制平物之器亦谓之准。"

绳，《说文》："绳，索也。从糸，蝇省声。"

在缺乏电子仪器等高端测量设备的原始条件下，先民们仍然能够利用现有资源巧妙检测器物制造的合格情况，如"规"之圆、

"巨"之直角、"准"之水平、"绳"之直线等各式法规规范与标准都需要倚仗计算度量工具的辅助才能较好地完成。尤其随着社会的进步，测量工具的设计也呈现出专业化、多样化、系统化、规范化的发展趋势。

1. 从筭看上古计算器

据《说文·第十五上》记载："及神农氏结绳为治，而统其事"，说明上古先民曾用结绳记数的方法记录各行业的日常杂务，治理社会，及至黄帝史官仓颉"初造书契"。"数"在甲古文中写作"𝄞""𝄞"，有学者认为该象形文字应仿象于结绳之形，其右半边的反文则表示正在结绳的双手。而所谓计数在中国古代也称为"计算"或"算术"，通常会联想到我们小时候学习用到的算盘。然而，这种在矩形框架内设置立柱和算珠、使用时噼啪作响的手动计算工具还是明代才出现的改良版，至于原形，可追溯至古文字的最后阶段——小篆对"算"的图像表现"𝄞""𝄞"，好像双手持若干竹棒记数的样子。

算，《说文》："算，数也。从竹，从具。读若筭。"《段注》载："从竹者，谓必用筭以计也。从具者，具，数也"，"筭为算之器，算为筭之用。二字音同而义别。"桂馥《义证》载："从具者，本书：'十，数之具也。'"

筭，《说文》："筭，长六寸。计历数者。从竹，从弄。言常弄乃不误也。"《汉书·律历志》载："其算法用竹，径一分，长六寸，二百七十一枚而成六觚，为一握。"

按照《说文》的递训关系解读，"算"是"筭"的动词形式，而"筭"即为实际的上古计算器，由二百七十一根直径一分（约0.3cm）、长六寸（约 13cm—14cm）的竹制小棍组成，并捆成六边形状的一捆，也可以想象成剥离了外部框架和算珠、只剩下长短一致的立柱的算盘。考古发掘最早的算筹经测算年代为汉，除了在陕西千阳出土的西汉宣帝时期的兽骨算筹，湖北、湖南、河北、江苏等地也均有发现，虽然这些算筹实物的材质多以竹为主，但在古籍文献中也有木、骨、玉、铁、牙等其他质料的加入。据闻，当时有文化的"知识分子"会单独在腰间别一个类似荷包的筹囊，用来装计数用的算筹，以示身份的不同。

在计数的方式上，《孙子算经·卷上》说："凡算之法，先识其位，一从十横，百立千僵，千十相望，万百相当"，《夏阳侯算经》也说："满六以上，五在上方，六不积算，五不单张"。也就是说，个位数表示时是将竹棍竖向摆放，十位数则将竹棍横向摆放，以此推类，百位用竖式、千位用横式、万位再用竖式……横向与纵向的摆放方式交替使用，可记数任何数字，不拘位数，又能避免数字的误读。如数字"一百一十一"，若每一位数都用相同横式或竖式表示，很可能会读作"Ⅲ"或"☰"，即数字"3"，而使用横竖式相间表达的方式"Ⅰ—Ⅰ"（从右往左读），就可以完全不用担心这类问题的发生。而在一至九的数字表达上，一至五的数字仍按部就班用与数字相对应的算筹根数代表，六至九的数字就有些复杂，需要在"五"的基础上增加相应算筹根数，这与罗马数字符号的"Ⅵ""Ⅶ"等有些相似，用纵横不同的布置方式进行表示，如纵式"丅（六）""Ⅱ（七）""Ⅲ（八）""Ⅲ（九）"；横式"⊥（六）""⊥（七）""⊥（八）""≡（九）"。而当个位积累至需要进位时，如数字"十"，个位为零置空即可。（图5-2）

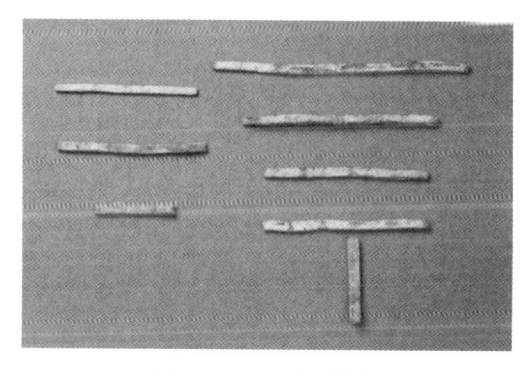

图 5-2　西汉铅制算筹

如此简单的横向和竖向的算筹摆放方式却构建出庞大的符号计数体系，颇有些两仪生无穷的味道，不仅在计数方面，由这种逻辑感强烈的模式化、程序化计算形式的工具更衍生出后世广为认可的十进位计数法、正负整数与分数的四则运算、开方等，并用所列筹式描绘各种比例、线性、高次方程问题等等，为古代数学的后续发展奠定了坚实的基础。

2. 秤的制造

"秤"在《说文》中没有记载，不过，根据释义看有同样从禾部的"称"最为相近。

称，《说文》："称，铨也。从禾，爯声。春分而禾生。日夏至，晷景可度。禾有秒，秋分而秒定。律数：十二秒而当一分，十分而寸。其以为重：十二粟为一分，十二分为一铢。故诸程品皆从禾。"

铨，《说文》："铨，衡也。从金，全声。"徐灏《段注笺》载："铨衡者，称量之通名。"

从"称"的递训释义看，明确指出这是一种衡量物品轻重的工具。可见上古时期就已出现能够称量重量的器具。不同于今天极为先进的弹簧秤、电子秤，早时的"称"是运用力学的杠杆原理进行计算的，虽然"秤"并未被《说文》收录，但从其文字构成的义符"平"之释义可知，"称"的工作原理应是在"爯"之"并举也"的过程中观察衡器两端是否取得水平，并以此作为衡量物体重量的标准。《墨子·卷十·经说下》中曾就这种简单的机械平衡原理作出说明，"衡：加重于其一旁，必捶。权重相若也相衡，则本短标长。两加焉，重相若，则标必下，标得权也"，当中提到"衡""本""标""权""重"等若干衡器构件。

衡，《说文》："衡，牛触，横大木其角。《诗》曰：'设其楅衡。'"

本，《说文》："本，木下曰本。"

标，《说文》："标，木杪末也。"

权，《说文》："权，黄华木。"

重，《说文》："重，厚也。"

在《说文》本义的释解基础上，结合《墨经》上下文可知，"衡"相当于称杆，"权"即秤砣，悬挂于秤杆一端，可依据另一端悬挂物体的重量在秤杆作有标记的力臂上左右滑动，以权衡绳纽另一侧重臂与重物结合产生的力量。为保持秤杆两端的平衡，称的设计更将杠杆的力学公式引入其实际造型，即：本（支点到需要测量的物体距离）×重（物体重量）=标（支点到取得秤杆平衡的秤砣位置的距离）×权（秤砣重量）[①]。从等臂的原始天平到不等臂的杆秤，从只需要考虑重量问题到距离维度的加盟，虽然仍属于杠杆原理在生产生活领域的实际应用，却在"称"形式的表达上更加灵活、机变，突破了等臂杠杆的传统设计模式，将不等臂杠杆原理有机融合于衡器的造型设计，相应地，这类不等臂的称其结构部件也更加复杂，出现了准星、刻度等更为精密的技术含量与规范。

3．"升""斗"量器

"升"与"斗"曾被列为秦始皇统一度量衡三项中的其中之一，关系到国家财政税收与人民日常生产生活，是古代非常重要的计量工具。不过到了今天，量器的内涵已发生翻天覆地的变化："斗"已完全从人们的视野中消失，"升"尽管仍保留原名却也与原本的容量大相径庭，而且更多的是以容积单位的名义出现在商品的标签说明上。

虽然古代量器随着时代的变迁多有蜕变，但不可否认量器的历史十分悠久，至少在殷商甲骨文时期量器就已产生，从"升"的甲文""""""和"斗"的甲文""""""""亦可大约看出当时"升""斗"量器的基本形态。在新石器时期的遗址发掘中曾出土疑似量器的陶制容器，有可能是当时氏族的族长为平均分配

[①] 申先甲：《中国春秋战国科技史》，人民出版社1994年版，第193页。

粮食而使用的业余性计量器皿工具。当国家形成，粟米、稻谷成为需要缴纳的赋税中的一项时，量器变得更加专业、规范，据古籍资料和考古发现证实，自周代以后历朝历代都十分重视对量器的规范，只是各分封地和诸侯国的量器尺寸有所差别，并不相同。

升，《说文》："升，[二]十龠也。从斗，亦象形。"桂馥《义证》载："当为'二十龠'。《广雅》：'龠二曰合，合十曰升。'《说苑》：'度量权衡，以黍生之，千二百黍为一龠。'"

斗，《说文》："斗，十升也。象形，有柄。"张舜徽《约注》载："挹水之器，有大有小。小者为升，大者为斗，古皆读登，即今语所称水凳子也。太古以此挹水，亦以此量物，挹水量物，皆自下而上，故引申之上登为升。至于十合为升，十升为斗，乃后起之制。"

从以上对"升"和"斗"在古文图像表现和《说文》释解看，早期的升与斗外形相似，除了大小不等外，都是带有手柄、用来舀酒、舀水的器具。《周礼·考工记·梓人》载："勺一升，爵一升，觚三升。"说明一勺等于一升，与勺形制相似的"升"成为规范各式器具容积的单位与参照，或者可以说，一爵等于一勺，一觚等于三勺。只是后来舀酒水的升、斗逐渐与计量粮食的量器相区分，并在进位关系上从制度层面得到统一。自秦以降，统一规定量器一斗等于十升，从出土的秦代商鞅铜方升和汉代王莽时期的青铜斗容积大小看，两者容量基本相合，而汉代青铜方斗上所刻铭文："律量斗，方六寸，深四寸五分，积百六十二寸，容十升"，亦再次证明了升与斗之间沉淀下来的进位关系：升小于斗，仅占斗容积比例的十分之一。且不同类型的量器其容积尺寸开始有了严格而统一的法度规范。

三　书写工具设计解读

区别于亚洲西部苏美尔人用削尖的芦苇杆或木棒在软泥板上刻写楔形文字；古希腊人和古罗马人在木板面上涂蜡，再用铁棒在蜡面上划写的繁琐；又或是后来中世纪的欧洲人用羽毛在羊皮纸上记录拉丁文，中国古代文房四宝：笔、墨、纸、砚的传承延绵数千年至今未衰，这些别具一格的书写工具开启了中华文明有书面记载的辉煌历史，其设计形态亦开创了文房用具独有的赏鉴文化，并助力汉字书写和水墨晕染，成就其独步天下的艺术魅力与韵味。

1."笔"的制作

聿，《说文》："聿，所以书也。楚谓之聿，吴谓之不律，燕谓之弗。从聿，一声。"

笔，《说文》："笔，秦谓之笔。从聿，从竹。"

肃，《说文》："肃，聿饰也。从聿，从彡。俗语以书好为肃。"

书，《说文》："书，箸也。从聿，者声。"《说文·第十五上》载："著于竹帛谓之书，书者，如也。"

画，《说文》："画，界也。象田四界。聿，所以畫（画）之。畨，古文画省。劃，亦古文画。"

在这一组以"聿"为文字构成元素的语义场显示出"笔"广泛的应用范围，涉及文字书写、图案绘画和器物纹样装饰等内容，与先民精神文化生活密切联系。而追溯"笔"的起源，《说文》载有释义书写之笔的"聿"，据其甲骨文所书"笔"的古文字图像"𦘒"：手执毛笔之形判断，殷商时期笔应已出现。然而从考古出土的原始社会陶器文物的装饰手法发现，先民已开始利用毛笔在器皿上涂鸦装饰，无疑与小篆用笔刷饰的"肃"之形义相互印证，只是究竟用何种样式的笔修饰纹样因缺乏有力的实证而众说纷纭。比如，按《说文》递训时提到的关于"书"训为饭时取物的竹筷"箸"义，那么早期的笔是否可能是单纯的一根竹木棒？会意字"画"的古文书写为从画从刀的"劃"，以"刀"进一步指示为作画用的工具，笔最初的形貌是否可能是在泥板、石板、竹板等坚硬器物上刻画的特殊刀具，又或是毛笔与刀具的组合套装的统称？因为商代甲骨、陶器上残留的红色和黑色的墨迹显示出毛笔书写特有的运笔效果。而起于西周晚期的籀文"𦘒"明确强调"笔"由代表小竹管的"↑↑"+仿象兽毛的"ᄽ"组成，是否意味着今天毛笔的形态其实是有遗传基因的，其基本构造竹管与兽毛古已有之？但是无论如何，可以确定的是，笔的产生年代十分久远，并曾拥有众多称谓，如：楚国的聿、吴国的不律、燕国的弗、秦国的笔等，相信这些迥异又似乎联系密切的笔名所真实对应的实物应该也呈现相近的姿态，直至秦国"书同文"后，书写工具笔的样式设计，包括名称"笔"也一并统一命名，并经历长时间制作技术的积累，才形成今天我们看到的最终形态。

目前出土最早的"笔"来自湖南长沙左家公山和河南信阳长台关的战国楚墓，与古文字图像描述相符，均为竹管与兽毛（兔箭毛）的组合，值得注意的是，此时笔上的兽毛并不如今天所看到的是将毛塞进竹管中固定，而是将兔毛裹扎在竹管一端外围，以麻丝缠绕，并髹漆以饰。（图5-3）至秦代，"世称蒙恬作秦笔耳，以柘木为管，以鹿毛为柱，以羊毛为被，所为'苍毫'，非为兔毫，竹管笔也"（马缟《中华古今注·卷中·牛亨问书契所起》），笔头得到改良，以鹿毛、羊毛两种不同硬度的兽毛系扎制作，柔中带硬，便于书写。在湖北云梦睡虎地秦墓出土的三支秦笔结构显示出笔毫固定于笔杆内腔的制笔手法，并成为后世毛笔式样的统一定式。至此，毛

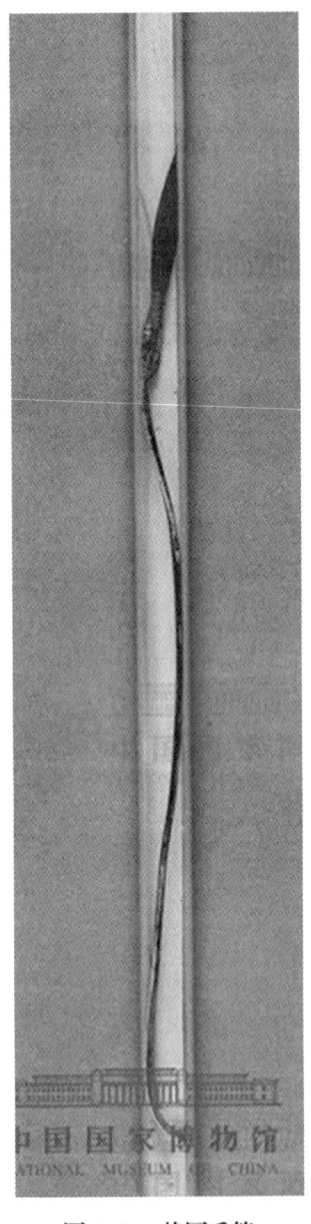

图5-3 战国毛笔

笔的式样结构与今天所见已区别不大，而汉时增加的在笔杆上刻字、镶嵌的工艺步骤，亦反映出先民对毛笔外观装饰的审美渴求，甘肃武威磨嘴子东汉两墓就出土了刻有"白马作"和"史虎作"字样的毛笔。而且为了取用方便，当时毛笔的尾部还出现一种削尖了的形制，可插于头发或帽子上，好似今天钢笔帽上能够别在衣物上的卡子，跳出了对书写功能的补给考量，进入到现实生活中的携带保存的设计层面和视觉美感的心理需求领域。

2. 从"墨"看古代制墨工艺

墨，《说文》："墨，书墨也。从土，从黑，黑亦声。"桂馥《义证》载："占者，漆书之后，皆用石墨以书，汉以后，松烟、桐煤既盛，故石墨遂湮废。"

在古代书写时，需要靠毛笔蘸取有颜色的水才能在书册上留下印迹，许氏认为，墨即供写字所用。将"墨"字拆开来看，由上"黑"下"土"组合会意，其从黑亦声的文字形态表述凸显了"黑"作为墨的颜色特征。

"黑"的古文形态"𪐏"通过人烧火时的情态会意，因离火堆近而致使脸上、身上都沾惹到烟灰污渍"⋮"。而这种源于生活的现象亦引起原始先民们的注意，并逐渐有意识地运用这种黑色的、不易褪色的染料在器物上绘制装饰图案、在甲骨上书写象形文字。在产生真正的人工制墨工艺以前，这些取自天然炭石或锅腹底部燃烧积淀的黑灰即是在碾磨成粉后与水混合形成的天然墨。从对挖掘出土的史前陶器和甲古文物上的颜料遗迹的鉴定结果看，其黑色图案所用颜料确实是炭黑墨迹无疑。但是，制墨技术并未由此止步，传说西周邢夷制墨时曾把磨成粉末的松炭、锅灰与用糯米熬成的粥搅拌在一起，并搓揉成方条状，晒干后始得固体墨雏形。[①]按照桂馥刘《说文》的考证，早期固体墨并非单纯的炭黑，只是人工墨的

[①] 明末朱常涝《述古书法纂》："（西周）邢夷始制墨，字从黑土，煤烟所成，土之类也。"

其中一项主要成分。另外一项重要原料是动物胶[①]，或者说是一种具有粘合性的胶水，两者结合后所得的墨可以大幅提高炭黑的附着性，从而使书写效果"落纸如漆，万载存真"。据考证，湖北云梦睡虎地战国楚墓出土的固体墨即是用胶质汁水混合炭黑制成，形似圆台，使用时用研石碾磨成粉后再加水调制墨汁即可。秦汉以后制墨多选用由松木燃烧后的黑灰"松烟"作为制作松烟墨的原料，不仅因为松木本身十分适宜制作优良的炭黑，而且其富含的油脂中独有的松香还可使所制的墨带有独特的松木香气。另外，墨的使用也更为方便，可直接在砚上研磨，无需预先磨粉。（图 5-4）

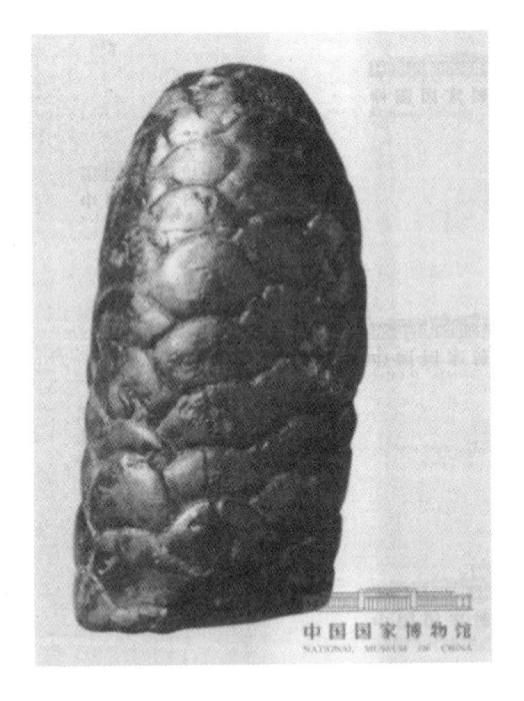

图 5-4　东汉松塔形墨

从生活偶得的锅灰、炭石等石墨到有意识地添加新配料胶水制

[①] 卫夫人《笔阵图》："其墨取庐山产松烟，代郡之鹿胶，十年以上强如石者为之。"其中"鹿胶"指用鹿皮或鹿角熬制的胶水，即动物胶。

成的人工墨；从保存不易的墨汁到塑形成块、携带方便的固体墨；从平实无华、简单被水化开的天然墨到墨色黝黑、"落纸如漆"，且能散发香味的高级墨块，墨的制作技术演进路线围绕着人从低到高的需求层次节节攀升。基于《说文》相关训解，至秦汉时期，墨的制作形态已考虑到人们使用的便捷性、书写时墨迹在视觉和嗅觉上的立体审美享受，甚至于墨块本身也呈现出初步的造型设计趋向。随着人们对墨本身使用要求的不断提高，原始的天然墨固然为时代所淘汰，固体人工墨亦悄然发生着身份上的转变，逐渐从文房实用品、必需品向艺术品、奢侈品的方向演进。

3. 由"册"谈上古书籍的最初形态

今天我们看到"册"多会联想到书册、画册、纪念册等与书籍有关的词语，同时也是书籍的单位，册、卷、编的编录术语至今仍在延用，反映出当时"册"所开创的书籍形式使用时间之长久、影响之深远。而保存在《说文》的关于上古书籍装订原始形态及组成构件的记载，有如下语义场：

册，《说文》："册，符命也。诸侯进受于王也。象其札一长一短；中有二编之形。笧，古文册从竹。"

编，《说文》："编，次简也。"《段注》载："以丝次弟竹简而排列之曰编。"

简，《说文》："简，牒也。从竹，间声。"朱骏声《通训定声》载："竹谓之简；木谓之牒，亦谓之牍，亦谓之札。联之为编，编之为册。"

牒，《说文》："牒，札也。从片，枼声。"《段注》载："木部云：'札，牒也。'厚者为牍，薄者为牒。牒之言枼也，叶也。"

牍，《说文》："牍，书版也。从片，卖声。"指写字的木板。

札，《说文》："札，牒也。从木，乙声。"《段注》载："长大者曰槊，薄小者曰札。"

按照上列关于"册"的语义场，可知上古时期在纸尚未发明之时和纸得到广泛应用以前，"册"实际指向上古特有的书籍形式。

这是一种古老的文字载体，将竹、木片依照次序排列并用细绳串联编排。这些竹片、木片因材质、大小、厚薄的差别而在《说文》中定义了对应的名称，人们从所谓的竹简、木牍、手札等语汇称呼即可明确该书籍基本形态样式。但无论如何，文字的描述表达始终比不上"册"的甲骨文"卌""卌""卌"以图画形式说明来得直接：好像一长一短的竹简或木简交替排列，并在中间分上下两道用绳子编缀而成，这一装订式样亦从出土的竹简实物得到印证。依循甲骨文的出现年代和记录内容，"册"大概产生于殷商时期，《尚书·多士》也载"惟殷先人，有册有典"，其较之先前写于石头、龟甲、牛骨、陶器、青铜器等不规则器物上而易引起的阅读时的错乱无序而言，编联井然、竹签或木片每一片都长短宽窄尺寸统一的"册"更接近现在看到的书籍样式。据晋代荀勖考证，古书简尺寸"长二尺四寸，以墨书，一简四十字"（《穆天子传·穆天子传序》），但在湖南仰天湖古墓出土战国时期竹简最长则为 22 厘米，宽 1.2 厘米，每简 2—10 字，与古文献中记录的竹简长度出入较大。

从《说文》收录的"册"的一个异体字"笧"来看，古文"册"字从竹，虽然制作书简的材料中也有木片入选，如：木牍、札等，但仍不及南方数量丰富且廉价的竹材，显然价格、成本的经济因素对新造物的接受广度和深度有着直接的作用。当然，加工简单而且十分适宜书写的卓越特性亦促使竹料在当时众多选材的竞争中脱颖而出。不过，对于制简的竹子并非来者不拒，竹材的选择也相当的讲究。观察上古出土的书简古籍，每根竹片的大小形制均有定制，并表面平滑、无过多竹节，说明其选用的竹子应有一定年份，茎干够粗才能裁出宽度等量的简片，而竹节会给书册的制作带来麻烦，因此往往需要尽力避开有竹节的部分。日常生活中我们在新鲜的竹管上写字会发现很难着墨，这是由于竹管中含有油质的关系，常规的做法是将其浸泡在碱性的草木灰水中除油，之后再压平定型，并凿刻出编绳的小口以便后续集结成册。

4."石"与"砚"

砚台的产生伴随着笔墨的形态和制作技术的演进，由上文论述可知，由于人工固体墨的发明而在文房用具中增设了需要将其碾磨成粉的研石，之后汉代改良制墨技术虽可直接研磨，却已然与砚结下不解之缘。

砚，《说文》："砚，石滑也。从石，见声。"《段注》载："谓石性滑利也"，"石滑不涩，今人研墨者曰砚，其引伸之义也。"刘熙《释名》载："砚，研也。研墨使和濡也。"

研，《说文》："研，䃺也。从石，开声。"

䃺，《说文》："䃺，石硙也。从石，靡声。"指石磨。

关于《石部》字所列语义场，首先说明上古时期先民研磨某物时首选材料即为石材，石料沉重、坚硬、耐磨，在资源有限、生产力和技术低下的艰难条件下，石的天然优越属性使其成为制作研磨用具的最佳原料。以石为砚的选料传统更经历数代验证一路传承下来，对适于制砚的石的属性标准亦有着行业独到的见解。其二"砚"与"研"发音相同，翻查二者在《说文》的相关说解，"砚"从石从见，此时此景的"石"代表石槽，"见"有"看见"之义，合在一起直译为可视的露天输水石槽。这一由原始社会的石磨（"研"）演化而生的研墨用石槽，其内表面"石滑"而"不涩"，有助于提升初制的人工固态墨丸在此平滑的器具中压研成粉成汁的和濡效果。也从侧面体现出制砚工艺中一项涉及功能的重要基本要求：砚台中用于研磨的一面一定要保证平滑，并低于砚周边的沿牙。考虑到先前墨块不可直接在砚上研磨的技术瓶颈，"研"也曾专门分设出一枚研石，兼负碾压墨丸的双重任务，以暂时弥补制墨技术的不足。最后，石文化一直是中华文明中一大组成部分，人们不仅可以从"形质纹色"四项相石标准欣赏品鉴石中的"道魂气韵"，在对关于砚台制作的石料应用上，还随类赋彩地根据石料的原本形态制作充满想象力雕刻的精美石砚，增强砚台本身视觉冲击上的可观赏性，为原本具有突出实用性的文房用具平添一道名为

艺术的亮丽色彩。（图5-5）

图5-5a　西汉漆盒石砚

图5-5b　西汉石砚及研石

图5-5

5."纸"的创制

纸，《说文》："纸，絮一苫也。从糸，氏声。"《段注》训："苫各本为笘，今正。苫下曰：澈絮簀也。澈下曰：于水中击絮也。后汉书曰：蔡伦造意，用树肤、麻头及敝布、鱼网以为纸。元兴元年奏上之，自是莫不从用焉。天下咸称蔡侯纸。按造纸昉于漂絮，其初丝絮为之，以苫荐而成之。今用竹质木皮为纸，亦有致密竹帘荐之是也。通俗文曰：方絮曰纸。释名曰：纸，砥也。平滑如砥。"

载有"纸"字的古代文献资料最早可追溯的年代止于西汉，其中成书于汉安帝建光元年（约公元 121 年）的《说文解字》即是典型代表之一。从遍寻甲骨文、金文等篆文以前的古文字未果，以及针对于新造物的文字创造具有滞后性的情况亦可佐证。通过考古发掘的实物证实，西安东郊灞桥附近的西汉墓出土的"灞桥纸"、新疆的罗布淖尔和甘肃的居延等地出土的纸残片虽与名闻天下的造纸术同处一个朝代，但在具体时间上却要早一、二百年。只是此纸与后来为世人所熟知的蔡伦造纸并不相同。由《段注》引《后汉书》所知，蔡伦制纸的原料有：树皮、麻头、破布、渔网等，皆属植物纤维类材料，而篆体"纸"字从糸部，丝系蚕虫所吐，为动物蛋白质分子构成，两者区别极大。按照许氏的训解，纸是蚕茧漂洗后附着在一方形竹帘上的丝絮物，这也很可能是纸最初创制时蕴含的本义，段氏认为"其初丝絮为之，以箔荐而成之"，《后汉书·宦者列传·蔡伦传》也说："自古书契多编以竹简，其用缣帛者谓之为'纸'。"纸的最初形态与蚕丝有关，但出于经济的考量，昂贵的"缣帛"纸未曾得到广泛应用与认可，笨重的简牍依然占据书写载体的主流地位。（图 5-6）

图 5-6　西汉扶风纸

面对早期纸出产低、价格高、不易普及的弊端，蔡伦纸由原料下手，增加了随处可见的植物，极大地扩展了取材范围，北宋苏易简的《纸谱》言："蜀人以麻，闽人以嫩竹，北人以桑皮，剡溪以藤，海人以苔，浙人以麦面稻秆，吴人以茧，楚人以楮为纸。"在工艺上亦深受丝织技术影响，如"漂絮"法中的捶打、沥干等步骤被借鉴到造纸术中，从而使植物纤维更加柔韧、成品纸更加平滑。低廉的价格、轻薄的质地为新型纸品打开畅销的大门，成为之后人们文房用具不可或缺的重要内容，得到广泛接受。

四　冶金工具设计解读

1. 从"橐"看鼓风器的制造

橐，《说文》："橐，囊也。从橐省，石声。"

囊，《说文》："囊，橐也。从橐省，襄省声。"

依从"橐"在《说文》的互训分析，"橐"与"囊"应形态相似，相比于"橐"，人们更熟悉"囊"。《说文》认为，"囊""从襄，亦襄声"，襄本义有包裹、裹覆之义，可将任何不同种类、功能、形态的物品承装其中，从字面上可初步推断"囊"的形态与人们的普遍认知形状相重合，是一种类似于口袋一样的傢伙。由此及彼，"橐"也是一种囊状的口袋，两者不同在于"小而有底曰橐，大而无底曰囊"（朱骏声《通训定声》）。黄以周在考证囊与橐时发现，囊只有一个吞吐物品的进出口，而橐在袋子的两端都有底，口在一旁，中间为空，可搭于肩上使两端物品缀于身体前后。[①]

"橐"出现的年代很早，据殷商时期的甲骨文"🕴""🕴""🕴"描绘，当时"橐"的造型好像今天楷书中的"束"字，形象地展示出了这种中间穿有吹管的特殊皮囊。在藏族古老的炊具中俗称"火皮袋"的"克莫"与之形态十分相似，该囊为整张羊皮缝

[①] 黄以周《囊橐考》曰："囊之两端无底"，"中实其物，括其两峃内物不出。""橐之两峃皆有底，其口在旁，既实其物，中举之，物在两峃，可以担之于肩。""（囊、橐）对文有异"，"浑言无别"。

制，将四肢的开口扎紧后，在颈部插入 30 公分长的铁管，通过来回挤压后部，可将空气由铁管送入灶膛，使之充分燃烧。而这一鼓风用途在古代典籍中亦屡屡出现，《墨子·备穴》上载："具炉橐，橐以牛皮。炉有两缶，以桥鼓之"，说明当时的"橐"多用牛皮制成，以鼓风炉火，人们认识到橐在烧制陶器、冶炼金属方面的重要功用，也因此常将冶金用具"炉"与"橐"连缀使用。《淮南子·齐俗训》："炉橐埵坊设，非巧冶不能以冶金"，汉代王充在《论衡·量知》也提到："铜锡未采，在众石之间，工师凿掘，炉橐铸铄乃成器。"上古时期，先民学会用火的同时也开始制作其相关衍生品陶器、金属器等，而炉内所需高温是一项亟待解决的难题，最初可能是类似扇子一类的工具以加大火焰燃烧的力度，之后逐步演化为兽皮、吹管组合的工具形式，应用于器具的冶炼烧制过程，成为专用于鼓风加温的"工业"用设备类皮囊。（图 5-7）

图 5-7　东汉冶铁画像石拓片：展示了用风囊鼓风冶铁的场景

2. 从"镕"看上古金属铸模

镕，《说文》："镕，冶器法也。从金，容声。"

铗，《说文》："铗，可以持冶器铸镕者。从金，夹声。读若渔人（荚）[夹]鱼之（荚）[夹]。一曰：若挟持。"张舜徽《约注》载："铗之言夹也，谓可以此夹持物也。即今语所称火钳也。以铁为之。其形与剪相似，故俗又名夹剪。"

"镕"在今天的使用中已非常少见，现代各类字书的编排里，查询《辞海》《辞源》尚能找到其隐约身影，当中包含两层含义：一为通"熔"，二为筑器范型。不过据许君对上古文字的反复考证，《说文》最后仍将"镕"定义为"冶器法也"，铸造金属器皿的模具。"冶"指"销也",《段注》曰:"销者,铄金也。父之融,如铄金然,故炉铸亦曰冶","冶"透露出其熔铸的对象材质即为金属,而"鎔"本身以金属之"金"为形符,与融合之"融"、熔化之"熔"同声系联的包容之"容"为声符组成的形声字亦阐明金属加工时的制作特点。同字系的"铗"则是在金属熔铸塑形时与"鎔"配合使用的夹持类工具,正如其声旁所示之"夹","夹剪"的外观形态与剪刀也非常相像,只是钳臂更为修长,可远距离夹取物品。按照张舜徽先生分析,"铗"当时已为铁质器械,其出现年代至少要推迟到春秋时期以后。据朱骏声《通训定声》载:"木曰模,水曰法,土曰型,竹曰范,金曰鎔。《汉书·董仲舒传》:'犹金之在鎔,惟冶者之所为。'注:'(鎔)谓铸器之模范也。'""鎔"并非一蹴而就,同样经历了漫长的演进过程,从木模、水法、土型、竹范最后到金鎔,模具材质的变迁尝试了各式可能,也随着社会文明的不断前进和新技术、新材料的大量涌现而持续发生淘汰和改革。(图5-8)

不同于西方在金属塑形方面捶打技术的驾轻就熟,中国古代很早就已在金属的模铸工艺上显现出高超的技巧和艺术化水平。举世闻名的商代大型青铜器物司母戊方鼎在制作时就曾使用塑造泥模、翻制陶范、合范灌注等各项复杂模铸技术,其组织之严密、分工之细致亦充分说明商代金属铸造业的发展规模与技术成就。然而,木、泥、竹、陶等材质的模范器具太过脆弱,往往在经过辛苦制作成型后仅能使用一次或几次便不得不宣布报废。而类似金属货币等物品的制作需要量却极大,尤其随着社会的进步、商业的繁荣,对货币的需求量更是急剧攀升,原有的泥范技术力量已不能很好地平衡市场供求关系,其易报废的弊端更直接拖慢整个产品制作的进程。于是"鎔"之金属铸模应运而生,虽然工艺较之泥范复杂许多,但是相对地其使用寿命也因此翻升至几百上千次,大大缩减因重新铸范而消耗的工时,提高生产效率,也将中国古代的铸造业带入新的时代。

图5-8a 商前期陶鬲外范

图5-8b 战国铸铁范

图5-8c 战国双镰铁范

图 5-8

五 其他工具设计解读

科技的力量让人不可小觑,早在上古时期,先民们也曾巧妙借助技术的力量创造出可以改变人们传统生产生活方式的新造物,虽然粗浅简陋,却表现出机之功以小博大,省力高效的卓越特性,使工具真正成为人的肢体的延伸与辅助。《说文》中载录的"砭""敊"和"橰"从各自不同角度阐释着早期造物活动在机械、技术运用方面的情况。

1."砭"的功用

砭,《说文》:"砭,以石刺病也。从石,乏声。"徐锴《系传》:"《南史》所谓石鍼(针)。"《段注》载:"以石刺病曰砭,因之名其石曰砭。"

远古时期,石头是制作器皿运用最为广泛的天然原料之一,无论农耕、狩猎、饮食、建筑、战争、祭祀等活动的用具都离不开石材,人们也曾发现用兽皮包裹烤热的石块捂肚子可以缓解腹痛。但是用于治病的砭却没有文字的记载,直到篆文出现,"砭"才开始以石部字系归于《说文》,"从石,乏声"。其中,"石"指向石制的用具,"乏"有贫乏之义,与石结合会意为:用砭石"弄破痈肿以减损其体积"。按照《说文》及相关文献释义,同样得出相似结论:"砭"是一种尖利的石制医用器具,常与"针"连用,称"砭针",可刺破皮肉帮助排除脓血或刺激身体穴位,以治疗身体病痛。而为了使"砭"达到可以切割或刺穿身体的用具标准,砭的形态需要有锋刃或尖刺,这或许也是《系传》引《南史》中名"砭石"为"石针"的缘由。

据出土文物看,砭石遍及山东、河南、内蒙古、四川等地,且形态多样,有锥形、铲形、刀形、剑形、针形等,时代跨越从新石器到春秋战国的漫长岁月。在四川西部出土的新、旧石器时代交替时期的砭之形态呈现为带柄的手持锥形器,但其头部尖而不利,不会刺破皮肤只能有效刺激身体;内蒙古多伦旗头道洼则出土一根长4.5厘米的砭针,属于新时期时代产物,一端有弧形的扁平刀刃,能够割痈排脓,另一端为锥状,有针刺之用,手持处则以四棱形呈现,与内蒙达拉特旗树林召公社出土的青铜制砭针在形制、大小方面十分相似,而这种方形手柄状的器具特征在西汉刘胜墓出土的九根金银制医针也有类似体现;被《黄帝内经》称为"东方之域"的山东更是砭石盛行,虽然经鉴定已有约一万年历史,但显然其制作技术和工艺已达到相当水准,形状样式也更为丰富。可见,砭应为古代医用针具之前身,从旧石器时代只能对天然石作粗略的加工打制,到新石器时代以后逐渐掌握磨制技术而对用具进行两头的打磨,医疗用砭针日臻精巧。冶金术发明以后,针具材质更得到大力的拓展，由原始的石制、骨制、竹制发展到后来的铜制、金制、银制等等。进化后的针具其发展势头强劲，大有将砭边缘化之势，而石砭也的确因地域的限制、佳石材料的稀缺，以及传承模式的封闭，虽勉强在一段时间内与针具共存，春秋战国时期曾有扁鹊以"厉针砥石"治疗虢国太子的记载，但终因"季世复无佳石，故以铁代之耳"（东汉服虔语），而至东汉时消失匿迹。（图5-9）

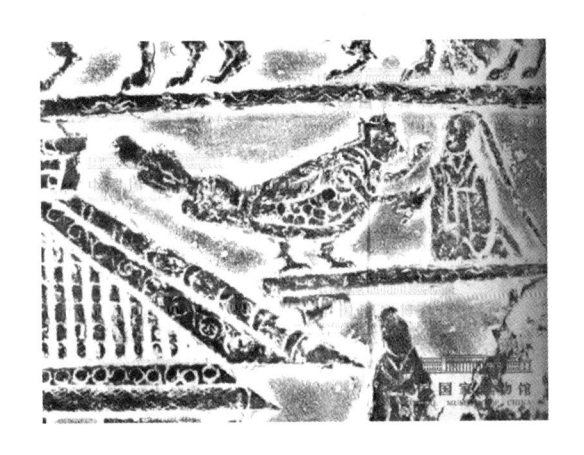

图5-9　东汉针灸画像石拓片局部

2. "攲器"与"桔槔"

攲，《说文·支部》："攲，持去也。从支，奇声。"《段注》载："支有持义。故持去之攲从支。宗庙有坐之器曰攲器。按，此攲当作㩻。危部曰：㩻，㩻䧢也。竹部箸训饭攲，此攲亦当作㩻。箸必邪用之，故曰饭㩻。《广韵》：㩻，不正也。《玉篇》曰：攲今作不正之㩻。"《荀子·宥座》曰："宥坐之器者，虚则欹，中则正，满则覆。"

槔，《说文·木部》："槔，桔槔汲水器也。"《庄子·天地》载："凿木为机，后重前轻，挈水若抽，数如泆汤，其名为槔。"其《天运》篇载："且子独不见夫桔槔者乎？引之则俯，舍之则仰。"

通过《说文》及其相关文献的释解得知，在字形结构上，敧"从攴"，"攴"仿象人手"又"持握半竹，与从木部的"桔槔"相似，都从形符上暗示了工具材质为竹木质。在功能形式上，敧器是一种盛水的容器，当容器内没有水时会发生倾斜，水量适中时会端正立好，水满时则会倾覆，利用这一特性，先民将这种易倾覆的器物置于庙堂座位右侧，以此随时警醒自己。桔槔是一种主要用于农业灌溉的汲水工具，在横杆的一端悬挂汲器，另一端加垂重物，通过位于横杆中间的竖木支撑或悬吊，一起一落间可将水从下往上汲取至所需处。看似造型不同的两种器物却同样在器物设计时引入了机械原理、杠杆作用，将生活中观察到的结构动力现象、结构组成规律融会贯通于新造物的设计之中。利用这些简单的组合装置极大地改变了人们长久以来的生产、生活行为模式，以桔槔为例，有此一械即可使农业灌溉从原始的"抱瓮入井出灌"迈入"一日浸百畦，用力甚寡而见功多"的机械时代。省力的同时更大幅增加工作效率，体现出中国传统造物思想"物以致用"[1]所关注的对技术、功能在设计中的融合，以及在社会应用中的效应。（图5-10）

图 5-10 桔槔

---

[1] 李立新：《中国设计艺术史论》，天津人民出版社、人民出版社2011年版，第76页。

第二节　农具设计解读

农业历来都被看作是一个国家的立足之本,农业的平稳发展与否关系到社会民生中最为基本的生存问题,而农作工具的先进性则决定了该地区农业生产水平的高低。在发掘出的许多帝王、神祇的雕像上都留下了用农具形态制作的权杖形象,像埃及法老胡夫的雕像上持握的权杖"连枷"即为一种用于谷物加工的脱粒农具,显示出古代先民自上而下对农事、农具的重视程度。《说文》中收录了大量指向农具语义的文字,包括从土地耕垦、作物播种、中耕维护,到后面的收割、加工和储藏整个农耕活动所需要的所有用具,建立起完整的农具语义场。《荀子·劝学》载:"假舆马者,非利足也,而致千里;假舟楫者,非能水也,而绝江河。君子生非异也,善假于物也",作为所假之物,不同形态、功能的专业农具为农业生产的繁荣提供了可靠的技术保障。

一　农具的孕育环境

除采集、狩猎外,自己动手躬身耕种获取食物的途径更为稳定、长久,但在种植技术十分低下的上古时期,"望天收"的原始农业生产严重依靠所谓的"上天恩赐",或风调雨顺、国盛民强,或风雨不调、饿殍遍野。于是,历代统治者极为重视农业生产,不仅广建专门祭祀"土"神的"社""禾"类谷物神的"稷""田"间祭坛"畤"等,以表达对土地、谷物诸神的敬畏,更着力发展稼穑之道,凭借暂有的物质条件与资源,探索各种提高劳作效率的工具和方法改善民生。

1."土""田"部字的农业生产环境

作为历史悠久的农业大国,对土地的依赖之情造就了五千年光辉灿烂的农业文明,而"田""土"更是其兴农、立国之本,各地人们对于土地的依赖之情亦汇聚于文字的构造与表达中。

土，《说文》："土，地之吐生物者也。二象地之下、地之中，丨，物出形也。"《尔雅·释言》曰："土，田也。"

田，《说文》："田，陈也。树谷曰田。象四口。十，阡陌之制也。"

按照此组《说文》释义所得，"土、吐叠韵"（段玉裁语），"土"是土地、田地之土，可以生发万物，是万物之本原。与"田"相比，"地当阴阳之中能吐万物者曰土，据人功作力竟得而田之则谓之田"（孔颖达疏注），"土为田之大名，田为已耕之土，对文则别，散则通也"（郝懿行义疏），也就是说，"土"与"田"基本并无太大区别，均指能够种植、孕育植物的土地，若要细分，"土"更偏向于自然状态下地形原貌，"田"则倾向于因人工开垦形成的规律几何区域形态，其中人的作用在二者间的互换中得到强调：荒山野岭在人的耕作下可成为良田沃土，但若缺失了人的细心料理，耕田也会化为荒地。由此，具有人工耕作性质的"田"类字亦反映出当时农耕土地的基本形制。依"田"的甲骨文字形结构看，象在"口"形的田区范围内开筑"井"状或"十"字形的田间阡陌小道。

井，《说文》："井，八家一井。象沟韩形，'·'，罋之象也。古者伯益初作井。"

在段氏看来，"八家一井"谓"此古井田之制"。篆文"丼（井）"本取象于两纵两横搭建的井护栏，中间一点指示坑井中有水，又象井罋。九宫格般的"井"形设置将田区分成九块，围绕中央处的公田，周围有序分布八块私田，终成"井"字形态。时至今日，田间纵横交错的陇亩好像无数的"井"字，只是"九百亩"中央是否必有"一井"仍有待详查。也有观点认为，"井"之字形亦反映出先时土地制度，"方里而井，井九百亩，其中为公田。八家皆私百亩，同养公田。公事毕，然后敢治私事。"（《孟子·滕文公上》）。殷周时期同样以"井"为单位规定土地，"乃经土地而井牧其田野。九夫为井，四井为邑……以任地事而令贡赋"（《周礼·地官·小司徒》），《汉书·食货志上》亦载："六尺为步（1.5米），步百为亩（150米），亩百为夫（150米×150米），夫三为屋，屋三为井，井方一里，是为九夫"。关于田亩的划分随着国家土地制度的建立与完善逐步向规范化、标准化、精确化方向发展，而承袭远古耕地样貌的"井""田"字样仍然与之后的农田规划形态相近。

2. 从"焚"看耕种之初

焚，《说文》："焚，烧田也。从火、棥，棥亦声。"

依照《说文》释解，历代学者经过研究分析对"焚"多有注解。《段注》引玄应书曰："焚，烧田也。字从火烧林意也"，王筠《句读》进一步推导"烧田"应"谓烧宿艸以田猎也"。"焚"之甲文图画"㷊""㷊"也真实描绘出荆棘野草"丷丷"+燃烧火焰"灬"所导致的焚烧情形，有的甲文"焚"则用表示荒林的"林"、火把的"丫"和抓持火把的人手"入"共同组成"㷊（焚）"，以强调焚烧的性质属于人为有意烧荒，目的在于能够在茂密的原始丛林中快速开辟出可耕种的农田，且燃烧后的草木灰还可成为天然肥料浇灌农田。

林，《说文》："林，平土有丛木曰林。从二木。"

"焚"由林、火构成，说明焚烧的地点多选在"从木"之林中，而"从二木""非云止有二木也，取木与木连属不绝之意也"（王筠《释例》）。远古时期，树木粗大茂密，并没有多少开阔的土地专做耕地，而在极度缺乏劳作工具的时代，以火烧林的做法不仅在整地方面节省大量物力、劳力，经过燃烧的土地会变得更加松软，覆盖着厚厚的草木灰，无需翻犁泥土就可轻松撒种，且肥力十足，直至收获都不用再度施肥，所得粮食亦为原有种子数量的30—50倍。[①]《说文》中语汇"䕫"明确指出其"烧种也"之义，

---

① 李根蟠、卢勋：《刀耕农业与锄耕农业并存的西盟佤族农业》，载《农业考古》1985年第1期。

古代文献也曾将这种粗放型的种植方式称为"火燎杖耕"或"刀耕火耨",即火耕。虽然产量不算很高,对生态环境破坏极大,却是面对农具短缺、丛林遍布、耕地稀少的恶劣条件下最为简单易行、行之有效的耕作方式。

3."木""石"材料的应用

弋,《说文》:"弋,橜也,象折木衺锐著形。从厂,象物挂之也。"

孔广居《疑疑》认为,"弋"在《说文》中应为"俗所谓橛也",取象树木中歪斜、尖锐的枝干附着于其他物体上的样子。其甲文"†"与"干"之甲文"¥"形态非常相似,都是顶端有枝权的长柄握杆。在火燎杖耕的原始农业垦荒阶段,经过火烧的土地表面都会异常松软,所以使用木杆这样的粗糙而简易的挖掘工具戳地点种进行农业耕作也已绰绰有余,木材也由此成为应用较早的农器制作材料之一。而由于先时环境草木茂盛的缘故,各式木制农具大量涌现,同时在《说文》中从"木"系的农具亦占有相当比例,从垦地、播种、中耕除草、收割,到储藏、加工,木部农具无处不在,距今 7000 年前的河姆渡遗址(即新石器时期)发掘的木耜、木铲等也在实物方面加以力证。按理说作为新石器时期的标志,磨制石器在农具上应有广泛应用,质地坚硬的石块经过打磨可以成为十分好用的利器,无论开垦土地还是收割稻谷,其尖利程度甚至被用来制作兵器箭镞,即使在金属冶炼锻造技术日益成熟的后世,"可以为矢镞"的"䂨"经历长期汉字系统内部的优化调整与取舍后,所从部首依然保持了早期石材制作的传统。但奇怪的是,《说文》记载下的从石农器仅有大锄"䃺"。

䃺,《说文》:"䃺,斫也。"《段注》曰:"斫者,其器所以斫地,因谓之斫也。"

而从"䃺"的字义来看,并没有明确关于"䃺"的材质信息,《齐民要术》"二月冰解地干,烧而耕之,仍即下水,十日块既散液,持木斫平之,纳种如前法"中提到的"木斫"一词也缺乏详尽的描述，究竟是通体由木材制作还是仅手柄处为木料、锄地的部分则捆绑尖利的石器组成复合式农具已不得而知。又或者因为年代太过久远，以及器物形制、材料、大小等的演变，在作用于文字形态结构调整时而使其随之改变，从而令《说文》石部、玉部的文字著录中难觅原始农耕用具的身影？

4. 从"畋""畜""物"类字看农耕的缘起

依照西方学者的研究看，人类的农业文明源于对采集、渔猎等攫取活动的补充，汉代陆贾在其《新语·道基》中曾写道："至于神农，以为行虫走兽难以养民，乃求可食之物，尝百草之实，察酸苦之味，教民食五谷。"《白虎通·号》中也有："古之人民，皆食禽兽肉，至于神农，人民众多，禽兽不足。于是神农因天之时，分地之利，制耒耜，教民农作。"可见，农耕活动的出现其实是在食物难以为继的艰难环境下不得已的选择。

而在今天意义上的农田产生以前，"田"的功用不止于耕种，《说文》记载的从攴、田的"畋"在田猎义上与"田"为古今字。

畋，《说文》："畋，平田也。《周书》曰：'畋尔田。'"

虽然《说文》对"畋"的释义有些笼统，但显然，关于平整农田的"平田也"句包含了开垦土地以及田猎等扫除一切与危害田地相关的事项。"畋"的甲文"𤰒""𤰓"即取象人手握棍棒武器对着农田的样子。上古文献中也对田事多有描述，郑玄释《周礼·夏官·田仆》"以田以鄙"中的"田"为"田猎"；《谷梁传·桓公四年》载："四时之田，皆为宗庙之事也，春曰田，夏曰苗，秋曰蒐，冬曰狩"；《白虎通·田猎》认为："四时之田总名为田，何？为田除害也"，而所谓"除害"即是除去对农业生产有害的兽类；《说苑·修文》也有与之相对应的"去禽兽害稼穑者，故以田言之"之说。因此上古田事不止是单纯的耕田、行猎活动，同时也是一项祭祀性质的农事礼仪制度，如《礼记·王制》载："天子不合围，诸侯不掩群……豺祭兽，然后田猎……草木零落然后入山林，昆虫未蛰，不以火田"。而农田之事自产生初始，无论是作为远古农事肇始的"烧山林……逐禽兽,实以宜人"(《管子·揆度》)的"焚田而猎",还是"四时之田"的宗庙祭祀礼仪似乎都与大型兽类有着千丝万缕的联系。

畜,《说文》:"畜,田畜也。《淮南子》曰:'玄田为畜。'𢏾,《鲁郊礼》畜,从田,从兹;兹,益也。"《段注》曰:"田畜谓力田之蓄积也……畜与蓄义略同。畜从田,其源也;蓄从艸,其委(积)也。俗用畜为六兽字。"

物,《说文》:"物,万物也,牛为大物;天地之数,起于牵牛;故从牛。"张舜徽《约注》曰:"数犹事也,民以食为重,牛资农耕,事之大者,故引牛而耕,乃天地间万事万物根本。"

犁,《说文》:"犁,耕也。"

耕,《说文》:"耕,犁也。"

从以火攻驱赶大型兽类到使用武器清除有害于田地的禽兽,从原始的杖耕点种到利用牛畜拉动带铲刀的耕具翻土,农耕用具的发展从最初的单一粗陋逐渐变得多样复合,而借助畜力的犁的出现更显示出农具进化的巨大飞跃。"犁"的甲文"🐂""🐂"基本由牛"🐂"与铲刀式样的犁头"🗡"构成,按照甲骨文的测算年代看,在殷商时代,先民们应该就已学会运用畜力代替人力翻耕土地,以提高生产效率。用轭鞅套于家畜脖颈可节制其行动,亦可使其在耕地时通过肩部推动轭头进而将力由绳索传导至另一头的耕具犁头上。(图 5-11)

在众多"车"之甲文写法中属于轭鞅部分的形象为"🔲""🔲"和"🔲",显然"轭"下伸展的曲木围套"鞅"的数量十分机动,可根据实际需要设置一个、两个或多个,借由牵引力的复加提高耕地的效率。而据甲文关于犁头"🗡"曲线的图像造型显示,当时的人们应已将更为省力的曲柄耒耜用于实际农业生产活动中,《周易·系辞下传》载:"斫木为耜,揉木为耒,耒耨之利,以教天下"。《说文》释义中,"犁"与"耕"表现为互训关系,遵循器物的发展规律推断与考古实物的佐证,手犁"耒耜"应为牛犁的

图 5-11　东汉牛耕画像石拓片局部

前身，杖上加横板状刃的耒耜真正开启了农业的耕播时代，之后为节省劳力而用驯化的牛兽接替人手，逐步针对动力源的运行特点作出结构优化。出于对板刃硬度的要求，其材质亦经历了木、石、骨、陶……直至金属铁的升级换代。通过犁具深翻土地而改善地力，播种方式也由开始的点种变为条种，从而使粮食产量大幅提升。

二　农具的形态发展

《说文》记载的农具类文字相当丰富，就农业种植步骤来分有：耕垦、播种、除草、收割、加工几个阶段，而根据不同功能的需要则会配备形态各异的农具，以顺利完成正常的农业生产任务。经考古资料证实，距今八千多年前的新石器时期农业生产就已达到相当规模和水平，然而直至殷商时期才出现最早的文字——甲骨文，以致当时宝贵的农耕工具被《说文》遗漏，不过"农""辰"二字中的构形似乎仍然努力保存了当时的蚌贝制农器形象。

农，《说文》·"农，耕也。从晨，囟声。徐锴曰：'当从凶乃得声。'𦌫，籀文农从林。𦦬，古文农。𦦴，亦古文农。"

辰，《说文》："辰，震也。三月，阳气动，雷电振，民农时也。物皆生，从乙、匕，象芒达；厂，声也。辰，房星，天时也。

从二，二，古文上字。"

　　依许书训解，农、辰均与农时、耕种之事有关，且从"林"、从天（二），意喻先时耕作的田地是与林争地的结果，其产量多寡全凭上天心情。但在听天命之前依然不懈地竭尽人事之力。从农字的金文形式"▨"看，其以从林荒野中开垦的土地"▨"加田耕时使用的工具"▨（辱）"形象会意，也有其他异体字掺杂其间，如：上林下辰的"▨"、上田下辱的"▨"、上凶下辰的"▨"，但都大同小异、区别甚小。可见，农耕时使用的应为"辰""辱"等远古农具，而二者皆从"辰"，郭沫若在其《甲骨文字研究》一书提到："余以为辰实古之耕器。其作贝壳形者，盖蜃器也"，从"辰"之农具"蜃器"应为磨利了的蚌类贝壳，这一说法显然与《淮南子·泛论训》"古者剡耜而耕，摩蜃而耨"的记载相匹配，也与挖掘到的实物证据指向一致。先民们利用贝壳钙化的天然硬质特性打造出原始的耕作器械，革命性地降低了农业生产所耗费的巨大劳力和时间，尽管随着蚌类耕器的消退、淘汰，辰类字的农具表述亦在《说文》中变得隐晦、含糊，然其后继者们却沿着"辰"类器械开创的工具形式，以木、石、金等材质，不断优化、更新着农器的形态和使用方式，以更好服务社会农业生产。

　　1. 耕垦农具

　　耒，《说文》："耒，手耕曲木也。从木推丯。古者垂作耒耜以振民也。"

　　耕，《说文》："耕，犁也。一曰古者井田。"

　　犁，《说文》："犁，耕也。"

　　耦，《说文》："耦，耒广五寸为伐，二伐为耦。"

　　枱，《说文》："枱，臿也。一曰徙土䈥，齐人语也。梩，或从里。"徐灏《段注笺》曰："耜为伐地起上之器。""枱即今之耜字。"

　　柘，《说文》："柘，耒耑也。鈶，或从金。辞，籀文从辞。"

　　櫌，《说文》："櫌，摩田器。《论语》曰：'櫌而不辍。'"

第五章 其他类设计解读

稟，《说文》："稟，苯，臿也。"

苯，《说文》："苯，两刃臿也。象形。宋魏曰苯也。釫，或从金从于。"《段注》曰："銛、銚、鈂、鉇皆臿属。鏊、河内谓臿头金也。"

锸，《说文》："锸，郭衣鍼也。"

銚，《说文》："銚，一曰田器。"

銛，《说文》："銛，锸属。"

鈂，《说文》："鈂，臿属。"

鉇，《说文》："鉇，臿属。"

鏊，《说文》："鏊，河内谓臿头金也。"

钱，《说文》："钱，銚也。古田器。《诗》曰：'庤乃钱镈。'"

鉏，《说文》："鉏，立薅所用也。"《段注》曰："薅者、披去田艸也。斫者、斤也。斤以斫木。此则斫田艸者也。云立薅者、古薅艸坐为之。其器、曰檽。其柄短。若立为之、则其器曰鉏。其柄长。檽之用浅。鉏之用可深。故曰斫。"

钁，《说文》："钁，大鉏也。"《段注》曰："鉏之大者曰钁。"

鈾，《说文》："鈾，梠属。"

鈴，《说文》："鈴，釬鐯，大犁也。一曰类枱。"

鐯，《说文》："鐯，钤鐯也。"

钁，《说文》："钁，梠属。"

䤷，《说文》："䤷，䤱也，古田器也。"《尔雅·释器》曰："䤱谓之䤷。"郭璞注："皆古锹插字。"

耕垦类农具是《说文》里的大宗，以上罗列的大量语汇说明《说文》收集了上古各样耕种类农器，有典型的从耒字曲木，有从木部的简陋木锹、有替代手耕的畜力新型耕具、也有金系农具材质上的强力演进。

"耒"于今天的人们来说已十分陌生，现代日常生活中很少会提及此字，只是常以"耒"为偏旁会意构形"耔""耕""耘""耙"等有农业背景种植涵义的文字的方式出现。按《说文》释义，"耒"其实是一种很古老的农耕用具，最早现于金文"🗲""🗶"，其形好像是有两个齿的叉子，两齿交汇处设一横木，手柄则呈弯曲状。（图 5-12）据说在远古洪荒时期，先民们曾挥舞大刀长矛将草木植物砍倒后放火肥地，再用顶端削尖的木杆在地上戳洞播种，而这种有锥形尖头的笔直杖杆就是当时所能想到的最简易也最实用的农耕器械。之后人们为了提高掘土效率，把从一个变为两个，并根据"耒"宽度的多少，分为五寸的"伐"和十寸"二伐"的"耦"；增加了横木脚踏，以便将脚部的力量同时加入铲土的劳作中，减轻上身手臂的重担；又考虑到人弓身耕种时的用力方向与角度而把"丨"形的手柄改为曲柄，使之用力更为顺畅、便捷。

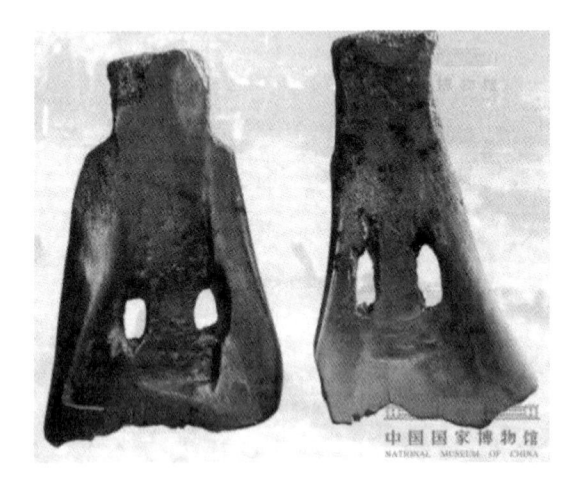

图 5-12　新石器时代河姆渡文化骨耜

如今，"耒耜"多以连缀之形专门命名原为"耒"的翻土农具，《说文》中曾明确指出，耒为举握的曲形柄端，耜是农具与土接触最为紧密的起土部分，其异体字从木、从里的组合，说明"耜"使用时被插入泥土里的形态和长期以木为材质制作的历史。

根据《说文》汇总的耕种用器文字，从木部的农具应归为较为原始的器械，如：相、枱、櫌、橐、耒，都是人手直接操作的用器，生产效率低下，既无借用畜力的动力资源升级也无金属冶炼的技术加持，但是"耒"这种造型的农具确实开创了农业发展的新纪元，从牛部的"犁"、从金部的"锸""铫""铦""鈂""鉋""鏊""钱""鉏""钁""鈾""铃""鐴""钁"等皆以"耒"形为造物基础，对柄端和犁头稍作变更而来。从公元前七千到八千年前的河姆渡遗址出土的木铲、木耜，到牛耕普遍应用，再到锋利、耐用的金属农具，尤其是铁器的生活生产化，更将"耒"器这种成熟的农具形制的耕垦威力发挥到极致，以致数千年来除了文字结构时有变迁外，忽略农具大小、材质的变化，其基本器形再无任何重大改变。（图 5-13）

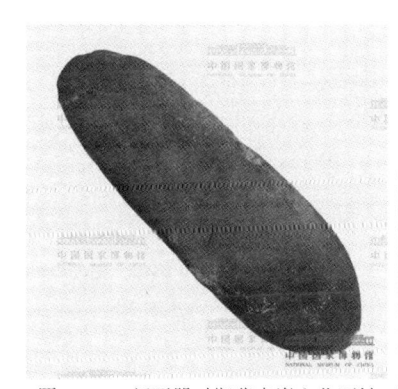

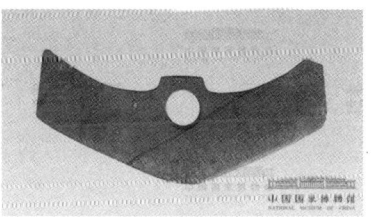

图5-13a　新石器时期裴李岗文化石铲　图5-13b　新石器时期良渚文化石耘田器

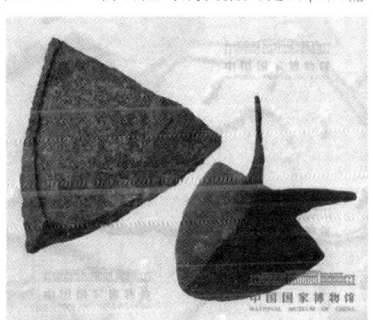

图5-13c　战国铁犁　图5-13d　西汉大铁铧和装有鐴土的铁铧

图 5-13

2. 播种农具

播种的工作通常会在耕垦土地之后进行，但徒手点种的方式太过原始，不仅浪费时间，其工作效率也太过低下，难以满足日益增长的农业生产需要。然而，《说文·木部》收录的"橦""椴"二字却让我们看到了上古时期与想象中全然不同的、先进的木制机械化农业种植图景。

橦，《说文》："橦，六叉犁。一曰犁上曲木，犁辕。"《段注》释曰："此谓一犁而三爪也。许云六爪犁者、谓为三爪犁者二。而二牛并行。如人耦耕也。一犁一牛。二犁则二牛。共用三人……其上为楼。贮谷下种。故亦名三脚楼。"

椴，《说文》："椴，种楼也。一曰烧麦柃。"《段注》曰："楼者今之耧字。广韵曰：耧，种具也。今北方谓所以耩者曰耧。"《说文》无"耧"字。

按照许书及后世考证，"橦"的形态应由两个三爪犁和犁上弧形的弯曲木柄组成，可由牛、马代替人力拖拽前行；"椴"更直接以"耧"之古文"楼"训解，揭示出橦—椴—楼—耧之间异名同物的深层联系，即：都是播种用的耧车。这类种具耧车不仅能够开沟、犁地，还能囊括播种、覆土等多项功能，东汉崔寔在其《政论》就曾写道："牛拉三个犁铧，由一人操纵，滴下种子，并同时握住条播机（耧车）。这样，一天内可播种 667 公亩"，省工高效，一举数得。据《汉书·食货志》记载，汉代赵过设计制造的三脚耧，在播种时，所使用的铧犁形似三角形、偏小，中间有一凸脊，牲畜拉动"橦""椴"等向前行进时，这类耧车上的小犁头就会铧入土中，耕垦土地的过程中即可令种子撒入坑沟里。而这种包含了犁辕、犁衡、犁梢、犁箭等完备构件的"二牛三人耕"式耧犁，设计之先进更造就上古农业史上革命性的突破，既保证了一定的播种行距和深度，照顾到出苗后的采光通风和田间管理，也因此提高了种植的产量。尽管尚需一人在后手扶耧车播种，但这种半自动化的机械式播种农具却大大地推动了上古农业的生产效率和规模。较之西方 16 世纪中叶才发明并获得的条播机专利，早了一千七百年。此类世界领跑的播种机"樿""楱"等所开辟的农业机械化道路也使中国传统农业从此提前驶入"发达国家"行列。（图 5-14）

图 5-14　耧车

3. 除草农具

播种工作完成后，并不意味万事大吉，直到收割结束，期间需要管理者精心的养护、培育，其中，除草培土是其中一项重要的任务，可防止泥土中的养分被杂草争夺，以保证农作物根深苗壮。与之对应的主要农具如下：

斸，《说文》："斸，斫也。"王筠《释例》曰："《玉篇》、《广韵》皆以斸为锄（属）。"

斸，《说文》："斸，斫也。"朱骏声《通训定声》曰："（斸）似斤，其首如钼。"

磏，《说文》："磏，斫也。"

㭖，《说文》："㭖，斫谓之㭖。"

欘，《说文》："欘，斫也，齐谓之镃錤。一曰斤柄，性自耨，《说文》："耨，薅器也。鎒，或从金。"《段注》曰："薅、披去田艸也。耨者、所以披去之器也。耨、刃广六寸。柄长六尺。"

鉏，《说文》："鉏，立薅所用也。"《段注》曰："耨之用浅，鉏之用可深，故曰斫。释名曰：齐人谓其柄曰檀，檀然正直也。头曰鹤，似鹤头也。"《集韵·鱼韵》曰："鉏，或作锄。"

钁，《说文》："钁，大鉏也。"

铫，《说文》："铫，一曰：田器。"尹知章注其曰："大锄谓之铫。"

镈，《说文》："镈，一曰田器。"《释名·释用器》曰："镈，亦锄田器也。镈，迫也，迫地去草也。"指形制短小、需蹲身使用的小锄。

按照以上所列农具名称发现，除草培土用农具可谓五花八门、种类繁多，但摒除表层结构的"能指"，无论是从石、从木或是从金的器具质料演化，还是整体形制大小、长短的机动变化，其"所指"之物却不离似鹤首、平薄横装的刀身和长短皆宜的手柄的基本组合。通过"耨之用浅。鉏之用可深。故曰斫"之句的训释，以斫地的深浅使同训为"斫"的斫、斸、䃤、檹、欘，与"鉏"相关的鉏、钁、铫、镈等"可深"的农具，及"用浅"的耨、鎒串为一线，皆为从不同认识角度、需要表达的"锄头"概念。（图 5-15）只是有的强调"斤"形的刀具形象刻画；有的注重起源时打磨石器曾发挥的关键作用；有的意识到冶金技术在农具上的巨大发展；也有的以声符生动表现农具挥动时的效果与特点。虽然从文字的结构组成看，从金部农具在这里占据主导地位，金属制器具此时应该已经得到大范围制造与应用，甚至可能优质、耐用的铁器也已逐渐普及，其斫地可达到的深度和本身的锋利度、坚硬度、轻巧度，与石制农器相比都有过之而无不及，但在农具类文字的部属中仍存在木、石类器械，究其原因，或许是这两种材质曾在农具制作中拥有

第五章 其他类设计解读 489

图5-15a 战国铁钁

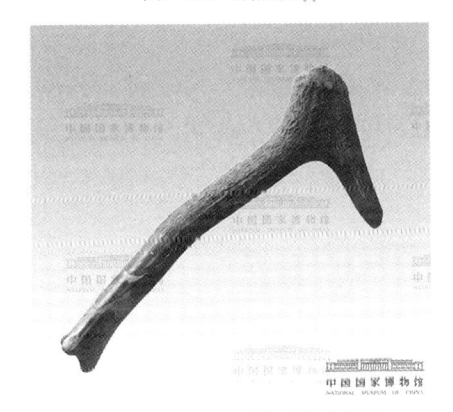

图5-15b 新石器时代后期鹿角锄

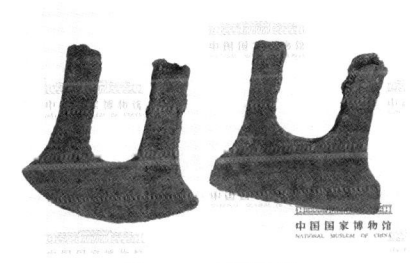

图5-15c 战国铁锄

图 5-15

过非凡的地位和功用，而在人们印象中沉淀下不可淡忘的印记；或许是它们的使用寿命一直持续，先民们出于经济、财力方面的考虑而选择做功效果相似却明显廉价易得的石器农具，也可能因顾虑到有时需要斫地轻浅的实际情况而选择较为钝拙的木制农器；又或许以上两种原因皆有。

其实，将此组语汇与前面所列的耕垦类农具文字进行对比可知，当中出现了相重合的对象：鉏、铫和钁。也可以说，本组释义为"斫"的诸类相关农具，除了除草用途外，锄头横刃的造型设计同时亦适用于耕垦、挖穴、作垄、盖土、碎土、培土等工作。这些农具各有专名，却并非专器，具有一器多用的灵活性和通用性，如《管子·海王》中载："耕者必有一耒、一耜、一铫"，意指耕田时有了这三样农具，基本农事活动可以不用发愁了。

4. 收割农具

《说文·金部》中收录了多个"镰刀"的同义词，显示出其在农事收割用具中不言而喻的重要地位。

鎌，《说文》："鎌，锲也。"慧琳《一切经音义》引《考声》曰："鎌，刈草曲刀也。"

锲，《说文》："锲，鎌也。"《方言·卷五》曰："自关而西或谓之钩，或谓之鎌，或谓之锲。"

铚，《说文》："铚，获禾短鎌也。"

铍，《说文》："铍，两刃，木柄，可以刈艸。"王筠《句读》引《广雅》曰："铍，鎌也。"

从这一组以"鎌"为同训、互训关系构成的语义场中，可大致勾勒出古时镰刀的形制，弯钩形的刀，呈片状，有双刃，在西方也有人形容镰刀似弯曲的剑；尾端装木柄，其长短可据实际需要而定。因为镰刀左右开刃的特点，使得人们在收割稻谷时更易操作。虽然《说文》中指向镰刀语义的鎌、锲、铚、铍几字皆从金部，但事实上这类刈割式工具的设计却源自"农""辰"中所隐藏的蚌壳制农具的启发，有"摩蜃而耨"的蚌器，也有"作磬折形"的石器，在新石器晚期的山东章丘龙山文化遗址、江西修水山背文化遗址、浙江余姚良渚文化遗址、马家浜文化遗址等处均出土有大量骨镰、蚌镰、石镰实物，显示出当时农业生产技术的成熟与进步。不过，从另一方面看，金属制镰刀的产生时间尽管很晚，但其应用范围之广、社会影响力之深，甚至使汇聚古文字最后一个阶段的小篆字书将所有镰刀义文字统归于金部构形。直至农业自动化高度发达的现代，在许多农村收割庄稼时这些金属制的镰刀依然扮演着重要的角色，它们或刀身加长、或手柄延伸，又或两者皆有，有的镰刀刀刃上还会带有小锯齿，有效提高器械的锋利性和实用性。（图5-16）

5. 加工农具

收割好的稻谷还只是半完成品，仍需要脱粒、晾晒、去壳、筛选、研磨等加工程序才能成为市场上销售的面粉成品。与前面所述的农事耕作相同，在农产品加工步骤中也配置了相应农具，并反映在《说文》的农具类文字中。

（1）脱粒农具

柫，《说文》："柫，击禾连枷也。"

枷，《说文》："枷，柫也。淮南谓之桱。"《释名·释器用》曰："枷，加也。加杖于柄头，以过穗而出其谷也。"

䆫，《说文》："䆫，轹禾也。"桂馥《义证》曰："有曰器曰䆫，以石作之，圆如屋柱，长四五尺，有轴转之，故曰轹。"

（2）晾晒农具

杷，《说文》："杷，收麦器。"

𣂪，《说文》："𣂪，㭒叉，可以划麦，河内用之。"《段注》曰："谓之𠕪叉者。言其多爪可掊杷也。"

（3）去壳农具

杵，《说文》："杵，舂杵也。"《段注》曰："舂、捣粟也。其器曰杵。"

492 《说文解字》的设计解读

图5-16a 新石器时期石镰

图5-16b 东汉铁钑镰（大型镰刀）

图5-16c 东汉收获渔猎画像砖

图 5-16

臼，《说文》："臼，舂也。古者掘地为臼，其后穿木石。象形。中，米也。"

碓，《说文》："碓，舂也。"《段注》曰："杵臼所以舂。本断木掘地为之。师其意者又皆以石为之。不用手而用足、谓之碓……后世加巧。借身践碓。按其又巧者、则水碓水磑。"

（4）筛选农具

簸，《说文》："簸，扬米去糠也。"

箕，《说文》："箕，簸也。从竹象丌形，下其丌也。𠀠，古文箕省。𠱬，亦古文箕。𠔋，亦古文箕。䇫，籀文箕。𠥩，籀文箕。"

（5）研磨农具

䃺，《说文》："䃺，石磑也。"《段注》曰："今字省作磨。引中之义为研磨。俗乃分别其音。"

磑，《说文》："磑，䃺也。古者公输班作磑。"《六书故·地理二》曰："合两石，琢其中为齿，相切以磨物，曰磑。"

䂺，《说文》："䂺，䃺也。"

脱粒即是将收割后作物的谷粒从谷穗上脱下，并尽可能将秸秆、谷壳、杂物等与谷粒分离。《说文》为此记录了两类脱粒的工具，或者说方法。其一是以使用"枿""柙"工具为代表的击打法；其二是"䅣"之法，即借助石䄒"轹"工具进行碾磨。试想以亩顷为单位种植的稻谷所产粮食均以升斗计，而非以颗粒个数计算，足见其数量之庞大，倘若徒手将籽粒一粒粒从每根禾稻上剥离出来，工程量难以想象，也不可实现。于是先民通过冲击、揉搓、梳刷、碾压等外力的作用巧妙达到脱粒目的。据此原理而设计制造的脱粒工具或为一根长柄加一组木排或竹排，用以敲打谷物；或如后世之石轮，加压碾取稻米，如此即可快速提高脱粒效率。而所使用的工具材料都是极为易寻的木材、石材，天然、环保又经济、省力，可操作性极强。

"杷"与"耒"二者虽然文字形态、发音完全不同，却同指一物：似叉般多齿向后的长柄农具，其形象可参见《西游记》中猪八戒的兵器铁齿耙。从"耙"从木符的材料指向看，这类"多爪"的工具应多为木制或竹制。一方面，冶铁技术发展较晚，至迟到春秋时期才有所应用，而新材料的应用造价必然高昂，销售市场份额并不足够；另一方面竹木制耙具在划麦、晾晒谷物工作上可全然胜任，无须更加笨重、尖利、还价高的金属工具参与。多齿的农具设计可如"冊"状的梳子般细密地耙疏禾麦，且一次性可引聚更多禾谷，为农事活动提供工具支持上的省时便利。（图 5-17）

图 5-17　西汉铁耙

"杵""臼""碓"三个看似毫不相干的文字却均以"舂"为训相联系。从"舂"的甲文图画"🝁"可清晰显示出古时舂米的生产景象：在地上挖一个凹凸不平的土坑作为"臼（∪）"，再用双手"𠂇𠂇"握住杵棒"╂"，用力捣搓臼中的谷物，使之脱皮去壳。而与"杵""臼"有着相同"舂"之工作原理的"碓"在此基础上则探索出一条更为省力的途径，即以双足替代双手磋磨谷物。具体为借用跷跷板的杠杆原理，在矮木桩上架起一根木杠，一端绑缚有木杵功能的石或木，一端为脚踏处，随着踩踏杠杆时的一起一落，即可实现与双手舂捣一样的做功效果。四川新都县出土的汉画像石中就曾描绘了这一碓具巧用人力舂米的劳动情景（图 5-18）。但是，不论是用手还是用脚，舂米都是一件极费体力的活计，后来人们又开始开发水力、畜力等其他动力源，以简单的机械构造设计出更加省力高效的先进去壳农具设施，"其利乃且百倍"（桓谭《桓子新论》）。

图 5-18　东汉舂米画像砖

按照《说文·竹部》释义，簸箕应是一种竹编而成的容器，其形如甲文所示"ㄩ"，是一种铲状的、三面围合仅一方开口延伸出去的器具。人们通过上下晃动此盛放谷物的器具，将掺杂在籽粒中重量相对较轻的麸皮、糠粃、泥沙、草屑等杂物扬散出去，而保留其中颗粒饱满的粮食。簸箕这一简单的造型设计与使用方法显然十分贴合农事筛选工作的需要，既简洁轻巧又实用易得，材料也是随处可见的枝丫竹条，经人的灵巧双手编织即可，以至于在现代常用词中仍然极为活跃。其看似简易的器具形态却凝聚着千百年劳动者们的集体智慧和生产经验的长期积累与反复检验。

发生同训、互训关系的䃺、磴、砻三个异名皆同指石磨一物。石磨是由两块大小一样、上下契合的扁状圆柱体石头和底层磨盘摞在一起构成的，尺寸一致的两扇磨盘的接触面上刻制有排列有序的磨齿，粮食从顶上可转动石磨的磨眼中添加进去即可被快速磨碎，而此转动盘的动力来源可以是人力、畜力，具体情况需根据石磨的大小决定：若是直径小于四十公分的小磨直接徒手转动即可；若直径达到八十公分则需要一人或一马才能推动；若直径超过一百二十公分,已可视其为大磨,或需三匹马同时发力。按《说文》记载,石磨系公输班(鲁班)所制,在河北邯郸、陕西秦都栎阳等考古遗址中亦均发现有战国时石磨,一定程度上呼应了书中关于研磨农具石磨的产生时间的研判。至汉代,石磨的出土数量更为可观,说明它的发明所带来的农作物深加工的形态转换(由颗粒状变为粉尘状)和更为丰富的食物烹饪得到了当时人们的普遍欢迎,是生产生活中重要的加工设备之一。(图5-19)

图5-19a 新石器时期裴李岗文化石磨盘、石磨棒

图5-19b 西汉陶磨

图5-19

第三节 兵器设计解读

　　争夺领地、狩猎动物是上古先民在物资严重匮乏的时代大量获取食物和生存资料的重要途径之一，而要完满地达成这些目的，使用的兵器是否给力占据了成功因素中的较大比重。原始时期并没有专门的兵器设计，农具、兵器等各项工具的使用界线都很模糊，从"斩木为兵"可知，先时的工具多是一种通用器械，只是依照使用者的应用方向和领域而相应改变其自身性质。随着社会的发展和生产技术水平的提高，兵器逐渐从原始工具中分离出来，为完善战争中各式打击的需要，还衍生出不同用途的长短进攻性武器、护具，以及可远距离袭击的弓弩类利器。

一　进攻类兵器设计解读

　　兵，《说文》："兵，械也。从廾持斤，并力之皃。峎，古文兵，从人廾干。"

　　按《说文》释解，"兵"即兵器，取象双手"廾"持斧子"斤"会意。《周礼·夏官·司兵》提及的"五兵"按郑注引《司马法》所载，步兵的五种武器装备有殳、矛、戈、戟和弓箭，这些兵器长短不一，能够满足近身战、中程作战和远距离攻击的战斗需要。而这些不同武器配备的层次性协作无疑可相互弥补各自的不足之处，使兵器的威力充分发挥。不过在此暂不讨论远程进攻类兵器，留待后文单独分析。

　　1. 长兵器设计解读

　　上古时期兵器的长短没有一个尺寸上的明确界定，《说文》认为"长"之字形取象于年长者的头发（因为古人的头发轻易不敢损毁），从这一角度来说，"长"可以理解为一种以人体为参照的概念。以此为基础，长兵器的长度至少不应低于人的身高。而且，

"兵"由双手握持一把长柄大斧"斤"显示出长兵器需要两只手操持的特点。

（1）有棱无刃的"殳"

殳，《说文》："殳，以杸殊人也。《礼》：殳以积竹，八觚，长丈二尺，建于兵车，车旅贲以先驱。"《释名·释兵》载："殳，殊也。长丈二尺而无刃，有所撞挃于车上，使殊离也。"

杸，《说文》："杸，军中士所持殳也。从木，从殳。《司马法》曰：'执羽从杸'"

依书直译，"殳"应由多根竹竿积合而成，有八条棱，长一丈二尺（约四米），无锋刃，多立于车上，可用来杵击战车，使之崩裂。《周礼》中还被当作一种仪仗用兵器，有隔离人群、护卫仪仗的作用，而此种用途通过"杸"对"殳"在字形上的加注义符和字义上的继承、引申也可窥得一二。由此看来，殳的形制简单，十分类似于现代的"棍""棒"，杀伤力较弱，这也是由其功能决定的。因此其材料获取和制作方法则相应十分容易，对比于同时期工艺复杂、制作精巧的金属类兵器，《说文》描述中的"殳"显得粗糙而平民化许多，但并不妨碍其作为装备军队的重要兵器之一的显赫地位。

不过，从"殳"的甲骨文形态""""看，殳的原始形态更像顶部装有大头锤的长柄兵器。随着功能需求的转变，顶端的凸起亦相应变化。1978年在湖北随县发现的"曾侯越之用殳"从实物角度证实"殳"即是竹木聚合制成。同时出土的一种三棱矛虽然也被正名为"殳"，但结合其甲文原始字形，殳的形态表现应十分灵活，或者说，殳可以作为任何长柄兵器的组成构件与杀伤部位的各式形态自由结合成为新的兵器，好像今天大工业下的标准零配件一样，可以与其他零件轻松组合，也可以独立成"殳"。

（2）从"戈"看戈部兵器的多样形态

戈，《说文》："戈，平头戟也。从弋，一横之。象形。"《段注》曰："《考工记》：冶氏为戈。广二寸，内倍之。胡三之，援四之。倨句外博。重三锊。郑曰：戈，今句孑戟也。或谓之鸡鸣。或谓之拥颈。内谓胡以内接秘者也。长四寸，胡六寸，援八寸。戈，句兵也。主于胡也。"

戟，《说文》："戟，有枝兵也。从戈倝。《周礼》：'戟长丈六尺。'"

按照《说文》中的训诂与递训显示，"戈"是一种"平头戟"的兵器样式，而"戟"即为有横刃像枝条般斜出的攻击性武器。通过"戈"的古文字：甲文" "" "" "和金文" "" "则更加直观地描绘出戈的真实形态，像鸟喙、又像镰刀的曲头长柄兵器，其下端尖锐，可方便插立于地面放置。"戈"的起源很早，殷商以前石器还非常普遍的原始时期应就已出现，二里头文化和凌家滩文化时期的出土文物中就曾发现距今四千年前的玉戈。到后来的尚周时代改为青铜材质制作后，其勾刃状的头部和尖式的尾端也借着历代古文字的承继和演变保留下来。（图5-20）

经段氏考证、说解，"戈"的构成组件得到进一步揭示，包括：戈头、秘和镈。戈头是其重要的杀伤部位，又可细分出：援、胡、内三部分。其中，援就是《说文》提到的横刃，也是收割人性命主要利器，长约八寸、宽二寸，横截面呈扇菱形，好像一把横置的匕首顺着上下略微弯曲了的锋刃聚成尖峰。（图5-21）"援之下近秘为胡"，胡位于戈头横刃的下延，一般为六寸，沿援与内之间的凸起"阑"设置三个穿孔，用于绑束戈头。当然，胡越长，孔越多，戈头与柄秘的连接就越牢固。而在胡上连刃的设计更增加了"戈"器勾割时的杀伤性。"内谓胡以内接秘者也"，内即为援的后尾，长四寸，有直棒形的、也有木端下弯状的，内上同样设有穿孔，与胡一起将戈头牢牢束缚于秘上。不过，组合连接处的绑缚到底因为作战训练时的反复勾击而易出现戈头掉落或松动的情况，又随着实战方式的变化而逐渐衍生出矛戈复合的"戟""戛""我"等新兴造物，继续延续着戈在上古兵器史上的辉煌。

500 《说文解字》的设计解读

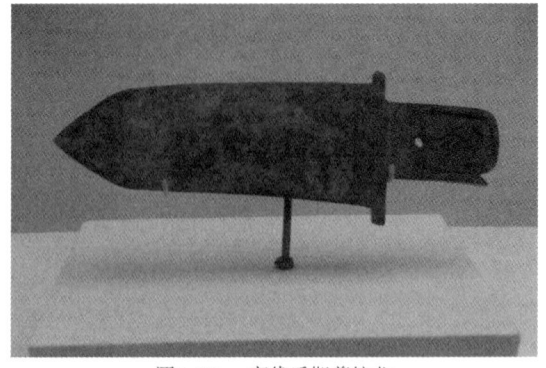

图5-20a 商代后期夔纹戈

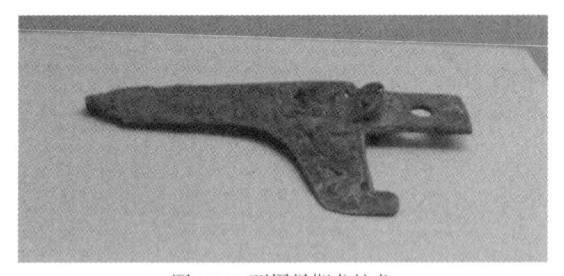

图5-20b 西周早期龙纹戈

图 5-20

柲，《说文》："柲，欑也。"《段注》曰："戈柲六尺有六寸……戈戟矛柄皆用积竹杖，不比他柄用木而已。殳则用积竹杖而无刃。柲之引伸为凡柄之称。"

用于装配戈的手柄"柲"通常有六尺六寸（约 2.2 米），因是积竹杖，所以柄上有棱，挥舞兵器或激战时可增大摩擦力，减低"戈"脱手的情况发生。在湖南长沙浏城桥出土的实物"戈"呈现出长短不一的情形，长的达到 314 厘米，短的只有 140 厘米。如《说文》"车戟常"的释义，长柲应用于车战中的"戈击"，短柲则多用于步兵作战。

鐏，《说文》："鐏，柲下铜也。从金，尊声。"桂馥《义证》曰："'柲下铜也'者，当为'戈柲下铜也'。矛戟下曰鐏，戈下曰鐓。对文则分，散文则通。"朱骏声《通训定声》曰："锐

第五章 其他类设计解读 501

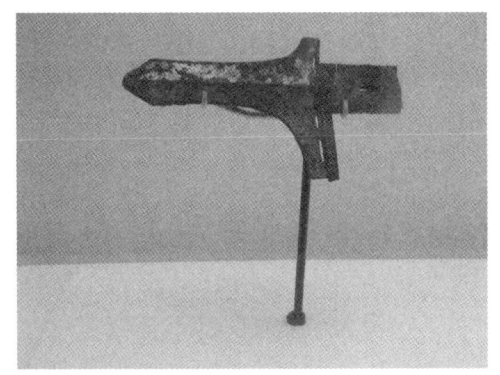

图5-21a 春秋前期梁伯戈

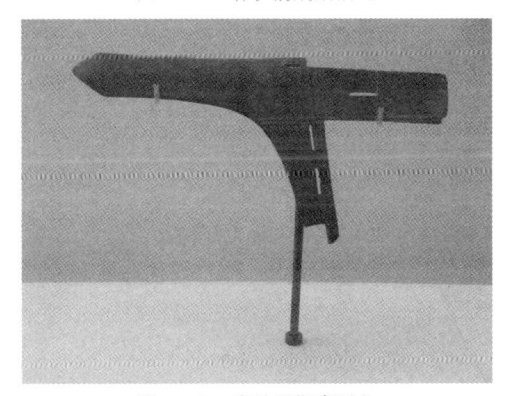

图5-21b 春秋后期秦子戈

图5-21c 战国前期蔡侯产戈

图 5-21

可插地者曰鐏，平者曰鐓。"

"鐏"既是戈尾部最后的构成组件，也是从金部的铜制饰品。其形尖锐，便于插入地面，与底面平滑的矛戟的"鐓"有着很大不同。（图 5-22）

图5-22a　战国后期错银菱纹镦

图5-22b　战国后期大良造鞅镦

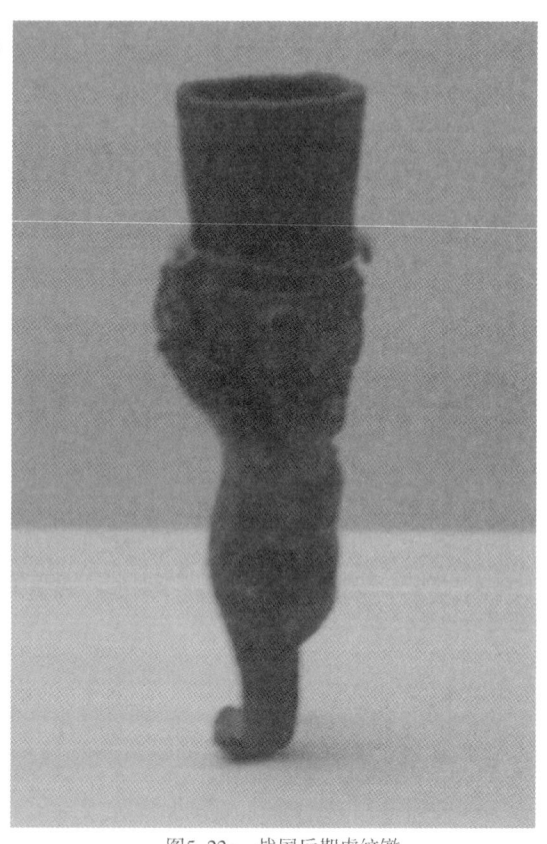

图5-22c　战国后期虎纹镦

图 5-22

纵观东西各国传统兵器的形态发展，皆未发现类似"戈"的兵器样式。仅从其甲文形态看，其最初创制很可能取象于击啄兼容的鸟喙形状。"戈"也成为具有中国传统民族特色的重要兵器类别，并在《说文》中以字系、偏旁的姿态亮相于各式兵器装备的语汇，如："有枝兵也"的戟、"戟也"的曼、"盾也"的戡、"兵也"的戎、戟属兵器的戣、"长枪也"的戴、"枪也"的戕、三戈戟的我、"大斧也"的戉、"戉也"的戚等。（图5-23）

图5-23a　商代后期兽面纹钺

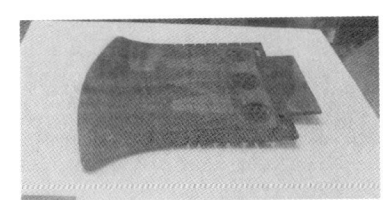

图5-23b　商代后期兽面纹大钺

图5-23c　西周中期三穿戟

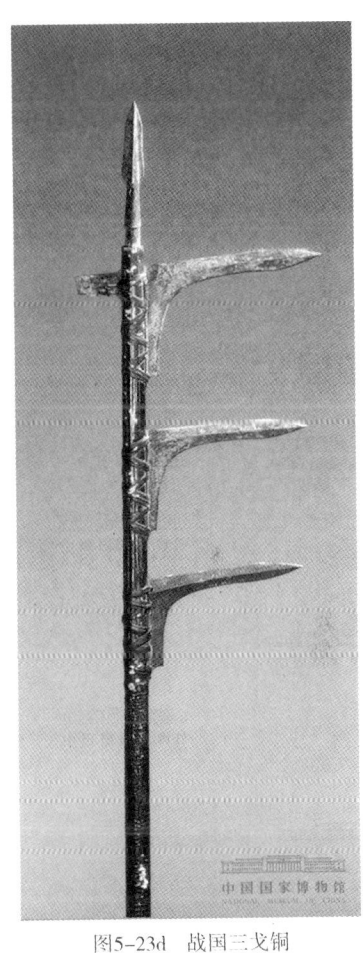

图5-23d　战国三戈铜

图 5-23

（3）用法灵活的"矛"

矛，《说文》："矛，酋矛也。建于兵车，长二丈。象形。戳，古文矛从戈。"

柔，《说文》："柔，树木可曲可直。从木，矛声。"
煣，《说文》："煣，屈申木也。从火，柔，柔亦声。"

按此组构成对应，皆以"矛"为构件，从"柔"字在"矛"的基础上增加"木"为形符看，矛柄应为木制，且"可曲可直"，具有十分柔性。但事实上，木条并不会靠自己的力量轻易屈伸，《说文》在解释这一情况时，通过"火"与"柔"的字形组合，以及"煣"的训释：用火烤使木条变形，两方面共同做出了详细说明。恰恰相反，矛的木制手柄往往刚硬易折，"可曲可直"的木条变形是有前提的，需要用火揉制，这显然与"柔"性的矛柄描述不符。而根据《段注》在"戈戟矛柄""柲"的注释，矛的柔柄应体现了上古时期制作技术的精进和一种"外柔内刚"的设计创新。"柲"为六尺六寸的"积竹杖"，《说文》说解"杖"为"持也"，也就是持握的木棍的意思，将"积竹杖"三字连在一起，表明矛的手柄不再是单纯的木棍，而是以坚硬的木杆为芯，富有弹性的竹竿为表皮，在经过打通竹节的制作步骤后，将木杆套入竹竿内，并用绳子捆紧，从而使矛柄具有了刚柔并济、坚挺抗折的双重特性。

"酋矛"可见于《周礼·考工记·庐人》中"戈柲六尺有六寸。殳长寻有四尺（一丈二尺）。车戟常（一丈六尺）、酋矛常有四尺（二丈）。夷矛三寻（二丈四尺）"之语，说明矛有两种，一种就是酋矛，"建于兵车，长二丈"，是一种竖立于兵车上长矛，长二丈；另一种是夷矛，长二丈四尺，是"五兵"中最长的兵器。如林木般直挺、高立的矛可直冲向"心"的"戆"即形象地描绘了矛的功用。两军对垒时，前排的士兵手执超长手柄的"矛"向前冲刺，基于矛将近八米的长度，可轻易地连续刺穿数排敌军的身体。

"矛"的金文是"𫝀"，按于省吾《骈续》考释："上象其锋，中象其身，下端有銎，所以纳柲，一侧有耳，耳有孔，盖恐纳柲于銎之不固，以绳穿耳以缚之，亦有两侧有耳者。"再结合殷商时期的考古墓葬的出土实物看，矛头上窄下宽，近似三角形，在与柲的连接处设有小孔用来穿绳以加固矛头。（图 5-24）

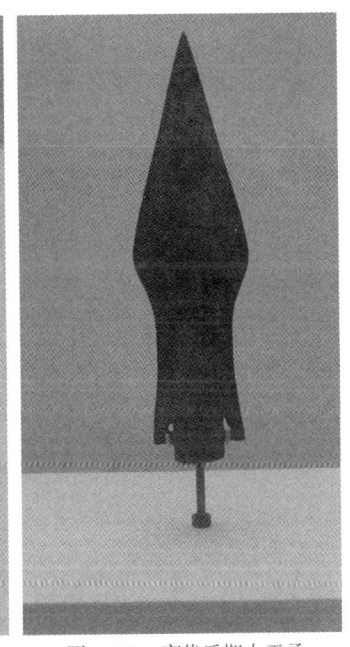

图5-24a 商代后期玉刃矛　　图5-24b 商代后期大于矛

图 5-24

《说文》中关于"矛"的种类式样记载很多，如：短小的矛"釳"、铁把短矛"鋋"、侍卫持执的矛类武器"銗"、释为"短矛也"的"鉈"、"矛也"的"鏦"，以及长矛"鈠"。据陈瑑《引经考证》载："《说文》銗之上为鋋，训小矛；銗之下为鉈，训短矛；鉈下为鏦，训矛也；鏦下为鈠，训长矛"，可见矛依据其外观形态的长短、大小、轻重等变化亦有多重层级的衡量判断标准，且延续寿命很长，百变的造型设计可适应各种环境下战斗的需要，至铁器时代"小矛也"的"鋋"依然昌盛不衰，其矛类武器"銗"甚至成为王室守卫必备的兵器之一。

（4）"距人之械"的"枪"

根据"枪"音的系联，得到构成递训关系的"枪"与"戕"的对比，以及与"戕"相同偏旁、有斧钺之义的形符"斤"构成的"斨"。这种组合系联当可帮我们寻绎长柄枪、斧间的设计转译。

枪，《说文》："枪，歫也。从木，仓声。一曰：枪，（欀）[攘]也。"朱骏声《通训定声》载："歫人之械也。《苍颉篇》：'枪谓木两头锐者也。'"

戕，《说文》："戕，枪也。他国臣来弑君曰戕。从戈，爿声。"《段注》曰："枪者，歫也。歫谓相抵为害。《小雅》曰：'子不戕。'传曰：'戕，残也。'此戕之正义。"

斨，《说文》："斨，方銎斧也。从斤，爿声。《诗》曰：'又缺我斨。'"

对比上文《说文》关于"矛"形态的描述与分析，若仅从"枪"与"矛"的上端杀伤部分判断很难分辨，均以刺击为进攻模式。明显的区别在于兵器底部，"枪"是两头尖锐；"矛"的底端则是平的，柲下包裹铜鐏。显然"枪"较之"矛"攻击面更广，在人眼看不到的背面也能顾及到，灵活机变，其杀伤力也相应提高，应属"矛"的进化体。

"戕"同样指向枪，然而，从文字的构成内容看，是用一件勾割式的"戈"劈裂竹子，而不是"矛"，与之类似的还有作为长枪的"戟"，都是从戈部会意。纵观《说文·戈部》中的各类语汇，可以发现，戈在其中表现出的含义有：制造武器（栽、戴、载、裁等），质量检测（戠、識、熾等），防卫坚守（或、國、戍、戒等），攻伐征战（武、戎、伐、殲、戮等），两戈相击（残、钱、践等）。戈所构成的语汇涉及到战争兵器的方方面面，可以说，戈这类勾啄式的进攻武器占据着上古时期兵器类别与样式的统治地位，是中国早期大杀伤力的兵刃始祖，其后出现的矛、戟、我、枪、戕等兵器都是在此基础上演化而来的。尤其是"戉"，虽然字形上同样挎戈，却与"殳"类棍棒器械的专击、"戈"类曲刃的勾击、"矛""枪"类兵器的专刺，以及"戟""我"等复合型武器的可勾可刺完全不同，《说文》称其："斧也"，从其甲骨文"𰀀""𰀁"取象看，是一种有横刃的长柄砍杀类兵器，与浙江余姚的史前石戉，青州苏埠屯、延安甘泉等地出土的青铜戉实物形态一致，而递训为"戌也"的带戈"戚"也是一样，都具有相同横刃、长柄的共同特征，尽管与勾杀的"戈"在外观表现和使用方式上已相去甚远。功能上，《说文》引《司马法》曰："夏执玄戉，殷执白戚，周左杖黄戉，右秉白髦"，实战效果不彰的戉显然在其他领域开辟了一片新的天地，成为象征无上王权的礼器。到商周时期，金文"钺"的书写体现出戉柄缩短的明显变化，

按《说文》定义，与"枪""戕"同音的"斨"与"戉"也有着千丝万缕的联系。许君释其为有方形孔洞的斧头，《段注》认为"銎"是特指斤斧上安装丯柄的孔，并引用"《毛诗传》曰：'隋銎曰斧，方銎曰斨。'隋读如妥，谓不正方而长也。"从"斨"的字形组合成分分析，形符"斤"本义为砍削木头的横刃小斧，"斫木[斧]也"，按其甲骨文"𠂇""𠂆"的文字图像显示，也仿佛一柄曲柄斧①。作为与从戈之"戉"同训的斤部兵器，"斤""斨""斧"等从"斤"组成的会意字更加图文并茂地呈现出横向砍杀兵器的操作模式，同时也是称其为斤斧类兵器的明显特征，即设刃于横。《诗·陈风·墓门》"墓门有棘，以斧斯之。"的"斯"即有劈开之义；《尚书·秦誓》"断断猗无他技"的"断"表截断、断绝；本义"取木也"的"新"其实源于因砍断树木而"见白新也"②；从才从斤的"斯（折）"更是直至今天仍在使用，取义"断也"，这些斤部语汇都不约而同地从各自不同角度阐释出横向设置的锋刃所设定的独特打击方式。（图 5-25）

2. 短兵器设计解读

短兵器与长兵器相对，上古时期长短度量以弓、矢为准，徐灏在《段注笺》中训解："古者弓长八尺，箭干长三尺，故度长以弓，度短以矢。"从以长度约一米左右的箭矢作为"度短"的参照来看，短兵器的长度已不言而喻，较之大于身高长度的"大块头"

---

① 唐兰《古文字学导论》："（斤的）甲文象曲柄斧形。"
② 《段注·新》："取木者，新之本义。引申之为凡始基之称。"徐灏笺曰："斫木见白新也。"

长兵器而言，短兵器用单手握持即可，便于随身携带。

图5-25a 商代石斧　　图5-25b 春秋时期铜斧　　图5-25c 周成王时期"康侯"青铜斧

图 5-25

（1）"刀"与"刃"

"刀"于今天的人们而言已是一种十分常见的工具器械，上古字书《说文》中记载的若干从刀部的字如："直伤也"的"刺"、"解骨也"的"剔"、"掊把也"的"刮"、"破也"的"劈"、"裂也"的"剥"、"剥也"的"割"、"镂也"的"刻"、"析也"的"削"、"刌也"的"切"等仍沿用至今，这些表达刀具多变使用方法的语汇，甚至有许多在字形、字义上都丝毫未变。但是，毕竟经历了千百年的发展，如今看到的刀几乎均为钢制，应用于人们日常生产生活的众多方面。

追溯刀的起源，殷商时代的甲骨文就已绘制出刀的原形"𠚣"，联系刀"刃"的指事图形"㔾"，刀的初始形态已一览无余，长刃短柄的结构，与斧钺相似，锋口横向设置，单面开刃，另一边厚实的刀脊也保证了执刀砍杀时刀不会因用力过猛或攻击对象太过坚硬而轻易折断。可见三代甚至三代以前先民就已创制刀具。经考古出土的实物"刀"鉴定、研究，原始社会时古人类就开始选用不同的石料打制各式刀具，而主要应用的途径并非军事而是生产劳作，也因其用法灵活杀伤力强而常作防身武器。（图 5-26）随着青铜合金、铁的相继出现，刀的材料也从普通的石头扩展到金属制，刀身逐渐加长，加上《说文》中收录的有刀鞘末端处铜制饰物含义的"镖"，令人分明地感受到金属质地的兵器"刀"由早期的粗陋逐渐向精美、完善方向进化的趋向，相比石刀更为坚实、耐用，也更轻便。《管子·海王》载："一女必有一针一刀，若其事立"，说明铁刀在春秋战国时家庭的女红劳动中的必备工具地位。

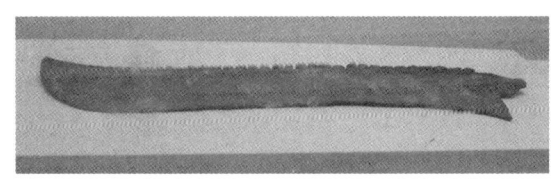

图5-26a　商代后期大刀

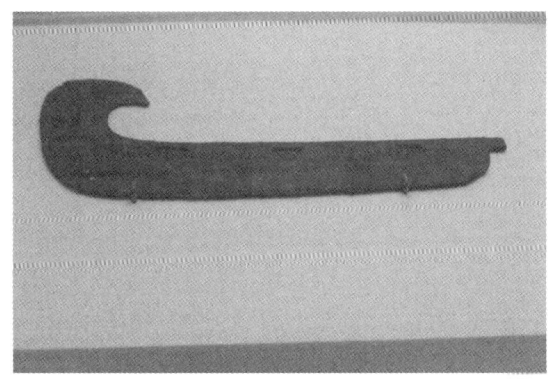

图5-26b　商代后期卷首刀

图 5-26

刀，《说文》："刀，兵也。象形。"

刃，《说文》："刃，刀坚也。象刀有刃之形。"

然而，在许慎看来，上古时期的刀多服务于战争的需要，因此作为"兵也"的兵器，其应用范围并不对民间生产生活领域开放，就秦朝来说，自秦始皇统一六国后更"收天下之兵，聚之咸阳，销锋镝，铸以为金人十二，以弱天下之民"（贾谊《过秦论》）。刀即当时兵器中的一种，至两汉时期，刀更成为装备步兵的主要器械之一，由于战车的退隐，骑兵强大的快速机动力使之成为战争的主力，所使用兵器比较直刺类只能单一进攻模式的兵器，刀的抡击劈砍则更受青睐。同时，还从战刀中分离出外形精美装饰华丽的佩刀，流行于贵族及以上阶级，刀身形制及其所刻花纹亦有着分明的等级限制，不得随便逾越。

此外，刀的功用不止于工具与兵器，还兼有刑具的角色。

法，《说文》："法（灋），刑也。平之如水，从水。廌，所以触不直者去之，从去。法，今文省。佱，古文。"

刑，《说文》："刑，剄也。从刀，开声。"《段注》曰："刑者，剄颈也，横绝之也。"

开，《说文》："开，平也。象二干对构，上平也。"

由这一组三项的《说文》解析可知，"法"的本义为"刑"，而"刑"从刀从开，通过刀对人体的伤害实施的一种惩罚，以体现"开"两干平列中的公平正义。

（2）装饰华美的"剑"

剑，《说文》："剑，人所带兵也。从刃，佥声。籀文剑从刀。"《段注》载："此今之匕首也。人各以其形儿大小带之。"

佥，《说文》："佥，皆也。从亼，从吅，从从。《虞书》曰：'佥曰伯夷。'"

同时，与剑相匹配的剑鞘在《说文》中也保存了各式不同的形制：

柙，《说文》："剑柙也。"徐锴《系传》曰："柙，匣字也。亦谓之铗。"

鞞，《说文》："刀室也。"指刀剑套。

按照"剑"在《说文》中的字系归类，以及对文字的构成解读看，剑从刃亦从刀，应与刀同属一类；"佥"指"都"义，结合刃（刀）旁可理解为两边都有刃，即双面刃，这也是与只有一边有刃的刀最大的不同。如此两边开刃的剑使得剑身笔直、剑头尖利，两刃之间自然堆起的剑脊成为剑身两面两条凸起的中线，挥舞时既有刀具的劈砍性能也能如枪矛般多角度刺杀。除了关键的剑身，按照《说文》所载，在剑柄与剑身间还设有"剑鼻""镡"，这一于连接处两旁突出的简单设计却饱浸人性关怀，避免了人在使用时因汗水等原因滑握至剑刃处而伤手。在《考工记》描述剑的结构时也注意到了这一构件与特点，并提到剑柄底端的旋环"铎"，巧妙留出了装饰用流苏捆绑的位置，将安全与美观的双重理念有机地融为一体。而剑套造物形制的开发同样考虑到了实用与审美之间和谐处理的问题，并且从木、革到金属材料的进化轨迹看，对剑室的安全性、装饰性设计考量已逐渐提升到与剑本体一样的高度。

另外，《说文》释"剑"为：人们佩戴的兵器。其中，这里的"人们"一方面指战场杀敌的军人、侠客，剑因自身刺、砍兼备的实用效能而成为这类人群腰间悬挂的杀敌、防身利器。另一方面则指贵族，剑一直有"百兵之君"的美称，上古先民酷爱佩剑，不仅因为剑能够防身，以及剑鞘上精美的雕刻花纹、剑柄上垂饰的带穗配饰可以起到装饰的作用，而且也是一种身份地位的象征。自西周以降的二千多年间，佩剑之风始终在上流社会盛行不衰。《周礼》中更根据佩剑者爵位品阶的高低对剑的重量、长度等都作出了详尽的等级划分，以制度的形式明确规范剑的形态。[①]（图5-27）

（3）携带方便的"匕首"

在段氏对《说义》的说解中，匕首即为剑，在结构形制上两者并无区别，都是冷兵器时代近身战中的有效防备武器。

匕，《说文》："匕，相与比叙也。从反人。匕，亦所以（用比）取饭，一曰柶。"

匙，《说文》："匙，匕也。"朱骏声《通训定声》曰："苏

[①]《周礼·考工记·桃氏》载："桃氏为剑，腊广二寸有半，两从半之。以其腊广为之茎，围长倍之。中其茎，设其后……身长五其茎长，重九锊（合六又三分之二两），谓之上制，上士服之。身长四其茎长，重七锊，谓之中制，中士服之。身长三其茎长，重五锊，谓之下制，下士服之。"

俗所谓茶匙、汤匙、调羹、饭橾者也。"

图5-27a 春秋后期越王者旨於赐剑

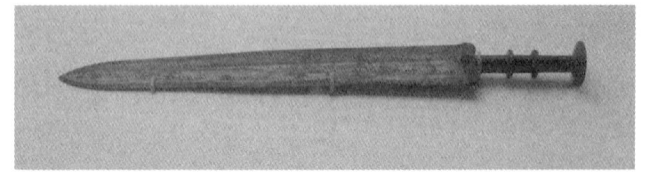

图5-27b 战国后期有鞘剑

图 5-27

按"匕"与"匙"在《说文》的递训看，匕实际上为取饭用的勺子。而短剑因短小狭长的外观与匕十分类似，因而得名。唐代司马贞《史记索隐》载："刘氏曰：'匕首，短剑也。'按《盐铁论》以为长尺八寸。《通俗文》云：'其头类匕、故曰匕首。短刃可袖者。'"匕首的历史源远流长，早在原始社会就有石制匕首，至商周时期，青铜、铁的新材料的不断加盟使得匕首不断完善自身，不仅更加锋利、杀伤力更强，而且携带方便，易于隐藏，常被刺客用于暗杀，最著名的"荆轲刺秦王"就是利用匕首轻薄小巧的特点，将其隐藏在图卷中，伺机刺秦，并在一击未中后再次投掷狙击。汉代时匕首常作为备用武器与长剑一起配合使用，甚至一般官吏也会在佩剑的同时携带匕首作防身保命之用。（图5-28）

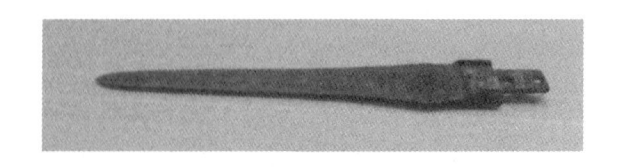

图 5-28 西周晚期人面匕首

如刀、剑、匕首类短兵器攻击方式多样，且短小灵便，易于携带，是近身战中必不可少的进攻利器，在资源贫乏的冷兵器时代，配合长兵器的中程直刺攻击与弓弩的远程袭击，互补长短，形成全面覆盖的严密攻击网络，共同构成上古兵器的完整体系。

二　抛射类兵器设计解读

抛射类兵器在战争、狩猎等活动中多用于远距离攻击，属于杀伤性武器，如：弓、弩、矢、旝等。

1. 多弯的"弓"

"弓"无疑是我们较为熟悉的一类古代传统武器装备，简单来说，由富有弹性的弓体和韧性十足的弓弦基本构成。这一通过激弦张弓将箭矢弹射、攻击远处目标，射程可达几十甚至几百米的武器因两军对垒时可先下手为强的优异性能而颇受人们青睐，历久不衰。据考古证实，弓的产生年代十分久远，1963年山西峙峪遗址出土的距今28000年前的旧石器时代燧石镞头婉转表明先民使用弓箭的历史已然开始。弓身主要以竹木制成，或许正是因为材料本身易腐蚀的特性，上古时的实物"弓"器少有发现。尽管如此，今天无论是在电视电影场景还是国际运动会的竞技比赛仍然经常闪现着弓的身影。

弓，《说文》："弓，以近穷远。象形。古者挥作弓。《周礼》六弓：王弓、弧弓以射甲革甚质；夹弓、庾弓以射干侯鸟兽；唐弓、大弓以授学射者。"

按照《说文》释解，"弓"的创制可追溯至黄帝时期，许君所录"弓"之篆文虽然在甲骨文（"𢎁"）、金文（𢎁）等字体的基础上经过提炼加工，但仍不掩其仿象于弓之物形的本质。其中最具特色的应属竹木制的弓体，从孔广居《疑疑》对古文"弓"的考证看，①真实的上古弓体弯曲形成了一个有别于其他兵器的独特形

---

① 孔广居《疑疑》："弓，本作㇃，象弛弓之形。㇃，弓体也。㇓，未张之弦也。"

状:"⌇",类似于在一个半圆形的中央追加了一个反向的曲弧。虽然看似只是在形式上多了一道弯,实际上却使整个制弓技术跃上了一个新的高度。当拉弦张弓时,弓体弯曲处受力最重,其内侧会出现挤压缩短的问题,而外侧则会发生拉伸变长的现象,内外两侧面不断受到这两种相反力的作用,当弓弦绷紧到一定程度,弓体无法承受内外层力量冲击时,弓体的弯曲处就会出现断裂、折损。而古文"弓"中多增加的内向弯道恰好对症下药地预防了此易发事故,分解掉一部分压力,使弓的受力程度上升,在无形中增加了弓形的视觉艺术美感,有别于其他一般造型。"能挽雕弓如满月"生动地表现出中式"弓"优越的拉伸性能,即弓长和拉伸长度之比高的特点,也体现出弓体结构上多出的这道内向弯弧所带来的抛射类武器在投射远度和强度上革命性的飞跃。不过也正因为这道内弯弧结构,古人诗句"月如钩""燕山月似钩"中的作比也将多弯道的弛弓之形与"月"绝缘,转而在"杯弓蛇影"中以蛇形相喻。而这种预先在弯曲受力点增加反向弯曲结构以减少力的负荷的方法在现代工程术语中亦称"加预应力",说明中国上古时期在弓的设计上已具有相当前瞻的先进性。在古希腊爱基那岛庙顶,艺术雕刻亚述国王骑马执箭拉弓的场景,雕像上清楚明白地显示出半圆形的弓体中间并无预应力的内弯弧,技术水平明显落后。也因此其弓的拉伸程度有限,角度也大,相比于中式弓用一根拇指拉弦,欧式弓可用多根手指一起拉弦,但就抛射效果而言不可同日而语。

古语云:"挽弓当挽强,用箭当用长",《说文》引《周礼》中曾按其强弱和用途列出六种弓:射穿各类铠甲、盾牌的强弓"王弓"和"弧弓";可射击鸟兽皮制作的靶子的中弓"夹弓"和"庾弓";以及用于练习的弱弓"唐弓"和"大弓"。弓的强度与弧度有关,弓越强射击距离越远,相应杀伤力也越强。而"王弓""弧弓"之所以能够穿透坚硬的铠甲、盾牌进而射伤人体,更甚至"没在石棱中",也是得益于预应力结构对弓体弹力的支持。而弓的用途亦在《周礼》的记述中表露无疑。弓起源初期,工艺技术尚不成熟，射程、强度皆无法与后世弓箭比拟，但较之刀斧等近身攻击型武器却有很大优势，不仅可以远距离射杀猎物或击中目标，也是守城战、伏击战、阵地战等各式战役中的宠儿，以其灵巧轻便、可长距离攻击的特点而服役军中，"两军相遇，弓弩为先"，往往是第一波攻击的主要武器。尤其当强弓"王弓""弧弓"出现时更成为战争中进攻的大杀伤性利器。

由《说文·弓部》所列30个语汇看，当中存在着许多相关又有区别的详细语义指向。

（1）指向弓种类的语汇

弴，《说文》："弴，画弓也。"指刻画有花纹的弓。

弭，《说文》："弭，弓无缘。可以解辔纷者。"专指弓末端不缠丝线而镶嵌骨角的弓。

弲，《说文》："弲，角弓也。洛阳名弩曰弲。"指镶嵌角的弓。

弧，《说文》："弧，木弓也。一曰：往体寡，来体多曰弧。"指木弓因弯曲度较小而用弦强迫其发生弯曲的弓。

（2）指向弓之配件的语汇

弙，《说文》："弙，弓弩耑弦所居也。"指弓弦两端拉紧的部分。

弢，《说文》："弢，弓衣也。㔾，垂饰，与鼓同义。"

弦，《说义》："弦，弓弦也。从弓，象丝轸之形。"

韣，《说文》："韣，弓衣也。"指弓袋。

韔，《说文》："韔，弓衣也。《诗》曰：'交韔二弓。'"

鞬，《说文》："鞬，所以戢弓矢。"指马背上承箭的器具。

（3）拉弓时的保护装备

韝，《说文》："韝，射臂（决）[捲]也。"指射箭用的臂套。

韘，《说文》："韘，射决也。所以拘弦，以象骨，韦系，著右巨指。《诗》曰：'童子佩韘。'"指射箭戴在右手大拇指的扳指，用象骨制成，熟牛皮为纽带。

（4）弓弩的调试设备

弼，《说文》："弼，辅也，重也。𢐀，弼或如此。"王国维《观堂集林·释𢐀》指弼的本义为矫正弓弩的器械"柲"或"檠"。

䩏，《说文》："䩏调，调弓也。"指调试弓。

（5）指向弓动作情态的语汇

弨，《说文》："弨，弓反也。《诗》曰：'彤弓弨兮。'"指松弛弓弦后弓体变回原状。

彊，《说文》："彊，弓曲也。"

𢎺，《说文》："𢎺，弓便利也。"

张，《说文》："张，施弓弦也。"指绷弦于弓上。

彉，《说文》："彉，弓急张也。"指弓紧急张开。

弸，《说文》："弸，弓彊儿。"指弓强而有力的样子。

彊，《说文》："彊，弓有力也。"

弯，《说文》："弯，持弓关矢也。"指一手拿弓，一手把箭扣在弦上。

引，《说文》："引，开弓也。"

𢎘，《说文》："𢎘，满弓有所乡也。"指拉满弓而有方向。

弘，《说文》："弘，弓声也。"

弛，《说文》："弛，弛弓弦也。"指放松弓弦。

弛，《说文》："弛，弓解也。"

弹，《说文》："弹，行丸也。"指使弹丸疾驰。

发，《说文》："发，射发也。"

羿（羿），《说文》："羿（羿），帝喾射官，夏少康灭之。《论语》曰：'羿善射'"

弜，《说文》："弜，彊也。"王筠《句读》曰："弓本彊有力，二弓则尤彊矣。"

以上各式弓的语汇彰显出先民对"弓"的重视，不仅开发出竹质和木质两种材料的弓，还用绘画、雕刻、材料拼贴的镶嵌之法等对弓进行局部装饰、美化；注意到弓弦的形态样式、配件、调试设施，以及射箭时对人体的相应保护装备；也考虑到与弓体连接的关键部分，以及松弦后用弓衣"韣"对弓体作的细心保护与包装；甚至关于弓在张弛不同状态下的情状、修理保养和针对射箭规范有度的管理都巨细无遗地囊括其中。

2."弩"之机巧

弩，《说文》："弩，弓有臂者。《周礼》四弩：夹弩、庾弩、唐弩、大弩。从弓，奴声。"

弩的创制时间与弓相近，传说都源于黄帝时期，其从弓系的部居编排显示了弩隶属弓类兵器的事实，且兼容"弓"远距离射击的设计特点。从字形和释义看，弩区别弓增加了臂，《释名·释兵》曰："其柄曰臂，似人臂也。钩弦者曰牙，似齿牙也；牙外曰郭，为牙之规郭也；下曰悬刀，其形然也。含括之口曰机，言如机之巧也，亦言如门户之枢机，开阖有节也。"弩"臂"即为一个木柄，如同人的手臂，开弓拉弦如满月；"弓"横向置于臂柄前端，绷紧弦钩挂于臂柄后部的"牙"处；"机"也大致位于此处（臂柄后部），是弩最为关键的部分，包括用于钩弦的"牙"，"牙"外匣状的"郭"，以及"郭"下的"悬刀（扳机）"。

機（机），《说文》："機（机），主发谓之机。从木，几声。"

由《说文》释义看，"机"本源于机械结构中主持发动的部分。联系到弩机，即为一种微型的轴动杠杆，在使用弩时，只需瞄准后触动悬刀（扳机）使牙下缩，原本钩挂的弓弦随即回弹，进而带动箭矢向前飞射，因此弩设计的核心"机"，其功用亦与《说文》"机"的解释相符。今天各式枪炮中的扳机之"机"想来也是由此启发，机件虽小，却能以小制大，可将不断复加的力量仅通过控制一处小小的按键就能随时发挥出惊人的能量。而且，它的能量积累是分步骤进行的，装箭、拉弓、瞄准、发射等各项操作可断裂处置，每一个步骤都可以根据个人的能力、现实环境的需要，在做好充足的准备之后，延时射击。其"从木"的表述，说明该机械的制作初期应始于木制结构，是"横弓着臂，施机设枢"，单纯地将木弓与木臂结合而成的复合兵器，使弩在发矢时将弓上之弦与臂上之机取长补短，发挥出最强功效。

而随着对弩机受力强度要求的提高，原始木制弩机的坚固性受到质疑，如"擘张弩"（用双臂开弩）、"蹶张弩"（用脚张弩）、"车张"弩（用绞车张弦）、"腰开弩"（用腰引弩）等都需要非常强劲的力才能张开弩弦，也对弩机的坚实度设定了非常高的标准。因此在机件的选材上，铜制弩机代替原本的木"机"应运而生。从大量出土的弩机质地看，基本构造并未有很大改变，除了将原本木制的钩、牙、悬刀（扳机）、望山（瞄准器）等变换材质外，即是在弩臂上加装铜郭，以着重强化机槽的张力荷载。（图5-29）

显然，此类结构的弓弩较之弓原始、单一的结构而言，更为复杂也更为简单。其创造性增设的臂柄代替人的手臂撑开弓与弦，保证了拉弓射箭时的稳定性，使人在射击时可以只全神贯注于瞄准一项工作，不会因同时关注拉弓和瞄准两件事，或由于手抖、拉满弓时间短暂等体力原因的分心而影响射击的准确度，发动时仅需轻轻扣动悬刀即可。可以说，弩实际上是升级版的弓，特别是当弩的核心构件"机"由木制变为铜制后，威力更大、射程更远，瞄准时间更宽裕，命中率更高，使"鸟不及飞，兽不暇走，弩之所向，无不死也"（《吴越春秋·勾践阴谋外传》）。当然，缺点也是显而易见的，即上弦时耗时费力。

《说文》引《周礼》提到的夹、庾、唐、大四种弩其实也都是通过"机"发动的弓。《夏官·司弓矢》载："司弓矢，掌六弓、四弩、八矢之法……凡弩，夹、庾利攻守，唐、大利车战、野战。"从此描述中可推测，夹弩、庾弩应较轻巧，携带方便，多用于攻守城垒；唐弩、大弩则用于车战和野战，能够拥有远距离击破战车、盾甲的巨大杀伤力，想来也只有强弩能够做到。这四种弩的

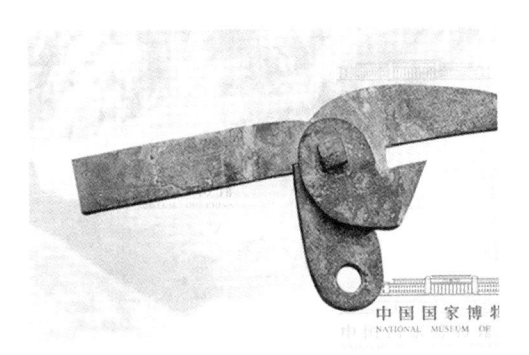

图5-29a 秦代铜弩机

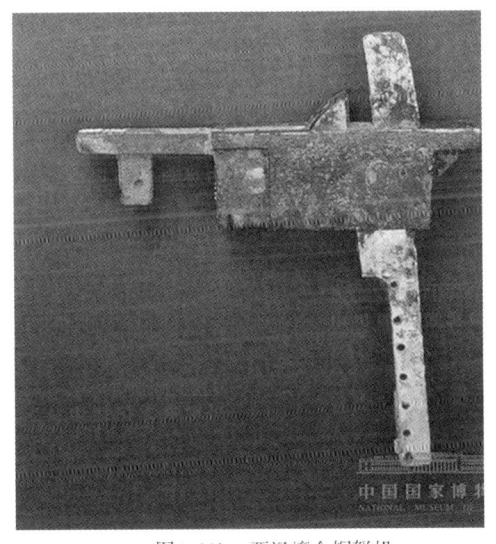

图5-29b 西汉鎏金铜弩机

图 5-29

不同用途同时也显示出弩器内部延伸出的两种完全不同的发展方向。强弩破坏性大、射程远，但机动性差，两弹射击间隔时间长，只能分多组射手轮番射击以保持攻击的连续性，常被用于伏击或防御；而如夹弩、庾弩制作相对小巧，又因射击步骤的简化而提高了击发的频率，不可否认其存在着另一种于强弩无法比拟的速度优势，可根据伏击战、阵地战、攻防战等战争形式的不同需要有组织地进行合理安排。

3. 从"矢"看箭的设计

矢，《说文》："矢，弓弩矢也。从入，象镝栝羽之形。古者夷牟初作矢。"

箭，《说文》："箭，矢也。从竹，前声。"

由《说文》"矢"与"箭"的递训关系看，矢即通常所说的箭，它与弓、弩一样，同样起源于神话时代的黄帝时期，是人们使用时间最长的上古兵器之一，也是冷兵器时代消耗量最大的弓弩专用"子弹"，秦兵马俑墓中出土的镞骸数量更数以万计。早期"从竹"的"箭"制作简单，应是一头削尖的竹木棒，没有过多处理。不过，观察"矢"的甲骨文"𠂨""𠂇""𢎨"，金文"𢎨""𠂊"的象形图像，再结合《说文》可知，随着时间的推移，简单的箭矢也逐渐增加了各种辅助构件，并分解出：箭头"镝（镞）"、箭杆、尾部的"羽"和箭末扣弦处"栝"四部分。据山西朔县峙峪村旧石器晚期的考古所得，距今三万年前，先民已开始使用经过精细加工的薄燧石片制作箭头，"入"字形锐利的箭头、呈凹形的可供插入箭杆的镞座，尽管箭杆、箭尾早已腐烂，但从遗留下的精致镞头仍可想见当时的箭矢制作工艺已达到相当水平。（图5-30）

箭矢是远程攻击的利器，也是弓弩威力的载体，因此箭矢在击中目标后的破坏力，以及空中的稳定性、飞行力，直接反映在箭头、箭杆和箭尾三者的形态设计上。

镝，《说文》："镝，矢鏠（锋）也。从金，啇声。"

镞，《说文》："镞，利也。从金，族声。"《段注》曰："今用为矢鏠（锋）之族。"

"镝""镞"皆从金部，位于箭头部位，相比于起源时使用的竹、木、石、骨等材质，坚硬的金属制青铜与铁的箭头更具有穿透力。不过依据不同的应用环境，也不能一概而论。按照《周礼·夏官·司弓矢》所载，用诸守城车战的枉矢、絜矢不仅质坚刃利，镞与杆连接处还绑有火球，以最大限度增强"子弹"的破坏力；用于练习的恒矢、痺矢多用骨制，以减低杀伤力，殷墟曾出土一种镞头

图5-30a　商代后期镞（三枚）

图5-30b　西周晚期镞（二枚）

图 5-30

平而无锋的圆柱形习射用"志矢"，仅能撞击不能刺入，其形制很可能与恒矢、庳矢相似；而田猎用的杀矢、鍭矢和弋射飞鸟用的矰矢、茀矢则依据猎物体格的强弱而威力不等。说明早在上古时期，先民们已懂得"杀鸡不用牛刀"，即打击目标不同，其选用的箭矢形态、结构、材质、型号也会视情况而相应调整，而非盲目的"一刀切"，从而以最小的代价获得最大、最优的收益。并且，弓、弩虽然同使用箭矢为"子弹"，但这些"子弹"也因弓与弩的差别而存在规格大小的匹配问题，如《说文》经常援引的古文献《周礼》所载，枉、杀、矰、恒四矢用于弓，絜、鍭、茀、庳四矢则适配弩。①

作为攻击的主要部位，箭镞一直是上古各国绞尽脑汁改良的重点，款式也最为多样，有薄匕式、三棱式、圆锥式、平头式、有脊双翼式、三翼式、四棱式等。尤其，金属箭头结合"入"形的锋利尖头、其末端为加大杀伤力而设计的逆刺，以及不断进化形成的开有六个血槽的三棱式箭镞，成为各国公认的利器，秦坑中出土的三棱式箭镞更占据 99.85%的压倒性比例。这种阴毒的箭镞设计，一

---

① 郑玄注曰："此八矢者，弓弩各有四焉，枉矢、杀矢、矰矢、恒矢，弓所用也，絜矢、鍭矢、茀矢、庳矢，弩所用也。"

旦射中目标即会造成巨大创伤，不仅倒挂伤口、快速放血，甚至就算将箭矢拔出也难以愈合。

短，《说文》："短，有所长短，以矢为正。"徐灏《段注笺》载："古者弓长六尺，箭杆长三尺"。

另外，上古工匠们还注意到箭头与箭杆之间大小、长短、轻重比例对飞行箭矢在射程、速度，包括空气阻力等各复杂因素处理方面的作用。《周礼·考工记·矢人》载："夹其（箭杆）阴阳，以设其比（箭括）。夹其比，以设其羽。参分其羽，以设其刃，则虽有疾风，亦弗之能惮矣"，注意到箭矢中杆、括、羽、刃各部位构件比例关系对飞行时稳定性的作用。并进一步谈到："前弱则俛（俯），后弱则翔（仰），中弱则纡（纡绁旋转之意），中强则扬……凡相笴，欲生而抟。同抟，欲重；同重，节欲疏；同疏，欲栗"，意思指箭杆头轻脚重就会向下栽，头重脚轻就会向上扬，中间轻会使箭矢飞行时晃动不定，中间重则会使箭矢上扬飘飞，在箭杆材质的选择应以浑圆、量重木节稀疏、颜色如栗的为佳。可见上古先民对箭矢的弹道控制技术已十分娴熟，在首选竹、木材质作为箭杆材料的前提下，很好地掌握了此类箭矢的选材、尺寸、结构制作的检测方法，及其飞行的特性规律，令箭矢在实际飞行中可以遵循正确的轨道，从而提高命中打击率。

羽，《说文》："羽，鸟长毛也。象形。"

如果说箭头是进攻的利刃，箭杆掌控平衡，那么箭尾的羽毛则负责调节。羽毛配置的多寡直接影响箭矢飞行的速度和稳定性，羽毛过多，箭的飞行速度会减慢，路径也会变短；羽毛过少则会影响箭矢的稳定性，降低射击的命中率，所谓"差之毫厘，谬以千里"即是如此。因此在箭矢的制作检验上对尾羽也有着一套严格的方法与程序，《考工记》中就曾借助水的浮力，详细检验尾羽的适配数量。同时，羽毛的选用也会对箭矢的飞行造成一定影响，一般认为雕翎为上选、角鹰羽、鸱枭次之，雁鹅羽则最不稳定。

最后是末端的"栝"，商代制作箭矢时习惯在箭末凿刻槽口，便于扣弦。《说文》亦收录"骓"字表"缴射飞鸟也",示意箭的末端还可穿孔带弋绳子。虽然该字本义是关于狩猎工具的记录,但其实兵器的设计与制造本就源于早期先民的猎捕、农耕活动时所用的工具启发与转译。而尾端弋绳的箭矢类型在一些复杂环境下,尤其是需要快速寻获射击对象时十分有效。

4. 最早的投石机:檐

檐,《说文》:"檐,建大木,置石其上,发以机,以追敌也。《春秋传》曰:'檐动而鼓。'《诗》曰:'其檐如林。'"

简单地说,檐,即古代的抛石机,类似于前面提到的弓和弩,都是具有远程投射能力的古代武器。"建大木"句阐明了"檐"通体为木质结构,只是形体更为庞大,投掷的弹丸也从箭矢变为石块。从新石器时期遗址出土的一些经过打磨的"球形"石块,虽然其主体木制投掷装置或许因为难以保存的原因而并未发现,不过并不妨碍其可能是投石器"子弹"的合理推测。"礮"与"檐"义同,都是指古代利用机械杠杆原理以机关控制装置进行投发的兵器,但是在《说文》乃至先秦的文献中并无"礮"的踪迹,直到西晋潘岳所作的《闲居赋》中才出现"礮石"一词,并被注解为"抛石"。据当代字书《辞海》所载,"礮""砲""炮"三者是同音义的异体字,应是兵器"炮"在漫长的历史发展过程中因形制、材料、工艺技术等的差别而演变形成的不同字形,从"檐"到"礮—砲—炮"的字形交叉发展似乎看到了一个大杀伤性投射类兵器从冷兵器时代的简易抛石机逐渐向威力更为巨大的火炮方向发展的演进脉络。而"檐"很可能就是后世投石机,直至近现代火炮形态的始祖。

关于投石机"檐"的形态在古文献中并无过多描述,不过根据宋代《武经总要》对"礮"的记载看,"檐"与"礮"都是以大木为架,利用固定在横轴上的长杆"梢"投掷石弹,"梢"好像跷跷板一样通过杠杆作用"发以机",对敌人造成重创。

三　护卫类兵器设计解读

与进攻性武器相对的是防御性的保护装置，也是战争兵器中的一体两面。

1. 由"胄"到"兜鍪"的发展

胄，甲文：🐦，《说文》："胄，兜鍪也。从冃，由声。䩜，《司马法》胄从革。"《段注》载："兂部兜下曰：'兜鍪，首铠也。'按：古谓之胄，汉谓之兜鍪，今谓之盔。"

兜，《说文》："兜，兜鍪，首铠也。从兂，从儿省。儿象人头也。"徐灝《段注笺》："兜鍪蔽首，故从兂也。"

鍪，《说文》："鍪，鍑属。从金，敄声。"罗振玉《古器物识小录·鍪》："其形制圆底，硕腹而细颈，反唇。一旁有环，一旁有方銎，可安木柄。"

从《说文》"胄"之字形形态，以及与其发生同训、递训关系的释义，可描绘出上古战争中护卫人身体头部的盔甲的大致轮廓和发展脉络。"胄"的产生由来已久，殷商甲骨象形文中就已有其踪迹，其甲文上部的"🐦"明显取象于顶端有立管和羽毛缨饰的头部护罩，或许由于这种专为首领或统帅打造的"皇冠"轮廓与"由"字近似，而被秦篆混淆。（图5-31）相传胄起源于蚩尤部落，最先为战争设计出避免要害头部受伤的防护装备，有藤制和皮制两种，并在其顶端设置角类武器，形成了攻防两用的双重效能装备。湖北随州曾乙侯墓出土的大量战国早期皮胄从实物角度印证了《司马法》"胄从革"的记述。复原后的皮胄为18片髹漆皮革拼合连缀而成，中间有一道凸起的脊，头盔下缘处则垂落至颈部，实现了功能与形式美在"胄"上的初步结合（图5-32）。

关于"胄"的设计形态还有一种语汇解读。"胄"字为"由"与"冃"组成，然据段氏考察，许书中并无"由"字，却由声字甚多。从造字本义来讲，"胄"似乎并无头盔之义，而是一种包含头部在内的全身性装甲武装，其"由"与"油""游"同音，又可理解为青铜护具表面光滑油亮，可因此使与之接触的兵器滑落，从而

图 5-31 商代后期兽面纹胄

图 5-32 曾乙侯墓出土皮胄复原图

起到保护身体的作用。而青铜制品本身坚硬的特性与繁复的工艺步骤相比前一种粗陋的皮制兜鍪先进许多。中国自殷商时期开始进入青铜时代，这一时期除继续使用皮胄外，青铜铸就的"胄"可谓新材料、新工艺转化下的新造物。安阳殷墟侯家庄1004号墓出土的青铜胄就有不少于147件之多，胄面纹饰有牛角兽面大圆葵纹、单卷角兽面、双卷角兽面、盘兽大圆葵纹、椭圆眼纹五种图案，一般胄的正面上方和侧面花心中央为兽面纹饰，左右处多作大圆葵纹等纹样，有浮雕凸显、也有阴线刻画，表现生动。[①]江西新干大洋洲出土的商代兽面纹青铜胄同样是浮雕兽面纹头盔（图5-33），正中的凸脊与顶上的竖管缨饰相连，兽嘴处露出将士面庞，望之雄壮威武；胄两侧各有一小洞用以穿绳绑系于颌下，固定头盔；顶部两兽角处则各设一透气孔。充分考虑到胄作为一种衣服穿戴在人身上时的多重需求，不只是战斗时护卫身体的坚强保障和攻击敌人的另类武器，也要兼顾到视觉上的威慑力，以及人使用时的舒适感。在保证以战斗为目标的前提下，生理、心理的关照均是难以忽略的重要内容。

而随着铁的发现与应用，将铁片连缀编制的胄也很快应用于军事。从河北易县燕下都出土的铁制头盔外观造型看（图5-34），与《说文》"兜"字的图像描述非常相似，且比之前所有首铠对头部的遮蔽度都更为严实，仅留出眼、鼻、口面部三器官的狭长缝隙，其余如额头、脸颊、下颌，包括颈等部位都被小心地保护起来。[②]但这并不意味着限制了穿着者的行动或加重身体的负担与不适，反而相比于整体范铸的青铜胄更人性化，这种以甲片缀连的方式而成的"软性"头盔无论制作、修补、穿戴都更为灵活、轻松，每片甲片四角上的穿孔在用于编绳的同时也成为可以"呼吸"的通气孔。另外，额头部位还设有遮阳的矮檐，可保护双眼不受阳光直射。尽管段氏认为到汉代才称首铠为"兜鍪"，但此战国晚期的铁

[①] 田建花、金正耀：《南京博物院藏侯家庄1004号大墓出土青铜胄》，《东南文化》2014年第3期。

[②] 刘德英：《燕下都遗址出土铁胄》，《文物》2011年第4期。

盔实物器形已完全符合《说文》对圆底、硕腹、细颈、反唇的"鍑属"大口锅形制兜鍪的释解。

图 5-33　江西新干出土的商代兽面纹青铜胄

2. 形如叠缀的"甲"

铠，《说文》："铠，甲也。"徐灏《段注笺》载："《周礼》'司甲'郑注：'甲，今时铠也。'梳曰：'古用皮谓之甲，今用金谓之铠。'从金为字也。"

由"铠"在《说文》的释义可知，"铠"即为"甲"，先民早期用皮革、藤条等材料制作"甲"，以防止木、石类兵器对身体的伤害；至《周礼》所书年代"今时"之春秋战国前后，用铜片、铁片等金属薄片连缀而成的护甲则改称为从金部的"铠"；今天人们通常将"铠"与"甲"连读为"铠甲"，不再以制作材料的不同区别甲衣的名称。

图 5-34 燕下都出土先秦时期铁胄

"甲"的问世可从古代文献追溯到夏王朝,《墨子·非儒下》载:"古者羿作弓,杼作甲,奚仲作车,巧垂作舟。"殷商的图像文字将其写作"十""田",古文字学家高亨认为"甲"字取象上古护卫人体躯干的皮制甲衣,因"甲"一般披在前胸、后背、腰腹等部位而从正面形似"十"字,又好像存入箱中折叠好的甲衣之形,所以也写作"田"。① 《说文》中的"介"指向界画之"画也",其甲骨文"𠆢"好像人身披甲衣的样子②,说明先时人们披戴整块的皮革战斗,但出于挥舞兵器时整块皮料制成的甲太过累赘的原因,而逐渐进化为小块革片,并针对身体要害位置,有选择地用

---

① 高亨《文字形义学概论》载:"胸甲之上部护乳以上;中部护乳与胸腹,曲其两端,在腋下与背甲相联,下部护腹以下。故其形如此。古甲字作十,正象甲形。又作田者,象藏甲于箱中,实即古匣字也。篆文之甲由田变出。"
② 罗振玉《增订殷墟书契考释》载:"象人著介(甲)形。介联革为之。或从者,象联革形。"

细绳连结拼缀，形成跟身的强化护具，提高了将士的行动灵活度。而"甲"表面的髹漆装饰也进一步从审美的角度促进了文与质的和谐统一。进入青铜时代以后，面对大量进攻性兵器材质的升级换代，作为防御性武器的"甲"也进行了相应变革。其中，"䩠"即是一个典型代表。

䩠，《说文》："䩠，防（汗）[扞]也。从革，合声。"《管子·小匡》尹知章注："䩠革，重革。当胸著之，可以御矢。"指防护胸口要害处的护具。

遍查《说文》革系的所有语汇及释义，"䩠"作为唯一一个穿戴类护具，针对胸口的防护器具名称被保留下来。不能就此断定商周时期的甲衣只护住了胸口处有限的一小部分区域，却可以看出上古时期对胸部的保护十分看重，从革从合的文字构成是否也说明"䩠"是一种以皮甲与青铜制甲片的"复合"面貌，在胸部形成重点保护的特殊形态的小面积甲衣？除了皮甲选用更为结实耐用的犀牛皮、兕（一种全身青黑状如水牛的瑞兽）皮和鲛（鲨鱼）革为原材料外，在胸部要害皮甲处加装的青铜制兽面纹护饰的做法，使之有效抵挡如箭矢的青铜兵器的袭击。

春秋战国时期铁器的萌芽终使传统皮甲产生巨大变革，为了应对日益尖利且具有强大破坏性的铁制兵器的威胁，"甲"彻底转化为从金部的金属制"铠"。从出土的西汉时期铠甲实物看，锻铁而成的甲片用细绳编缀成各种铠甲的样式，原来所谓着重保护的部位也由点及面地覆盖到非要害部位的肩、臂、颈等处，真正将原来的皮甲替换为铁铠。（图5-35）

錏，《说文》："錏，錏鍜，颈铠也。从金，亚声。"

釬，《说文》："釬，臂铠也。从金，干声。"《段注》载："战阵所用臂铠谓之釬。两臂皆箸之。"

如《说文》所载，颈铠的"錏"和臂铠的"釬"皆从金部，是全金属打造的铠甲重要组成部分。而无论是"錏"还是"釬"都是铠甲，区别仅在于护卫身体的部位不同，因此其基本形态特征仍与

530　《说文解字》的设计解读

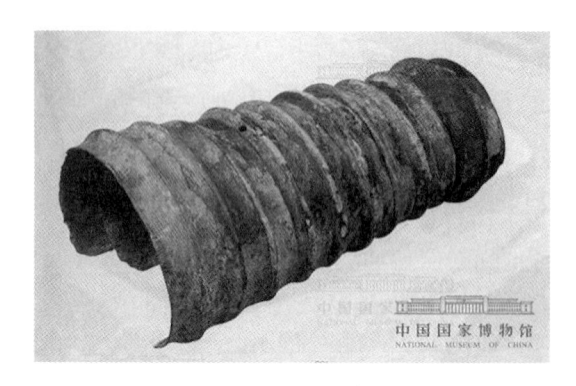

图 5-35　汉铜臂甲

"铠"甲片连缀的样式并无二致。在甲片逐渐变小直至变成"鱼鳞片"的过程中,体现出甲衣护具的精致化趋向和制作工艺的精湛化提升。虽然铠甲表面不再有过多浮雕的纹样装饰,但精巧而形状不一的铁甲片通过有序又不乏变化的编缀形式亦带来不一样的视觉体验,山东临淄大武村西汉齐王墓五号随葬坑出土的铠甲上更出现用金银饰片装点甲衣而组成的图案。

此外,《段注》在训释"釬"时还曾提到非战事时的臂衣称为"韛"。

韛,《说文》:"韛,射臂(决)[捐]也。从韦,冓声。"

韦,《说文》:"韦,相背也。从舛,口声。兽皮之韦,可以束枉戾相韦背,故借以为皮韦。"

按照这一组字的释义推测,在甲衣内部应还衬以皮革、丝绢或麻布等隔层,以降低铁铠甲在战斗中对身体摩擦所导致的伤害,尽量增强护甲穿戴时的舒适感。

3. 由"干"到"盾"的演化

"盾"作为冷兵器时代手持类防卫性兵器,至今为人们所熟知。自使用火药的热兵器大行于世后,盾的抵御作用似乎已接近于零,但今天配备可侦测四面八方威胁的高性能雷达的战舰常被冠以"神盾"之名,虽与"盾"之形相去甚远,却与"盾"之功用异曲同工有效防范来自周围的打击。

盾，《说文》："盾，瞂也。所以扞身蔽目。象形。"《方言·卷九》曰："盾自关而东或谓之瞂，或谓之干，关西谓之盾。"

瞂，《说文》："瞂，盾也。"

𥎊，《说文》："𥎊，盾握也。"《段注》载："人所握处也。"

干，《说文》："干，犯也。从反入，从一。"

按照这一组在《说文》的递训释解，"盾"本义指一种可以遮蔽身体、保护头目的兵器，且文字构成取象于其原始造物形态："厂"模拟盾的侧立面轮廓，"十"好像人手握盾的样子，又因盾有庇护双眼的功用，故从目。作战时可一手执握兵器进攻杀敌，一手持于盾后的"𥎊"处随时准备抵御敌人的攻击，攻防兼备。而"干"与"盾""瞂"为异形同义关系，皆指盾牌，汉代经学家、孔子十一代孙孔安国认为"干"实际指木盾，亦与蜀本《说文》的释义"盾也"相一致。不过，"干"作为盾牌的历史应比"盾"来得久远，郭沫若先生由其金文"Ϋ"之早期图像猜测，中间的圆点象当时盾的圆形轮廓，上面的两点"ㄨ"则为羽饰，非洲当地朱簫族土著使用的盾之样式就与之相同①。

而从"盾"之甲骨文的产生时间看，盾的出现应不晚于殷商时期；至周发展出五大种类，有大盾、步盾、子盾等，其名称并没有完整的记录；②汉代时，刘熙在《释名·释兵》明确列出若干盾牌：吴魁、滇（羌盾）、陷虏（露见）、步盾、子盾（孑）、木络、犀盾、木盾之名称，并仔细列出与之相对应的样式、使用方式、功能等信息。③可见，这些形态各异的盾取材范围很广，有木

---

① 郭沫若："从金文所见'干'字从圆点者观之古'干'字乃圆盾之象形也。盾下有蹲，盾ㄨ乃羽饰也。非洲朱簫族土人所用之盾作此形，可为本字之证。"

②《周礼·夏官·司兵》："司兵，掌五兵、五盾。"郑玄注："干橹之属，其名未尽闻也。"林尹按："古有大盾、步盾、子盾等。"

③ 刘熙《释名·释兵》："盾，遁也，跪其后，避以隐遁也。大而平者曰吴魁，本出于吴，为魁帅者，所持也。隆者曰须，盾本出于蜀，须所持也。或曰羌盾，言出于羌也。约胁而邹者曰陷虏，言可以陷破虏敌也，今谓之露见是也。狭而长者曰步盾，步兵所持，与刀相配者也。狭而短者曰子盾，车上所持者也。子，小称也。以缝编板谓之木络，以犀皮作之曰犀盾，以木作之曰木盾，皆因所用为名也。"

制、革制、竹制、藤制、铜制、铁制等，在战斗时狭而长的木革制、藤制盾牌多用于步战，短款的则服役于车战。长沙出土的战国漆盾通体为皮胎黑漆，表面用赭石、藤黄两种颜色绘出龙凤纹饰，镶嵌银质铜盾鼻，装饰精巧华美，据推测很可能是当时一种模拟战术的"万舞"道具。

除战争中护卫身体之用外，《周礼》还列出盾的另一种用途，即用于祭祀、仪仗、宴饮等礼仪用正式场合。[①]既是为表庄重，实战中所用坚固耐用又轻便简洁的木盾、藤盾等就显得太过粗陋，不登大雅之堂，取而代之的是装饰有精美兽面的青铜制、铁制盾牌。这些金属制盾牌固然在坚硬程度上远超木类、藤类盾牌，从属重盾系列，防护效果明显，却也因此丧失了盾本身应有的灵活机动的特性，难以实时应对各种无法预料的袭击，有着自身难以逾越的短板。（图5-36）例如，若盾牌体量减小会容易被敌人乘隙而入，若加大盾牌的面积也会增加手臂移动抬举的负担，进而拖缓行动反而易造成身体损伤。不过相传在著名的"鸿门宴"上樊哙曾以铁盾击倒交戟门前的守卫；秦始皇陵出土的方首、弧肩、曲腰、平底

图5-36 秦代铜盾

[①]《周礼·夏官·司戈盾》："司戈盾，掌戈盾之物而颁之。祭祀，授旅贲殳，故士戈盾。授舞者兵，亦如之。"

青铜盾龙盾，虽于盾之内外两面均彩绘腾飞状变体夔龙纹，且尺寸为实用盾的二分之一，但从所置位置："一号车高车御手右方车厢板内侧的箭箙内"看，金属制盾牌仍克服重重阻碍参与到军事实战中。

第四节　乐器设计解读

《说文·木部》释："乐，五声八音总名。象鼓鞞。木，虡也"，《礼记·乐记》称："乐者，音之所由生也，其本在人心之感于物也"，因此，乐器即音乐艺术表现的载体，并能够依据"五声八音"发出优美乐声的器具。人们通过弹奏乐器将内心的思想、情感以乐曲的形式抒发出来，也是一种传递、交流情感的方式。按照人类生存发展的需要看，乐器应属于人的精神财产的一部分，是早期人们基本生存需要得到满足后的"余事"。也因此，乐器的设计工艺及使用状况亦反映着当时社会的生产技术水平。由乐器演奏而传达出的思想、感情更加充满感染人心的力量，中国最早的诗歌总集《诗经》也是与乐曲结合的产物，当中描绘的祭天酬神、宴飨庆典、围捕狩猎、战争对峙等场面都隐含着乐器的身影，乐器的角色亦从娱人娱己的余事器物转变为可以辅助国家统治的工具和教化万民、传播礼仪礼教的有效管道，所谓礼乐义化即是礼借助诗乐的形式通达天下，"谐八音，荡涤人之邪意，全其正性，移风易俗也"（《汉书·律历志上》），将艺术的风韵和诗性的精神品质深深地浸透到灵魂的深处，无声地改善着人们内在的气度与修养。

一　《说文》中的各式乐器

从《说文》对"乐"的释解看，很早以前先民们就已经懂得按照制作材料的性质划分乐器的种类，段氏释其"八音"为："丝竹金石匏土革木，音也"，不同材质发出的音质各有不同，也同样指向用这八种材质制成的各式乐器，"土曰埙，匏曰笙，皮曰鼓，竹曰管，丝曰弦，石曰磬，金曰钟，木曰柷"①。自殷代甲骨文亦可翻查到大量直观而形象的乐器名称，足见中国传统乐器造物的历史悠久与发达。按照乐器的演奏方式划分，上古乐器还存在着打击乐器、吹奏乐器和弹拨乐器三种形制类别的语义指向，而通过对《说文》字系的梳理与解读可以了解更多关于上古乐器的形制发展与功能演化。

1. 打击乐器

打击乐器即敲打乐器，是一种借助敲打、摇动、摩擦、刮撞等方法发声的乐器族群，若依据其相对单纯的敲击演奏方式来看，这类打击乐器很可能是至今流传下来最古老的乐器类型。从《说文》提到的各"八音"乐器字形语义分析，打击乐器体现着相互区别又有联系的乐器形制。

（1）指向体鸣乐器的语汇

镈，《说文》："镈，大钟，淳于之属，所以应钟磬也。堵以二，金乐则鼓镈应之。"

镛，《说文》："镛，大钟谓之镛。"

钟，《说文》："钟，乐钟也。秋分之音，物种成。古者垂作钟。鏞，鐘或从甬。"

钫，《说文》："钫，方（鐘）[锺]也。"

镯，《说文》："镯，钲也。军法：司马执镯。"徐锴《系传》引《周礼》载："形如小钟，军行鸣之，以为鼓节。"

铃，《说文》："铃，令丁也。"朱骏声《通训定声》曰："有柄有舌，似钟而小。"《段注》载："镯、铃一物也。古谓之丁宁，汉谓之令丁。"

钲，《说文》："钲，铙也。似铃，柄中，上下通。"朱骏声《通训定声》曰："其柄半在上，半在中，稍宽其孔，为之抵拒，

---

① 参见《尔雅注疏·卷五·释乐第七》。

执柄摇之，使与体相击为声。"

铙，《说文》："铙，小钲也。军法：卒长执铙。"罗振玉《古器物识小录·铙》载："钲与铙不仅大小异，形制亦异；钲大而狭长，铙小而短阔。钲柄实，故长，可手执；铙柄短，故中空，须续以木柄，乃便执持。盖铙与钲皆柄在下而口向上。"

铎，《说文》："铎，大铃也。军法：五人为伍，五伍为两，两司马执铎。"《段注》曰："谓铃之大者。说者谓军法所用金铃、金舌，谓之金铎；施令时所用金铃、木舌，则谓之木铎。"

磬，《说文》："磬，乐石也。从石、殸。象縣虡之形。殳，击之也。古者毋句氏作磬。"

枹，《说文》："枹，击鼓杖。"

椌，《说文》："椌，柷，乐也。"指形如漆桶的打击乐器。

柷，《说文》："柷，乐，木椌也。所以止音为节。"

敔，《说文》："敔，禁也。一曰：乐器椌楬也，形如木虎。"在乐器中"敔"亦名"楬"，形如木质伏虎，连类而及"椌"。

缶，《说文》："缶，瓦器。所以盛酒浆。秦人鼓之以节歌。"

体鸣乐器主要通过敲击乐器本体发声，使用材质明示在其各自字系部首与释义中，包含有金、石、木、陶四类。其中，金制乐器在上古时期更多选用青铜材质，并大致分为钟类乐器和铃类乐器两类。从甬的金文"甬""甬""甬"形态，即"钟"的初文图像可以清楚看到，早期的钟应多悬于架上。①《段注》中称钟柄为甬，"甬"上横画亦体现了悬挂钟时缠绕钟柄的钟带。演奏时用槌敲击发音，与乐器鼓、磬相应和，《诗·周南·关雎》曾曰："窈窕淑女，钟鼓乐之"，也与《说文》中大钟"鏞"之释解"所以应钟磬也""金乐则鼓鏞应之"相呼应。西周中期以后钟多呈现出大小次序成组的面貌，以编钟的形式参与演奏。而"鏄"则是其中的一个特例，单一而大，亦名特钟。其余还有大钟"镛"、方钟"钫"

---

① 杨树达《积微居小学述林》载："甬象钟形，乃钟字之初文也。知者：甬字形上象钟悬，下象钟体，中横画象钟带。"

等。铃与钟形制相似,都是一端开敞一端闭合的中空体鸣乐器,但仍有大小之别,一般铃相较钟更小。在结构上,铃类乐器分有舌和无舌两种。有舌如"铃""铎"等体内含舌或金属丸,经摇动可发声;而如大而狭长的"钲"、小而短阔的"铙",其操作方向与"钟"完全相反,为口向上柄在下,以物击之而鸣。(图5-37)

石制乐器以磬为代表,从其偏旁部首亦明确体现出磬的材质早时应取自石或玉,形如曲尺,因用"殳"类物什敲击体表得声而会意。《说文》认为磬为尧之臣毋句氏始创,而据考古测定,山西夏县东下冯遗址的大石磬已有约4000年历史,属于夏代遗存,形制与后世所见磬相似,其上有穿孔,应可悬于架上,敲击声悦耳动听,也与许氏的阐述相吻合。而随着乐器的逐步发展成熟,形式也更加多样,河南安阳市武官村大墓出土的一件虎纹大石磬证明商代已有单一的"特磬",而从湖北随州曾侯乙墓出土的一套石编磬推测,周代时期,十几枚大小依次成组的编磬乐器形式已十分流行。

"枹""椌""柷""敔"则皆为木制乐器,枹为鼓槌,屈原《楚辞·九歌·国殇》曾云:"援玉枹兮击鸣鼓"即指其义。"椌"与"柷"一物异名,段氏引《乐记》曰:"椌楬,谓柷敔也,此释椌为柷、释楬为敔也。谓之椌者,其中空也。"柷形似方斗,上宽下窄,方二尺四寸,深一尺八寸,有槌于其中,但槌与木"柷"间的结构关系具体如何,古文献记载的说法各异,郑玄在《尚书·益稷》中释"柷"是通过使其中的椎(槌)与柷内壁发生撞击而发音;郭璞在《尔雅·释乐》中则解释为椎(槌)柄与方斗状的柷底部相连,并经左右撞击发声;《旧唐书·音乐志》认为柷的侧面开有圆孔,可容手穿伸进柷中从而用椎(槌)击打发声。[①] 而敔的形状仿佛伏虎,背脊上有二十七齿状突起物,与椎击"柷"

[①]《尚书郑注·卷一》曰:"合乐用柷,柷状如漆筩,中有椎摇之,所以节乐。"《尔雅·释乐》载:"所以鼓柷谓之止。"郭璞注:"柷如漆桶,方二尺四寸,深一尺八寸,中有椎柄,连底,挏之,令左右击。止者,其椎名。"《旧唐书·志·音乐》:"(柷)方面各二尺余,傍开员孔,内手于中,击之以举乐。"

第五章 其他类设计解读 537

图5-37a 西周晚期虎戟钟　　图5-37c 春秋后期双鸟钮镈

图5-37b 战国前期蟠螭纹编钟

图5-37d 春秋后期
蟠虺纹编镈　　　　　图5-37e 西周早期成周铃

图5-37f 战国前期外卒铎　　图5-37g 商后期虎纹青铜铙

图 5-37

作用于乐之初相反，竹条刮擦"敔"用于雅乐煞尾，如《尔雅》中郭璞所注："敔如伏虎，背上有二十七鉏铻，刻以木，长尺栎之。籈者，其名。"

"缶"是用土烧制的瓦器，除了作盛放酒浆的小口大腹容器和汲水器之用外，还被当做人们歌时伴奏的打击乐器，《汉书·杨恽传》曰："酒后耳热，仰天拊缶，而呼乌乌"，可见缶这种鼓之以节歌的即兴乐器亦不独秦人所用。（图5-38）

图 5-38　战国陶缶

（2）指向膜鸣乐器的语汇

鼓，《说文》："鼓，郭也。春分之音，万物郭皮甲而出，故谓之鼓。从壴，支象其手击之也。《周礼》六鼓：雷鼓八面，灵鼓六面，路鼓四面，鼖鼓、皋鼓、晋鼓皆两面。"

鼛，《说文》："鼛，大鼓也。《诗》曰：'鼛鼓不胜。'"

鼖，《说文》："鼖，大鼓谓之鼖。鼖八尺而两面，以鼓军事。"

鼙，《说文》："鼙，骑鼓也。"

鼚，《说文》："鼚，击小鼓，引乐声也。"

鼗，《说文》："鼗，鞀辽也。"指拨浪鼓或货郎鼓。

鼛，《说文》："鼛，夜戒守鼓也。《礼》：昏鼓四通为大（鼓）[鼛]，夜半三通为戒晨，旦明五通为发明。"

打击乐器除通体发声的钟、磬、柷、缶等外，还有以打击蒙皮包膜发声的鼓类乐器，这类乐器属于"八音"中的革音。鼓的起源很早，结构也非常简单，只有鼓皮和鼓身两部分构成。据《礼记·明堂位》所载，远古"伊耆氏"时就有了以陶为框、蒙覆动物皮革制作的土鼓，后来转变为木框，也有铜铸的。从山西襄汾陶寺遗址早期大墓出土的土鼓年代推测，鼓的存在约有4500年的历史。按《说文》释解，鼓的形制大小各异，有八面鼓"雷鼓"，六面鼓"灵鼓"，四面鼓"路鼓"，两面鼓"鼖鼓""皋鼓""晋鼓"；大鼓"鼖""鼛"，小鼓"鼙""鼗"。

其中，"雷"与有祭祀功用的礼器"罍"相通[1]，许君释"雷"为"阴阳薄动雷雨，生物者也"，是阴阳二气迫击所生，同时产生的还有"屯"，屯"从申"，据杨树达《增订积微居小学金石论丛·释神祇》考证，"申"为"神"的初文，屯亦指神，"雷"应亦同理，所以"雷鼓"也通常用于祭祀天神的典礼中。"灵，灵巫。以玉事神"（《段注》，第19页下），"灵"的或体结构"靈"亦从巫，无论于语义还是字形来讲，"灵"都一肩二任地统合了巫与神的双边涵义，而从"巫"与自称"吾（我）"的音联关系看，读之可咀嚼出当中蕴含的天人合一、人神交流的韵味，由此可知，《周礼·地官·鼓人》中"以雷鼓鼓神祀，以灵鼓鼓社祭"的"雷鼓""灵鼓"应为与神灵沟通、表达敬意的仪式时所用。同样在《鼓人》中记载的还有"路鼓"，"以路鼓鼓鬼享"说明此鼓用于祭享宗庙。"鼖鼓"是一种军用大鼓，《段注》中提到的《韗人》曰："鼓长八尺。鼓四尺，中围加三之一谓之鼖"，以及"见《鼓人》"，"以鼖鼓鼓军事……凡军旅，夜鼓鼛，军动

---

[1] 辞海编辑委员会：《辞海》，上海辞书出版社1989年缩印本，第2242页。

则鼓其众，田役亦如之"①，都对鼖鼓的尺寸、用途都作了详细的阐述。依照王筠《句读》所云："《鼓人》：以皋鼓鼓役事。然《诗》：鼓钟伐鼛。不必谓役事也。《韗人》：为皋鼓，寻有四尺"，"皋鼓"应是一种召集人用的大鼓，而"鼛"又与"皋鼓"之"皋"发音相同，因此二者很可能同指"大鼓也"。"晋鼓"又称"建鼓"，《周礼·地官·鼓人》载："以晋鼓鼓金奏"，郑玄注曰："长六尺六寸。金奏为乐作，即编钟。"可见，"晋鼓"比"皋鼓"略小，并用于奏乐。拨浪鼓"鼗倚于颂磬西纮"（《仪礼·大射仪》），被周代宫廷设在编钟两侧，应用于礼乐与祭祀，受礼制规范。此外，按《说文》释义，"鼙"为夜间守备、警戒所用、"鼓"为引乐之用、"鼛"则为军中用鼓。

以上可知，膜鸣乐器鼓的应用范围很广，《周礼》更针对各种不同情况设置相应形制的鼓，包括其制作，甚至击鼓之事都有着非常详尽的记载。鼓声雄壮深远，被先民看作是可以通天的神器，之后无论祭祀、狩猎、交战、乐舞等情境，都是以鼓声为先导，开启序幕，所谓"鼓琴瑟"即是如此，鼓为周代八音之首，统领群音。特别在军事上的重视与运用，令各种规格的战鼓获得兴旺发展，这应该与鼓良好的共鸣、助威作用分不开，如《帝王世纪·第一》载："黄帝杀之（夔），以其皮为鼓，声闻五百里"，说明自神话时代起，先民们就已注意到鼓所独具的振奋人心的功效，并将其恰当地应用于实际。（图5-39）

鼓之初文为"壴"，②从其甲骨象形图像看，"壴""壴""壴""壴"，其写法虽然样式变化多端，但上中下三段式结构的基本形制不动，中间明显是其主体"鼓"之形，上部有类似羽毛之类的装饰物，在鼓下方为其支架，如此，以上三部分共同构成一个完整的"鼓"。尤其，放置乐器的支架更是除乐器本体之外一项重要

---

① （清）阮元：《十三经注疏·周礼注疏》，中华书局1980年版，第720—721页。

② 郭沫若《卜辞通纂·世系》载："壴，乃鼓之初文，象形。"

的组成构件。从《说文》相关涵义发现的乐架内容语汇有：

图 5-39　东汉击鼓说唱俑

虡，《说文》："虡，钟鼓之柎也。饰为猛兽，从虍、（異）[异]象[形]，其下足。鐻，虡或从金，豦声。𠧜，篆文虡省。"《段注》载："植者曰虡，横者曰栒。考工记曰：梓人为筍虡。"

柎，《说文》："柎，阑足也。

镈，《说文》："镈，镈鳞也。钟上横木上金华也。一曰：田器。《诗》曰：'庤乃钱镈。'"段氏注曰："横木刻为龙而以黄金涂之，光华烂然。"

业，《说文》："业，大版也。所以饰[栒]縣钟鼓。捷业如锯齿，以白画之。象其龃龉相承也。从丵，从巾，巾象版。《诗》曰：'巨业维枞。'"指乐架横木上的大版，用来装饰横木和悬挂钟鼓的构件。

关于钟鼓架的语汇不多，不过，从其字形字义的表达已清楚揭示出包括横梁、立柱的基本结构组成，以及细节的造型材料装饰。上古时期放置钟鼓的支架以木制成，称为"笱虡""枸虡"或"簴虡"，可能因由横木"枸"和竖立的木件"虡"纵横搭建而得名。在细节处理方面，阑足"虡"处饰有各种猛兽形象，《句读》引五臣注《景福殿赋》曰："悍兽，熊、虎也。钟架之足，刻为其（虡）形"，所引《考工记》亦言："梓人为笱虡。天下之大兽五：赢者，羽者，鳞者，以为笱虡"，即其附着纹案即通常所说的虎豹、鸟类和龙蛇，无疑又与其雄阔、振奋的音响特征巧妙结合。在放置钟鼓的横木上，则雕刻有龙蛇类的花纹，并用黄金涂抹修饰，以白颜料涂饰的大版"业"参差如锯齿般排列在横木上，使整个支架显得更加华美精致，足以显示古代先民对钟鼓架图案雕饰的重视。尽管这些乐器配件至今天已渐渐从人们的视野中消失无踪，但在先秦乐器家族中却具备着独特的功用与意义。

2. 吹奏乐器

从许氏训诂的《说文》著述看，吹奏乐器的种类很多，如下：

（1）竹类乐器

竽，《说文》："竽，管三十六簧也。"

笙，《说文》："笙，十三簧，象凤之身也。笙，正月之音。物生，故谓之笙。大者谓之巢，小者谓之和。古者随作笙。"

篁，《说文》："篁，簧属。"

管，《说文》："管，如篪，六孔。十二月之音。物开地牙，故谓之管。古者玉琯以玉。舜之时，西王母来，献其白琯。前零陵文学姓奚，于伶道舜祠下，得笙玉琯。夫以玉作音，故神人以和，凤皇来仪也。"

箹，《说文》："箹，小管谓之箹。"

籁，《说文》："籁，三孔龠也。大者谓之笙，其中谓之籁，小者谓之箹。"

䈁，《说文》："䈁，小籁也。"

箫，《说文》："箫，参差管乐。象凤之翼。"

筒，《说文》："筒，通箫也。"

笛，《说文》："笛，七孔筩也。"

筊，《说文》："筊，吹筩也。"

篍，《说文》："篍，大竹筩也。。"

龠，《说文》："龠，乐之竹管，三孔，以和众声也。从品仑；仑，理也。"

籭，《说文》："籭，管乐也。籭或从竹。"

筑，《说文》："筑，吹鞭也。"

（2）土类乐器

埙，《说文》："埙，乐器也。以土为之，六孔。"《尔雅·释乐》载："大埙谓之嘂"，郭璞注曰："埙，烧土为之，大如鹅子，锐上平底，形如称锤，六孔。小者如鸡子。"

（3）匏类乐器

匏，《说文》："匏，瓠也。从包，夸声。包，取其可包藏物也。"

（4）角类乐器

角，《说文》："角，兽角也。象形，角与刀鱼相似。"王筠《句读》曰："角本出羌胡，吹以惊中国之马。"

鷖，《说文》："鷖，羌人所吹角屠鷖，以惊马也。"《段注》曰："羌人，西戎也。屠鷖，羌人所吹器名，以角为之，以惊中国马。后乃以竹为管，以芦为首，谓之觱篥，亦曰笔篥。"

吹奏乐器也称管乐器，从以上所列乐器字体构成和语义看，中国上古吹奏乐器样式非常发达。就制作材料而言，这些管乐器以竹制为主，其他还有土、匏、角之类。

在《说文·竹部》形成的吹奏类乐器语义场中，显然，这些乐器的取材可推断其创制之初应取材于竹子，据其释义乐器形态更是千姿百态，有单管式、有排管式；有的仿象凤身、有的参差好似凤翼；有的体宽、有的身长；有的孔多、有的孔少。而从引起竹制吹奏乐器振动方法区别，则主要在于有无簧片的构造设计。

簧，《说文》："簧，笙中簧也。古者女娲作簧。"王筠《句读》曰："《王风》正义：'簧者，笙管之中金薄鑠也。'"

按照《说文》训解，"簧"原本是笙管中设置的用以发声的薄叶片，汉以后逐渐被金属薄片替代，但人们依旧习惯以从竹之簧称之。在众多样式的吹奏乐器中，尤以笙为最早运用机件"簧"的乐器，其"大者谓之巢，小者谓之和"的大笙之"巢"与小笙之"和"早在三千多年前的殷商甲文时期就已出现，结合《诗·小雅·鹿鸣》所载"吹笙鼓簧"之语，笙与簧的关系已一目了然。演奏时除了有规律的向吹孔送气牵引簧片振动外，还需双手与之配合，按住竹管下端相应音口，进而使簧片与长短不一的管中气柱产生共鸣而发音。先秦古籍中笙、竽常常联袂出现，有时人们也会将笙与竽相互混淆，因二者外形十分相似，但其实不仅在竽大笙小的体量上有所区别，书中 36 簧的"竽"器记载也从簧的数量上远胜于只有 13 簧的"笙"。只是这类吹奏乐器中簧的数量并非绝对，长沙马王堆一号汉墓出土的铜簧配置的竽就仅有 26 管，没有达到书上规定的 36 管之数。不过，从笙在朝廷正乐《小雅》的多次曝光和竽在出土西汉百戏陶俑、东汉石刻百戏画像中的表现可知，笙、竽是上古社会中重要的吹奏乐器，其余簧乐器则多为笙竽之衍生，如"篁"，《说文》仅以"簧属"一语带过。

也有的吹奏乐器不设簧片，完全通过气流吹入吹口激起管腔振动发音，如：箫、笛类管状乐器。俗语有云："横吹笛子竖吹箫"，直接点出了这两类无簧管乐的演奏方式。相比于笙竽，虽然也有排管的形式存在，其结构却要简单许多。或许也正是因为结构短小、简单的原因，在河南舞阳新石器早期遗址就曾发掘出距今 8000 多年前的竖吹骨笛，浙江余姚河姆渡也曾出土了有 7000 年历史的箫之前身骨哨，就是竹制箫笛也拥有着 4000 多年历史，如《吕氏春秋·仲夏纪·古乐》中就有："昔黄帝令伶伦作律……乃之阮隃之阴，取竹于嶰谿之谷，以生空窍厚钧者、断两节间、其长三寸九分而吹之"的描述。

另外，无簧配置的吹奏乐器除竹制管乐外，也有用葫芦制作的"匏"和陶土烧制成的"埙"。而《说文·角部》收录的兽角质乐器"角""鷺"从其语义释解了解，此类角制乐器最初应出自羌胡等少数民族，用来使马惊骇奔跑。因此，也有人从"模仿说"的角度猜测，乐器的产生与应用其实同绘画艺术一样，都是对大自然和社会生活中一切事物的模仿、表现，特别是一些吹奏的管形乐器，尽是为了驱赶或是吸引动物而设计制作的，继而才伸展出笙、竽、管、箫、笛等结构复杂、做工考究、需要高超技巧驾驭的专门乐器，并关照到例如审美等精神方面更深层次的需要。

3. 弹拨乐器

相比于打击乐器和吹奏乐器而言，《说文》载录的弹拨式乐器种类有限。不过按弹奏方式分大致也有两种类型指向：

（1）拨弦乐器

珡，《说文》："珡，禁也。神农所作。洞越。练朱五弦，周加二弦。鎣，古文珡从金。"

琴，《说文》："琴，禁也。神农所作。洞越。练朱五弦，周加二弦。象形。"

瑟，《说文》："瑟，庖牺所作弦乐也。"

筝，《说文》："筝，鼓弦（竹）[筑]身乐也。"

（2）击弦乐器

筑，《说文》："筑，以竹[击之成]曲。五弦之乐也。从竹，从巩。巩，持之也。"

虽然在偏旁构形上以上两组乐器并不从属同一部类，但是从文字释义看，这些乐器的机件组成中都有相同的琴弦，即通过弦鸣振动演奏乐曲。《说文》释"乐"为"五声八音总名。象鼓鞞"，罗振玉认为："从丝附木上，琴瑟之象也"，也就是说，乐从字体构形看应该是对古琴基本形态的仿象。依许书所述，琴瑟的历史十分悠久，可追溯至我国最早的有文献记载的创世神伏羲时代。之后，在长期的弹奏赏鉴中先民们注意到"夫瑟以小弦为大声，以大弦为小声"（《韩非子·外储说左下》）；筝柱的左右移动会影响到音高、音调的变化；弦线的疏密、长短亦可改变乐器之音调等的弦鸣乐器特点，借由对每根弦发出声调的高低不同，逐渐建立起音律和谐的声乐系统。

至周秦之时更形成"五声""八音"之说，即按音调清浊把声音分为：宫、商、角、徵、羽五等，并以土、金、木、火、水五行元素将之一一对应，使琴瑟之乐音自然融合于先民对其朴素的宇宙世界观的理解中；同时源于丰富的日常生活经验积累，而清晰掌握了纤维、竹管、金属、石头、葫芦、陶土、皮革、木头等各式材料的发声、传声方式，遵循乐器制作材料的属性又将其分为：丝、竹、金、石、匏、土、革、木八种物质。[①]自此，无论在乐理还是乐器的经营方面都已十分完善，周代建立的贵族教育体系"六艺"更是早早地就把"乐"纳入其必修科目。而且，琴瑟在"八音"中作为丝的代表性乐器音色清正淡雅，向来为贵族推崇，被视为人之修养的"琴、棋、书、画"四大才能，琴更位居其首，可"禁止淫邪，正人心也"（《白虎通·礼乐》）。此外，统治者亦配合诗歌以人们喜闻乐见的乐音形式快速传递着圣人对万民的思想教化，《诗经》"窈窕淑女，琴瑟友之""我有嘉宾，鼓瑟鼓琴""瑟彼玉瓒，黄流在中""琴瑟在御，莫不静好""既见君子，并坐鼓瑟"……描写的内容包含了大量社会生活的祭祀、宴饮、婚嫁等活动时琴瑟所扮演的重要角色，将人的情感性情与丝弦曲韵相贯通，极力宣扬琴瑟陶冶世人情操的社会功用。

二 乐器的制作工艺

乐器的产生伴随着人类社会的发展一路走来，以美妙的旋律从精

[①]《说文·音部》："音，声也。生于心，有节于外，谓之音。宫、商、角、徵、羽，声；丝、竹、金、石、匏、土、革、木，音也。"

神上抚慰了人们空寂的心灵和对未知世界难以遏制的彷徨恐惧，如同《吕氏春秋·仲夏纪·古乐》所载："乐所由来者尚也，必不可废"，又曰："昔古朱襄氏之治天下也，多风而阳气畜积，万物散解，果实不成，故士达作为五弦瑟，以来阴气，以定群生"。而它的制作亦随着社会生产力和技术水平的日益提高，从诞生初期粗糙而无统一规范的混乱形制逐渐向着精工、质美、有度的体系化方向发展。

1．"磬"的创造

磬，从其小篆字形来看，从殳、石会意，应是一种由"殳"击打"石"而发声的器具。其字形构成甚至可以追溯到殷商时期更为形象的甲骨文"𠩵"：象征石片的"𠂆"被文字顶部的草质的绳结"丫（中）"悬吊于半空，位于文字底部的一只人手"丮"持握槌棒"殳"正欲对其进行敲击。《说文》载："古者毋句氏作磬"，桂馥《义证》引《广雅》认为毋句是尧的臣下，说明磬的创制年代应始于尧舜时期，也与考古发现的距今最远约 4000 年前的夏代遗存——磬的估算时间十分接近。而且这种击打式的乐石自产生之初就倍受关注，先秦文献《尚书·益稷》中"夏击鸣球"和"击石拊石，百兽率舞"的描述都显示出石磬在为配合祭祀、征战等盛大活动的雅乐中所担任的重要角色。

然而，从考古挖掘出土的磬的形制看，其早期的制作工艺粗陋，且没有一个相对规范的形制标准。夏代的磬最为粗糙，仅是一块接近三角形的不规则石片，其上部中间位置设有一穿孔，表面较为粗粝，更没有任何装饰纹样；殷商时期的磬，形制大体为上弧下直的不等边三角形，磬体表面打磨变得细腻，并饰有抽象的虎纹装饰图案；西周至战国时期的磬，形状上为倨句形，下为微弧形，在一套战国初年的磬上还仔细地铭刻了乐律的文书和该磬所对应的音名，当中彩饰的神兽图案更是栩栩如生，可见至战国时期磬的制作已非常精美、讲究；汉代以后磬的形制趋于稳定，上下均为倨句形，显然在设计的规范上已形成统一的标准，而这种规范化不仅仅存在于观念意识中，更落实在实际的操作行动上。（图 5-40）

548 《说文解字》的设计解读

图5-40a　二里头文化时期石磬

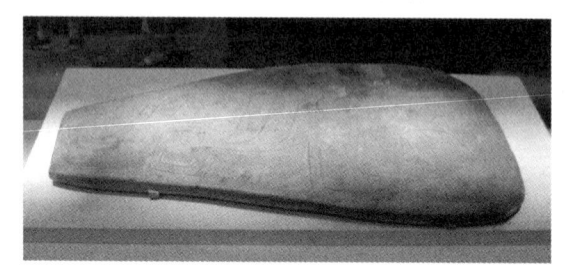

图5-40b　商后期虎纹石磬

图5-40c　战国后期兽首编磬

图 5-40

其实，《考工记》的磬氏篇就已对磬的形制尺寸有了明确的规定："倨句一矩有半，其博为一，股为二，鼓为三。参分其鼓博，去一以为鼓博。参分其鼓博，以其一为之厚。"依据以上文字的介绍，完全可以绘制出"磬"可用于实际制作的、尺寸比例健全的图纸。而在磬初步完成后的校验、调试环节文献同样做了有条理的规范："已上，则摩其旁；已下，则摩其耑"，即对发音过高（"已上"）的磬打磨两旁，使其变薄；发音过低（"已下"）的磬则磋磨其两端，使磬厚度相对增加。虽然只是短短几行字，却将磬的造物形态、比例尺寸，包括检验后的调试方法都加以详细规范，具备很强的合理性、有效性和可行性特征，使磬从最初的设计规划到最后的成形检测皆打上了制度化的规范烙印，显然此时磬的制作无论在形制设定上，还是对音准的控制方面，与夏时形状随意、无任何标准音高可言，仅止于发出乐音的石磬相比已有天壤之别。

此外，在《义证》引《三礼图》时还曾提到磬的两种表现形式：特磬和编磬，曰："股广三寸，长尺三寸半，十六枚同一笋虡谓之编磬。"①磬的声音清脆悦耳，或许因为其产生年代过于久远，特磬和编磬的应用场合都十分地正式：特磬主要用于帝王祭祀；而编磬顾名思义，因是由若干个磬编为一组挂于木架上，具有很强的表演性而多用于宫廷宴会等场合。据 1978 年湖北随州曾侯乙墓出土的一套战国初年的石编磬显示，成组的石磬（石片）在真正演奏时还需要按照既定音律的次序排成上下两排装配，而用于悬挂编磬的铜架亦注意到纹样的细节装饰，以精美的兽座龙首进行了修饰。

2．"参差"而制的吹奏乐器

"参差"在《现代汉语词典》中分为三重涵义：其一，也是应用较为频繁的涵义，"长短、高低、大小不齐；不一致"；其二为"大约；几乎"；其三有"差错；蹉跎"之义。但是，在屈原《楚辞·九歌·湘君》的"望夫君兮未来，吹参差兮谁思"中，"参差"明显应是一种吹奏式乐器，却与《现代汉语词典》中所列诸项意义大相径庭，而《说文》"参差管乐。象凤之翼"的释解，帮助我们解开了心头的疑惑："参差"是一种管乐，与后世见到的洞箫不同，不是一根独管，而是与笙的最初形式相似，用多根竹管排列成排箫，同时形态类似鸟的翅膀，且竹管的长度粗细各有不同。

从《说文》中的乐器的互训、递训关系看，"参差"这一管乐

---

① （清）桂馥：《说文解字义证》，齐鲁书社 1987 年版，第 810—811 页。

还有多个同义别名，如："箫""籁""箹"和"龠"，都是编竹而成的。《说文》以"参差"释解"箫"义，可见，"箫"与"参差"皆同指一物。东汉末年的经学家赵岐在对《孟子·梁惠王下》中"百姓闻王钟鼓之声，管籥之音"之句注释时，亦明确指出"龠，箫"，即参差乐器。按"龠"甲骨图像"👥""👥""👥"的文字构形看，"龠"应取象于用绳线"⌇"将若干有吹口的竹管"⼁⼁"编扎在一起的排管式吹奏乐器制作的工艺形态；金文"🝎"则将甲文中表示并排摆放的竹管"⼁⼁"写作"🝎"，用"⼈"示意吹奏的方向、位置与方式；小篆承袭金文式样"从品龠"，即将有三孔的编竹之形的册合在一起。①而从"龠"部加义符"禾"的另造字龢鬸（和谐）之"龢"，也是取龠能够和众声之义，用显示其材质芦苇之"禾"进一步会意编管式"龠"的制作方法。其他如"笙""籁"和"箹"，据《说文》释解都属于"三孔龠也"的类型范围，区别仅在于大小形制的不同。

　　1978年在湖北随县（今随州市）发现的战国曾侯乙墓中出土的两件竹质排箫均由十三根箫管、自左至右紧密排靠，虽长短粗细不一，却于口沿处对齐编排，下端则按竹管的长短依序排列，状似鸟翼，三根竹片如夹子般夹紧竹管，并作缠缚，使之不会轻易散开。每根竹管口沿处则被削薄便于吹奏，而尾端密闭，保留竹节。在排箫的表面还施有色彩和图案，以黑漆为底，红色线纹图饰。而上世纪八十年代河南淅川春秋1号墓出土的排箫更打破管状乐器竹木质地的传统，采用汉白玉雕琢而成，管腔均匀合度、精致细腻，反映出当时乐器制作的高超工艺。

三　礼乐中的乐器设计

　　俗语有云："没有规矩不成方圆"，上古时期的乐器设计及应用因受到礼乐制度的规范，同样不可避免。徐灏注笺《说文》曾

---

① 朱骏声《通训定声》："从亼册。亼，合也。册，象编竹形。从三口，三孔也。"

说："礼之言履，谓履而行之也。礼之名，起于事神。"而礼与乐之间的关系正如孔子所云："言而履之，礼也。行而乐之，乐也"。礼借助乐广泛地流传于社会生活领域，自周公"制礼作乐"始，"乐"的规模配合着上层各级贵族的礼仪活动，维护等级社会的森明的政治规范、伦理标准和繁杂的典章制度，以直白的表现形式区分其中存在着的高低贵贱、上下尊卑。不同的"乐"严格对应着不同的身份级别，乐器的形态中也多少掺入了等级的因素。所谓"声音之道，与政通矣"①，由音乐的社会功能引发的礼乐之制严格地规范着人们的各项行为。而乐器也顺理成章地成为礼乐制度不可或缺的物质载体，受到各种礼仪规范的束缚，配合朝廷政策、风俗伦理、教育仪礼、军事需要，有效地维护着社会的安宁与国家的稳定。

中国最早的诗歌总集《诗经》共分"六义"，其中"风"居其首。《说文》释义："八风也"，取自《左传·昭公二十年》的"七音八风"之说。《礼记·乐记》认为，"乐"与政治相通，曰"宫为君，商为臣，角为民，徵为事，羽为物，五者不乱，则无怗懘之音矣。宫乱则荒，其君骄。商乱则陂，其官坏。角乱则忧，其民怨。徵乱则哀，其事勤。羽乱则危，其财匮。五者皆乱，迭相陵，谓之'慢'。"以"琴"为例，按其《说文》释解"禁也"看，这种"以禁止淫邪正人心也"的乐器功用以不同的表达方式诉说了中国传统观念中的"中和思想"与审美价值。且如《琴论》所述："琴长三尺六寸……前广后狭，象尊也……五弦象五行，大弦为君，小弦为臣，文武加二弦，以合君臣之恩"，琴的形体前广后狭，暗示着尊卑等级的分别；最初宫、商、角、徵、羽的"练朱五弦"代表了当时等级社会中君、臣、民、事、物的五类不同层级；其后的"周加二弦"，少宫和少商也与君、臣二等级一一对应，使乐器"琴"的样式结构沉浸在礼制等级的规范之中，并在礼乐文化

---

①《礼记·乐记》："亡国之音哀，以思其民困。声音之道，与政通矣。"

的实践中将"琴"所传达的精神与社会秩序的和谐紧紧联系。《白虎通·礼乐》也有类似记述,将尊卑、贵贱、长幼、高低的等级思想融合于乐器中,"君父有节,臣子有义,然后四时和,四时和然后万物生,故谓之瑟也","磬,有贵贱焉,有亲疏焉,有长幼焉。朝廷之礼,贵不让贱,所以明尊卑也;乡党之礼,长不让幼,所以明有年也;宗庙之礼,亲不让疏,所以明有亲也","君臣有节度则万物昌,无节度则万物亡,亡与昌正相迫,故谓之镈"。同时也将天道与人道自然系联在一起,借自然现象的活动轨迹试图将阶级社会中的各项人事等级规范进行合理化阐释。

结 论

　　《说文》是由东汉许慎收集、考据、编汇而成的一本古文字最后阶段的字书。书中将原本混乱、纷繁的文字以一定规律分门别类，继而打造成一个具有共时性特征的文字平台。这些文字模拟自远古"近取诸身，远取诸物"的实物形象，为上古时期不同功用的造物设计留下宝贵的图像资料和参考依据，"以经证字"的训诂验证则为进一步解读当时造物设计的形式、功能、工艺、材料、文化思想等提供了丰富线索，及推导各类与生产生活密切相关的造物应用实际场景的可靠经文例证。千百年来，这些文字又紧随社会的前进脚步不断与时俱进，以显示出当时最具影响力的造物形式在文字结构调整上的历时演变轨迹。另一方面，经过时间的洗礼，《说文》中许多文字在今天已成为历史字词，或被完全弃用、或变成生僻字较少出现在人们的生活中，而那些指向与日常生活紧密联系的造物设计的文字则逐渐显露出旺盛的生命力，成为现代常用字，贯通古今。《说文》文字的形音义中所蕴含的、贯穿衣食住行用各领域传统造物的设计思维、造物规律、上古社会的主流设计倾向、审美、造物方法的构建、对未来设计的启迪等问题都值得我们深思。

一　从《说文》的文字发展特点看上古社会的设计思维体现

　　在解读《说文》中的造物设计过程时，会发现，这些源于生活、最为率真朴实的文字表达与其同时代的造物形态设计特征竟发生着难以割断的天然系联。文字显现的切入角度、有序分类的字系编排、文字形音义的巧妙关联、文字属性的定量考辨，以及得以流传至今的汉字成因规律都无不诉说着上古社会设计思维表现的运行特征。

1. 从小篆的象形体验看设计的仿生思维

《说文·第十五上》载："苍颉之初作书，盖依类象形，古谓之文；其后形声相益，即谓之字。"所以象形是中国历史上最古老的一种构形方式，也是许书中文字构成的主要方式，其所承载的先人最为直观的物象形貌信息不仅体现着早期造物的形态特征，也反映着设计表现时思维运行的规律与方法。

"住"之章中曾根据《说文》所列穴、巢、厂等字探讨上古建筑的缘起。毋庸置疑，这些文字在造字之初都是仿象于真实存在过的居住形式，不仅因为直至今日其文字形态仍留有强烈的符号信息，也因为许书中直接以"象形"二字释义其形。它们或指凿地而居、或指树上作巢、或为无奈之下借用的天然山洞，尽管这些原始的房屋构造已淹没于历史的长河不复存在，但完全无碍于小篆构形时无意间的场景还原，使我们在数千年之后还能够得以窥见传统房屋的雏形原貌，并借助《说文》的文字考辨探得其房屋设计的原始造型观念、方式与创作源泉。

《说文》释"巢，鸟在木上曰巢，在穴曰窠。从木，象形"，明确揭示"巢"之形最早取象于鸟在树上建的窝，在洞穴中造窝则名"窠"。据诸多古代文献所载巢之应用：

"其不为樐巢者，以避风也；其不为窟穴者，以避湿也。"（《晏子春秋·谏下十四》）

"有圣人作，构木为巢，以避群害，而民悦之，使王天下，号之曰有巢氏。"（《韩非子·五蠹》）

"尧遭洪水，万民皆山棲巢居，以避其害。"（《风俗通义·山泽·丘》）

"尧不诛许由，唐民不皆巢处。"（《论衡·非韩》）

……

"巢""窠"本义指鸟窝，但在先民艰难的居住环境中亦为临时居住的房屋，显见鸟窝的造型样式不止影响了文字的构形表现，更在现实房屋建造过程中被加以借鉴，成为最早从大自然中寻求灵感的仿生型建筑作品。"巢"式的房屋并非凭空想象而来，其设计思维取材于对鸟类在树上营巢来抵御潮气、野兽侵袭的生存方式的直接模拟，也是人们在造房初级阶段的大胆尝试。虽然这种尝试还很粗糙、表面化，却为日后建筑形态的大发展打下坚实基础。

之后随着建造技术的进步，地下建筑的"穴"与木上房屋的"巢"逐渐融合为"广""宀"字系的地面居所，但是自"鸟巢"发端的木结构建筑却仍持续主导了整个中国几千年传统建筑的脉络走向，在主要建材木料、框架式拼装的基本形态未变的状态下，愈发追求成熟精致的"宀"之样式：令人眼花缭乱的复杂斗拱、姿态多变的屋顶表达、精雕细琢的室内装饰……而无论传统房屋的精致设计、衍生式样走得多远，其仿生于鸟巢的初始木架结构、形态始终未变。

《说文》所录"舟"字亦为"象形"（许慎语），原指"刳木为舟，剡木为楫，以济不通"的木头"舟"。古时"舟"即为"船"，可以想象上古恶劣的气候与地理环境使洪水阻挡了往返间的道路，先民们受木头可漂浮于水上的启发，开始模仿这一自然形态设计制作各式各样能够承载更多人和货物的交通工具——"舟"，就其外形轮廓而言，很像粗壮的木段。在木料选择不变的条件下，这种仿生树木茎杆的设计更拓展出多重变式：有"空中木为舟也"的独木舟"俞"；有"编木以渡也"的排木筏"泭"；有编舟以渡的方舟"斻"；有船头稍作处理，可如刀剑般劈波破水、"曾不容刀"的小舟"䑼（舠）"；也有可抵御江海中大风大浪、集板而成的大船"檻""橃"等。当然，类似的仿生设计还有很多，如："大夫以上冠也"的"冕"，从原本鸟兽冠角中得到启发，设计出有角饰的高级礼帽，将人与人之间的地位鲜明地区别开；"下象网交文"的"网"字显示的是先民模仿动物结网捕猎方式的造物设计；"戈"之象形文字则描摹出好像鸟喙般可横击、钩杀或勾啄的曲头兵器形象……

至小篆阶段的文字仍尽可能地以近似绘画的方式勾勒着物体的大致样貌，又或者说，文字的象物构形许多其实来源对自然界万事万物形态、结构、色彩、功能等内容的细心观察和思考。这些自然中的各种生物在残酷的环境中不断进化、谋求发展，从而掌握独到的生存技能。人们对其备受实践检验的本领进行模仿而设计出的器具物品无疑满足了艰难环境下生存的需要，增强了适应自然、改善生活的能力。而在各种科学知识一无所知的蒙昧时期，向大自然学习显然成为一条捷径，为上古辉煌的造物设计打开了一条切实、可行的创作思维方式。

2. 从文字形体透析设计的人本思维

关于"人本""人性化"的字眼现在的人们或许已经听过太多遍，因为这是直至今日于服务"人"的实用艺术设计也难以绕开的话题。人对世界的认识、适应和改造是从自身出发的，从《说文》中汇集的大量文字看，其显示出包括人的肢体部位、所处环境场所、使用器物等在内的各种与人有关的文字组成元素。许君亦认为"人"是"天地之性最贵者也"，并将这一观念忠实地贯彻于从形到义的文字之中，同时，亦透射出文字背后所代表的造物设计的思维特性。

（1）系联人体部位的"鲜活"本意

首先是器皿本体"酉"，虽然自金文起将"酉（）"误写成"酉（）"，以至后继者均将错就错以酉替之，但并不妨碍酒坛外观的意象表达，而且正如"饮食炊具中的生殖崇拜"部分所述，许书在释义器皿形状时亦习惯大量系联形容人体部位的文字：口、耳、颈、肩、腹、腿等。前文已有详述，在此不再赘言。而从这些器皿类字的仿象形态可以看出，其所摹绘的器皿实物外形其实来自对人自身形体的临摹仿照，是抽象化了的人体形态，它们或胖、或瘦、或高、或矮、或骨骼分明、或圆润柔滑、或头戴盖帽、或一切从简，好似形形色色的人一样，外观形式极为丰富。尤其倾向设计各种大腹、圆腹型的器皿，充满着对孕妇、生殖、繁衍、生命之类主题的崇尚。也因此除了抽象了人体部位的常见尊器外，许书释义中引用的《周礼》六尊还包括有牺牛形和象形的两种具象动物形酒尊。在上古先民的心目中，能够与人发生互动的、活动着的动物饱含生机勃勃之意，有着庞大身躯的牺牛、大象自然更加充满旺盛的生命力，完全符合人们源于生命、生殖之原始崇拜的设计本意。

（2）文质并举中的辩证思维

向酒坛"酉"字上弯曲的线条则像是刻画的花纹，如"六尊"中还有一款"以待祭祀宾客之礼"的"山尊"就是指用山和云雷纹装饰的酒尊。先民们通过视觉的细致观察，将理解了的山和云雷图形绘制于酒尊表面，使原来纯粹用于祭祀宴饮的实用器皿增添了视觉的美感享受，形成双重功效，既关怀到物质上器皿的生活实际使用价值，又顾及到人们精神审美方面对美追求的天性使然。只是在"文"与"质"二者的轻重比例关系上，似乎表示结构功能的"质"更胜代表外在图案虚饰的"文"一筹，即设计思维的重点偏向于所设计物象的功能实用性。其实这一点很容易理解，在物质生产生活资料匮乏的时代，率先满足物质生存需要远比仅仅富有美感的纹饰，或单纯追求繁冗的器形姿态来得实惠。不过，从不惜工本打造的牺尊、象尊、著尊、壶尊、太尊、山尊六尊形态分析，"文""质"之间的关系处理还需以一个辩证的眼光来看待，特别是像"尊"类的礼仪用器，在由人创造的阶级社会中尤其讲究。先人们依据使用者的身份地位高低、场合的隆重程度搭配形态装饰华丽不等的"尊"，身份越贵重的人、应用场合越重要，酒尊的规格越高，其设计与制作就越别致、精巧，装饰也越繁复；反之则档次越低，反映在形体装饰和纹样上就越朴素简单，其参照点就是人的实际社会生活需要。

（3）贴心的人体"尺寸"

"尊"字在《说文》还收录了一个异体字：从寸的"尊"。与前一个尊的小篆体"尊"一样，酒坛下方的"寸（㝛）"同指人手，具体讲为"十分也。人手却一寸，动脉，谓之寸口"。

按照《说文》理解，示意人手的"寸"本为隶属周制的度量单位，当然，除寸外还有尺、咫、寻、常、仞等单位，它们皆"以人之体为法"（《说文·尺》），在设计造物时也会充分考虑到适宜尺度对人的舒适性的把握。例如设计并制作服饰时，衣料裁剪的尺寸不止要保证如木偶假人般站立静止不动时可完全遮蔽身体的造物要求，还要考虑到人在日常活动、劳作时，做出运肘、迈步、弯腰等大幅度动作需要留出的富余空间，以避免因衣服过于跟身而发生崩线、开裂等尴尬事，且又不至影响衣饰整体美观等的现实问题，服饰设计中有度的贴合尺寸可在日常穿着过程中直接达到满足人之保暖、修饰、护体等基本生理上的物质需要。又如"以协承天休"的"鼎"历来被视作国之重器，用于祭祀天地鬼神，但这一祭器的尺寸远超于生活常见的一般炊具，《说文》例举的鼎类中的一种"鬲"就有容积"五䉧"，相当于六十升，很难想象有谁能够一顿饭吃如此多的粮食，这已非凡人饮食所能承受，其所使用的炊具尺度也要超乎寻常的庞大才能烹饪如此大量的食物。但从鼎的祭祀功用思考，一切又都顺理成章，上古先民之食更多的落脚于神食而非人食。神是什么？许书上说："神，天神，引出万物者也"，是能够引发出万事万物的神，神的力量是无边的，相应神的食量也是巨大的，于是，人们想象神食一餐可达"五䉧"，并制造出容量惊人的祭器"鼎"以慰藉心灵。如此，尽管有器皿尺寸完全不适配人体实际尺寸标准，但是却意外地契合了人们精神方面宗教信仰的需要，可说是另一种形式的人体"贴合"尺寸。

3. 从多义文字看设计的多用途造物思维

《说文》布列的文字训释中有时会呈现出多个字义注解同一字形的情况。如：褔、褐、敲、铫、檠、辘、铃……可覆盖生产生的各个领域。从以上举例情况看，这些文字字义的丰富指向，或展现出社会、技术前进的印迹，或为历代社会生活经验的累加、发散和随机应变。而最有趣的是，"一字多义≈一物多用"，多义字的多重指向可以由同一个文字代表，其所表示的多样功能也能够用同一种器物包揽。像：同样是粗糙布料，未绩麻料做成的衣服、帽子或小孩围嘴均可称为"褊"，粗麻或兽毛编织的"褐"则常被制成袜子和衣服；"鬲"从字形到字义流露出的"笔意"显示出器形的稳定性，有流有柄的结构为其在实际生活中烧饭、洗米的不同应用提供了便利；"㮞"本为小木桩，却在长期的实践中巧妙解决门扇活动的问题，成为门上必不可少的机关构件；"庾"利用了建筑本身开敞的特点，从水运需要晾晒的粮食到不需封闭保存的各色物品，对容纳的对象进行了逐步扩展；"轑"原指车盖上像橡皮似的爪形骨架，后也指车的轮辐；"軒"的造型特点是只有一个轮子，而经过巧妙的改造，可成为纺丝或运物、载人的工具；"鍪"则是正立铠帽、倒立饭锅的灵活使用，虽然只是翻转一下的问题，却真实引发了"鍪"器形态的大变样，以至功能也发生了截然不同的变异；也有"枱"曲木形的器具，虽然功能相似，但因为使用者的不同而包含了牛拉的大犁和人耕的"类柤"两种耕器变形……

从以上一系列举例可知，一字多义的文字所指造物形态带有浓烈的包容性和机变性，是生活中最常见的一般造物，与政治、贵族、礼法牵扯不多，所以也不存在所谓的专业术语、一一对应问题，富有极为宽泛的内容指向。生活最是激励创造，尤其在物质生产、技术创新皆较为低下的时代，在应对千般变化的日常庶务过程中，大量器物的使用方式从一开始就必须肩负各种可能遇到的需要。即使是许慎本人也仅是对器物轮廓特征略作描述，而对其具体功用一语不提（见第二章"一般通用器皿"）。这些指向器物的多义字似乎成了强调外观或质料的特殊称谓，只负责提供物体的某种形式，如：盆、鬲、庾等，至于做什么，可根据实际需要随机安排。当然，其功能仍需受到具体器物形态的约束，例如：盆、碗一类开敞、不渗水的容器，取装都十分便宜，却不适宜贮藏，大口的设计会使容器内的物品最大限度的与空气接触，而底部的陶瓷材质因缺乏空隙的空气流通使位于下层的容纳物易发生闷捂，所以可以盛装包括液体在内的各类物品，并易于直接在容器中操作，却不宜长期存储，相对而言，小口、有盖的缶类器皿则从其形体特点决定了更善于贮藏的功能定位，"䈰"也是因为在原有器形的基础上增加了流和柄而从烹饪功能拓展出淘米功用。也有的器具的多用性是凭借应用位置的不同体现的，如麻制的"襎"可穿在身上当衣服，戴在头上作帽子，围在小儿脖子上为围兜；普通的小木桩"槷"竖向固定在门扇处能起到限隔的实用作用；锅鍑类的金属制"鏊"戴在头上又变成了具有防御性的铠甲。还有一种多用性更多的是指结构的通用性，如前面提到的"辖""軒"和"铃"，在器具形体的大小或许有所出入，都是取象各自相似结构原理而演化出服务不同功能、大小不一的器具样式。

4. 由同义词显现的上古设计焦点的分化

在《说文》众多的象形、表意文字中，遍布着一类文字，它们往往从属同类字系，且含义相同或相近，进而构成一个个独立的语义场。这些语义场明显集中于古代社会生产生活最为发达的产业、领域，及先民意识中最据重要地位的部分，却体现出上古造物设计逐渐分道扬镳的两个设计观念与方向。

以衣类字为例，在今天早已泛化的红、绿、紫、绛等从糸部字在《说文》中却显示出大量同义的相似表达，有许多字至今已成为生僻字或死字，却在当时执行着对色彩些微浓淡、深浅变动的专门命名和严格区分，如指向红色的字：絑、纁、绌、绛、绾、缙、綪、缇、纁、红、纂、绯；指向绿色的字：绢、绿、缥、綪、紫、纗、绸、纶、綼、𦅫、緅、绀、缫；指向黑色的字：缁、纔、缤等。这些形容色彩的文字位于《说文》最大的字系之一"糸"部，通过发达的丝系织品的绣绘染织，颜色实现了真正的丰富多彩。然而在讲求实用的现代色彩认知中，如此庞大的同色名称是不必要的，何况同色系的文字之间色彩区别着实不大。与之相似的还有冠帽：冠、冕、弁；绶带：绶、组、緺、纂、繸、纶、綎；玉佩：璬、珩、玦、璧、璜、环、瑞、瑗、琮、琥等造物。这种针对造型局部变异作出的执着划分、命名，却透露出因礼制规范、宗教伦理、等级思想的渗入而显露的在造物细节设置上的繁琐与讲究，亦是社会等级观念在造物设计上的物化表现。因而也呈现出与一般造物大为悬殊的精致、严谨与制式标准，这是由沿着政治制度、礼仪文化等具有社会属性的意识观念道路开辟出的新式造物，反映着等级制度在上古生活和先民观念中的深刻影响。

除此以外，从对葛、麻、丝、毛各式衣料的点滴探索，到指向平民奴仆一般服饰的语义场，再到衣之构件，如：衣领、衣襟、衣裾、衣袖、其他配件等语义场也十分丰富，当中虽然不可避免地涉及到服饰形制品级之类的社会属性描述，却更多地体现出现实生活磨练下具有实用特性的设计思维。暂不提短衣、长袍、深衣、襦裙、绔装等层层叠叠妥善包裹身体时，衣裳作出的遮挡性、装饰性的多样处理与对比所强调的博袖宽巾之衣帽取人的社会性实际功用和流行审美；亦不论在防寒护体和礼制规范的双重要求下，领、襟、裾、袖等对肢体各部位的功能性达标配置。仅就以上所举每个服饰类语义场中都有数个同义字构成而言，上古先民在服饰制作与满足基本御寒物质需求方面已相当成熟和发达，甚至还可兼顾审美，所以才有了"在实际生产生活中仍沿着自我生成的路子前行"[①]的平民服饰。

5. 构形释义中反映的和谐设计思维

在《说文》以文字的构形本义努力还原上古社会生活的本真面貌过程中，总也绕不开引用先秦经典验证的环节，作为群经之首、大道之源的《周易》将上古先民对"天覆地载"的自然宇宙原始理解和由此投影于社会内部的天人关系，对应从哲学的高度总揽各个

---

① 李立新：《中国设计艺术史论》，天津人民出版社、人民出版社2011年版，第227页。

领域的概念和思维方式，《说文》中文字的形义互证无意间显露的易学思想蕴含了人们不断调整自身、顺应自然的生存经验，更将这种方式映射于各类造物设计上。

上"宀"下"豕"的"家"字指向的早期居所，其实仿象一种简易的人字形坡屋顶式传统房屋，它曾凭借有限的人力技术有效解决了人们居无定所的基本居住难题，也由此在人们的记忆中留下了深刻的烙印。尽管后世以此种单座建筑类型为基础衍生出模数化的有组织秩序的建筑群，其使用功能也由原本单纯的庇护居住拓展出存储置物、游园娱乐、饲养生产的一般生活功能，祭祀天地、神灵、祖先等的宗教崇拜功能，以及彰显皇权、教化万民的政教功能（具体参见"传统建筑的功能延展"），但"家"之房屋无论是总体布局、造型构件、细节装饰，或是官制高楼、民家小院，又或是开间数量、结构尺寸、选址朝向，都从"宀""人""门"系字，数字，方位方向等与房屋相关的文字构形释义看到贯穿于传统建筑造物中易学和谐思想的设计。

在大量的房屋类字形仿象中，备受热捧的从"宀（∩）""人（⩜）""门（門）"系、表示成熟精致建筑类字，均显示出古代房屋对称、尚中的设计审美。"上栋下宇"（《周易·系辞下传》）描绘的房屋形象是交覆深屋的屋顶"⩜"和其下用以支持的墙柱"丨丨"的组合。而这种仿如立柱擎天、天覆四野的宇宙自然样式，更几乎涵盖自古流传下来的所有中国传统官家和民间建筑样式类别，无论是高大雄壮的重屋高台"高""京""亶""楼"，还是相对低矮局促的居室房屋"宅""宫""室""宋"，都是以最简单的"∩"形为基本单元，按照左右、上下、前后、内外等排列方式合理组织空间。借用易学以简驭繁的思想形成的形态各异、布局不一的特有人居环境，随着空间基本单元数量的递增，不仅规模形制变得庞大、灵活、复杂，而且，模数化空间的巧妙构成模式也源于先民对自然的长期观察、认识与总结，是"《易》有太极，是生两仪，两仪生四象，四象生八卦"（《周易·系辞上传》）的和谐宇宙观在现实造物中的实体化拓展。相比于西方现代主义建筑类名著《走向新建筑》所提及的勒·柯布西耶的模数理论，抽象于自然宇宙的中国式模数化建筑实际应用年代已达数千年，不过，虽然二者造型方法十分相似，但从传统建筑文化包含的易学精神看，中国"间"之多维度的反复阵列却是受宇宙图式的启发而来，人居环境与外部自然世界的关系更加有机融合。同时，文字形旁清晰的对称式样也与易书爻辞中位的重要作用、强调和谐关系的"中和"思想相一致，受此影响，不止建筑类造物设计，其他服饰、器物、工具等也都以中正、无偏斜的规划设置为美，居中之位也必是主位、尊位，继而由大到小、从中心向四周发散，层层嵌套布局，构象天地宇宙图景。当然，建筑的朝向、方位设置也都有着一套完整的计算方法，不是随意决定的。当中固然离不开生活经验的借鉴，而出经验衍生出的易学理论又反过来指导着房屋的建造。《说文》提及的方向、方位类文字：东、西、南、北、中、上、下、左、右、此、旁、面、背、内、外、前、后等将人和谐植入自然环境，合理利用所处位置的光照、风向、地势、季节、山川、河流、植物等建筑周围环境要素，背山面水、坐北朝南、依地势而建，尽力实现最大效能的天人共生状态。

　　《周易》倡导的和谐在实用造物设计中的表达除了受原始宇宙观图式规范约束外，还融合了与之同源的"礼"之秩序限定。自然世界中的各项事物依照某种规律和谐有序运行，而"仰则观象于天，俯则观法于地"的人类社会和由此产生的古文字同样遵循着既定的和谐秩序。仅字形上显示有高台重屋的高、亭、京等字就已经直观地与相对低伏的宅、向、寝等字拉出等级，而每个图像文字背后代表的建筑规格也因此相应匹配所居人之身份级别。越是建造规模宏大、醒目，越是地位尊崇，如四阿重屋类房屋气势恢宏的屋顶，往往用以彰显皇家威仪，也严禁民间使用，还有高大耸立的双开门：闾、闉、阙、阓、閤、闳、间、閈、阁、闑等也是如此，均属门阀贵族以上阶级专供；相反，形制越是低伏逼仄，居住者的位份则越是卑贱，平民百姓也只能适配蓬门小户。此外，表达五色和一至九数目的文字在《说文》的训释中更明确地与易学语汇构联，通过为治国规范创作的对《易》之哲学理论体系的阐述，用色规范与数之规制亦可自如地应用于建筑设计中，并将礼制等级所要表达的一切尊卑上下、高低贵贱尽数物化于房屋建筑形体的方方面面。①

6. 字系观照下造物多样性与统一性并举的思维展现

《说文》上万字条逐一严谨的语义训释反复说明了早期文字因义构形的显著特征，不仅可用于索引的字系部首形态是取象真实造物的轮廓临摹，其声符系统亦多反映本义所指造物原形。而如此丰沛的字系分形亦折射出古代造物史上多样与统一并存的繁荣景象。

第二章讨论的古代饮食炊具中"瓦""缶""酉""皿""匚""豆""鬲"等系部全面展现出陶制器皿造型上的多重变化与工艺技术上的精益求精，结合声符与以上各字系组成器物语汇，或为烹饪器、或为饮食器、或为存储器，并依据功能属性的需要，在器口、颈、腹、足处作相应调整，又对耳、流、柄等处酌情增减。不过，除了"瓦"和"缶"在语义上明确其材质为陶土烧制外，其余"酉""皿""匚""豆""鬲"等字系都是对具体器形式样的概括性仿照，而在用料的阐述上十分模糊，说明在器形结构大致统一的条件下，随着技术的发展、成熟，"竹""木""金"系等材料也曾渗入其中，在与旧有材料的竞争、并存过程中因质料类别繁多、举棋不定而最终落脚于相对稳定统一的造型表达上，因而也与强调陶制材料却在形式设计方面过于灵活的"瓦""缶"部器皿形成鲜明对比。《说文》字系汇录的"䀜—盌"及今天通用的常用字"碗"同指一物，其声符"宛"刻画的口大而圆的器物造型在瓦、皿、石系部的演化变迁中，显现出旧造物可借助新材料、新工艺的支持派生出新的造物形态，即使与原有造物形状相同，也能

---

① 参见第三章第五节"传统建筑的建造规范与禁忌"。

因材料技术的与时俱进重新焕发无限生机。

与之相似的还有服饰设计中"衣"部下属的诸多服装类文字，这些文字固然都有穿在身上的意思，却可根据穿着的场合、遮蔽身体的部位、使用者的身份贵贱、使用范围和功用等衍生出各式服装，如：袤、褐、襌、複、袷、襤、裯、衹、鸲、襡、襦、衬、襨、袈、衮、袆、褕、褸、袒、被、袭、襄、衫、袾、袢、袒、袤、衺、袍、襧、袆、襜等等。同时制衣的材料也在"衣"部的笼统概括下细化出皮、毛、羽、革、葛、麻、丝等丰富品类。而通过不同质感、光泽的布料诠释，就算是同一款衣服剪裁，也能从用料上充分展现衣裳取人的社会分级。

另外，房屋设计中从"穴""宀""广""门"的字系，交通工具设计中从"车""舟"的部首，也皆以各自相同形符框架下的大量例字反复证明，中国传统造物以简单基本形或元素为原形，经过组合、变换、繁殖等方式的不定次复杂化，形成的造物形态与设计思维往往具有简中有繁、繁中有简的矛盾化共生特性。

7."分别布居"中的规范化设计思维

《说文》将看似毫无章法可言的篆书文字加以规范，并形成有字系部首可循的规律性布局，可谓日后字典编写的成功典范。而这种将充满逻辑性的理性思维植入感性、且混沌无序的绘画符号的方式亦与投射于原始文字上的造物本初形态及观念发生着难以言喻的内在、密切之联系。

"舟""车""欙""輴"是《说文》引用先代典籍《虞书》时列出的四种上古交通工具，但是它们并非人为凭空捏造或强行指定，却是在先民们出行经验积累基础上，为应对各样交通状况总结得出的几种大致承载工具形态标样。与今日从意象草图到结构尺寸详图、从等比例缩小的模型构建到 1∶1 实物制作的规划、设计、测量、演算、模拟、监督、检验等一系列严谨的制作过程相比，图画性文字显示的造物基本轮廓和《说文》释义的寥寥数语实在过于简陋。但从这些原始交通工具设计看，源于约定俗成和因地制宜的实践经验令舟、车、櫐、軔的形态设计已初具科学合理的思维逻辑。在设计尺寸的制定上，取象人体手、肘、步长等的尺、寸类长度单位文字为原始造物的规范化指出了一样集体共识下的粗糙计量工具，虽然人的肢体大小、高矮、胖瘦多有出入，却也是当时所能找到的最具普及性、经济性的简易度量工具和实用参考标准。之后发展出的仍以人体为法度的"规""矩"，及以绳索为审核水平和直线的用具在造物设计时均发挥了巨大的作用，布局有序、尺寸有度的房屋建造，经纬排列密度相等的织物设计，符合人体工程学的日用器皿，榫卯契合的构件拼合融合了规范化的设计意识与思维。而随着造物种类、数量的日益增多，其制作标准也越来越规范化、体系化，不仅有初期朦胧的人体度量计法和默认的一般造物模式，还形成有国家明文颁布的严格礼制规范，包括具体操作步骤、材料、用量、结构式样等，并将所有必要的检测准则写入文书，让人一目了然。

以"舟"为例，这一长寿的水上交通工具从最初的"空中木为舟也"的"俞"到"编木以渡也"的"泭"，先民们不懈地探索着造船技术上最为省力高效的方法，先是无数次的火烧、刀劈的轮替刳木，再是编排、捆扎的复合型浮具另创，甚至分化出竹木、芦苇、皮革等其他材料选择，而每只船具配置的构件数目、尺寸、形状、组合方式等都有着固定的模式、要求，包括其连接的绳索捆束位置、标准亦有着相对具体的说明，以保证服务于人的实用造物能够在真正完成后切实稳固地履行其本职功能，不会反过来对人的安全、生理等基本需求造成不便或威胁。数块木板拼装而成的"船"在"俞"和"泭"形态结构的基础上又进化出能够抗击江海风浪的大船"艫""檥"，联排的船型"方""舫"，以及形如刀状的小船"䚻"，依据应用领域或功能的特殊需要在形制、结构、用料方面亦取得革命性的变化。《吴越春秋》记载的吴国大小不等的"三翼"战船，战国"水陆攻战纹铜鉴"中摹绘的下层划水、上层进攻的双层战船，河北平山挖掘出土的长 13.1 米、宽 2.3 米的大型战国木船[①]等亦反映出船只形体巨大化和结构多样化、复杂化的制造倾向，这种快速的发展不得不说是得益于木块拼合的的灵活组装设计思维和材料、尺寸、形态的标准化预制，如此才带动了古代船舶制造业规模化、批量化生产能力的提高。自秦统一天下后，"车同轨"式的统一制造标准更使规范化设计跃上一个新台阶，举国上下皆通行唯一尺寸标准，传统造物设计的规范化体系不断完善。至汉代，多层楼船和多桨流体形船[②]的问世也从侧面证明，规范化、标准化、制度化的造物思维对设计来说，无论是形体、结构，还是功能、技术，都是极大的资源和支持。

所谓"没有规矩，不成方圆"，如许书中"分别部居，不相杂厕"的文字编排一样，文字反映的古代造物设计亦在看似无拘无束的器物制造中不断探索建立规范化的完善造物体系。这里的规范化可以理解为一种需要共同遵循的标准或规律，它可能是根据实际需要自然而然形成的，也可能是人为硬性规定的，但关键的是其自带的合理性和有效性是通用各处不变的道理，也是上古造物规范化系统建立的基础与原点，为日后造物设计的发展提供了更多方向延伸的选择。

二 由《说文》引发的设计思考

《说文》汇总的文字主要来源秦代"书同文"后的整理，其所勾画的社会造物图景为上古时期，或者说最晚不超过汉代、最早更可追溯到原始社会。而在今天物质极大丰富、各种创造大爆炸的时代，久远年代的造物水平对当代人来说可能是不屑一顾的，或者说是粗糙的、原始的和难以理解的。但是，起源是一个值得所有人重视的问题，包括设计也是如此。"读史可以使人明智，鉴以往可以知未来"，如果我们不知道从哪里来，就不会知道应到哪里去，无

[①] 李立新：《中国设计艺术史论》，天津人民出版社、人民出版社2011年版，第80—81页。

[②] 同上书，第82页。

论当今的科学技术有多么发达。如今，那些被时间掩埋的历史通过《说文》中语言和文字的传承奇迹地延续下来，为上古时期造物生活提供更为扎实的佐证的同时，亦如一面镜子照射着未来造物设计前进的道路。

1. 多元因素介入下的"被动"设计

值得注意的是，从古至今，《说文》一书都是被当作工具、字典使用，黄帝之史苍颉初造书契时，就曾明言文字是为了"宣教明化于王者朝廷，君子所以施禄及下，居德则忌也"，"文者，物象之本；字者，言孳乳而浸多也"（《说文·第十五上》），后来文字的写法、形体式样虽也多有变化，自近似图画的甲骨文、金文、篆书后又出现了隶书、草书、行书、楷书等字体，字音语调也有所调整，文义表述发生变化，但其竭力描绘物形、传递思想的基本功能一直延续至今。因此，自始至终，文字的创造都处于"形而下"的应用层面，受到多重因素影响。在相对封闭的字书文字平台中，字系的前后排序、具有规范性和体系化的相应文字归类、系部有序的结构演变、文字上的形义互证、象形表意的构形方式、以字音加注文字源始、文字在各部首分布的疏密不等……这些表现的最终呈现都不是单一一种条件就能造成的，当中交错着时代发展的先后顺序、先民认识世界的程度和方式、造物水平的逐级递进、整个社会发展的必然倾向、实际造物情况……全如文字仿象构形的对象——上古造物，亦有着与之相同的"器（形而下）"层面的特性，注重实践应用，其"道（形而上）"之形成，只能依赖其他学科的知识输入，就连设计面貌的更新升级似乎也遭受到来自各领域思潮的冲击。前文从《说文》提炼出来的古代诸多设计思维：象形仿生、人本思想、一物多用、和谐自然、系统规范等都显示出当时多元造物方法交叉介入的状态。用当代西方设计理论理解，其中杂糅了后现代主义、仿生设计、高技派、生态主义、地方主义等多样思潮，涉及到工业设计的标准化理念，以及政治、经济、宗教、艺术、制度等多学科研究层面。

不过，从《说文》文字间流露出的中国传统设计又与由西方传来的设计，特别是造物设计的切入方式有很大不同。至今设计课堂上讲授的是全然西化的、主观思想主导一切的设计方法，即完全以设计者的设计意图或目的为宗旨，经过人为着意的，对形式、装饰纹样、材料等方面的精细修饰、处理，实现设计作品的个性或主题体现。在这里，个人的思想观念和主观能动性把控整个设计过程和成品最终形态。但在中国上古传统造物来看，除了开始时圣人模拟自然宇宙之象创造性制作"衣""裳"，"器""皿"，"巢""穴"，"舟""车"等物之原始形态外（见上文），其后的继承者们都会遵循着前人总结的规律、积累的经验，依据当时现有的造物条件，顺天造物。这是一种与西方强调主观造物截然不同的被动式造物，虽然同样包含了思想与设计两部分，尤其在"思想"上都充满着人们的智慧与巧思，但中国上古传统设计在不断健全的造物规范中，始终顺应前人的知识与经验指导，从创意到制作，再到成品检验，都统一于"规""矩""权""衡"等标准的框架下有序运行。而且，在上古先民造物之初会首先考察需要用到的材料本身的特性、形态、质感、色彩等固有内容，并权衡现阶段能够达到的工艺技术，再通过巧妙的设计将所要制作的物品与原材料之间建立连接，以使物尽其用。如：许书中指向小鼎的文字"鬲—镒"部首演化体现出受材料、技术影响而发生的造物形态上的拓展和突破；从原始测量工具人手"寸"部得到的，展现由造物制度化要素干预下的"冠""尊""射""寻""专"等；在象形"车"之形态，包含其基本构造轮、舆、辕、轴的基础上，衍生出"轩""辎""軿""辒""辌""轒"等因服务于不同人群、行业、功能而表现出的各色面貌。生活经验总结下的规范准则、原材料的形态特性、现阶段工艺水平、社会等级制度对人们用器的束缚、天人和谐的环境关怀……都成为上古传统造物时极度依赖的设计前提，也反映出自古制器活动就受多元因素介入而呈现的被动性设计特征。

2. 与时俱进的实效、变通

另外，《说文》中累积的文字是在前代不同地域、不同时期造字叠加、筛选的基础上，受当时社会生活造物影响形成的，所以许书中存在的大量同义词有相当一部分蕴含着礼制规范的内容，以"宣教明化于王者朝廷"，反映着当时与等级、礼制紧密挂钩的造物设计思维。当然，指向生活用造物设计类的文字也占有一定比例，而随着社会的发展，这一比例大幅提升，现代富有强力生活气息的高频字的使用流露出当代造物自然属性发达的现状与趋向，即强调造物设计的实用性，而非品级制度。可见，上古传统造物设计发展的一个很重要的参考系数就是与当时所处社会的进化程度紧密挂钩的实用性，而且它的设计之道不是笔直的单行道，而是灵活交错的交叉变行道。古时人们看到空木浮于水上，于是刀劈火烧、刳木为"俞"，后併木为"泭（筏）"，设计出制作更为简单高效的渡水工具，当经济、工艺上升到一定水平后，自"舟"义又分离出併船的"方"、方舟"斻"、江中大船"艎"、海中大船"䑦"等体积更为庞大、安全、稳定的水上交通工具，为人们的日常生活提供便利。"山不转路转，路不转人转"，随时随地都能巧妙地寻找到走下去的道路，不盲目固守传统、机变地解决现实问题，显然是《说文》反映出的又一个上古造物特征。

而当社会等级界限不断松动，原本服务于上层贵族阶级的衣、食、住、行、用各方面的严格造物等级设定，逐渐演变为世俗生活所需的丰富多彩，如：原本单纯上衣下裳的服装制式随着生活经验的不断累积和技术的进步，变种出从《说文》解析的上下连缀的深衣、一通到底的袍服、分而设之的套装襦裙、绔装等多样衍生款式，并以其顺应社会发展的实用功能和博人眼球的优美剪裁，自下而上地扩展开来，日益赢得众人的认同与追捧。这似乎类似于今天主流设计与非主流设计之间的关系，开始官方认可的造物内容，包括各种规定的标准样式、制作工艺、最为繁琐耗时的材料色彩、具有深刻政治寓意的吉祥纹样等都成为统治阶级垄断的对象，而百姓平时所用物品无论在形式的设计、工艺技术的精巧、色彩的多样、纹样的装饰方面明显是无法与之匹敌的，虽多仿效上层阶级人们生活的模样，却又因为等级地位的限制而显得粗陋许多，又如贵者"冠"与庶人"巾"的差别。可是这种"上行下效"的关系并非一成不变，毕竟，一切造物的源头仍然肇始于普通生活中无意的创造。非官方、非主流的民间造物经过适当的加工、打磨会上升成为贵族追捧的目标，之前令人仰望的主流造物也会因时代的演进、观念的改变、技术的革新而"飞入寻常百姓家"。所谓的主流设计与非主流设计不过是相对而言的、暂时性的表现，二者的关系可以相互转换、流动，其变化的依据就是造物产生的社会背景，其中，有工艺材料的升级换代、有礼教等级的人为约束、有文化融合后的审美转变。通过对生活真实场景需要的研判和造物熟能生巧后的灵活变通，设计甚至能够在一定程度上作用、引导时人的生活、审美习惯，推动造物的损益与进化，以及时动态适配实际生活需要。

虽然《说文》是东汉时期编撰完成的，当中的文字仿象成形于更久年代，文中的载录释解难免会有一些不当之处，也受到后人的反复疏正、考辨，然而其闪烁的、尊重现实环境，不拘一格做出有效变通的设计精神，即使跨越千年，在文明和造物技术高度发展的今天依然并不落伍。

3. 对未来设计的启迪

当今世界众所周知的著名设计或产品：有法国的时装，有日本的相机、汽车，有美国的手机、电脑等各种高科技产品，也有欧美各国的瓷器、家具及房屋建筑等等，但如张道一先生所说，与他们之间的距离不过是"五十步与一百步的关系"[①]。由本文前面五章的《说文》古文字形、音、义中归纳出的实现造物艺术设计的几个基本要素来看，形式、功能、材料、工艺、规范等即使在高度发达

---

① 李立新：《中国设计艺术史论》，天津人民出版社、人民出版社2011年版，第277页；转引自张道一《世纪之交设计艺术思考》之五，《当前的矛盾所在》，载《设计艺术》2001年第1、2、3、4期。

的今天依然不可或缺。在这些相互交织作用着的影响因子中，除了我国因没有进行长达上百年的设计现代转型进程而在新材料、新技术的开拓，以及生产管理体制的系统化、规范化方面显得先天不足外，造物设计中所主要展现的丰富形式与各式功能，即当中透露着的设计思维的运行轨迹较之当代设计思维，实已不输什么了。而关于设计思维这一点，上古先民们的智慧即使放到今天复杂变幻的造物艺术生产大环境中，无疑仍有许多值得借鉴之处。如此看来，尽管今天中国设计的声音还很小，甚至连原本引以为傲的传统瓷器、特色建筑等造物设计也在过去时间的流逝中被他国悄然赶超，抛诸身后；也有不时显现的"崇洋媚外"一词提醒着我们西方外来设计在一定程度上占据的绝对优势与先锋，但毋庸置疑我们的设计核心力量（思维、思想）并不落伍，更有无限潜力需要进一步开发，只是在外在的工艺技术进步、能源材料换代、程序步骤规范等方面有待加强。而面对当今全球化，尤其是西方文化的剧烈冲击，如何才能在绚丽多彩的世界中建立起独属于自己的特色设计，这一直是一个值得每一个设计者认真思考的问题。

古代唐朝时极度开放，吸收了大量外来文化与造物形态，却没有被纷繁的景色迷花眼睛，失去自己的方向，反而开创出中国历史上空前的盛世，无论在衣、食、住、行、用等各方面都攀升到一个崭新的高度。原因何在？关键在于对精华的提取和对糟粕的摒弃，在于对"道"与"器"、"汤"与"药"关系的精准把握，在于对美好生活的热切追求，在于紧随时代脚步的大胆变革，也在于对人、物、环境之间合理的统筹配置。如"天人合一"的概念对于艺术设计来讲或许太过宽泛和老生常谈，人们已听了太多遍而对此变得十分麻木，但它当中包含的对环境的关照、对人的关怀直至今天仍具有进步意义。当房地产开发日益兴隆的时候、当盲目追求经济利益而忽视其他一切存在时，毫无地方特色的高层住宅楼、商品房光秃秃地平地而起，好似一个个烟囱般鳞次栉比地排列于城市之中，再加上 LED 灯五光十色的闪烁、装饰，表面上的确烘托出现代化的时尚气息，实际上却既没有对人文历史的谦卑、传承，也没有考虑到如何与自然环境和谐相处。"天人合一"的设计实质在于满足人们的需要，这种需要不仅仅是生理上的基本生存需要，还有更高层次上的精神需求，人文环境的文脉装饰和自然环境的植物景观，都是人们心理需要的重要组成部分，亦作用着人在空间设计中的满足度。又比如《说文》文字训诂中经常引用的《易经》内容，显示出文字的创造、应用，和其背后所代表的造物设计同先民对自然宇宙规律的认识间有着密切的关系。《易经》的生发始于人对自然万物的感悟，更难得的是，它不只单纯地用于卜筮未来，还广泛渗透于上古造物的方方面面，掺杂着朴素生活的经验总结，以及对顺应自然天道的"无为"观念的秉持。正因如此，当氏族部落一次次聚合、交融，外来文化、宗教信仰与本土思想相互碰撞时，造物设计的外在形式、功能等会产生似乎难以预测的拆解、突变、搅拌情况，实则始终围绕造物内在固有思维而规律运行，使之得以与时俱进地将这一极具民族文化特色的造物精神实质通过新造型、新材料、新功能的再重组、再包装，以新的面貌继续发扬光大。

《说文》展示的先民造物画卷已十分古老，许多制器的技术、形态甚至都已成传说，其精细程度更无法与如今高度发达的数字化3D制作相匹敌，但是，或许制作的材料可以替换、使用的工具可以智能、表现的式样可以改革、应用的技术可以创新，而独独五千年传承下来不变的造物思想之"道"、之"药"值得我们坚守，不仅因为这一造物精神经历了数千年时间的验证，反映出其顺应人道自然的成熟设计思维，也因为这一朴素造物精神在指导设计方面直至今日仍未褪色。并相信隐藏于《说文》的古代造物思想与内容在未来的发展中还会继续为真正的"中国化"造物设计注入无限活力，使其焕发出耀目的光彩。

立足当代文化视野，回溯《说文》记载的这段上古造物历史，期盼对未来设计有所启迪：

（1）传统造物设计形态的形成离不开社会、历史的大背景，每当造物设计有转型、飞跃的情况发生时，其多是在外因的推动下进行的。在国家"一带一路"倡议的重大历史发展契机下、中国设计艺术品积极融入国际市场的同时，如何在新的国际市场环境中发出属于中国设计自己的声音，与领先我们数十年的西方设计建立何种模式的竞争关系，都需要不断探寻切实可行的智慧之路以真正解决。

（2）传统造物思维是我国古代先民留下的宝贵遗产，精华所在。在当今全球化浪潮的冲击下，造物设计中保有自身民族和地方特色倍显珍贵。毕竟，传承的方式并非简单地模拟旧物，充满时代感的传统设计同样可以让人强烈地感受到特有文化的积淀与厚重。而这种特色的表现可以结合时代发展特征，亦可将传统文化元素辐射至形式、功能、材料、技艺等设计的外在表象，但唯一不可动摇、丢弃的是当中蕴含的设计核心：传统造物思维，这也是数千年文明传承潜移默化下的精华所在，未来市场竞争中中国设计的特色所在。

（3）新材料、新技术等新事物的应用在造物艺术的表现中一直扮演着尤为重要的角色。因为除了上述所说的"传承"之外，"创新"意味着原有造物形态将以何种面貌继续下去，也为了更好地传承。不创新就没有市场，没有了市场，造物设计也就失去了生存的空间，无法传承，终将被历史淘汰。但是，创新不是凭空捏造、不切实际的幻想，而是量积累到一定程度后的质变，需要在传承的基础上吸收新时代养料才能达成，无疑当代令人瞩目的高新科技为造物设计打开创新的窗口，为传统造物的再次进化提供了强大的物质支持。

图片来源

第一章

图 1-1　沧源崖画中头带角冠的人物形象（图片来源——http:// dp.pconline.com.cn/dphoto/list_1815065.html）

图 1-2　亚当和夏娃（图片来源——http://news.ifeng.com/gundong/detail_2012_06/01/14974365_0.shtml）

图 1-3　春秋青铜蚕纹 18 字铭鼎（图片来源——http://www.cang.com/trade/show-7030476-2.html）

图 1-4　山东嘉祥武梁祠黄帝像石刻（图片来源　——https://tieba.baidu.com/p/2197958250?red_tag=2866737865）

图 1-5　黄河流域发现的最早丝织品（图片来源——http://amuseum.cdstm.cn/AMuseum/silk/ls02.html）

图 1-6　缂丝（图片来源——http://amuseum.cdstm.cn/AMuseum/silk/gy0201.html）

图 1-7　良渚织机复原图（图片来源——http://amuseum.cdstm.cn/AMuseum/silk/ls02.html）

图 1-8　屈家岭文化的陶纺锤（图片来源——高丰：《中国设计史》，广西美术出版社 2004 年版，第 20 页）

图 1-9a　手摇纺车（图片来源——http://sns.91ddcc.com/t/35145）

图 1-9b　踏板织机（图片来源——http://sns.91ddcc.com/t/35

145）

图 1-9c 东汉纺织画像石拓片（图片来源——http://www.chnmuseum.cn/tabid/219/Default.aspx?HotType=46）

图 1-10 新石器时代骨针（图片来源——http://sucai.redocn.com/yishuwenhua_5683924.html）

图 1-11 浙江湖州前山漾出土的绢片（图片来源——http://amuseum.cdstm.cn/AMuseum/silk/ls02.html）

图 1-12 东汉新疆民丰尼雅遗址出土的素罗（图片来源——http://amuseum.cdstm.cn/AMuseum/silk/pz0401.html）

图 1-13 马王堆汉墓出土的绣品（图片来源——http://www.kaogu.cn/cn/kaoguyuandi/kaogubaike/2015/0827/51274.html）

a. 烟色菱纹罗地信期绣

b. 黄色绮地乘云绣

c. 绢地茱萸纹绣

d. 树纹铺绒绣

图 1-14 （图片来源——沈从文：《中国服饰史》，陕西师范大学出版社 2004 年版，第 25 页）

a. 朱砂染凤鸟凫鸭纹间道锦

b. 通幅对舞鸟兽纹经锦

图 1-15a 冠（图片来源——https://tieba.baidu.com/p/344711100?red_tag=1036724544）

图 1-15b 西汉毡帽（图片来源——http://www.chnmuseum.cn/tabid/218/Default.aspx?DynastySortID=13&UseID=3）

图 1-16 （汉）冕（图片来源——冯盈之：《汉字与服饰文化》，东华大学出版社 2008 年版，第 57 页。）

图 1-17 秦兵马俑的介帻（图片来源——http://amuseum.cdstm.cn/AMuseum/silk/fs010201.html）

图 1-18 殷墟骨笄（图片来源——沈从文：《中国服饰史》，陕西师范大学出版社 2004 年版，第 19 页）

图片来源 577

图 1-19　殷商妇好墓出土的有頍玉人（图片来源——http://blog.sina.com.cn/s/blog_40d9906e0102w9z7.html）

图 1-20a　西汉直裾素纱襌衣（图片来源——http://www.hnmuseum.com/hnmuseum/learning/timeline/qin.html）

图 1-20b　西汉曲裾素纱襌衣（图片来源——http://www.hnmuseum.com/hnmuseum/learning/timeline/qin.html）

图 1-20c　战国黄绢面绵袍（图片来源——http://amuseum.cdstm.cn/AMuseum/silk/fs0203.html）

图 1-20d　西汉黄纱直裾长袍（图片来源——http://amuseum.cdstm.cn/AMuseum/silk/fs0203.html）

图 1-21a　清代江永《深衣考误》复原图（图片来源——沈从文：《中国服饰史》，陕西师范大学出版社2004年版，第36页）

图 1-21b　日本诸桥辙次《大汉和辞典》深衣图（图片来源——沈从文：《中国服饰史》，陕西师范大学出版社 2004 年版，第 44 页）

图 1-21c　绕襟衣陶舞俑（图片来源——自拍）

图 1-22　（战国）青铜长衣烛奴（图片来源——沈从文：《中国服饰史》，陕西师范大学出版社2004年版，第44页）

图 1-23　侯马织绣齐膝衣背剑人陶范铸像（图片来源——沈从文：《中国服饰史》，陕西师范大学出版社2004年版，第45页）

图 1-24　商周贵族服饰——窄袖织纹衣、蔽膝穿戴（图片来源——http://www.livewhy.com/bencandy.php?fid-351-id-29290-page-1.htm）

图 1-25a　秦始皇陵陶俑（图片来源——http://www.chnmuseum.cn/tabid/218/Default.aspx?DynastySortID=12&UseID=28）

图 1-25b　西汉马王堆汉墓出土导引图局部（图片来源——https://tieba.baidu.com/p/3670590269?red_tag=0426700015）

图 1-26　直领"揪衣"（图片来源——沈从文：《中国服饰史》，陕西师范大学出版社2004年版，第43页）

图 1-27　战国锦缘云纹绣曲裾衣彩绘俑（图片来源——沈从

文：《中国服饰史》，陕西师范大学出版社2004年版，第42页）

图1-28 战国曲裾袍服（图片来源——http://amuseum.cdstm.cn/AMuseum/silk/fs0203.html）

图1-29a 战国后期错金几何纹带钩（图片来源——自拍）

图1-29b 战国鎏金嵌玉镶琉璃银带钩（图片来源——http://www.chnmuseum.cn/tabid/219/Default.aspx?HotType=18）

图1-30a 敦煌壁画：朝服垂双绶图（图片来源——沈从文：《中国服饰史》，陕西师范大学出版社2004年版，第61页）

图1-30b 战国组佩木俑（图片来源——http://amuseum.cdstm.cn/AMuseum/silk/fs0404.html）

图1-30c 战国白玉组缨（图片来源——http://amuseum.cdstm.cn/AMuseum/silk/fs0404.html）

图1-31 玉璜（图片来源——沈从文：《中国服饰史》，陕西师范大学出版社2004年版，第30页）

图1-32a 汉代岐头丝履（图片来源——http://amuseum.cdstm.cn/AMuseum/silk/fs0104.html）

图1-32b 东汉锦鞋（图片来源——http://www.chnmuseum.cn/tabid/218/Default.aspx?DynastySortID=13&UseID=3）

图1-32c 西汉牛皮靴（图片来源——http://www.chnmuseum.cn/tabid/218/Default.aspx?DynastySortID=13&UseID=3）

图1-33a 汉代素绢夹袜（图片来源——http://amuseum.cdstm.cn/AMuseum/silk/fs0106.html）

图1-33b 东汉"延年益寿大宜子孙"锦袜（图片来源——http://www.chnmuseum.cn/tabid/218/Default.aspx?DynastySortID=13&UseID=3）

图1-34 十二章纹（图片来源——http://baike.sogou.com/v22725.htm;jsessionid=C1B123B0368AA4D926118D218DE749D7.n2）

图1-35a 扬子山着帽着帻着巾短衣农民陶俑（图片来源——沈从文：《中国服饰史》，陕西师范大学出版社2004年版，第58页）

图 1-35b 山东沂南汉墓石刻武士像：漆纱冠、大袖衣、大口绔、佩虎头鞶囊、系绶、佩剑（图片来源——沈从文：《中国服饰史》，陕西师范大学出版社 2004 年版，第 59 页）

图 1-36 长沙战国彩漆酒卮上缨帽狐裘人（图片来源——沈从文：《中国服饰史》，陕西师范大学出版社 2004 年版，第 34 页）

图 1-37 长沙陈家大山楚墓帛画：云纹绣衣梳髻贵族妇女（图片来源——沈从文：《中国服饰史》，陕西师范大学出版社 2004 年版，第 29 页）

第二章

图 2-1 商周时期饕餮纹鬲（图片来源——http://www.chnmuseum.cn/tabid/218/Default.aspx? Title=%E9%AC%B2）

图 2-2a 商代后期三羊尊（图片来源——自拍）

图 2-2b 西周晚期"颂"青铜壶（图片来源——自拍）

图 2-3 商后期四羊青铜方尊（图片来源——自拍）

图 2-4 西周早期师旂鼎（图片来源——自拍）

图 2-5a 商代后期田告母辛方鼎（图片来源——自拍）

图 2-5b 西周中期的鬲（图片来源——自拍）

图 2-5c 西周杞伯偶鬲（图片来源——http://www.chnmuseum.cn/tabid/219/Default.aspx?IIotType=18）

图 2-6a 西周晚期颂鼎（图片来源——自拍）

图 2-6b 颂鼎铭文及翻译（图片来源——自拍）

图 2-7 "妇好"青铜三联甗（图片来源——自拍）

图 2-8a 西周早期南单甗（图片来源——http://blog.sina.com.cn/s/blog_9aba95aa0102vn7d.html）

图 2-8b 西周晚期晋伯父甗（图片来源——http://blog.sina.com.cn/s/blog_9aba95aa0102vn7d.html）

图 2-9a 商代后期兽面纹扁足鼎（图片来源——自拍）

图 2-9b 商代后期或鼎（图片来源——自拍）

图 2-10a　商代后期宁簋（图片来源——自拍）

图 2-10b　西周早期荣簋（图片来源——自拍）

图 2-10c　西周中期格伯簋（图片来源——自拍）

图 2-10d　西周晚期颂簋（图片来源——自拍）

图 2-10e　春秋中期史尸簋（图片来源——http://blog.sina.com.cn/s/blog_9aba95aa0102vn7d.html）

图 2-11a　新石器前期仰韶文化人面鱼纹彩陶盆（图片来源——http://www.chnmuseum.cn/tabid/218/Default.aspx?UseID=3&DynastySortID=5）

图 2-11b　西周晚期鱼龙纹盘（图片来源——http://blog.sina.com.cn/s/blog_9aba95aa0102vn7d.html）

图 2-11c　春秋晚期透雕蟠龙纹豆（图片来源——http://blog.sina.com.cn/s/blog_9aba95aa0102vn7d.html）

图 2-11d　战国朱绘兽耳陶壶（图片来源——自拍）

图 2-12　夹砂红陶罐（图片来源——http://www.chnmuseum.cn/tabid/219/Default.aspx?HotType=19）

图 2-13　西周原始瓷豆（图片来源——http://blog.sina.com.cn/s/blog_94b414920102w7jq.html）

图 2-14　春秋原始瓷盖碗（图片来源——http://blog.sina.com.cn/s/blog_94b414920102w7jq.html）

图 2-15a　商代"戍嗣子鼎"中的"鼎"（图片来源——http://www.cchicc.com/photo.php?id=7646）

图 2-15b　"四祀邲其卣"中的"煮"（图片来源——http:// blog.sina.cn/dpool/blog/s/blog_4a423ca701017s2e.html?vt=4）

图 2-16a　商代后期亚囗方尊（图片来源——自拍）

图 2-16b　商后期龙虎纹青铜尊（图片来源——自拍）

图 2-16c　西周中期青铜方彝（图片来源——自拍）

图 2-16d　西周早期青铜罍（图片来源——自拍）

图 2-16e　战国青铜罍（图片来源——自拍）

图片来源　581

图 2-17a　西周晚期齐侯匜（图片来源——http://blog.sina.com.cn/s/blog_9aba95aa0102vn7d.html）

图 2-17b　战国甘斿银匜（图片来源——http://www.chnmuseum.cn/tabid/218/Default.aspx?DynastySortID=11&UseID=3）

图 2-18a　西周中期"盠"青铜驹尊（图片来源——自拍）

图 2-18b　战国兽形青铜尊（图片来源——自拍）

图 2-18c　西汉错金银云纹青铜犀尊（图片来源——自拍）

图 2-18d　西汉"长沙王后家"漆耳杯（图片来源——http://www.chnmuseum.cn/tabid/218/Default.aspx?DynastySortID=13&UseID=3）

图 2-19a　商代后期册方斝（图片来源——自拍）

图 2-19b　商王武丁时期"后母辛"青铜觥（图片来源——自拍）

图 2-19c　西周早期兕觥（图片来源——http://www.njmuseum.com/Antique/AntiqueContent.aspx?id=434）

图 2-19d　西周早期"父庚觯"（图片来源——http://blog.sina.com.cn/s/blog_9aba95aa0102vn7d.html）

图 2-19e　商王武丁时期青铜爵（图片来源——自拍）

图 2-19f　商王武丁时期青铜觚（图片来源——自拍）

图 2-20　商王武丁时期青铜斝（图片来源——自拍）

图 2-21a　春秋晚期鸟兽龙纹壶（图片来源——http://blog.sina.com.cn/s/blog_9aba95aa0102vn7d.html）

图 2-21b　春秋中期交龙纹盆（图片来源——http://blog.sina.com.cn/s/blog_9aba95aa0102vn7d.html）

图 2-21c　西汉双兽耳青釉硬陶瓿（图片来源——http://www.chnmuseum.cn/tabid/218/Default.aspx?DynastySortID=13&UseID=3）

图 2-22　战国青铜冰鉴（图片来源——自拍）

图 2-23a　新石器后期大汶口文化黑陶高柄杯（图片来源——

http://www.chnmuseum.cn/tabid/218/Default.aspx?UseID=3&DynastySortID=5）

图 2-23b 商代印纹硬陶豆（图片来源——http://www.chnmuseum.cn/tabid/218/Default.aspx?DynastySortID=7&UseID=3）

图 2-23c 战国时期蟠螭纹提链壶（图片来源——http://www.chnmuseum.cn/tabid/219/Default.aspx?HotType=18）

图 2-23d 汉代错金银樽（图片来源——自拍）

图 2-23e 汉代铜鍑（图片来源——自拍）

图 2-24 商后期夔龙形扁足青铜鼎（图片来源——自拍）

图 2-25a 战国青铜鬲（图片来源——http://www.chnmuseum.cn/tabid/219/Default.aspx?HotType=18）

图 2-25b 战国·楚"熊悍"青铜鼎（图片来源——自拍）

图 2-26 汉新朝铜斛（量器）（图片来源——http://www.chnmuseum.n/tabid/218/Default.aspx?UseID=21&DynastySortID=13）

图 2-27 汉新朝铜方斗（图片来源——http://www.chnmuseum.cn/tabid/218/Default.aspx?UseID=21&DynastySortID=13）

图 2-28a 新石器后期昙石山文化网纹陶釜（图片来源——http://www.chnmuseum.cn/tabid/218/Default.aspx?UseID=3&DynastySortID=5）

图 2-28b 西周中期免尊（图片来源——自拍）

图 2-28c 战国嵌铜兽纹豆（图片来源——http://www.chnmuseum.cn/tabid/218/Default.aspx?DynastySortID=11&UseID=27）

图 2-29 西汉错金银云纹青铜犀尊（图片来源——http://www.chnmuseum.cn/tabid/218/Default.aspx?DynastySortID=13&UseID=3）

图 2-30a 商代后期乳钉三耳簋（图片来源——自拍）

图 2-30b 西周早期堇临簋（图片来源——自拍）

图 2-30c 西周中期追簋（图片来源——自拍）

图 2-31a 夏二里头文化陶鼎（图片来源——http://www.

chnmuseum.cn/tabid/218/Default.aspx?DynastySortID=6&UseID=3）

图 2-31b　商后期后母戊鼎（图片来源——http://www.chnmuseum.cn/tabid/218/Default.aspx?DynastySortID=7&UseID=3）

图 2-32a　商代后期竹父丁盉（图片来源——自拍）

图 2-32b　西周中期来父盉（图片来源——自拍）

图 2-33a　随葬礼器与贵族等级制度（图片来源——兰娟：《先秦制器思想研究》，博士学位论文，南开大学，2014 年，第 133 页；转引自吴十洲《两周礼器制度研究》，五南图书出版公司 2003 年版，第 251 页）

图 2-33b　铜觚+铜爵组合显示的商代社会等级（图片来源——兰娟：《先秦制器思想研究》，博士学位论文，南开大学，2014 年，第 133 页；转引自宋镇豪《商代社会生活与礼俗》，中国社会科学出版社 2010 年版，第 183—214 页）

图 2-34　西汉鎏金铜沐缶（图片来源——自拍）

第三章

图 3-1　"穴"字形象的演变（图片来源——陈鹤岁：《汉字中的古代建筑》，百花文艺出版社 2005 年版，第 17 页）

图 3-2　半坡半地穴式房屋构造及室内环境（高丰：《中国设计史》，广西美术出版社 2004 年版，第 39 页）

图 3-3　东汉绿釉陶楼（图片来源——http://www.chnmuseum.cn/tabid/218/Default.aspx?UseID=28&DynastySortID=13）

图 3-4　东汉庖厨画像砖（图片来源——http://www.chnmuseum.cn/tabid/219/Default.aspx?HotType=46）

图 3-5　东汉陶院落（图片来源——http://www.chnmuseum.cn/tabid/218/Default.aspx?UseID=28&DynastySortID=13）

图 3-6　室内空间方位布置示意图（图片来源——孙全文、曾文宏：《由中国文字探讨传统建筑》，联经出版社 1989 年版，第 35 页）

图 3-7a 东汉市楼画像砖（图片来源——http://www.chnmuseum.cn/tabid/219/Default.aspx?HotType=46）

图 3-7b 秦明堂（图片来源——[日]伊东忠太：《中国文化艺术名著丛书——中国建筑史》，湖南大学出版社 2013 年版，第 66 页）

图 3-8 四川出土的东汉画像砖中的桥（图片来源——陈鹤岁：《汉字中的古代建筑》，百花文艺出版社 2005 年版，第 141 页）

图 3-9 a "窗"的古文字样式（图片来源——陈鹤岁：《汉字中的古代建筑》，百花文艺出版社 2005 年版，第 153 页）

图 3-9 b "囧"的古文字样式（图片来源——孙全文、曾文宏：《由中国文字探讨传统建筑》，联经出版社 1989 年版，第 106 页）

图 3-10 小篆"梁"文（图片来源——https://www.zdic.net/hans/梁）

图 3-11 战国朱绘黑漆凭几（图片来源——自拍）

图 3-12a 战国瓦当（图片来源——自拍）

图 3-12b 西汉几何纹空心砖（图片来源——自拍）

图 3-13 东汉三合式陶屋（图片来源——http://www.chnmuseum.cn/tabid/219/Default.aspx?HotType=19）

图 3-14 [日]伊势神宫（图片来源——http://baike.baidu.com/link?url=J——krlg-Q_9Kgp5173jimiZvEX8HvXZz7PWcnAFJPU7-RkKEkG_puRMl0IOWQDKRRJRZj9P52TQQthM9JOSHcvkkXEVNXT8x47fM2qvcp1jvrMF2rpwcwK-Wrp4QO0jN）

图 3-15a 秦代陶囷（图片来源——自拍）

图 3-15b 东汉陶仓（图片来源——自拍）

图 3-16 东汉陶猪圈（图片来源——http://www.chnmuseum.cn/tabid/219/Default.aspx?HotType=19）

图 3-17 殷墟长形房子的复原图（图片来源——唐汉：《汉

字密码》，陕西师范大学出版社 2009 年版，第 669 页）

图 3-18　五室明堂平面图（王世仁复原）（图片来源——董睿：《易学空间观与中国传统建筑》，博士学位论文，山东大学，2012 年，第 63 页）

图 3-19　东汉宅院画像砖（图片来源——http://www.chnmuseum.cn/tabid/219/Default.aspx?HotType=46）

图 3-20　五色与方位、季节、五行之间的关系对应图（图片来源——[日]伊东忠太：《中国文化艺术名著丛书——中国建筑史》，湖南大学出版社 2013 年版，第 42 页）

图 3-21　仪礼宫室图（图片来源——林会承：《先秦时期中国居住建筑》，六合出版社 1984 年版，第 130 页；转引自乐嘉藻《中国建筑史》）

图 3-22　天子诸侯左右房室图（局部）（图片来源——林会承：《先秦时期中国居住建筑》，六合出版社 1984 年版，第 130 页；转引自张惠言"天子诸侯左右房室图"）

图 3-23　东房西房北堂（图片来源——林会承：《先秦时期中国居住建筑》，六合出版社 1984 年版，第 130 页；转引自张惠言"东房西房北堂"）

第四章

图 4-1a　西汉前期的木板船（图片来源——刘杰：《中国古代舟船（一）》，《交通与运输》2009 年第 2 期。）

图 4-1b　东汉陶船（图片来源——http://www.chnmuseum.cn/tabid/212/Default.aspx?AntiqueLanguageID=660）

图 4-2　西周中期我形兵器（图片来源——自拍）

图 4-3　春秋战国时期的内河战舰［图片来源——刘杰：《中国古代舟船（一）》，《交通与运输》2009 年第 2 期。］

图 4-4a　东汉陶船局部（图片来源——http://www.chnmuseum.cn/tabid/212/Default.aspx?AntiqueLanguageID=660）

图 4-4b　水陆攻战纹鉴中腹图形：水战中的楼船与长楫（图片来源——沈从文：《中国服饰史》，陕西师范大学出版社 2004 年版，第 47 页）

图 4-5a　一号铜车马（图片来源——自拍）

图 4-5b　秦始皇陵二号铜车马（安车）（图片来源——http://www.bmy.com.cn/2015new/contents/488/20178.html）

图 4-6a　东汉辎车画像砖（图片来源——http://www.chnmuseum.cn/tabid/219/Default.aspx?HotType=46）

图 4-6b　西汉栈车（图片来源——http://www.chnmuseum.cn/tabid/218/Default.aspx?UseID=5&DynastySortID=13）

图 4-7　东周舆轿复原图（图片来源——《中华文明史话》丛书编辑委员会：《中华文明史话——交通工具史话》，中国大百科全书出版社 2000 年版，第 51 页）

图 4-8　"车"的甲骨文和金文（图片来源——韦静雯：《中国古代车的渊源研究》，硕士学位论文，南京艺术学院，2012 年，第 13 页）

图 4-9　殷墟车马坑（图片来源——http://www.huitu.com/photo/show/20150509/124802372200.html）

图 4-10　古代车轮结构图（图片来源——郭宝钧：《殷周车器研究》，文物出版社 1998 年版，第 6 页）

图 4-11　古车各构件名称及位置示意图（图片来源——郭宝钧：《殷周车器研究》，文物出版社 1998 年版，第 5 页）

图 4-12a　立车各部位名称（图片来源——自拍）

图 4-12b　安车各部位名称（图片来源——自拍）

图 4-13　战国时期轮内戈（图片来源——自拍）

图 4-14a　商代青铜軏（图片来源——http://www.chnmuseum.cn/tabid/219/Default.aspx?HotType=30）

图 4-14b　商代龙纹铜衡饰（图片来源——http://www.chnmuseum.cn/tabid/219/Default.aspx?HotType=30）

图片来源　587

图4-14c　战国兽首铜辕饰（图片来源——http://www.chnmuseum.cn/tabid/219/Default.aspx?HotType=30）

图4-14d　战国晚期错金银龙凤纹车毂饰（图片来源——http://www.chnmuseum.cn/tabid/218/Default.aspx?UseID=27&DynastySortID=11）

图4-15　西周晚期人首形车辖（图片来源——自拍）

图4-16a　商代后期兽面纹车饰（图片来源——自拍）

图4-16b　战国后期鎏银云纹害、蟠螭纹害辖（图片来源——自拍）

图4-16c　战国错金银马兽形铜辕饰（图片来源——http://www.chnmuseum.cn/tabid/219/Default.aspx?HotType=30）

图4-16d　秦代错金银伞杠（图片来源——http://www.bmy.com.cn/2015new/contents/488/20178.html）

图4-16e　战国时期错金银龙凤纹车衡末饰（图片来源——http://www.chnmuseum.cn/tabid/218/Default.aspx?UseID=27&DynastySortID=11）

第五章

图5-1　新石器前期仰韶文化人面鱼纹彩陶盆（图片来源——自拍）

图5-2　西汉铅制算筹（图片来源——http://www.chnmuseum.cn/tabid/218/Default.aspx?DynastySortID=13&UseID=27）

图5-3　战国毛笔（图片来源——http://www.chnmuseum.cn/tabid/219/Default.aspx?HotType=26）

图5-4　东汉松塔形墨（图片来源——http://www.chnmuseum.cn/tabid/218/Default.aspx?DynastySortID=13&UseID=3）

图5-5a　西汉漆盒石砚（图片来源——http://www.chnmuseum.cn/tabid/218/Default.aspx?DynastySortID=13&UseID=3）

图5-5b　西汉石砚及研石（图片来源——http://www.chnmuseum.

cn/tabid/218/Default.aspx?Title=%E7%A0%9A）

图 5-6　西汉扶风纸（图片来源——http://www.chnmuseum.cn/tabid/218/Default.aspx?DynastySortID=13&UseID=3）

图 5-7　东汉冶铁画像石拓片：展示了用风囊鼓风冶铁的场景（图片来源——http://www.chnmuseum.cn/tabid/219/Default.aspx?HotType=46）

图 5-8a　商前期陶鬲外范（图片来源——http://www.chnmuseum.cn/tabid/219/Default.aspx?HotType=19）

图 5-8b　战国铸铁范（图片来源——http://www.chnmuseum.cn/tabid/218/Default.aspx?UseID=2&DynastySortID=11）

图 5-8c　战国双镰铁范（图片来源——http://www.chnmuseum.cn/tabid/218/Default.aspx?UseID=2&DynastySortID=11）

图 5-9　东汉针灸画像石拓片局部（图片来源——http://www.chnmuseum.cn/tabid/219/Default.aspx?HotType=46）

图 5-10　桔槔（图片来源——http://baike.baidu.com/link?url=S-36JfneH8bZDNQ998Axy0qrfypFKU7GgIBswRcjNPHDOPpOwiU7fYTuWo85rrgJYcGb2jSmEk46cdqffxGG7mgF8RmNiWjgDOcqQpnVhii）

图 5-11　新石器时代河姆渡文化骨耜（图片来源——http://www.chnmuseum.cn/tabid/218/Default.aspx?DynastySortID=5&UseID=2）

图 5-12a　新石器时期裴李岗文化石铲（图片来源——http://www.chnmuseum.cn/tabid/218/Default.aspx?DynastySortID=5&UseID=2）

图 5-12b　新石器时期良渚文化石耘田器（图片来源——http://www.chnmuseum.cn/tabid/218/Default.aspx?DynastySortID=5&UseID=2）

图 5-12c　战国铁犁铧（图片来源——http://www.chnmuseum.cn/tabid/218/Default.aspx?UseID=2&DynastySortID=11）

图 5-12d　西汉大铁铧和装有鐴土的铁铧（图片来源——http://

图 5-13　东汉牛耕画像石拓片局部（图片来源——http://www.chnmuseum.cn/tabid/218/Default.aspx?UseID=28&DynastySortID=13）

图 5-14　耧车（图片来源——http://baike.baidu.com/item/%E8%80%A7%E8%BD%A6?fr=aladdin）

图 5-15a　战国铁（图片来源——http://www.chnmuseum.cn/tabid/218/Default.aspx?UseID=2&DynastySortID=11）

图 5-15b　新石器时代后期鹿角锄（图片来源——http://www.chnmuseum.cn/tabid/218/Default.aspx?DynastySortID=5&UseID=2）

图 5-15c　战国铁锄（图片来源——http://www.chnmuseum.cn/tabid/218/Default.aspx?UseID=2&DynastySortID=11）

图 5-16a　新石器时期石镰（图片来源——http://www.chnmuseum.cn/tabid/218/Default.aspx?DynastySortID=5&UseID=2）

图 5-16b　东汉铁钑镰（大型镰刀）（图片来源——http://www.chnmuseum.cn/tabid/218/Default.aspx?DynastySortID=13&UseID=2）

图 5-16c　东汉收获渔猎画像砖（图片来源——http://www.chnmuseum.cn/tabid/219/Default.aspx?HotType=46）

图 5-17　西汉铁耙（图片来源——http://www.chnmuseum.cn/tabid/218/Default.aspx?DynastySortID=13&UseID=2）

图 5-18　东汉舂米画像砖（图片来源——http://www.chnmuseum.cn/tabid/218/Default.aspx?UseID=28&DynastySortID=13）

图 5-19a　新石器时期裴李岗文化石磨盘、石磨棒（图片来源——http://www.chnmuseum.cn/tabid/218/Default.aspx?DynastySortID=5&UseID=2）

图 5-19b　西汉陶磨（图片来源——http://www.chnmuseum.cn/tabid/218/Default.aspx?DynastySortID=13&UseID=2）

图 5-20a　商代后期夔纹戈（图片来源——自拍）

图 5-20b　西周早期龙纹戈（图片来源——自拍）

图 5-21a　春秋前期梁伯戈（图片来源——自拍）

图 5-21b　春秋后期秦子戈（图片来源——自拍）

图 5-21c　战国前期蔡侯产戈（图片来源——自拍）

图 5-22a　战国后期错银菱纹镦（图片来源——自拍）

图 5-22b　战国后期大良造鞅镦（图片来源——自拍）

图 5-22c　战国后期虎纹镦（图片来源——自拍）

图 5-23a　商代后期兽面纹钺（图片来源——自拍）

图 5-23b　商代后期兽面纹大钺（图片来源——自拍）

图 5-23c　西周中期三穿戟（图片来源——自拍）

图 5-23d　战国三戈铜戟（图片来源——http://www.chnmuseum.cn/tabid/218/Default.aspx?UseID=23&DynastySortID=11）

图 5-24a　商代后期玉刃矛（图片来源——自拍）

图 5-24b　商代后期大于矛（图片来源——自拍）

图 5-25a　商代石斧（图片来源——http://www.chnmuseum.cn/tabid/219/Default.aspx?HotType=49）

图 5-25b　春秋时期铜斧（图片来源——http://www.chnmuseum.cn/tabid/219/Default.aspx?HotType=18）

图 5-25c　周成王时期"康侯"青铜斧（图片来源——http://www.chnmuseum.cn/tabid/219/Default.aspx?HotType=18）

图 5-26a　商代后期大刀（图片来源——自拍）

图 5-26b　商代后期卷首刀（图片来源——自拍）

图 5-27a　春秋后期越王者旨於睗剑（图片来源——自拍）

图 5-27b　战国后期有鞘剑（图片来源——自拍）

图 5-28　西周晚期人面匕首（图片来源——自拍）

图 5-29a　秦代铜弩机（图片来源——http://www.chnmuseum.cn/tabid/218/Default.aspx?DynastySortID=12&UseID=23）

图 5-29b　西汉鎏金铜弩机（图片来源——http://www. chnmuseum.cn/tabid/218/Default.aspx?UseID=23&DynastySortID=13）

图 5-30a　商代后期镞（三枚）（图片来源——自拍）

图 5-30b　西周晚期镞（二枚）（图片来源——自拍）

图 5-31　商代后期兽面纹胄（图片来源——自拍）

图 5-32　曾乙侯墓出土皮胄复原图（图片来源——https://tieba.baidu.com/p/2709602531?red_tag=3266290353）

图 5-33　江西新干出土的商代兽面纹青铜胄（图片来源——http://baike.baidu.com/link?url=SXUj1_9CiejNpnToxlVsIgvbdhAA97ZG66XbgVlrPOfQgH_2mR9mnYY6uFB2cqCSlMOQoVq_yz4k7e0m6CJqVBgE9MZ0_57wkkHpQ5xgl545ImsAMcGp1orQhDvd8-gV-ieNh4qXY5oW_wrV6YLhF2CB9Nqx9JeZ58rUu_9xrza）

图 5-34　燕下都出土先秦时期铁胄（图片来源——http://www.kgzg.cn/a/35.html）

图 5-35　汉铜臂甲（图片来源——http://www.chnmuseum.cn/tabid/218/Default.aspx?DynastySortID=13&UseID=3）

图 5-36　秦代铜盾（图片来源——http://www.bmy.com.cn/2015new/contents/488/20178.html）

图 5-37a　西周晚期虎戟钟（图片来源——自拍）

图 5-37b　战国前期蟠螭纹编钟（图片来源——自拍）

图 5-37c　春秋后期双鸟钮镈（图片来源——自拍）

图 5-37d　春秋后期蟠虺纹编镈（图片来源——自拍）

图 5-37e　西周早期成周铃（图片来源——自拍）

图 5-37f　战国前期外卒铎（图片来源——自拍）

图 5-37g　商后期虎纹青铜铙（图片来源——自拍）

图 5-38　战国陶缶（图片来源——自拍）

图 5-39　东汉击鼓说唱俑（图片来源——自拍）

图 5-40a　二里头文化时期石磬（图片来源——http://www.chnmuseum.cn/tabid/219/Default.aspx?HotType=49）

图 5-40b　商后期虎纹石磬（图片来源——自拍）

图 5-40c　战国后期兽首编磬（图片来源——自拍）

参考文献

一 工具书类

（东汉）许慎：《说文解字》，中华书局1963年版。

（清）段玉裁：《说文解字注》，上海古籍出版社1981年版。

陈初生：《金文常用字典》，陕西人民出版社1987年版。

辞海编辑委员会：《辞海》，上海辞书出版社1990年版。

汉语大字典编辑委员会：《汉语大字典（三卷本）》，四川辞书出版社、湖北辞书出版社1996年版。

汉语大词典编辑委员会：《汉语大词典》，汉语大词典出版社1993年版。

容庚：《金文编》，中华书局1985年版。

徐中舒：《甲骨文字典》，四川辞书出版社1989年版。

中国社会科学院语言研究所词典编辑室：《〈现代汉语词典〉2002年增补本》，商务印书馆2002年版。

二 专著类

《二十四史》，中华书局1997年版。

（晋）郭璞注，（宋）邢昺疏：《尔雅注疏》，上海古籍出版社2010年版。

《古今图书集成》，中华书局1934年影印铜活字本。

（汉）宋衷注，（清）秦嘉谟等辑：《世本八种》，商务印书馆1957

年版。

（清）阮元校刻：《十三经注疏（清嘉庆刊本）》，中华书局 2009 年版。

于夯：《诗经》，山西古籍出版社 2001 年版。

《诸子集成》，中华书局 1986 年版。

（西周）姜尚：《六韬》，蓝天出版社 1998 年版。

（西汉）刘安：《淮南子》，河南大学出版社 2010 年版。

（西汉）扬雄著，（晋）郭璞注：《方言》，商务印书馆 1936 年版。

（东汉）班固：《白虎通》，中华书局 1985 年版。

（东汉）刘熙：《释名》，中华书局 1985 年版。

（东汉）赵晔：《吴越春秋》，江苏古籍出版社 1999 年版。

（三国·魏）王肃：《孔子家语》，中州古籍出版社 1991 年版。

（西晋）杜预：《春秋三传》，上海古籍出版社 1987 年版。

（晋）郭义恭：《广志》（2015-11-10），https://wenku.baidu.com/view/4ace2989915f804d2b16c1ab.html。

（北魏）郦道元：《水经注》，中华书局 1991 年版。

（梁）萧统著，（唐）李善注：《文选》，中华书局 1977 年版。

（南朝）顾野王：《玉篇》，中华书局 1985 年版。

（南唐）徐锴：《说文解字系传》，中华书局 1987 年版。

（唐）杜佑：《通典》，中华书局 1984 年版。

（唐）徐坚：《初学记》，中华书局 2004 年版。

（后晋）刘昫：《旧唐书》，中华书局 1975 年版。

（北宋）丁度等：《集韵》，商务印书馆 1989 年版。

（南宋）章如愚：《群书考索》，北京书目文献出版社 1992 年版。

（南宋）朱熹：《诗经集传》，《四书五经》，北京古籍出版社 1996 年版。

（元）黄公绍、熊忠：《古今韵会举要》，中华书局 2000 年版。

（明）梅膺祚、（清）吴任臣：《字汇·字汇补》，上海辞书出版社 1991 年版。

（明）宋濂：《篇海类编》，齐鲁书社 1997 年影印本。

（明）朱常淓：《述古书法纂》，全国图书馆文献缩微复制中心 2004 年版。

（清）承培元：《说文引经证例》，广雅书局 1920 年版。

（清）桂馥：《说文解字义证》，上海古籍出版社 1987 年版。

（清）黄以周：《礼书通故》，中华书局 2007 年版。

（清）孔广居：《说文疑疑——增附昭孔谓三十四则》，中华书局 1985 年版。

（清）李渔：《闲情偶寄》，李树林译，重庆出版社 2008 年版。

（清）凌廷堪：《凌廷堪全集》，黄山书社 2009 年版。

（清）毛际盛：《说文解字述谊》，罗琳《四库未收书辑刊》，北京出版社 1998 年版。

（清）饶炯：《说文解字部首订》，《说文解字诂林》第二册，云南人民出版社 2006 年版。

（清）沈涛：《说文古本考》，顾廷龙、傅璇琮《续修四库全书》第 222 册，上海古籍出版社 2002 年版。

（清）王念孙：《尔雅疏证》，江苏古籍出版社 2000 年版。

（清）王聘珍：《大戴礼记解诂·卷八·明堂》，王文锦，中华书局 1983 年版。

（清）王筠：《说文句读》，商务印书馆（民国 25）年版。

（清）王筠：《说文释例》，中国书店 1983 年版。

（清）吴大澂：《说文古籀补》，中华书局 1988 年版。

（清）徐灏：《说文解字注笺》，台湾：广文出版社 1972 年版。

（清）朱骏声：《说文通训定声》，中华书局 1984 年版。

陈鹤岁：《汉字中的古代建筑》，百花文艺出版社 2005 年版。

陈彭年等：《广韵》，商务印书馆 1951 年版。

程建军：《中国古建筑与周易哲学》，吉林教育出版社 1991 年版。

程树德：《〈说文〉稽古篇》，商务印书馆 1933 年版。

戴钦祥、陆钦、李亚麟：《中国古代服饰》，商务印书馆 1998 年版。

丁凌华：《中国丧服制度史》，上海人民出版社 2000 年版。
董莲池：《说文解字考正》，作家出版社 2004 年版。
方韬：《山海经》，中华书局 2009 年版。
冯盈之：《汉字与服饰文化》，华大学出版社 2008 年版。
高丰：《中国设计史》，广西美术出版社 2004 年版。
高亨：《文字形义学概论》，齐鲁书社 1981 年版。
高鸿缙：《中国字例》，台北：三民书局 1960 年版。
管锡华：《尔雅》，中华书局 2014 年版。
郭宝钧：《殷周车器研究》，文物出版社 1998 年版。
郭沫若：《卜辞通纂》，中国社会科学出版社 1983 年版。
郭沫若：《两周金文辞大系考释》，科学出版社 1956 年版。
杭间：《中国工艺美学史》，人民美乳出版社 2007 年版。
何九盈、胡双宝、张猛：《中国汉字文化大观》，北京大学出版社 1996 年版。
黄能福：《中国服饰史》，文化艺术出版社 1998 年版。
姜亮夫：《古文字学》，浙江人民出版社 1984 年版。
姜亮夫：《文字朴识·释示》，云南大学文法学院丛书处 1946 年版。
康有为：《孔子改制考》，中华书局 1958 年版。
劳思光：《新编中国思想史》，广西师范大学出版社 2005 年版。
雷汉卿：《〈说文〉"示部"字与神灵祭祀考》，巴蜀书社 2000 年版。
李春祥：《饮食器具考》，知识产权出版社 2006 年版。
黎福清：《中国酒器文化》，百花文艺出版社 2003 年版。
李立新：《设计价值论》，中国建筑工业出版社 2011 年版。
李立新：《设计艺术学研究方法》，江苏美术出版社 2009 年版。
李立新：《中国设计艺术史论》，天津人民出版社 2011 年版。
李玲璞、臧克和、刘志基：《古汉字与中国文化源》，贵州人民出版社 1997 年版。
李孝定：《甲骨文字集释》，台湾：中央研究院历史语言研究所

1965 年版。
李砚祖：《装饰之道》，中国人民大学出版社 1993 年版。
李允鉌：《华夏意匠》，香港广角镜出版社 1982 年版。
李泽厚、刘纲纪：《中国美学史》，安徽文艺出版社 1995 年版。
李泽厚：《美的历程》，文物出版社 1982 年版。
李振中：《〈说文解字〉研究》，湖南师范大学出版社 2014 年版。
梁启雄：《荀子简释》，中华书局 1983 年版。
梁思成：《清式营造则例》，清华大学出版社 2006 年版。
廖文豪：《汉字树・汉字中的建筑与器皿》，中国商业出版社 2015 年版。
林涵、童兵：《服饰艺术欣赏》，山西教育出版社 1997 年版。
林会承：《先秦时期中国居住建筑》，台北：六合出版社 1984 年版。
刘大钧、林忠军：《周易经传白话解》，上海古籍出版社 2006 年版。
陆宗达：《说文解字通论》，北京出版社 1981 年版。
罗振玉：《增订殷墟书契考释》，台北：艺文印书馆 1981 年影印本。
吕思勉：《中国制度史》，上海教育出版社 2002 年版。
沈从文：《中国服饰史》，陕西师范大学出版社 2004 年版。
沈从文：《中国古代服饰研究》，上海书店出版社 2003 年版。
申先甲：《中国春秋战国科技史》，人民出版社 1994 年版。
宋永培：《〈说文〉汉字体系与中国上古史》，广西教育出版社 1996 年版。
宋永培：《〈说文〉与上古汉语词义研究》，巴蜀书社 2001 年版。
宋镇豪：《商代社会生活与礼俗》，中国社会科学出版社 2010 年版。
孙机：《中国古舆服论丛》，文物出版社 1993 年版。
孙全文、曾文宏：《由中国文字探讨传统建筑》，台北：联经出版社 1989 年版。
唐汉：《汉字密码》，陕西师范大学出版社 2009 年版。
汤可敬：《说文解字今释》，岳麓书社 1997 年版。
唐兰：《古文字学导论》，齐鲁书社 1981 年版。

田自秉：《中国工艺美术史》，知识出版社 1994 年版。

万献初：《〈说文〉字系与上古社会》，新世界出版社 2011 年版。

王贵元：《汉字与文化》，中国人民大学出版社 2005 年版。

王国维：《戬寿堂所藏殷虚文字考释》，台湾：大通书局 1976 年版。

王浩滢、王琥：《造物与造字》，江苏凤凰出版社 2017 年版。

王琥：《设计史鉴——中国传统设计文化研究》，江苏美术出版社 2010 年版。

王鲁民：《中国古典文化建筑探源》，同济大学出版社 1997 年版。

王宁等：《〈说文解字〉与汉字学》，辽宁人民出版社 2000 年版。

王宁、谢栋元、刘方：《〈说文解字〉与中国古代文化》，辽宁人民出版社 2001 年版。

王平：《〈说文〉与中国古代科技》，广西教育出版社 2001 年版。

王世襄：《中国古代·漆工艺》，中国美术全集编辑委员会《中国美术全集·工艺美术编·漆器》，文物出版社 1989 年版。

王维堤：《中国服饰文化》，上海古籍出版社 2001 年版。

王国维：《王国维于宁观堂集林》，浙江教育出版社 2014 年版。

吴十洲：《两周礼器制度研究》，台中：五南图书出版公司 2003 年版。

夏燕靖：《中国古代设计经典论著选读》，南京师范大学出版社 2016 年版。

夏燕靖：《中国艺术设计史》，南京师范大学出版社 2016 年版。

谢栋元：《〈说文解字〉与中国古代文化》，河南人民出版社 1994 年版。

谢光辉：《汉语字源字典》，北京大学出版社 2006 年版。

修海林、李吉提：《中国音乐的历史与审美》，中国人民大学出版社 1999 年版。

徐飚：《成器之道——先秦工艺造物思想研究》，江苏美术出版社 2008 年版。

许嘉璐：《中国古代衣食住行》，北京出版社 2002 年版。

徐志民：《欧美语言学简史》，学林出版社 2005 年版。

徐中舒：《怎样研究中国古代文字》，中国古文字研究会等《古文字研究》第 15 辑，中华书局 1986 年版。

杨泓：《美术考古半世纪——中国美术考古发现史》，文物出版社 1997 年版。

杨树达：《积微居小学述林》，中华书局 198 年版。

阴法鲁、许树安：《中国古代文化史》，北京大学出版社 2005 年版。

于省吾：《甲骨文字释林》，中华书局 1979 年版。

喻维国等：《建筑史话》，上海科学技术出版社 1987 年版。

臧克和：《〈说文解字〉的文化说解》，湖北人民出版社 1995 年版。

臧克和：《中国文字与儒学思想》，广西教育出版社 1996 年版。

翟光珠：《中国古代标准化》，山西人民出版社 1996 年版。

詹鄞鑫：《神灵与祭祀》，江苏古籍出版社 1992 年版。

战学成：《五礼制度与〈诗经〉时代社会生活》，中国社会科学出版社 2014 年版。

张景明、王雁卿：《中国饮食器具发展史》，上海古籍出版社 2011 年版。

张晶：《中国古代多元一体的设计文化》，上海文化出版社 2007 年版。

张末元：《汉代服饰参考资料》，人民美术出版社 1960 年版。

张世超、金国泰等：《金文形义通解》，香港中文出版社 1996 年版。

张舜徽：《说文解字约注》，华中师范大学出版社 2009 年版。

章太炎：《章太炎全集：小学答问》，上海人民出版社 2014 年版。

章太炎：《章太炎书信集》，河北人民出版社 2003 年版。

张震泽：《许慎年谱》，辽宁大学出版社 1986 年版。

中共中央马克思恩格斯列宁斯大林著作编译局：《马克思恩格斯选集》，人民出版社 2012 年版。

中国科学院考古研究所：《长沙发掘报告》，科学出版社 1985 年版。

《中华文明史话》丛书编辑委员会：《中华文明史话——交通工具史话》，中国大百科全书出版社 2000 年版。

周锡保：《中国古代服饰史》，中国戏剧出版社 1991 年版。

朱狄：《艺术的起源》，中国社会科学出版社 1982 年版。

诸葛志：《中国原创性美学》，上海古籍出版社 2005 年版。

朱志容：《商代审美意识研究》，中华书局 1984 年版。

宗白华：《中国美学史中重要问题的初步探索》，《艺境》，北京大学出版社 1987 年版。

邹晓丽：《基础汉字形义释源》，北京出版社 1990 年版。

［德］费尔巴哈：《宗教的本质》，王太庆译，人民出版社 1953 年版。

［德］黑格尔：《精神现象学》，贺麟、王玖兴译，商务印书馆 1997 年版。

［德］马克思：《1844 年经济学——哲学手稿》，人民出版社 1979 年版。

［法］米歇尔·福柯：《词与物：人文学科考古学》，莫伟民译，上海三联书店 2002 年版。

［美］C. 恩伯、M. 恩伯：《文化的变异》，杜杉杉译，辽宁人民出版社 1988 年版。

［美］卡斯腾·哈里斯．《建筑的伦理功能》，申嘉、陈朝晖译，华夏出版社 2001 年版。

［美］路易斯·亨利·摩尔根：《古代社会》，杨东莼等译，商务印书馆 1977 年版。

［日］伊东忠太：《中国建筑史》，陈清泉译，湖南大学出版社 2014 年版。

［意］马可·波罗：《马可波罗行纪》，冯承钧译，上海书店出版社 2001 年版。

Baxter, William H., *A Handbook of Old Chinese Phonology*, Berlin: Mouton de Gruyter, 1992.

Halliday, M. & Hasan, R., *Language, Contextand Text*, Oxford: Oxford University Press, 1989.

Karlgren, Bernhard, *Word Families in Chinese*, BMFEA, 1933.

Karlgren, Bernhard, *A compendium of Archaic and Ancient Chinese*, BMFEA, 1954.

Lass, R., *Historical Linguistics and Language change*, Cambridge: Cambridge University Press, 1977.

Sagart, L., *The Roots of Old Chinese*, Amsterdam: John Benjamins publishing Company, 1999.

Saussure, Ferdinard de., *Course in General linguistics*, Paris: McGraw-Hill Book Company, 1966.

Wittgenstein, L., *Philosophical Investigations*（*The German text, with a revised English Translations*）, Oxford: Basil Blackwell, 2001.

三　论文类

白晨曦：《天人合一：从哲学到建筑》，博士学位论文，中国社会科学院研究生院，2003年。

班吉庆：《〈说文〉540部义类研究略论》，《扬州大学学报》2002年第3期。

曹志国：《〈说文解字〉中"酉"偏旁字与古代酒文化》，《语文学刊》2006年第1期。

晁福林：《试释甲骨文"堂"并论商代祭祀制度的若干问题》，《北京师范大学学报》（社会科学版）1995年第1期。

车先俊：《〈说文解字〉多义字探析》，《徐州师范大学学报》2000年第9期。

陈家梦：《祖庙与神主之起源》，《文学年报》1937年第3期。

陈振裕：《楚国竹器手工业初探》，《考古与文物》1987年第4期。

程艳萍：《中国传统家具造物伦理研究》，博士学位论文，南京林业大学，2011年。

董睿：《易学空间观与中国传统建筑》，博士学位论文，山东大学，2012年。

段凯红：《中国"门文化"初探——以〈说文〉门部字为例》，《山西师大学报》（社会科学版）2014年第S2期。

付瑶、杨尚贵：《〈说文·示部〉字的语义及其文化内涵》，《山西大同大学学报》（社会科学版）2013年第4期。

高纪洋：《中国古代器皿造型样式研究》，博士学位论文，苏州大学，2012年。

高明：《（古缶皿）、簋考辨》，《文物》1982年第6期。

谷杰：《先秦至汉"五行、四时、音律对应说"流变》，《文化艺术研究》2010年第5期。

洪石：《战国秦汉漆器研究》，博士学位论文，中国社会科学院研究生院，2002年。

《湖北江陵凤凰山西汉墓发掘简报》，《文物》1974年第6期。

胡勤：《中国传统建筑的伦理意蕴》，博士学位论文，湖南师范大学，2010年。

黄德宽、常森：《〈说文解字〉与儒家传统——文化背景与汉字阐释论例》，《江淮论坛》1994年第6期。

敬德：《先秦礼仪用丝研究》，博士学位论文，西南大学，2014年。

兰娟：《先秦制器思想研究》，博士学位论文，南开大学，2014年。

雷汉卿：《〈说文〉"示部"字所反映的古代宗教文化释证》，《四川大学学报》（哲学社会科学版）1997年第3期。

李根蟠、卢勋：《刀耕农业与锄耕农业并存的西盟佤族农业》，《农业考古》1985年第1期。

李国英：《〈说文解字〉研究的现代意义》，《古汉语研究》1995年第4期。

李海霞：《〈说文〉的部类及其文化探索》，《松辽学刊》2000年第3期。

李嘉：《造物史视野中的先秦青铜"壶"形器研究》，博士学位论文，武汉理工大学，2012年。
李丽华：《"向"本义发微》，《新疆师范大学学报》2004年第4期。
李立新：《"家"的原生形态与现代形态——一个东西方比较意义上的设计文化思考》，《南京艺术学院学报》（美术与设计版）2006年第1期。
李振中、李琼：《从〈说文解字〉看中国先民的建筑文化意识》，《广西社会科学》2005年第11期。
梁勉、田小娟：《先秦时期的带》，《文博》2003年第6期。
刘德英：《燕下都遗址出土铁胄》，《文物》2011年第4期。
刘杰：《中国古代舟船（一）》，《交通与运输》2009年第2期。
马芳：《〈说文〉"酉"部字与中国酒文化》，《时代文学（下半月）》2009年第9期。
闵春慧：《古代食器名称词的汉字探源》，《内蒙古农业大学学报》2010年第4期。
内蒙古文物工作队、内蒙古博物馆：《和林格尔发现一座重要的东汉壁画墓》，《文物》1974年第1期。
潘天波：《汉代漆艺美学思想研究》，博士学位论文，陕西师范大学，2013年。
庞子朝：《论〈说文解字〉的文化意义》，《华中师范大学学报》1995年第5期。
任玉华：《汉代酒业的发展及其社会功效研究》，博士学位论文，吉林大学，2012年。
邵志伟：《易学象数下的中国建筑与园林营构》，博士学位论文，山东大学，2012年。
宋立民：《春秋战国时期室内空间形态研究》，博士学位论文，中央美术学院，2009年。
宋永培：《〈说文解字〉对上古汉语字词的系统整理》，《齐鲁学刊》2003年第5期。

孙洪伟：《〈考工典〉与中国传统设计理论形态研究》，博士学位论文，上海大学，2014年。

孙永义：《〈说文〉字义体系与中国古代图腾崇拜文化》，《西南师范大学学报》1997年第5期。

孙毓棠：《战国秦汉时代纺织业技术的进步》，《历史研究》1963年第3期。

田建花、金正耀：《南京博物院藏侯家庄1004号大墓出土青铜胄》，《东南文化》2014年第3期。

田龙伯：《饮食器具的表意功能研究》，《江南大学》2009年第8期。

王娟：《〈说文·糸部〉字探解》，《文学教育（上）》2008年第2期。

王平：《〈《说文解字》与中国古代科技〉引论》，《天津师范大学学报》2001年第3期。

王钦：《〈说文〉酒器简释》，《鄂州大学学报》1998年第4期。

王思妮：《从〈说文·女部〉的文化阐释》，《剑南文学（经典教苑）》2012年第5期。

王蕴智：《说"郭""墉"》，《郑州大学学报》（哲学社会科学版）1994年第4期。

魏晓艳：《〈说文·食部〉与古代饮食文化》，《牡丹江大学学报》2009年第9期。

吴爱琴：《先秦服饰制度形成研究》，博士学位论文，河南大学，2010年。

吴丽君：《〈说文〉服饰字反映的封建等级观念》，《时代文学》（理论学术版）2007年第3期。

向津润：《〈说文〉"示部"字的宗教解释》，《黑龙江史志》2014年第11期。

夏鼐：《我国古代蚕、桑、丝、绸的历史》，《考古》1972年第2期。

肖世孟：《先秦色彩研究》，博士学位论文，武汉大学，2011年。

许嘉璐：《说"正色"——〈说文〉颜色词考察》，《古汉语研究》1994 年第 S1 期。

翟毅宁：《从〈说文〉宀部字看中国古代的农耕社会文化》，《西南石油大学学报》（社会科学版）2010 年第 5 期。

赵超：《冠、帻、编发、扁髻与其他》，《中国典籍与文化》2002 年第 2 期。

张峰：《浅谈〈说文·舟部〉》，《安徽文学（下半月）》2010 年第 11 期。

张凤洲：《对〈说文〉中几个从"舟"的字的再认识》，《湖北大学学报》（哲学社会科学版）1985 年第 3 期。

张慧：《先秦生态文化及其建筑思想探析》，博士学位论文，天津大学，2009 年。

张磊：《〈说文〉"宀"部字与古代建筑文化》，《昆明大学学报》2005 年第 2 期。

张爽：《"台"辩》，《杭州大学学报》1994 年第 3 期。

张晓明、李薇：《从〈说文〉重文看汉字字际关系的研究》，《山东理工大学学报》2004 年第 4 期。

郑张发、尚芳：《说"牖"中窥日之"牖"》，《文史知识》1998 年第 7 期。

朱丽师：《先秦服色的尊卑礼俗——〈说文〉颜色字考》，《文学教育（中）》2013 年第 11 期。

朱鸣：《〈说文解字〉中火部字与中国古代的火文化》，《安徽文学》2008 年第 5 期。

宗椿理：《走向集权的物质文化之路》，博士学位论文，南京艺术学院，2014 年。

Chao，Yuen Ren，*Distinctions Within Ancient Chinese*，Harwatd Journal of Asiatic Studies，1941（5）．

Li，Fang-Kuei，*Languages and Dialects of China*，Journal of Chinese Linguistics，1972（1）．

论文发表情况

1.《探析空间设计的"兼容性"》1/1 发表于《大舞台》2015年第 8 期。

2.《〈说文解字〉的设计解读：上古时期传统建筑的审美标准》1/1 发表于《安徽建筑》2016 年第 4 期。

3.《〈说文解字〉的设计解读：饮食炊具中蕴含的世俗生活特质》1/1 发表于《南京艺术学院学报》（美术与设计版）2017 年第 2 期。

索　　引

B

版筑技术　329

兵器　5，15，16，18，19，72，101，166，176，177，197，200，342，401，402，423，425，426，446，478，494，497-500，502-511，513，517，518，520，523，524，527-531，556

布局要求　380

C

车舟制度　439

陈设与装饰　316，327

尺寸有度　131，133，437，566

传统建筑类型　252

F

发端　5，141，555

房屋构件　335

"市"　22-25，29，30，79，86，118，119，125，127，135，138

服饰材料演变　30，35，449

G

工具　4，5，12，13，15，16，18，19，40-42，47，48，50，51，54，142，155，193，194，197，201，205，234，238，261，271，306，330，377，392-401，404-406，409，411-413，419，421-423，431，432，434，435，437，438，442，446-449，451-454，456-460，468-471，475，477，478，481，482，490，493，494，497，508-510，523，533，555，559，563，565，566，568-570，573

功能延展　336，355，562

功能至上　145，241

"冠"的由来　21，453，520，530，

546，547，570

规范化完善　437

H

夯土筑基　327，329，331

J

祭祀　4，9，14，18，19，25-28，34，42，69，70，72，90，108，115，116，126-128，133-136，141，145，147，148，153，158，159，163，165，175，176，178，181，183，197，205，207，211-213，219-221，224，226，227，230，234，240，242，244-252，254，269，277，279-283，287，292，319，344，346-355，367，369，371，381，389，391，426，440，472，475，479，480，532，539，540，546，547，549，557，558，562

建筑的起源　19，254，269

建筑图式　358

交通　4，18，19，268，296，298，392-397，399，400，406，409，412，413，419，421-423，429，431，432，434，437，438，442，555，565，566，570

居住观念　19，254，255

L

礼仪秩序　245，371

M

美感追求　18，234

N

农具　5，15，16，18，19，197，200，446，475，478-488，490，491，493-497

S

丧事用车　427

色彩禁忌　133，135

上古生存环境　394

烧砖制瓦　331

设计规范　6，18，19，131，431，432，439

审美标准　85，385，390

生活功用　18，205，318

水陆交通工具　19

丝织品　18，26，27，39，42，43，45-47，55-58，61-66，70，73，123，128，129

榫卯结构　310，335

T

体衣　32，66，78，79，82，90，93，97，100，113，125，126，

133

W

文与质 444，529

巫术宗教 26，137，153

X

形态分类 18，66，148

Y

衣饰 18，20-22，24，28-33，35-37，39，42，52，58，64，66，83，89，90，94，96，97，100，103，111-113，123，126，130，131，135，558

以人为本 133，390，432

乐器 5，14-16，18，19，197，244，252，446，533-536，538-540，542-546，549-552

饮食炊具 18，141-143，148，150，151，192，205，206，209，212，217-221，223，224，226，234-236，238-241，244，245，248-251，556，564

隐性的炫耀 428

用车讲究 442，443

宇宙图式 358，360，362，563

元服 21，66-68，73，75-78，114-116，125，130，135

原始崇拜 18，26，124，129，135，219，349，351，352，557

Z

"载" 421-423

战争用途 423

制作工艺 18，32，34，42，97，147，153，192，195，197，198，203，329，453，520，530，546，547，570

舟车檰檋 395

足衣 28，32，54，66，103，110，111，125，135

后　　记

　　本人在南京艺术学院设计学院攻读博士学位期间，得到了各位老师的悉心栽培和同学们的热情帮助，在此表示衷心的感谢。

　　首先，我想要向我的导师李立新教授表达诚挚的感激。在过去三年的学习时间里，李老师渊博的知识、细腻灵活的思维方式、敏锐独到的观察见解、务实通达的研究方法、严谨求实的治学态度和踏实勤奋的工作作风都给了我很大的教益与感染，使我从中获益匪浅。在写就这篇论文的过程中，无论是论文的选题还是具体的写作等，都给予了我精心的指导、热忱的鼓励和无私不懈的支持，帮助我开阔视野、调整思路、克服难题，并最终顺利完成毕业论文的撰写工作。在此我要特别感谢我的导师李立新教授。

　　感谢万书元老师、邬烈炎老师、王琥老师、夏燕靖老师、詹和平老师、曹方老师等各位老师们长期以来对我的精心培养指导与无私的帮助；感谢尤震老师在论文摘要英文校对工作中给予的大力帮助和细心指导；感谢师姐李雪艳、张卉，师哥张卫军在工作学习上无私热情的帮助与关心；感谢梁田老师工作学习上的悉心指点和包容支持；感谢邱珂、付晓彤、孟宪伟、潘明栋、王丹斐、赵伟等同学朋友，在学习生活上给予的无私慷慨的帮助。

　　最后，非常感谢我的家人，在这三年的求学过程中给予了无微不至的关心和支持，伴我度过无数的艰难险阻，和我一起分担困苦与挫折，以及共同分享在最终完成这篇论文时极大的幸福。